İLKÖĞRETİM
RESİMLİ
SÖZLÜK
İNGİLİZCE-TÜRKÇE / TÜRKÇE-İNGİLİZCE

SEV Yayıncılık Eğitim ve Ticaret A.Ş.
bir Sağlık ve Eğitim Vakfı kuruluşudur.
Nuhkuyusu Cad., No. 197 Üsküdar İş Merkezi, Kat 3,
34664 Bağlarbaşı, Üsküdar, İstanbul
Tel.: (0216) 474 23 43 • Sertifika No. 45278

İlköğretim Resimli Sözlük
İngilizce-Türkçe / Türkçe-İngilizce

© 2016 SEV Yayıncılık Eğitim ve Ticaret A.Ş.

Editör: Turgay Bayındır
Yayın Yönetmeni: S. Baha Sönmez
Kapak ve İç Tasarım: Hüseyin Vatan

Birinci Baskı: Ağustos 2016
Beşinci Baskı: Haziran 2020

ISBN: 978-605-9781-31-2

Baskı: Fabrika Basım ve Ticaret Ltd. Şti.
Göztepe Mah., İnönü Cad., No. 74/A, Bağcılar, İstanbul
Tel.: (0212) 294 38 00 • Sertifika No. 47653

İLKÖĞRETİM
RESİMLİ
SÖZLÜK

İNGİLİZCE-TÜRKÇE / TÜRKÇE-İNGİLİZCE

REDHOUSE

Açıklamalar

→→→ *İlköğretim Resimli Sözlük İngilizce-Türkçe/Türkçe-İngilizce,* Amerikan İngilizcesi temel alınarak hazırlanmıştır. İngiliz İngilizcesine özgü sözcükler ve sözcük biçimleri İng. kısaltmasıyla işaretlenmiştir.

> eggplant • egg.plant (eg´plänt)
> /isim/ çoğul eggplants • patlıcan
> → İng. aubergine
>
> aubergine • au.ber.gine (o´bırjin)
> /isim/ çoğul aubergines • bkz. eggplant
>
> splendor • splen.dor (splen´dır)
> /isim/ ihtişam, görkem
> → İng. splendour

→→→ Maddebaşı sözcükten sonra sözcüğün **hecelenişi** gösterilmiştir. Heceler noktalarla ayrılmıştır.

> ecology • e.col.o.gy (îkal´ıci)
> /isim/ çevrebilim, ekoloji

→→→ Maddebaşı sözcüğün **sesletiminde** kullanılan karakterler Sesletim Kılavuzu'nda örneklerle açıklanmıştır. (bkz. sayfa xii)

> adverb • ad.verb (äd´vırb) ◄
> /isim/ çoğul adverbs • zarf, belirteç
>
> architect • ar.chi.tect (ar´kıtekt) ◄
> /isim/ çoğul architects • mimar
>
> textbook • text.book (tekst´bûk) ◄
> /isim/ çoğul textbooks • ders kitabı
>
> trust • trust (trʌst) ◄
> /isim/ güven, itimat

→→→ Sözbölükleri iki eğik çizgi (/) arasında verilmiştir. İsimlerin çoğul biçimleri, fiillerin çekim biçimleri, sıfatların ve zarfların üstünlük ve enüstünlük dereceleri gösterilmiştir.

pomegranate • pome.gran.ate (pam´gränît)
→ (/isim/)(çoğul pomegranates •)nar

²e-mail • e-mail (i´meyl)
→ (/fiil/)(e-mails, e-mailing, e-mailed •)
e-posta ile göndermek

high • high (hay)
→ (/sıfat/)(higher, highest •)yüksek:
high fence yüksek çit high price yüksek fiyat
high jump yüksek atlama
high school lise

²well • well (wel)
→ (/zarf/)(better, best •)iyi; yolunda: Everything
went well at school. Okulda her şey yolunda gitti.
as well de, da, dahi: She likes to sing as well.
Şarkı söylemeyi de sever.
Well done! Aferin!

→→→ Maddebaşı sözcüklerin yaygın olan karşılıkları verilmiştir. Sözcüklerin farklı anlamları için ayrı bir numara kullanılmıştır. Eşanlamlı tanımlar virgülle ayrılmış, yakın anlamlı karşılık veya tanımlar ise noktalı virgülle ayrılmıştır.

domestic • do.mes.tic (dımes´tîk)
/sıfat/①ev ile ilgili;aile içi②evcil
domestic animal evcil hayvan
③yurtiçi,iç
domestic flight yurtiçi uçuş
domestic politics iç politika

session • ses.sion (seş´ın)
/isim/ çoğul sessions • oturum,birleşim.
celse;toplantı

VI

→→→ Örneklerden önce iki nokta imi (:) kullanılmıştır. İngilizce örneklerin Türkçe karşılıkları yeşil renklidir.

energy • en.er.gy (en´ırci)
/isim/ çoğul energies • enerji: energy policy
enerji politikası energy resources enerji kaynakları
solar energy güneş enerjisi
thermal energy termal enerji

examination • ex.am.i.na.tion (îgzämıney´şın)
/isim/ çoğul examinations • 1. sınav: entrance examination
giriş sınavı examination paper sınav kâğıdı
fail an examination sınavdan kalmak oral examination
sözlü sınav pass an examination sınavı geçmek
take an examination sınava girmek
2. muayene

→→→ Alt maddelerin Türkçe karşılıkları siyah karakterlerle yazılmıştır.

computer • com.put.er (kımpyu´tır)
/isim/ çoğul computers • bilgisayar
computer center bilgisayar merkezi
computer engineering bilgisayar mühendisliği
computer game bilgisayar oyunu
computer graphics bilgisayar grafiği
computer network bilgisayar ağı
computer operator bilgisayar operatörü
computer program bilgisayar programı
computer programmer bilgisayar programcısı
computer science bilgisayar bilimi
computer system bilgisayar sistemi

²log • log (lôg)
/fiil/ logs, logging, logged • kaydetmek, not etmek
log in (bilgisayar) oturum açmak
log in/on (to) (bilgisayar) (-e) girmek
log off (bilgisayar) -i sonlandırmak
log out (bilgisayar) oturum kapamak

VII

→→→ Maddebaşı sözcükten önce belirli tanımlık (the) kullanılması gereken durumlarda belirli tanımlık tanımdan önce yazılmıştır.

²Atlantic • At.lan.tic (ätlän´tîk)
/isim/ (the) Atlas Okyanusu

Internet • In.ter.net (în´tırnet)
/isim/ (the) İnternet

Olympics • O.lym.pics (olîm´pîks)
/isim/ (the) olimpiyat oyunları, olimpiyatlar

→→→ Bazı fiillerle birlikte kullanılan edatlar tanımlardan önce gösterilmiştir. Hem edatsız, hem de edatla birlikte kullanılabilen bir fiile ait edat ayraçlar arasında yazılmıştır. Fiille birlikte kullanılması gereken edatlar ise ayraçsız olarak gösterilmiştir.

agree • a.gree (ıgri´)
/fiil/ agrees, agreeing, agreed •
1. (to) (-e) razı olmak, (-i) kabul etmek: He agreed to all my conditions. Tüm şartlarımı kabul etti. 2. (with) (ile) hemfikir olmak: I agree with you completely. Sizinle tamamen aynı fikirdeyim.

²circle • cir.cle (sır´kıl)
/fiil/ circles, circling, circled •
1. (around) etrafında dönmek
2. daire içine almak

listen • lis.ten (lîs´ın)
/fiil/ listens, listening, listened •
1. dinlemek: She was not listening. Dinlemiyordu.
2. (to) -i dinlemek: Müjgân likes listening to music. Müjgân müzik dinlemeyi seviyor.

→→→ Sözcüklerin ve alt maddelerin **kullanım alanları** ayraçlar arasında gri renkte yazılmıştır.

cone • cone (kon)
/isim/ çoğul cones • 1. (geometri) koni
2. külah: ice-cream cone dondurma külahı
3. (botanik) kozalak

monitor • mon.i.tor (man´ıtır)
/isim/ çoğul monitors • 1. (bilgisayar, TV) monitör
2. sınıf başkanı

plural • plu.ral (plûr´ıl)
/sıfat/ (dilbilgisi) çoğul: plural noun çoğul isim

scenery • scen.er.y (si´nıri)
/isim/ 1. doğal manzara 2. (tiyatro) dekor

subtraction • sub.trac.tion (sıbträk´şın)
/isim/ (matematik) çıkarma

→→→ Yazılışı aynı olan **farklı sözcük türleri** numaralandırılarak sıralanmıştır.

(desert) • des.ert (dez´ırt)
/isim/ çoğul deserts • çöl:
the Arabian Desert Arabistan Çölü

(desert) • de.sert (dîzırt´)
/fiil/ deserts, deserting, deserted •
terk etmek, bırakmak

(slice) • slice (slays)
/isim/ çoğul slices • dilim: a slice of
bread bir dilim ekmek

(slice) • slice (slays)
/fiil/ slices, slicing, sliced • dilimlemek,
dilim dilim kesmek

→→→ Maddebaşı sözcükle ilgili çeşitli sözcük, söz öbeği, terim v.b. ayrıca kümelendirilmiştir. Bazı maddelerle ilgili ek bilgiler verilmiştir.

far • far (far)
/sıfat/ farther/further, farthest/furthest • uzak:
a far country uzak bir ülke
/zarf/ farther/further, farthest/furthest •
1. -den uzak; uzakta; uzağa:
They didn't go far. Çok uzağa gitmediler.
far away uzak, uzakta
far from -den uzak: It's not too far from here.
Buradan çok uzakta değil.
how far ne kadar uzak: How far is it?
Ne kadar uzakta?
2. çok; fazla
by far ... kat kat daha ...
go far (bir işte) çok başarılı olmak
3. kadar
as far as kadarıyla: as far as I can see
görebildiğim kadarıyla

▬▬ ▬▬ ▬▬ ▬▬ ▬▬ ▬▬
Farther mesafe için kullanılır:
the farther house → daha ötedeki ev
Further ise çoğunlukla miktar,
derece veya zaman bildirir:
further examples → ilave örnekler
further information → daha çok bilgi
▬▬ ▬▬ ▬▬ ▬▬ ▬▬ ▬▬

→→→ Sözcükler arasındaki eğik çizgi (/) 'veya' anlamında kullanılmıştır.

ah • ah (a)
/ünlem/ Ah! (Özlem ⃝ beğenme ⃝ pişmanlık ⃝ öfke ⃝ sevgi belirtir.)

flora • flo.ra (flor´ı)
/isim/ çoğul floras ⃝ florae • flora, bitey (bir bölgedeki bitki türlerinin tümü): aquatic flora su florası desert flora çöl bitkileri

²former • for.mer (fôr´mır)
/isim/ (the) ilk, ilk söylenen (şey ⃝ kişi)

X

→→→ Sözlüğün İngilizce-Türkçe bölümündeki birçok maddenin bitiminde maddeyle ilgili renkli resimler yer almaktadır. Bu resimler görsel hafızayı desteklemek amacıyla dahil edilmiştir.

→→→ Sözlüğün Türkçe-İngilizce bölümü, öğrencilere referans kaynağı olarak hazırlanmıştır. Öğrenciler Türkçe-İngilizce bölümünde bir sözcüğün karşılığını bulduktan sonra İngilizce-Türkçe bölümünde bu sözcük hakkında daha ayrıntılı bilgi edinebilirler.

→→→ Sözlüğün sonunda 'Ülkeler ve Bayrakları' başlıklı bir bölüm yer almaktadır. Bu bölümde dünya üzerindeki bağımsız ülkelerin İngilizce ve Türkçe adları ile bayrakları bulunmaktadır.

→→→ *İlköğretim Resimli Sözlük İngilizce-Türkçe/Türkçe-İngilizce*, 2011 yılında yayımlanan *İngilizce-Türkçe Redhouse Resimli İlköğretim Sözlüğü* temel alınarak hazırlanmıştır. Sözlüğün hazırlanmasında *Webster's Third New International Dictionary*, *Büyük Türkçe Sözlük* (Türk Dil Kurumu), *Türkçe Sözlük* (Dil Derneği) ve *İngilizce-Türkçe Türkçe-İngilizce Redhouse Büyük Elsözlüğü*'ne başvurulmuştur. Türkçe sözcüklerin yazılışında genellikle Dil Derneği'nin yayımladığı *Yazım Kılavuzu*'ndaki öneriler göz önüne alınmıştır.

Kısaltmalar

ABD	Amerikan İngilizcesi	İng.	İngiliz İngilizcesi
bkz.	bakınız	v.b.	ve benzeri, ve benzerleri

Sesletim Kılavuzu

Maddebaşı sözcüklerin sesletiminde kullanılan karakterler aşağıda örneklerle birlikte gösterilmiştir.

1. **Türkçede bulunan sesleri simgeleyen ve Türkçedeki benzerleri gibi seslendirilen karakterler:**

    b, c, ç, d, f, g, h, j, k, l, m, n, p, r, s, ş, t, v, y, z

2. **Türkçede bulunmayan sesleri simgeleyen karakterler:**

    A. Ünsüzleri simgeleyen karakterler:

ng.	(rîng)	ring
ngg	(fîng´gır)	finger
ngk	(îngk)	ink
th	(thîn)	thin
dh	(dhı)	the
w	(wi)	we
hw	(hway)	why

    B. Ünlüleri simgeleyen karakterler:

a	(kar)	car
ä	(kät)	cat
e	(met)	met
ı	(ıbʌv´)	above
i	(hil)	heal
î	(îz)	is
ô	(dôg)	dog
o	(so)	so
û	(gûd)	good
u	(du)	do
ʌ	(ʌp)	up
ıl	(kʌp´ıl)	couple
ım	(prîz´ım)	prism
ın	(ri´zın)	reason
ır	(bırn)	burn

3. **Vurgulu hecelerden sonra (´) işareti kullanılmıştır.**

XII

English-Turkish
İngilizce-Türkçe

Aa

A, a • a (ey)
/isim/ A, İngiliz alfabesinin ilk harfi

a • a (ı, ey)
/belirsiz tanımlık/ (Ünsüzle başlayan
sözcüklerden önce kullanılır.) **bir,
herhangi bir:** a sunny day güneşli bir
gün twice a year bir yılda iki kez

abacus • ab.a.cus (äb´ıkıs)
/isim/ çoğul abacuses/abaci • **sayıbon-
cuğu, abaküs**

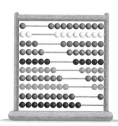

abandon • a.ban.don (ıbän´dın)
/fiil/ abandons, abandoning, abandoned •
bırakmak, terk etmek: They aban-
doned the village because of drought.
Kuraklık nedeniyle köyü terk ettiler.
abandon ship **gemiyi terk etmek**

abbreviation • ab.bre.vi.a.tion
(ıbriviyey´şın) /isim/ çoğul abbreviations •
kısaltma

ABC's • ABC's (eybisiz´)
/isim/ **alfabe, abece**

abdomen • ab.do.men (äb´dımın)
/isim/ çoğul abdomens • **karın**

ability a.bil.i.ty • (ıbîl´ıti)
/isim/ çoğul abilities • **yetenek, kabiliyet:**
Ayşe is a pianist of extraordinary
ability. Ayşe, olağanüstü yeteneği
olan bir piyanisttir.
natural ability **doğal yetenek**

able • a.ble (ey´bıl)
/sıfat/ abler, ablest • **yetenekli, kabiliyetli**
be able to **-ebilmek:** be able to go
gidebilmek I don't think I'll be able
to call you tomorrow. Yarın sana
telefon edebileceğimi sanmıyorum.

abnormal • ab.nor.mal (äbnôr´mıl)
/sıfat/ **anormal:** abnormal behavior
anormal davranış

aboard • a.board (ıbord´)
/zarf, edat/ (gemi, uçak, tren, otobüs
v.b.) içinde; içine: He was aboard the
plane. O uçaktaydı.
go aboard **binmek:** We went aboard
the ship. Gemiye bindik.

abolish • a.bol.ish (ıbal´îş)
/fiil/ abolishes, abolishing, abolished •
**kaldırmak, yürürlükten kaldırmak,
son vermek:** He thinks hunting for
sport should be abolished. Avcılık
sporunun kaldırılması gerektiğini
düşünüyor.

about • a.bout (ıbaut´)
/edat/ **1. hakkında, ile ilgili:** Don't talk
about it! Onun hakkında konuşmayın!
2. ortalıkta, etrafta: There is no one
about. Ortalıkta kimse yok.
How about ...? (What about ...?)
(Teklif amacıyla kullanılır.) **-e ne
dersin(iz)?:** How about a walk?
Yürüyüşe çıkmaya ne dersin?
/zarf/ **yaklaşık, aşağı yukarı, kadar:**
about fifty people yaklaşık elli kişi
about six o'clock saat altı sularında

above • a.bove (ıbʌv´)
/edat/ **1. (somut olarak) yukarısında;
yukarısına:** above the trees ağaçların
yukarısında **2. (soyut olarak)
üstünde, üzerinde:** above average
ortalamanın üzerinde
above all **her şeyden önce, her şeyden
önemlisi**
/zarf/ **yukarıda; yukarıya:** He looked

at the plane above. Yukarıya,
uçağa baktı. "As I stated above ..."
"Yukarıda belirttiğim gibi ..."

abroad • a.broad (ıbrôd´)
/zarf/ **yurtdışında; yurtdışına**
go abroad **yurtdışına gitmek:** He
went abroad to study underwater
photography. Sualtı fotoğrafçılığı
okumak için yurtdışına gitti.

abrupt • a.brupt (ıbrʌpt´)
/sıfat/ **ani, birdenbire oluveren,
apansız:** abrupt climate changes ani
iklim değişiklikleri

abruptly • a.brupt.ly (ıbrʌpt´li)
/zarf/ **aniden, birdenbire, birden:** The
movie ended abruptly. Film aniden
sona erdi.

absence • ab.sence (äb´sıns)
/isim/ **yokluk, bulunmama:** We felt
her absence deeply. Onun yokluğunu
derinden hissettik.

absent • ab.sent (äb´sınt)
/sıfat/ (from) **yok; hazır bulunmayan;
mevcut olmayan:** She was absent from
school yesterday. Dün okulda yoktu.

absolute • ab.so.lute (äb´sılut)
/sıfat/ **1. tam, eksiksiz:** absolute
confidence tam güven **2. mutlak,
sınırsız:** absolute power sınırsız güç
3. kesin: absolute proof kesin kanıt

absolutely • ab.so.lute.ly (äb´sılutli)
/zarf/ **kesinlikle, tamamen:** You're
absolutely right! Kesinlikle haklısın!

absorb • ab.sorb (ıbsôrb´, ıbzôrb´,
äbsôrb´, äbzôrb´) /fiil/ absorbs, absorb-
ing, absorbed • **içine çekmek, soğur-**

mak, emmek: The sponge absorbed all of the spilt ink. Sünger, dökülen mürekkebin tamamını emdi.

abstract • ab.stract (äb´sträkt) /sıfat/ soyut: an abstract painting soyut bir resim

absurd • ab.surd (ıbsırd´) /sıfat/ saçma, abes, absürd: an absurd suggestion saçma bir öneri

abundance • a.bun.dance (ıbʌn´dıns) /isim/ bolluk, çokluk; bereket

abundant • a.bun.dant (ıbʌn´dınt) /sıfat/ bol, çok; bereketli: Trout are abundant in that stream. O derede alabalık bol.

academic • ac.a.dem.ic (äkıdem´îk) /sıfat/ akademik: an academic study akademik bir çalışma
academic year öğretim yılı

academy • a.cad.e.my (ıkäd´ımi) /isim/ çoğul academies • akademi, yüksekokul

accelerate • ac.cel.er.ate (äksel´ıreyt) /fiil/ accelerates, accelerating, accelerated • hızlandırmak; hızlanmak: New machines accelerated the production process. Yeni makineler üretim sürecini hızlandırdı.

accent • ac.cent (äk´sent) /isim/ çoğul accents • 1. şive, ağız: She speaks with southern accent. Güney şivesiyle konuşur. 2. vurgu, aksan: The word 'pencil' has its accent on the first syllable. 'Pencil' sözcüğünde vurgu ilk hecededir.

accept • ac.cept (äksept´) /fiil/ accepts, accepting, accepted • 1. kabul etmek; kabullenmek: accept a proposal bir öneriyi kabul etmek accept the situation durumu kabullenmek 2. (sunulan bir şeyi) almak: accept an award bir ödül almak

acceptable • ac.cept.a.ble (äksep´tıbıl) /sıfat/ kabul edilir, makbul: an acceptable solution kabul edilir bir çözüm

access • ac.cess (äk´ses) /isim/ 1. giriş, geçit: The access to the bridge is blocked. Köprüye giriş kapalı. 2. erişme, erişim: Do you have access to those files? O dosyalara erişimin var mı?

accessible • ac.ces.si.ble (äkses´ıbıl) /sıfat/ ulaşılabilir; kolaylıkla ulaşılabilen: The campground is accessible only by boat. Kamp yerine yalnızca tekneyle ulaşılabilir.

accident • ac.ci.dent (äk´sıdınt) /isim/ çoğul accidents • kaza (kötü olay) have an accident kaza geçirmek: Have you ever had an accident? Hiç kaza geçirdin mi?
by accident kazara, yanlışlıkla; tesadüfen: We met him by accident. Biz onunla tesadüfen karşılaştık.

accidentally • ac.ci.den.tal.ly
(äksıden´tıli) /zarf/ kazara, yanlışlık-
la; tesadüfen: I accidentally pressed
the wrong button. Kazara yanlış
düğmeye bastım.

accommodate • ac.com.mo.date
(ıkam´ıdeyt) /fiil/ accommodates,
accommodating, accommodated •
barındırmak; -in –e yetecek kadar
yeri olmak, almak: This dormitory
can accommodate twenty students
at most. Bu yatakhane en fazla yirmi
öğrenci barındırabilir.

accommodation • ac.com.mo.da.tion
(ıkamıdey´şın) /isim/ çoğul accommo-
dations • kalacak yer

accompany • ac.com.pa.ny
(ıkʌm´pıni) /fiil/ accompanies, accom-
panying, accompanied • 1. eşlik etmek,
refakat etmek; birlikte gitmek 2.
(müzik) eşlik etmek: He accom-
panied the soprano on the piano.
Sopranoya piyanoda eşlik etti.

accomplish • ac.com.plish
(ıkam´plîş) /fiil/ accomplishes, accom-
plishing, accomplished • başarmak,
becermek, üstesinden gelmek: I
knew you could accomplish every-
thing you wanted. İstediğin her şeyi
başarabileceğini biliyordum.

accomplishment • ac.com.plish.ment
(ıkam´plîşmınt) /isim/ çoğul accomplish-
ments • 1. başarı: She is proud of her
children's accomplishments. Çocuk-
larının başarılarından gurur duyuyor.
2. tamamlama, üstesinden gelme

according to • ac.cord.ing to
(ıkôr´dîng tu) /edat/ -e göre:

According to her, summer is better
than winter. Ona göre yaz, kıştan
daha iyidir. according to records
kayıtlara göre

accordion • ac.cor.di.on (ıkôr´diyın)
/isim/ çoğul accordions • akordeon
accordion door akordeon kapı

account • ac.count (ıkaunt´)
/isim/ çoğul accounts • hesap
account book hesap defteri
on account krediyle, veresiye

accountant • ac.count.ant
(ıkaun´tınt) /isim/ çoğul accountants
• muhasebeci

accounting • ac.count.ing
(ıkaun´tîng) /isim/ muhasebe

accumulate • ac.cu.mu.late
(ıkyum´yıleyt) /fiil/ accumulates,
accumulating, accumulated • toplamak,
yığmak; toplanmak, yığılmak, birik-
mek: Snow accumulated on the
roofs. Kar çatılarda birikti.

accurate • ac.cu.rate (äk´yırıt)
/sıfat/ doğru, tam, kesin: accurate
figures doğru rakamlar an accurate
diagnosis doğru bir tanı an accurate
measurement hatasız bir ölçüm

accuse • ac.cuse (ıkyuz´)
/fiil/ accuses, accusing, accused •

suçlamak: They are accused of software piracy. Yazılım korsanlığıyla suçlanıyorlar.

accustom • ac.cus.tom (ıkʌsˈtım) /fiil/ accustoms, accustoming, accustomed • **alıştırmak**

¹**ache** • ache (eyk) /isim/ çoğul aches • **ağrı, sızı, acı:** He has an ache in his chest. Göğsünde bir ağrı var.

²**ache** • ache (eyk) /fiil/ aches, aching, ached • **ağrımak, sızlamak, acımak:** My head was aching. Başım ağrıyordu.

achieve • a.chieve (ıçivˈ) /fiil/ achieves, achieving, achieved • **başarmak, yapmak; elde etmek, ulaşmak:** I achieved my goal despite difficulties. Zorluklara rağmen amacıma ulaştım.

achievement • a.chieve.ment (ıçivˈmınt) /isim/ çoğul achievements • **başarı; elde etme, kazanma:** We are proud of his achievements. Onun başarılarından gurur duyuyoruz.

acid • ac.id (äsˈîd) /isim/ çoğul acids • **asit** acid rain **asit yağmuru:** Acid rain kills crops. Asit yağmuru, ekinleri öldürür.

acknowledge • ac.knowl.edge (äknalˈîc) /fiil/ acknowledges, acknowledging, acknowledged • (bir gerçeği) **kabul etmek**

acorn • a.corn (eyˈkôrn) /isim/ çoğul acorns • **meşe palamudu**

acquaintance • ac.quaint.ance (ıkweynˈtıns) /isim/ çoğul acquaintances • **tanıdık, tanış**

acquire • ac.quire (ıkwayrˈ) /fiil/ acquires, acquiring, acquired • **elde etmek, edinmek:** acquire a bad habit **kötü bir alışkanlık edinmek**

acrobat • ac.ro.bat (äkˈrıbät) /isim/ çoğul acrobats • **akrobat, cambaz**

acrobatics • ac.ro.bat.ics (äkrıbätˈîks) /isim/ **akrobasi, cambazlık:** perform acrobatics **akrobasi yapmak**

across • a.cross (ıkrôsˈ) /edat/ **1. bir tarafından öbür tarafına, karşıdan karşıya, boydan boya:** There is a bridge across the river. Nehrin üzerinde bir köprü var. **2. karşısında; karşısına; ötesinde:** The post office is across the road. Postane yolun karşısında. /zarf/ **karşıdan karşıya, çaprazlama:** He can swim across the pool. Havuzu boydan boya yüzebilir.

¹act • act (äkt)
/isim/ çoğul acts • 1. hareket, eylem:
a careless act dikkatsiz bir hareket
caught in the act suçüstü yakalan-
mış: The thief was caught in the act.
Hırsız suçüstü yakalandı. 2. (tiyatro)
bölüm, perde: the first act of the
play oyunun ilk perdesi

²act • act (äkt)
/fiil/ acts, acting, acted • 1. davranmak,
hareket etmek: You should act like
an adult. Bir yetişkin gibi hareket
etmelisin. 2. (tiyatro, sinema, TV)
oynamak: He is acting Hamlet.
Hamlet'i oynuyor.

action • ac.tion (äk´şın)
/isim/ çoğul actions • hareket, eylem
go into action harekete geçmek
out of action işlemez halde

active • ac.tive (äk´tîv)
/sıfat/ 1. etkin, hareketli, aktif: an
active life hareketli bir yaşam an
active volcano aktif bir yanardağ 2.
(dilbilgisi) etken the active voice (dil-
bilgisi) etken çatı

activity • ac.tiv.i.ty (äktîv´ıti)
/isim/ çoğul activities • etkinlik, faaliyet,
aktivite: cultural activities kültürel
etkinlikler sports activities spor
etkinlikleri

actor • ac.tor (äk´tır)
/isim/ çoğul actors • aktör, (erkek)
oyuncu

actress • ac.tress (äk´trîs)
/isim/ çoğul actresses • aktris, (kadın)
oyuncu

actual • ac.tu.al (äk´çuwıl)
/sıfat/ gerçek, doğru

actually • ac.tu.al.ly (äk´çuwıli)
/zarf/ gerçekten, aslında: No one
actually saw the monster. Kimse
canavarı gerçekten görmedi.

A.D. • A.D. (ey di´)
/kısaltma/ Anno Domini M.S. (milat-
tan sonra), İ.S. (İsa'dan sonra)

ad • ad (äd)
/isim/ çoğul ads • ilan, reklam: ad
agency reklam ajansı

adapt • a.dapt (ıdäpt´)
/fiil/ adapts, adapting, adapted • 1. uyar-
lamak, adapte etmek 2. alışmak,
ayak uydurmak: Kerem can adapt
to changing circumstances. Kerem
değişen koşullara ayak uydurabilir.

adaptation • ad.ap.ta.tion (ädıptey´şın)
/isim/ 1. çoğul adaptations • uyarlama,
adaptasyon: This play is an adapta-
tion of a famous novel. Bu oyun ünlü
bir romanın uyarlaması. 2. alışma

add • add (äd)
/fiil/ adds, adding, added • 1. eklemek,
katmak: She added milk and sugar
to the mixture. Karışıma süt ve
şeker ekledi. 2. toplamak: Add those
two figures. O iki rakamı toplayın.
add up toplamak: Let's add up the
cost of all these goods. Bu eşyaların
fiyatlarını toplayalım.
adding machine hesap makinesi

addict • ad.dict (äd´îkt)
/isim/ çoğul addicts • bağımlı, müptela:
Internet addict İnternet bağımlısı

addition • ad.di.tion (ädîş´ın)
/isim/ çoğul additions • 1. ek

in addition to **ayrıca, ek olarak**
2. **ekleme; toplama** (işlemi)

address • ad.dress (ıdres´, ä´dres)
/isim/ çoğul addresses • **adres:** mailing
address (postal address) posta adresi

adequate • ad.e.quate (äd´ıkwît)
/sıfat/ **yeterli, kâfi:** The library offers
adequate resources on this subject.
Kütüphane bu konuda yeterli kaynak
sunuyor.

adhesive • ad.he.sive (ädhi´sîv)
/sıfat/ **yapışkan, yapıştırıcı**
adhesive tape (yapıştırıcı) **bant**
/isim/ çoğul adhesives • **yapıştırıcı,
yapışkan:** Glue is an adhesive. Zamk
bir yapıştırıcıdır.

adjective • ad.jec.tive (äc´îktîv)
/isim/ çoğul adjectives • **sıfat:** The
word 'happy' is an adjective. 'Mutlu'
sözcüğü bir sıfattır.

adjust • ad.just (ıc∧st´)
/fiil/ adjusts, adjusting, adjusted •
1. **ayarlamak:** Adjust the clock now.
Saati şimdi ayarla. 2. **to -e alışmak,
-e uyum sağlamak:** Our eyes adjust-
ed to the darkness. Gözlerimiz
karanlığa alıştı.

administration • ad.min.is.tra.tion
(ädmînîstrey´şın) /isim/ çoğul admin-

istrations • **yönetim, idare:** school
administration okul yönetimi

administrator • ad.min.is.tra.tor
(ädmîn´îstreytır) /isim/ çoğul adminis-
trators • **yönetici, idareci**

admiration • ad.mi.ra.tion
(ädmırey´şın) /isim/ **takdir, beğenme**

admire • ad.mire (ädmayr´)
/fiil/ admires, admiring, admired • **beğen-
mek; hayran olmak, hayran kalmak:**
I admired him for his courage.
Cesareti nedeniyle ona hayran oldum.

admission • ad.mis.sion (ädmîş´ın)
/isim/ **içeri alma; kabul; giriş:** No
admission. Giriş yasak.

admit • ad.mit (ädmît´)
/fiil/ admits, admitting, admitted • **içeri
almak; kabul etmek:** The depart-
ment admits 20 students each year.
Bölüm her yıl 20 öğrenci alıyor.

adolescence • ad.o.les.cence
(ädıles´ıns) /isim/ **ergenlik,
ergenlik çağı**

adolescent • ad.o.les.cent (ädıles´ınt)
/sıfat/ **ergen, ergenlik çağında olan**
/isim/ çoğul adolescents • **ergen, ergen-
lik çağında olan genç:** This book is
recommended for adolescents. Bu
kitap ergenlere tavsiye ediliyor.

adopt • a.dopt (ıdapt´)
/fiil/ adopts, adopting, adopted • 1. **evlat
edinmek:** They adopted a baby. Bir
bebek evlat edindiler.
adopted child **evlatlık, manevi evlat**
2. **benimsemek, edinmek:** adopt a
new idea yeni bir fikri benimsemek

adoption • a.dop.ion (ıdap´şın)
/isim/ 1. çoğul adoptions • evlat edinme
2. benimseme, edinme

adorable • a.dor.a.ble (ıdôr´ıbıl)
/sıfat/ tapınılacak, çok güzel ve
sevimli: Kittens are adorable. Kedi
yavruları çok sevimlidir.

adore • a.dore (ıdôr´)
/fiil/ adores, adoring, adored • tapınmak,
tapmak, çılgınca sevmek

adult • a.dult (ıdʌlt´)
/sıfat/ yetişkin, erişkin
adult education yetişkin eğitimi
/isim/ çoğul adults • yetişkin, erişkin:
Some adults behave like children.
Bazı yetişkinler çocuk gibi davranır.

¹advance • ad.vance (ädväns´)
/fiil/ advances, advancing, advanced •
ilerletmek; ilerlemek: Rebels advanced
toward the castle. İsyancılar kaleye
doğru ilerlediler.

²advance • ad.vance (ädväns´)
/isim/ çoğul advances • 1. ilerleme, ileri
gitme: We have to stop the enemy's
advance. Düşmanın ilerlemesini
durdurmalıyız.
2. ilerleme, gelişme: advances in
technology teknolojide gelişmeler
3. avans: He wanted an advance on
next month's salary. Gelecek ayki
maaşından avans istedi.

advanced • ad.vanced (ädvänst´)
/sıfat/ ilerlemiş, ileri: I am attending
an advanced English course. Bir ileri
İngilizce kursuna devam ediyorum.

advantage • ad.van.tage (ädvän´tîc)

/isim/ çoğul advantages • 1. üstünlük,
avantaj: His height gave him an
advantage over his opponent. Boyu,
rakibine karşı ona avantaj sağladı.
2. yarar, fayda: Is there any advan-
tage in changing your job? İşini
değiştirmenin bir yararı var mı?

advantageous • ad.van.ta.geous
(ädvıntey´cıs) /sıfat/ avantajlı, yararlı,
faydalı

adventure • ad.ven.ture (ädven´çır)
/isim/ çoğul adventures • macera,
serüven: Do you like adventure
films? Macera filmlerini sever misin?

adverb • ad.verb (äd´vırb)
/isim/ çoğul adverbs • zarf, belirteç

adverse • ad.verse (ädvırs´)
/sıfat/ kötü, elverişsiz: adverse
weather conditions elverişsiz hava
koşulları

advertise • ad.ver.tise (äd´vırtayz)
/fiil/ advertises, advertising, advertised •
tanıtmak, reklamını yapmak: They
advertised a new brand of tooth-
paste. Yeni bir diş macunu markasını
tanıttılar.

advertisement • ad.ver.tise.ment
(ädvırtayz´mınt) /isim/ çoğul advertise-
ments • ilan, reklam

advice • ad.vice (ıdvays´)
/isim/ öğüt, nasihat, tavsiye: He
followed the doctor's advice.
Doktorun tavsiyesine uydu.

advise • ad.vise (ıdvayz´)
/fiil/ advises, advising, advised • öğütle-

mek, tavsiye etmek: He advised me to read that book. O kitabı okumamı tavsiye etti.

Aegean • Ae.ge.an (îci´yın)
/sıfat/ Ege
the Aegean Sea Ege Denizi

aerial • aer.i.al (er´iyıl)
/isim/ çoğul aerials • anten: They have an aerial on the roof. Çatılarında bir anten var.

aerobics • aer.o.bics (ero´bîks)
/isim/ aerobik

aeroplane • aer.o.plane (er´ıpleyn)
/isim/ çoğul aeroplanes • bkz. airplane

aesthetic • aes.thet.ic (esthet´îk)
/sıfat/ estetik, güzelduyusal

affair • af.fair (ıfer´)
/isim/ çoğul affairs • sorun, mesele: It's not my affair. Benim sorunum değil.
current affairs güncel olaylar

affect • af.fect (ıfekt´)
/fiil/ affects, affecting, affected •
1. etkilemek: The rain will affect our journey. Yağmur yolculuğumuzu etkileyecek. 2. dokunmak, duygu-landırmak: This song affected me deeply. Bu şarkı bana çok dokundu.

affection • af.fec.tion (ıfek´şın)

/isim/ şefkat, sevgi: Her mother shows her great affection no matter what. Annesi ne olursa olsun ona büyük sevgi gösteriyor.

affirmative • af.firm.a.tive (ıfır´mıtîv)
/sıfat/ olumlu: an affirmative answer olumlu bir yanıt

affluent • af.flu.ent (äf´luwınt)
/sıfat/ zengin, gönençli: affluent societies zengin toplumlar

afford • af.ford (ıfôrd´)
/fiil/ affords, affording, afforded •
1. parası yetmek; gücü yetmek: I can't afford to rent this flat. Bu daireyi kiralamaya param yetmez.
2. -e dayanmak, -i kaldırmak: The city can't afford another earthquake. Şehir bir depremi daha kaldıramaz.

afraid • a.fraid (ıfreyd´)
/sıfat/ korkmuş
be afraid of -den korkmak: She is afraid of mice. Fareden korkar.
I'm afraid, ... Korkarım ki ...;
Üzgünüm ki ...: I'm afraid I can't go to the concert with you. Korkarım ki seninle konsere gelemeyeceğim.

Africa • Af.ri.ca (äf´rîkı)
/isim/ Afrika

African • Af.ri.can (äf´rîkın)
/sıfat/ 1. Afrika'ya özgü 2. Afrikalı
/isim/ çoğul Africans • Afrikalı

after • af.ter (äf´tır)
/edat/ sonra, ardından: Oya went home after school. Oya okuldan sonra eve gitti. at a quarter after three üçü çeyrek geçe
after all yine de, buna rağmen

afternoon • af.ter.noon (äftırnun´)
/isim/ çoğul afternoons • **öğleden sonra:** She spent the afternoon in the library. Öğleden sonrayı kütüphanede geçirdi.

afterwards • af.ter.wards (äf´tırwırdz)
/zarf/ **sonra, sonradan:** We had dinner and afterwards I took her to the movies. Akşam yemeği yedik ve sonra onu sinemaya götürdüm.

again • a.gain (ıgen´)
/zarf/ **tekrar, yine, bir daha:** Let's try again. Tekrar deneyelim.
again and again tekrar tekrar, sık sık, defalarca

against • a.gainst (ıgenst´)
/edat/ **1. karşı:** against the current akıntıya karşı **2. aleyhinde, karşı:** a protest against nuclear energy nükleer enerjiye karşı bir protesto

age • age (eyc)
/isim/ çoğul ages • **1. yaş:** What is your brother's age? Kardeşinin yaşı kaç?
age group yaş grubu
age limit yaş sınırı
mental age akıl yaşı, zekâ yaşı
of age yaşı tutan
under age yaşı tutmayan
2. çağ, devir, dönem
prehistoric ages tarihöncesi çağlar
the Ice Age buzul devri
the Space Age uzay çağı
the Stone Age taş devri

agency • a.gen.cy (ey´cınsi)
/isim/ çoğul agencies • **acente; ajans:** advertising agency reklam ajansı news agency haber ajansı travel agency seyahat acentesi

agenda • a.gen.da (ıcen´dı)
/isim/ çoğul agendas • **gündem:** The president sets the agenda for each meeting. Her toplantının gündemini başkan belirler.

agent • a.gent (ey´cınt)
/isim/ çoğul agents • **1. acente, temsilci 2. ajan**

aggression • ag.gres.sion (ıgreş´ın)
/isim/ **saldırganlık**

aggressive • ag.gres.sive (ıgre´sîv)
/sıfat/ **saldırgan, agresif:** an aggressive dog saldırgan bir köpek

agile • ag.ile (äc´ıl)
/sıfat/ **çevik**

ago • a.go (ıgo´)
/zarf/ **önce, evvel:** She was here an hour ago. Bir saat önce buradaydı. He left the camp two days ago. Kamptan iki gün önce ayrıldı.
a long time ago uzun zaman önce

agree • a.gree (ıgri´)
/fiil/ agrees, agreeing, agreed • **1.** (to) **(-e) razı olmak, (-i) kabul etmek:** He agreed to all my conditions. Tüm şartlarımı kabul etti. **2.** (with) **(ile) hemfikir olmak:** I agree with you completely. Sizinle tamamen aynı fikirdeyim.

agreement • a.gree.ment (ıgri´mınt)
/isim/ çoğul agreements • **anlaşma, sözleşme**

agricultural • ag.ri.cul.tur.al (ägrıkʌl´çırıl) /sıfat/ **tarımsal, zirai:** agricultural laborer tarım işçisi agricultural products tarım ürünleri

agriculture • ag.ri.cul.ture
(äg´rıkʌlçır) /isim/ tarım, ziraat
ecological agriculture **ekolojik tarım**
organic agriculture **organik tarım**

ah • ah (a)
/ünlem/ **Ah!** (Özlem/beğenme/
pişmanlık/öfke/sevgi belirtir.)

ahead • a.head (ıhed´)
/zarf/ **ileri, ileride, önde:** The road
ahead is foggy. Yolun ilerisi sisli.
ahead of **önünde**

¹aid • aid (eyd)
/isim/ **yardım:** emergency aid **acil
yardım** humanitarian aid **insani
yardım** first aid **ilkyardım**
first aid kit **ilkyardım seti**
in aid of **yararına, -e yardım için:**
They gave a concert in aid of poor
people. Fakir halk yararına konser
verdiler.

²aid • aid (eyd)
/fiil/ aids, aiding, aided • **yardım
etmek:** This dictionary will aid your
language learning. Bu sözlük dil
öğreniminize yardım edecektir.

AIDS • AIDS (eydz)
/kısaltma/ acquired immune deficiency
syndrome /isim/ **AIDS**

¹aim • aim (eym)
/isim/ çoğul aims • **amaç, hedef:**

What's your aim? Amacın nedir?
take aim **nişan almak:** The hunter
took aim and fired. Avcı nişan aldı ve
ateş etti.

²aim • aim (eym)
/fiil/ aims, aiming, aimed • **1. ... niyetin-
de olmak:** We aim to arrive there
at night. Oraya geceleyin ulaşmak
niyetindeyiz. **2.** at **-i hedeflemek, -i
amaçlamak 3.** at **-e nişan almak;**
(silahı) **-e doğrultmak:** He aimed
the gun at the target. Silahı hedefe
doğrulttu.

aimless • aim.less (eym´lıs)
/sıfat/ **amaçsız, gayesiz**

air • air (er)
/isim/ **hava:** I need some fresh air.
Biraz temiz havaya ihtiyacım var.
air bag **hava yastığı**
air conditioner **klima, iklimleme
aygıtı**
air force **hava kuvvetleri**
air hostess **hava hostesi**
air pollution **hava kirliliği**
air pressure **hava basıncı**
air traffic **hava trafiği**
by air **uçakla**

air-conditioned • air-con.di.tioned
(erkındî´şınd) /sıfat/ **klimalı**

aircraft • air.craft (er´kräft)
/isim/ çoğul aircraft • **hava taşıtı, uçak**
aircraft carrier **uçak gemisi**

airline • aır.line (er´layn)
/isim/ çoğul airlines • **havayolu,
havayolu şirketi**

airmail • air.mail (er´meyl)
/isim/ **uçak postası:** She sent the

package by airmail. Paketi uçak postasıyla gönderdi.

airplane • air.plane (er´pleyn) /isim/ çoğul airplanes • **uçak** Ing. **aeroplane**

airport • air.port (er´pôrt) /isim/ çoğul airports • **havalimanı, havaalanı**

airway • air.way (er´wey) /isim/ çoğul airways • **havayolu**

aisle • aisle (ayl) /isim/ çoğul aisles • **sıralar arası yol, geçenek:** Everybody was dancing in the aisles. Herkes sıraların arasında dans ediyordu. aisle seat (uçak, tren, otobüs v.b.'nde) **koridor tarafındaki koltuk**

alarm • a.larm (ılarm´) /isim/ 1. çoğul alarms • **alarm, tehlike işareti** alarm clock **çalar saat** smoke alarm **duman alarmı** 2. **korku, panik, telaş:** There is no reason for alarm. Telaşa gerek yok.

album • al.bum (äl´bım) /isim/ çoğul albums • **albüm:** We pasted the photos in the album. Fotoğrafları albüme yapıştırdık. You have to listen to her new album. Onun yeni albümünü dinlemelisiniz. stamp album **pul albümü**

alcohol • al.co.hol (äl´kıhôl) /isim/ **alkol; alkollü içki:** Alcohol causes many health problems. Alkol, birçok sağlık sorununa neden olur.

alcohol-free • al.co.hol-free (äl´kıhôl. fri) /sıfat/ **alkolsüz**

alcoholic • al.co.hol.ic (älkıhô´lîk) /sıfat/ 1. **alkollü** 2. **alkolik** /isim/ çoğul alcoholics • **alkolik**

alert • a.lert (ılırt´) /sıfat/ **uyanık, tetikte olan, dikkatli:** He is an alert guard. O dikkatli bir koruma görevlisidir. be alert to danger **tehlikeye karşı tetikte olmak:** Students should be alert to danger. Öğrenciler tehlikeye karşı uyanık olmalıdırlar.

algebra • al.ge.bra (äl´cıbrı) /isim/ **cebir**

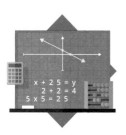

alien • al.ien (ey´liyın) /isim/ çoğul aliens • **yabancı, ecnebi; uzaylı**

align • a.lign (ılayn´)
/fiil/ aligns, aligning, aligned • **1. hizala-**
mak, aynı hizaya getirmek 2. sıraya
koymak

alike • a.like (ılayk´)
/sıfat/ **birbirine benzer:** Not all twins
are alike. Tüm ikizler birbirine
benzemez.

alive • a.live (ılayv´)
/sıfat/ **sağ, canlı, hayatta, diri:**
My great grandmother is still alive.
Büyük ninem hâlâ sağ.

all • all (ôl)
/sıfat/ **bütün, tüm:** He worked all
day. Bütün gün çalıştı. Can all birds
fly? Tüm kuşlar uçabilir mi?
/zarf/ **tamamıyla:** He was all alone.
Yapayalnızdı.
all but **neredeyse**
all over **tamamen:** The puppy was
wet all over. Köpek yavrusu tama-
men ıslaktı.
All right. **Peki.**
All right! **Aferin!**
all the better **daha iyi**
all the same **yine de**
be all right **1. iyi olmak:** Are you all
right? İyi misin? **2. uygun olmak:** Is
it all right if she comes too? O da
gelse olur mu?
/zamir/ **hepsi:** All the books are
sold. Kitapların hepsi satıldı. All of
them attended the meeting. Hepsi
toplantıya katıldı.
Not at all! **Bir şey değil!** (Thank you!
sözüne karşılık)

allergic • al.ler.gic (ılır´cîk)
/sıfat/ **alerjik:** Some people are
allergic to eggs. Bazı insanların
yumurtaya alerjisi var.

allergy • al.ler.gy (äl´ırci)
/isim/ çoğul allergies • **alerji**
have an allergy to **-e alerjisi olmak:**
She has an allergy to pollen. Onun
çiçektozuna alerjisi var.

alley • al.ley (äl´i)
/isim/ çoğul alleys • **dar sokak, ara yol:**
There is an alley behind the museum.
Müzenin arkasında bir ara yol var.

alliance • al.li.ance (ılay´ıns)
/isim/ çoğul alliances • **ittifak, anlaşma**

alligator • al.li.ga.tor (äl´ıgeytır)
/isim/ çoğul alligators • **amerikatimsahı**

allow • al.low (ılau´)
/fiil/ allows, allowing, allowed • **izin ver-**
mek: His father doesn't allow him
to stay out late. Babası dışarıda geç
saate kadar kalmasına izin vermiyor.

allowance • al.low.ance (ılau´wıns)
/isim/ **harçlık**

ally • al.ly (äl´ay)
/isim/ çoğul allies • **müttefik:** Germany
and the Ottoman Empire were allies
in the First World War. Almanya'yla
Osmanlı İmparatorluğu, Birinci
Dünya Savaşı'nda müttefikti.

almond • al.mond (am´ınd)
/isim/ çoğul almonds • **badem**

almost • al.most (ôlmost´)
/zarf/ 1. hemen hemen, neredeyse:
The picture is almost finished.
Resim neredeyse bitti. 2. az kaldı,
az kalsın, az daha, neredeyse: He
almost fell. Az kaldı düşecekti.

alone • a.lone (ılon´)
/sıfat/ yalnız; kimsesiz: He was
alone at home. Evde yalnızdı.
/zarf/ yalnız, yalnız başına, tek başına
leave/let (someone) alone (birini)
kendi haline bırakmak: Leave me
alone. Beni yalnız bırakın.

along • a.long (ılông´)
/edat/ boyunca: along the river nehir
boyunca He likes walking along the
street. Cadde boyunca yürüyüş yap-
mayı sever.
/zarf/ (with) ile beraber: He came
along with us. Bizimle birlikte geldi.

aloud • a.loud (ılaud´)
/zarf/ yüksek sesle: You shouldn't
speak aloud in the library.
Kütüphanede yüksek sesle
konuşmamalısınız.

alphabet • al.pha.bet (äl´fıbet)
/isim/ çoğul alphabets • alfabe, abece:
There are 26 letters in the English
alphabet. İngiliz alfabesinde 26 harf
vardır.

alphabetical • al.pha.bet.i.cal
(älfıbet´îkıl) /sıfat/ alfabetik
alphabetical order alfabetik sıra

already • al.read.y (ôlred´i)
/zarf/ 1. (Türkçede genellikle çeviri-
siz kalır.) şimdiden, halen: Is it six
o'clock already? Saat altı oldu mu?
2. önce, daha önce: I've already
seen that film. O filmi daha önce
görmüştüm.

also • al.so (ôl´so)
/zarf/ bir de, de, da, dahi: It was cold
and it was also wet. Hava soğuktu
ve bir de yağmurluydu.

alter • al.ter (ôl´tır)
/fiil/ alters, altering, altered • değiştir-
mek; değişmek: These glasses
altered his appearance. Bu gözlük
onun görünüşünü değiştirdi.

alternative • al.ter.na.tive (ôltır´nıtîv)
/isim/ çoğul alternatives • seçenek, şık,
alternatif: We had two alternatives.
İki seçeneğimiz vardı.

although • al.though (ôl.dho´)
/bağlaç/ -diği halde, ise de, olmakla
beraber, -e rağmen: Although he's
old, he's a good dancer. Yaşlı olma-
sına rağmen iyi bir dansçıdır.

altitude • al.ti.tude (äl´tıtud)
/isim/ çoğul altitudes • yükseklik; yükselti

altogether • al.to.geth.er (ôltıgedh´ır)
/zarf/ tamamıyla, bütünüyle: It's a
different idea altogether.
O tamamıyla farklı bir fikir.

aluminum • a.lu.mi.num (ılu´mınım)
/isim/ alüminyum

always • al.ways (ôl´weyz)
/zarf/ daima, her zaman: The sun
always sets in the west. Güneş her
zaman batıdan batar.
as always her zamanki gibi, her
zaman olduğu gibi: As always, Alper
came in first in the race. Her zaman-
ki gibi Alper koşuda birinci geldi.
A.M., a.m. • **a.m.** (ey em´)
/kısaltma/ ante meridiem öğleden
önce (saat 24.00-12.00 arası): It's
2:30 A.M. Saat 2.30.

am • am (äm)
/fiil/ (be fiilinin şimdiki zaman birinci
tekil kişi biçimi) -im: I am a sculptor.
Ben heykeltıraşım.

amateur • am.a.teur (äm´ıçûr)
/isim/ çoğul amateurs • amatör: The
team is made up of amateurs. Takım
amatörlerden oluşuyor.

amaze • a.maze (ımeyz´)
/fiil/ amazes, amazing, amazed • hayrete
düşürmek, şaşkına çevirmek

amazing • a.maz.ing (ımey´zîng)
/sıfat/ şaşırtıcı, müthiş: He told me
an amazing story. Bana müthiş bir
öykü anlattı.

ambassador • am.bas.sa.dor
(ämbäs´ıdır) /isim/ çoğul ambassadors •
büyükelçi: The Chinese ambassador
visited our city last year. Geçen yıl Çin
büyükelçisi şehrimizi ziyaret etti.

ambiguous • am.big.u.ous
(ämbîg´yuwıs) /sıfat/ birden fazla
anlama gelebilen; ne olduğu belirsiz:
She asked an ambiguous question.
Birden fazla anlama gelebilecek bir
soru sordu.

ambition • am.bi.tion (ämbîş´ın)
/isim/ çoğul ambitions • bir şeyi
başarma/elde etme tutkusu; (uzun
zamandır güdülen) büyük amaç

ambitious • am.bi.tious (ämbîş´ıs)
/sıfat/ bir şeyi başarma/elde etme
tutkusuyla yanıp tutuşan, hırslı: My
cousin is more ambitious than me.
Kuzenim benden daha hırslı.

ambulance • am.bu.lance
(äm´byılıns) /isim/ çoğul ambulances •
cankurtaran, ambülans: Let's call an
ambulance. Bir ambülans çağıralım.

America • A.mer.i.ca (ımer´ıkı)
/isim/ Amerika
Central America Orta Amerika
North America Kuzey Amerika
South America Güney Amerika
the United States of America bkz. USA

American • A.mer.i.can (ımer´ıkın)
/sıfat/ 1. Amerikan, Amerika'ya özgü
2. Amerikalı, Amerikan
/isim/ çoğul Americans • Amerikalı

among • a.mong (ımʌng´)
/edat/ arasına, arasında, içinde:
He saw a deer among the trees.
Ağaçların arasında bir geyik gördü.

amount • a.mount (ımaunt´)
/isim/ çoğul amounts • 1. miktar: He
earned a large amount of money.
Büyük miktarda para kazandı.
2. tutar, toplam: What's the amount
of your debt? Toplam borcun nedir?

amuse • a.muse (ımyuz´)
/fiil/ amuses, amusing, amused •
eğlendirmek; oyalamak; güldürmek:
The clown amused the children.
Palyaço, çocukları eğlendirdi.

amusement • a.muse.ment
(ımyuz´mınt) /isim/ çoğul amusements
• eğlence amusement park, İng. fun-
fair lunapark

an • an (ın, än)
/belirsiz tanımlık/ (Ünlü ile başlayan
sözcüklerden önce kullanılır.) bir,
herhangi bir: She added an egg to the
mixture. Karışıma bir yumurta ekledi.

analysis • a.nal.y.sis (ınäl´ısîs)
/isim/ çoğul analyses • tahlil, çözüm-
leme, analiz: chemical analysis
kimyasal analiz

analyze • an.a.lyze (än´ılayz)
/fiil/ analyzes, analyzing, analyzed • tahlil
etmek, çözümlemek, analiz etmek
İng. analyse

Anatolia • An.a.to.li.a (änıto´liyı)
/isim/ Anadolu: Anatolia forms
the Asian part of Turkey. Anadolu,
Türkiye'nin Asya'daki kısmını
oluşturur.

Anatolian • An.a.to.li.an (änıto´liyın)
/sıfat/ 1. Anadolu'ya özgü 2. Anadolulu
/isim/ çoğul Anatolians • Anadolulu

anatomy • a.nat.o.my (ınät´ımi)
/isim/ 1. anatomi, gövdebilim
2. anatomi, gövde yapısı

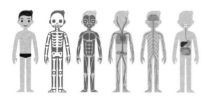

ancestor • an.ces.tor (än´sestır)
/isim/ çoğul ancestors • ata, cet: Our

ancestors also lived in this village.
Atalarımız da bu köyde yaşamıştı.

anchor • an.chor (äng´kır)
/isim/ çoğul anchors • demir, çapa, lenger
cast anchor (drop anchor) demir
atmak, demirlemek

ancient • an.cient (eyn´şınt)
/sıfat/ çok eski, antik: ancient civiliza-
tions eski uygarlıklar

and • and (änd)
/bağlaç/ ve; ile: animals and plants
hayvanlar ve bitkiler He looked
around and ran away. Etrafına baktı
ve kaçıp gitti.

anecdote • an.ec.dote (än´îkdot)
/isim/ çoğul anecdotes • anekdot,
öykücük, fıkra

angel • an.gel (eyn´cıl)
/isim/ çoğul angels • melek: Ayşe is
like an angel. Ayşe melek gibidir.

anger • an.ger (äng´gır)
/isim/ öfke, hiddet: He couldn't over-
come his anger. Öfkesini yenemedi.
in anger öfkeyle

angle • an.gle (äng´gıl)
/isim/ çoğul angles • açı: Right angle
is an angle of 90 degrees. Dik açı 90
derecedir.
acute angle dar açı
obtuse angle geniş açı
plane angle doğru açı
right angle dik açı

angry • an.gry (äng´gri)
/sıfat/ angrier, angriest • öfkeli, hiddetli,
kızgın: His stubbornness makes
me angry. İnatçılığı beni kızdırıyor.
be angry about -e sinir olmak
be angry at -e kızgın olmak
be angry with someone birine
gücenmiş olmak: My father was
angry with me. Babam bana
gücendi.

animal • an.i.mal (än´ımıl)
/isim/ çoğul animals • hayvan
animal rights hayvan hakları
farm animals çiftlik hayvanları
the animal kingdom hayvanlar âlemi

ankle • an.kle (äng´kıl)
/isim/ çoğul ankles • ayak bileği
sprained ankle burkulmuş ayak

anniversary • an.ni.ver.sa.ry
(änıvır´sırı) /isim/ çoğul anniversaries
• yıldönümü: Last year was the
tenth anniversary of his graduation.
Geçen yıl mezuniyetinin onuncu
yıldönümüydü.

announce • an.nounce (ınauns´)
/fiil/ announces, announcing, announced •
bildirmek, ilan etmek, duyurmak:
He announced the winners of the
competition. Yarışmanın galiplerini
ilan etti.

announcement • an.nounce.ment
(ınauns´mınt) /isim/ çoğul announcements
• bildiri, ilan: You should check the
bulletin board for announcements.
İlanlar için panoyu takip etmelisin.

annoy • an.noy (ınoy´)
/fiil/ annoys, annoying, annoyed • sıkıntı
vermek, sinirlendirmek, canını sık-
mak: His constant snoring annoys
me. Onun sürekli horlaması beni
rahatsız ediyor.

annual • an.nu.al (än´yuwıl)
/sıfat/ yıllık: What is your annual
income? Yıllık geliriniz nedir?
annual report yıllık rapor

anonymous • a.non.y.mous
(ınan´ımıs) /sıfat/ isimsiz, anonim,
imzasız: We do not take anonymous
letters into consideration. İmzasız
mektupları dikkate almıyoruz.

another • an.oth.er (ınʌdh´ır)
/sıfat/ 1. başka, başka bir: another
time başka sefer Try it again anoth-
er day. Başka bir gün tekrar dene.
2. bir (şey) daha: Give me another
piece of cake, please. Lütfen bana
bir dilim kek daha ver.

¹answer • an.swer (än´sır)
/isim/ çoğul answers • cevap, yanıt,
karşılık: I would like to learn your
answer. Yanıtınızı öğrenmek isterim.
give an answer bir yanıt vermek

²answer • an.swer (än´sır)
/fiil/ answers, answering, answered •
yanıtlamak, cevaplamak, karşılık
vermek: Answer these questions.
Bu soruları yanıtlayın.
answering machine telesekreter

ant • ant (änt)
/isim/ çoğul ants • karınca
ants' nest karınca yuvası

Antarctic • Ant.arc.tic (äntark´tîk,
äntar´tîk) /sıfat/ Antarktik
the Antarctic Circle Güney Kutup Dairesi
/isim/ (the) Antarktika

Antarctica • ant.arc.ti.ca (äntark´tîkı)
/isim/ Antarktika

antenna • an.ten.na (änten´ı)
/isim/ 1. çoğul antennae • (hayvanlarda)
duyarga 2. çoğul antennas • anten dish
antenna çanak anten

anthem • an.them (än´thım)
/isim/ çoğul anthems • ilahi; marş
national anthem milli marş

antibiotic • an.ti.bi.ot.ic (äntîbayat´îk)
/isim/ çoğul antibiotics • antibiyotik
/sıfat/ antibiyotik: antibiotic drugs
antibiyotik ilaçlar

antonym • an.to.nym (än´tınîm)
/isim/ çoğul antonyms • karşıtanlamlı
sözcük: Find the antonyms of these
words, please. Lütfen bu sözcüklerin
karşıtanlamlılarını bulun.

anxiety • anx.i.e.ty (ängzay´ıti)
/isim/ çoğul anxieties • endişe, kaygı,
tasa: His parents felt great anxiety
when he was late. Geç kalınca anne
babası büyük endişe duydu.

anxious • anx.ious (ängk´şıs)
/sıfat/ endişeli, kaygılı, tasalı
be anxious about -i merak etmek:
Hülya was anxious about her exams.
Hülya, sınavları için kaygılanıyordu.

any • an.y (en´i)
/sıfat/ 1. hiç: Do you have any pencils?
Hiç kalemin var mı? 2. daha fazla:
She doesn't want to eat any more.
Daha fazla yemek yemek istemiyor.
3. herhangi bir: Any car will take you
there. Herhangi bir araba sizi oraya
götürür.
at any rate her neyse, neyse
at any time her an

anybody • an.y.bod.y (en´ibʌdi)
/zamir/ kimse, herhangi bir kimse:
Is there anybody at home? Evde
kimse var mı?

anyhow • an.y.how (en´ihau)
/zarf/ bkz. anyway

anymore • an.y.more (en´imôr)
/zarf/ artık: Arda doesn't live there
anymore. Arda artık orada yaşamıyor.

anyone • an.y.one (en´iwʌn)
/zamir/ bkz. anybody

anything • an.y.thing (en´ithîng)
/zamir/ bir şey; herhangi bir şey;
hiçbir şey: Do you want anything?

Bir şey ister misin? I don't want anything. Hiçbir şey istemiyorum.

anyway • an.y.way (en´iwey)
/zarf/ **1. zaten:** You can take it, I don't use it anyway. Onu alabilirsin, ben zaten kullanmıyorum. **2. neyse, her neyse:** I don't know if it was lost or stolen; anyway, it's gone. Çalındı mı, kayıp mı bilmiyorum, her neyse yok oldu. **3. yine de:** It was raining but we went swimming anyway. Yağmur yağıyordu ama yine de yüzmeye gittik.

anywhere • an.y.where (en´ihwer)
/zarf/ **bir yer; herhangi bir yer:** I couldn't find the key anywhere. Anahtarı hiçbir yerde bulamadım. Sit anywhere. Bir yere otur.

apart • a.part (ıpart´)
/zarf/ **ayrı, bir tarafa; bir tarafta:** He decided to live apart. Ayrı yaşamaya karar verdi.
apart from **sayılmazsa, bir yana:** Apart from some spelling mistakes, it's a good book. Bazı yazım yanlışlarını saymazsak, iyi bir kitap.
take apart **sökmek, parçalara ayırmak**

apartment • a.part.ment (ıpart´mınt)
/isim/ çoğul apartments • **apartman dairesi:** They moved into a new apartment. Yeni bir daireye taşındılar.
apartment house **apartman**
İng. **flat**

ape • ape (eyp)
/isim/ çoğul apes • (kısa kuyruklu ya da kuyruksuz) **maymun**

apologize • a.pol.o.gize (ıpal´ıcayz)
/fiil/ apologizes, apologizing, apologized
• **özür dilemek:** I apologized to

him for my rude behavior. Kaba davranışım için ondan özür diledim.
İng. **apologise**

apology • a.pol.o.gy (ıpal´ıci)
/isim/ çoğul apologies • **özür**

apostrophe • a.pos.tro.phe (ıpas´trıfi)
/isim/ çoğul apostrophes • (dilbilgisi) **kesme işareti:** Put an apostrophe before the possessive suffix. İyelik ekinden önce bir kesme işareti koy.

▬ ▬ ▬ ▬ ▬ ▬ ▬

Kesme işareti İngilizcede farklı amaçlarla kullanılır:
• kısaltılmış ifadelerde eksik (yazılmamış) harf(ler)in yerine:
she's → she is
• eksik (yazılmamış) rakam(lar)ın yerine: '99 → 1999
• iyelik ekini göstermek için:
the child's book → çocuğun kitabı

▬ ▬ ▬ ▬ ▬ ▬ ▬

apparatus • ap.pa.ra.tus (äpırät´ıs)
/isim/ çoğul apparatus/apparatuses •
1. aygıt, cihaz, alet: breathing apparatus solunum cihazı **2. aygıtlar, makineler, donanım:** dental apparatus dişçilik donanımı

apparent • ap.par.ent (ıper´ınt)
/sıfat/ **1. açık, belli 2. görünürdeki, göze çarpan**

apparently • ap.par.ent.ly (ıper´ıntli)
/zarf/ **görünüşe göre, görünüşe bakılırsa:** Apparently, the student did not do his homework. Görünüşe bakılırsa öğrenci ödevini yapmamış.

¹**appeal** • ap.peal (ıpil´)
/isim/ **çekicilik, cazibe**

²appeal • ap.peal (ıpil´)
/fiil/ appeals, appealing, appealed • to
-e başvurmak

appear • ap.pear (ıpîr´)
/fiil/ appears, appearing, appeared •
1. gözükmek, görünmek: This
appears to be a difficult problem.
Bu zor bir sorun gibi görünüyor.
2. ortaya çıkmak, belirmek: A ship
appeared on the horizon. Ufukta bir
gemi belirdi.
appear in (oyunda, filmde) oynamak
appear on (TV/radyo) çıkmak

appearance • ap.pear.ance (ıpîr´ıns)
/isim/ çoğul appearances • görünüş,
görünüm: outward appearance dış
görünüş

appetite • ap.pe.tite (äp´ıtayt)
/isim/ çoğul appetites • iştah: Because
of illness, he lost his appetite.
Hastalık nedeniyle iştahı kesildi.

applaud • ap.plaud (ıplôd´)
/fiil/ applauds, applauding, applauded •
alkışlamak: Everyone applauded my
speech. Herkes yaptığım konuşmayı
alkışladı.

applause • ap.plause (ıplôz´)
/isim/ alkış

apple • ap.ple (äp´ıl)
/isim/ çoğul apples • elma
apple pie elmalı turta

applicant • ap.pli.cant (äp´lîkınt)
/isim/ çoğul applicants • aday, başvuran
kimse: There were ten applicants
for the job. İş için on aday vardı.

application • ap.pli.ca.tion
(äplîkey´şın) /isim/ çoğul applications •
1. başvuru: application form başvuru
formu 2. uygulama: medical appli-
cations of herbs şifalı bitkilerin tıbbi
uygulamaları

apply • ap.ply (ıplay´)
/fiil/ applies, applying, applied •
1. to/for -e başvurmak: Ten people
applied for the job. İş için on kişi baş-
vurdu. 2. uygulamak: Apply pressure
to the wound. Yaraya basınç uygulayın.

appoint • ap.point (ıpoynt´)
/fiil/ appoints, appointing, appointed •
(to) (-e) atamak, tayin etmek: He
was appointed general director.
Genel müdür olarak atandı.

appointment • ap.point.ment
(ıpoynt´mınt) /isim/ çoğul appointments
• 1. atama, tayin 2. randevu: I have
an appointment at two o´clock. Saat
ikide bir randevum var.

appreciate • ap.pre.ci.ate (ıpri´şiyeyt)
/fiil/ appreciates, appreciating, appre-
ciated • beğenmek; takdir etmek,
değerini bilmek: We should learn
to appreciate what we have. Sahip
olduklarımızın değerini bilmeyi
öğrenmeliyiz.

appreciation • ap.pre.ci.a.tion
(ıprişiyey´şın) /isim/ takdir, teşekkür,
şükran
appreciation letter teşekkür mektubu

apprentice • ap.pren.tice (ıpren´tîs)
/isim/ çoğul apprentices • çırak, stajyer

¹approach • ap.proach (ıproç´)
/fiil/ approaches, approaching, approached
• yaklaşmak, yanaşmak: Summer is
approaching. Yaz yaklaşıyor.

²approach • ap.proach (ıproç´)
/isim/ çoğul approaches • yaklaşım:
a new approach yeni bir yaklaşım
We need to change our approach
to this problem. Bu soruna yak-
laşımımızı değiştirmemiz gerek.

appropriate • ap.pro.pri.ate
(ıpro´priyît) /sıfat/ uygun, yerinde:
This movie is not appropriate for
children. Bu film çocuklar için
uygun değil.

approval • ap.prov.al (ıpru´vıl)
/isim/ onaylama, tasvip: We need
the parents' approval. Velilerin
onayını almamız gerek.

approve • ap.prove (ıpruv´)
/fiil/ approves, approving, approved •
1. uygun bulmak, onaylamak, tasvip
etmek: His parents don't approve of
his leaving school. Anne babası onun
okuldan ayrılmasını onaylamıyor.
2. onaylamak, kabul etmek: The
budget is approved. Bütçe onaylandı.

approximate • ap.prox.i.mate
(ıprak´sımıt) /sıfat/ yaklaşık, takribi:
approximate values yaklaşık değerler

approximately • ap.prox.i.mate.ly
(ıprak´sımıtli) /zarf/ aşağı yukarı,
yaklaşık olarak: The journey will
take approximately ten hours.

Yolculuk yaklaşık on saat sürecek.

apricot • a.pri.cot (äp´rîkat)
/isim/ çoğul apricots • kayısı

April • A.pril (ey´prıl)
/isim/ nisan
April fool bir nisan şakası, nisanbalığı

apron • a.pron (ey´prın)
/isim/ çoğul aprons • önlük (giysi)

aquarium • a.quar.i.um (ıkwer´iyım)
/isim/ çoğul aquariums • akvaryum

Arab • A.rab (er´ıb)
/isim/ çoğul Arabs • 1. Arap 2. Arap atı

Arabic • Ar.a.bic (er´ıbîk)
/isim/ Arapça
/sıfat/ 1. Arap 2. Arapça

arch • arch (arç)
/isim/ çoğul arches • kemer, tak
arch bridge kemerli köprü

archaeologist • ar.chae.ol.o.gist
(arkiyal´ıcîst) /isim/ çoğul archaeologists
• arkeolog

archaeology • ar.chae.ol.o.gy
(arkiyal´ıci) /isim/ arkeoloji

archery • arch.er.y (ar´çıri)
/isim/ okçuluk

architect • ar.chi.tect (ar´kıtekt)
/isim/ çoğul architects • mimar

architecture • ar.chi.tec.ture
(ar´kıtekçır) /isim/ mimarlık, mimari:
Sinan is one of the greatest figures
of Ottoman architecture. Mimar
Sinan, Osmanlı mimarisinin en
büyük isimlerinden biridir.

archives • ar.chives (ar´kayvz)
/isim/ arşiv

Arctic • Arc.tic (ark´tîk, ar´tîk)
/sıfat/ Arktik
the Arctic Circle Kuzey Kutup Dairesi
the Arctic Ocean Kuzey Buz Denizi
/isim/ (the) Arktik bölge

are • are (ar)
/fiil/ (be fiilinin şimdiki zaman ikinci
tekil kişi ve çoğul biçimi) -iz, -sin,
-siniz, -dirler: They are musicians.
Onlar müzisyendir. You are right.
Haklısın(ız). Are you a teacher or a
student? Öğretmen misiniz, öğrenci
misiniz?
aren't → are not

area • ar.e.a (er´iyı)
/isim/ çoğul areas • 1. alan, saha; bölge:
mountainous areas dağlık bölgeler
2. yüzölçümü, alan: the area of a circle
dairenin alanı

argue • ar.gue (ar´gyu)
/fiil/ argues, arguing, argued • tartış-
mak, münakaşa etmek: Don't argue
with your teacher. Öğretmeninizle
tartışmayın.
argue that -i savunmak, -i iddia
etmek: It's hard to argue that he
is innocent. Onun suçsuz olduğunu
savunmak güç.

argument • ar.gu.ment (ar´gyımınt)
/isim/ çoğul arguments • 1. tartışma,
münakaşa: They accepted the idea
without argument. Fikri tartışmasız
kabul ettiler. 2. sav, iddia: His argu-
ment is convincing. İddiası inandırıcı.

arise • a.rise (ırayz´)
/fiil/ arises, arising, arose, arisen •
1. oluşmak, ortaya çıkmak: New
problems had arisen. Yeni sorunlar
çıkmıştı. 2. (from) (-den) yükselmek:
A puff of smoke arose from the
chimney. Bacadan bir duman kümesi
yükseldi.

arisen • a.ris.en (ırîz´ın)
/fiil/ bkz. arise

arithmetic • a.rith.me.tic (ırîth´mıtîk)
/isim/ aritmetik

arm • arm (arm)
/isim/ çoğul arms • 1. kol
arm in arm kol kola
2. dal, kol: arm of a tree bir ağacın
dalı 3. dal, kol, bölüm

armchair • arm.chair (arm´çer)
/isim/ çoğul armchairs • koltuk

armed • armed (armd)
/sıfat/ silahlı
armed forces silahlı kuvvetler

armor • ar.mor (ar´mır)

/isim/ çoğul armors • **zırh**
İng. **armour**

army • ar.my (ar´mi)
/isim/ çoğul armies • **ordu**

aroma • a.ro.ma (ıro´mı)
/isim/ çoğul aromas • **hoş koku, aroma**

aromatic • ar.o.mat.ic (erımät´îk)
/sıfat/ **hoş kokulu, aromalı, aromatik**

arose • a.rose (ıroz´)
/fiil/ bkz. arise

around • a.round (ıraund´)
/zarf/ 1. **etrafına:** He looked around.
Etrafına baktı. 2. **aşağı yukarı, yaklaşık:**
He left home around nine o´clock.
Evden saat dokuz sularında çıktı.
/edat/ **etrafında, çevresinde:** The
Earth revolves around the sun.
Dünya güneşin çevresinde döner.

arrange • ar.range (ıreync´)
/fiil/ arranges, arranging, arranged •
1. **yerleştirmek** 2. **düzenlemek**

arrangement • ar.range.ment
(ıreync´mınt) /isim/ çoğul arrangements
• **düzenleme, tertip:** the art of flower
arrangement **çiçek düzenleme sanatı**

arrest • ar.rest (ırest´)
/fiil/ arrests, arresting, arrested • **tutuk-
lamak:** The police arrested the
suspect yesterday. Polis, sanığı dün
tutukladı.

arrival • ar.ri.val (ıray´vıl)
/isim/ çoğul arrivals • **varış, geliş:** We
were waiting for the arrival of the
train. Trenin gelmesini bekliyorduk.

arrive • ar.rive (ırayv´)
/fiil/ arrives, arriving, arrived • **varmak,
gelmek:** When will we arrive home?
Eve ne zaman varacağız?

arrow • ar.row (er´o)
/isim/ çoğul arrows • **ok**

art • art (art)
/isim/ çoğul arts • **sanat:** art history
sanat tarihi
fine arts **güzel sanatlar**
plastic arts **plastik sanatlar**
work of art **sanat eseri**

artery • ar.ter.y (ar´tıri)
/isim/ çoğul arteries • 1. (anatomi) **atar-
damar, arter** 2. **arter, anayol**

artichoke • ar.ti.choke (ar´tıçok)
/isim/ çoğul artichokes • **enginar**

article • ar.ti.cle (ar´tîkıl)
/isim/ çoğul articles • 1. **makale, yazı:**
an article on sports **bir spor yazısı**
Have you ever read his articles?
Onun makalelerini hiç okudun mu?
2. (dilbilgisi) **tanımlık (a, an, the)**

▬▬ ▬ ▬ ▬ ▬ ▬ ▬

İngilizce dilbilgisinde iki tür tanımlık
(article) vardır:
belirli tanımlık (definite article) (the)
Where's the book? → **Kitap nerede?**
(Belirli bir kitap kastediliyor.)
belirsiz tanımlık (indefinite article)

(a, an) There's a cat in the yard. →
Bahçede (bir) kedi var. (Herhangi bir
kediden söz ediliyor.)

▬▬ ▬▬ ▬▬ ▬▬ ▬▬ ▬▬ ▬▬

artificial • ar.ti.fi.cial (artıfîş´ıl)
/sıfat/ yapay, yapma, suni, sahte:
artificial flowers yapay çiçekler
artificial light yapay ışık

artist • art.ist (ar´tîst)
/isim/ çoğul artists • sanatçı, sanatkâr
(çoğunlukla ressam, heykeltıraş
anlamında): contemporary Turkish
artists çağdaş Türk sanatçıları

as • as (äz)
/bağlaç/ 1. -irken; -dikçe: I saw him
as he was going out the door. Onu
kapıdan çıkarken gördüm. 2. -diği
için; -diğine göre: As he was not here,
we didn't go to the movies. O bura-
da olmayınca sinemaya gitmedik. 3.
(Karşılaştırmalarda kullanılır.): He's
not as smart as you. Senin kadar
zeki değil. 4. gibi, -diği gibi: Do as she
does. Onun yaptığı gibi yap.
as for ise: As for me, I'm not going.
Bense gitmiyorum.
as if (as though) sanki, -miş gibi,
-cesine: He looks as if he's working
hard. Çok çalışıyormuş gibi görünüyor.
as it were sanki, güya, gibi
as to (as regards) -e gelince
/edat/ ... olarak: I'm telling you this
as a friend. Sana bunu bir arkadaş
olarak söylüyorum.
/zarf/ aynı derecede, o kadar: Ayşe
swims fast, but Ali swims just as
fast. Ayşe hızlı yüzer, ama Ali de o
kadar hızlı yüzer.
as far as kadarıyla, -e göre: as far
as I'm concerned bana göre
as long as 1. -diği sürece 2. şartıyla
as soon as -er -mez: I'll call you as

soon as I reach Istanbul. İstanbul'a
varır varmaz sana telefon edeceğim.

ash • ash (äş)
/isim/ çoğul ashes • kül

ashamed • a.shamed (ışeymd´)
/sıfat/ utanmış, sıkılmış
be ashamed utanmak: He should be
ashamed of himself for telling lies.
Yalan söylediği için kendinden utanmalı.

ashtray • ash.tray (äş´trey)
/isim/ çoğul ashtrays • kül tablası, küllük

Asia • A.sia (ey´jı)
/isim/ Asya

Asian • A.sian (ey´jın)
/sıfat/ 1. Asya'ya özgü 2. Asyalı
/isim/ çoğul Asians • Asyalı

aside • a.side (ısayd´)
/zarf/ bir yana, bir kenara: He moved
aside to let the car pass. Araba
geçsin diye kenara çekildi.
aside from -den başka: I have nothing
to eat aside from this sandwich. Bu
sandviçten başka yiyecek birşeyim yok.

ask • ask (äsk)
/fiil/ asks, asking, asked • sormak:
I asked him a question. Ona bir soru
sordum. "Where's my book?" he
asked. "Kitabım nerede?" diye sordu.
ask a favor of -e ricada bulunmak
ask for istemek: The student asked
his teacher for help. Öğrenci, öğret-
meninden yardım istedi.

asleep • a.sleep (ıslip´)
/sıfat/ uykuda: They were all asleep
when the phone rang. Telefon
çaldığında hepsi uykudaydı.
fall asleep uykuya dalmak

aspect • as.pect (äs´pekt)
/isim/ çoğul aspects • **açı, yön; bakım:**
We considered this problem from
every aspect. Bu sorunu her yönüyle
düşündük.

aspirin • as.pi.rin (äs´pırîn)
/isim/ çoğul aspirins • **aspirin**

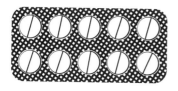

assemble • as.sem.ble (ısem´bıl)
/fiil/ assembles, assembling, assembled •
1. toplamak; toplanmak 2. monte etmek

assembly • as.sem.bly (ısem´bli)
/isim/ çoğul assemblies • **toplantı;**
meclis; kongre
the Grand National Assembly of
Turkey **Türkiye Büyük Millet Meclisi**

assess • as.sess (ıses´)
/fiil/ assesses, assessing, assessed •
değer biçmek, kıymet takdir etmek:
He assessed their house at one million
liras. Evlerine bir milyon lira değer biçti.

assign • as.sign (ısayn´)
/fiil/ assigns, assigning, assigned •
1. ödev vermek, görev vermek: The
teacher assigned us to write a story.
Öğretmen bize öykü yazma ödevi
verdi. **2. atamak, tayin etmek:** They
assigned him to a new job. Onu yeni
bir işe atadılar.

assignment • as.sign.ment
(ısayn´mınt) /isim/ çoğul assignments

• **1. ödev, görev:** The students´
new assignment was very difficult.
Öğrencilerin yeni ödevi çok zordu.
2. atama, tayin

assist • as.sist (ısîst´)
/fiil/ assists, assisting, assisted • **yardım**
etmek: He assisted the police in their
inquiry. Polise soruşturmalarında
yardım etti.

assistance • as.sis.tance (ısîs´tıns)
/isim/ **yardım:** The child started
to walk without assistance. Çocuk
yardımsız yürümeye başladı.

assistant • as.sis.tant (ısîs´tınt)
/isim/ çoğul assistants • **yardımcı, asistan**

association • as.so.ci.a.tion
(ısosiyey´şın) /isim/ çoğul associations •
dernek; birlik; kurum

assume • as.sume (ısum´)
/fiil/ assumes, assuming, assumed • **farz**
etmek, varsaymak: He assumed that
he also was invited. Kendisinin de
davet edilmiş olduğunu varsaydı.

assumption • as.sump.tion
(ısʌmp´şın) /isim/ çoğul assumptions •
varsayım; sanı, zan

astonish • a.ston.ish (ıstan´îş)
/fiil/ astonishes, astonishing,
astonished • **şaşırtmak, şaşkına**
çevirmek: The magician´s show
astonished the children.
Sihirbazın gösterisi çocukları
şaşkına çevirdi.

astrology • as.trol.o.gy (ıstral´ıci)
/isim/ **yıldız falcılığı, astroloji**

astronaut • as.tro.naut (äs´trınôt)
/isim/ çoğul astronauts • astronot

astronomer • as.tron.o.mer
(ıstran´ımır) /isim/ çoğul astronomers •
astronom, gökbilimci

astronomy • as.tron.o.my (ıstran´ımi)
/isim/ astronomi, gökbilim

at • at (ät)
/edat/ 1. -de, -da (Bir yeri/zamanı
belirtmek için kullanılır.): at a late hour
geç saatte at five o´clock saat beşte
at home evde at my office büromda
2. -e, -a: Look at him. Ona bak.

ate • ate (eyt)
/fiil/ bkz. eat

athlete • ath.lete (äth´lit)
/isim/ çoğul athletes • (atletizmle
uğraşan) sporcu, atlet

athletic • ath.let.ic (äthlet´îk)
/sıfat/ 1. atletizme özgü 2. atletik

athletics • ath.let.ics (äthlet´îks)
/isim/ atletizm

Atlantic • At.lan.tic (ätlän´tîk)
/sıfat/ Atlantik
the Atlantic Ocean Atlas Okyanusu
/isim/ (the) Atlas Okyanusu

atlas • at.las (ät´lıs)
/isim/ çoğul atlases • atlas (harita kitabı)

atmosphere • at.mo.sphere
(ät´mısfîr) /isim/ çoğul atmospheres •
atmosfer: We are polluting the earth's
atmosphere. Bizler yeryüzü atmos-
ferini kirletiyoruz.

atom • at.om (ät´ım)
/isim/ çoğul atoms • atom

atomic • a.tom.ic (ıtam´îk)
/sıfat/ atomik: atomic energy atom
enerjisi, nükleer enerji

attach • at.tach (ıtäç´)
/fiil/ attaches, attaching, attached • tak-
mak, iliştirmek: He attached a label
to the box. Kutuya bir etiket iliştirdi.

¹attack • at.tack (ıtäk´)
/fiil/ attacks, attacking, attacked • saldır-
mak, hücum etmek: The tiger attacked
its prey. Kaplan avına saldırdı.

²attack • at.tack (ıtäk´)
/isim/ çoğul attacks • 1. saldırı, hücum
2. nöbet, kriz

¹attempt • at.tempt (ıtempt´)
/fiil/ attempts, attempting, attempted •
denemek, girişimde bulunmak: He
attempted to climb that mountain.
O dağa tırmanmayı denedi.

²attempt • at.tempt (ıtempt´)
/isim/ çoğul attempts • deneme, girişim:
He made no attempt to escape.
Kaçmak için girişimde bulunmadı.

attend • at.tend (ıtend´)
/fiil/ attends, attending, attended • hazır
bulunmak, (toplantı, ders v.b.´ne)
katılmak: Do you have to attend
classes on the weekends? Hafta sonu
derslerine katılman gerekiyor mu?
attend school okula devam etmek

attendance • at.ten.dance
(ıten´dıns) /isim/ çoğul attendances •
1. hazır bulunma, devam: Prompt
and regular attendance at school
is required. Okula zamanında ve
düzenli devam edilmesi gerekir.
2. katılım: Attendance at the work-
shop has risen this year. Atölyeye
katılım bu yıl arttı.

attention • at.ten.tion (ıten´şın)
/isim/ dikkat, ilgi
Attention! Dikkat!
pay attention dikkat etmek

attic • at.tic (ät´îk)
/isim/ çoğul attics • tavan arası: I saw a
huge spider in the attic. Tavan arasın-
da kocaman bir örümcek gördüm.

attitude • at.ti.tude (ät´ıtud)

/isim/ çoğul attitudes • tutum, davranış,
tavır: a positive attitude olumlu bir tavır

attorney • at.tor.ney (ıtır´ni)
/isim/ çoğul attorneys • avukat

attract • at.tract (ıträkt´)
/fiil/ attracts, attracting, attracted •
çekmek; cezbetmek
attract attention dikkat çekmek

attraction • at.trac.tion (ıträk´şın)
/isim/ cazibe, alımlılık

attractive • at.trac.tive (ıträk´tîv)
/sıfat/ çekici, cazip, alımlı: an attractive
personality çekici bir kişilik

aubergine • au.ber.gine (o´bırjin)
/isim/ çoğul aubergines • bkz. eggplant

auction • auc.tion (ôk´şın)
/isim/ çoğul auctions • açık artırma,
mezat, müzayede

audience • au.di.ence (ô´diyıns)
/isim/ çoğul audiences • dinleyiciler;
izleyiciler, seyirciler: The audience
applauded the singer. İzleyiciler
şarkıcıyı alkışladılar.

August • Au.gust (ô´gıst)
/isim/ ağustos

aunt • aunt (änt)
/isim/ çoğul aunts • 1. teyze: Aunt
Emine is my mother's sister. Emine
Teyze annemin kızkardeşidir. 2. hala:
Aunt Elmas is my father's sister.
Elmas Hala babamın kızkardeşidir.
3. yenge: Aunt Nazan is my uncle's
wife. Nazan Yenge amcamın karısıdır.

Australia • Aus.tral.ia (ôstreyl´yı)
/isim/ Avustralya

Australian • Aus.tral.ian (ôstreyl´yın)
/sıfat/ 1. Avustralya'ya özgü 2.
Avustralyalı
/isim/ çoğul Australians • Avustralyalı

author • au.thor (ô´thır)
/isim/ çoğul authors • yazar: Ömer
Seyfettin is the author of Kaşağı.
Ömer Seyfettin Kaşağı'nın yazarıdır.

authority • au.thor.i.ty (ıthôr´ıti)
/isim/ çoğul authorities • yetki, otorite

autobiography • au.to.bi.og.ra.phy
(ôtıbayag´rıfi) /isim/ çoğul autobiographies •
otobiyografi, özyaşamöyküsü

automatic • au.to.mat.ic (ôtımät´îk)
/sıfat/ otomatik

automobile • au.to.mo.bile
(ôtımo´bil) /isim/ çoğul automobiles •
otomobil

autumn • au.tumn (ô´tım)
/isim/ çoğul autumns • sonbahar, güz:
Autumn begins in September.
Sonbahar eylülde başlar.

auxiliary • aux.il.ia.ry (ôgzîl´yırı,
ôgzîl´ırı) /sıfat/ yedek; yardımcı
auxiliary verb yardımcı fiil

available • a.vail.a.ble (ıvey´lıbıl)
/sıfat/ elde edilebilir, mevcut, var,
hazır: Is there a taxi available?
Boşta bir taksi var mı?

avenue • av.e.nue (äv´ınyu)
/isim/ çoğul avenues • cadde, bulvar:
His office is on the Bağdat Avenue.
Bürosu Bağdat Caddesi'ndedir.

average • av.er.age (äv´rîc)
/isim/ çoğul averages • ortalama: The
average of 2 and 10 is 6. 2 ve 12'nin
ortalaması 6'dır.
/sıfat/ ortalama: Our average speed
was 70 km an hour. Ortalama hızımız
saatte 70 km idi.

aviation • a.vi.a.tion (eyviyey´şın)
/isim/ havacılık

avoid • a.void (ıvoyd´)
/fiil/ avoids, avoiding, avoided • -den kaçın-
mak; -den sakınmak; -i önlemek
avoid danger tehlikeden sakınmak
avoid someone birinden uzak durmak

awake • a.wake (ıweyk´)
/sıfat/ uyanık, uyanmış: He is still not
fully awake. Henüz tamamen uyanmadı.

¹award • a.ward (ıwôrd´)
/isim/ çoğul awards • ödül, mükâfat: He
will give an award to whoever finds
his dog. Köpeğini bulana ödül verecek.

²award • a.ward (ıwôrd´)
/fiil/ awards, awarding, awarded •
ödüllendirmek

aware • a.ware (ıwer´)
/sıfat/ farkında, haberdar
be aware of -in farkında olmak:
He is not aware of the danger.
Tehlikenin farkında değil.

awareness • a.ware.ness (ıwer´nîs)
/isim/ farkında olma, farkındalık

away • a.way (ıwey´)
/zarf/ (Bir yerden uzaklaşmayı veya
belli bir uzaklıkta bulunmayı gösterir)
1. buradan: Go away! Git buradan!
Take it away! Onu buradan götür!
2. bir yere, bir tarafa, bir yana: Put
that away! Onu bir yere kaldır!

awful • aw.ful (ô´fıl)
/sıfat/ korkunç, müthiş; berbat: an
awful experience kötü bir deneyim
an awful risk büyük bir risk an awful
war berbat bir savaş.

awfully • aw.ful.ly (ô´fıli)
/zarf/ çok, son derece

awkward • awk.ward (ôk´wırd)
/sıfat/ beceriksiz, sakar, hantal: She
was awkward as she was learning
ballet. Bale öğrenirken hantaldı.

ax • ax (äks)
/isim/ çoğul axes • balta
İng. axe

axis • ax.is (äk´sîs)
/isim/ çoğul axes • eksen

Bb

B, b • b (bi)
/isim/ B, İngiliz alfabesinin ikinci harfi

baby • ba.by (bey´bi)
/isim/ çoğul babies • bebek, çocuk:
İrem's baby has not yet begun to
walk. İrem'in bebeği henüz yürümeye
başlamadı.
baby bottle **biberon**
baby carriage, İng. pram **çocuk arabası**
baby tooth **süt dişi**

babyhood • ba.by.hood (bey´bihûd)
/isim/ bebeklik devresi

baby-sat • ba.by-sat (bey´bisät)
/fiil/ bkz. baby-sit

baby-sit • ba.by-sit (bey´bisît)

/fiil/ baby-sits, baby-sitting, baby-sat • ana
babaları evde olmadığı zaman çocuğa
bakmak: Berke baby-sits his sister
when his mother is away. Berke,
annesi yokken kızkardeşine bakıyor.

baby-sitter • ba.by-sit.ter (bey´bisîtır)
/isim/ çoğul baby-sitters • çocuk bakıcısı

bachelor • bach.e.lor (bäç´ılır)
/isim/ çoğul bachelors • bekâr erkek, bekâr

back • back (bäk)
/isim/ çoğul backs • 1. arka: She was
sitting in the back of the car. Araba-
nın arkasında oturuyordu. 2. sırt
back to back **sırt sırta**
/zarf/ arkaya, geriye, geriye doğru: He
went back to the office. Büroya geri
döndü. back and forth **ileri geri**
/sıfat/ 1. arka, arkadaki: back door
arka kapı back garden arka bahçe
2. eski, evvelki: back issue eski sayı

backache • back.ache (bäk´eyk)
/isim/ çoğul backaches • sırt ağrısı

backbone • back.bone (bäk´bon) /isim/ çoğul backbones • omurga, belkemiği: Insects do not have backbones. Böceklerin omurgası yoktur.

backgammon • back.gam.mon (bäk´gämın) /isim/ tavla

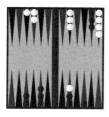

background • back.ground (bäk´graund) /isim/ çoğul backgrounds • 1. arka plan, fon, zemin 2. (geçmişteki) görgü, çevre, öğrenim: This student is coming from a different background. Bu öğrenci, farklı bir çevreden geliyor.

backpack • back.pack (bäk´päk) /isim/ çoğul backpacks • sırt çantası İng. rucksack

backward • back.ward (bäk´wırd) /zarf/ bkz. backwards

backwards • back.wards (bäk´wırdz) /zarf/ geriye doğru, tersine, geri

geri: She took a step backwards. Geriye doğru bir adım attı.

backyard • back.yard (bäk´yard´) /isim/ çoğul backyards • arka bahçe

bacteria • bac.te.ri.a (bäktîr´iyı) /isim/ (çoğul) bakteriler

bad • bad (bäd) /sıfat/ worse, worst • 1. kötü, fena: The news was very bad. Haber çok kötüydü. bad luck kötü şans feel bad iyi hissetmemek, üzülmek Not bad! Fena değil! 2. bozuk: bad milk bozuk süt bad meat bozulmuş/kokmuş et go bad (yiyecek) bozulmak

badge • badge (bäc) /isim/ çoğul badges • rozet; nişan

badly • bad.ly (bäd´li) /zarf/ 1. fena halde, fena şekilde: My brother did badly in the French exam. Kardeşimin Fransızca sınavı kötü geçti. 2. çok, ciddi şekilde: The buildings were badly shaken. Binalar ciddi şekilde sallandı.

bad-tempered • bad-tem.pered (bäd´tempırd) /sıfat/ aksi, huysuz, ters: It is very hard to get along with bad-tempered people. Aksi insanlarla geçinmek çok zor.

bag • bag (bäg) /isim/ çoğul bags • torba; çanta in the bag çantada keklik

baggage • bag.gage (bäg´îc) /isim/ çoğul baggages • bagaj, yolcu eşyası

bake • bake (beyk)
/fiil/ bakes, baking, baked • **fırında pişir-
mek:** bake bread ekmek pişirmek

baked • baked (beykt)
/sıfat/ fırında pişmiş, fırınlanmış:
baked potato kumpir

baker • bak.er (bey´kır)
/isim/ çoğul bakers • **fırıncı, ekmekçi**

bakery • bak.er.y (bey´kıri)
/isim/ çoğul bakeries • **fırın, ekmekçi
dükkânı; pastane**

baklava • bak.la.va (ba´klıva, baklıva´)
/isim/ çoğul baklavas • **baklava**

¹**balance** • bal.ance (bäl´ıns)
/isim/ çoğul balances • **1. terazi 2. denge**
the balance of nature **doğanın dengesi**

²**balance** • bal.ance (bäl´ıns)
/fiil/ balances, balancing, balanced •
1. dengelemek 2. dengeli olmak

balanced • bal.anced (bäl´ınst)
/sıfat/ **dengeli**

balcony • bal.co.ny (bäl´kıni)
/isim/ çoğul balconies • **balkon**

bald • bald (bôld)
/sıfat/ **dazlak, kel, saçsız**

ball • ball (bôl)
/isim/ çoğul balls • **1. top**
play ball **top oynamak:** Children are
playing ball in the yard. Çocuklar
bahçede top oynuyor. **2. küre 3. yumak:**
a ball of yarn iplik yumağı **4. balo**

ballet • bal.let (bäl´ey)
/isim/ çoğul ballets • **bale**

balloon • bal.loon (bılun´)
/isim/ çoğul balloons • **balon**

ball-point • ball-point (bôl´poynt)
/isim/ çoğul ball-points • **tükenmez,
tükenmezkalem** (Bazen ball-point pen
şeklinde de kullanılır.)

ballroom • ball.room (bôl´rum)
/isim/ çoğul ballrooms • **balo salonu**

bamboo • bam.boo (bämbu´)
/isim/ çoğul bamboos • **bambu**

¹**ban** • ban (bän)
/fiil/ bans, banning, banned • **yasaklamak,
menetmek:** This book was banned last
year. Bu kitap geçen yıl yasaklandı.

²**ban** • ban (bän)
/isim/ çoğul bans • **yasak**

banana • ba.nan.a (bınän´ı)
/isim/ çoğul bananas • **muz**

band • band (bänd)
/isim/ çoğul bands • **1. bant, şerit, kur-
dele 2. bando, grup**

bandage • band.age (bän´dîc)
/isim/ çoğul bandages • sargı, bandaj
adhesive bandage yara bandı

bank • bank (bängk)
/isim/ çoğul banks • banka
bank account banka hesabı
bank card banka kartı

banknote • bank.note (bängk´not)
/isim/ çoğul banknotes • kâğıt para,
banknot

bankrupt • bank.rupt (bängk´rʌpt)
/sıfat/ iflas etmiş, batık
go bankrupt iflas etmek, batmak

bar • bar (bar)
/isim/ çoğul bars • 1. çubuk, sırık
2. çizgi, çubuk
bar code barkod
3. (dikdörtgen biçiminde) kalıp: a bar
of soap (bir) kalıp sabun 4. bar (içki
içilen yer)

barbecue • bar.be.cue (bar´bıkyu)
/isim/ çoğul barbecues • ızgara; barbekü

barbed • barbed (barbd)
/sıfat/ dikenli, kancalı
barbed wire dikenli tel

barber • bar.ber (bar´bır)
/isim/ çoğul barbers • berber

barbershop • bar.ber.shop

(bar´bırşap) /isim/ çoğul barbershops •
berber dükkânı, berber

bare • bare (ber)
/sıfat/ barer, barest • çıplak: bare feet
çıplak ayaklar bare walls çıplak
duvarlar

barefoot • bare.foot (ber´fût)
/zarf/ yalınayak: I love to walk
barefoot on the beach. Kumsalda
yalınayak yürümeye bayılıyorum.

barely • bare.ly (ber´li)
/zarf/ ancak, güçbela: I can barely
see without my glassses. Gözlüksüz
güçbela görebiliyorum.

¹bargain • bar.gain (bar´gın)
/isim/ çoğul bargains • 1. iş anlaşması
2. kelepir, çok ucuz şey: I bought a
secondhand car; it was a real bargain.
İkinci el bir araba aldım; gerçekten
çok ucuzdu.

²bargain • bar.gain (bar´gın)
/fiil/ bargains, bargaining, bargained
• pazarlık etmek: Do not forget to
bargain when you are shopping at
the Grand Bazaar. Kapalı Çarşı'da
alışveriş yaparken pazarlık etmeyi
unutmayın.

¹bark • bark (bark)
/fiil/ barks, barking, barked • havlamak

²bark • bark (bark)
/isim/ çoğul barks • ağaç kabuğu

barley • bar.ley (bar´li)
/isim/ arpa

barn • barn (barn)
/isim/ çoğul barns • ahır, çiftlik ambarı

barometer • ba.rom.e.ter (bıram´ıtır)
/isim/ çoğul barometers • **barometre, basınçölçer**

barrel • bar.rel (ber´ıl)
/isim/ çoğul barrels • **fıçı:** This barrel is filled with water. Bu fıçı suyla dolu.

barrier • bar.ri.er (ber´iyır)
/isim/ çoğul barriers • (çit, duvar, korkuluk gibi) **engel; bariyer**

base • base (beys)
/isim/ çoğul bases • **1. temel, taban, kaide 2.** (askeri) **üs**
/sıfat/ baser, basest • **alçak, adi**

baseball • base.ball (beys´bôl)
/isim/ **1. beysbol 2. beysbol topu**

basement • base.ment (beys´mınt)
/isim/ çoğul basements • **bodrum katı, bodrum**

basic • ba.sic (bey´sîk)
/sıfat/ **esas, temel:** basic principles of science bilimin temel ilkeleri

basically • ba.si.cal.ly (bey´sîkli)

/zarf/ **aslında, esasında:** These two cars are basically the same, but one of them is cheaper. Bu iki araba esasında aynı ama bir tanesi daha ucuz.

basin • ba.sin (bey´sın)
/isim/ çoğul basins • **1. leğen:** You can use this basin for doing the dishes. Bulaşıkları yıkamak için bu leğeni kullanabilirsin. **2. lavabo:** Don't wash your socks in the basin! Çoraplarını lavaboda yıkama! **3. havuz 4. havza**

basis • ba.sis (bey´sîs)
/isim/ çoğul bases • **1. temel 2. kaynak 3. ana ilke**

basket • bas.ket (bäs´kît)
/isim/ çoğul baskets • **1. sepet, küfe 2.** (spor) **basket, sayı**

basketball • bas.ket.ball (bäs´kîtbôl)
/isim/ **1. basketbol 2. basketbol topu**

bat • bat (bät)
/isim/ çoğul bats • **1.** (spor) **sopa, oyun sopası:** baseball bat beysbol sopası **2. yarasa**

bath • bath (bäth)
/isim/ çoğul baths • **banyo, yıkanma**
bath towel **banyo havlusu**
have a bath (take a bath) **banyo yapmak**

bathe • bathe (beydh)
/fiil/ bathes, bathing, bathed • **yıkamak;**

banyo yapmak, yıkanmak
bathing suit **mayo**

bathrobe • bath.robe (bäth´rob)
/isim/ çoğul bathrobes • **bornoz**

bathroom • bath.room (bäth´rum)
/isim/ çoğul bathrooms • (evin bölümü)
1. banyo 2. tuvalet, İng. **toilet**

bathtub • bath.tub (bäth´tʌb)
/isim/ çoğul bathtubs • **banyo küveti**

battery • bat.ter.y (bät´ıri, bä´tri)
/isim/ çoğul batteries • **pil; akümülatör**

battery-operated • bat.ter.y-op.er.at.ed
(bät´ıri.apıreytıd) /sıfat/ **pilli, pille
çalışan:** I have an old, battery-operated
radio. **Eski bir pilli radyom var.**

¹**battle** • bat.tle (bät´ıl)
/isim/ çoğul battles • **1. meydan savaşı**
battle cry **savaş narası**
2. mücadele, büyük uğraş
half the battle **işin yarısı; işin zor
tarafı**

²**battle** • bat.tle (bät´ıl)
/fiil/ battles, battling, battled • **1. savaş-
mak, dövüşmek:** The two armies
battled all day. **İki ordu gün boyu
savaştılar. 2. mücadele etmek, çok
uğraşmak:** It is difficult to battle
against prejudices. **Önyargılarla
mücadele etmek güçtür.**

battlefield • bat.tle.field (bät´ılfild)
/isim/ çoğul battlefields • **savaş alanı**

battleship • bat.tle.ship (bät´ılşîp)
/isim/ çoğul battleships • **savaş gemisi,
zırhlı**

bay • bay (bey)
/isim/ çoğul bays • **koy, küçük körfez**
bay window **cumba**

bazaar • ba.zaar (bızar´)
/isim/ çoğul bazaars • **pazar, çarşı**
the Grand Bazaar **Kapalı Çarşı**

B.C. • B.C. (bi si´)
/kısaltma/ before Christ **M.Ö.** (milat-
tan önce), **İ.Ö.** (İsa'dan önce): in 300
B.C. **M.Ö. 300'de**

be • be (bi)
/fiil, yardımcı fiil/ am, is, are; being; was,
were; been • **1.** /fiil/ **olmak, bulunmak:**
Be quiet, please. **Sessiz olun lütfen.**
Have you ever been in Bursa? **Hiç
Bursa'da bulundun mu? 2.** /yardımcı
fiil/ **-dir, -dır:** Cengiz is a journalist.
Cengiz bir gazetecidir.

beach • beach (biç)
/isim/ çoğul beaches • **kumsal, plaj:**
Shall we go to the beach tomorrow?
Yarın plaja gidelim mi?

bead • bead (bid)
/isim/ çoğul beads • **boncuk**

beak • beak bik
/isim/ çoğul beaks • **gaga**

beam • beam (bim)
/isim/ çoğul beams • **1. direk 2. ışın**

bean • bean (bin)
/isim/ çoğul beans • **fasulye**

¹bear • bear (ber)
/isim/ çoğul bears • **ayı**
brown bear **bozayı**
polar bear **kutupayısı**
the Big Bear (gökbilim) **Büyükayı**
the Little Bear (gökbilim) **Küçükayı**

²bear • bear (ber)
/fiil/ bears, bearing, bore, borne •
taşımak, kaldırmak, dayanmak: She
can't bear any more noise. Daha
fazla gürültüye dayanamaz.

beard • beard (bîrd)
/isim/ çoğul beards • **sakal**

bearded • beard.ed (bîr´dıd)
/sıfat/ **sakallı**

beast • beast (bist)
/isim/ çoğul beasts • **(genellikle dört
ayaklı) hayvan**

beat • beat (bit)
/fiil/ beats, beating, beat, beaten •
1. **dövmek, vurmak, çarpmak:** He was
caught beating the dog with a stick.
Köpeği bir sopayla döverken yakalandı.
2. **(davul) çalmak** 3. **(yumurta) çırpmak**
4. **yenmek, kazanmak:** My friend beat
me at chess. Arkadaşım beni satrançta
yendi. 5. **(kalp) atmak, çarpmak:** His

heart was beating fast. Kalbi hızla
çarpıyordu.

beaten • beat.en (bit´ın)
/fiil/ bkz. **beat**

beautiful • beau.ti.ful (byu´tıfıl)
/sıfat/ (çok) **güzel:** What a beautiful
morning. Ne güzel bir sabah.

beauty • beau.ty (byu´ti)
/isim/ **güzellik:** The young woman is
well aware of her beauty. Genç kadın
güzelliğinin son derece farkında.

became • be.came (bîkeym´)
/fiil/ bkz. **become**

because • be.cause (bîkʌz´, bîkôz´)
/bağlaç/ **çünkü, nedeniyle, -diği için:**
We couldn't meet him because he
was late. Geç kaldığı için onunla
buluşamadık.
because of **-den dolayı, için**

become • be.come (bîkʌm´)
/fiil/ becomes, becoming, became, become
• **olmak:** They became close friends.
Yakın arkadaş oldular.

bed • bed (bed)
/isim/ çoğul beds • **yatak**
bed and board **tam pansiyon**
go to bed **yatmak**

bedroom • bed.room (bed´rum)
/isim/ çoğul bedrooms • yatak odası

bee • bee (bi)
/isim/ çoğul bees • arı, balarısı
busy as a bee çok meşgul
queen bee anaarı

beef • beef (bif)
/isim/ sığır eti

beefsteak • beef.steak (bif´steyk)
/isim/ çoğul beefsteaks • biftek

been • been (bîn)
/fiil/ bkz. be

beer • beer (bir)
/isim/ çoğul beers • bira

before • be.fore (bîfôr´)
/zarf/ önce, evvel: We've seen him
before. Onu daha önce görmüştük.
/edat/ 1. -den önce: Call me before
evening. Beni akşamdan önce ara.
2. önünde: He was standing before
the door. Kapının önünde duruyordu.
/bağlaç/ -den önce: Try to understand
the question before you answer. Cevap
vermeden önce soruyu anlamaya çalış.

beg • beg (beg)
/fiil/ begs, begging, begged • 1. dilenmek:
beg alms sadaka istemek 2. yalvar-
mak: I beg you to go. Yalvarırım git.
beg for help yardım istemek

began • be.gan (bîgän´)
/fiil/ bkz. begin

beggar • beg.gar (beg´ır)
/isim/ çoğul beggars • dilenci

begin • be.gin (bîgîn´)
/fiil/ begins, beginning, began, begun •
başlamak: We have to begin work.
Çalışmaya başlamalıyız.

beginning • be.gin.ning (bîgîn´îng)
/isim/ çoğul beginnings • başlangıç

begun • be.gun (bîgʌn´)
/fiil/ bkz. begin

behave • be.have (bîheyv´)
/fiil/ behaves, behaving, behaved •
davranmak, hareket etmek: Animals
don't behave like people. Hayvanlar,
insanlar gibi davranmazlar.
behave badly kötü (yanlış) davranmak
behave well iyi davranmak
Behave yourself! Terbiyeni takın!

behavior • be.hav.ior (bîheyv´yır)
/isim/ davranış tarzı; davranış
İng. behaviour

behind • be.hind (bîhaynd´)
/edat/ arkasında, ardında, gerisinde:
There was a path behind our house.
Evimizin arkasında bir patika vardı.

being • be.ing (bi´yîng)
/isim/ 1. oluş, varoluş 2. çoğul beings
• varlık

belch • belch (belç)
/fiil/ belches, belching, belched •
geğirmek

belief • be.lief (bîlif´)
/isim/ çoğul beliefs • **inanç**

believe • be.lieve (bîliv´)
/fiil/ believes, believing, believed • **inan-mak:** Do you believe this news? Bu habere inanıyor musun?
believe in 1. -e **inanmak** 2. -e **güvenmek**

bell • bell (bel)
/isim/ çoğul bells • **çan; zil:** a bicycle bell bisiklet zili

bellboy • bell.boy (bel´boy)
/isim/ çoğul bellboys • (otellerde) **oda hizmetlisi çocuk**

belly • bel.ly (bel´i)
/isim/ çoğul bellies • **karın**

bellybutton • bel.ly.but.ton (bel´ibʌtın)
/isim/ çoğul bellybuttons • (konuşma dili) **göbek**

belong • be.long (bîlông´)
/fiil/ belongs, belonging, belonged • to
1. (birine) **ait olmak,** (birinin) **malı olmak:** This book belongs to me. Bu kitap benim. 2. -in **üyesi olmak**

belongings • be.long.ings (bîlông´îngz)
/isim/ (kişisel) **eşyalar:** The passenger forgot her belongings at the airport. Yolcu eşyalarını havaalanında unuttu.

below • be.low (bîlo´)
/zarf/ **aşağıda; aşağıdan; aşağıya:** the river flowing below aşağıda akan ırmak two floors below iki kat aşağıda
/edat/ **-den aşağı, aşağısında, altında:** five degrees below zero sıfırın altında beş derece

belt • belt (belt)
/isim/ çoğul belts • **kemer, kayış**

bench • bench (benç)
/isim/ çoğul benches • **sıra, bank**

bend • bend (bend)
/fiil/ bends, bending, bent • **eğmek, bük-mek, kıvırmak:** It hurts when I bend my arm. Kolumu büktüğümde acıyor.

beneath • be.neath (bînith´)
/zarf/ **aşağıdan; aşağıda; aşağıya:** The sea beneath was blue. Aşağıdaki deniz maviydi.
/edat/ **altında:** beneath the tree ağacın altında

¹**benefit** • ben.e.fit (ben´ıfît)
/isim/ çoğul benefits • **yarar, fayda:** The trip was of great benefit to the children. Gezi çocuklar için çok yararlı oldu.

²**benefit** • ben.e.fit (ben´ıfît)
/fiil/ benefits, benefiting, benefited • -e **yararlı olmak,** -e **yararı dokunmak:** This change will benefit you. Bu değişiklik sana yararlı olacak.
benefit from -den **yararlanmak:** Berk benefited from the teacher's advice. Berk, öğretmenin öğütlerin-den yararlandı.

bent • bent (bent)
/fiil/ bkz. **bend**

berry • ber.ry (ber´i)
/isim/ çoğul berries • etli ve zarlı
kabuksuz meyvelerin ortak adı

beside • be.side (bîsayd´)
/edat/ yanına; yanında: She sat beside
me. Yanıma oturdu.

besides • be.sides (bîsaydz´)
/edat/ yanı sıra, -den başka: Besides
visiting the historical places we went
shopping. Tarihi yerleri gezmenin
yanı sıra alışveriş yaptık.

best • best (best)
/sıfat/ (good'un enüstünlük derecesi)
en iyi, en hoş, en uygun: The best
athlete won the prize. Ödülü en iyi
atlet kazandı. best seller **çoksatar**
/zarf/ (well'in enüstünlük derecesi)
en iyi şekilde
/isim/ en iyisi
at best olsa olsa, taş çatlasa
do one's best **elinden geleni yapmak:**
I did my best. Elimden geleni yaptım.

bet • bet (bet)
/fiil/ bets, betting, bet/betted • **bahse
tutuşmak, bahse girmek:** I bet he's
there. Bahse varım oradadır.

betray • be.tray (bîtrey´)
/fiil/ betrays, betraying, betrayed • **ihanet
etmek; ele vermek**

better • bet.ter (bet´ır)

/sıfat/ (good'un üstünlük derecesi)
daha iyi, daha güzel: I need a better
car. Daha iyi bir arabaya ihtiyacım var.
/zarf/ (well'in üstünlük derecesi)
daha iyi bir şekilde: Seda sings
better than the others. Seda, diğer-
lerinden daha iyi şarkı söylüyor.

between • be.tween (bîtwin´)
/edat/ (genellikle iki şey) **arasında,
arasına:** The Aegean Sea is between
Turkey and Greece. Ege Denizi,
Türkiye ile Yunanistan arasındadır.

beware • be.ware (bîwer´)
/fiil/ (Emir kipinde veya mastar
olarak kullanılır.) **sakınmak, çok dik-
kat etmek, gözünü açmak**
Beware of the dog. **Dikkat, köpek var.**

beyond • be.yond (bîyand´)
/edat/ **ötesinde, ötesi, -den öte:** The
village is beyond the river. Köy, nehrin
ötesindedir.

biannual • bi.an.nu.al (bayän´yuwıl)
/sıfat/ **yılda iki kez olan**

bias • bi.as (bay´ıs)
/isim/ **1. verev 2. eğilim 3. önyargı**

bib • bib (bîb)
/isim/ çoğul bibs • **mama önlüğü**

Bible • Bi.ble (bay´bıl)
/isim/ **Kitabı Mukaddes, Kutsal Kitap,
Eski ve Yeni Ahit**

bibliography • bib.li.og.ra.phy
(bîbliyag´rıfi) /isim/ çoğul bibliographies •
kaynakça, bibliyografya

bicycle • bi.cy.cle (bay´sîkıl)
/isim/ çoğul bicycles • bisiklet

big • big (bîg)
/sıfat/ bigger, biggest • 1. büyük, iri,
kocaman: a big box büyük bir kutu
a big house büyük bir ev
2. önemli: a big decision önemli bir
karar

bike • bike (bayk)
/isim/ çoğul bikes • bkz. bicycle

bikini • bi.ki.ni (bîki´ni)
/isim/ çoğul bikinis • bikini

bilingual • bi.lin.gual (baylîng´gwıl)
/sıfat/ iki dilli: bilingual dictionary iki
dilli sözlük

bill • bill (bîl)
/isim/ çoğul bills • 1. fatura, hesap
bill of fare yemek listesi, menü
2. gaga: Storks are birds with long
legs and long bills. Leylekler uzun
bacaklı ve uzun gagalı kuşlardır.

billboard • bill.board (bîl´bôrd)
/isim/ çoğul billboards • reklam panosu

billion • bil.lion (bîl´yın)
/isim/ çoğul billions • milyar

bin • bin (bîn)
/isim/ çoğul bins • (kömür, tahıl v.b.
için) kap, sandık: coal bin kömürlük

bind • bind (baynd)
/fiil/ binds, binding, bound • sarmak; bağ-
lamak: His hands were bound behind
his back. Elleri arkadan bağlıydı.

binoculars • bin.oc.u.lars
(baynak´yılırz) /isim/ (çoğul) (iki gözle
bakılabilen) dürbün

biography • bi.og.ra.phy (bayag´rıfi)
/isim/ çoğul biographies • biyografi,
yaşamöyküsü

biological • bi.o.log.i.cal (bayılac´îkıl)
/sıfat/ biyolojik, yaşambilimsel

biology • bi.ol.o.gy (bayal´ıci)
/isim/ biyoloji, yaşambilim

bird • bird (bırd)
/isim/ çoğul birds • kuş
bird flu kuş gribi
bird of prey yırtıcı kuş

birth • birth (bırth)
/isim/ çoğul births • doğum, doğma
give birth to (çocuk/yavru) doğurmak

birthday • birth.day (bırth´dey)
/isim/ çoğul birthdays • doğum günü:
birthday party doğum günü partisi

biscuit • bis.cuit (bîs´kît)
/isim/ çoğul biscuits • İng. bisküvi

¹bit • bit (bît)
/isim/ çoğul bits • parça, lokma,
kırıntı: She had a bit of cake. Bir
parça kek aldı.

a bit **biraz**
a little bit **birazcık, bir parça**
bit by bit **azar azar**

²**bit** • bit (bît)
/fiil/ bkz. **bite**

¹**bite** • bite (bayt)
/fiil/ bites, biting, bit, bitten • **ısırmak:**
Does that dog bite? Bu köpek ısırır mı?
Don't bite your nails. Tırnaklarını yeme.

²**bite** • bite (bayt)
/isim/ çoğul bites • 1. **ısırma, ısırık**
insect bite **böcek sokması**
2. **ısırık, lokma:** I only had a bite of the
cake. Pastadan sadece bir lokma yedim.

bitten • bit.ten (bît´ın)
/fiil/ bkz. **bite**

bitter • bit.ter (bît´ır)
/sıfat/ **acı, keskin; sert, şiddetli:** a
bitter cold **sert bir soğuk** a bitter
taste **keskin bir tat** a bitter wind
şiddetli bir rüzgâr

black • black (bläk)
/sıfat/ blacker, blackest • **siyah, kara:**
black eyes **siyah gözler**
black box (havacılık) **kara kutu**
the Black Sea **Karadeniz**
/isim/ **siyah, kara**

blackberry • black.ber.ry (bläk´beri)
/isim/ çoğul blackberries • **böğürtlen**

blackboard • black.board (bläk´bôrd)
/isim/ çoğul blackboards • **karatahta**

blade • blade (bleyd)
/isim/ çoğul blades • 1. **bıçak ağzı; kılıç**
2. **ince uzun yaprak:** blade of grass
çimen yaprağı

blame • blame (bleym)
/fiil/ blames, blaming, blamed • **suçu
(birinin) üstüne atmak:** They blamed
him for the stolen goods. Çalınan
mallar için onu suçluyorlardı.

blank • blank (blängk)
/sıfat/ **boş, yazısız:** There are blank
pages at the end of the book. Kitabın
sonunda boş sayfalar var.
/isim/ çoğul blanks • **boşluk, boş yer:** Fill
in the blanks. Boşlukları doldurun.

blanket • blan.ket (bläng´kît)
/isim/ çoğul blankets • **battaniye:**
She put a new blanket on the bed.
Yatağa yeni bir battaniye serdi.

bleach • bleach (bliç)
/isim/ **çamaşır suyu:** Bleach is used
to remove stains on white fabrics.
Çamaşır suyu, beyaz kumaşlardaki
lekeleri çıkarmak için kullanılır.

bled • bled (bled)
/fiil/ bkz. **bleed**

bleed • bleed (blid)
/fiil/ bleeds, bleeding, bled • **kanamak:**
His knee was bleeding. Dizi kanıyordu.

blend • blend (blend)
/fiil/ blends, blending, blended • **karıştır-
mak, harmanlamak**

blender • blend.er (blen´dır)
/isim/ çoğul blenders • karıştırıcı, blender

blew • blew (blu)
/fiil/ bkz. blow

blind • blind (blaynd)
/sıfat/ kör, âmâ: They adopted a
blind kitten. Kör bir kedi yavrusu
sahiplendiler.
blind alley çıkmaz sokak
blind faith katı inanç
blind fate kör talih
blind man´s bluff körebe oyunu

blink • blink (blîngk)
/fiil/ blinks, blinking, blinked • göz kırp-
mak: The sudden flash of light made
me blink. Aniden gelen parlak ışık
gözlerimi kırpmama neden oldu.

blizzard • bliz.zard (blîz´ırd)
/isim/ çoğul blizzards • tipi, kar fırtınası

¹block • block (blak)
/isim/ çoğul blocks • 1. blok, kalıp:
a block of marble mermer blok
2. İng. büyük bina
block of flats apartman
office block iş hanı

²block • block (blak)
/fiil/ blocks, blocking, blocked • tıkamak,
kesmek, kapamak; bloke etmek:
Your car is blocking the street.
Arabanız yolu kapatıyor.

blond • blond (bland)
/sıfat/ blonder, blondest • 1. (erkek için)
sarışın 2. (saç için) sarı: blond hair
sarı saç

blonde • blonde (bland)
/sıfat/ blonder, blondest • 1. (kadın için)
sarışın 2. (saç için) sarı

blood • blood (blʌd)
/isim/ kan: He lost a lot of blood in the
accident. Kazada çok kan kaybetti.
blood bank kan bankası
blood group (blood type) kan grubu
blood pressure tansiyon
blood vessel kan damarı

bloom • bloom (blum)
/fiil/ blooms, blooming, bloomed • çiçek
açmak: Apple trees bloom white.
Elma ağaçları beyaz çiçek açar.

¹blossom • blos.som (blas´ım)
/isim/ çoğul blossoms • (meyve
ağaçlarında açan) çiçek, bahar

²blossom • blos.som (blas´ım)
/fiil/ blossoms, blossoming, blossomed •
1. çiçek açmak, çiçeklenmek: The
cherry trees blossomed early this
year. Kiraz ağaçları bu yıl erken çiçek
açtı. 2. gelişmek, canlanmak

blouse • blouse (blaus)
/isim/ çoğul blouses • bluz, gömlek

blow • blow (blo)
/fiil/ blows, blowing, blew, blown •
1. **esmek:** The wind blew all night.
Rüzgâr bütün gece esti. 2. **üflemek**
blow out (üfleyip) **söndürmek**
blow up 1. **şişirmek** 2. **havaya uçur-
mak, patlatmak; patlamak**

blown • blown (blon)
/fiil/ bkz. blow

blue • blue (blu)
/sıfat/ bluer, bluest • **mavi**
the Blue Mosque **Sultanahmet Camii**
/isim/ çoğul blues • **mavi**

blunt • blunt (blʌnt)
/sıfat/ blunter, bluntest • 1. **kör, keskin
olmayan:** a blunt knife **kör bir bıçak**
2. **sözünü sakınmayan**

¹**board** • board (bôrd)
/isim/ çoğul boards • 1. **kereste, tahta**
2. **tahta, pano** 3. (satranç v.b. için)
oyun tahtası 4. **yönetim kurulu**

²**board** • board (bôrd)
/fiil/ boards, boarding, boarded • 1. (vapura
/trene/otobüse/uçağa) **binmek** 2. **pan-
siyoner olmak** 3. (okulda) **yatılı olmak**
boarding school **yatılı okul**

boarder • board.er (bôr´dır)
/isim/ çoğul boarders • 1. **pansiyoner**
2. **yatılı öğrenci**

boast • boast (bost)
/fiil/ boasts, boasting, boasted • **övünmek**

boat • boat (bot)
/isim/ çoğul boats • (gemi, vapur, sandal,
yat gibi) **tekne**

body • bod.y (bad´i)

/isim/ çoğul bodies • **beden, vücut**
body language **beden dili**

bodyguard • bod.y.guard (bad´igard)
/isim/ çoğul bodyguards • **koruma, koru-
ma görevlisi**

boil • boil (boy´ıl)
/fiil/ boils, boiling, boiled • 1. **kaynamak;
kaynatmak** 2. **haşlanmak; haşla-
mak:** boiled egg **haşlanmış yumurta**
boil over (kaynarken) **taşmak**
boiling point **kaynama noktası**

bold • bold (bold)
/sıfat/ bolder, boldest • 1. **cesur, gözü
pek, yürekli** 2. **siyah, kalın, koyu**
(basım harfi)

bolt • bolt (bolt)
/isim/ çoğul bolts • 1. **kapı sürgüsü** 2.
cıvata

¹**bomb** • bomb (bam)
/isim/ çoğul bombs • **bomba:** atomic
bomb **atom bombası**

²**bomb** • bomb (bam)
/fiil/ bombs, bombing, bombed • **bom-
balamak**

bond • bond (band)
/isim/ çoğul bonds • 1. **bağ:** family

bonds aile bağları 2. ilişki 3. bono, senet, tahvil

bone • bone (bon)
/isim/ çoğul bones • **kemik**

bonfire • bon.fire (ban´fayr)
/isim/ çoğul bonfires • **şenlik ateşi, açık havada yakılan ateş:** We jumped over the bonfire. Şenlik ateşinin üzerinden atladık.

bonus • bo.nus (bo´nıs)
/isim/ çoğul bonuses • **ikramiye, prim; ödül puanı, bonus**

book • book (bûk)
/isim/ çoğul books • **kitap:** I'm reading a book about volcanoes. Yanardağlar hakkında bir kitap okuyorum.

bookcase • book.case (bûk´keys)
/isim/ çoğul bookcases • **kitaplık**

booklet • book.let (bûk´lît)
/isim/ çoğul booklets • **broşür, kitapçık**

bookmark • book.mark (bûk´mark)
/isim/ çoğul bookmarks • **sayfa ayracı**

bookseller • book.sell.er (bûk´selır)
/isim/ çoğul booksellers • **kitapçı**

bookshelf • book.shelf (bûk´şelf)
/isim/ çoğul bookshelves • **kitap rafı, kitaplık:** I picked a book from the book-shelf. Kitaplıktan bir kitap seçtim.

bookshop • book.shop (bûk´şap)
/isim/ çoğul bookshops • bkz. **bookstore**

bookstore • book.store (bûk´stôr)
/isim/ çoğul bookstores • **kitabevi**
İng. **bookshop**

boot • boot (but)
/isim/ çoğul boots • **çizme; bot**

booth • booth (buth, budh)
/isim/ çoğul booths • **(fuarda, sergide) stand**
telephone booth **telefon kulübesi**
ticket booth **bilet gişesi**

border • bor.der (bôr´dır)
/isim/ çoğul borders • **1. sınır, hudut 2. kenar 3. kenar süsü**

¹bore • bore (bor)
/fiil/ bores, boring, bored • **1. delmek, oymak** bore a hole in -de delik açmak **2. sıkmak, başını ağrıtmak**

²bore • bore (bor)
/fiil/ bkz. ²**bear**

bored • bored (bord)
/sıfat/ canı sıkılmış
get bored canı sıkılmak

boring • bor.ing (bor´îng)
/sıfat/ can sıkıcı: The story he told
was boring. Anlattığı öykü sıkıcıydı.

born • born (bôrn)
/sıfat/ doğmuş
to be born doğmak: Arzu was born
in Artvin. Arzu, Artvin'de doğdu.

borne • borne (bôrn)
/fiil/ bkz. ²bear

borrow • bor.row (bar´o)
/fiil/ borrows, borrowing, borrowed •
borç almak, ödünç almak: May I
borrow your pencil? Kalemini ödünç
alabilir miyim?

Bosphorus • Bos.pho.rus (bas´fırıs)
/isim/ (the) bkz. Bosporus

Bosporus • Bos.po.rus (bas´pırıs)
/isim/ (the) İstanbul Boğazı, Boğaz

boss • boss (bôs)
/isim/ çoğul bosses • patron, işveren:
My boss is in China for work this week.
Patronum bu hafta iş için Çin'de.

both • both (both)
/zamir/ her ikisi; ikisi de: both of
them her ikisi de both of us ikimiz de
both ... and ... hem ..., hem ...: both
she and I hem o, hem ben

bother • both.er (badh´ır)
/fiil/ bothers, bothering, bothered • canını
sıkmak, rahatsız etmek: Noise bothers
him. Gürültü onu rahatsız eder.
Don't bother! Zahmet etmeyin!

bottle • bot.tle (bat´ıl)
/isim/ çoğul bottles • şişe: a bottle of
olive oil bir şişe zeytinyağı
bottle opener açacak, şişe açacağı

bottom • bot.tom (bat´ım)
/isim/ çoğul bottoms • dip, alt: The boat
sank to the bottom of the sea. Tekne
denizin dibine battı. the bottom of a
page sayfanın sonu

bought • bought (bôt)
/fiil/ bkz. buy

bounce • bounce (bauns)
/fiil/ bounces, bouncing, bounced • sıçra-
mak, sekmek, zıplamak; zıplatmak,
sektirmek: This rubber ball bounces
very high. Bu lastik top çok yükseğe
zıplıyor.

bound • bound (baund)
/fiil/ bkz. bind

boundary • bound.a.ry (baun´dıri)
/isim/ çoğul boundaries • sınır, hudut:
geographical boundaries coğrafi sınır-
lar national boundaries ulusal sınırlar

bow • bow (bo)
/isim/ çoğul bows • 1. yay, ok yayı 2.
(yaylı çalgı için) yay 3. fiyonk
bow tie papyon, papyon kravat

bowel • bow.el (bau´wıl)
/isim/ çoğul bowels • bağırsak

bowl • bowl (bol)
/isim/ çoğul bowls • **tas, kâse:** Would you like a bowl of soup? Bir kâse çorba alır mısınız?

bowling • bowl.ing (bo´lîng)
/isim/ **bowling** (ağır bir topla oynanan bir oyun)
bowling ball **bowling topu**

¹**box** • box (baks)
/isim/ çoğul boxes • **kutu, sandık:** cardboard box karton kutu

²**box** • box (baks)
/fiil/ boxes, boxing, boxed • **boks yapmak**

boxer • box.er (bak´sır)
/isim/ çoğul boxers • **boksör**

boxing • box.ing (bak´sîng)
/isim/ **boks**
boxing glove **boks eldiveni**

boy • boy (boy)
/isim/ çoğul boys • **erkek çocuk; delikanlı**

boyfriend • boy.friend (boy´frend)
/isim/ çoğul boyfriends • **erkek arkadaş**

bra • bra (bra)
/isim/ çoğul bras • **sutyen**

bracelet • brace.let (breys´lît)
/isim/ çoğul bracelets • **bilezik:** She made a little bracelet for her daughter. Kızı için küçük bir bilezik yaptı.

bracket • brack.et (bräk´ît)
/isim/ çoğul brackets • **1. köşeli parantez, köşeli ayraç 2.** İng. **parantez, ayraç**

braid • braid (breyd)
/fiil/ braids, braiding, braided • **(saç) örmek:** Mine's mother braids Mine's hair every morning. Annesi her sabah Mine'nin saçını örer.

brain • brain (breyn)
/isim/ çoğul brains • **beyin:** a successful brain surgery başarılı bir beyin ameliyatı

brainstorm • brain.storm (breyn´stôrm) /isim/ **beyin fırtınası, aniden gelen parlak fikir**

¹**brake** • brake (breyk)
/isim/ çoğul brakes • **fren:** I checked my bicycle's brakes. Bisikletimin frenlerini kontrol ettim.
brake pedal **fren pedalı**

²brake • brake (breyk)
/fiil/ brakes, braking, braked • **fren yapmak**

branch • branch (bränç)
/isim/ çoğul branches • **1.** (ağaca ait)
dal: The cat hid among the branches.
Kedi dalların arasına saklandı.
2. (nehre ait) **kol:** Gökırmak is a
branch of Kızılırmak. Gökırmak,
Kızılırmak'ın bir koludur. **3. şube;**
bölüm, kısım; dal, kol, branş

brand • brand (bränd)
/isim/ çoğul brands • (bir ürüne ait) **özel**
ad, marka
brand name **marka adı, marka**

brand-new • brand-new (bränd´nu)
/sıfat/ **yepyeni, gıcır gıcır:** a brand-new
piano yepyeni bir piyano

brave • brave (breyv)
/sıfat/ braver, bravest • **cesur, cesaretli:**
a brave decision cesur bir karar
a brave soldier cesur bir asker

bread • bread (bred)
/isim/ **ekmek** a loaf of bread bir
somun ekmek
bread box, İng. bread bin **ekmek kutusu**

¹break • break (breyk)
/fiil/ breaks, breaking, broke, broken
• **kırmak, parçalamak; kırılmak,**
parçalanmak: Burak broke the glass

vase. Burak, cam vazoyu kırdı.
break a promise **sözünden dönmek**
break a record **rekor kırmak**
break down **bozulmak**
break the law **suç işlemek**

²break • break (breyk)
/isim/ çoğul breaks • **1. kırık, çatlak**
2. mola, teneffüs
take a break **mola vermek**

breakfast • break.fast (brek´fıst)
/isim/ çoğul breakfasts • **kahvaltı,**
sabah kahvaltısı: Did you have your
breakfast? Kahvaltınızı ettiniz mi?

breast • breast (brest)
/isim/ çoğul breasts • **göğüs, meme**
breast cancer **göğüs kanseri**

breath • breath (breth)
/isim/ çoğul breaths • **nefes, soluk:** I took
a deep breath and started to run. Derin
bir nefes aldım ve koşmaya başladım.
catch one's breath **soluk almak,**
soluklanmak, dinlenmek
out of breath **nefes nefese, soluk**
soluğa, soluğu kesilmiş

breathe • breathe (bridh)
/fiil/ breathes, breathing, breathed •
nefes almak, soluk almak: We breathe
more slowly when we are asleep.
Uyurken daha yavaş nefes alırız.
breathe in **nefes almak**
breathe out **nefes vermek**

breathless • breath.less (breth´lîs)
/sıfat/ **nefes nefese, soluk soluğa,**
soluğu kesilmiş: The child was
breathless from running. Çocuğun
koşmaktan soluğu kesilmişti.

bred • bred (bred)
/fiil/ bkz. breed

breed • breed (brid)
/fiil/ breeds, breeding, bred • 1. üremek
2. yetiştirmek: My grandfather breeds
chickens on his farm. Büyükbabam
çiftliğinde tavuk yetiştiriyor.

breeze • breeze (briz)
/isim/ çoğul breezes • hafif rüzgâr,
esinti, meltem

bribe • bribe (brayb)
/isim/ çoğul bribes • rüşvet: The referee
was accused of taking a bribe. Hakem
rüşvet almakla suçlanıyordu.

brick • brick (brîk)
/isim/ çoğul bricks • (genellikle boşluk-
suz) tuğla: a brick wall tuğla bir duvar

bride • bride (brayd)
/isim/ çoğul brides • gelin

bridge • bridge (brîc)
/isim/ çoğul bridges • köprü: There
was a bridge over the stream.
Nehrin üzerinde bir köprü vardı.

brief • brief (brif)
/sıfat/ briefer, briefest • kısa: a brief
answer kısa bir yanıt a brief descrip-
tion kısa bir tanımlama a brief visit
kısa bir ziyaret
in brief özetle, kısaca

briefcase • brief.case (brif´keys)
/isim/ çoğul briefcases • evrak çantası

bright • bright (brayt)
/sıfat/ brighter, brightest • 1. parlak, par-
layan: a bright star parlak bir yıldız
bright red parlak kırmızı 2. akıllı, zeki

brilliant • bril.liant (brîl´yınt)
/sıfat/ 1. parlak, göz alıcı: brilliant
jewels göz alıcı mücevherler 2. dâhice,
parlak: a brilliant idea parlak bir fikir

bring • bring (brîng)
/fiil/ brings, bringing, brought • getirmek:
Bring the salad to the table, please.
Lütfen salatayı sofraya getir.
bring about neden olmak
bring up children çocuk yetiştirmek

Britain • Brit.ain (brît´ın)
/isim/ Britanya

British • Brit.ish (brît´îş)
/sıfat/ 1. Britanya'ya özgü 2. Britan-
yalı, İngiliz
/isim/ (the) Britanyalılar

brittle • brittle (brît´ıl)
/sıfat/ brittler, brittlest • kırılgan: Aging
causes our bones to become brittle.
Yaşlanma kemiklerimizin kırılgan hale
gelmesine neden olur.

broad • broad (brôd)

/sıfat/ broader, broadest • **geniş:** My father has broad shoulders. Babam geniş omuzlara sahiptir.

broadcast • broad.cast (brôd´käst)
/fiil/ broadcasts, broadcasting, broadcast • (radyo/televizyon aracılığıyla) **yayımlamak**

brochure • bro.chure (broşûr´)
/isim/ çoğul brochures • **broşür, kitapçık:** a travel brochure seyahat broşürü

broke • broke (brok)
/fiil/ bkz. ¹break

¹**broken** • bro.ken (bro´kın)
/fiil/ bkz. ¹break

²**broken** • bro.ken (bro´kın)
/sıfat/ 1. **kırık, kırılmış:** a broken arm kırık bir kol 2. **bozuk, bozulmuş:** a broken watch bozuk bir kol saati

bronze • bronze (branz)
/isim/ **bronz, tunç**
the Bronze Age tunç devri

broom • broom (brum)
/isim/ çoğul brooms • **saplı süpürge**

brother • broth.er (brʌdh´ır)
/isim/ çoğul brothers • **erkek kardeş**
elder brother **ağabey**
younger brother **erkek kardeş**

brother-in-law • broth.er-in-law (brʌdh´ırînlô) /isim/ çoğul brothers-in-law • **enişte; kayınbirader; bacanak**

brought • brought (brôt)
/fiil/ bkz. **bring**

brown • brown (braun)
/sıfat/ browner, brownest • **kahverengi:** brown eyes kahverengi gözler
/isim/ çoğul browns • **kahverengi**

brunch • brunch (brʌnç)
/isim/ çoğul brunches • **öğleye doğru yenen ve kahvaltı ile öğle yemeği yerine geçen yemek, kuşluk yemeği**

¹**brush** • brush (brʌş)
/isim/ çoğul brushes • **fırça**

brush • brush (brʌş)
/fiil/ brushes, brushing, brushed • **fırçalamak:** Zeynep brushes her teeth three times a day. Zeynep, dişlerini günde üç kez fırçalar.

brutal • bru.tal (brut´ıl)
/sıfat/ 1. **vahşi, yabani** 2. **merhametsiz**

¹**bubble** • bub.ble (bʌb´ıl)
/isim/ çoğul bubbles • **kabarcık**

²**bubble** • bub.ble (bʌb´ıl)
/fiil/ bubbles, bubbling, bubbled • **kaynamak, fokurdamak**

bucket • buck.et (bʌkˈît)
/isim/ çoğul buckets • **kova:** Children built a huge sandcastle using a bucket. Çocuklar kovayla büyük bir kumdan kale yaptılar.

buckle • buck.le (bʌkˈıl)
/isim/ çoğul buckles • (kemer, kayış v.b. için) **toka**

bud • bud (bʌd)
/isim/ çoğul buds • **tomurcuk; gonca**

Buddhism • Bud.dhism (buˈdîzım)
/isim/ **Budizm**

Buddhist • Bud.dhist (buˈdîst)
/isim/ çoğul Buddhists • **Budist**
/sıfat/ **Budist**

buddy • bud.dy (bʌdˈi)
/isim/ çoğul buddies • **arkadaş, ahbap:** Ali and Recep are good buddies. Ali ve Recep iyi arkadaşlar.

budget • budg.et (bʌcˈît)
/isim/ çoğul budgets • **bütçe**

bug • bug (bʌg)
/isim/ çoğul bugs • **böcek**

buggy • bug.gy (bʌgˈi)
/isim/ çoğul buggies • **fayton; brıçka**

build • build (bîld)
/fiil/ builds, building, built • **1. (yapı) yapmak, inşa etmek:** build a house ev inşa etmek **2. kurmak, yaratmak:** build a new future yeni bir gelecek kurmak build up **geliştirmek**

builder • build.er (bîlˈdır)
/isim/ çoğul builders • **inşaatçı, müteahhit**

building • build.ing (bîlˈdîng)
/isim/ **1.** çoğul buildings • **yapı, bina:** a historic building tarihi bir bina **2. yapım, inşa, inşaat**

built • built (bîlt)
/fiil/ bkz. build

bulb • bulb (bʌlb)
/isim/ çoğul bulbs • **1. çiçek soğanı:** Tulip bulbs are planted in September. Lale soğanları eylülde ekilir. **2. elektrik ampulü**

bull • bull (bûl)
/isim/ çoğul bulls • **boğa**

bulldozer • bull.doz.er (bûlˈdozır)
/isim/ çoğul bulldozers • **buldozer, dozer, yoldüzer**

bullet • bul.let (bûlˈît)
/isim/ çoğul bullets • **kurşun, mermi**

bulletin • bul.le.tin (bûlˈıtın)
/isim/ çoğul bulletins • **bildiri, belleten, bülten:** Do you check the bulletins regularly? Bildirileri düzenli olarak takip ediyor musunuz?
bulletin board **ilan tahtası**

bullfight • bull.fight (bûl´fayt)
/isim/ çoğul bullfights • boğa güreşi

¹**bump** • bump (bʌmp)
/fiil/ bumps, bumping, bumped •
(against/into) -e vurmak, -e çarp-
mak, -e toslamak, -e bindirmek

²**bump** • bump (bʌmp)
/isim/ çoğul bumps • 1. vuruş, çarpma
2. şiş, yumru 3. tümsek

bumper • bump.er (bʌm´pır)
/isim/ çoğul bumpers • (otomobil) tampon

bunch • bunch (bʌnç)
/isim/ çoğul bunches • salkım, demet,
deste, hevenk: a bunch of grapes
bir salkım üzüm a bunch of flowers
bir demet çiçek a bunch of papers
bir deste kâğıt

bundle • bun.dle (bʌn´dıl)
/isim/ çoğul bundles • 1. bohça 2. deste
3. paket: software bundle yazılım
paketi

bungalow • bun.ga.low (bʌng´gılo)
/isim/ çoğul bungalows • bungalov

bunk • bunk (bʌngk)
/isim/ çoğul bunks • ranza
bunk bed ranza yatak

bunny • bun.ny (bʌn´i)
/isim/ çoğul bunnies • tavşan

burden • bur.den (bır´dın)
/isim/ çoğul burdens • yük, ağırlık: He
didn't want to be a burden on his
family. Ailesine yük olmak istemedi.

burglar • bur.glar (bır´glır)
/isim/ çoğul burglars • (ev/bina soyan)
hırsız: The burglar got into the
house through the window. Hırsız
eve pencereden girdi.

burn • burn (bırn)
/fiil/ burns, burning, burned/burnt • yan-
mak; yakmak: The building burned
to the ground. Bina tamamen yandı.

burnt • burnt (bırnt)
/fiil/ bkz. burn

burst • burst (bırst)
/fiil/ bursts, bursting, burst • patlamak,
yarılmak: Suddenly the balloon
burst. Balon aniden patladı.
burst into tears gözyaşlarına boğulmak

bury • bur.y (ber´i)
/fiil/ buries, burying, buried • gömmek,
defnetmek: The dog buried a bone
under the tree. Köpek ağacın altına
bir kemik gömdü.

bus • bus (bʌs)
/isim/ çoğul buses/busses • otobüs
bus driver otobüs şoförü
bus station otobüs terminali
bus stop otobüs durağı

bush • bush (bûş)
/isim/ çoğul bushes • çalı, çalılık

business • busi.ness (bîzˊnîs)
/isim/ çoğul businesses • **1.** iş, meslek,
görev: business hours mesai saatleri
business trip iş seyahati **2.** ticaret:
business center iş merkezi
None of your business. Sizi
ilgilendirmez.

businessman • busi.ness.man
(bîzˊnîsmän) /isim/ çoğul businessmen •
işadamı

businesswoman • busi.ness.wom.
an (bîzˊnîswûmın) /isim/ çoğul busi-
nesswomen • iş kadını

busy • bus.y (bîzˊi)
/sıfat/ busier, busiest • **1.** meşgul:
a busy man meşgul bir adam busy
with his work işiyle meşgul **2.** işlek,
hareketli: a busy life hareketli bir
yaşam a busy street işlek bir cadde

but • but (bʌt)
/bağlaç/ ama, fakat, ancak:
My father went but I did not go.
Babam gitti ama ben gitmedim.
all but ... ... dışında hepsi

butcher • butch.er (bûçˊır)
/isim/ çoğul butchers • kasap
the butcher's kasap dükkânı

¹butter • but.ter (bʌtˊır)
/isim/ tereyağı

²butter • but.ter (bʌtˊır)
/fiil/ butters, buttering, buttered •
tereyağı sürmek I forgot to butter

the toast. Kızarmış ekmeğe tereyağı
sürmeyi unuttum.
butter up (konuşma dili) yağ çekmek,
yağlamak

butterfly • but.ter.fly (bʌtˊır.flay)
/isim/ çoğul butterflies • kelebek

¹button • but.ton (bʌtˊın)
/isim/ çoğul buttons • düğme
push button tuş

²button • but.ton (bʌtˊın)
/fiil/ buttons, buttoning, buttoned • (up)
iliklemek, düğmelemek

buttonhole • but.ton.hole (bʌtˊınhol)
/isim/ çoğul buttonholes • ilik, düğme iliği

buy • buy (bay)
/fiil/ buys, buying, bought • almak,
satın almak: Where did you buy this
watch? Bu saati nereden satın aldın?

buyer • buy.er (bayˊır)
/isim/ çoğul buyers • alıcı, müşteri

¹buzz • buzz (bʌz)
/isim/ çoğul buzzes • vızıltı: We heard
the angry buzz of a bee. Bir arının
öfkeli vızıltısını duyduk.

²buzz • buzz (bʌz)
/fiil/ buzzes, buzzing, buzzed • vızıldamak

by • by (bay)
/edat/ 1. ile, vasıtasıyla, yoluyla: He goes to school by bus. Okula otobüsle gider. 2. yanında, yakınında: There is a beautiful house by the lake. Göl kıyısında güzel bir ev var. 3. -den, tarafından: Read the poem by Orhan Veli. Orhan Veli'nin şiirini okuyun. 4. -e kadar: I'll be there by five o'clock. Saat beşe kadar orada olurum.

bye • bye (bay)
/ünlem/ Hoşça kalın!, Allahaısmarladık!: Bye for now. Şimdilik hoşça kalın.

bye-bye • bye bye (bay´bay)
/ünlem/ bkz. bye

byte • byte (bayt)
/isim/ çoğul bytes • (bilgisayar) bayt

Cc

C, c • c (si)
/isim/ C, İngiliz alfabesinin üçüncü harfi

cab • cab (käb)
/isim/ çoğul cabs • **taksi:** Shall we go
by cab? Taksiyle mi gideceğiz?

cabbage • cab.bage (käb´îc)
/isim/ çoğul cabbages • **lahana**

cabin • cab.in (käb´în)
/isim/ çoğul cabins • **1. kulübe:** log
cabin ahşap kulübe **2. kamara,
kabin:** the pilot's cabin pilot kabini

cabinet • cab.i.net (käb´ınît)
/isim/ çoğul cabinets • **1.** (camlı ve raflı)
dolap: I placed the books in the cabinet.
Kitapları dolaba yerleştirdim. **2. bakan-
lar kurulu, kabine**

cable • ca.ble (key´bıl)

/isim/ çoğul cables • **1. kablo**
cable car **teleferik**
cable television **kablolu televizyon**
2. telgraf

cacao • ca.cao (kıkey´o, kıka´o)
/isim/ **kakao ağacı, hintbademi**

cactus • cac.tus (käk´tıs)
/isim/ çoğul cactuses/cactus/cacti • **kaktüs**

café • ca.fé (käfey´, kıfey´)
/isim/ çoğul cafés • **küçük lokanta,
kafe**

cafeteria • caf.e.te.ria (käfıtîr´iyı)
/isim/ çoğul cafeterias • **kafeterya:** She
had a sandwich at the cafeteria.
Kafeteryada bir sandviç yedi.

cage • cage (keyc)
/isim/ çoğul cages • **kafes:** Did you see the bird in the cage? Kafesteki kuşu gördün mü?

cake • cake (keyk)
/isim/ çoğul cakes • **kek, pasta:** birthday cake doğum günü pastası chocolate cake çikolatalı pasta

calculate • cal.cu.late (käl´kyıleyt)
/fiil/ calculates, calculating, calculated • **hesaplamak:** Cem calculated the cost of the book. Cem, kitabın maliyetini hesapladı.

calculation • cal.cu.la.tion (kälkyıley´şın) /isim/ çoğul calculations • **hesap, hesaplama**

calculator • cal.cu.la.tor (käl´kyıleytır) /isim/ çoğul calculators • **hesap makinesi**

calendar • cal.en.dar (käl´ındır) /isim/ çoğul calendars • **takvim:** desk calendar masa takvimi
calendar year **takvim yılı**

calf • calf (käf, kaf)
/isim/ çoğul calves • **dana, buzağı:** Our cow gave birth to a calf. İneğimiz bir buzağı doğurdu.

caliphate • ca.liph.ate (key´lîfeyt, käl´îfeyt) /isim/ çoğul caliphates • **halifelik, hilafet:** Atatürk abolished the caliphate on March 3, 1924. Atatürk 3 Mart 1924'te halifeliği kaldırdı.

¹**call** • call (kôl)
/isim/ çoğul calls • **1. bağırma, çağırma:** Did you hear a call? Bir bağırış duydunuz mu? **2. telefon konuşması** collect call **ödemeli konuşma** local call **şehir içi konuşma** long-distance call **şehirlerarası ya da milletlerarası konuşma**

²**call** • call (kôl)
/fiil/ calls, calling, called • **1. seslenmek, çağırmak** call out **seslenmek:** He called out for help. "İmdat!" diye bağırdı. **2. uğramak:** Let's call on Alev. Alev'e uğrayalım. **3. telefon etmek:** When did you call her? Ona ne zaman telefon ettiniz? **4. ad vermek, adlandırmak:** They called their baby Begüm. Bebeklerine Begüm adını verdiler. **5. demek, diye hitap etmek:** They call her Minnoş. Ona Minnoş derler. call for **-i istemek; -i gerektirmek**

¹**calm** • calm (kam)
/sıfat/ calmer, calmest • **sakin, durgun, dingin:** He can keep calm in an emergency. Tehlike anında sakin olabiliyor.

²**calm** • calm (kam)
/fiil/ calms, calming, calmed • **1. yatıştırmak, sakinleştirmek; yatışmak, sakinleşmek:** This tea will calm your nerves. Bu çay sinirlerinizi yatıştırır. **2. (fırtına) dinmek; (deniz) sakinleşmek** calm down **yatışmak, sakinleşmek; yatıştırmak, sakinleştirmek:** Please calm down! Lütfen sakin olun!

calmly • calm.ly (kam´li)
/zarf/ sakince, soğukkanlılıkla: He
tried to answer her questions calmly.
Onun sorularına soğukkanlılıkla cevap
vermeye çalıştı.

came • came (keym)
/fiil/ bkz. come

camel • cam.el (käm´ıl)
/isim/ çoğul camels • deve

camera • cam.er.a (käm´ırı, käm´rı)
/isim/ çoğul cameras • fotoğraf makinesi,
kamera
video camera video kamera

cameraman • cam.er.a.man
(käm´ırımän) /isim/ çoğul cameramen •
kameraman

¹camp • camp (kämp)
/isim/ çoğul camps • kamp: summer
camp yaz kampı
camp chair portatif sandalye

²camp • camp kämp
/fiil/ camps, camping, camped • kamp
yapmak: We are going to camp in the
woods this weekend. Bu hafta sonu
ormanda kamp yapacağız.

campaign • cam.paign (kämpeyn´)
/isim/ çoğul campaigns • 1. sefer, sefer-
berlik 2. kampanya

camping • camp.ing (käm´pîng)
/isim/ kamp yapma, kamp

campus • cam.pus (käm´pıs)
/isim/ kampus

¹can • can (kän, kın)
/yardımcı fiil/ could • 1. -ebilmek: Can
you drive a car? Araba sürebilir
misin? Can you tell me the time?
Bana saati söyleyebilir misiniz? Cem
can talk to her. Cem, onunla
konuşabilir. 2. izni olmak: Can I go?
Gidebilir miyim?
can't → cannot → can not

▬ ▬ ▬ ▬ ▬ ▬ ▬

Can fiilinin gelecek zamanı yoktur,
yerine will be able to kullanılır:
I think he will be able to do it. →
Sanırım onu yapabilecek.

▬ ▬ ▬ ▬ ▬ ▬ ▬

²can • can (kän)
/isim/ çoğul cans • teneke kutu, teneke;
konserve kutusu
can opener konserve açacağı
İng. tin

Canada • Can.a.da (kän´ıdı)
/isim/ Kanada

Canadian • Ca.na.di.an (kıney´diyın)
/sıfat/ 1. Kanada'ya özgü 2. Kanadalı
/isim/ çoğul Canadians • Kanadalı

canal • ca.nal (kınäl´)
/isim/ çoğul canals • kanal
the Suez Canal Süveyş Kanalı

canary • ca.nar.y (kıner´i)
/isim/ çoğul canaries • kanarya

cancel • can.cel (kän´sıl)
/fiil/ cancels, canceling/İng. cancelling,
canceled/İng. cancelled • iptal etmek:
cancel an appointment bir randevuyu
iptal etmek

cancer • can.cer (kän´sır)
/isim/ kanser

candidate • can.di.date (kän´dîdeyt,
kän´dîdît) /isim/ çoğul candidates •
aday: The committee will name the
candidates. Kurul adayları belirleyecek.

candle • can.dle (kän´dıl)
/isim/ çoğul candles • mum: She blew
out the candles. Mumları üfleyerek
söndürdü.

candy • can.dy (kän´di)
/isim/ çoğul candies • şeker, şekerleme
İng. sweet
candy apple elma şekeri
candy store şekerci dükkânı

cane • cane (keyn)
/isim/ çoğul canes • baston, değnek

cannot • can.not (kän´at)
/kısaltma/ can not • bkz. ¹can

canteen • can.teen (käntin´)
/isim/ çoğul canteens • 1. kantin, büfe
2. matara

canyon • can.yon (kän´yın)
/isim/ çoğul canyons • kanyon, derin vadi

cap • cap (käp)
/isim/ çoğul caps • kasket, kep

capability • ca.pa.bil.i.ty (keypıbîl´ıti)
/isim/ çoğul capabilities • yetenek,
kabiliyet: She has the capability to
become a great actress. Çok iyi bir
aktris olabilecek yeteneğe sahip.

capable • ca.pa.ble (key´pıbıl)
/sıfat/ yetenekli, ehliyetli: He is
capable of taking care of himself.
Kendine bakabilecek durumda.

capacity • ca.pac.i.ty (kıpäs´ıti)
/isim/ çoğul capacities • 1. hacim, oylum
2. yetenek: This task is beyond my
capacity. Bu görev, benim yeteneğimi
aşıyor.

capital • cap.i.tal (käp´ıtıl)
/sıfat/ büyük (harf): He wrote his
name in capital letters. İsmini büyük
harflerle yazdı.
/isim/ 1. çoğul capitals • başkent: Ankara
is the capital of Turkey. Ankara
Türkiye'nin başkentidir. 2. büyük harf:
capitals and small letters büyük harfler
ve küçük harfler 3. sermaye, kapital

capsule • cap.sule (käp´sıl, käp´syûl)
/isim/ çoğul capsules • kapsül: space
capsule uzay kapsülü

captain • cap.tain (käp´tın)
/isim/ çoğul captains • 1. (gemide)
kaptan 2. (sivil uçakta) kaptan pilot

capture • cap.ture (käp´çır)
/fiil/ captures, capturing, captured • **zapt etmek, ele geçirmek:** This castle was captured by knights. Bu kale şövalyeler tarafından ele geçirilmişti.

car • car (kar)
/isim/ çoğul cars • **otomobil, araba:** We went to Ankara by car. Ankara'ya arabayla gittik.
car park **otopark**
car wash **oto yıkama yeri**

carbohydrate • car.bo.hy.drate (karbohay´dreyt) /isim/ çoğul carbohydrates • **karbonhidrat**

carbon • car.bon (kar´bın)
/isim/ **karbon**
carbon dioxide **karbondioksit**
carbon monoxide **karbonmonoksit**

card • card (kard)
/isim/ çoğul cards • **1. kart, oyun kâğıdı:** Please deal the cards. Lütfen kartları dağıtın.
card game **kâğıt oyunu**
2. kart, posta kartı, kartpostal
birthday card **yaş günü kartı**
identity card **kimlik kartı**

cardboard • card.board (kard´bôrd)
/isim/ çoğul cardboards • **mukavva, karton**

cardigan • car.di.gan (kar´dîgın)
/isim/ çoğul cardigans • **hırka, ceket:**

This cardigan was on sale. Bu ceket indirimdeydi.

¹**care** • care (ker)
/isim/ **1. dikkat, özen, bakım:** İdil is under the care of a doctor now. İdil şimdi doktor gözetiminde.
2. çoğul cares • **dert, kaygı, tasa**

²**care** • care (ker)
/fiil/ cares, caring, cared • **umurunda olmak, umursamak:** Dursun didn't care when he lost the match. Dursun, maçı kaybettiğine aldırmadı.
take care of **-e bakmak:** She's taking care of her daughter. Kızına bakıyor.
Take care! **Kendine iyi bak!**

career • ca.reer (kırîr´)
/isim/ çoğul careers • **kariyer**

carefree • care.free (ker´fri)
/sıfat/ **tasasız, kaygısız, dertsiz**

careful • care.ful (ker´fıl)
/sıfat/ **dikkatli; özenli:** Be careful while crossing the busy street. İşlek caddeyi geçerken dikkat edin.

carefully • care.ful.ly (ker´fıli)
/zarf/ **dikkatle; özenle:** Listen carefully! Dikkatle dinleyin!

careless • care.less (ker´lîs)
/sıfat/ **dikkatsiz; kayıtsız:** a careless driver dikkatsiz bir sürücü

caretaker • care.tak.er (ker´teykır)
/isim/ çoğul caretakers • **bir yerin hizmet işleriyle görevli kimse, bina yöneticisi**

cargo • car.go (kar´go)
/isim/ çoğul cargoes/cargos • **kargo, yük**

caricature • car.i.ca.ture (ker´îkıçûr) /isim/ çoğul caricatures • karikatür

caricaturist • car.i.ca.tur.ist (ker´îkıçûrîst) /isim/ çoğul caricaturists • karikatürcü, karikatürist

caries • car.ies (ker´iz) /isim/ (dişte/kemikte) çürüme, çürük

carnation • car.na.tion (karney´şın) /isim/ çoğul carnations • karanfil, karanfil çiçeği

carnival • car.ni.val (kar´nıvıl) /isim/ çoğul carnivals • karnaval

carnivorous • car.niv.o.rous (karnîv´ırıs) /sıfat/ etobur, etçil: Foxes are carnivorous animals. Tilkiler etobur hayvanlardır.

carpenter • car.pen.ter (kar´pıntır) /isim/ çoğul carpenters • marangoz

carpet • car.pet kar´pît /isim/ çoğul carpets • halı: Hale laid the carpet on the floor. Hale, halıyı yere serdi.

carriage • car.riage (ker´îc) /isim/ çoğul carriages • 1. at arabası 2. İng. yolcu vagonu 3. alışveriş arabası

carrot • car.rot (ker´ıt) /isim/ çoğul carrots • havuç

carry • car.ry (ker´i) /fiil/ carries, carrying, carried • taşımak, götürmek: The train was carrying wheat. Tren buğday taşıyordu. carry out yerine getirmek; uygulamak: carry out a plan bir planı uygulamak

cart • cart (kart) /isim/ çoğul carts • 1. atlı yük arabası put the cart before the horse bir işi tersinden yapmak 2. el arabası, İng. trolley

carton • car.ton (kar´tın) /isim/ çoğul cartons • karton kutu, mukavva kutu: a carton of milk bir kutu süt

cartoon • car.toon (kartun´) /isim/ çoğul cartoons • 1. çizgi film 2. karikatür

carve • carve (karv) /fiil/ carves, carving, carved • oymak

case • case (keys) /isim/ çoğul cases • 1. durum, hal in any case ne olursa olsun; zaten: It might take long to get to the airport, but in any case we will be there before our flight. Havaalanına ulaşmak uzun sürebilir ama yine de uçuşumuzdan önce orada olacağız. in case of ... ... halinde: in case of emergency acil bir durumda in that case o takdirde 2. kılıf, kutu: violin case keman kutusu

cash • cash (käş) /isim/ para, nakit para, peşin para: I have no cash with me. Üzerimde nakit yok. in cash nakit olarak

cashier • cash.ier (käşîr´)
/isim/ çoğul cashiers • veznedar, kasiyer

cassette • cas.sette (kıset´)
/isim/ çoğul cassettes • kaset
cassette player (cassette recorder)
kasetçalar, teyp

cast • cast (käst)
/fiil/ casts, casting, cast • 1. atmak,
fırlatmak, savurmak: cast a fishing
line olta atmak 2. (bakış v.b.´ni)
çevirmek, yöneltmek 3. (oy) vermek:
cast a vote oy vermek

castle • cas.tle (käs´ıl)
/isim/ çoğul castles • 1. kale, şato
2. (satranç) kale

casual • ca.su.al (käj´uwıl)
/sıfat/ 1. resmi olmayan, rahat (giysi)
casual clothes günlük giysiler
2. plansız, rasgele: casual remark
düşünmeden söylenmiş söz
casual visit plansız ziyaret

casualty • ca.su.al.ty (käj´uwılti)
/isim/ çoğul casualties • 1. kazazede,
yaralı: The casualties were taken to
the nearest hospital. Yaralılar en yakın
hastaneye götürüldü. 2. şehit, ölü

cat • cat kät
/isim/ çoğul cats • kedi

catalog • cat.a.log (kät´ılôg)

/isim/ çoğul catalogs • katalog
İng. catalogue

catch • catch (käç)
/fiil/ catches, catching, caught • 1. yaka-
lamak, tutmak: The police caught
the thief. Polis hırsızı yakaladı.
2. (trene, vapura, uçağa) yetişmek:
You have to run if you want to catch
the train. Trene yetişmek istiyorsan
koşmalısın.

category • cat.e.go.ry (kät´ıgôri)
/isim/ çoğul categories • kategori, bölüm,
sınıf: You cannot put nouns and verbs
under the same category. İsim ve
fiilleri aynı kategoriye koyamazsınız.

caterpillar • cat.er.pil.lar (kät´ırpîlır)
/isim/ çoğul caterpillars • tırtıl, kurt

cathedral • ca.the.dral (kıthi´drıl)
/isim/ çoğul cathedrals • katedral

cattle • cat.tle (kät´ıl)
/isim/ (çoğul) sığırlar

caught • caught (kôt)
/fiil/ bkz. catch

cauliflower • cau.li.flow.er (kô´lıflawır,
kal´îflawır) /isim/ çoğul cauliflowers •
karnabahar

'cause • cause (kôz)
/fiil/ causes, causing, caused • neden

olmak, yol açmak: cause an accident kazaya neden olmak

²cause • cause (kôz)
/isim/ çoğul causes • neden, sebep:
The cause of the fire is not clear.
Yangının nedeni belli değil.
without cause nedensiz

caution • cau.tion (kô´şın)
/isim/ tedbir, ihtiyat
Caution! Wet Floor. Dikkat! Islak zemin.

cautious • cau.tious (kô´şıs)
/sıfat/ ihtiyatlı, tedbirli, dikkatli: You
have to be cautious while doing
chemistry experiments. Kimya
deneyi yaparken dikkatli olmalısınız.

cave • cave (keyv)
/isim/ çoğul caves • mağara: Bears
hibernate in caves. Ayılar mağaralar-
da kış uykusuna yatarlar.

CD • CD (si di´)
/kısaltma/ compact disk CD
CD player CD çalar

ceiling • ceil.ing (si´lîng)
/isim/ çoğul ceilings • tavan
ceiling fan tavan vantilatörü

celebrate • cel.e.brate (sel´ıbreyt)
/fiil/ celebrates, celebrating, celebrated •
kutlamak: We celebrated his birthday.
Onun doğum gününü kutladık.

celebration • cel.e.bra.tion
(selıbrey´şın) /isim/ çoğul celebrations •
kutlama

celebrity • ce.leb.ri.ty (sıleb´rıti)
/isim/ çoğul celebrities • ünlü, meşhur:

This magazine gives the latest news
about celebrities. Bu dergi ünlüler
hakkındaki son haberleri veriyor.

celery • cel.er.y (sel´ıri, sel´ri)
/isim/ kereviz, sap kerevizi

cell • cell (sel)
/isim/ çoğul cells • 1. hücre, göze:
animal cell hayvan hücresi 2. hücre:
prison cell hapishane hücresi 3. pil
cell phone cep telefonu

cellar • cel.lar (sel´ır)
/isim/ çoğul cellars • bodrum, mahzen

cello • cel.lo (çel´o)
/isim/ çoğul cellos • viyolonsel, çello

cellular • cel.lu.lar (sel´yılır)
/sıfat/ hücresel
cellular phone, İng. mobile phone
cep telefonu

cement • ce.ment (sîment´)
/isim/ çimento

cemetery • cem.e.ter.y (sem´ıteri)
/isim/ çoğul cemeteries • mezarlık, kab-
ristan: There is a big cemetery in this
city. Bu şehirde büyük bir mezarlık var.

censor • cen.sor (sen´sır)
/fiil/ censors, censoring, censored •
sansürlemek, sansürden geçirmek

censorship • cen.sor.ship (sen´sırşîp)
/isim/ sansür, sıkıdenetim

census • cen.sus (sen´sıs)
/isim/ çoğul censuses • sayım, nüfus sayımı

cent • cent (sent)
/isim/ çoğul cents • sent (Amerikan
dolarının yüzde biri)

center • cen.ter (sen´tır)
/isim/ çoğul centers • merkez, orta:
center of a circle bir dairenin merkezi
city center şehir merkezi
medical center tıp merkezi
İng. centre

centigrade • cen.ti.grade (sen´tıgreyd)
/sıfat, isim/ santigrat: 20 degrees
centigrade 20 derece santigrat

centimeter • cen.ti.me.ter (sen´tımitır)
/isim/ çoğul centimeters • santimetre
İng. centimetre

central • cen.tral (sen´trıl)
/sıfat/ 1. merkezi, orta 2. ana, belli
başlı: The central theme in his books
is friendship. Kitaplarındaki ana tema
arkadaşlık.
central heating merkezi ısıtma
the Central African Republic Orta
Afrika Cumhuriyeti

century • cen.tu.ry (sen´çıri)
/isim/ çoğul centuries • yüzyıl, asır:
15th century 15. yüzyıl

cereal • ce.re.al (sîr´iyıl)
/isim/ çoğul cereals • tahıl

ceremony • cer.e.mo.ny (ser´ımoni)
/isim/ çoğul ceremonies • tören, merasim:
wedding ceremony düğün töreni

certain • cer.tain (sır´tın)
/sıfat/ kesin, kati, kuşkusuz:
It's certain that he will arrive late.
Geç kalacağı kesin.

certainly • cer.tain.ly (sır´tınli)
/zarf/ kesinlikle, kuşkusuz, elbette:
This is certainly not my book.
Bu kesinlikle benim kitabım değil.

certificate • cer.tif.i.cate (sırtîf´ıkît)
/isim/ çoğul certificates • belge, sertifika
birth certificate nüfus kâğıdı

chain • chain (çeyn)
/isim/ çoğul chains • zincir
chain of stores mağazalar zinciri
chain reaction zincirleme tepkime

chair • chair (çer)
/isim/ çoğul chairs • iskemle, sandalye:
Have a chair. Bir sandalyeye oturun.

chalk • chalk (çôk)
/isim/ çoğul chalks • tebeşir: a piece of
chalk (bir) tebeşir It was a beautiful
chalk drawing. Tebeşirle çizilmiş
harika bir resimdi.

¹challenge • chal.lenge (çäl´ınc)
/isim/ çoğul challenges • meydan okuma

²challenge • chal.lenge (çäl´ınc)
/fiil/ challenges, challenging, challenged •
meydan okumak

chameleon • cha.me.le.on (kımi´liyın, kımil´yın) /isim/ çoğul chameleons • bukalemun

champion • cham.pi.on (çäm´piyın) /isim/ çoğul champions • şampiyon: the world chess champion dünya satranç şampiyonu

championship • cham.pi.on.ship (çäm´piyınşîp) /isim/ çoğul championships • şampiyona; şampiyonluk

chance • chance (çäns) /isim/ çoğul chances • 1. şans, talih: Leave nothing to chance. Hiçbir şeyi şansa bırakma.
by chance tesadüfen
take a chance riske girmek
2. fırsat, imkân; olasılık: Give her a chance to explain. Ona açıklaması için bir fırsat ver.

¹change • change (çeync) /isim/ çoğul changes • 1. değişme, değişim; dönüşme, dönüşüm 2. bozuk para; para üstü
change purse bozuk para çantası

²change • change (çenyc) /fiil/ changes, changing, changed • 1. değişmek; değiştirmek: She changed the subject. Konuyu değiştirdi.
change clothes üstünü değiştirmek
change hands el değiştirmek
change one's mind fikrini değiştirmek
2. (para, döviz, altın) bozdurmak

channel • chan.nel (çän´ıl) /isim/ çoğul channels • 1. (radyo, TV) kanal 2. kanal, su yolu

chant • chant (çänt) /isim/ çoğul chants • şarkı, ezgi: Enis likes listening to medieval chants. Enis, ortaçağ şarkıları dinlemeyi sever.

chaos • cha.os (key´as) /isim/ 1. kaos 2. karışıklık, kargaşa

chapter • chap.ter (çäp´tır) /isim/ çoğul chapters • (kitapta) bölüm, kısım: the last chapter of the book kitabın son bölümü

character • char.ac.ter (ker´îktır) /isim/ çoğul characters • 1. karakter, özyapı: The twins had very different characters. İkizler çok farklı karakterlere sahiplerdi. 2. (roman, oyun v.b.´nde) kişi, karakter

characteristic • char.ac.ter.is.tic (kerîktırîs´tîk) /isim/ çoğul characteristics • özellik, vasıf: Hibernation is a distinguishing characteristic of bats. Kış uykusuna yatma, yarasaların ayırt edici bir özelliğidir.
/sıfat/ karakteristik, tipik

¹charge • charge (çarc) /isim/ çoğul charges • (hizmet karşılığı ödenen) ücret
free of charge bedava

²charge • charge (çarc) /fiil/ charges, charging, charged • 1. (bir masrafı birinin hesabına) geçirmek: Charge it to my account. Hesabıma yaz. 2. suçlamak, itham etmek 3. (at) saldırmak, hücum etmek: The lion charged at the man. Aslan, adama saldırdı. 4. şarj etmek

charity • char.i.ty (çer´ıti) /isim/ hayırseverlik, yardımseverlik:

After retirement, she dedicated herself to charity work. Emeklilikten sonra kendini hayır işlerine adadı.

charm • charm (çarm)
/isim/ cazibe, çekicilik

charming • charm.ing (çarm´îng)
/sıfat/ çekici, hoş, sevimli, cana
yakın: a charming lady hoş bir kadın

chart • chart (çart)
/isim/ çoğul charts • grafik, çizelge, tablo
bar chart çubuk grafik
color chart renk tablosu
pie chart dilimli grafik
sales chart satış grafiği

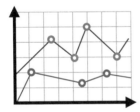

chase • chase (çeys)
/fiil/ chases, chasing, chased • kovalamak,
izlemek, peşine düşmek: The dog
chased the rabbit. Köpek tavşanın
peşine düştü.

¹chat • chat (çät)
/fiil/ chats, chatting, chatted • sohbet
etmek, çene çalmak: I don't have
time to chat with you now. Şimdi
seninle sohbet edecek zamanım yok.

²chat • chat (çät)
/isim/ çoğul chats • sohbet, hoşbeş:
I had a nice chat with him yesterday.
Onunla dün hoş bir sohbet yaptım.

cheap • cheap (çip)
/sıfat/ cheaper, cheapest • ucuz:
a cheap printer ucuz bir yazıcı

cheat • cheat (çit)
/fiil/ cheats, cheating, cheated • 1. aldat-
mak, dolandırmak 2. kopya çekmek:
Don't try to cheat! Kopya çekmeye
kalkışmayın!

¹check • check (çek)
/isim/ çoğul checks • 1. kontrol, gözden
geçirme 2. çek, İng. cheque
bank check banka çeki
3. fiş: baggage check bagaj fişi
4. kontrol işareti; onay işareti, İng. tick
check mark kontrol/onay işareti (✓)

²check • check (çek)
/fiil/ checks, checking, checked •
1. kontrol etmek, gözden geçirmek:
Did you check your pockets for
the keys? Anahtarlar için ceplerini
kontrol ettin mi? 2. (off) -e kontrol
(onay) işareti koymak

checkbook • check.book (çek´bûk)
/isim/ çoğul checkbooks • çek defteri

checked • checked (çekt)
/sıfat/ kareli (giysi, kumaş v.b.):
checked shirt kareli gömlek

checkers • check.ers (çek´ırz)
/isim/ dama oyunu

cheek • cheek (çik)
/isim/ çoğul cheeks • yanak, avurt

¹cheer • cheer (çîr)
/isim/ 1. çoğul cheers • (sözlü) tezahürat
2. neşe, keyif

²cheer • cheer (çîr)
/fiil/ cheers, cheering, cheered • 1. (sözle)
tezahürat yapmak 2. neşelendirmek
cheer up neşelenmek

cheerful • cheer.ful (çîr´fıl)
/sıfat/ şen, neşeli

cheese • cheese (çiz)
/isim/ çoğul cheeses • peynir: cheese
sandwich peynirli sandviç a lump of
cheese bir kalıp peynir

cheeseburger • cheese.burg.er
(çiz´bırgır) /isim/ çoğul cheeseburgers •
çizburger

cheesecake • cheese.cake (çiz´keyk)
/isim/ çoğul cheesecakes • peynirli kek

cheetah • chee.tah (çi´tı)
/isim/ çoğul cheetahs • çita

chef • chef (şef)
/isim/ çoğul chefs • aşçıbaşı, şef, aşçı

chemical • chem.i.cal (kem´îkıl)
/sıfat/ kimyasal
chemical engineer kimya mühendisi
chemical reaction kimyasal tepkime
chemical weapon kimyasal silah
/isim/ çoğul chemicals • kimyasal madde

chemist • chem.ist (kem´îst)
/isim/ çoğul chemists • 1. kimyager
2. bkz. pharmacist

chemistry • chem.is.try (kem´îstri)
/isim/ kimya: My sister works in a
chemistry laboratory. Kızkardeşim
kimya laboratuvarında çalışıyor.

chemist's • chem.ist's (kem´îsts)
/isim/ bkz. pharmacy (2.)

cherry • cher.ry (çer´i)
/isim/ çoğul cherries • kiraz
sour cherry vişne

chess • chess (çes)
/isim/ satranç

chest • chest (çest)
/isim/ çoğul chests • 1. göğüs 2. kutu,
sandık: medicine chest ilaç dolabı
chest of drawers şifoniyer

chestnut • chest.nut (çes´nʌt,
çes´nıt) /isim/ çoğul chestnuts • kes-
tane: roast chestnuts kestane kebap

chew • chew (çu)
/fiil/ chews, chewing, chewed • çiğnemek
chewing gum çiklet, sakız

chick • chick (çîk)
/isim/ çoğul chicks • civciv: a hen with
her chicks civcivleriyle bir tavuk

chicken • chick.en (çîk´ın)
/isim/ 1. çoğul chickens • piliç: chicken
feed tavuk yemi 2. piliç, tavuk eti:

chicken soup tavuk çorbası

chickpea • chick.pea (çîk´pi)
/isim/ çoğul chickpeas • nohut
roasted chickpea leblebi

chief • chief (çif)
/isim/ çoğul chiefs • amir, şef, reis
the chief of police polis şefi
/sıfat/ 1. baş (en yüksek rütbede
olan) 2. ana, belli başlı, en önemli

child • child (çayld)
/isim/ çoğul children • çocuk
Children's Day (23 Nisan) Çocuk Bayramı
child's play kolay iş, çocuk oyuncağı

childhood • child.hood (çayld´hûd)
/isim/ çocukluk dönemi, çocukluk:
childhood memories çocukluk anıları

childish • child.ish (çayl´dîş)
/sıfat/ 1. çocuksu, çocuğumsu
2. çocukça: a childish remark
çocukça bir söz

chimney • chim.ney (çîm´ni)
/isim/ çoğul chimneys • baca: factory
chimney fabrika bacası

chimpanzee • chim.pan.zee
(çîmpänzi´) /isim/ çoğul chimpanzees •
şempanze

chin • chin (çîn)
/isim/ çoğul chins • çene

China • Chi.na (çay´nı)
/isim/ Çin
the People's Republic of China Çin
Halk Cumhuriyeti

china • chi.na (çay´nı)
/isim/ porselen, seramik, çini

Chinese • Chi.nese (çayniz´)
/sıfat/ 1. Çin'e özgü 2. Çince 3. Çinli
/isim/ 1. çoğul Chinese • Çinli 2. Çince

chip • chip (çîp)
/isim/ çoğul chips • 1. yonga, çentik
2. (bilgisayar) çip, yonga

chips • chips (çîps)
/isim/ 1. cips 2. İng. kızarmış patates

chocolate • choc.o.late (çôk´lît,
çôk´ılît) /isim/ çoğul chocolates • çikolata:
a bar of chocolate bir paket çikolata

choice • choice (çoys)
/isim/ çoğul choices • 1. seçme, seçim
make a choice seçim yapmak
2. seçenek, şık: You have no other
choice. Başka seçeneğin yok.

choke • choke (çok)
/fiil/ chokes, choking, choked • boğmak,
nefesini kesmek; tıkamak; tıkanmak:
We will be choked here if we don't
open the windows. Pencereleri
açmazsak burada boğulacağız.

choose • choose (çuz)
/fiil/ chooses, choosing, chose, chosen •
seçmek: Choose your words carefully as you speak. Konuşurken
sözcüklerinizi özenle seçin.

chop • chop (çap)
/fiil/ chops, chopping, chopped • (balta,
bıçak v.b. ile) **kesmek, kıymak, doğramak:** Chop these carrots for the
salad. Şu havuçları salata için doğra.

chose • chose (çoz)
/fiil/ bkz. choose

chosen • cho.sen (çoˊzın)
/fiil/ bkz. choose

Christian • Chris.tian (krîsˊçın)
/sıfat/ Hıristiyan
/isim/ çoğul Christians • Hıristiyan

Christianity • Chris.ti.an.i.ty
(krîsçiyänˊıtı) /isim/ Hıristiyanlık

Christmas • Christ.mas (krîsˊmıs)
/isim/ Noel
Christmas tree Noel ağacı

chronic • chron.ic (kranˊîk)
/sıfat/ **kronik, müzmin:** chronic illness
kronik hastalık

church • church (çırç)
/isim/ çoğul churches • **kilise:** Yorgo
goes to church on Sundays. Yorgo,
pazar günleri kiliseye gider.

cigarette • cig.a.rette (sîgıretˊ)
/isim/ çoğul cigarettes • **sigara:** Smoking
cigarettes may cause cancer. Sigara
içmek kansere yol açabilir.

cinema • cin.e.ma (sînˊımı)

/isim/ çoğul cinemas • **sinema**

cinnamon • cin.na.mon (sînˊımın)
/isim/ **tarçın**

¹**circle** • cir.cle (sırˊkıl)
/isim/ çoğul circles • **1. çember, daire,
halka 2. çevre, muhit:** circle of friends
arkadaş çevresi

²**circle** • cir.cle (sırˊkıl)
/fiil/ circles, circling, circled • **1. (around)
etrafında dönmek 2. daire içine almak**

circular • cir.cu.lar (sırˊkyılır)
/sıfat/ **dairesel, yuvarlak:** Apply the
medicine to the skin in circular
movements. İlacı cilde dairesel
hareketlerle sürünüz.

circumstance • cir.cum.stance
(sırˊkımstäns) /isim/ çoğul circumstances
• **durum, hal, koşul, şart:** Ekin is very
good at adapting to circumstances.
Ekin, koşullara ayak uydurmada çok
başarılı.

circus • cir.cus (sırˊkıs)
/isim/ çoğul circuses • **sirk:** The children
went to the circus. Çocuklar sirke gitti.

cistern • cis.tern (sîsˊtırn)
/isim/ çoğul cisterns • **sarnıç, su deposu**
the Basilica Cistern Yerebatan Sarnıcı

citizen • cit.i.zen (sîtˊızın)
/isim/ çoğul citizens • **vatandaş, yurttaş:**
a Swiss citizen İsviçre vatandaşı

citizenship • cit.i.zen.ship (sîtˊızınşîp)
/isim/ **vatandaşlık, yurttaşlık**

city • cit.y (sîtˊi)
/isim/ çoğul cities • **şehir, kent:**
İstanbul is the most crowded city

of Turkey. İstanbul Türkiye'nin en kalabalık şehridir.

civil • civ.il (sîv´ıl)
/sıfat/ vatandaşlarla ilgili, sivil
civil defense sivil savunma
civil engineer inşaat mühendisi
civil rights vatandaşlık hakları
civil war iç savaş

civilian • ci.vil.ian (sıvîl´yın)
/isim/ çoğul civilians • sivil: Many civilians lost their lives during the war. Savaş sırasında birçok sivil hayatını kaybetti.

civilization • civ.i.li.za.tion (sîvılızey´şın, sîvılayzey´şın) /isim/ çoğul civilizations • uygarlık, medeniyet: the ancient civilization of China eski Çin uygarlığı İng. civilisation

¹claim • claim (kleym)
/fiil/ claims, claiming, claimed • iddia etmek: He claims to be the best player of the team. Takımın en iyi oyuncusu olduğunu iddia ediyor.

²claim • claim (kleym)
/isim/ çoğul claims • talep, iddia

clap • clap (kläp)
/fiil/ claps, clapping, clapped • el çırpmak, alkışlamak: He clapped his hands with excitement. Heyecanla ellerini çırptı.

class • class (kläs)
/isim/ çoğul classes • 1. sınıf: They are in the same class at school. Okulda aynı sınıftalar. 2. ders, kurs: She teaches the ten o'clock math class. Saat ondaki matematik dersini veriyor. 3. tür, çeşit, grup
first class birinci mevki
social class sosyal sınıf

classic • clas.sic (kläs´îk)
/sıfat/ klasik: She owns a classic car. Klasik bir arabası var.

classical • clas.si.cal (kläs´îkıl)
/sıfat/ klasik: a piece of classical music bir klasik müzik eseri

classification • clas.si.fi.ca.tion (kläsîfîkey´şın) /isim/ çoğul classifications • sınıflama, sınıflandırma: the classification of documents belgelerin sınıflandırılması

classify • clas.si.fy (kläs´ıfay)
/fiil/ classifies, classifying, classified • sınıflandırmak

classmate • class.mate (kläs´meyt)
/isim/ çoğul classmates • sınıf arkadaşı

classroom • class.room (kläs´rum)
/isim/ çoğul classrooms • sınıf, derslik

claw • claw (klô)
/isim/ çoğul claws • pençe, tırnak

¹clean • clean (klin)
/sıfat/ cleaner, cleanest • temiz, pak: She always puts on clean dresses. Her zaman temiz elbiseler giyer.

²clean • clean (klin)
/fiil/ cleans, cleaning, cleaned • temizle-

mek, arıtmak: Clean the blackboard, please. Lütfen tahtayı temizleyin.

¹clear • clear (klîr)
/sıfat/ clearer, clearest • **1. berrak, duru; saydam:** clear water berrak su **2. bulutsuz, açık** (gök): a clear sky açık bir gökyüzü **3. net, anlaşılır:** a clear explanation net bir açıklama

²clear • clear (klîr)
/fiil/ clears, clearing, cleared • **1.** (bir şeyi) (bir yerden) **kaldırmak, uzaklaştırmak, yok etmek:** It's Feza's turn to clear the table. Sofrayı kaldırma sırası Feza'da. The police cleared the area. Polis çevreyi boşalttı. **2.** (gökyüzü) **açılmak;** (hava) **açmak, açılmak:** The sky cleared after the storm. Gökyüzü, fırtınadan sonra açıldı. **3.** (sis) **açılmak, dağılmak:** The fog will clear away by midday. Sis öğlene kadar dağılır.

clerk • clerk (klırk)
/isim/ çoğul clerks • **1. tezgâhtar:** Veli is working as a clerk in that store. Veli o mağazada tezgâhtar olarak çalışıyor. **2. sekreter**

clever • clev.er (klev´ır)
/sıfat/ **zeki; akıllı:** a clever student zeki bir öğrenci

click • click (klîk)
/isim/ çoğul clicks • **çıt, çıtırtı, tıkırtı**

client • cli.ent (klay´ınt)
/isim/ çoğul clients • **1. müvekkil 2. müşteri**

cliff • cliff (klîf)
/isim/ çoğul cliffs • **uçurum, sarp kayalık**

climate • cli.mate (klay´mît)
/isim/ çoğul climates • **iklim, hava** continental climate **kıtasal iklim** dry climate **kurak iklim** polar climate **kutup iklimi** temperate climate **ılıman iklim** tropical climate **tropikal iklim**

climb • climb (klaym)
/fiil/ climbs, climbing, climbed • **tırmanmak:** climb a mountain dağa tırmanmak

clinic • clin.ic (klîn´îk)
/isim/ çoğul clinics • **klinik**

¹clip • clip (klîp)
/fiil/ clips, clipping, clipped • **1. kırpmak 2. uçlarını kesmek**

²clip • clip (klîp)
/isim/ çoğul clips • **ataş, klips, mandal, maşa:** You can organize your papers using these clips. Kâğıtlarını bu ataşları kullanarak düzenleyebilirsin.

cloak • cloak (klok)
/isim/ çoğul cloaks • **pelerin**

cloakroom • cloak.room (klok´rum)
/isim/ çoğul cloakrooms • **vestiyer**

clock • clock (klak)
/isim/ çoğul clocks • **saat** (duvar saati, masa saati): Did you see the clock on the wall? Duvardaki saati gördün mü? clock tower **saat kulesi**

clockwise • clock.wise (klak´wayz)

/sıfat, zarf/ **saat yelkovanı yönünde:**
Rotate the paper clockwise. Kâğıdı
saat yönünde döndürün.

¹**close** • close (klos)
/sıfat/ closer, closest • **yakın:** The
school is close to the library. Okul
kütüphaneye yakındır.
a close contest **başabaş bir yarışma**
close friends **samimi arkadaşlar**
close relatives **yakın akrabalar**

²**close** • close (kloz)
/fiil/ closes, closing, closed • **kapatmak,
kapamak:** Close the door quietly.
Kapıyı yavaşça kapatın.

closed • closed (klozd)
/sıfat/ **kapalı**
closed society **kapalı toplum**

closet • clos.et (klaz´ît)
/isim/ çoğul closets • **gömme dolap**
water closet (WC) **tuvalet, klozet**

cloth • cloth (klôth)
/isim/ 1. **kumaş** 2. çoğul cloths • **bez**

clothes • clothes (kloz, klodhz)
/isim/ (çoğul) **giysiler, elbiseler:** He
put on his clothes. Elbiselerini giydi.

cloud • cloud (klaud)
/isim/ çoğul clouds • **bulut**

cloudy • cloud.y (klau´di)
/sıfat/ cloudier, cloudiest • **bulutlu**
partly cloudy **parçalı bulutlu**

clove • clove (klov)
/isim/ çoğul cloves • 1. (sarımsakta) **diş:**
a clove of garlic **bir diş sarımsak**
2. (baharat) **karanfil**

clown • clown (klaun)
/isim/ çoğul clowns • **palyaço:** All the
kids laughed at the clown. Tüm
çocuklar palyaçoya güldü.

club • club (klʌb)
/isim/ çoğul clubs • **kulüp, dernek:**
golf club **golf kulübü**

clue • clue (klu)
/isim/ çoğul clues • **ipucu:** There is no
clue about the accident. Kaza hakkın-
da hiç ipucu yok.

clumsy • clum.sy (klʌm´zi)
/sıfat/ clumsier, clumsiest • **hantal,
beceriksiz, sakar:** He is very clumsy
and is always breaking things. O çok
sakar ve sürekli bir şeyler kırıyor.

cluster • clus.ter (klʌs´tır)
/isim/ çoğul clusters • **küme, grup**

coach • coach (koç)
/isim/ çoğul coaches • 1. (spor) **antrenör,
çalıştırıcı:** football coach **futbol**

antrenörü 2. İng. (uzun yol için) otobüs,
yolcu otobüsü

coal • coal (kol)
/isim/ çoğul coals • **kömür:** coal mine
kömür ocağı

coarse • coarse (kôrs)
/sıfat/ coarser, coarsest • **1. kaba, iri
taneli 2. kaba saba; görgüsüz:** He was
criticized for his coarse behavior. Kaba
saba davranışları yüzünden eleştirildi.

coast • coast (kost)
/isim/ çoğul coasts • **sahil, deniz
kıyısı:** the south coast of Turkey
Türkiye'nin güney kıyısı

coat • coat (kot)
/isim/ çoğul coats • **palto, manto**

cock • cock (kak)
/isim/ çoğul cocks • **horoz**

cockroach • cock.roach (kak´roç)
/isim/ çoğul cockroaches • **hamamböceği**

cocoa • co.coa (ko´ko)
/isim/ **1. kakao 2. kakao rengi 3.
sütlü kakao**

coconut • co.co.nut (ko´kınʌt,
ko´kınıt) /isim/ çoğul coconuts •
(büyük) **hindistancevizi**
coconut palm hindistancevizi ağacı

code • code (kod)
/isim/ çoğul codes • **şifre; kod:**
He broke the code. Şifreyi çözdü.

coffee • cof.fee (kôf´i, kaf´i)
/isim/ **1. kahve 2.** çoğul coffees • **(bir
fincan) kahve:** Two coffees, please.
İki kahve lütfen.
coffee bean **kahve çekirdeği**
coffee cup **kahve fincanı**
coffee table **sehpa**

coffin • cof.fin (kôf´în)
/isim/ çoğul coffins • **tabut**

coin • coin (koyn)
/isim/ çoğul coins • **madeni para:**
a handful of coins avuç dolusu
bozuk para

coincidence • co.in.ci.dence
(kowîn´sîdıns) /isim/ çoğul coincidences
• **rastlantı, tesadüf:** Life is full of coin-
cidences. Hayat tesadüflerle dolu.

coke • coke (kok)
/isim/ çoğul cokes • **kolalı içecek**

cold • cold (kold)
/sıfat/ colder, coldest • **soğuk**
as cold as ice **buz gibi soğuk**
cold drink **soğuk içecek**
cold war **soğuk savaş**
feel cold **üşümek**
/isim/ çoğul colds • **nezle, soğuk algınlığı**
catch a cold **nezle olmak, soğuk almak**

cold-blooded • cold-blood.ed
(kold´blʌd´îd) /sıfat/ **1. duygusuz,
acımasız, merhametsiz 2. (biyoloji)
soğukkanlı:** Lizards are cold-blood-
ed animals. Kertenkeleler soğuk-
kanlı hayvanlardır.

collaboration • col.lab.o.ra.tion (kıläbırey´şın) /isim/ birlikte çalışma, işbirliği

collapse • col.lapse (kıläps´) /fiil/ collapses, collapsing, collapsed • çökmek, yıkılmak: An old building next door collapsed last night. Yandaki eski bina dün gece çöktü.

collar • col.lar (kal´ır) /isim/ çoğul collars • 1. yaka: What's his collar size? Onun yaka numarası kaç? 2. tasma: dog collar köpek tasması

colleague • col.league (kal´ig) /isim/ çoğul colleagues • meslektaş, iş arkadaşı: I get along well with my colleagues. İş arkadaşlarımla iyi anlaşıyorum.

collect • col.lect (kılekt´) /fiil/ collects, collecting, collected • toplamak, biriktirmek: Kerem collects postcards. Kerem, kartpostal topluyor.

collection • col.lec.tion (kılek´şın) /isim/ çoğul collections • koleksiyon: stamp collection pul koleksiyonu

college • col.lege (kal´îc) /isim/ çoğul colleges • yüksekokul, fakülte: college of fine arts güzel sanatlar yüksekokulu

collide • col.lide (kılayd´) /fiil/ collides, colliding, collided • çarpışmak; çarpmak

cologne • co.logne (kılon´) /isim/ kolonya

colon • co.lon (ko´lın) /isim/ çoğul colons • iki nokta üst üste

¹color • col.or (kʌl´ır) /isim/ çoğul colors • renk, boya: bright color parlak renk İng. colour /sıfat/ renkli: color TV renkli televizyon İng. colour

²color • col.or (kʌl´ır) /fiil/ colors, coloring, colored • boyamak, renklendirmek: The child colored the drawing. Çocuk resmi boyadı. İng. colour

colored • col.ored (kʌl´ırd) /sıfat/ renkli: colored paper renkli kâğıt İng. coloured

colorful • col.or.ful (kʌl´ırfıl) /sıfat/ renkli, canlı: a colorful hat renkli bir şapka İng. colourful

column • col.umn (kal´ım) /isim/ çoğul columns • 1. sütun, kolon, direk: Columns are supporting the building. Kolonlar binayı destekliyor. 2. (sayfada) sütun, kolon

¹comb • comb (kom) /isim/ çoğul combs • tarak

²comb • comb (kom)
/fiil/ combs, combing, combed • **taramak**

combat • com.bat (kam´bät)
/isim/ çoğul combats • **savaş, çarpışma**

combination • com.bi.na.tion (kam-bıney´şın) /isim/ çoğul combinations •
1. birleşme, birleşim: His success came from a combination of luck and effort. Başarısı, şansla emeğin birleşmesinin sonucu. **2. (kilitte) şifre**

combine • com.bine (kımbayn´)
/fiil/ combines, combining, combined •
birleşmek; birleştirmek

come • come (kʌm)
/fiil/ comes, coming, came, come • **gelmek:** He hasn't come yet. Henüz gelmedi. come across **-e rastlamak, ile karşılaşmak**
Come in. **Girin. (Buyrun.)**
Come on! **Haydi! (Yok canım!)**

comedian • co.me.di.an (kımi´diyın)
/isim/ çoğul comedians • **komedyen**

comedy • com.e.dy (kam´ıdi)
/isim/ çoğul comedies • **komedi**

comfort • com.fort (kʌm´fırt)
/isim/ **rahatlık, ferahlık, konfor**

comfortable • com.fort.a.ble
(kʌm´fırtıbıl, kʌmf´tıbıl) /sıfat/ **rahat, konforlu:** a comfortable chair rahat bir iskemle These boots are very comfortable. Bu çizmeler çok rahat.

comics • com.ics (kam´îks)
/isim/ **bant-karikatür**

comma • com.ma (kam´ı)
/isim/ çoğul commas • **virgül**

¹command • com.mand (kımänd´)
/isim/ çoğul commands • **emir, komut**

²command • com.mand (kımänd´)
/fiil/ commands, commanding, commanded • **emretmek; komuta etmek**

commander • com.mand.er
(kımän´dır) /isim/ çoğul commanders •
kumandan, komutan

¹comment • com.ment (kam´ent)
/isim/ çoğul comments • **1. yorum:** Write your comment on the poem. Şiir hakkındaki yorumunuzu yazın. No comment! **Yorum yok! 2. eleştiri**

²comment • com.ment (kam´ent)
/fiil/ comments, commenting, commented • **1. yorum yapmak, fikir belirtmek:** Several people commented on the report. Birkaç kişi rapor hakkında yorum yaptı.

commerce • com.merce (kam´ırs)
/isim/ **ticaret, alım satım**

commercial • com.mer.cial (kımır´şıl)
/sıfat/ **ticari:** a commercial success ticari bir başarı

commission • com.mis.sion
kımîş´ın /isim/ çoğul commissions •
1. görev, vazife, iş 2. kurul, komisyon

commit • com.mit (kımît´)
/fiil/ commits, committing, committed •
1. işlemek, yapmak: commit a crime bir suç işlemek **2. emanet etmek, teslim etmek**

committee • com.mit.tee (kımît´i) /isim/ çoğul committees • **kurul, komite, heyet, komisyon:** The committee announced the winners. Kurul kazananları açıkladı.

common • com.mon (kam´ın) /sıfat/ 1. **ortak, genel:** Hale and Haluk have many common interests. Hale'yle Haluk'un birçok ortak ilgi alanı var. 2. **genel, yaygın:** common usage genel kullanım

communicate • com.mu.ni.cate (kımyu´nıkeyt) /fiil/ communicates, communicating, communicated • (with) (ile) **haberleşmek, iletişim kurmak:** They couldn't communicate with each other for years. Yıllarca birbirleriyle haberleşemediler.

communication • com.mu.ni.ca.tion (kımyunıkey´şın) /isim/ **iletişim, haberleşme**

community • com.mu.ni.ty (kımyu´nıti) /isim/ çoğul communities • **toplum; topluluk**

compact • com.pact (kımpäkt´, kam´päkt) /sıfat/ 1. **yoğun, sıkı, sık** 2. **kısa, özlü** compact disk (CD) **kompakt disk (CD)**

companion • com.pan.ion (kımpän´yın) /isim/ çoğul companions • **arkadaş, yoldaş:** He was my companion when I traveled to Peru. Peru'ya seyahate gittiğimde bana yoldaşlık etmişti.

company • com.pa.ny (kʌm´pıni) /isim/ çoğul companies • **şirket, ortaklık:** İlker works for an insurance company. İlker bir sigorta şirketinde çalışıyor.

comparative • com.par.a.tive (kımper´ıtîv) /sıfat/ 1. **karşılaştırmalı:** comparative literature karşılaştırmalı edebiyat 2. (sıfatta, zarfta) **üstünlük derecesini gösteren**

compare • com.pare (kımper´) /fiil/ compares, comparing, compared • (with) (ile) **karşılaştırmak:** Let's compare the price of fuel oil with the price of natural gas. Akaryakıt fiyatını, doğalgaz fiyatıyla karşılaştıralım.

comparison • com.par.i.son (kımper´ısın) /isim/ çoğul comparisons • **karşılaştırma** in comparison with **-e oranla**

compass • com.pass (kʌm´pıs) /isim/ çoğul compasses • 1. **pusula** compass needle **pusula iğnesi** 2. **pergel** pair of compasses **pergel**

compensate • com.pen.sate (kam´pınseyt) /fiil/ compensates, compensating, compensated • **tazmin etmek, bedelini ödemek:** The travel company will compensate for the accident. Seyahat şirketi kaza için tazminat ödeyecek.

compensation • com.pen.sa.tion (kampınsey´şın) /isim/ tazminat parası, tazminat

compete • com.pete (kımpit´) /fiil/ competes, competing, competed • 1. with ile rekabet etmek, ile boy ölçüşmek: I cannot compete with Ayşe on academic matters. Akademik konularda Ayşe'yle boy ölçüşemem. 2. for için yarışmak: The children competed for the big prize. Çocuklar, büyük ödül için yarıştı.

competition • com.pe.ti.tion (kampıtîş´ın) /isim/ 1. çoğul competitions • yarışma: Elif entered a dance competition. Elif bir dans yarışmasına katıldı. 2. rekabet

complain • com.plain (kımpleyn´) /fiil/ complains, complaining, complained • yakınmak, şikâyet etmek: Alev always complains. Alev, daima yakınır.

complaint • com.plaint (kımpleynt´) /isim/ çoğul complaints • şikâyet, yakınma

¹**complete** • com.plete (kımplit´) /sıfat/ tam, tamam, eksiksiz: complete set tam takım

²**complete** • com.plete (kımplit´) /fiil/ completes, completing, completed • tamamlamak: He hasn't completed his doctoral dissertation yet. Doktora tezini henüz tamamlamadı.

completely • com.plete.ly (kımplit´lî) /zarf/ tamamen, bütünüyle: completely innocent tamamen suçsuz

complex • com.plex (kımpleks´, kam´pleks) /sıfat/ karmaşık, kompleks

complexity • com.plex.i.ty (kımplek´sıti, kamplek´sıti) /isim/ karmaşıklık

complicate • com.pli.cate (kam´plıkeyt) /fiil/ complicates, complicating, complicated • karmaşıklaştırmak, zorlaştırmak, güçleştirmek

complicated • com.pli.cat.ed (kam´plıkeytıd) /sıfat/ karmaşık; çetrefil, çapraşık, anlaşılması güç, çözülmesi güç: a complicated system karmaşık bir sistem

compliment • com.pli.ment (kam´plımınt) /isim/ çoğul compliments • iltifat, kompliman

component • com.po.nent (kımpo´nınt) /isim/ çoğul components • öğe, bileşen, parça, eleman

compose • com.pose (kımpoz´) /fiil/ composes, composing, composed • bestelemek, beste yapmak

composer • com.pos.er (kımpo´zır) /isim/ çoğul composers • besteci, bestekâr: Cemal Reşit Rey is a prominent Turkish composer. Cemal Reşit Rey ünlü bir Türk bestecidir.

composition • com.po.si.tion (kampızîş´ın) /isim/ çoğul compositions • 1. (yazılı ödev olarak) kompozisyon: Write a composition about your life. Yaşamın hakkında bir kompozisyon yaz. 2. beste

compound • com.pound (kam´paund) /sıfat/ bileşik, birleşik: compound word bileşik sözcük

comprehend • com.pre.hend
(kamprîhend´) /fiil/ comprehends, com-
prehending, comprehended • **kavramak,
anlamak**

comprehension • com.pre.hen.sion
(kamprîhen´şın) /isim/ **kavrayış,
anlayış:** reading comprehension
okuduğunu anlama

comprehensive • com.pre.hen.sive
(kamprîhen´sîv) /sıfat/ **kapsamlı, etraf-
lı, geniş:** a comprehensive dictionary
kapsamlı bir sözlük a comprehensive
report kapsamlı bir rapor

computer • com.put.er (kımpyu´tır)
/isim/ çoğul computers • **bilgisayar**
computer center **bilgisayar merkezi**
computer engineering **bilgisayar
mühendisliği**
computer game **bilgisayar oyunu**
computer graphics **bilgisayar grafiği**
computer network **bilgisayar ağı**
computer program **bilgisayar programı**
computer programmer **bilgisayar
programcısı**
computer science **bilgisayar bilimi**
computer system **bilgisayar sistemi**

concentrate • con.cen.trate
(kan´sıntreyt) /fiil/ concentrates, concen-
trating, concentrated • **düşünceyi/dikkati/
gücü bir noktada toplamak, konsantre
olmak:** You should concentrate on
your work. İşine konsantre olmalısın.

concentration • con.cen.tra.tion
(kansıntrey´şın) /isim/ **dikkati bir
noktada toplama, konsantrasyon**

concept • con.cept (kan´sept)
/isim/ çoğul concepts • **kavram, mefhum:**
the concept of justice adalet kavramı

¹**concern** • con.cern (kınsırn´)
/isim/ çoğul concerns • **1.** (birini) **ilgilen-
diren şey 2. endişe, kaygı**

²**concern** • con.cern (kınsırn´)
/fiil/ concerns, concerning, concerned •
**1. ile ilgili olmak; ilgilendirmek;
etkilemek:** The article concerns the
future. Makale gelecekle ilgili.
2. kaygılandırmak

concerned • con.cerned (kınsırnd´)
/sıfat/ **1. ilgili, alakalı 2. endişeli,
düşünceli**
be concerned about **kaygılanmak,
endişelenmek, endişe duymak,
merak etmek:** They are concerned
about Hikmet's health. Hikmet'in
sağlığı konusunda endişeleniyorlar.

concert • con.cert (kan´sırt)
/isim/ çoğul concerts • **konser, dinleti:**
concert hall **konser salonu**
give a concert **konser vermek:** He
gave an excellent piano concert.
Müthiş bir piyano konseri verdi.

conclude • con.clude (kınklud´)
/fiil/ concludes, concluding, concluded •
**bitirmek, son vermek; bitmek, sona
ermek:** He concluded his talk with a
proverb. Konuşmasını bir atasözüyle
bitirdi.

conclusion • con.clu.sion (kınklu´jın)
/isim/ çoğul conclusions • **son; sonuç**

concrete • con.crete (kan´krit)
/sıfat/ **somut:** concrete evidence
somut kanıt

condition • con.di.tion (kındîş´ın)
/isim/ 1. çoğul conditions • **koşul, şart:**
conditions of the agreement anlaşma
şartları 2. **hal, durum:** be in good
condition iyi durumda olmak

conduct • con.duct (kındʌkt´)
/fiil/ conducts, conducting, conducted •
yürütmek, yönetmek, idare etmek:
Kaya is going to conduct the meeting.
Toplantıyı Kaya yönetecek.

conductor • con.duc.tor (kındʌk´tır)
/isim/ çoğul conductors • **1. orkestra
şefi; koro şefi 2. kondüktör; biletçi**

cone • cone (kon)
/isim/ çoğul cones • **1.** (geometri) **koni
2. külah:** ice-cream cone dondurma
külahı **3.** (botanik) **kozalak**

conference • con.fer.ence
(kan´fırıns, kan´frıns) /isim/ çoğul
conferences • **toplantı, konferans:** an
international conference uluslar-
arası bir konferans

confess • con.fess (kınfes´)
/fiil/ confesses, confessing, confessed •
itiraf etmek: She confessed her
guilt. Suçunu itiraf etti.

confession • con.fes.sion (kınfeş´ın)
/isim/ çoğul confessions • **itiraf**

confidence • con.fi.dence (kan´fıdıns)
/isim/ **güven, itimat:** I have confidence
in him. Ona güvenirim.

confident • con.fi.dent (kan´fıdınt)
/sıfat/ **emin, inanan:** Kenan is confi-
dent in himself. Kenan kendinden emin.

confirm • con.firm (kınfirm´)
/fiil/ confirms, confirming, confirmed •
doğrulamak, onaylamak: Their report
confirmed our ideas. Raporları bizim
fikirlerimizi doğruladı.

conflict • con.flict (kan´flîkt)
/isim/ çoğul conflicts • **anlaşmazlık, ihtilaf**

confuse • con.fuse (kınfyuz´)
/fiil/ confuses, confusing, confused •
1. şaşırtmak, kafasını karıştırmak:
Those questions confused him.
O sorular kafasını karıştırdı. **2.** (with)
(bir şeyi/birini) (başka şeyle/biriyle)
karıştırmak: They always confuse
her with her sister. Onu hep kız-
kardeşiyle karıştırıyorlar.

confusing • con.fus.ing (kınfyu´zîng)
/sıfat/ **kafa karıştırıcı:** This book is very
confusing. Bu kitap çok kafa karıştırıcı.

confusion • con.fu.sion (kınfyu´jın)
/isim/ **kafa karışıklığı, şaşkınlık**

congratulate • con.grat.u.late
(kıngräç´ûleyt) /fiil/ congratulates,
congratulating, congratulated • **kutlamak,
tebrik etmek:** They congratulated
him for his new job. Onu, yeni işi için
tebrik ettiler.

congratulation • con.grat.u.la.tion (kıngräçûley´şın) /isim/ tebrik, kutlama Congratulations! Tebrikler!

congress • con.gress (kang´grıs) /isim/ çoğul congresses • kongre: international congress uluslararası kongre medical congress tıp kongresi

conjunction • con.junc.tion (kıncʌngk´şın) /isim/ çoğul conjunctions • (dilbilgisi) bağlaç

connect • con.nect (kınekt´) /fiil/ connects, connecting, connected • bağlamak, birleştirmek; bağlanmak, birleşmek: The railway connected these cities to each other. Demiryolu bu şehirleri birbirine bağladı.

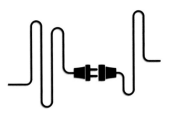

connection • con.nec.tion (kınek´şın) /isim/ çoğul connections • bağlantı

conquer • con.quer (kang´kır) /fiil/ conquers, conquering, conquered • fethetmek, ele geçirmek: The Ottomans conquered Istanbul in 1453. Osmanlılar İstanbul'u 1453'te fethettiler.

conscience • con.science (kan´şıns) /isim/ vicdan

conscious • con.scious (kan´şıs) /sıfat/ bilinci yerinde, şuuru yerinde

consciousness • con.scious.ness (kan´şısnîs) /isim/ 1. farkında olma, bilincinde olma 2. bilinç, şuur

¹consent • con.sent (kınsent´) /isim/ rıza: Their parents finally gave their consent. Anne babaları nihayet rıza gösterdi.

²consent • con.sent (kınsent´) /fiil/ consents, consenting, consented • (to) (-e) razı olmak, (-e) rıza göstermek

consequence • con.se.quence (kan´sıkwens) /isim/ çoğul consequences • sonuç: As a consequence ... Sonuç olarak ...

consequently • con.se.quent.ly (kan´sıkwentli) /zarf/ sonuç olarak, dolayısıyla, bu nedenle

conservative • con.ser.va.tive (kınsır´vıtîv) /sıfat/ tutucu, muhafazakâr

consider • con.sid.er (kınsîd´ır) /fiil/ considers, considering, considered • üzerinde düşünmek; düşünmek

considerable • con.sid.er.a.ble (kınsîd´ırıbıl) /sıfat/ 1. önemli, hatırı sayılır 2. büyük, hayli, oldukça çok: a considerable amount büyük bir miktar

considerate • con.sid.er.ate (kınsîd´ırît) /sıfat/ düşünceli, saygılı, hürmetkâr: a very considerate host çok düşünceli bir ev sahibi

consist • con.sist (kınsîst´) /fiil/ consists, consisting, consisted • of -den meydana gelmek, -den oluşmak, -den ibaret olmak: The jury consists of five members. Jüri beş üyeden oluşuyor.

consistency • con.sis.ten.cy (kınsîs´tınsi) /isim/ tutarlık, tutarlılık

consistent • con.sis.tent (kınsîs´tınt) /sıfat/ **tutarlı:** His ideas are not very consistent. Fikirleri pek tutarlı değil.

consonant • con.so.nant (kan´sınınt) /isim/ çoğul consonants • (dilbilgisi) **ünsüz, sessiz**

constant • con.stant (kan´stınt) /sıfat/ **değişmez, sabit; sürekli**

constantly • con.stant.ly (kan´stıntli) /zarf/ **sürekli, daima:** The weather changes constantly. Hava sürekli değişiyor.

constellation • con.stel.la.tion (kanstıley´şın) /isim/ çoğul constellations • **takımyıldız**

constitution • con.sti.tu.tion (kanstıtu´şın) /isim/ çoğul constitutions • **anayasa:** Have you read the constitution? Anayasayı okudunuz mu?

construct • con.struct (kınstrʌkt´) /fiil/ constructs, constructing, constructed • **inşa etmek, bina etmek, kurmak**

construction • con.struc.tion (kanstrʌk´şın) /isim/ **yapım, inşa, inşaat:** building construction bina yapımı, bina inşaatı

consul • con.sul (kan´sıl) /isim/ çoğul consuls • **konsolos** consul general **başkonsolos**

consulate • con.sul.ate (kan´sılît) /isim/ çoğul consulates • **konsolosluk**

consult • con.sult (kınsʌlt´) /fiil/ consults, consulting, consulted • **danışmak, başvurmak:** consult a dictionary bir sözlüğe başvurmak consult a lawyer bir avukata danışmak

consume • con.sume (kınsum´) /fiil/ consumes, consuming, consumed • **tüketmek**

consumer • con.sum.er (kınsu´mır) /isim/ çoğul consumers • **tüketici:** Consumers are not really aware of their rights. Tüketiciler haklarından pek haberdar değil.

consumption • con.sump.tion (kınsʌmp´şın) /isim/ **tüketim**

[1]**contact** • con.tact (kan´täkt) /isim/ **bağlantı, ilişki:** She lost contact with her best friend. En iyi arkadaşıyla bağlantıyı kaybetti.

[2]**contact** • con.tact (kan´täkt) /fiil/ contacts, contacting, contacted • **temas etmek; temasa geçmek:** Contact me by telephone. Benimle telefonla temasa geçin.

contagious • con.ta.gious (kıntey´cıs) /sıfat/ **bulaşıcı:** contagious diseases bulaşıcı hastalıklar

contain • con.tain (kınteyn´) /fiil/ contains, containing, contained • **kapsamak, içermek:** What does that chest contain? O sandıkta ne var?

container • con.tain.er (kıntey´ır) /isim/ çoğul containers • 1. **(kutu, şişe, v.b.) kap** 2. **konteyner**

contaminate • con.tam.i.nate
(kıntäm´ıneyt) /fiil/ contaminates,
contaminating, contaminated • (mikrop,
zehir v.b. ile) kirletmek; bulaştırmak:
Poisonous waste from factories in
this area contaminate the river. Bu
bölgedeki fabrikalardan gelen zehirli
atıklar ırmağı kirletiyor.

contemporary • con.tem.po.rar.y
(kıntem´pıreri) /sıfat/ çağdaş:
Mevlana was contemporary with
Yunus Emre. Mevlana, Yunus
Emre'nin çağdaşıydı. contemporary
literature çağdaş edebiyat

content • con.tent (kan´tent)
/isim/ çoğul contents • içerik

contest • con.test (kan´test)
/isim/ çoğul contests • yarışma: beauty
contest güzellik yarışması

contestant • con.test.ant (kıntes´tınt)
/isim/ çoğul contestants • yarışmacı

continent • con.ti.nent (kan´tınınt)
/isim/ çoğul continents • kıta, anakara:
There are seven continents in the
world. Dünya üzerinde yedi kıta vardır.

continue • con.tin.ue (kıntin´yu)
/fiil/ continues, continuing, continued •
sürmek, devam etmek: Ali continued
his studies despite hardships. Ali, zor-
luklara rağmen okumaya devam etti.

continuous • con.tin.u.ous
(kıntîn´yuwıs) /sıfat/ sürekli, devamlı,
aralıksız

contract • con.tract (kan´träkt)
/isim/ çoğul contracts • sözleşme,

mukavele, kontrat: sign a contract
sözleşme imzalamak

contrast • con.trast (kan´träst)
/isim/ çoğul contracts • karşıtlık, zıtlık
in contrast to -e karşın, -in aksine

contribute • con.trib.ute (kıntrîb´yut)
/fiil/ contributes, contributing, contributed •
(to) (-e) katkıda bulunmak, (-de) -in
payı olmak: We all contributed to
her learning how to read. Okumayı
öğrenmesinde hepimizin payı var.

contribution • con.tri.bu.tion
(kantrıbyu´şın) /isim/ çoğul contributions
• yardım, katkı

[1]control • con.trol (kıntrol´)
/isim/ kontrol: Lale has no control
over her emotions. Lale, duygularını
kontrol edemiyor.
out of control denetim dışı

[2]control • con.trol (kıntrol´)
/fiil/ controls, controlling, controlled •
kontrol etmek, denetlemek

convention • con.ven.tion
(kınven´şın) /isim/ çoğul conventions •
1. gelenek, âdet 2. kongre; konvan-
siyon

conversation • con.ver.sa.tion
(kanvırsey´şın) /isim/ çoğul conversa-
tions • konuşma, sohbet: She had a
long conversation with her friend.
Arkadaşıyla uzun uzun sohbet etti.

convince • con.vince (kınvîns´)
/fiil/ convinces, convincing, convinced •
ikna etmek, inandırmak: The waitress
convinced Işık to try this dish. Garson

Işık´ı bu yemeği denemeye ikna etti.

convoy • con.voy (kan´voy)
/isim/ çoğul convoys • konvoy

¹cook • cook (kûk)
/isim/ çoğul cooks • aşçı, ahçı: He works as a cook in a hotel. Bir otelde aşçı olarak çalışıyor.

²cook • cook (kûk)
/fiil/ cooks, cooking, cooked • (yemek) pişirmek; pişmek: He cooked pasta for us. Bizim için makarna pişirdi.

cookbook • cook.book (kûk´bûk)
/isim/ çoğul cookbooks • yemek kitabı

cooker • cook.er (kûk´ır)
/isim/ çoğul cookers • bkz. stove (2.)

cookie • cook.ie (kûk´i)
/isim/ çoğul cookies • kurabiye, (tatlı) çörek, (tatlı) kuru pasta; (tatlı) bisküvi: I baked cookies for you. Sana kurabiye yaptım.

cooky cook.y • kûk´i
/isim/ çoğul cookies • bkz. cookie

¹cool • cool (kul)
/sıfat/ cooler, coolest • serin: a cool wind serin bir rüzgâr

²cool • cool (kul)
/fiil/ cools, cooling, cooled • serinletmek; soğutmak; serinlemek; soğumak

cooperate • co.op.er.ate (kowap´ıreyt)
/fiil/ cooperates, cooperating, cooperated • birlikte çalışmak, işbirliği yapmak: We have to cooperate if we want to finish this assignment on time. Bu görevi vaktinde bitirmek istiyorsak işbirliği yapmalıyız.

cooperation • co.op.er.a.tion (kowapırey´şın) /isim/ birlikte çalışma, işbirliği

cop • cop (kap)
/isim/ (konuşma dili) polis

copper • cop.per (kap´ır)
/isim/ bakır: copper pipe bakır boru

¹copy cop.y • kap´i
/isim/ çoğul copies • 1. kopya: This is a copy of the original document. Bu, orijinal belgenin bir kopyası. 2. adet, tane; (yazılı eserler için) nüsha: I ordered two copies of that book. O kitaptan iki adet sipariş ettim.

²copy cop.y • kap´i
/fiil/ copies, copying, copied • kopya etmek

copyright • cop.y.right (kap´irayt)
/isim/ çoğul copyrights • telif hakkı

cord • cord (kôrd)
/isim/ çoğul cords • **ip, sicim, kaytan, şerit; kordon**

core • core (kor)
/isim/ çoğul cores • **1.** (etli meyvelerde) **göbek, iç:** apple core elma göbeği
2. nüve, öz, esas; merkez

cork • cork (kôrk)
/isim/ çoğul corks • **mantar, tıpa, tapa**

corkscrew • cork.screw (kôrk´skru)
/isim/ çoğul corkscrews • **tirbuşon:**
How will you open this bottle without a corkscrew? Bu şişeyi tirbuşonsuz nasıl açacaksın?

corn • corn (kôrn)
/isim/ **1. mısır**
corn bread **mısır ekmeği**
corn on the cob **bir koçan mısır**
2. İng. **buğday; tahıl**

corner • cor.ner (kôr´nır)
/isim/ çoğul corners • **köşe:** the four corners of a square bir karenin dört köşesi

corpse • corpse (kôrps)
/isim/ çoğul corpses • **ceset, ölü**

[1]**correct** • cor.rect (kırekt´)
/fiil/ corrects, correcting, corrected • **düzeltmek, doğrultmak:** Correct your spelling mistakes. Yazım yanlışlarınızı düzeltin.

[2]**correct** • cor.rect (kırekt´)
/sıfat/ **doğru, yanlışsız; yerinde:**
Try to choose the correct answer. Doğru yanıtı seçmeye çalış.

correspond • cor.re.spond (kôrıspand´) /fiil/ corresponds, corresponding, corresponded • **1.** to/with **-e uymak, -e tekabül etmek:** The first item on column A corresponds to the first item on column B. A sütunundaki ilk madde, B sütunundaki ilk maddeye tekabül ediyor.
2. birbirine uymak

correspondence • cor.re.spon.dence (kôrıspan´dıns) /isim/ **1.** çoğul correspondences • **benzerlik; benzer taraf:** In Turkish, there is a close correspondence between sounds and letters. Türkçede sesler ve harfler arasında yakın bir benzerlik vardır.
2. mektuplaşma

correspondent • cor.re.spon.dent (kôrıspan´dınt) /isim/ çoğul correspondents • **muhabir:** sports correspondent spor muhabiri

corridor • cor.ri.dor (kôr´ıdır)
/isim/ çoğul corridors • **koridor, geçit**

[1]**cost** • cost (kôst)
/isim/ çoğul costs • **masraf; fiyat; maliyet**
cost of living **hayat pahalılığı**

cost price **maliyet fiyatı**

²cost • cost (kôst)
/fiil/ costs, costing, costed • (-e) **mal
olmak:** It costs us 100 Tl a month.
Bize ayda 100 TL'ye mal oluyor.

costume • cos.tume (kas´tum,
kas´tyum) /isim/ çoğul costumes •
kıyafet, elbise, giysi: dance costume
dans kıyafeti national costumes
milli giysiler

cosy • co.sy (ko´zi)
/sıfat/ cosier, cosiest • bkz. **cozy**

cottage • cot.tage (kat´îc)
/isim/ çoğul cottages • **kulübe, küçük ev**
holiday cottage İng. (küçük) **tatil evi**

cotton • cot.ton (kat´ın)
/isim/ 1. **pamuk** 2. **pamuk ipliği**
3. **pamuklu kumaş**
cotton candy **ketenhelva, pamuk helva**

couch • couch (kauç)
/isim/ çoğul couches • **kanepe, divan**

¹cough • cough (kôf, kaf)
/isim/ çoğul coughs • **öksürük:** He has
a bad cough. Kötü öksürüyor. cough
syrup öksürük şurubu

²cough • cough (kôf, kaf)
/fiil/ coughs, coughing, coughed •

öksürmek: She coughed all night.
Bütün gece öksürdü.

could • could (kûd)
/yardımcı fiil/ bkz. ¹can
couldn't → could not

council • coun.cil (kaun´sıl)
/isim/ çoğul councils • **kurul, komisyon,
konsey**

count • count (kaunt)
/fiil/ counts, counting, counted • **saymak:**
count money para saymak
count down **geriye doğru saymak**

countable • count.a.ble (kaun´tıbıl)
/sıfat/ **sayılabilir** (nesne): Only countable
nouns have plural forms in English.
İngilizcede sadece sayılabilen isimlerin
çoğul hali vardır.

counter • coun.ter (kaun´tır)
/isim/ çoğul counters • **tezgâh:** You can
pick up your coffee from the counter.
Kahveni tezgâhtan alabilirsin.

country • coun.try (kʌn´tri)
/isim/ çoğul countries • **ülke, memleket,
yurt, vatan:** the Mediterranean
countries Akdeniz ülkeleri

countryside • coun.try.side
(kʌn´trisayd) /isim/ **kırsal yerler/bölge**

couple • cou.ple (kʌp´ıl)
/isim/ 1. (of) **çift:** a couple of birds
bir çift kuş
a couple of **birkaç:** a couple of days
birkaç gün
2. çoğul couples • **çift:** a young couple
genç bir çift

courage • cour.age (kır´îc)
/isim/ cesaret
lose courage cesaretini kaybetmek
show courage cesaret göstermek

courageous • cou.ra.geous (kırey´cıs)
/sıfat/ cesur, yürekli

courgette • cour.gette (kûrjet´)
/isim/ çoğul courgettes • bkz. zucchini

course • course (kôrs)
/isim/ 1. çoğul courses • kurs (bir dizi ders)
follow a course kursa katılmak
give a course kurs vermek
take a course kurs almak
2. yön, rota, yol
3. gelişme, gidiş, akış
of course şüphesiz, elbette
4. yemek: the main course baş yemek

court • court (kôrt)
/isim/ çoğul courts • 1. kort: tennis
court tenis kortu 2. mahkeme
criminal court ağır ceza mahkemesi
law court bkz. courthouse
military court askeri mahkeme

courthouse • court.house (kôrt´haus)
/isim/ çoğul courthouses • adliye, mah-
keme binası, adalet sarayı
İng. law court

cousin • cous.in (kʌz´ın)
/isim/ çoğul cousins • 1. kuzen:
My aunt's son Sonay is my cousin.
Teyzemin oğlu Sonay, benim kuzenim.
2. kuzin: My uncle's daughter Doğa is
my cousin. Amcamın kızı Doğa, benim
kuzinim.

¹**cover** • cov.er (kʌv´ır)
/fiil/ covers, covering, covered •

1. örtmek: He covered his face with
his hands. Yüzünü elleriyle kapadı.
2. kaplamak: Trees covered the
side of the mountain. Ağaçlar dağın
yamacını kaplamıştı.

²**cover** • cov.er (kʌv´ır)
/isim/ çoğul covers • 1. kapak: He put
the cover on the pot. Tencerenin
kapağını kapattı. 2. örtü: She wants
a new cover on her bed. Yatağına yeni
bir örtü istiyor.

cow • cow (kau)
/isim/ çoğul cows • inek: a herd of cows
bir inek sürüsü

coward • cow.ard (kau´wırd)
/isim/ çoğul cowards • korkak, ödlek:
His friends mocked him for being a
coward. Arkadaşları korkak olduğu
için onunla alay ediyordu.

cowardice • cow.ard.ice (kau´wırdîs)
/isim/ korkaklık, ödleklik

cowboy • cow.boy (kau´boy)
/isim/ çoğul cowboys • kovboy, sığırtmaç
cowboy hat kovboy şapkası
cowboy movie, İng. cowboy film
kovboy filmi

cozy • co.zy (ko´zi)
/sıfat/ cozier, coziest • rahat ve sıcak
İng. cosy

crab • crab (kräb)
/isim/ çoğul crabs • yengeç

¹crack • crack (kräk)
/isim/ çoğul cracks • 1. çatlak, yarık:
We saw a huge crack in the earth
after the earthquake. Depremden
sonra yerkabuğunda büyük bir çatlak
gördük. 2. çatırtı, şaklama
crack of thunder gök gürültüsü

²crack • crack (kräk)
/fiil/ cracks, cracking, cracked • 1. çatla-
mak, yarılmak: The mirror cracked.
Ayna çatladı. 2. (şifreyi) çözmek: crack
a code bir şifreyi çözmek

cracker • crack.er (kräk´ır)
/isim/ çoğul crackers • kraker, bisküvi

cradle • cra.dle (krey´dıl)
/isim/ çoğul cradles • beşik: They bought
the cradle before the baby was born.
Beşiği, bebek doğmadan aldılar.

craft • craft (kräft)
/isim/ çoğul crafts • zanaat, el sanatı

craftsman • crafts.man (kräfts´mın)
/isim/ çoğul craftsmen • zanaatçı,
zanaatkâr: a master craftsman usta
bir zanaatçı

¹crash • crash (kräş)
/isim/ çoğul crashes • 1. şangırtı, büyük
gürültü: Everybody heard the crash
of the dishes. Herkes tabakların şan-
gırtısını duydu. 2. çarpma; çarpışma

²crash • crash (kräş)
/fiil/ crashes, crashing, crashed •
gürültüyle çarpmak, parçalamak:
The car crashed into the wall. Araba
duvara çarptı.

crater • cra.ter (krey´tır)
/isim/ çoğul craters • krater: crater lake
krater gölü

crawl • crawl (krôl)
/fiil/ crawls, crawling, crawled • (yerde)
sürünmek; emeklemek: The baby is
crawling around. Bebek emekliyor.

crayon • cray.on (krey´ın, krey´an)
/isim/ çoğul crayons • mum boya, pastel:
a crayon drawing pastel bir resim

crazy • cra.zy (krey´zi)
/sıfat/ crazier, craziest • deli, kaçık, çıl-
gın: work like crazy deli gibi çalışmak
be crazy about -e düşkün olmak, -e
deli olmak: She is crazy about cats.
Kedilere deli oluyor.

cream • cream (krim)
/isim/ 1. kaymak, krema
cream cheese krem peynir
2. çoğul creams • krem, cilt kremi
moisturizing cream nemlendirici krem

¹crease • crease (kris)
/isim/ çoğul creases • çizgi, buruşuk

²crease • crease (kris)
/fiil/ creases, creasing, creased •
buruşturmak; buruşmak

create • cre.ate (kriyeyt´)
/fiil/ creates, creating, created • 1. yarat-
mak 2. oluşturmak, meydana getir-
mek: She created a new style in art.
Sanatta yeni bir tarz yarattı.

creation • cre.a.tion (kriyey´şın)
/isim/ yaratma; yaratılış

creative • cre.a.tive (kriyey´tîv)
/sıfat/ yaratıcı: He is a very creative
artist. O çok yaratıcı bir sanatçı.

creativity • cre.a.tiv.i.ty (kriyeytîv´îti)
/isim/ yaratıcılık

creature • crea.ture (kri´çır)
/isim/ çoğul creatures • yaratık, mahluk

credit • cred.it (kred´ît)
/isim/ kredi, güven
credit card kredi kartı
give credit kredi vermek
on credit veresiye

crescent • cres.cent (kres´ınt)
/isim/ çoğul crescents • hilal, ayça

crew • crew (kru)
/isim/ tayfa, mürettebat

crime • crime (kraym)
/isim/ çoğul crimes • suç: minor crime
küçük suç serious crime büyük suç

criminal • crim.i.nal (krîm´ınıl)
/isim/ çoğul criminals • suçlu: The
police arrested the criminal. Polis
suçluyu tutukladı.

crisis • cri.sis (kray´sîs)
/isim/ çoğul crises • kriz, bunalım,
buhran: economic crisis ekonomik kriz

critic • crit.ic (krît´îk)
/isim/ çoğul critics • eleştirmen: music
critic müzik eleştirmeni

critical • crit.i.cal (krît´îkıl)
/sıfat/ 1. tenkitçi; eleştirel 2. kritik,
tehlikeli: Two of the shooting victims
are still in critical condition. Vurulan-
lardan ikisinin hayatı tehlikesi sürüyor.

criticism • crit.i.cism (krît´ısîzım)
/isim/ çoğul criticisms • 1. tenkit,
kusur bulma: He is tired of his
friends' criticisms. Arkadaşlarının
tenkitlerinden bıktı. 2. eleştiri

criticize • crit.i.cize (krît´ısayz)
/fiil/ criticizes, criticizing, criticized • -i
tenkit etmek, -de kusur bulmak, -i
eleştirmek: İnci criticized me for not
visiting my parents. İnci, annemle
babamı ziyaret etmediğim için beni
eleştirdi.
İng. criticise

crocodile • croc.o.dile (krak´ıdayl)
/isim/ çoğul crocodiles • timsah
crocodile tears sahte gözyaşları

crop • crop (krap)
/isim/ çoğul crops • ürün, ekin: wheat
crop buğday hasadı

¹cross • cross (krôs)
/isim/ çoğul crosses • çarpı işareti,
çapraz işareti, artı işareti

²cross • cross (krôs)
/fiil/ crosses, crossing, crossed •
karşıdan karşıya geçmek
cross out karalamak, üzerini çizerek
geçersiz kılmak

crossing • cross.ing (krôs´îng)
/isim/ çoğul crossings • 1. geçiş 2. geçiş
yeri, geçit 3. yaya geçidi

crossroads • cross.roads (krôs´rodz)
/isim/ çoğul crossroads • 1. dörtyol,
kavşak: Turn left at the crossroads.
Kavşaktan sola dön. 2. dönüm noktası

crosswalk • cross.walk (krôs´wôk)
/isim/ çoğul crosswalks • yaya geçidi
İng. pedestrian crossing

crossword • cross.word (krôs´wırd)
/isim/ çoğul crosswords • çapraz bulmaca
crossword puzzle çapraz bulmaca

crouch • crouch (krauç)
/fiil/ crouches, crouching, crouched •
çömelmek: He crouched under the
tree. Ağacın altına çömeldi.

crow • crow (kro)
/isim/ çoğul crows • karga

crowd • crowd (kraud)
/isim/ çoğul crowds • kalabalık: There
were crowds of people to see him. Onu
görmek isteyen bir sürü kişi vardı.
break up the crowd kalabalığı dağıtmak
follow the crowd topluma uymak

crowded • crowd.ed (krau´dıd)
/sıfat/ kalabalık: a crowded bus
kalabalık bir otobüs

crown • crown (kraun)
/isim/ çoğul crowns • taç: He refused
the crown. Tacı reddetti.

crucial • cru.cial (kru´şıl)
/sıfat/ çok önemli, can alıcı: at a
crucial moment çok önemli bir anda

cruel • cru.el (kruw´ıl)
/sıfat/ crueller, cruellest • zalim, acı-
masız: cruel dictator zalim diktatör
cruel disease amansız hastalık

cruise • cruise (kruz)
/isim/ çoğul cruises • (tatil amacıyla
yapılan) deniz yolculuğu

crumb • crumb (krʌm)
/isim/ çoğul crumbs • kırıntı: bread
crumbs ekmek kırıntıları

crusade • cru.sade (kruseyd´)
/isim/ çoğul crusades • haçlı seferi,
din savaşı
the Crusades Haçlı Seferleri

crusader • cru.sad.er (krusey´dır)
/isim/ çoğul crusaders • Haçlı

crush • crush (krʌş)
/fiil/ crushes, crushing, crushed • ezmek:
Don't crush those boxes. O kutuları
ezme.

crust • crust (krʌst)
/isim/ çoğul crusts • 1. ekmek kabuğu
2. kabuk

crutch • crutch (krʌç)
/isim/ çoğul crutches • koltuk değneği: a
pair of crutches bir çift koltuk değneği

¹cry • cry (kray)
/fiil/ cries, crying, cried • ağlamak: The
baby cried all night. Bebek bütün
gece ağladı. cry for joy mutluluktan
ağlamak cry with pain acıyla ağlamak

²cry • cry (kray)
/isim/ çoğul cries • bağırış, haykırış,
feryat: war cry savaş narası an angry
cry hiddetli bir çığlık

crystal • crys.tal (krîs´tıl)
/isim/ çoğul crystals • kristal

cube • cube (kyub)
/isim/ çoğul cubes • 1. (geometri) küp
2. küp (küp biçimindeki nesne):
a cube sugar bir küpşeker

cuckoo • cuck.oo (ku´ku)
/isim/ çoğul cuckoos • guguk, gugukkuşu
cuckoo clock guguklu saat

cucumber • cu.cum.ber (kyu´kʌmbır)
/isim/ çoğul cucumbers • salatalık, hıyar:
cucumber pickles salatalık turşusu

cuff • cuff (kʌf)
/isim/ çoğul cuffs • kol ağzı, kolluk,
manşet

cultivate • cul.ti.vate (kʌl´tıveyt)
/fiil/ cultivates, cultivating, cultivated •
1. (tarlayı) sürmek, (toprağı) işlemek
2. yetiştirmek 3. geliştirmek
cultivate a friendship dostluk kurma-
ya çalışmak

cultural • cul.tur.al (kʌl´çırıl)
/sıfat/ kültürel: cultural tourism
kültür turizmi

culture • cul.ture (kʌl´çır)
/isim/ çoğul cultures • kültür: Spanish
culture İspanyol kültürü
culture gap kültür farkı
culture shock kültür şoku

cunning • cun.ning (kʌn´îng)
/sıfat/ kurnaz, hin, uyanık: a cunning
smile kurnaz bir tebessüm

cup • cup (kʌp)
/isim/ çoğul cups • 1. fincan, bardak,

kupa: a cup of coffee bir fincan kahve She added two cups of sugar to the mixture. Karışıma iki bardak şeker ilave etti.
coffee cup **kahve fincanı**
2. (spor) **kupa:** tennis cup tenis kupası the World Cup **Dünya Kupası**

cupboard • cup.board (kʌbˈırd)
/isim/ çoğul cupboards • **dolap, yüklük:** kitchen cupboard **mutfak dolabı**

¹**cure** • cure (kyûr)
/fiil/ cures, curing, cured • **iyileştirmek, tedavi etmek:** Some types of cancer can be cured. Bazı kanser türleri iyileştirilebilir.

²**cure** • cure (kyûr)
/isim/ çoğul cures • **tedavi; kür:** cure for asthma astım tedavisi cure for pain ağrı tedavisi

curiosity • cu.ri.os.i.ty (kyûriyasˈıti)
/isim/ **merak**
out of curiosity **meraktan**

curious • cu.ri.ous (kyûrˈiyıs)
/sıfat/ **meraklı:** a curious child meraklı bir çocuk Don't be so curious. Bu kadar meraklı olma.
be curious about something **bir şeyi merak etmek**

¹**curl** • curl (kırl)

/isim/ çoğul curls • 1. **kıvrım, büklüm** 2. **bukle, lüle**

²**curl** • curl (kırl)
/fiil/ curls, curling, curled • **kıvırmak, bukle yapmak, bükmek; kıvrılmak**

curly • curl.y (kırˈli)
/sıfat/ curlier, curliest • **kıvırcık, kıvır kıvır:** curly hair kıvırcık saç

currency • cur.ren.cy (kırˈınsi)
/isim/ çoğul currencies • **para, nakit**

current • cur.rent (kırˈint)
/isim/ çoğul currents • 1. (sıvı, gaz, hava) **akım, akıntı:** You can't swim against the current for a long time. Akıntıya karşı uzun süre yüzemezsin. 2. (elektrik) **akım:** direct current doğru akım electric current elektrik akımı
/sıfat/ **şimdiki, bugünkü, güncel:** current events güncel olaylar current issue son sayı

currently • cur.rent.ly (kırˈıntli)
/zarf/ **halen, şu anda, bugünlerde**

curriculum • cur.ric.u.lum (kırîkˈyılım) /isim/ çoğul curricula/ curriculums • **öğretim programı** curriculum vitae (CV) özgeçmiş

¹**curse** • curse (kırs)
/fiil/ curses, cursing, cursed • **sövmek, sövüp saymak, küfretmek**

²**curse** • curse (kırs)
/isim/ çoğul curses • 1. **ilenme, lanet, beddua** 2. **sövgü, küfür**

curtain • cur.tain (kırˈtın)
/isim/ çoğul curtains • **perde:** draw the

curtains perdeyi çekmek shower curtain duş perdesi theater curtain tiyatro perdesi

¹curve • curve (kırv)
/isim/ çoğul curves • 1. eğri, kavis, kıvrım 2. viraj, dönemeç

²curve • curve (kırv)
/fiil/ curves, curving, curved • 1. eğmek, bükmek; eğilmek, bükülmek 2. kıvırmak; kıvrılmak

cushion • cush.ion (kûş´ın)
/isim/ çoğul cushions • yastık, minder: cushion cover yastık kılıfı down cushion kuştüyü yastık

custom • cus.tom (kʌs´tım)
/isim/ çoğul customs • gelenek, âdet: Our people are still loyal to their customs. İnsanlarımız hâlâ geleneklerine sadıklar.

customer • cus.tom.er (kʌs´tımır)
/isim/ çoğul customers • müşteri: The customers were waiting impatiently in the queue. Müşteriler sabırsızlıkla sırada bekliyordu.

customs • cus.toms (kʌs´tımz)
/isim/ gümrük
customs officer gümrük memuru

¹cut • cut (kʌt)
/fiil/ cuts, cutting, cut • kesmek: cut grass çimleri kesmek
cut prices fiyatları indirmek

²cut • cut (kʌt)
/isim/ 1. çoğul cuts • kesik: There was a deep cut on his finger. Parmağında derin bir kesik vardı. 2. kesme, kesim

cute • cute (kyut)
/sıfat/ cuter, cutest • şirin, sevimli

cutlery • cut.ler.y (kʌt´lıri)
/isim/ çatal bıçak takımı

CV • CV (si vi´)
/kısaltma/ curriculum vitae

cycle • cy.cle (say´kıl)
/isim/ çoğul cycles • 1. dönme, dönüş, çevrim: carbon cycle karbon döngüsü the cycle of the seasons mevsimlerin birbirini takip etmesi 2. bisiklet; motosiklet
cycle lane bisiklet yolu
cycle race bisiklet yarışı

cycling • cy.cling (say´klîng)
/isim/ bisiklete binme: Cycling is one of my hobbies. Bisiklete binmek hobilerimden biridir.

cyclist • cy.clist (say´klîst)
/isim/ çoğul cyclists • 1. bisikletçi, bisiklet sürücüsü 2. motosikletçi, motosiklet sürücüsü

cylinder • cyl.in.der (sîl´îndır)
/isim/ çoğul cylinders • silindir

Dd

D, d • d (di)
/isim/ D, İngiliz alfabesinin dördüncü harfi

dad • dad (däd)
/isim/ 1. çoğul dads • baba 2. babacığım

daddy • dad.dy (däd´i)
/isim/ 1. çoğul daddies • baba 2. baba-cığım

daily • dai.ly (dey´li)
/sıfat/ günlük, gündelik: daily activities günlük etkinlikler
/zarf/ her gün, günlük olarak:
The exhibition hall is open daily.
Sergi salonu her gün açık.

dairy • dair.y (der´i)
/isim/ çoğul dairies • mandıra: dairy cow süt ineği dairy products süt ürünleri

daisy • dai.sy (dey´zi)
/isim/ çoğul daisies • papatya

dam • dam (däm)
/isim/ çoğul dams • baraj, set, su bendi

¹damage • dam.age (däm´îc)
/isim/ zarar, hasar: fire damage yangın hasarı permanent damage kalıcı hasar
damages tazminat

²damage • dam.age (däm´îc)
/fiil/ damages, damaging, damaged • zarar vermek, hasar vermek: damage a car bir arabaya hasar vermek damage his career kariyerine zarar vermek

damp • damp (dämp)
/sıfat/ damper, dampest • nemli, yaş: damp hair nemli saç

¹dance • dance (däns)
/isim/ çoğul dances • dans: dance music dans müziği folk dance halk dansı

²dance • dance (däns)
/fiil/ dances, dancing, danced • **dans etmek:** Would you like to dance? Dans etmek ister misiniz?

dancer • danc.er (dän´sır)
/isim/ çoğul dancers • **dansçı, dansör, dansöz**

dandruff • dan.druff (dän´drıf)
/isim/ **kepek, konak:** He uses a special shampoo for dandruff. Kepek için özel bir şampuan kullanıyor.

danger • dan.ger (deyn´cır)
/isim/ çoğul dangers • **tehlike**
in danger **tehlikede**
out of danger **tehlikeyi atlatmış**

dangerous • dan.ger.ous (deyn´cırıs)
/sıfat/ **tehlikeli:** a dangerous area tehlikeli bir bölge

Dardanelles • Dar.da.nelles (dardınelz´) /isim/ (the) **Çanakkale Boğazı**

dare • dare (der)
/fiil/ dares, daring, dared • **cesaret etmek, cüret etmek, kalkışmak:** No one dared ask a question. Kimse soru sormaya cesaret edemedi.

˙¹dark • dark (dark)
/sıfat/ darker, darkest • **1. karanlık:** a dark room karanlık bir oda
get dark (hava) **kararmak**
2. koyu: dark blue lacivert dark green koyu yeşil
/isim/ **karanlık:** He is not afraid of the dark. O karanlıktan korkmaz.

darken • dark.en (dar´kın)
/fiil/ darkens, darkening, darkened • **karartmak; kararmak**

darkness • dark.ness (dark´nîs)
/isim/ **karanlık:** They returned to camp before darkness fell. Karanlık basmadan kampa döndüler.

darling • dar.ling (dar´lîng)
/isim/ **1. sevgilim, tatlım 2.** çoğul darlings • **sevgili**

dart • dart (dart)
/isim/ çoğul darts • (dart oyununda) **küçük ok**
darts **dart oyunu**

data • da.ta (dey´tı, dä´tı)
/isim/ (çoğul/tekil) **bilgi; veriler**
data analysis **veri analizi**
data bank **veri bankası**
data processing **bilgiişlem**

database • da.ta.base (dey´tıbeys)
/isim/ **veritabanı**

date • date (deyt)
/isim/ çoğul dates • **1. tarih:** Today's date is the 7th of May. Bugünün tarihi 7 Mayıs'tır.
out of date **1. modası geçmiş 2. tarihi geçmiş**
up to date **modaya uygun; çağdaş**
1. hurma: date palm hurma ağacı

daughter • daugh.ter (dô´tır)
/isim/ çoğul daughters • kız evlat, kız
çocuk, kız

daughter-in-law • daugh.ter-in-law
(dô´tırînlô) /isim/ çoğul daughters-in-law
• gelin

dawn • dawn (dôn)
/isim/ seher, tan vakti

day • day (dey)
/isim/ çoğul days • 1. gündüz
by day gündüzün 2. gün
all day bütün gün
day after day her gün, günlerce
day by day günden güne
day in day out her gün
the day after ertesi gün (-den bir
gün sonrası)
the day after tomorrow öbür gün
(yarından sonraki gün)
the day before yesterday evvelki gün
(dünden önceki gün)
the other day geçen gün, birkaç gün
önce

¹**daydream** • day.dream (dey´drim)
/isim/ çoğul daydreams • hayal

²**daydream** • day.dream (dey´drim)
/fiil/ daydreams, daydreaming, daydreamed/
daydreamt • hayal kurmak

daydreamt • day.dreamt (dey´dremt)
/fiil/ bkz. ²daydream

daylight • day.light (dey´layt)
/isim/ gün ışığı
daylight saving time, İng. summer time
yaz saati

daytime • day.time (dey´taym)
/isim/ gündüz: İlayda loves sleeping

during daytime. İlayda gündüz
uykusunu çok seviyor.

dazzle • daz.zle (däz´ıl)
/fiil/ dazzles, dazzling, dazzled • göz
kamaştırmak

dead • dead (ded)
/sıfat/ ölü, cansız: dead cell ölü hücre
dead volcano sönmüş volkan
dead end çıkmaz sokak; çıkmaz

deadly • dead.ly (ded´li)
/sıfat/ deadlier, deadliest • öldürücü;
ölümcül: a deadly disease ölümcül
bir hastalık

deaf • deaf (def)
/sıfat/ deafer, deafest • sağır, işitme
engelli

¹**deal** • deal (dil)
/isim/ çoğul deals • 1. anlaşma, muka-
vele: They signed a two-year deal. İki
yıllık bir anlaşma imzaladılar. 2. iş
3. miktar
a great deal of çok, bir hayli, epey: His
family gives him a great deal of sup-
port. Ailesi ona çok destek oluyor.

²**deal** • deal (dil)
/fiil/ deals, dealing, dealt • with 1. ile
ilgilenmek 2. -in üstesinden gelmek:
Dealing with his dog´s death was very
hard for him. Köpeğinin ölümünün
üstesinden gelmek onun için çok
zordu.

dealer • deal.er (dil´ır)
/isim/ çoğul dealers • (belirli bir şeyin)
ticaretini yapan kimse, tüccar, satıcı:
car dealer araba tüccarı

dealt • dealt (delt)
/fiil/ bkz. ²deal

dear • dear (dîr)
/sıfat/ dearer, dearest • 1. sevgili; değerli:
my dear grandma sevgili ninem
2. Sevgili, (Mektup girişinde kullanılır.):
Dear Friend, Sevgili Arkadaşım,
3. İng. pahalı

death • death (deth)
/isim/ çoğul deaths • ölüm
the death penalty ölüm cezası

¹debate • de.bate (dîbeyt´)
/isim/ çoğul debates • tartışma

²debate • de.bate (dîbeyt´)
/fiil/ debates, debating, debated •
tartışmak

debt • debt (det)
/isim/ çoğul debts • borç
debt of honor şeref borcu

decade • dec.ade (dek´eyd)
/isim/ çoğul decades • on yıl: We wit-
nessed lots of changes during the
last decade. Son on yıl boyunca pek
çok değişime tanık olduk.

¹decay • de.cay (dîkey´)
/fiil/ decays, decaying, decayed •
çürümek, bozulmak; çürütmek

²decay • de.cay (dîkey´)
/isim/ çürüme, bozulma

deceive • de.ceive (dîsiv´)
/fiil/ deceives, deceiving, deceived • aldat-
mak

December • De.cem.ber (dîsem´bır)
/isim/ aralık (ayı)

decent • de.cent (di´sınt)
/sıfat/ terbiyeli, nazik, nezih; iyi:
a decent person terbiyeli bir kişi
a decent salary iyi bir maaş

decide • de.cide (dîsayd´)
/fiil/ decides, deciding, decided •
karar vermek, kararlaştırmak:
Demet decided what to do. Demet,
ne yapacağına karar verdi.
decide against something bir şeyin
aleyhinde karar vermek
decide for something bir şeyin
lehinde karar vermek

decimal • dec.i.mal (des´ımıl)
/sıfat/ (matematik) ondalık
decimal system ondalık sistem
/isim/ çoğul decimals • (matematik)
1. ondalık sayı 2. ondalık kesir

decision • de.ci.sion (dîsîj´ın)
/isim/ çoğul decisions • karar
make a decision karar vermek: The
competition jury made a decision.
Yarışma jürisi bir karar verdi.

deck • deck (dek)
/isim/ çoğul decks • (gemide) güverte
deck chair şezlong

declare • de.clare (dîkler´)
/fiil/ declares, declaring, declared •
bildirmek, ilan etmek: They declared
the winner. Kazananı açıkladılar.

¹decline • de.cline (dîklayn´)
/fiil/ declines, declining, declined •
1. aşağıya meyletmek 2. azalmak,
düşmek 3. reddetmek, geri çevirmek:
decline an offer bir teklifi geri
çevirmek

²decline • de.cline (dîklayn´)
/isim/ 1. meyil, iniş 2. azalma, düşüş:
a decline in prices fiyatlarda azalma

decorate • dec.o.rate (dek´ıreyt)
/fiil/ decorates, decorating, decorated •
süslemek, dekore etmek: We'll
decorate the room for the party.
Odayı parti için süsleyeceğiz.

decoration • dec.o.ra.tion
(dekırey´şın) /isim/ 1. süsleme,
dekorasyon: This room needs some
decoration. Bu odanın biraz süslen-
meye ihtiyacı var. 2. çoğul decorations •
süs: cake decorations pasta süsleri

decorator • dec.o.ra.tor (dek´ıreytır)
/isim/ çoğul decorators • dekoratör

¹decrease • de.crease (dîkris´)
/fiil/ decreases, decreasing, decreased •
azalmak, düşmek: Interest in soccer
is decreasing. Futbola ilgi azalıyor.

²decrease • de.crease (dîkris´)
/isim/ çoğul decreases • azalma, düşüş:
They expect a decrease in inflation.
Enflasyonda bir düşüş bekliyorlar.

dedicate • ded.i.cate (ded´ıkeyt)
/fiil/ dedicates, dedicating, dedicated •
adamak, vakfetmek: He dedicated
his life to the sick. Hayatını hastalara
adadı.

deep • deep (dip)
/sıfat/ deeper, deepest • derin: a deep
breath derin bir nefes a deep sleep
derin bir uyku a deep well derin bir
kuyu a deep wound derin bir yara
deep in thought derin düşünceye
dalmış

deepfreeze • deep.freeze (dip´friz´)
/isim/ çoğul deepfreezes • derin don-
durucu, dipfriz

deer • deer (dir)
/isim/ çoğul deer • geyik
fallow deer alageyik
roe deer karaca

¹defeat • de.feat (dîfit´)
/fiil/ defeats, defeating, defeated •
yenmek, bozguna uğratmak: Did she
defeat cancer? Kanseri yendi mi?

²defeat • de.feat (dîfit´)
/isim/ çoğul defeats • yenilgi, bozgun:
a heavy defeat ağır bir yenilgi

defend • de.fend (dîfend´)
/fiil/ defends, defending, defended •
savunmak
defend oneself kendini savunmak
defend someone against an attack
birini bir saldırıya karşı korumak

defense • de.fense (dîfens´)
/isim/ 1. savunma, korunma: weapons

of defense savunma silahları 2. (spor)
savunma, defans
İng. defence

deficiency • de.fi.cien.cy (dîfîş´ınsi)
/isim/ çoğul deficiencies • **eksiklik,
noksanlık; yetersizlik**

deficient • de.fi.cient (dîfîş´ınt)
/sıfat/ **eksik, noksan; yetersiz**

define • de.fine (dîfayn´)
/fiil/ defines, defining, defined •
tanımlamak, tarif etmek: Can you
define the new concept please? Yeni
kavramı lütfen tanımlayabilir misin?

definite • def.i.nite (def´ınît)
/sıfat/ **1. kesin; belirli:** He wants a
definite answer by tomorrow. Yarına
kadar kesin bir yanıt istiyor. **2. (dil-
bilgisi) belirli, belgili**

definitely • def.i.nite.ly (def´ınîtli)
/zarf/ **kesinlikle**

definition • def.i.ni.tion (definîş´ın)
/isim/ çoğul definitions • **tanım**

degree • de.gree (dîgri´)
/isim/ çoğul degrees • **1. (fizik, geome-
tri) derece:** an angle of 60 degrees 60
derecelik bir açı The boiling point of
water is 100 degrees Celcius. Suyun
kaynama noktası 100 derecedir.
2. derece, aşama, kademe
by degrees **kademeli olarak, derece
derece**
3. diploma: university degree yüksek-
öğretim diploması

¹delay • de.lay (dîley´)
/fiil/ delays, delaying, delayed •

1. ertelemek 2. geciktirmek: The
storm delayed the flight for an hour.
Fırtına uçuşu bir saat geciktirdi.

²delay • de.lay (dîley´)
/isim/ çoğul delays • **gecikme:** a delay
of two hours iki saatlik bir gecikme

delegate • del.e.gate (del´ıgît)
/isim/ çoğul delegates • **delege, temsilci:**
50 delegates attended the congress.
Kongreye 50 delege katıldı.

delete • de.lete (dîlit´)
/fiil/ deletes, deleting, deleted • **silmek,
çıkarmak**

deliberate • de.lib.er.ate (dîlîb´ırît)
/sıfat/ **kasıtlı, maksatlı, önceden
tasarlanmış**

deliberately • de.lib.er.ate.ly
(dîlîb´ırîtli) /zarf/ **kasten, mahsus,
bile bile:** He did it deliberately. Onu
kasten yaptı.

delicate • del.i.cate (del´ıkît)
/sıfat/ **kolaylıkla kırılabilen, kırılgan,
nazik:** a delicate flower nazik bir çiçek

delicious • de.li.cious (dılîş´ıs)
/sıfat/ **lezzetli, nefis:** a delicious meal
nefis bir yemek

¹delight • de.light (dîlayt´)
/fiil/ delights, delighting, delighted •
sevindirmek; sevinmek
delight in **-den zevk almak:** He
delights in taking long walks. Uzun
yürüyüşler yapmaktan zevk alır.

²delight • de.light (dîlayt´)
/isim/ çoğul delights • **sevinç, zevk, keyif:**

the delights of swimming in the sea
denizde yüzmenin tadı
Turkish delight **lokum**

deliver • de.liv.er (dîlîv´ır)
/fiil/ delivers, delivering, delivered •
teslim etmek: deliver the letter
mektubu teslim etmek

delivery • de.liv.er.y (dîlîv´ıri)
/isim/ çoğul deliveries • (gönderiyi)
teslim etme, teslim; dağıtım

¹demand • de.mand (dîmänd´)
/isim/ çoğul demands • **istem, talep**
supply and demand **arz ve talep**

²demand • de.mand (dîmänd´)
/fiil/ demands, demanding, demanded •
talep etmek, istemek: Women
demand equal rights. Kadınlar eşit
haklar talep ediyorlar.

**democracy • de.moc.ra.cy
(dîmak´rısı)** /isim/ çoğul democracies •
demokrasi: parliamentary democracy
parlamenter demokrasi

democrat • dem.o.crat (dem´ıkrät)
/isim/ çoğul democrats • **demokrat**

**democratic • dem.o.crat.ic
(demıkrät´îk)** /sıfat/ **demokratik**

**demonstrate • dem.on.strate
(dem´ınstreyt)** /fiil/ demonstrates,
demonstrating, demonstrated • **kanıtla-
mak, ispat etmek:** Ender demon-
strated his loyalty to the firm. Ender,
şirkete olan bağlılığını kanıtladı.

**demonstration • dem.on.stra.tion
(demınstrey´şın)** /isim/ çoğul demon-

strations • **1. kanıtlama, ispat 2. gösteri**

dense • dense (dens)
/sıfat/ denser, densest • **yoğun, kesif:**
a dense solution yoğun bir çözelti
dense smoke yoğun duman
dense traffic yoğun trafik

density • den.si.ty (den´sıti)
/isim/ **yoğunluk**

dentist • den.tist (den´tîst)
/isim/ çoğul dentists • **dişçi, diş hekimi**
the dentist's **dişçi muayenehanesi**

deny • de.ny (dînay´)
/fiil/ denies, denying, denied • **yadsımak;
yalanlamak; reddetmek:** She denied
the signature was hers. Kendi imzası
olduğunu reddetti.

**department • de.part.ment
(dîpart´mınt)** /isim/ çoğul departments •
bölüm, kısım, şube: the department
of English İngilizce bölümü
the history department tarih bölümü
the sales department satış bölümü
department store **büyük mağaza**

departure • de.par.ture (dîpar´çır)
/isim/ çoğul departures • **hareket etme,
kalkış, ayrılış**
departure time **kalkış saati, hareket
saati**

depend • de.pend (dîpend´)
/fiil/ depends, depending, depended •
on/upon **1** -e güvenmek: You can
depend on her. Ona güvenebilirsin.
2. -e bağlı olmak: The future
depends on what we do now. Gelecek
şimdi ne yaptığımıza bağlıdır.

dependent • de.pend.ent (dîpen´dınt)
/sıfat/ on/upon **1.** -e bağlı: Our
vacation plans are dependent on
the weather. Tatil planlarımız hava
durumuna bağlı. **2.** -e bağımlı: an
economy dependent on foreign aid
dış yardıma bağımlı bir ekonomi

depress • de.press (dîpres´)
/fiil/ depresses, depressing, depressed •
üzmek, canını sıkmak, moralini boz-
mak: Wet weather depresses her.
Yağmurlu hava onun moralini bozuyor.

depression • de.pres.sion (dîpreş´ın)
/isim/ **1.** moral bozukluğu, keyifsizlik
2. depresyon

deprive • de.prive (dîprayv´)
/fiil/ deprives, depriving, deprived • of
-den yoksun bırakmak, -den mahrum
etmek: Plants will die if you deprive
them of sunshine. Gün ışığından
yoksun bırakırsanız bitkiler ölür.

depth • depth (depth)
/isim/ çoğul depths • derinlik: The
average depth of the Red Sea is
490 meters. Kızıldeniz'in ortalama
derinliği 490 metredir. the depth of
the well kuyunun derinliği

describe • de.scribe (dîskrayb´)
/fiil/ describes, describing, described •
tanımlamak, betimlemek, tarif etmek:

Describe yourself. Kendinizi tarif edin.

description • de.scrip.tion
(dîskrîp´şın) /isim/ betimleme, tarif:
description of a scenery manzara
betimlemesi

¹desert • des.ert (dez´ırt)
/isim/ çoğul deserts • çöl: the Arabian
Desert Arabistan Çölü

²desert • de.sert (dîzırt´)
/fiil/ deserts, deserting, deserted • terk
etmek, bırakmak

deserve • de.serve (dîzırv´)
/fiil/ deserves, deserving, deserved • hak
etmek, layık olmak: He deserves a
vacation after all those exams. Tüm o
sınavlardan sonra bir tatili hak ediyor.

¹design • de.sign (dîzayn´)
/isim/ çoğul designs • tasarım; plan,
proje: design for a dress elbise
tasarımı garden design bahçe dizaynı
industrial design endüstriyel tasarım

²design • de.sign (dîzayn´)
/fiil/ designs, designing, designed •
planlamak; tasarlamak: design a
car bir araba tasarlamak

designer • de.sign.er (dîzay´nır)
/isim/ çoğul designers • tasarımcı

desirable • de.sir.a.ble (dîzayr´ıbıl)
/sıfat/ **arzu edilen, istek uyandıran:**
a desirable job arzu edilen bir iş

¹desire • de.sire (dîzayr´)
/isim/ çoğul desires • **arzu, istek:**
desire to change değişim arzusu

²desire • de.sire (dîzayr´)
/fiil/ desires, desiring, desired • **arzu-
lamak, istemek:** desire happiness
mutluluk istemek

desk • desk (desk)
/isim/ çoğul desks • **1. (okulda) sıra:** Ali
was sitting at his desk. Ali sırasında
oturuyordu. **2. yazı masası:** office desk
ofis masası a desk job masa başı işi
information desk **danışma masası**

desktop • desk.top (desk´tap)
/sıfat/ **masaüstü:** desktop computer
masaüstü bilgisayar
/isim/ çoğul desktops • **1. (bilgisayar
ekranında) masaüstü 2. masaüstü
bilgisayar**

desperate • des.per.ate (des´pırît)
/sıfat/ **umutsuz, ümitsiz**

despite • de.spite (dîspayt´)
/edat/ **-e karşın, -e rağmen:** He
was generous despite his poverty.
Yoksulluğuna rağmen eli açıktı.

dessert • des.sert (dîzırt´)
/isim/ çoğul desserts • **(yemek sonunda
yenen) tatlı, yemiş:** dessert plate
tatlı tabağı dessert tray tatlı tepsisi
İng. **sweet**

destination • des.ti.na.tion
(destıney´şın) /isim/ çoğul destinations •
hedef, gidilecek yer: He needs a
lot of time to reach his destination.
Hedefine ulaşmak için epey zamana
gereksinimi var.

destroy • de.stroy (dîstroy´)
/fiil/ destroys, destroying, destroyed •
**yıkmak, harap etmek, ortadan
kaldırmak:** The bombing destroyed
the city. Bombardıman şehri harap
etti.

destruction • de.struc.tion
(dîstrʌk´şın) /isim/ **1. yıkma, yok
etme 2. yıkım**

detail • de.tail (di´teyl)
/isim/ çoğul details • **ayrıntı, detay:**
minor details küçük ayrıntılar
in detail ayrıntılı olarak

detailed • de.tailed (di´teyld)
/sıfat/ **ayrıntılı, detaylı:** a detailed
explanation ayrıntılı bir açıklama
detailed information ayrıntılı bilgi

detective • de.tec.tive (dîtek´tîv)
/isim/ çoğul detectives • **dedektif, hafiye**

detective story **dedektif romanı**
private detective **özel dedektif**

detergent • de.ter.gent (dîtır´cınt)
/isim/ çoğul detergents • **deterjan**

determine • de.ter.mine (dîtır´mîn)
/fiil/ determines, determining, determined
• **belirlemek, saptamak:** determine a
date for the meeting toplantı tarihini
saptamak

determined • de.ter.mined
(dîtır´mînd) /sıfat/ **azimli, kararlı:**
İzzet is determined to be a lawyer.
İzzet, avukat olmaya kararlı.

develop • de.vel.op (dîvel´ıp)
/fiil/ develops, developing, developed •
1. geliştirmek; gelişmek: develop an
idea bir fikir geliştirmek **2. genişlet-
mek; genişlemek:** develop a busi-
ness bir firmayı genişletmek

developed • de.vel.oped (dîvel´ıpt)
/sıfat/ **gelişmiş:** developed countries
gelişmiş ülkeler

developing • de.vel.op.ing
(dîvel´ıpîng) /sıfat/ **gelişmekte olan:**
developing countries gelişmekte
olan ülkeler

development • de.vel.op.ment
(dîvel´ıpmınt) /isim/ çoğul developments

• **gelişme**

device • de.vice (dîvays´)
/isim/ çoğul devices • **alet; aygıt, cihaz:**
A computer is an electronic device.
Bilgisayar elektronik bir cihazdır.

devil • dev.il (dev´ıl)
/isim/ çoğul devils • **şeytan**

devote • de.vote (dîvot´)
/fiil/ devotes, devoting, devoted • **to -e
adamak, -e vakfetmek:** He devoted
himself to serving the poor. Kendini
yoksulların hizmetine adadı.

dew • dew (du, dyu)
/isim/ **çiy, şebnem**

diabetes • di.a.be.tes (dayıbi´tîs)
/isim/ **şeker hastalığı, diyabet**

diagnose • di.ag.nose (day´ıgnos,
day´ıgnoz) /fiil/ diagnoses, diagnosing,
diagnosed • **teşhis etmek, tanılamak:**
Smallpox is easy to diagnose. Çiçek
hastalığını teşhis etmek kolaydır.

diagnosis • di.ag.no.sis (dayıgno´sîs)
/isim/ çoğul diagnoses • **teşhis, tanı:**
early diagnosis erken teşhis

diagram • di.a.gram (day´ıgräm)
/isim/ çoğul diagrams • **diyagram,
çizenek**

dial • di.al (day´ıl)
/fiil/ dials, dialing/İng. dialling, dialed/
İng. dialled • **(telefon numarasını)
çevirmek:** He dialed the wrong
number. Yanlış numarayı çevirdi.
dial tone, İng. dialling tone **telefon
sinyali, çevir sesi**

dialect • di.a.lect (day´ılekt)
/isim/ çoğul dialects • **diyalekt, lehçe,
ağız:** Azeri dialect Azeri lehçesi
Turkic languages and dialects
Türk dilleri ve lehçeleri

dialog • di.a.log (day´ılôg)
/isim/ çoğul dialogs • **diyalog, karşılıklı
konuşma:** a long dialog uzun bir diya-
log İng. dialogue

dialogue • di.a.logue (day´ılôg)
/isim/ çoğul dialogues • bkz. **dialog**

dialysis • di.al.y.sis (dayäl´ısîs)
/isim/ çoğul dialyses • **diyaliz**

diameter • di.am.e.ter (dayäm´ıtır)
/isim/ çoğul diameters • **çap:** The diam-
eter of the hole was about two cen-
timeters. Deliğin çapı iki santimetre
kadardı.

diamond • dia.mond (day´mınd)
/isim/ çoğul diamonds • **elmas:** diamond
ring elmas yüzük

diary • di.a.ry (day´ıri)
/isim/ çoğul diaries • **günlük, günce;
anı defteri**
keep a diary **günlük tutmak**

dice • dice (days)
/isim/ (çoğul) **oyun zarları**

dictionary • dic.tion.ar.y (dîk´şıneri)
/isim/ çoğul dictionaries • **sözlük:**
a dictionary of synonyms eşanlamlı

sözcükler sözlüğü English-Turkish
dictionary İngilizce-Türkçe sözlük

did • did (dîd)
/fiil/ bkz. **do**
/yardımcı fiil/ (Geçmiş zamanda soru
cümlesi ve olumsuz cümle kurmak
için başka fiillerle birlikte kullanılır.):
He didn't go to school. Okula gitmedi.
didn't → did not

¹**die** • die (day)
/fiil/ dies, dying, died • **ölmek:** die in an
accident bir kazada ölmek die of an
illness bir hastalıktan ölmek
die away (gürültü, ses) **azalmak**

²**die** • die (day)
/isim/ çoğul dice • **oyun zarı**

¹**diet** • di.et (day´ıt)
/isim/ çoğul diets • **diyet, rejim:**
low-calorie diet düşük kalorili diyet
be on a diet **diyet yapmak**
go on a diet **diyete başlamak**

²**diet** • di.et (day´ıt)
/fiil/ diets, dieting, dieted • **diyet yapmak**

difference • dif.fer.ence (dîf´ırıns)
/isim/ çoğul differences • **fark**
It makes no difference. **Fark etmez.**

different • dif.fer.ent (dîf´ırınt)
/sıfat/ 1. (from) **farklı, başka:** a dif-
ferent approach farklı bir yaklaşım

Those twins are very different from each other. O ikizler birbirinden çok farklı. **2. çeşitli, değişik:** different types of behavior değişik davranış türleri

difficult • dif.fi.cult (dîf´ıkılt)
/sıfat/ **güç, zor:** a difficult problem zor bir problem difficult conditions güç şartlar

difficulty • dif.fi.cul.ty (dîf´ıkılti)
/isim/ çoğul difficulties • **güçlük, zorluk:** He had difficulty walking. Yürümekte güçlük çekiyordu.

dig • dig (dîg)
/fiil/ digs, digging, dug • **kazmak:** dig a hole bir çukur kazmak

digest • di.gest (dîcest´)
/fiil/ digests, digesting, digested • **sindirmek, hazmetmek**

digestion • di.ges.tion (dîces´çın)
/isim/ **sindirim, hazım**

digestive • di.ges.tive (dîces´tîv)
/sıfat/ **1. sindirimle ilgili, sindirimsel 2. sindirici, sindirimi kolaylaştıran** the digestive system sindirim sistemi

digital • dig.i.tal (dîc´ıtıl)
/sıfat/ **dijital, sayısal:** digital watch dijital saat

dill • dill (dîl)
/isim/ **dereotu**

dim • dim (dîm)
/sıfat/ dimmer, dimmest • **loş, donuk, sönük:** He was playing the piano in a dim room. Loş bir odada piyano çalıyordu.

dime • dime (daym)
/isim/ çoğul dimes • Amer. **on sent** dime store **ucuz eşya satan dükkân**

dimension • di.men.sion (dîmen´şın)
/isim/ çoğul dimensions • **boyut**

dimple • dim.ple (dîm´pıl)
/isim/ çoğul dimples • **gamze**

dine • dine (dayn)
/fiil/ dines, dining, dined • **günün esas yemeğini yemek:** We dined at this restaurant before. Daha önce de bu restoranda yemek yemiştik.
dining car, İng. restaurant car **yemekli vagon, yagon restoran**
dining room **yemek odası**

dinner • din.ner (dîn´ır)
/isim/ çoğul dinners • **akşam yemeği:** I don't eat much at dinner. Akşam yemeklerinde çok yemem.
dinner jacket **smokin**
dinner party **yemekli davet**
dinner service **sofra takımı**

dinosaur • di.no.saur (day´nısôr)
/isim/ çoğul dinosaurs • **dinozor**

diploma • di.plo.ma (dîplo´mı)
/isim/ çoğul diplomas • **diploma:** diploma in engineering mühendislik diploması

diplomat • dip.lo.mat (dîp´lımät)
/isim/ çoğul diplomats • **diplomat**

diplomatic • dip.lo.mat.ic (dîplımät´îk)
/sıfat/ diplomatik: diplomatic relations
diplomatik ilişkiler

¹direct • di.rect (dîrekt´, dayrekt´)
/sıfat/ dolaysız, doğrudan: direct
answer dolaysız yanıt direct flight
aktarmasız uçuş

²direct • di.rect (dîrekt´, dayrekt´)
/fiil/ directs, directing, directed • yönet-
mek, idare etmek: direct a group
of workers bir işçi grubunu yönet-
mek direct a movie bir sinema filmi
yönetmek

direction • di.rec.tion (dîrek´şın,
dayrek´şın) /isim/ 1. çoğul directions •
yön, taraf: He went in that direction.
O yöne doğru gitti. 2. yönetim, idare
under (someone's) direction (birinin)
yönetiminde

directly • di.rect.ly (dîrekt´li,
dayrekt´li) /zarf/ doğrudan doğruya;
hemen: He went home directly after
school. Okuldan sonra doğruca eve
gitti.

director • di.rec.tor (dîrek´tır,
dayrek´tır) /isim/ çoğul directors •
1. yönetici: director's room yönetici
odası 2. yönetmen, rejisör

directory • di.rec.to.ry (dîrek´tıri,
dayrek´tıri) /isim/ çoğul directories •
adres rehberi
telephone directory telefon rehberi

dirt • dirt (dırt)
/isim/ 1. kir, pislik 2. toprak: dirt road
toprak yol

dirty • dirt.y (dır´ti)
/sıfat/ dirtier, dirtiest • kirli, pis: dirty
hands kirli eller dirty work pis iş;
tatsız iş

disability • dis.a.bil.i.ty (dîsibîl´ıtı)
/isim/ çoğul disabilities • sakatlık, engel:
physical disability fiziksel engel

disabled • dis.a.bled (dîsey´bıld)
/sıfat/ sakat, engelli

disadvantage • dis.ad.van.tage
(dîsıdvän´tîc) /isim/ çoğul disadvantages
• sakınca, mahzur, dezavantaj, zarar:
Having worn-out furnitures is one of
the disadvantages of keeping a cat.
Mobilyaların yıpranması kedi sahibi
olmanın dezavantajlarından biridir.

disagree • dis.a.gree (dîsıgri´)
/fiil/ disagrees, disagreeing, disagreed •
uyuşmamak, çelişmek: He disagrees
with his friends on many subjects.
Birçok konuda arkadaşlarıyla
uyuşamaz.

disagreement • dis.a.gree.ment
(dîsıgri´mınt) /isim/ çoğul disagreements •
anlaşmazlık, uyuşmazlık

disappear • dis.ap.pear (dîsıpîr´)
/fiil/ disappears, disappearing, disap-
peared • gözden kaybolmak, ortadan
kaybolmak: The rain forests may
disappear in 100 years. Yağmur
ormanları 100 yıl içinde yok olabilir.

disappoint • dis.ap.point (dîsıpoynt´)
/fiil/ disappoints, disappointing, disap-
pointed • düş kırıklığına uğratmak:
I don't want to disappoint you. Sizi
düş kırıklığına uğratmak istemem.

disappointed • dis.ap.point.ed
(dîsıpoyn´tîd) /sıfat/ düş kırıklığına
uğramış be disappointed at/about
-den dolayı düş kırıklığına uğramak:
They were disappointed at the result
of the match. Maç sonucundan dolayı
düş kırıklığına uğradılar.

disappointment • dis.ap.point.ment
(dîsıpoynt´mınt) /isim/ düş kırıklığı

disaster • dis.as.ter (dîzäs´tır)
/isim/ çoğul disasters • afet, felaket,
yıkım: a flood disaster sel felaketi
disaster area afet bölgesi
natural disaster doğal afet

disastrous • dis.as.trous (dîzäs´trıs)
/sıfat/ felaket getiren, feci

disc • disc (dîsk)
/isim/ çoğul discs • bkz. disk
disc jockey diskjokey

discipline • dis.ci.pline (dîs´ıplîn)
/isim/ disiplin: military discipline
askeri disiplin

disco • dis.co (dîs´ko)
/isim/ çoğul discos • disko:
disco dancing disko dansı

discomfort • dis.com.fort
(dîskʌm´fırt) /isim/ rahatsızlık, sıkıntı,
huzursuzluk: You can get rid of this
feeling of discomfort. Bu huzursuzluk
hissinden kurtulabilirsin.

disconnect • dis.con.nect (dîskınekt´)
/fiil/ disconnects, disconnecting, disconnect-
ed • 1. from ile bağlantısını kesmek 2.
(elektrik, gaz, telefon v.b.´ni) kesmek

discount • dis.count (dîs´kaunt)
/isim/ çoğul discounts • indirim, ıskonto,
tenzilat: They offered us a 30%
discount. Bize %30 indirim yaptılar.

discourage • dis.cour.age (dîskır´îc)
/fiil/ discourages, discouraging, discour-
aged • cesaretini kırmak, hevesini
kırmak, gözünü korkutmak

discover • dis.cov.er (dîskʌv´ır)
/fiil/ discovers, discovering, discovered •
keşfetmek, bulmak: Who discovered
gravity? Yerçekimini kim keşfetti?

discovery • dis.cov.er.y (dîskʌv´ırı)
/isim/ çoğul discoveries • keşif, buluş,
bulgu; meydana çıkarma

discriminate • dis.crim.i.nate
(dîskrîm´ıneyt) /fiil/ discriminates,
discriminating, discriminated • fark
gözetmek, ayrı tutmak, ayrım yapmak:
That company discriminates on the
basis of sex. O şirket cinsiyet ayrımı
yapıyor.

discrimination • dis.crim.i.na.tion
(dîskrîmıney´şın) /isim/ fark
gözetme, ayrım yapma

discuss • dis.cuss (dîskʌs´)
/fiil/ discusses, discussing, discussed •
tartışmak, görüşmek: He decided to
discuss the problem with his boss.
Sorunu patronuyla tartışmaya karar
verdi.

discussion • dis.cus.sion (dîskʌş´ın)
/isim/ çoğul discussions • tartışma,
görüşme: a lively discussion canlı
bir tartışma

disease • dis.ease (dîziz´)
/isim/ çoğul diseases • **hastalık:** a
common disease yaygın bir hastalık
heart disease kalp hastalığı

disgust • dis.gust (dîsgʌst´)
/fiil/ disgusts, disgusting, disgusted •
iğrendirmek, tiksindirmek

disgusting • dis.gust.ing (dîsgʌs´tîng)
/sıfat/ **tiksindirici, iğrenç:** a disgusting
smell iğrenç bir koku

dish • dish (dîş)
/isim/ çoğul dishes • **1. tabak, çanak:**
a glass dish cam bir tabak
the dishes **bulaşık**
wash the dishes **bulaşıkları yıkamak**
2. yemek: Pasta is one of my favorite
dishes. Makarna en sevdiğim
yemeklerdendir.

dishonest • dis.hon.est (dîsan´îst)
/sıfat/ **dürüst olmayan, yalancı, sahte-
kâr:** dishonest trader sahtekâr tüccar

dishwasher • dish.wash.er (dîş´waşır)
/isim/ çoğul dishwashers • **bulaşık
makinesi**

disk • disk (dîsk)
/isim/ çoğul disks • **disk**
disk jockey bkz. disc jockey
floppy disk (bilgisayarda) **disket**

dislike • dis.like (dîslayk´)
/fiil/ dislikes, disliking, disliked • **-den
hoşlanmamak, -i sevmemek:** Why
do you dislike him? Neden ondan
hoşlanmıyorsun?

dismiss • dis.miss (dîsmîs´)
/fiil/ dismisses, dismissing, dismissed •
**1. kovmak, işten çıkarmak, görevden
almak:** dismiss workers çalışanları
işten çıkarmak **2. kayda değer bul-
mamak, üstünde durmamak:**
dismiss a suggestion bir öneriyi
kayda değer bulmamak

disorder • dis.or.der (dîsôr´dır)
/isim/ **1. düzensizlik 2. karışıklık,
kargaşa:** The thief escaped, taking
advantage of the disorder. Hırsız
kargaşadan faydalanarak kaçtı.

dispensary • dis.pen.sa.ry
(dîspen´sırı) /isim/ çoğul dispensaries •
dispanser

disperse • dis.perse (dîspırs´)
/fiil/ disperses, dispersing, dispersed •
dağıtmak, yaymak; dağılmak: The
clouds dispersed by noon. Öğlene
kadar bulutlar dağıldı.

display • dis.play (dîspley´)
/fiil/ displays, displaying, displayed •
sergilemek, göstermek

dispute • dis.pute (dîspyut´)
/isim/ çoğul disputes • **tartışma,
münakaşa:** What happened there is
open to dispute. Orada ne olduğu
tartışmaya açık.

dissolve • dis.solve (dîzalv´)
/fiil/ dissolves, dissolving, dissolved •

eritmek; erimek, çözünmek: Sugar dissolves in water. Şeker suda çözünür.

distance • dis.tance (dîs´tıns) /isim/ çoğul distances • **uzaklık, mesafe, ara:** at a distance of 100 meters 100 metrelik mesafede at a distance of 20 minutes 20 dakikalık mesafede great distance from here buradan çok uzakta within walking distance yürüme mesafesinde

distant • dis.tant (dîs´tınt) /sıfat/ **uzak:** a distant country uzak bir ülke the distant past uzak geçmiş

distinct • dis.tinct (dîstîngkt´) /sıfat/ **1. ayrı, farklı, başka:** Turkey has four distinct seasons. Türkiye'de dört farklı mevsim vardır. **2. açık, belirgin:** a distinct fragrance belirgin bir koku

distinction • dis.tinc.tion (dîstîngk´şın) /isim/ çoğul distinctions • **1. ayırt etme 2. fark:** a fine distinction ince bir fark

distinguish • dis.tin.guish (dîstîng´gwîş) /fiil/ distinguishes, distinguishing, distinguished • **ayırt etmek, ayırmak:** Kenan cannot distinguish a cherry from a sour cherry. Kenan kirazla vişneyi birbirinden ayıramıyor.

distract • dis.tract (dîsträkt´) /fiil/ distracts, distracting, distracted • **dikkatini başka yöne çekmek, dikkatini dağıtmak:** Don't distract Demet while she's working. Çalışırken Demet'in dikkatini dağıtma.

distribute • dis.trib.ute (dîstrîb´yût) /fiil/ distributes, distributing, distributed •

dağıtmak; yaymak: The paperboy distributes the newspapers early in the morning. Gazeteci çocuk, gazeteleri sabah erkenden dağıtır.

distribution • dis.tri.bu.tion (dîstrıbyu´şın) /isim/ **1. dağıtım 2. dağılım**

distributor • dis.trib.u.tor (dîstrîb´yûtır) /isim/ çoğul distributors • **dağıtıcı, dağıtımcı**

district • dis.trict (dîs´trîkt) /isim/ çoğul districts • **bölge, mıntıka:** district map bölge haritası urban and rural districts kentsel ve kırsal alanlar

disturb • dis.turb (dîstırb´) /fiil/ disturbs, disturbing, disturbed • **rahatsız etmek, huzurunu kaçırmak:** Human noise disturbs whales. İnsan sesi balinaları huzursuz eder. Do Not Disturb! **Rahatsız Etmeyiniz!**

ditch • ditch (dîç) /isim/ çoğul ditches • **hendek:** dig a ditch hendek kazmak

dive • dive (dayv) /fiil/ dives, diving, dived • **suya dalmak, dalmak**

diver • div.er (day´vır) /isim/ çoğul divers • **dalgıç, dalıcı**

diverse • di.verse (dîvırs´, dayvırs´) /sıfat/ **çeşit çeşit, çeşitli, farklı**

diversity • di.ver.si.ty (dîvır´sîti, dayvır´sîti) /isim/ **çeşitlilik, farklılık**

divide • di.vide (dîvayd´)

/fiil/ divides, dividing, divided • **1. bölmek, taksim etmek:** 50 divided by 10 is 5. 50 bölü 10, 5 eder. **2. up paylaştırmak:** They decided to divide up the money. Parayı paylaştırmaya karar verdiler.

diving • div.ing (day´vîng)
/isim/ **dalış**
diving suit **dalgıç elbisesi**

division • di.vi.sion (dîvîj´ın)
/isim/ **1. bölme 2.** çoğul divisions • **bölüm**

¹**divorce • di.vorce (dîvôrs´)**
/isim/ **boşama; boşanma**

²**divorce • di.vorce (dîvôrs´)**
/fiil/ divorces, divorcing, divorced • **boşamak; boşanmak**

DJ • DJ (di´cey)
/kısaltma/ disc jockey
/isim/ çoğul DJs • **diskjokey**

DNA • DNA (di.en.ey´)
/kısaltma/ deoxyribonucleic acid DNA

do • do (du)
/fiil/ does, doing, did, done • **yapmak; etmek:** do homework ev ödevi yapmak
do away with **-i ortadan kaldırmak**
do well **durumu iyi olmak**
/yardımcı fiil/ does, did • **(Soru cümlesi ve olumsuz cümle kurmak için başka fiillerle birlikte kullanılır.):** Do you like pears? Armut sever misin?
don't → do not

dock • dock (dak)
/isim/ çoğul docks • **iskele, rıhtım:** I am waiting for you at the dock. İskelede seni bekliyorum.

doctor • doc.tor (dak´tır)
/isim/ çoğul doctors • **doktor:**
She decided to become a doctor. Doktor olmaya karar verdi.
doctor's office, İng. surgery **muayenehane**

document • doc.u.ment (dak´yımınt)
/isim/ çoğul documents • **belge, doküman:** legal document yasal belge

documentary • doc.u.men.ta.ry (dakyımen´tıri) /sıfat/ belgesel
documentary film **belgesel film**

dodgeball • dodge.ball (dac´bôl)
/isim/ **yakantop oyunu**

does • does (dʌz)
/fiil, yardımcı fiil/ **(do fiilinin üçüncü tekil kişi geniş zaman biçimi):** Where does she live? Nerede oturuyor?
doesn't → does not

dog • dog (dôg)
/isim/ çoğul dogs • **köpek:** A dog can be a great friend. Bir köpek büyük bir dost olabilir.
guide dog **rehber köpek**
hunting dog **av köpeği**
sheep dog **çoban köpeği**

doll • doll (dal)
/isim/ çoğul dolls • **oyuncak bebek**
paper doll **kâğıt bebek**

dollar • dol.lar (dal´ır)
/isim/ çoğul dollars • **dolar:** One dollar is equal to 100 cents. Bir dolar 100 sente eşittir.

dolphin • dol.phin (dal´fîn)
/isim/ çoğul dolphins • **yunus, yunus-balığı:** Freedom for dolphins! Yunuslara özgürlük!

dome • dome (dom)
/isim/ çoğul domes • **kubbe**

domestic • do.mes.tic (dımes´tîk)
/sıfat/ 1. ev ile ilgili; aile içi 2. evcil
domestic animal **evcil hayvan**
3. yurtiçi, iç
domestic flight **yurtiçi uçuş**
domestic politics **iç politika**

dominant • dom.i.nant (dam´ınınt)
/sıfat/ 1. hâkim, egemen: dominant opinion hâkim görüş 2. (biyolojide) **dominant**

dominate • dom.i.nate (dam´ıneyt)
/fiil/ dominates, dominating, dominated • **hâkim olmak, hükmetmek:** The Roman Empire dominated Europe, North Africa, and the Middle East. Roma İmparatorluğu Avrupa, Kuzey Afrika ve Orta Doğu'ya hükmetti.

donate • do.nate (do´neyt)
/fiil/ donates, donating, donated •

bağışlamak, hibe etmek: A business-man donated a fortune to our school. Bir işadamı okulumuza bir servet bağışladı.

donation • do.na.tion (doney´şın)
/isim/ çoğul donations • **bağış, hibe**
blood donation **kan bağışı**
make a donation **bağış yapmak**
organ donation **organ bağışı**

done • done (dʌn)
/fiil/ bkz. do

donkey • don.key (dang´ki)
/isim/ çoğul donkeys • **eşek**

door • door (dor)
/isim/ çoğul doors • **kapı:** the back door arka kapı the front door ön kapı

doorbell • door.bell (dor´bel)
/isim/ çoğul doorbells • **kapı zili**

doormat • door.mat (dor´mät)
/isim/ çoğul doormats • **paspas:** A cat was sleeping on the doormat. Paspasın üzerinde bir kedi uyuyordu.

dormitory • dor.mi.to.ry (dôr´mıtôri)
/isim/ çoğul dormitories • yatakhane,
koğuş: I stayed at the dormitory
when I was in high school.
Lisedeyken yatakhanede kalıyordum.

dose • dose (dos)
/isim/ çoğul doses • doz

dot • dot (dat)
/isim/ çoğul dots • nokta

double • dou.ble (dʌb´ıl)
/sıfat/ 1. iki kat, iki kere, iki misli 2. çift
double bed çift kişilik yatak
double digits çift haneli sayılar
3. çifte, ikili
double standard çifte standart
/isim/ iki kat, çift, iki misli

¹doubt • doubt (daut)
/isim/ çoğul doubts • kuşku, şüphe
beyond doubt kuşkusuz, kesin
in doubt kuşkulu
no doubt kesinlikle
without doubt kuşkusuz

²doubt • doubt (daut)
/fiil/ doubts, doubting, doubted •
kuşkulanmak, şüphelenmek: I
doubt whether he'll come on time.
Vaktinde geleceğinden kuşkuluyum.

doubtful • doubt.ful (daut´fıl)
/sıfat/ 1. kuşkulu, kuşku duyan
2. şüpheli, belirsiz

doubtless • doubt.less (daut´lîs)
/zarf/ kuşkusuz, şüphesiz, kesinlikle,
muhakkak

dough • dough (do)
/isim/ hamur: bread dough ekmek

hamuru pasta dough makarna
hamuru

dove • dove (dʌv)
/isim/ çoğul doves • kumru

down • down (daun)
/zarf/ aşağı, aşağıya, aşağıda: fall
down aşağıya düşmek kneel down
diz çökmek sit down oturmak
/edat/ -in aşağısında, -in aşağısına:
down the mountain dağın aşağısına
doğru

download • down.load (daun´lod)
/fiil/ downloads, downloading, downloaded
• (İnternet üzerinden bilgisayara
program) yüklemek

downstairs • down.stairs
(daun´sterz´) /zarf/ 1. merdivenler-
den aşağıya 2. alt katta, aşağıda: The
kitchen is downstairs. Mutfak alt kat-
tadır. 3. alt kata, aşağıya
/sıfat/ aşağıdaki, alt kattaki
/isim/ alt kat

downtown • down.town (daun´taun)
/isim/ şehrin merkezi, çarşı

downward • down.ward (daun´wırd)
/zarf/ aşağıya doğru

downwards • down.wards
(daun´wırdz) /zarf/ bkz. downward

dozen • doz.en (dʌzˈın)
/isim/ **düzine**: two dozen roses iki düzine gül Pencils are sold by the dozen. Kalemler düzineyle satılıyor. dozens of (konuşma dili) **pek çok**: I've seen him dozens of times. Onu pek çok kez gördüm.

draft • draft (dräft)
/isim/ çoğul drafts • **taslak; tasarım; müsvedde**: Would you like to read the first draft of my poem? Şiirimin ilk taslağını okumak ister misin?

drag • drag (dräg)
/fiil/ drags, dragging, dragged • **sürüklemek, çekmek**

dragon • drag.on (drägˈın)
/isim/ çoğul dragons • **ejderha, ejder**: There are a lot of dragons in Chinese mythology. Çin mitolojisinde birçok ejderha vardır.

drain • drain (dreyn)
/fiil/ drains, draining, drained • **akıtmak, süzmek; akmak, süzülmek**

drainpipe • drain.pipe (dreynˈpayp)
/isim/ çoğul drainpipes • **atık su borusu**

drake • drake (dreyk)
/isim/ çoğul drakes • **erkek ördek, suna**

drama • dra.ma (draˈmı)
/isim/ çoğul dramas • **dram, oyun, piyes**: drama critic oyun eleştirmeni

drank • drank (drängk)
/fiil/ bkz. ¹**drink**

draw • draw (drô)
/fiil/ draws, drawing, drew, drawn • **1. çekmek**: Draw your chair closer to the table. Sandalyeni masanın yanına çek. **2. çizmek, resmetmek**: draw a picture resim çizmek

drawer • draw.er (drôr)
/isim/ çoğul drawers • **çekmece, göz**: bottom drawer alt çekmece open drawer açık çekmece
chest of drawers **çekmeceli konsol, şifoniyer**

drawing • draw.ing (drôˈwîng)
/isim/ çoğul drawings • **çizim; karakalem resim**: drawing board çizim tahtası

drawn • drawn (drôn)
/fiil/ bkz. **draw**

¹**dream** • dream (drim)
/isim/ çoğul dreams • **1. düş, rüya**
have a dream **rüya görmek**: I had a strange dream last night. Dün gece tuhaf bir rüya gördüm. **2. hayal**: the job of my dreams hayallerimdeki iş

²**dream** • dream (drim)
/fiil/ dreams, dreaming, dreamed/dreamt • **1. rüya görmek**
dream about (something, someone) (bir şeyi, birini) **rüyasında görmek**
2. hayal kurmak, düş kurmak

dreamt • dreamt (dremt)
/fiil/ bkz. ²**dream**

¹**dress** • dress (dres)
/fiil/ dresses, dressing, dressed • **giydir-**

mek; giyinmek: Can you dress by
yourself? Kendin giyinebiliyor musun?
dress well iyi giyinmek
dress up giyinip süslenmek
get dressed giyinmek

²dress • dress (dres)
/isim/ çoğul dresses • 1. kadın elbisesi
2. giysi, elbise: casual dress günlük
giysi evening dress gece elbisesi
formal dress resmi giysi

dressmaker • dress.mak.er
(dres´meykır) /isim/ çoğul dressmakers •
kadın terzisi

drew • drew (dru)
/fiil/ bkz. draw

¹dried • dried (drayd)
/fiil/ bkz. ²dry

²dried • dried (drayd)
/sıfat/ kurutulmuş, kuru
dried beans kuru fasulye

¹drill • drill (drîl)
/isim/ çoğul drills • 1. matkap, delgi:
a hand drill el matkabı an electric
drill elektrikli matkap 2. alıştırma:
daily drill günlük alıştırma fire drill
yangın tatbikatı

²drill • drill (drîl)
/fiil/ drills, drilling, drilled • 1. (matkapla)

delmek: He drilled four holes in the
wall. Duvarda dört delik açtı.
drill a tunnel tünel açmak
2. alıştırma yapmak; alıştırma
yaptırmak: You have to drill English
verbs regularly. İngilizce fiilleri
düzenli olarak çalışmalısın.

¹drink • drink (drîngk)
/fiil/ drinks, drinking, drank, drunk •
içmek: He drank a glass of milk.
Bir bardak süt içti.
drinking water içme suyu

²drink • drink (drîngk)
/isim/ çoğul drinks • içecek
soft drink karbonatlı içecek

drip • drip (drîp)
/fiil/ drips, dripping, dripped • damlamak;
damlatmak

drive • drive (drayv)
/fiil/ drives, driving, drove, driven •
1. (araba) sürmek, kullanmak: When
did he learn to drive? Araba kullan-
mayı ne zaman öğrendi? 2. araba ile
götürmek: Can you drive me to work?
Beni arabayla işe bırakabilir misin?

driven • driv.en (drîv´ın)
/fiil/ bkz. drive

driver • driv.er (dray´vır)
/isim/ çoğul drivers • sürücü, şoför:
a bus driver otobüs şoförü
driver's license sürücü belgesi, ehliyet
İng. driving licence

driving • driv.ing (dray´vîng)
/isim/ sürüş: He is a driving instructor
O, sürücü kursu öğretmenidir.
driving licence bkz. driver's license
driving school sürücü kursu

¹drop • drop (drap)
/isim/ çoğul drops • 1. **damla:** drops of rain **yağmur damlaları**
a drop in a bucket **devede kulak**
drop by drop **damla damla**
2. **düşüş, iniş:** a ten percent drop in prices **fiyatlarda yüzde onluk bir düşüş**

²drop • drop (drap)
/fiil/ drops, dropping, dropped • **düşmek; düşürmek:** The book dropped off the shelf. **Kitap raftan aşağı düştü.** He dropped his pen. **Kalemini düşürdü.**

drought • drought (draut)
/isim/ **kuraklık, susuzluk:** The lake dried up due to the drought this year. **Bu yıl kuraklık nedeniyle göl kurudu.**

drove • drove (drov)
/fiil/ bkz. **drive**

drown • drown (draun)
/fiil/ drowns, drowning, drowned • (suda) **boğulmak**

drug • drug (drʌg)
/isim/ çoğul drugs • 1. **ilaç** 2. **uyuşturucu madde**

drugstore • drug.store (drʌgˊstôr)
/isim/ çoğul drugstores • **eczane**

drum • drum (drʌm)
/isim/ çoğul drums • **davul**

¹drunk • drunk (drʌngk)
/fiil/ bkz. **¹drink**

²drunk • drunk (drʌngk)
/sıfat/ **sarhoş, içkili**
drunk with success **başarı sevinciyle kendinden geçmiş**

drunken • drunk.en (drʌngˊkın)
/sıfat/ **sarhoş, içkili**

¹dry • dry (dray)
/sıfat/ drier, driest • 1. **kuru**
dry cell **kuru pil**
dry cleaning **kuru temizleme**
dry cough **kuru öksürük**
dry goods **manifatura, mensucat**
2. **kurak:** dry climate **kurak iklim**

²dry • dry (dray)
/fiil/ dries, drying, dried • **kurumak; kurutmak:** dry clothes **çamaşırları kurutmak**

duck • duck (dʌk)
/isim/ çoğul ducks • **ördek**

duckling • duck.ling (dʌkˊlîng)
/isim/ çoğul ducklings • **ördek yavrusu, palaz**

due • due (du, dyu)
/sıfat/ 1. **uygun, layık** 2. **hak ettiği, gereken:** pay due respect **hak ettiği saygıyı göstermek**
be due 1. **verilmesi/ödenmesi gerekmek:** When is the homework due? **Ödevin ne zaman teslim edilmesi gerekiyor?** 2. to **-den kaynaklanmak, -den dolayı olmak:** My flight was canceled due to bad weather. **Kötü hava nedeniyle uçuşum iptal edildi.**

dug • dug (dʌg)
/fiil/ bkz. **dig**

dull • dull (dʌl)
/sıfat/ duller, dullest • 1. aptal, kalın kafalı 2. kör, kesmez (bıçak, makas v.b.): a dull knife kör bir bıçak

dumb • dumb (dʌm)
/sıfat/ 1. dilsiz 2. (konuşma dili) sersem, budala

dungeon • dun.geon (dʌnʹcın)
/isim/ çoğul dungeons • zindan

durable • du.ra.ble (dûrʹıbıl)
/sıfat/ 1. dayanıklı 2. sürekli, kalıcı

duration • du.ra.tion (dûreyʹşın)
/isim/ 1. süreklilik, devam 2. süre: duration of a flight uçuşun süresi

during • dur.ing (dûrʹîng)
/edat/ boyunca, süresince, esnasında: during the meeting toplantı sırasında during the summer yaz boyunca

dust • dust (dʌst)
/isim/ toz: chalk dust tebeşir tozu gold dust altın tozu

dustbin • dust.bin (dʌstʹbîn)
/isim/ çoğul dustbins • bkz. garbage can

dustcloth • dust.cloth (dʌstʹklôth)
/isim/ çoğul dustcloths • toz bezi

duster • dust.er (dʌsʹtır)
/isim/ çoğul dusters • toz alıcı; toz bezi; toz fırçası

dustpan • dust.pan (dʌstʹpän)
/isim/ çoğul dustpans • faraş

dusty • dust.y (dʌsʹti)
/sıfat/ dustier, dustiest • tozlu: dusty shelves tozlu raflar

duty • du.ty (duʹti)
/isim/ çoğul duties • 1. görev, ödev, vazife: His duty was to bring us safely home. Görevi bizi güvenli bir şekilde eve getirmekti.
off duty izinli
on duty görev başında; nöbetçi: Doğan is on duty today. Doğan, bugün nöbetçi. 2. gümrük vergisi, gümrük

duty-free • du.ty-free (duʹtifri)
/sıfat, zarf/ gümrüksüz

DVD • DVD (dividiʹ)
/kısaltma/ digital video disc/digital versatile disc /isim/çoğul DVDs • sayısal video disk, DVD

dwarf • dwarf (dwôrf)
/isim/ çoğul dwarfs • cüce

¹dye • dye (day)
/isim/ çoğul dyes • boya, renk: natural dyes doğal boyalar vegetable dyes bitkisel boyalar

²dye • dye (day)
/fiil/ dyes, dyeing, dyed • boyamak; boyanmak: She dyed the fabric black. Kumaşı siyaha boyadı.

dynamite • dy.na.mite (dayʹnımayt)
/isim/ dinamit

Ee

E, e • e (i)
/isim/ E, İngiliz alfabesinin beşinci harfi

each • each (iç)
/sıfat/ **her, her bir:** each person her
bir kişi
/zamir/ **her biri, tanesi:** each of the
books kitapların her biri each of us
her birimiz five TL each tanesi beş TL
each one **her biri**
each other **birbirini; birbirine:** They
helped each other. Birbirlerine
yardım ettiler.

eager • ea.ger (i´gır)
/sıfat/ **istekli, hevesli:** eager to learn
öğrenmeye hevesli

eagle • ea.gle (i´gıl)
/isim/ çoğul eagles • **kartal**
eagle eye **keskin göz**

eagle-eyed • ea.gle-eyed (i´gılayd´)
/sıfat/ **keskin gözlü**

ear • ear (îr)
/isim/ çoğul ears • **kulak**
be all ears **kulak kesilmek, dikkatle
dinlemek**
inner ear **içkulak**
middle ear **ortakulak**
outer ear **dışkulak**

early • ear.ly (ır´li)
/sıfat/ earlier, earliest • **erken:** early
morning hours sabahın erken saat-
leri at an early age **erken bir yaşta**
early bird **erken kalkan kimse:**
The early bird gets the worm. Erken
kalkan tez yol alır.
early fruit **turfanda meyve**
/zarf/ earlier, earliest • **erken; zamansız:**
I usually get up early. Genellikle
erken kalkarım.

earn • earn (ırn)
/fiil/ earns, earning, earned • **kazanmak;
kazandırmak:** He earns his living
by painting. Hayatını resim yaparak
kazanıyor.

earring • ear.ring (îr´rîng)
/isim/ çoğul earrings • **küpe:** a pair of
pearl earrings bir çift inci küpe

earth • earth (ırth)
/isim/ 1. **dünya**
the Earth **Dünya**
come down to earth **gerçekçi olmak**
2. **toprak**

earthquake • earth.quake (ırth´kweyk)
/isim/ çoğul earthquakes • **deprem, yer-
sarsıntısı:** victims of the earthquake
depremzedeler

easily • eas.i.ly (i´zıli)
/zarf/ **kolaylıkla, kolayca, rahatça:**
You can climb that mountain easily.
O dağa kolayca tırmanabilirsin.

east • east (ist)
/isim/ **doğu:** The wind is blowing from
the east. Rüzgâr doğudan esiyor.
the Far East **Uzakdoğu**
the Middle East **Ortadoğu**
the Near East **Yakındoğu**
/sıfat/ **doğu:** the east bank of the
lake gölün doğu kıyısı

Easter • East.er (is´tır)
/isim/ **paskalya, paskalya yortusu**
Easter egg **paskalya yumurtası**

eastern • east.ern (is´tırn)
/sıfat/ **doğu, doğuya ait:** Eastern
Anatolia Doğu Anadolu

the Eastern Hemisphere **Doğu
Yarıküre**

easy • eas.y (i´zi)
/sıfat/ easier, easiest • **kolay, rahat:**
an easy exam kolay bir sınav easy
chair rahat koltuk
/zarf/ easier, easiest • **kolayca, rahatça**
take it easy **keyfine bakmak**

eat • eat (it)
/fiil/ eats, eating, ate, eaten • **1. yemek:**
What did you eat for lunch yesterday?
Dün, öğle yemeğinde ne yediniz?
2. yemek yemek: They usually eat
at 8 o'clock. Onlar genellikle saat
sekizde yemek yerler.
eat out **dışarıda** (örneğin lokantada)
yemek: Let's eat out. Hadi dışarıda
yiyelim.

eaten • eat.en (i´tın)
/fiil/ bkz. eat

¹echo • ech.o (ek´o)
/isim/ çoğul echoes • **yankı**

²echo • ech.o (ek´o)
/fiil/ echoes, echoing, echoed • **yankılan-
mak**

eclipse • e.clipse (îklîps´)
/isim/ çoğul eclipses • **tutulma**
lunar eclipse **ay tutulması**
solar eclipse **güneş tutulması**

ecological • ec.o.log.i.cal (ekılac´îkıl)
/sıfat/ **çevrebilimsel, ekolojik:**
ecological design ekolojik tasarım

ecologist • e.col.o.gist (îkal´ıcîst)
/isim/ çoğul ecologists • **çevrebilimci,
ekolojist**

ecology • e.col.o.gy (îkal´ıcı)
/isim/ çevrebilim, ekoloji

economic • ec.o.nom.ic (ekınam´îk,
ikınam´îk) /sıfat/ ekonomik, ekono-
miyle ilgili: economic development
ekonomik gelişme

economical • ec.o.nom.i.cal
(ekınam´îkıl, ikınam´îkıl) /sıfat/
1. **tutumlu:** Tufan is very economical.
Tufan çok tutumludur. 2. **ekonomik:**
an economical car ekonomik bir araba

economics • ec.o.nom.ics (ekınam´îks,
ikınam´îks) /isim/ iktisat, ekonomi
bilimi

economist • e.con.o.mist (îkan´ımîst)
/isim/ çoğul economists • iktisatçı,
ekonomist

economy • e.con.o.my (îkan´ımi)
/isim/ çoğul economies • ekonomi, iktisat

ecosystem • ec.o.sys.tem (ek´osîstım)
/isim/ çoğul ecosystems • ekosistem

edge • edge (ec)
/isim/ çoğul edges • 1. **kenar:** the edge
of the table masanın kenarı 2. **eşik:**
on the edge of war savaşın eşiğinde

editor • ed.i.tor (ed´îtır)
/isim/ çoğul editors • **editör:** the editor
of a magazine bir derginin editörü

educate • ed.u.cate (ec´ûkeyt)
/fiil/ educates, educating, educated • **eğit-
mek; okutmak**

education • ed.u.ca.tion (ecûkey´şın)
/isim/ **eğitim:** elementary education

ilköğretim preschool education
okul-öncesi eğitim secondary edu-
cation ortaöğretim

educational • ed.u.ca.tion.al
(ecûkey´şınıl) /sıfat/ **eğitsel:** an
educational movie eğitsel bir film

educator • ed.u.ca.tor (ec´ûkeytır)
/isim/ eğitici, eğitmen

eel • eel (il)
/isim/ çoğul eels/eel • yılanbalığı

effect • ef.fect (îfekt´)
/isim/ çoğul effects • **etki, sonuç:**
magnetic effect manyetik etki

effective • ef.fec.tive (îfek´tîv)
/sıfat/ **etkili, tesirli:** This medicine
is very effective for flu. Bu ilaç gribe
karşı çok etkili.

efficiency • ef.fi.cien.cy (îfîş´ınsi)
/sıfat/ **hızlı ve verimli çalışma:** She
works with great efficiency. Çok hızlı
ve verimli bir şekilde çalışır.

efficient • ef.fi.cient (îfîş´ınt)
/sıfat/ hızlı ve verimli, randımanlı:
The clerk was awarded for being
efficient. Memur, hızlı ve verimli
çalıştığı için ödüllendirildi.

effort • ef.fort (ef´ırt)
/isim/ çoğul efforts • gayret, çaba:
physical effort fiziksel efor

e.g. • e.g. (i ci´)
/kısaltma/ exempli gratia (for
example) örn. (örneğin): songbirds,
e.g. sparrow and canary ötücü
kuşlar, örn. serçe ve kanarya

egg • egg (eg)
/isim/ çoğul eggs • yumurta
hard-boiled egg lop yumurta
soft-boiled egg rafadan yumurta

eggplant • egg.plant (eg´plänt)
/isim/ çoğul eggplants • patlıcan
İng. aubergine

eight • eight (eyt)
/isim, sıfat/ sekiz

eighteen • eight.een (eytin´)
/isim, sıfat/ on sekiz

eighteenth • eight.eenth (eytinth´)
/sıfat, isim/ on sekizinci

eighth • eighth (eyt.th, eyth)
/sıfat, isim/ 1. sekizinci 2. sekizde bir

eightieth • eight.i.eth (ey´tiyıth)
/sıfat, isim/ sekseninci

eighty • eight.y (ey´ti)
/isim, sıfat/ seksen

either • ei.ther (i´dhır, ay´dhır)
/bağlaç/ either ... or ... ya ... ya ...,
ya ... ya da ...: Either we study now
or we fail. Ya şimdi çalışırız, ya da
başarısız oluruz.
/zarf/ (olumsuz cümlelerde) de, da,
dahi: I don't know either. Ben de
bilmiyorum.
/sıfat/ her iki; ikisinden biri
/zamir/ ikisinden biri

elastic • e.las.tic (îläs´tîk)
/sıfat/ esnek, elastik, elastiki: elastic
shoes esnek ayakkabılar

elbow • el.bow (el´bo)
/isim/ çoğul elbows • dirsek
elbow joint dirsek eklemi

elder • eld.er (el´dır)
/sıfat/ (yaşça) büyük: elder brother
ağabey elder sister abla
/isim/ çoğul elders • büyük (yaşça büyük
ve deneyimli kimse): our elders
büyüklerimiz

elderly • eld.er.ly (el´dırli)
/sıfat/ oldukça yaşlı: elderly relatives
yaşlı akrabalar
/isim/ (the ile) yaşlılar: care for the
elderly yaşlıların bakımı

elect • e.lect (îlekt´)
/fiil/ elects, electing, elected • **seçmek:**
elect a mayor belediye başkanı
seçmek

election • e.lec.tion (îlek´şın)
/isim/ çoğul elections • **seçim**
general election **genel seçim**

electric • e.lec.tric (îlek´trîk)
/sıfat/ 1. **elektrikle ilgili:** electric circuit
elektrik devresi electric current
elektrik akımı electric socket elektrik
prizi 2. **elektrikli:** electric blanket
elektrikli battaniye electric heater
elektrikli ısıtıcı

electrical • e.lec.tri.cal (îlek´trîkıl)
/sıfat/ 1. **elektrikle ilgili:** electrical
engineer elektrik mühendisi 2. **elek-
trikli:** electrical device elektrikli cihaz

electrician • e.lec.tri.cian (îlektrîş´ın)
/isim/ çoğul electricians • **elektrikçi**

electricity • e.lec.tric.i.ty (îlektrîs´ıti)
/isim/ **elektrik**

electron • e.lec.tron (îlek´tran)
/isim/ çoğul electrons • **elektron**

electronic • e.lec.tron.ic (îlektran´îk)
/sıfat/ **elektronik:** electronic device
elektronik cihaz
electronic mail **elektronik posta**

elegant • el.e.gant (el´ıgınt)
/sıfat/ **zarif; nazik, ince:** an elegant
lady zarif bir hanımefendi

element • el.e.ment (el´ımınt)
/isim/ çoğul elements • 1. **öğe** 2. **element**

elementary • el.e.men.ta.ry

(elımen´tıri) /sıfat/ 1. **temel** 2. **basit,
kolay**
elementary school **ilkokul**

elephant • el.e.phant (el´ıfınt)
/isim/ çoğul elephants • **fil:** herds of
elephants fil sürüleri

elevator • el.e.va.tor (el´ıveytır)
/isim/ çoğul elevators • **asansör**
İng. lift

eleven • e.lev.en (îlev´ın)
/isim, sıfat/ **on bir**

eleventh • e.lev.enth (îlev´ınth)
/sıfat, isim/ 1. **on birinci** 2. **on birde bir**

eliminate • e.lim.i.nate (îlîm´ıneyt)
/fiil/ eliminates, eliminating, eliminated •
gidermek, yok etmek: eliminate
errors hataları gidermek

ellipse • el.lipse (îlîps´)
/isim/ çoğul ellipses • **elips**

else • else (els)
/zarf/ **başka:** Who else was there?
Orada başka kim vardı?
or else **yoksa, olmazsa:** Catch the
bus or else you'll be late. **Otobüse
yetiş, yoksa geç kalacaksın.**

¹**e-mail** • e-mail (i´meyl)
/isim/ çoğul e-mails • **e-posta, elektronik
posta:** I sent her an e-mail. **Ona bir
e-posta gönderdim.**
e-mail address **e-posta adresi**

²e-mail • e-mail (i´meyl)
/fiil/ e-mails, e-mailing, e-mailed •
e-posta ile göndermek

embarrass • em.bar.rass (îmbär´ıs)
/fiil/ embarrasses, embarrassing, embar-
rassed • utandırmak

embarrassed • em.bar.rassed
(îmbär´ısd) /sıfat/ mahcup, utanç
duyan: I was embarrassed that I had
forgotten her name. Adını unuttuğum
için mahcup oldum.

embassy • em.bas.sy (em´bısi)
/isim/ çoğul embassies • elçilik:
the Canadian embassy in Turkey
Türkiye'deki Kanada elçiliği

embrace • em.brace (îmbreys´)
/fiil/ embraces, embracing, embraced •
(birine) sarılmak; (birini) kucaklamak;
kucaklaşmak: The mother embraced
her son. Anne oğluna sarıldı.

emerge • e.merge (îmırc´)
/fiil/ emerges, emerging, emerged • ortaya
çıkmak, meydana çıkmak

emergency • e.mer.gen.cy (îmır´cınsi)
/isim/ çoğul emergencies • acil durum
declare a state of emergency
olağanüstü hal ilan etmek
emergency exit acil çıkış kapısı

emotion • e.mo.tion (îmo´şın)
/isim/ çoğul emotions • duygu, his:
a strong emotion güçlü bir duygu

emotional • e.mo.tion.al (îmo´şınıl)
/sıfat/ duygusal, duygulu, heyecanlı:
an emotional person duygusal bir
insan

emperor • em.per.or (em´pırır)
/isim/ çoğul emperors • imparator

emphasis • em.pha.sis (em´fısîs)
/isim/ çoğul emphases • 1. vurgu, vurgu-
lama 2. önem

emphasize • em.pha.size (em´fısayz)
/fiil/ emphasizes, emphasizing, empha-
sized • vurgulamak: The teacher
emphasized the importance of being
honest. Öğretmen, dürüst olmanın
önemini vurguladı.
İng. emphasise

empire • em.pire (em´payr)
/isim/ çoğul empires • imparatorluk
the Ottoman Empire Osmanlı
İmparatorluğu

employ • em.ploy (împloy´)
/fiil/ employs, employing, employed •
iş vermek, işe almak; çalıştırmak:
He employed them in his factory.
Onları fabrikasında işe aldı.

employee • em.ploy.ee (împloy´i,
employi´) /isim/ çoğul employees •
çalışan; görevli; işçi

employer • em.ploy.er (împloy´ır)
/isim/ çoğul employers • işveren

employment • em.ploy.ment
(împloy´mınt) /isim/ iş verme
employment agency iş bulma bürosu

¹empty • emp.ty (emp´ti)
/sıfat/ emptier, emptiest • boş: an empty
box boş bir kutu an empty house boş
bir ev empty words boş sözler

²empty • emp.ty (emp´ti)
/fiil/ empties, emptying, emptied • boşaltmak; dökmek

enable • en.a.ble (îney´bıl)
/fiil/ enables, enabling, enabled • imkân vermek, mümkün kılmak: His donation enabled the construction of a new school. Bağışı, yeni bir okul yapılmasına imkân verdi.

enclose • en.close (înkloz´)
/fiil/ encloses, enclosing, enclosed • (bir şeyi) (bir mektupla aynı zarf içine) koymak: I am enclosing a photograph with the letter. Mektupla birlikte bir fotoğraf gönderiyorum.

encounter • en.coun.ter (înkaun´tır)
/fiil/ encounters, encountering, encountered • (bir zorlukla) karşılaşmak: encounter obstacles engellerle karşılaşmak

encourage • en.cour.age (înkır´îc)
/fiil/ encourages, encouraging, encouraged • 1. özendirmek: ways to encourage students to read öğrencileri okumaya özendirmenin yolları
2. yüreklendirmek

encyclopedia • en.cy.clo.pe.di.a (ensayklıpi´diyı) /isim/ çoğul encyclopedias • ansiklopedi: encyclopedia of philosophy felsefe ansiklopedisi
İng. encyclopaedia

¹end • end (end)
/isim/ çoğul ends • son; uç: the end of the road yolun sonu the end of the story hikâyenin sonu
end table küçük masa, sehpa
in the end sonunda

²end • end (end)
/fiil/ ends, ending, ended • bitirmek, son vermek; bitmek, sona ermek: Our trip ends here. Yolculuğumuz burada bitiyor.

endanger • en.dan.ger (îndeyn´cır)
/fiil/ endangers, endangering, endangered • tehlikeye atmak
endangered species soyu tehlikede olan tür(ler)

ending • end.ing (en´dîng)
/isim/ çoğul endings • son: a happy ending mutlu son

endless • end.less (end´lîs)
/sıfat/ sonsuz: endless opportunities sonsuz fırsatlar endless patience sonsuz sabır

enemy • en.e.my (en´ımi)
/isim/ çoğul enemies • düşman

energetic • en.er.get.ic (enırcet´îk)
/sıfat/ enerjik: an energetic child enerjik bir çocuk

energy • en.er.gy (en´ırci)
/isim/ çoğul energies • enerji: energy policy enerji politikası energy resources enerji kaynakları solar energy güneş enerjisi thermal energy termal enerji

engaged • en.gaged (îngeycd´)
/sıfat/ nişanlı

engagement • en.gage.ment (îngeyc´mınt) /isim/ çoğul engagements • nişanlanma

engine • en.gine (en´cın)
/isim/ çoğul engines • **motor:** automobile engine otomobil motoru

engineer • en.gi.neer (encınîr´)
/isim/ çoğul engineers • **mühendis:** industrial engineer endüstri mühendisi software engineer yazılım mühendisi

engineering • en.gi.neer.ing (encınîr´îng) /isim/ **mühendislik:** computer engineering bilgisayar mühendisliği

England • Eng.land (îng´glınd) /isim/ **İngiltere**

English • Eng.lish (îng´glîş) /sıfat/ 1. **İngiliz** 2. **İngilizce** /isim/ **İngilizce** the English **İngilizler**

enjoy • en.joy (încoy´)
/fiil/ enjoys, enjoying, enjoyed • **zevk almak, hoşlanmak:** Engin enjoys dancing. Engin, dans etmeyi sever. enjoy oneself **hoşça vakit geçirmek**

enjoyable • en.joy.a.ble (încoy´ıbıl)
/sıfat/ **hoş, tatlı, eğlenceli:** an enjoyable holiday eğlenceli bir tatil

enlarge • en.large (înlarc´)
/fiil/ enlarges, enlarging, enlarged • **büyütmek; genişletmek; büyümek;**

genişlemek: They are planning to enlarge the library. Kütüphaneyi genişletmeyi tasarlıyorlar.

enormous • e.nor.mous (înôr´mıs)
/sıfat/ **kocaman, muazzam:** an enormous tree kocaman bir ağaç

enough • e.nough (înʌf´)
/sıfat/ **yeterli:** enough food yeterli yiyecek enough time yeterli zaman more than enough **yeterinden fazla** not enough **yetersiz** /zarf/ **yeterli derecede, yeteri kadar, yeterince:** Is the bread cooked enough? Ekmek yeterince pişti mi? Enough's enough! **Yeter artık!**

enroll • en.roll (înrol´)
/fiil/ enrolls, enrolling, enrolled • **kaydını yapmak, kaydetmek; kaydolmak, yazılmak:** enroll in elementary school ilkokula kaydolmak İng. **enrol**

enter • en.ter (en´tır)
/fiil/ enters, entering, entered • **girmek, (içeri) girmek:** They entered the building by the back door. Binaya arka kapıdan girdiler. enter a profession **bir işe girmek** enter a race **bir yarışa girmek** enter a school **bir okula girmek** (gitmeye hak kazanmak)

enterprise • en.ter.prise (en´tırprayz)
/isim/ çoğul enterprises • **girişim, teşebbüs** private enterprise **özel teşebbüs**

entertain • en.ter.tain (entırteyn´)
/fiil/ entertains, entertaining, entertained • **eğlendirmek:** They entertained us at the circus. Sirkte bizi eğlendirdiler.

entertaining • en.ter.tain.ing
(entırtey´nîng) /sıfat/ eğlendirici,
eğlenceli: entertaining game
eğlenceli oyun

entertainment • en.ter.tain.ment
(entırteyn´mınt) /isim/ çoğul entertain-
ments • **eğlence** (parti, davet, ziyafet,
balo).

enthusiasm • en.thu.si.asm
(înthu´ziyäzım) /isim/ **şevk, istek;**
heves: with great enthusiasm büyük
bir şevkle

enthusiastic • en.thu.si.as.tic
(înthuziyäs´tîk) /sıfat/ şevkli, hararetli:
Bora is very enthusiastic about
learning Portuguese. Bora,
Portekizce öğrenmeye çok hevesli.

entire • en.tire (întayr´)
/sıfat/ bütün, tamam, hepsi:
the entire day bütün gün

entirely • en.tire.ly (întayr´li)
/zarf/ büsbütün, tamamen:
entirely different tamamen farklı

entrance • en.trance (en´trıns)
/isim/ 1. çoğul entrances • giriş, giriş
yeri: We waited at the entrance to the
building. Binanın girişinde bekledik.
main entrance **ana giriş**
2. **giriş, girme:** entrance exam giriş
sınavı
entrance fee **giriş ücreti**

entry • en.try (en´tri)
/isim/ 1. **giriş, girme**
No Entry! Giriş Yasaktır.
2. çoğul entries • **giriş, giriş yeri:** He is
waiting at the entry. Girişte bekliyor.

envelope • en.ve.lope (en´vılop,
an´vılop) /isim/ çoğul envelopes • **zarf,**
mektup zarfı: front side of an
envelope zarfın ön yüzü

environment • en.vi.ron.ment
(învay´rınmınt) /isim/ çoğul environments
• **çevre, ortam:** We must protect the
environment. Çevreyi korumalıyız.
natural environment **doğal ortam**

environmental • en.vi.ron.men.tal
(învayrınmen´tıl) /sıfat/ **çevresel:**
environmental pollution **çevre kirliliği**

environmentalist • en.vi.ron.men.tal.ist
(învayrınmen´tılîst) /isim/ çoğul envi-
ronmentalists • **çevreci**

environment-friendly • en.vi.ron.ment
-friend.ly (învay´rınmınt.frendli)
/sıfat/ **çevre dostu**

envy • en.vy (en´vi)
/fiil/ envies, envying, envied • **kıskanmak,**
çekememek: Koray envies me
because I have a bike. Bisikletim
olduğu için Koray beni kıskanıyor.

epidemic • ep.i.dem.ic (epıdem´îk)
/sıfat/ **salgın, salgınlaşmış:** Malaria
has reached epidemic proportions.
Sıtma, salgın boyutlarına ulaştı.
/isim/ çoğul epidemics • **salgın:** flu
epidemic grip salgını

episode • ep.i.sode (ep´ısod)
/isim/ çoğul episodes • (edebiyat) (olay-
lar zincirinde) olay, epizot

¹**equal** • e.qual (i´kwıl)
/sıfat/ **eşit:** They are of equal weight.
Aynı ağırlıktalar.
equal opportunity **eşit fırsat**
equal rights **eşit haklar**
equal sign **eşit işareti** (=)
/isim/ çoğul equals • **eşit:** We are all
equals. Hepimiz eşitiz.

²**equal** • e.qual (i´kwıl)
/fiil/ equals, equaling/İng. equalling,
equaled/İng. equalled • **eşit olmak:**
Two plus two equals four. İki artı iki
dörde eşittir.

equality • e.qual.i.ty (îkwal´ıti)
/isim/ **eşitlik:** social equality sosyal
eşitlik

equation • e.qua.tion (îkwey´jın)
/isim/ çoğul equations • **denklem**
mathematical equation **matematiksel
denklem**

equator • e.qua.tor (ikwey´tır)
/isim/ **ekvator**

equipment • e.quip.ment (îkwîp´mınt)
/isim/ 1. **gereçler** 2. **donatım**

era • e.ra (îr´ı)
/isim/ çoğul eras • **devir, çağ**

erase • e.rase (îreys´)
/fiil/ erases, erasing, erased • **silmek:**
Please erase that note on the black-
board. Lütfen tahtadaki o notu silin.

eraser • e.ras.er (îrey´sır)
/isim/ çoğul erasers • **silgi**
İng. **rubber**

erosion • e.ro.sion (îro´jın)
/isim/ **erozyon, aşınma:** soil erosion
toprak aşınması

error • er.ror (er´ır)
/isim/ çoğul errors • **hata, yanlış, yan-
lışlık:** an error of 5 percent yüzde 5'lik
bir hata
human error **insan hatası**
spelling error **yazım hatası**

erupt • e.rupt (îrʌpt´)
/fiil/ erupts, erupting, erupted • (yanar-
dağ) **püskürmek**

eruption • e.rup.tion (îrʌp´şın)
/isim/ çoğul eruptions • (yanardağ) **püs-
kürme, patlama:** volcanic eruption
volkanik patlama

escalator • es.ca.la.tor (es´kıleytır)
/isim/ çoğul escalators • **yürüyen mer-
diven:** ride an escalator yürüyen
merdivene binmek

escape • es.cape (ıskeyp´)
/fiil/ escapes, escaping, escaped • **kaç-
mak, firar etmek:** Some prisoners

have escaped from jail. Bazı mah-
kûmlar hapishaneden kaçmışlar.

Eskimo • **Es.ki.mo (es´kımo)**
/isim/ 1. çoğul Eskimo/Eskimos •
Eskimo 2. Eskimoca
/sıfat/ 1. Eskimo 2. Eskimoca

especially • es.pe.cial.ly (espeş´ıli)
/zarf/ özellikle: He loves İstanbul,
especially in the fall. İstanbul'u,
özellikle sonbaharda çok sever.

essay • es.say (es´ey)
/isim/ çoğul essays • deneme (bir
düzyazı türü)

essential • es.sen.tial (îsen´şıl)
/sıfat/ temel, ana; zorunlu: What's the
essential theme of the discussion?
Görüşmenin ana konusu nedir?

essentially • es.sen.tial.ly (îsen´şıli)
/zarf/ temel olarak, aslında: These
two cars are essentially the same.
Bu iki araba aslında aynı.

establish • es.tab.lish (îstäb´lîş)
/fiil/ establishes, establishing, established •
kurmak: The museum was estab-
lished in the last century. Müze
geçen yüzyılda kuruldu.

establishment • es.tab.lish.ment
(îstäb´lîşmınt) /isim/ 1. çoğul estab-
lishments • kurum, kuruluş 2. kurma,
kuruluş

¹estimate • es.ti.mate (es´tımeyt)
/fiil/ estimates, estimating, estimated •
tahmin etmek, kestirmek: I estimate
this suitcase to weigh twenty kilos.
Bu bavulun yirmi kilo geleceğini
tahmin ediyorum.

²estimate • es.ti.mate (es´tımît)
/isim/ çoğul estimates • tahmin, kestirim:
a rough estimate kaba bir tahmin

etc. • etc. (et set´ırı)
/kısaltma/ et cetera v.s. (vesaire),
v.b. (ve benzeri)

eternal • e.ter.nal (îtır´nıl)
/sıfat/ ebedi ve ezeli, ölümsüz

ethical • eth.i.cal (eth´îkıl)
/sıfat/ ahlaki, etik: ethical behavior
ahlaki davranış ethical principles
etik ilkeleri

ethnic • eth.nic (eth´nîk)
/sıfat/ etnik: ethnic music etnik müzik

EU • EU (i yu´)
/kısaltma/ the European Union AB

Eurasia • Eur.a.sia (ûrey´jı)
/isim/ Avrasya

euro • eu.ro (yûr´o)
/isim/ çoğul euros • avro, euro (Avrupa
Birliği'nin para birimi)

Europe • Eu.rope (yûr´ıp)
/isim/ Avrupa
the Council of Europe Avrupa Konseyi

¹European • Eu.ro.pe.an (yûrıpi´yın)
/sıfat/ 1. Avrupa'ya özgü 2. Avrupalı
the European Parliament Avrupa
Parlamentosu
the European Union Avrupa Birliği

/isim/ çoğul Europeans • **Avrupalı**

evaluate • e.val.u.ate (îväl´yuweyt)
/fiil/ evaluates, evaluating, evaluated •
değerlendirmek: The success of the
program needs to be evaluated.
Programın başarısının değerlendir-
ilmesi gerek.

evaluation • e.val.u.a.tion
(îvälyuwey´şın) /isim/ çoğul evaluations •
değerlendirme

evaporate • e.vap.o.rate (îväp´ıreyt)
/fiil/ evaporates, evaporating, evaporated •
buharlaşmak; buharlaştırmak: The
water in the pond has evaporated.
Göletteki su buharlaştı.

evaporation • e.vap.o.ra.tion
(îväpırey´şın) /isim/ **buharlaşma;
buharlaştırma**

¹**even** • e.ven (i´vın)
/zarf/ **hatta, bile**: It is cold there
even in summer. Orada hava yazın
bile soğuktur.
even if **olsa bile**
even though **-e rağmen, -diği halde**

²**even** • e.ven (i´vın)
/sıfat/ 1. **düz, engebesiz** 2. **değişmez,
aynı** 3. **eşit** (miktar) 4. **çift** (sayı)

evening • eve.ning (iv´nîng)
/isim/ çoğul evenings • **akşam**: every
evening **her akşam** this evening **bu
akşam** tomorrow evening **yarın akşam**
/sıfat/ **akşam** (yapılan, olan, giyilen,
görülen v.b.)
evening dress **gece kıyafeti**
evening gown **tuvalet** (giysi)

event • e.vent (îvent´)
/isim/ çoğul events • **olay, vaka**: The
Olympic Games were the main event
of that year. Olimpiyat oyunları, o
yılın en önemli olayıydı.
in any event **her durumda; zaten**

eventually • e.ven.tu.al.ly (îven´çuwıli)
/zarf/ **sonunda, nihayet; er geç**:
Eventually, we found it. Sonunda onu
bulduk.

ever • ev.er (ev´ır)
/zarf/ **hiç**: Have you ever been to Kars?
Hiç Kars'a gittin mi?
ever and again **zaman zaman**
for ever and ever **ilelebet, ebediyen**

evergreen • ev.er.green (ev´ırgrin)
/isim/ çoğul evergreens • **yaprağını
dökmeyen ağaç/çalı**

every • eve.ry (ev´ri)
/sıfat/ **her, her bir**: every four days
dört günde bir They go there every
day. Her gün oraya giderler.
every now and then **ara sıra, arada bir**
every one **her biri**
every time **her zaman**

everybody • eve.ry.bod.y (ev´ribadi)
/zamir/ **herkes**

everyday • eve.ry.day (ev´ridey)
/sıfat/ **her günkü; her günlük**

everyone • eve.ry.one (ev´riwʌn) /zamir/ **herkes**

everything • eve.ry.thing (ev´ri.thîng) /zamir/ **her şey**

everywhere • eve.ry.where (ev´ri.hwer) /zarf/ **her yer; her yerde; her yere**

evidence • ev.i.dence (ev´ıdıns) /isim/ **kanıt, delil:** Is there enough evidence to prove him guilty? Suçluluğunu kanıtlayacak yeterli kanıt var mı?

evident • ev.i.dent (ev´ıdınt) /sıfat/ **açık, belli**

evolution • ev.o.lu.tion (evilu´şın) /isim/ **evrim**

evolve • e.volve (îvalv´) /fiil/ evolves, evolving, evolved • **yavaş yavaş gelişmek; yavaş yavaş geliştirmek:** Her idea evolved into a project. Fikri zamanla gelişip bir projeye dönüştü.

exact • ex.act (îgzäkt´) /sıfat/ **tam, kesin; hatasız:** the exact copy of the text metnin tam kopyası

exactly • ex.act.ly (îgzäkt´li) /zarf/ **tam, tamamen:** exactly true tamamen doğru It´s exactly seven o´clock. Saat tam yedi.

exaggerate • ex.ag.ger.ate (îgzäc´ıreyt) /fiil/ exaggerates, exaggerating, exaggerated • **abartmak:** Don´t exaggerate the problems. Sorunları büyütme.

exam • ex.am (îgzäm´) /isim/ çoğul exams • (konuşma dili) **sınav:** exam results sınav sonuçları

examination • ex.am.i.na.tion (îgzämıney´şın) /isim/ çoğul examinations • **1. sınav:** entrance examination giriş sınavı examination paper sınav kâğıdı fail an examination sınavdan kalmak oral examination sözlü sınav pass an examination sınavı geçmek take an examination sınava girmek **2. muayene**

examine • ex.am.ine (îgzäm´în) /fiil/ examines, examining, examined • **1. incelemek, gözden geçirmek:** examine an evidence bir kanıtı gözden geçirmek **2. muayene etmek**

example • ex.am.ple (îgzäm´pıl) /isim/ çoğul examples • **örnek:** typical example tipik örnek **for example örneğin**

excavate • ex.ca.vate (eks´kıveyt) /fiil/ excavates, excavating, excavated • **1. kazı yapmak 2. kazı yaparak ortaya çıkarmak**

excavation • ex.ca.va.tion (ekskıvey´şın) /isim/ çoğul excavations • **kazı:** the excavations at Assos Assos´taki kazılar

exceed • ex.ceed (îksid´)
/fiil/ exceeds, exceeding, exceeded •
geçmek, aşmak: exceed the speed
limit hız sınırını geçmek

excellent • ex.cel.lent (ek´sılınt)
/sıfat/ **üstün, mükemmel:** an excellent
idea mükemmel bir fikir an excellent
meal mükemmel bir yemek

except • ex.cept (îksept´)
/edat/ **-den başka, hariç, dışında:**
He works every day except Sunday.
Pazar hariç her gün çalışır.

exception • ex.cep.tion (îksep´şın)
/isim/ çoğul exceptions • **istisna:**
There's an exception to every rule.
Her kuralın bir istisnası vardır.

¹**exchange** • ex.change (îksçeync´)
/isim/ çoğul exchanges • **değiş tokuş,
değiştirme:** exchange of glances
karşılıklı bakışma exchange of
prisoners esir mübadelesi
exchange of views fikir alışverişi
exchange rate **döviz kuru**

²**exchange** • ex.change (îksçeync´)
/fiil/ exchanges, exchanging, exchanged •
değiş tokuş etmek, değiştirmek:
He exchanged the blue shirt for a
white one. Mavi gömleği beyazıyla
değiştirdi.

excite • ex.cite (îksayt´)
/fiil/ excites, exciting, excited • **1. heyecan-
landırmak:** Windsurfing excites him.
Rüzgâr sörfü onu heyecanlandırıyor.
2. (bir duygu/tepki) **uyandırmak:**
excite curiosity merak uyandırmak

excited • ex.cit.ed (îksay´tîd)
/sıfat/ **heyecanlı**

excitement • ex.cite.ment
(îksayt´mınt) /isim/ **heyecan:**
Hilmi couldn't hide his excitement.
Hilmi heyecanını saklayamadı.

exciting • ex.cit.ing (îksay´tîng)
/sıfat/ **heyecanlandırıcı:** an exciting
story heyecanlı bir öykü

exclamation • ex.cla.ma.tion
(eksklımey´şın) /isim/ çoğul exclama-
tions • **ünlem**
exclamation point, İng. exclamation
mark **ünlem işareti** (!)

exclude • ex.clude (îksklud´)
/fiil/ excludes, excluding, excluded •
(from ile) **-in dışında bırakmak:** The
insurance excludes fire damage.
Yangın hasarı sigorta dışıdır.

¹**excuse** • ex.cuse (îkskyuz´)
/fiil/ excuses, excusing, excused •
affetmek: Excuse me for keeping
you waiting. Sizi beklettiğim için
özür dilerim.
Excuse me. **Affedersiniz.**

²**excuse** • ex.cuse (îkskyus´)
/isim/ çoğul excuses • **özür, mazeret:**
There's no excuse for your rudeness.
Kabalığının özrü yok.

execute • ex.e.cute (ek´sıkyut)
/fiil/ executes, executing, executed • **idam
etmek**

¹**exercise** • ex.er.cise (ek´sırsayz)
/isim/ çoğul exercises • **alıştırma, egzersiz:**
exercises for the piano piyano alıştır-
maları physical exercise fiziksel
egzersiz vocal exercise ses çalışması
exercise book **alıştırma kitabı**

²exercise • ex.er.cise (ek´sırsayz)
/fiil/ exercises, exercising, exercised •
1. uygulamak, kullanmak: exercise
one's right to remain silent susma
hakkını kullanmak 2. hareket
ettirmek, çalıştırmak: exercise the
muscles kasları çalıştırmak
3. egzersiz yapmak, spor yapmak

exhausted • ex.haust.ed (îgzôs´tîd)
/sıfat/ yorgun, bitkin: I'm exhausted!
Bittim!/Yorgunluktan bittim!

¹exhibit • ex.hib.it (îgzîb´ît)
/fiil/ exhibits, exhibiting, exhibited •
sergilemek: The paintings were
exhibited at the art gallery. Tablolar
sanat galerisinde sergilendi.

²exhibit • ex.hib.it (îgzîb´ît)
/isim/ çoğul exhibits • sergi: exhibit
area sergi alanı the Picasso exhibit
Picasso sergisi

exhibition • ex.hi.bi.tion (eksıbîş´ın)
/isim/ çoğul exhibitions • sergileme;
sergi: exhibition hall sergi salonu

¹exile • ex.ile (eg´zayl, ek´sayl)
/isim/ sürgün: He spent his last years
in exile. Son yıllarını sürgünde geçirdi.

²exile • ex.ile (eg´zayl, ek´sayl)
/fiil/ exiles, exiling, exiled • sürmek,
sürgüne göndermek

exist • ex.ist (îgzîst´)
/fiil/ exists, existing, existed • var olmak:
Dinosaurs no longer exist.
Dinozorlar artık yok.

existence • ex.is.tence (îgzîs´tıns)
/isim/ varlık, varoluş

exit • ex.it (eg´zît, ek´sît)
/isim/ çoğul exits • 1. çıkış: exit visa
çıkış vizesi 2. çıkış, çıkış kapısı
emergency exit acil çıkış
fire exit yangın çıkışı

expand • ex.pand (îkspänd´)
/fiil/ expands, expanding, expanded •
1. genişlemek; genişletmek: expand-
ing universe genişleyen evren
2. genleşmek; genleştirmek: Do
metals expand when they are heated?
Metaller ısıtıldığında genleşir mi?

expansion • ex.pan.sion (îkspän´şın)
/isim/ 1. genişleme; genişletme
2. (fizik) genleşme, genleştirme

expect • ex.pect (îkspekt´)
/fiil/ expects, expecting, expected •
beklemek, ummak: expect rain
yağmur beklemek We expect to
see you soon. En kısa sürede sizi
görmeyi umuyoruz.

expectation • ex.pec.ta.tion
(ekspektey´şın) /isim/ çoğul expecta-
tions • beklenti

expedition • ex.pe.di.tion (ekspıdîş´ın)
/isim/ çoğul expeditions • (özel bir
amaçla yapılan) uzun yolculuk

expense • ex.pense (îkspens´)
/isim/ çoğul expenses • masraf:
expenses of a trip yol harcamaları
at the expense of ... ... pahasına

expensive • ex.pen.sive (îkspen´sîv)
/sıfat/ pahalı, masraflı: an expensive
car pahalı bir araba

[1]experience • ex.pe.ri.ence
(îkspîr´iyıns) /isim/ çoğul experiences •
deneyim, tecrübe: an unpleasant
experience tatsız bir deneyim
learn by experience deneyerek
öğrenmek

[2]experience • ex.pe.ri.ence
(îkspîr´iyıns) /fiil/ experiences, experi-
encing, experienced • başından geçmek,
(bir şeyi) yaşamak: He experienced
a heart attack. Kalp krizi geçirdi.

experienced • ex.pe.ri.enced
(îkspîr´iyınst) /sıfat/ deneyimli,
tecrübeli: an experienced cook
deneyimli bir aşçı

experiment • ex.per.i.ment
(îksper´ımınt) /isim/ çoğul experiments •
deney, deneme: perform an experi-
ment bir deney yapmak

expert • ex.pert (ek´spırt)
/isim/ çoğul experts • uzman; bilirkişi:
a tourism expert turizm uzmanı

explain • ex.plain (îkspleyn´)
/fiil/ explains, explaining, explained •
anlatmak, açıklamak: Could you
explain what you mean? Demek
istediğinizi açıklar mısınız?

explanation • ex.pla.na.tion
(eksplıney´şın) /isim/ çoğul explana-
tions • açıklama

explode • ex.plode (îksplod´)
/fiil/ explodes, exploding, exploded •
patlamak; patlatmak: explode a
bomb bir bombayı patlatmak

explore • ex.plore (îksplor´)
/fiil/ explores, exploring, explored •
1. keşfe çıkmak: explore the South
Pole Güney Kutbu'nu keşfe çıkmak
2. araştırmak, incelemek

explorer • ex.plor.er (îksplor´ır)
/isim/ çoğul explorers • (keşifte bulunmak
amacıyla) (bir bölgeyi) dolaşan kimse

explosion • ex.plo.sion (îksplo´jın)
/isim/ çoğul explosions • patlama, infilak

explosive • ex.plo.sive (îksplo´sîv)
/isim/ çoğul explosives • patlayıcı: The
truck was loaded with explosives.
Kamyon patlayıcı yüklüydü.

¹export • ex.port (îkspôrt´, eks´pôrt)
/fiil/ exports, exporting, exported • ihraç
etmek, yurtdışına satmak

²export • ex.port (eks´pôrt)
/isim/ ihracat, dışsatım: export
license ihracat lisansı

¹express • ex.press (îkspres´)
/sıfat/ 1. hızlı (giden), ekspres:
express train ekspres tren 2. İng.
hızlı (gönderilen, alınan), ekspres
express delivery bkz. special delivery

²express • ex.press (îkspres´)
/fiil/ expresses, expressing, expressed •
anlatmak; ifade etmek: express
one's opinion fikrini ifade etmek

expression • ex.pres.sion (îkspreş´ın)
/isim/ çoğul expressions • 1. ifade
freedom of expression ifade özgürlüğü
2. söz, deyiş

extend • ex.tend (îkstend´)
/fiil/ extends, extending, extended •
1. uzatmak: extend a fence parmak-
lığı uzatmak 2. (süresini) uzatmak

exterior • ex.te.ri.or (îkstir´iyır)
/sıfat/ dış, harici: the exterior walls
dış duvarlar

external • ex.ter.nal (îkstır´nıl)
/sıfat/ dış, harici: external appearance
dış görünüş external influence dış etki
for external use only yalnızca hari-
cen kullanım için (krem v.b.)

extinguish • ex.tin.guish (îkstîng´gwîş)
/fiil/ extinguishes, extinguishing, extin-
guished • söndürmek: extinguish the
fire yangını söndürmek

extra • ex.tra (eks´trı)
/sıfat/ fazla; çok çok: extra payment
ek ödeme

extraordinary • ex.traor.di.nar.y
(îkstrôr´dıneri) /sıfat/ olağanüstü,
fevkalade: an extraordinary talent
olağanüstü bir yetenek

extreme • ex.treme (îkstrim´)
/sıfat/ aşırı, çok: extreme poverty
aşırı yoksulluk

extremely • ex.treme.ly (îkstrim´li)
/zarf/ aşırı derecede: extremely cold
weather aşırı derecede soğuk hava

eye • eye (ay)
/isim/ çoğul eyes • göz: have green
eyes yeşil gözlü olmak
be all eyes gözünü dört açmak

eyebrow • eye.brow (ay´brau)
/isim/ çoğul eyebrows • kaş

eyeglasses • eye.glass.es (ay´gläsîz)
/isim/ (çoğul) gözlük

eyelash • eye.lash (ay´läş)
/isim/ çoğul eyelashes • kirpik

eyelid • eye.lid (ay´lîd)
/isim/ çoğul eyelids • gözkapağı

eyewitness • eye.wit.ness (ay´wîtnîs)
/isim/ çoğul eyewitnesses • görgü tanığı:
The lawyer questioned the eyewitness.
Avukat görgü tanığını sorguladı.

Ff

F, f • f (ef)
/isim/ F, İngiliz alfabesinin altıncı harfi

fable • fa.ble (fey´bıl)
/isim/ çoğul fables • masal, fabl:
Aesop's fables Ezop'un masalları

fabric • fab.ric (fäb´rîk)
/isim/ 1. çoğul fabrics • kumaş, bez,
dokuma: Silk is a type of fabric. İpek
bir kumaş türüdür. 2. yapı, doku

fabulous • fab.u.lous (fäb´yılıs)
/sıfat/ harika, süper; olağanüstü:
We had a fabulous vacation. Harika
bir tatil geçirdik.

¹face • face (feys)
/isim/ çoğul faces • 1. yüz, surat, çehre:
He washed his face. Yüzünü yıkadı.
face to face yüz yüze
2. önyüz, cephe; yüz

²face • face (feys)
/fiil/ faces, facing, faced • 1. (bir yöne
doğru) bakmak: a balcony facing the
sea denize bakan bir balkon 2. ile
karşı karşıya olmak, karşılaşmak:
the problems faced by students
öğrencilerin karşılaştığı sorunlar
3. (gerçeklerle) yüzleşmek

facility • fa.cil.i.ty (fısîl´ıti)
/isim/ 1. yetenek: facility for languages
dil öğrenme yeteneği 2. kolaylık:
She played the mandolin with great
facility. Mandolini büyük bir kolaylıkla
çaldı. 3. çoğul facilities • tesis: sports
facilities spor tesisleri

fact • fact (fäkt)
/isim/ çoğul facts • gerçek: This film is
based on facts. Bu film gerçeklere
dayanıyor.
in fact aslında, gerçekten

factor • fac.tor (fäk´tır)
/isim/ çoğul factors • 1. faktör, etmen:
Success is dependent on several
factors. Başarı, birkaç etmene
bağlıdır. 2. çarpan; tambölen

factory • fac.to.ry (fäk´tıri)
/isim/ çoğul factories • **fabrika:** factory workers fabrika işçileri glass factory cam fabrikası

faculty • fac.ul.ty (fäk´ılti)
/isim/ çoğul faculties • **fakülte**
the Faculty of Law Hukuk Fakültesi

fade • fade (feyd)
/fiil/ fades, fading, faded • **solmak; soldurmak:** The curtains have faded. Perdeler soldu.

fail • fail (feyl)
/fiil/ fails, failing, failed • **(sınavda) kalmak; başaramamak:** He passed in physics but failed in geometry. Fizikten geçti ama geometriden kaldı. He failed in his new job. Yeni işinde başarısız oldu.

failure • fail.ure (feyl´yır)
/isim/ çoğul failures • **1. başarısızlık:** All his efforts ended in failure. Tüm çabaları başarısızlıkla sonuçlandı.
2. arıza: power failure elektrik arızası

faint • faint (feynt)
/fiil/ faints, fainting, fainted • **bayılmak:** He nearly fainted from fear. Korkudan neredeyse bayılacaktı.

fair • fair (fer)
/sıfat/ fairer, fairest • **adaletli, adil; kurallara uygun:** fair share adil paylaşım

fair play dürüst oyun/hareket
/isim/ çoğul fairs • **fuar:** book fair kitap fuarı trade fair ticaret fuarı

fairground • fair.ground (fer´graund)
/isim/ çoğul fairgrounds • **fuar yeri, fuar meydanı**

fairly • fair.ly (fer´li)
/zarf/ 1. **adaletli/adil bir şekilde**
2. **oldukça:** Our house is fairly big. Evimiz oldukça büyük.

fairy • fair.y (fer´i)
/isim/ çoğul fairies • **peri**
fairy tale (fairy story) **peri masalı**

faith • faith (feyth)
/isim/ 1. **güven** 2. **inanç** 3. çoğul faiths • **din**

faithful • faith.ful (feyth´fıl)
/sıfat/ **sadık, vefalı**
faithful to his word **sözüne bağlı**

fake • fake (feyk)
/sıfat/ **uydurma, sahte:** fake jewel sahte mücevher

falcon • fal.con (fäl´kın)
/isim/ çoğul falcons • **şahin; doğan**

¹**fall** • **fall** (fôl)
/fiil/ falls, falling, fell, fallen • **düşmek:**
He fell into the well. Kuyuya düştü.

²**fall** • **fall** (fôl)
/isim/ çoğul falls • **güz, sonbahar:** in
the fall of 2000 2000 sonbaharında

fallen • **fall.en** (fô´lın)
/fiil/ bkz. ¹**fall**

false • **false** (fôls)
/sıfat/ 1. **sahte, düzme:** false docu-
ments sahte belgeler 2. **sahte, yap-
macık:** false tears sahte gözyaşları
3. **takma, yapay:** false teeth takma
diş 4. **yanlış, hatalı:** "A bat is a bird.
True or false?" "Yarasa bir kuştur.
Doğru mu yanlış mı?"

fame • **fame** (feym)
/isim/ **ün, şöhret:** achieve fame
şöhrete kavuşmak

familiar • **fa.mil.iar** (fımîl´yır)
/sıfat/ **bildik, tanıdık**
be familiar with -i iyi bilmek

family • **fam.i.ly** (fäm´li, fäm´ili)
/isim/ çoğul families • **aile:** family life
aile yaşamı
family doctor **aile doktoru**
family name bkz. **surname**
family planning **aile planlaması**
family tree **soyağacı**

famine • **fam.ine** (fäm´în)
/isim/ çoğul famines • **kıtlık, açlık**

famous • **fa.mous** (fey´mıs)
/sıfat/ **ünlü, meşhur, tanınmış:**
famous composers ünlü besteciler
be famous for ile ünlü olmak:

Birecik is famous for its bald ibis.
Birecik, kelaynaklarıyla ünlüdür.

fan • **fan** (fän)
/isim/ çoğul fans • 1. **yelpaze** 2. **vanti-
latör, fan:** ceiling fan tepe fanı
electric fan **vantilatör**
turn a fan off **vantilatörü kapamak**
turn a fan on **vantilatörü açmak**
3. **hayran:** basketball fans basketbol
meraklıları
fan club **hayran kulübü**

fanatic • **fa.nat.ic** (fınät´îk)
/isim/ çoğul fanatics • **fanatik, bağnaz**

fancy • **fan.cy** (fän´si)
/sıfat/ fancier, fanciest • **çok süslü:**
fancy goods şatafatlı eşyalar
fancy dress ball **kıyafet balosu**

fantastic • **fan.tas.tic** (fäntäs´tîk)
/sıfat/ 1. **harika, süper:** a fantastic
swimmer harika bir yüzücü 2. **hayali,
düş ürünü, düşsel:** fantastic planet
düşsel gezegen fantastic stories
tuhaf öyküler

fantasy • **fan.ta.sy** (fän´tızi)
/isim/ **fantezi, düşlem, hayal gücü:**
live in a fantasy world hayal âleminde
yaşamak

far • **far** (far)
/sıfat/ farther/further, farthest/furthest •
uzak: a far country uzak bir ülke

/zarf/ farther/further, farthest/furthest •
1. -den uzak; uzakta; uzağa: They didn't go far. Çok uzağa gitmediler.
far away **uzak, uzakta**
far from **-den uzak:** It's not too far from here. Buradan çok uzakta değil.
how far **ne kadar uzak:** How far is it? Ne kadar uzakta?
2. çok; fazla
by far ... **kat kat daha ...**
go far (bir işte) **çok başarılı olmak**
3. kadar
as far as **kadarıyla:** as far as I can see görebildiğim kadarıyla

▬ ▬ ▬ ▬ ▬ ▬ ▬

Farther **mesafe için kullanılır:**
the farther house → **daha ötedeki ev**
Further **ise çoğunlukla miktar, derece veya zaman bildirir:**
further examples → **ilave örnekler**
further information → **daha çok bilgi**

▬ ▬ ▬ ▬ ▬ ▬ ▬

fare • fare (fer)
/isim/ çoğul fares • **yol parası, bilet ücreti:** What is the bus fare to Rize? Rize'ye otobüs bileti ne kadar?

farewell • fare.well (ferwel´)
/isim/ çoğul farewells • **veda:** farewell dinner veda yemeği

farm • farm (farm)
/isim/ çoğul farms • **çiftlik:** farm animals çiftlik hayvanları
chicken farm **tavuk çiftliği**
dairy farm **mandıra**

farmer • farm.er (far´mır)
/isim/ çoğul farmers • **çiftçi**

farming • farm.ing (far´mîng)
/isim/ çiftçilik

far-off • far-off (far´ôf)
/sıfat/ **çok uzak**

fascinate • fas.ci.nate (fäs´ıneyt)
/fiil/ fascinates, fascinating, fascinated • (birinin) **çok ilgisini çekmek:** I am fascinated by computer technology. Bilgisayar teknolojisi çok ilgimi çekiyor.

fascinating • fas.ci.nat.ing (fäs´ıneytîng) /sıfat/ **çok ilginç, çok enteresan:** a fascinating story çok ilginç bir öykü

fashion • fash.ion (fäş´ın)
/isim/ çoğul fashions • **moda:** children's fashion çocuk modası fashion show defile summer fashion yaz modası
in fashion **moda olan, revaçta**
out of fashion **modası geçmiş**

fashionable • fash.ion.a.ble (fäş´ınıbıl)
/sıfat/ **moda olan, şık, revaçta olan, rağbette olan:** Hande always wears fashionable clothes. Hande her zaman moda kıyafetler giyer.

fast • fast (fäst)
/sıfat/ faster, fastest • **hızlı, süratli:** a fast car hızlı bir araba
be fast (saat) **ileri olmak, ileri gitmek**
fast food **hazır yiyecek**

/zarf/ faster, fastest • **çabuk, tez**
fast asleep **derin uykuya dalmış**

fasten • fas.ten (fäs´ın)
/fiil/ fastens, fastening, fastened •
bağlamak, tutturmak: Fasten your
seat belt. Emniyet kemerini bağla.

fat • fat (fät)
/sıfat/ fatter, fattest • **1. şişman:** a fat
man şişman bir adam
get fat **şişmanlamak**
2. şişkin, dolgun: a fat wallet şişkin
bir cüzdan
/isim/ **yağ**

fatal • fa.tal (fey´tıl)
/sıfat/ **öldürücü; ölümcül:** a fatal ill-
ness ölümcül bir hastalık

fate • fate (feyt)
/isim/ çoğul fates • **kader, yazgı:** It was
our fate to meet that day. O gün
tanışmak kaderimizdi.

father • fa.ther (fa´dhır)
/isim/ çoğul fathers • **baba:** He is look-
ing for his father. Babasını arıyor.
Father Christmas bkz. **Santa Claus**

father-in-law • fa.ther-in-law
(fa´dhırînlô) /isim/ çoğul fathers-in-law •
kayınpeder

faucet • fau.cet (fô´sît)
/isim/ çoğul faucets • **musluk:** water

faucet su musluğu
turn a faucet off **musluğu kapamak**
turn a faucet on **musluğu açmak**

fault • fault (fôlt)
/isim/ çoğul faults • **1. kusur, noksan**
2. kabahat, kusur
be at fault **kabahatli olmak**
find fault with **-de/-e kusur bulmak:**
Arzu always finds fault with her
brother. Arzu hep erkek kardeşinde
kusur bulur. **3.** (yerbilim) **kırık, fay:**
a fault line fay hattı

faulty • fault.y (fôl´ti)
/sıfat/ faultier, faultiest • **1. kusurlu,**
defolu 2. çürük, sağlam bir temele
dayanmayan

fauna • fau.na (fô´nı)
/isim/ çoğul faunas/faunae • **fauna, direy**
(bir bölgedeki hayvan türlerinin
tümü): desert fauna çöl faunası

favor • fa.vor (fey´vır)
/isim/ çoğul favors • **kayırma; iyilik; onay**
ask a favor of **-e ricada bulunmak**
do someone a favor **birine bir iyilik**
yapmak: Could you do me a favor?
Bana bir iyilik yapar mısın?
out of favor **gözden düşmüş**
İng. **favour**

favorite • fa.vor.ite (fey´vırît)
/sıfat/ **favori, gözde, en çok sevilen:**
Who's your favorite poet? En sevdiğin
şair kim? İng. **favourite**

¹fear • fear (fîr)
/isim/ çoğul fears • **korku:** live in fear
korku içinde yaşamak

²fear • fear (fîr)
/fiil/ fears, fearing, feared • **korkmak:**
She fears nothing. Hiçbir şeyden
korkmaz.

fearless • fear.less (fîr´lîs)
/sıfat/ **korkusuz, gözü pek, yılmaz:**
My uncle is a fearless mountaineer.
Amcam korkusuz bir dağcıdır.

feast • feast (fist)
/isim/ çoğul feasts • **ziyafet:** a feast of
music müzik ziyafeti wedding feast
düğün ziyafeti

feather • feath.er (fedh´ır)
/isim/ çoğul feathers • **tüy:** feather bed
kuştüyü yatak

feature • fea.ture (fi´çır)
/isim/ çoğul features • **özellik:** This
book has many useful features.
Bu kitabın birçok yararlı özelliği var.

February • Feb.ru.ar.y (feb´ruweri,
İng. feb´ruwiri) /isim/ **şubat**

fed • fed (fed)
/fiil/ bkz. ¹feed

fee • fee (fi)
/isim/ çoğul fees • **ücret; giriş ücreti:**
entrance fee giriş ücreti registration
fee kayıt ücreti

feeble • fee.ble (fi´bıl)
/sıfat/ feebler, feeblest • **1. zayıf, güçsüz:**
a feeble child güçsüz bir çocuk
a feeble cry zayıf bir çığlık **2. zayıf,
etkisi az olan:** a feeble evidence zayıf
bir kanıt

¹feed • feed (fid)
/fiil/ feeds, feeding, fed • **yemek vermek,
beslemek:** Her little brother is learn-
ing to feed himself. Küçük kardeşi
kendi kendine yemeyi öğreniyor.
feed on **ile beslemek; ile beslenmek:**
What does he feed his cat on?
Kedisini neyle besliyor?

²feed • feed (fid)
/isim/ çoğul feeds • **(özellikle bebekler
ya da evcil hayvanlar için) yemek,
yiyecek**

feel • feel (fil)
/fiil/ feels, feeling, felt • **1. hissetmek,
duymak:** feel tired kendini yorgun
hissetmek feel well kendini iyi his-
setmek
feel cold **üşümek**
feel hot **terlemek, sıcak basmak**
2. ... gibi gelmek: I felt that he
couldn't finish the race. Yarışı
bitiremeyeceğini hissettim.
feel at home **kendini evinde gibi his-
setmek**
feel like doing **canı yapmak istemek**

feeling • feel.ing (fi´lîng)
/isim/ çoğul feelings • **his, duygu**

fell • fell (fel)
/fiil/ bkz. ¹fall

fellow • fel.low (fel´o)
/isim/ çoğul fellows • 1. adam, kişi
2. arkadaş
fellow citizen vatandaş, yurttaş

felt • felt (felt)
/fiil/ bkz. feel

female • fe.male (fi´meyl)
/sıfat/ dişi: female dog dişi köpek
/isim/ çoğul females • dişi

fence • fence (fens)
/isim/ çoğul fences • parmaklık; çit:
rail fence parmaklıklı çit

ferry • fer.ry (fer´i)
/isim/ çoğul ferries • araba vapuru,
feribot; vapur: travel by ferry vapurla
seyahat etmek

fertile • fer.tile (fır´tıl)
/sıfat/ verimli, bereketli: fertile soil
verimli toprak

fertility • fer.til.i.ty (fırtîl´ıti)
/isim/ verimlilik

fertilizer • fer.til.iz.er (fır´tılayzır)
/isim/ çoğul fertilizers • gübre: artificial

fertilizer yapay gübre
İng. fertiliser

festival • fes.ti.val (fes´tıvıl)
/isim/ çoğul festivals • festival, şenlik:
film festival film festivali folk music
festival halk müziği festivali

fetch • fetch (feç)
/fiil/ fetches, fetching, fetched • alıp
getirmek, getirmek: The dog fetched
the bone. Köpek kemiği geri getirdi.

fever • fe.ver (fi´vır)
/isim/ ateş, humma: The child has a
fever. Çocuğun ateşi var.

few • few (fyu)
/sıfat/ fewer, fewest • az, çok az
a man of few words az konuşan
adam, konuşkan olmayan kimse
a few birkaç

Sayılabilen isimler için a few kullanılır:
for a few days → birkaç gün için
a few people → birkaç kişi
see a few things → birkaç şey görmek
Sayılamayan isimlerle birlikte
a little kullanılır:
drink a little water → biraz su içmek
eat a little food → biraz yemek yemek
a little money → biraz para

fez • fez (fez)
/isim/ çoğul fezzes • fes

fiction • fic.tion (fîk´şın)
/isim/ hikâye ve roman edebiyatı, kurgu

field • field (fild)
/isim/ çoğul fields • 1. tarla, çayır: corn

field mısır tarlası field of daisies
papatya tarlası 2. **alan, saha:** baseball
field beysbol sahası
field of vision **görüş alanı**

fierce • fierce (fîrs)
/sıfat/ 1. **şiddetli, sert:** a fierce storm
şiddetli bir fırtına 2. **vahşi:** Wolves
are fierce animals. Kurtlar vahşi
hayvanlardır.

fifteen • fif.teen (fîftin´)
/isim, sıfat/ **on beş**

fifteenth • fif.teenth (fîftinth´)
/sıfat, isim/ 1. **on beşinci** 2. **on beşte bir**

fifth • fifth (fîfth)
/sıfat, isim/ 1. **beşinci** 2. **beşte bir**

fiftieth • fif.ti.eth (fîf´tiyîth)
/sıfat, isim/ 1. **ellinci** 2. **ellide bir**

fifty • fif.ty (fîf´ti)
/isim, sıfat/ **elli**

fifty-fifty • fif.ty-fif.ty (fîfti.fîf´ti)
/sıfat/ **yarı yarıya**

fig • fig (fîg)
/isim/ çoğul figs • **incir**
fig tree **incir ağacı**

¹fight • fight (fayt)
/isim/ 1. çoğul fights • **kavga, dövüş**
2. **mücadele, savaşım**

²fight • fight (fayt)
/fiil/ fights, fighting, fought • 1. **dövüşmek,
kavga etmek** 2. **mücadele etmek,
savaşmak:** fight against poverty
yoksullukla savaşmak 3. **savaşmak,
çarpışmak**

figure • fig.ure (fîg´yır, İng. fîg´ır)
/isim/ çoğul figures • 1. **sayı, rakam,
numara**
be good at figures **hesabı iyi olmak**
2. **şekil, figür:** a detailed figure
ayrıntılı bir şekil 3. **kişi:** a public
figure tanınmış bir sima He was an
important figure in architecture.
O, mimarlıkta önemli bir isimdi.
figure of speech **mecaz**
figure skating **artistik patinaj**

file • file (fayl)
/isim/ çoğul files • 1. **dosya; klasör:**
data file veri dosyası keep a file bir
dosya tutmak open a file bir dosya
açmak 2. **sıra**
single file (Indian file) **tek sıra
halinde:** walk single file tek sıra
yürümek
3. **eğe; törpü:** nail file tırnak törpüsü

fill • fill (fîl)
/fiil/ fills, filling, filled • **doldurmak;
dolmak:** He filled the glass with milk.
Bardağı sütle doldurdu.
be filled with **ile dolu olmak**
filling station **benzin istasyonu**

filling • fill.ing (fîl´îng)
/isim/ çoğul fillings • (dişçilik) **dolgu**

film • film (fîlm)
/isim/ çoğul films • 1. zar, ince tabaka, film: a film of dust toz tabakası 2. (fotoğrafçılık) film 3. İng. (sinema) film: Have you seen any historical films lately? Son zamanlarda hiç tarihi film izledin mi?
action film **aksiyon filmi**
adventure film **macera filmi**
comedy film **komedi filmi**
film set **film seti**
film star **film yıldızı**

filter • fil.ter (fîl´tır)
/isim/ çoğul filters • **filtre:** filter paper filtre kâğıdı water filter su filtresi

fin • fin (fîn)
/isim/ çoğul fins • **yüzgeç**

final • fi.nal (fay´nıl)
/sıfat/ **son, sonuncu:** final match final maçı the final minutes son dakikalar the final scene of the film filmin son sahnesi

finally • fi.nal.ly (fay´nıli)
/zarf/ 1. **sonunda, nihayet** 2. **son olarak**

finance • fi.nance (fînäns´, fay´näns)
/isim/ **maliye, finans**

financial • fi.nan.cial (fînän´şıl)
/sıfat/ **mali:** financial aid mali yardım

find • find (faynd)
/fiil/ finds, finding, found • **bulmak, keşfet-mek:** find a solution bir çözüm bulmak find fault with **-e kusur bulmak**

fine • fine (fayn)
/sıfat/ finer, finest • 1. **güzel, ince, zarif:** a fine painting güzel bir tablo

fine words güzel sözler 2. **iyi** Fine, thanks. İyiyim, sağ olun. 3. **ince:** a fine thread ince bir iplik fine flour ince un 4. **ince, küçük:** a fine distinction küçük bir fark fine details ince ayrıntılar
/isim/ çoğul fines • **para cezası**

finger • fin.ger (fîng´gır)
/isim/ çoğul fingers • **parmak, el parmağı**
index finger **işaretparmağı**
middle finger **ortaparmak**
ring finger **yüzükparmağı**
little finger **serçeparmak**

fingernail • fin.ger.nail (fîng´gırneyl)
/isim/ çoğul fingernails • **tırnak, parmak tırnağı**

fingerprint • fin.ger.print (fîng´gırprînt) /isim/ çoğul fingerprints • **parmak izi**

finish • fin.ish (fîn´îş)
/fiil/ finishes, finishing, finished • **bitirmek, tamamlamak; bitmek, tamamlanmak:** Have you finished your homework? Ev ödevini bitirdin mi?

fire • fire (fayr, İng. fay´ır)
/isim/ çoğul fires • 1. **ateş**
be on fire **yanmak**
catch fire **tutuşmak, alev almak:** The curtains caught fire. Perdeler alev aldı.

set fire to (set on fire) **tutuşturmak, ateşe vermek**
2. yangın
fire alarm **yangın alarmı**
fire department, Ing. fire brigade **itfaiye**
fire engine **itfaiye arabası**
fire escape **yangın merdiveni**
fire extinguisher **yangın söndürücü**
fire station **itfaiye binası**
fire tower **yangın kulesi**

firefighter • fire.fight.er (fayr´faytır)
/isim/ çoğul firefighters • **itfaiyeci**

firefly • fire.fly (fayr´flay)
/isim/ çoğul fireflies • **ateşböceği**

fireman • fire.man (fayr´mın)
/isim/ çoğul firemen • **itfaiyeci**

fireplace • fire.place (fayr´pleys)
/isim/ çoğul fireplaces • **şömine, ocak**

fireworks • fire.works (fayr´wırks)
/isim/ çoğul **havai fişekler, havai fişek gösterisi**

firm • firm (fırm)
/sıfat/ firmer, firmest • **1. sert:** firm

cushion **sert minder** firm soil **sert toprak 2. sağlam, sıkı:** a firm foundation **sağlam bir temel 3. sağlam, güvenilir, değişmez:** firm decision **değişmez karar** firm news **güvenilir haber** firm opinions **sağlam fikirler 4. kararlı, sağlam**
take firm steps **sağlam adımlar atmak**
/isim/ çoğul firms • **firma:** marketing firm **pazarlama firması**

first • first (fırst)
/sıfat/ **ilk, birinci:** first child **ilk çocuk**
first lady **cumhurbaşkanının eşi**
first name **ön ad, ilk ad**
/zarf/ **ilkönce, ilkin:** You have to finish your homework first. **Önce ödevini bitirmelisin.**
at first **önce, evvela**
first of all **ilkönce, her şeyden önce**

firstly • first.ly (fırst´li)
/zarf/ **ilkin, evvela, ilkönce, önce:** Firstly, we peel the tomatoes. **Önce domatesleri soyuyoruz.**

¹fish • fish (fîş)
/isim/ çoğul fish/fishes • **balık**
fish farm **balık çiftliği**
fish knife **balık bıçağı**
fish oil **balıkyağı**
freshwater fish **tatlı su balığı**
marine fish **deniz balığı**
tropical fish **tropikal balık**

²fish • fish (fîş)
/fiil/ fishes, fishing, fished • **balık tutmak, balık avlamak**

fishbone • fish.bone (fîš´bon)
/isim/ çoğul fishbones • kılçık, balık
kılçığı

fisherman • fish.er.man (fîš´ırmın)
/isim/ çoğul fishermen • balıkçı

fishing • fish.ing (fîš´îng)
/isim/ balık avlama, balık avı: Ali
likes to go fishing on weekends. Ali
hafta sonları balığa gitmeyi sever.
fishing boat balıkçı teknesi
fishing line olta ipi, misina
fishing net balık ağı
fishing rod olta çubuğu

fishnet • fish.net (fîš´net)
/isim/ çoğul fishnets • balık ağı

fist • fist (fîst)
/isim/ çoğul fists • yumruk: fist fight
yumruk dövüşü

¹fit • fit (fît)
/fiil/ fits, fitting, fitted/fit • uymak, otur-
mak: This blouse fits her exactly. Bu
bluz ona tam oluyor.

²fit • fit (fît)
/sıfat/ fitter, fittest • 1. uygun 2. formda
olan

fitness • fit.ness (fît´nıs)
/isim/ 1. uygunluk, uygun olma
2. (bedenen) formda olma

five • five (fayv)
/isim, sıfat/ beş

five-star • five-star (fayv´star´)
/sıfat/ beş yıldızlı, lüks: a five-star
hotel beş yıldızlı bir otel

fix • fix (fîks)
/fiil/ fixes, fixing, fixed • 1. onarmak,

tamir etmek: Can you fix this com-
puter? Bu bilgisayarı tamir edebilir
misiniz? 2. (sabitleyerek) takmak,
yerleştirmek: He fixed the shelves
to the wall. Rafları duvara taktı.
fix one's eyes on (something) gözünü
(bir şeye) dikmek

fixed • fixed (fîkst)
/sıfat/ sabit, değişmeyen
fixed price sabit fiyat

flag • flag (fläg)
/isim/ çoğul flags • bayrak, sancak: the
Olympic flag Olimpiyat bayrağı

flame • flame (fleym)
/isim/ çoğul flames • alev
burst into flames alev almak
in flames alevler içinde

flamingo • fla.min.go (flımîng´go)
/isim/ çoğul flamingos/flamingoes •
flamingo

flash • flash (fläš)
/isim/ 1. ani bir parıldama: I saw a
flash of light in the distance. Uzakta
bir ışık parıldaması gördüm. 2. flaş
haber, kısa fakat önemli bir haber

flashlight • flash.light (fläš´layt)
/isim/ çoğul flashlights • el feneri
İng. torch

flask • flask (fläsk)
/isim/ çoğul flasks • cep şişesi, matara

flat • flat (flät)
/sıfat/ flatter, flattest • düz, yassı: a
flat plate yassı bir tabak
flat cap kasket
flat tire patlak lastik
/isim/ çoğul flats • bkz. apartment

flatter • flat.ter (flät´ır)
/fiil/ flatters, flattering, flattered •
pohpohlamak: Derya does not like
being flattered. Derya pohpohlan-
mayı sevmez.

flavor • fla.vor (fley´vır)
/isim/ çoğul flavors • lezzet, tat:
What's your favorite flavor? En
sevdiğiniz tat hangisidir?
İng. flavour

flea • flea (fli)
/isim/ çoğul fleas • pire

flesh • flesh (fleş)
/isim/ et

flew • flew (flu)
/fiil/ bkz. ²fly

flexibility • flex.i.bil.i.ty (fleksıbîl´ıti)
/isim/ esneklik, elastikiyet

flexible • flex.i.ble (flek´sıbıl)
/sıfat/ 1. esnek, elastiki: Rubber is a
flexible substance. Kauçuk esnek bir
maddedir. 2. esnek, koşullara göre
değişebilen: flexible working hours
esnek çalışma saatleri

flight • flight (flayt)
/isim/ çoğul flights • uçuş, uçma:
international flight uluslararası
uçuş test flight deneme uçuşu
flight engineer uçuş mühendisi

flip-flop • flip-flop (flîp´flap)
/isim/ çoğul flip-flops • tokyo (terlik)

flipper • flip.per (flîp´ır)
/isim/ çoğul flippers • (denizkaplum-
bağalarında ve yüzen memelilerde)
yüzgeç

float • float (flot)
/fiil/ floats, floating, floated • su üzerinde
durmak, suda yüzmek; havada gitmek:
Wood floats on water. Odun suda
yüzer.

flock • flock (flak)
/isim/ çoğul flocks • sürü: a flock of
geese kaz sürüsü

flood • flood (flʌd)
/isim/ çoğul floods • sel, taşkın, su
baskını: flash flood aniden gelen sel
flood insurance sel sigortası

floor • floor (flôr)
/isim/ çoğul floors • 1. döşeme, yer,
zemin: floor board döşeme tahtası
floor lamp ayaklı lamba
2. (binada) kat: first floor birinci kat
floor plan kat planı

flora • flo.ra (flor´ı)
/isim/ çoğul floras/florae • flora, bitey
(bir bölgedeki bitki türlerinin tümü):
aquatic flora su florası desert flora
çöl bitkileri

florist • flo.rist (flôr´îst)
/isim/ çoğul florists • çiçekçi
florist's çiçekçi dükkânı

flour • flour (flaur, flau´wır)
/isim/ un: flour mill un değirmeni
wheat flour buğday unu

flow • flow (flo)
/fiil/ flows, flowing, flowed • akmak:
That river flows into the sea. O nehir
denize akar.

flower • flow.er (flau´wır)
/isim/ çoğul flowers • çiçek: a bunch of
flowers bir demet çiçek
flower bed çiçek tarhı

flowered • flow.ered (flau´wırd)
/sıfat/ çiçekli, çiçek desenli: flowered
dress çiçek desenli elbise

flown • flown (flon)
/fiil/ bkz. ²fly

flu • flu (flu)
/isim/ grip

fluency • flu.en.cy (fluw´ınsi)
/isim/ (dilde) akıcılık

fluent • flu.ent (fluw´ınt)
/sıfat/ akıcı (yazı, tarz): a fluent
speaker akıcı bir biçimde konuşan
bir konuşmacı Arzu is fluent in four
languages. Arzu dört dili akıcı bir
biçimde konuşuyor.

fluently • flu.ent.ly (fluw´ıntli)
/zarf/ akıcı bir biçimde: He speaks
Spanish and Russian fluently. Akıcı
bir biçimde İspanyolca ve Rusça
konuşuyor.

fluid • flu.id (flu´wîd)
/sıfat/ akıcı, akışkan: Mercury is a
fluid metal. Cıva akıcı bir metaldir.
/isim/ çoğul fluids • sıvı: body fluids
vücut sıvıları

flute • flute (flut)
/isim/ çoğul flutes • flüt

¹fly • fly (flay)
/isim/ çoğul flies • sinek:
fruit fly meyve sineği

²fly • fly (flay)
/fiil/ flies, flying, flew, flown • 1. uçmak;
uçurmak: learn to fly uçmayı öğren-
mek 2. uçmak, havayolu ile gitmek:
They flew to İzmir. İzmir'e uçtular.
fly across -i uçakla geçmek, üzerin-
den uçmak
3. (bayrağı) dalgalandırmak

foam • foam (fom)
/isim/ köpük: shaving foam tıraş
köpüğü

¹focus • fo.cus (fo´kıs)
/isim/ çoğul focuses/foci • odak

²focus • fo.cus (fo´kıs)
/fiil/ focuses/focusses, focusing/focussing,
focused/focussed • odaklamak; (on ile)
odaklanmak, dikkatini vermek: Let's
focus on the problem! Dikkatimizi
soruna verelim.

fog • fog (fag)
/isim/ çoğul fogs • sis: dense fog
yoğun sis

foggy • fog.gy (fag´i)
/sıfat/ sisli: a foggy day sisli bir gün

fold • fold (fold)
/fiil/ folds, folding, folded • **katlamak;
katlanmak:** He folds his clothes
neatly every night. Her gece giysile-
rini güzelce katlar.

folder • fold.er (fol´dır)
/isim/ çoğul folders • **dosya:** I keep my
letters in this folder. Mektuplarımı
bu dosyada saklıyorum.

folding • fold.ing (fol´dîng)
/sıfat/ **katlanır:** folding chair katlanır
iskemle folding table katlanır masa

folk • folk (fok)
/isim/ çoğul folks • **halk:** folk music
halk müziği folk dance halk dansı

follow • fol.low (fal´o)
/fiil/ follows, following, followed •
izlemek, takip etmek: Follow that
jeep! O cipi takip et!

following • fol.low.ing (fal´owîng)
/sıfat/ **izleyen, sonraki; aşağıdaki:**
the following day sonraki gün

food • food (fud)
/isim/ çoğul foods • **yemek, yiyecek;
gıda, besin:** baby food bebek maması
fresh food taze besin health food
sağlıklı yiyecek What sort of food do
you like best? En çok ne tür yiyeceği
seversin?

fool • fool (ful)
/isim/ çoğul fools • **ahmak, budala, aptal**
act the fool aptal gibi davranmak

foolish • fool.ish (fu´lîş)
/sıfat/ 1. **ahmak, budala, aptal** (kimse)
2. **ahmakça, budalaca, aptalca** (şey):
a foolish reply aptalca bir yanıt

foot • foot (fût)
/isim/ çoğul feet • **ayak**
on foot yaya olarak

football • foot.ball (fût´bôl)
/isim/ 1. **Amerikan futbolu:** football
player Amerikan futbolu oyuncusu
2. bkz. **soccer** 3. çoğul footballs • bkz.
soccer ball

footprint • foot.print (fût´prînt)
/isim/ çoğul footprints • **ayak izi**

footstep • foot.step (fût´step)
/isim/ çoğul footsteps • 1. **adım** 2. **ayak
sesi** 3. **ayak izi**

footwear • foot.wear (fût´wer)
/isim/ **ayakkabılar; ayağa giyilenler**

for • for (fôr)
/edat/ 1. **için:** This book is for children.
Bu kitap çocuklar için. What can I do
for you? Sizin için ne yapabilirim? He
went there for a better career. Oraya
daha iyi bir kariyer amacıyla gitti.
2. **-den dolayı:** She couldn't sleep for
the heat. Sıcaktan dolayı uyuyamadı.
3. **süresince, boyunca:** for months
aylarca We walked for two kilometers.
İki kilometre yürüdük.

forbade • for.bade (fırbäd´)
/fiil/ bkz. **forbid**

forbid • for.bid (fırbîd´)
/fiil/ forbids, forbidding, forbade, forbidden
• **yasaklamak, yasak etmek:** If you
want to talk, I can't forbid you.
Konuşmak istersen, sana engel
olamam. God forbid! (Heaven forbid!)
Allah korusun!

[1]**forbidden** • for.bid.den (fırbîd´ın)
/fiil/ bkz. **forbid**

[2]**forbidden** • for.bid.den (fırbîd´ın)
/sıfat/ **yasaklanmış, yasak:** forbidden
publications yasaklanmış yayınlar

[1]**force** • force (fôrs)
/isim/ çoğul forces • **güç, kuvvet:** the
force of an explosion patlamanın
kuvveti
by force **zorla**

[2]**force** • force (fôrs)
/fiil/ forces, forcing, forced • **1. zorlamak,
mecbur etmek:** He was forced to
apologize. Özür dilemeye zorlandı.
2. (güç kullanarak) zorlamak: force
the door kapıyı zorlamak

forecast • fore.cast (for´käst)
/isim/ çoğul forecasts • **tahmin:** weather
forecast hava tahmini

forehead • fore.head (fôr´îd, fôr´hed)
/isim/ çoğul foreheads • **alın**

foreign • for.eign (fôr´în)
/sıfat/ **yabancı:** foreign language
yabancı dil
foreign affairs **dışişleri**
foreign exchange **döviz**
foreign minister **dışişleri bakanı**

foreign trade **dış ticaret**
the Foreign Office bkz. the Ministry of
Foreign Affairs

foreigner • for.eign.er (fôr´înır)
/isim/ çoğul foreigners • **yabancı**

forest • for.est (fôr´îst)
/isim/ çoğul forests • **orman:** forest
animals orman hayvanları tropical
forest tropikal orman

forever • for.ev.er (fırev´ır)
/zarf/ **sonsuza dek, ebediyen**

forgave • for.gave (fırgeyv´)
/fiil/ bkz. **forgive**

forget • for.get (fırget´)
/fiil/ forgets, forgetting, forgot, forgotten •
unutmak: Don't forget to call me.
Beni aramayı unutma.

forgive • for.give (fırgîv´)
/fiil/ forgives, forgiving, forgave, forgiven •
affetmek, bağışlamak: I forgave you
a long time ago. Seni uzun süre önce
affettim.

forgiven • for.giv.en (fırgîv´ın)
/fiil/ bkz. **forgive**

forgot • for.got (fır´gat)
/fiil/ bkz. **forget**

forgotten • for.got.ten (fırgat´ın)
/fiil/ bkz. **forget**

fork • fork (fôrk)
/isim/ çoğul forks • **çatal:** salad fork
salata çatalı serving fork servis
çatalı table fork yemek çatalı
a fork in a road **yol ayrımı**

¹form • form (fôrm)
/isim/ çoğul forms • 1. biçim, şekil:
different forms of writing farklı yazı
biçimleri 2. form, (doldurulacak)
belge: order form sipariş formu
fill out a form bir form doldurmak

²form • form (fôrm)
/fiil/ forms, forming, formed • oluşturmak;
biçimlendirmek: form a sentence bir
cümle kurmak

formal • for.mal (fôr´mıl)
/sıfat/ resmi: a formal dinner resmi
bir yemek

former • for.mer (fôr´mır)
/sıfat/ eski, önceki: in former times
eski zamanlarda
/isim/ (the) ilk, ilk söylenen (şey/kişi)

formula • for.mu.la (fôr´myılı)
/isim/ çoğul formulas/formulae •
1. reçete 2. formül: chemical formula
kimyasal formül

forth • forth (fôrth)
/zarf/ ileri; dışarı
and so forth falan filan, vesaire
bring forth yaratmak, yol açmak

fortieth • for.ti.eth (fôr´tiyîth)
/sıfat, isim/ 1. kırkıncı 2. kırkta bir

fortunate • for.tu.nate (fôr´çınît)
/sıfat/ şanslı, talihli

fortunately • for.tu.nate.ly (fôr´çınîtli)
/zarf/ iyi ki, çok şükür

fortune • for.tune (fôr´çın)
/isim/ 1. kısmet, kader
tell (someone's) fortune (birinin)

falına bakmak
2. şans, talih: good fortune iyi talih
ill fortune kötü talih
3. servet

fortune-teller • for.tune-tell.er
(fôr´çıntelır) /isim/ çoğul fortune-tellers •
falcı

forty • for.ty (fôr´ti)
/isim, sıfat/ kırk

forward • for.ward (fôr´wırd)
/zarf/ ileri doğru, ileri: move forward
ileriye doğru hareket etmek

fossil • fos.sil (fas´ıl)
/isim/ çoğul fossils • fosil, taşıl: We saw
fossils of reptiles at the museum.
Müzede sürüngen fosilleri gördük.

fought • fought (fôt)
/fiil/ bkz. ²fight

¹found • found (faund)
/fiil/ bkz. find

²found • found (faund)
/fiil/ founds, founding, founded • kurmak:
found a research institute
bir araştırma enstitüsü kurmak

foundation • foun.da.tion (faundey´şın)
/isim/ 1. kurma, tesis etme 2. çoğul
foundations • temel 3. çoğul foundations •
kurum, vakıf

founder • found.er (faun´dır)
/isim/ çoğul founders • kurucu: His
father is the founder of this company.
Babası bu şirketin kurucusudur.

fountain • foun.tain (faun´tın)

/isim/ çoğul fountains • 1. fıskıye: water fountain su fıskıyesi 2. çeşme fountain pen **dolmakalem**

four • four (for)
/isim, sıfat/ **dört**

fourteen • four.teen (fôrtin´)
/isim, sıfat/ **on dört**

fourteenth • four.teenth (fôrtinth´)
/sıfat, isim/ 1. **on dördüncü** 2. **on dörtte bir**

fourth • fourth (fôrth)
/sıfat, isim/ 1. **dördüncü** 2. **dörtte bir**

fox • fox (faks)
/isim/ çoğul foxes • **tilki**

fraction • frac.tion (fräk´şın)
/isim/ çoğul fractions • (matematik) **kesir**
common fraction **bayağıkesir**
decimal fraction **ondalık kesir**

fragile • frag.ile (fräc´ıl, İng. fräc´ayl)
/sıfat/ **kırılgan, kolay kırılan:** fragile

bones **kırılgan kemikler**

fragment • frag.ment (fräg´mınt)
/isim/ çoğul fragments • **kırık parça, kırık:** fragments of broken glass **kırık cam parçaları**

¹frame • frame (freym)
/isim/ çoğul frames • 1. **çerçeve:** picture frame resim çerçevesi frames **gözlük çerçevesi:** I bought a new pair of frames yesterday. Dün yeni bir gözlük çerçevesi aldım. 2. (pencere/kapı tutturulan) **kasa:** window frame pencere kasası

²frame • frame (freym)
/fiil/ frames, framing, framed • **çerçevelemek**

France • France (fräns)
/isim/ **Fransa**

frank • frank (frängk)
/sıfat/ franker, frankest • **açıksözlü; açıkyürekli, açıkkalpli; içten, samimi:** Thank you for being frank with me. Bana karşı açıksözlü olduğun için teşekkür ederim.

frankly • frank.ly (frängk´li)
/zarf/ **açıkça; açıkçası:** Frankly, I am not interested in it. Açıkçası, onunla ilgilenmiyorum.

freckle • freck.le (frek´ıl)
/isim/ çoğul freckles • **çil**

free • free (fri)
/sıfat/ freer, freest • 1. **özgür, hür; serbest:** You are free to go. Gidebilirsin. free press **özgür basın** free trade **serbest ticaret**

free will özgür irade
2. boş: I'm free tomorrow. Yarın boşum. I like reading poetry in my free time. Boş zamanımda şiir okumayı severim. 3. bedava, parasız: free education parasız eğitim free meal bedava yemek 4. from/of -siz, -sız, -süz, -suz: free from pain ağrısız free of charge ücretsiz

free • free (fri)
/fiil/ frees, freeing, freed • 1. serbest bırakmak, azat etmek 2. kurtarmak

freedom • free.dom (fri´dım)
/isim/ çoğul freedoms • özgürlük; serbestlik
freedom of expression ifade özgürlüğü
freedom of speech konuşma özgürlüğü
freedom of the press basın özgürlüğü
freedom of thought düşünce özgürlüğü

freeze • freeze (friz)
/fiil/ freezes, freezing, froze, frozen •
1. donmak, buz tutmak; dondurmak: Water freezes at 0º C. Su 0º C'de donar.
freezing point donma noktası: The temperature is below freezing point. Isı, donma noktasının altında.
2. çok üşümek, donmak: It's too cold, I'm freezing. Çok soğuk, donuyorum.

freezer • freez.er (fri´zır)
/isim/ çoğul freezers • derin dondurucu; (buzdolabındaki) buzluk

freezing • freez.ing (fri´zîng)
/sıfat/ dondurucu, çok soğuk

French • French (frenç)
/sıfat/ 1. Fransız 2. Fransızca
French fry kızarmış patates
/isim/ Fransızca
the French Fransızlar

frequency • fre.quen.cy (fri´kwınsi)
/isim/ çoğul frequencies • 1. sıklık
2. (fizik) frekans

frequent • fre.quent (fri´kwınt)
/sıfat/ sık tekrarlanan: frequent visits sık ziyaretler

frequently • fre.quent.ly (fri´kwıntli)
/zarf/ sık sık
frequently asked questions sıkça sorulan sorular

fresh • fresh (freş)
/sıfat/ fresher, freshest • 1. taze: fresh fruit taze meyve fresh air temiz hava fresh bread taze ekmek
2. yeni: a fresh start yeni bir başlangıç

freshwater • fresh.wa.ter (freş´wô´tır) /isim/ tatlı su
/sıfat/ tatlı suya özgü, tatlı su; tuzsuz: freshwater fish tatlı su balığı freshwater lake tatlı su gölü

Friday • Fri.day (fray´di, fray´dey)
/isim/ çoğul Fridays • cuma

fridge • fridge (frîc)
/isim/ çoğul fridges • bkz. refrigerator

¹fried • fried (frayd)
/fiil/ bkz. fry

²fried • fried (frayd)

/sıfat/ yağda pişirilmiş, kızartılmış: fried chicken kızarmış piliç fried eggs sahanda yumurta

friend • friend (frend) /isim/ çoğul friends • arkadaş, dost: Ece is my best friend. Ece en iyi arkadaşımdır. be friends with ile arkadaş olmak, (birinin) arkadaşı olmak make friends with ile arkadaş olmak

friendly • friend.ly (frend´li) /sıfat/ friendlier, friendliest • 1. cana yakın: a friendly person samimi bir kimse 2. arkadaşça, dostça: a friendly smile dostça bir gülümseme

friendship • friend.ship (frend´şîp) /isim/ çoğul friendships • arkadaşlık, dostluk: We have a strong friendship. Güçlü bir arkadaşlığımız var.

fright • fright (frayt) /isim/ korku, dehşet: He trembled with fright. Korkuyla titredi. give someone a fright birini korkutmak

frighten • fright.en (frayt´ın) /fiil/ frightens, frightening, frightened • korkutmak: The noise of thunder frightens him. Gök gürültüsünün sesi onu korkutuyor.

frightened • fright.ened (frayt´ınd) /sıfat/ korkmuş, ürkmüş: frightened children korkmuş çocuklar

frightening • fright.en.ing (frayt´inîng) /sıfat/ korkutucu: a frightening development korkutucu bir gelişme a frightening experience korkutucu bir deneyim

frill • frill (frîl) /isim/ çoğul frills • fırfır, farbala

fringe • fringe (frînc) /isim/ çoğul fringes • 1. saçak, püsküllü saçak 2. perçem, kâkül

frog • frog (frag) /isim/ çoğul frogs • kurbağa

from • from (frʌm) /edat/ 1. -den, -dan: I'm from Rize. Rizeliyim. İznik is 210 kilometers from here. İznik buradan 210 kilometre uzakta. The museum is open from 9:00 to 17:00 on weekdays. Müze, hafta içinde 9:00'dan 17:00'ye kadar açık. This jacket is made from leather. Bu ceket deriden üretilmiş. 2. -den itibaren: from the first of June 1 Haziran'dan itibaren from now on şimdiden sonra, bundan sonra

front • front (frʌnt) /sıfat/ ön, öndeki: front door ön kapı /isim/ ön, ön taraf: He likes traveling in the front of the car. Arabanın önünde yolculuk etmeyi sever. in front of önünde

frontier • fron.tier (frʌntîr´) /isim/ çoğul frontiers • sınır, hudut; sınır bölgesi: They live in a village close to the frontier. Sınır bölgesine yakın bir köyde yaşıyorlar.

frost • frost (frôst)
/isim/ çoğul frosts • ayaz, don, kırağı:
There was a frost yesterday. Dün
don vardı.

frown • frown (fraun)
/fiil/ frowns, frowning, frowned •
kaşlarını çatmak

froze • froze (froz)
/fiil/ bkz. freeze

[1]**frozen** • fro.zen (fro´zın)
/fiil/ bkz. freeze

[2]**frozen** • fro.zen (fro´zın)
/sıfat/ donmuş: frozen food dondu-
rulmuş yiyecek

fruit • fruit (frut)
/isim/ çoğul fruits • meyve: fruit juice
meyve suyu fruit salad meyve salatası

fruitful • fruit.ful (frut´fıl)
/sıfat/ verimli: a fruitful discussion
verimli bir görüşme

fruitless • fruit.less (frut´lıs)
/sıfat/ faydasız, nafile: fruitless efforts
nafile çabalar

fry • fry (fray)
/fiil/ fries, frying, fried • tavada kızartmak;
tavada kızarmak
frying pan tava

fuel • fu.el (fyu´wıl)

/isim/ çoğul fuels • yakıt
fuel oil fuel-oil, yağyakıt
fuel tank yakıt tankı

fulfill • ful.fill (fûlfîl´)
/fiil/ fulfills, fulfilling, fulfilled • yerine
getirmek, yapmak: You should fulfill
your responsibilities. Sorumluluk-
larını yerine getirmelisin.
İng. fulfil

full • full (fûl)
/sıfat/ fuller, fullest • 1. dolu: a full
glass dolu bir bardak
full of ile dolu: a bottle full of water
su ile dolu bir şişe a room full of
people insanlarla dolu bir oda
2. tam: full membership tam üyelik
give full attention tam dikkatini vermek
full stop bkz. period (3.)

full-time • full-time (fûl´taym´)
/sıfat/ tamgün, tam zamanlı:
a full-time job tam zamanlı bir iş

fully • ful.ly (fûl´i)
/zarf/ tamamen, tamamıyla: fully
cooked tamamen pişmiş

fume • fume (fyum)
/isim/ çoğul fumes • gaz veya duman
fumes (pis kokulu) gazlar/dumanlar:
exhaust fumes egzoz dumanı

fun • fun (fʌn)
/isim/ eğlence, zevk
for fun zevk için; şakadan
have fun eğlenmek: We had lots of
fun at the party. Partide çok eğlendik.
make fun of (biriyle) alay etmek
/sıfat/ (konuşma dili) eğlenceli: a fun
game eğlenceli bir oyun

function • func.tion (fʌngkʹşɪn)
/isim/ çoğul functions • iş, görev; işlev,
fonksiyon: The main function of a
heater is to warm us up. Sobanın
temel işlevi, bizi ısıtmaktır.

fund • fund (fʌnd)
/isim/ çoğul funds • fon

fundamental • fun.da.men.tal
(fʌndımenʹtıl) /sıfat/ temel, esaslı,
asıl: fundamental principles temel
ilkeler

funeral • fu.ner.al (fyunʹırıl, fyunʹrıl)
/isim/ çoğul funerals • cenaze töreni

funfair • fun.fair (fʌnʹfer)
/isim/ çoğul funfairs • bkz. amusement
park

funnel • fun.nel (fʌnʹıl)
/isim/ çoğul funnels • huni

funny • fun.ny (fʌnʹi)
/sıfat/ funnier, funniest • komik, gülünç,
güldürücü, eğlendirici: a funny story
gülünç bir hikâye

fur • fur (fır)
/isim/ çoğul furs • kürk: fur coat kürk
manto

furious • fu.ri.ous (fyûriʹyıs)
/sıfat/ 1. çok öfkeli, gözü dönmüş:
Kaya was furious at the decision.
Kaya, karara karşı öfkeliydi. 2. şid-
detli, sert, korkunç: a furious storm
şiddetli bir fırtına furious waves
azgın dalgalar

furnish • fur.nish (fırʹnîş)
/fiil/ furnishes, furnishing, furnished •
döşemek, donatmak: furnish a
house bir evi döşemek

furnished • fur.nished (fırʹnîşt)
/sıfat/ mobilyalı; dayalı döşeli: a
furnished house dayalı döşeli bir ev

furniture • fur.ni.ture (fırʹnıçır)
/isim/ mobilya: bedroom furniture
yatak odası mobilyası office furniture
büro mobilyası

further • fur.ther (fırʹdhır)
/sıfat, zarf/ bkz. ¹far, ²far

furthermore • fur.ther.more
(fırʹdhırmor) /zarf/ bundan başka,
ayrıca

furthest • fur.thest (fırʹdhîst)
/sıfat, zarf/ bkz. ¹far, ²far

future • fu.ture (fyuʹçır)
/sıfat/ gelecek, gelecekteki, olacak:
future events olacak olaylar his
future job gelecekteki (sonraki) işi
the future tense (dilbilgisi) gelecek
zaman
/isim/ gelecek: Do you know what
will happen in the future? Gelecekte
ne olacağını biliyor musun?

Gg

G, g • g (ci)
/isim/ G, İngiliz alfabesinin yedinci harfi

gain • gain (geyn)
/fiil/ gains, gaining, gained • **elde etmek, kazanmak:** gain experience deneyim kazanmak
gain money **para kazanmak:** He gained 300 liras. 300 lira kazandı.
gain time **1. vakit kazanmak 2. (saat) ileri gitmek**

galaxy • gal.ax.y (gäl´ıksi)
/isim/ çoğul galaxies • **(gökbilim) galaksi, gökada:** The Milky Way is only one of the galaxies in the universe. Samanyolu evrendeki galaksilerden sadece biri.

gallery • gal.ler.y (gäl´ırı)
/isim/ çoğul galleries • **salon, galeri:** art gallery sanat galerisi

gamble • gam.ble (gäm´bıl)
/fiil/ gambles, gambling, gambled • **kumar oynamak**

game • game (geym)
/isim/ çoğul games • **1. oyun:** children's games çocuk oyunları word games sözcük oyunları **2. maç:** Our team won the game. Maçı bizim takım kazandı. the Olympic Games **olimpiyat oyunları**

gang • gang (gäng)
/isim/ çoğul gangs • **çete:** The gang members were caught. Çete üyeleri yakalandı.

gangster • gang.ster (gäng´stır)
/isim/ çoğul gangsters • **gangster**

gap • gap (gäp)
/isim/ çoğul gaps • **aralık, boşluk:** a gap between expenses and income gelir gider farkı a gap in one's

memory bellek kaybı a gap in the wall duvarda bir boşluk

garage • ga.rage (gıraj´, gırac´, İng. ger´îc) /isim/ çoğul garages • garaj bus garage otobüs garajı

garbage • gar.bage (gar´bîc) /isim/ çöp, süprüntü garbage can, İng. dustbin çöp kutusu; çöp bidonu

garden • gar.den (gar´dın) /isim/ çoğul gardens • bahçe: flower garden çiçek bahçesi garden tools bahçe aletleri

gardener • gar.den.er (gar´dınır) /isim/ çoğul gardeners • bahçıvan

gardening • gar.den.ing (gar´dınîng) /isim/ bahçecilik, bahçıvanlık: gardening tools bahçecilik aletleri

garlic • gar.lic (gar´lîk) /isim/ sarımsak: a clove of garlic bir diş sarımsak

garment • gar.ment (gar´mınt) /isim/ çoğul garments • giysi, elbise: woolen garments yünlü giysiler

garnish • gar.nish (gar´nîş) /isim/ çoğul garnishes • garnitür (asıl yemeğin yanına eklenen süsleyici veya tamamlayıcı yiyecek): Parsley is a kind of garnish. Maydanoz bir tür garnitürdür.

gas • gas (gäs) /isim/ çoğul gases/gasses • 1. gaz gas mask gaz maskesi 2. benzin gas station benzin istasyonu 3. doğalgaz; havagazı gas meter doğalgaz sayacı

gasoline • gas.o.line (gäsılin´) /isim/ benzin İng. petrol

gate • gate (geyt) /isim/ çoğul gates • kapı; dış kapı; bahçe kapısı: a wooden gate tahta bir kapı

gather • gath.er (gädh´ır) /fiil/ gathers, gathering, gathered • toplamak, bir araya getirmek; toplanmak, bir araya gelmek: Clouds gathered on the horizon. Bulutlar ufukta toplandı. gather together bir araya getirmek; bir araya gelmek

gave • gave (geyv) /fiil/ bkz. give

gear • gear (gîr) /isim/ çoğul gears • vites, dişli

gel • gel (cel) /isim/ jel, pelte

gender • gen.der (cen´dır)
/isim/ çoğul genders • cinsiyet

gene • gene (cin)
/isim/ çoğul genes • gen

general • gen.er.al (cen´ırıl)
/sıfat/ **genel:** general election genel
seçim general rules genel kurallar
in general **genel olarak, genellikle**
/isim/ çoğul generals • general
full general **orgeneral**

generally • gen.er.al.ly (cen´ırıli)
/zarf/ **genellikle:** Okan generally
goes to school at eight o'clock. Okan,
okula genellikle saat sekizde gider.

generation • gen.er.a.tion
(cenirey´şın) /isim/ çoğul generations •
nesil, kuşak: first generation birinci
kuşak the new generation yeni nesil
the generation gap **kuşak farkı**

generator • gen.er.a.tor (cen´ıreytır)
/isim/ çoğul generators • **jeneratör,
dinamo**

generous • gen.er.ous (cen´ırıs)
/sıfat/ **cömert, eli açık:** a generous
donor cömert bir bağışçı

genetic • ge.net.ic (cınet´îk)
/sıfat/ **genetik:** genetic disease genetik
hastalık

genius • gen.ius (cin´yıs)
/isim/ 1. **deha** 2. çoğul geniuses • **dâhi**
3. **üstün yetenek**

gentle • gen.tle (cen´tıl)
/sıfat/ gentler, gentlest • **nazik ve
yumuşak:** a gentle person ince bir
kişi a gentle voice nazik bir ses

gentleman • gen.tle.man (cen´tılmın)
/isim/ çoğul gentlemen • **centilmen,
efendi:** He is a real gentleman. O
gerçek bir beyefendi.

gently • gent.ly (cent´li)
/zarf/ **nazikçe; hafifçe:** We should
treat him gently. Ona nazikçe
davranmalıyız.

genuine • gen.u.ine (cen´yuwîn)
/sıfat/ 1. **gerçek, hakiki:** genuine
leather hakiki deri 2. **içten, samimi:** a
genuine smile içten bir gülümseme

geographic • ge.o.graph.ic (ciyıgräf´îk)
/sıfat/ **coğrafi**

geography • ge.og.ra.phy (ciyag´rıfi)
/isim/ **coğrafya:** physical geography
fiziksel coğrafya

geology • ge.ol.o.gy (ciyal´ıci)
/isim/ **jeoloji, yerbilim**

geometry • ge.om.e.try (ciyam´ıtri)
/isim/ **geometri:** plane geometry
düzlem geometri

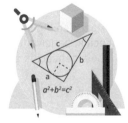

germ • germ (cırm)
/isim/ çoğul germs • **mikrop**

German • Ger.man (cır´mın)
/sıfat/ 1. **Alman** 2. **Almanca**
/isim/ 1. çoğul Germans • **Alman**
2. **Almanca**

Germany • Ger.man.y (cır´mını)
/isim/ Almanya

gesture • ges.ture (ces´çır)
/isim/ çoğul gestures • 1. el/kol/baş
hareketi, jest 2. jest, güzel davranış

get • get (get)
/fiil/ gets, getting, got, gotten/got •
1. elde etmek, kazanmak, edinmek;
almak, satın almak: When will you
get that book for me? O kitabı bana
ne zaman alacaksın? 2. almak: She
got a letter from Melek. Melek'ten
bir mektup aldı. 3. getirmek: Will
you get me my glasses? Gözlüğümü
getirir misin? 4. olmak: He's getting
older. O yaşlanıyor. It's gotten hot.
Sıcak oldu. 5. gitmek, varmak: How
long does it take you to get there?
Oraya varman ne kadar sürer?
get ahead **başarılı olmak:** He can't
seem to get ahead in his work. İşini
başaracak gibi görünmüyor.
get along with someone **biriyle iyi
geçinmek:** Seher tries to get along
with everyone. Seher, herkesle iyi
geçinmeye çalışıyor.
get away **kaçmak:** Get away from
that crocodile. O timsahtan uzak dur.
get back **geri dönmek:** When will
Veli get back home? Veli, eve ne
zaman dönecek?
get better **iyileşmek:** I hope you'll
get better soon. Umarım en kısa
sürede iyileşirsin.
get in (get into) 1. (-e) binmek 2. (-e)
varmak, (-e) ulaşmak
get off (otobüsten, trenden) **inmek:**
Where shall we get off the bus?
Otobüsten nerede ineceğiz?
get on (otobüse, trene) **binmek:**
When did you get on the bus?
Otobüse ne zaman bindin?

get out **ayrılmak, kaçmak; çıkmak:**
We'll get out of here on Friday.
Cuma günü buradan ayrılacağız.
get together **bir araya gelmek,
toplanmak:** Old friends got together
at the restaurant. Eski arkadaşlar
restoranda toplandılar.
get up (yataktan) **kalkmak:** He always
gets up early in the morning. Her
zaman sabah erken kalkar.
get well **iyileşmek:** Get well soon!
Acil şifalar!

ghost • ghost (gost)
/isim/ çoğul ghosts • hayalet, hortlak:
Do you believe in ghosts? Hayaletlere
inanır mısın?

giant • gi.ant (cay´ınt)
/isim/ çoğul giants • dev
/sıfat/ dev gibi, kocaman: a giant
dog kocaman bir köpek

gift • gift (gîft)
/isim/ çoğul gifts • hediye, armağan:
birthday gift yaş günü hediyesi gift
shop hediyelik eşya dükkânı

gigantic • gi.gan.tic (caygän´tîk)
/sıfat/ dev gibi, kocaman: a gigantic
man dev gibi bir adam a gigantic
shark dev bir köpekbalığı

giggle • gig.gle (gîg´ıl)
/fiil/ giggles, giggling, giggled • kıkırdamak,
kıkır kıkır gülmek

gill • gill (gîl)
/isim/ çoğul gills • solungaç

giraffe • gi.raffe (cıräf´)
/isim/ çoğul giraffes/giraffe • zürafa

girl • girl (gırl)
/isim/ çoğul girls • kız: a little girl
küçük bir kız

girlfriend • girl.friend (gırl´frend)
/isim/ çoğul girlfriends • kız arkadaş

give • give (gîv)
/fiil/ gives, giving, gave, given • vermek:
Would you give me that book? Şu
kitabı bana verir misin? Give him
my best wishes. Ona iyi dileklerimi
iletin.
give away **hediye etmek:** She gave
her car away. Arabasını hediye etti.
give back **geri vermek, iade etmek:**
Give my book back to me, please.
Kitabımı geri verin lütfen.
give ear to **-e kulak vermek:** Nobody
gave ear to what he said. Ne dediğine
kimse kulak asmadı.
give off **(koku, gaz, buhar) yaymak,
çıkarmak:** Plants give off oxygen.
Bitkiler havaya oksijen verir.
give rise to **-e yol açmak:** Stress gives
rise to disease. Gerilim hastalığa
neden oluyor.
give up **vazgeçmek:** He never gave
up. Asla vazgeçmedi. He never gave

up hope. Umudunu hiç kaybetmedi.

given • giv.en (gîv´ın)
/fiil/ bkz. give

glacier • gla.cier (gley´şır)
/isim/ çoğul glaciers • buzul: Glaciers
are melting because of global
warming. Küresel ısınma nedeniyle
buzullar eriyor.

glad • glad (gläd)
/sıfat/ gladder, gladdest • mutlu, mem-
nun: We are glad about your visit.
Ziyaretinize memnun olduk.

gland • gland (gländ)
/isim/ çoğul glands • bez, beze, gudde

glass • glass (gläs)
/isim/ çoğul glasses • 1. cam: a box
made of glass camdan bir kutu
2. bardak: water glass su bardağı

glasses • glass.es (gläs´ız)
/isim/ (çoğul) gözlük

glider • glid.er (glay´dır)
/isim/ çoğul gliders • planör

gliding • glid.ing (glay´dîng)
/isim/ planörcülük

global • glob.al (glo´bıl)
/sıfat/ küresel, global: global warming
küresel ısınma

globalization • glob.al.i.za.tion
(globılızey´şın) /isim/ küreselleşme,
globalleşme
İng. globalisation

globalize • glob.al.ize (glo´bılayz)
/fiil/ globalizes, globalizing, globalized •
küreselleşmek, globalleşmek
İng. globalise

globe • globe (glob)
/isim/ çoğul globes • **küre, yuvarlak,
yuvar**

glorious • glo.ri.ous (glor´iyıs)
/sıfat/ **çok şerefli, yücetilmeye değer:**
This country has a glorious past. Bu
ülkenin şanlı bir geçmişi var.

glory • glo.ry (glor´i)
/isim/ 1. **şan ve şeref** 2. çoğul glories •
övünç kaynağı

glossary • glos.sa.ry (glas´ıri)
/isim/ çoğul glossaries • **kitabın sonun-
daki sözlük bölümü**

glove • glove (glʌv)
/isim/ çoğul gloves • **eldiven:** a pair of
gloves bir çift eldiven
baseball glove **beysbol eldiveni**
boxing glove **boks eldiveni**
fit like a glove **tıpatıp uymak**
rubber gloves **lastik eldiven**

glow • glow (glo)
/fiil/ glows, glowing, glowed • (kor) **par-
lamak; kor gibi parlamak:** The cat's
eyes glowed in the dark. Kedinin
gözleri karanlıkta parlıyordu.

glue • glue (glu)
/isim/ çoğul glues • **zamk, tutkal:**
liquid glue sıvı zamk

go • go (go)
/fiil/ goes, going, went, gone • **gitmek:**
She goes to school by bus. Okula
otobüsle gider. Where is Öner
going? Öner nereye gidiyor?
go after **kovalamak:** We went after
the thief. Hırsızı kovaladık.
go against **-e karşı olmak; -e karşı
çıkmak:** Arzu is going against her
parents' wishes. Arzu, anne ve
babasının isteklerine karşı çıkıyor.
go ahead 1. (of) (-den) **önce gitmek;
önden gitmek** 2. (with) (-e) **devam
etmek:** Go ahead! Devam et!
go along 1. **devam etmek, ilerlemek**
2. with (bir düşünceye, birine) **katıl-
mak** 3. with **ile beraber gitmek**
Go along! **Haydi, git!**
go away **gitmek, ayrılmak:** Please,
go away from here now. Lütfen
şimdi burayı terk et.
Go away! **Defol!**
go back 1. **dönmek** 2. **-e uzanmak:**
His story goes back to my childhood.
Onun öyküsü benim çocukluğuma
uzanır.
go down (düzey) **düşmek:** We watched
the sun go down. Güneşin batışını
izledik.
go for nothing **boşa gitmek:** Have all
our efforts gone for nothing? Tüm
çabalarımız boşa mı gitti?
go into (bir sayı) (başka bir sayıyı)

tam bölmek: 5 goes into 20 four times. 20'de 5, 4 tanedir. (20 bölü 5, 4 eder.) 5 doesn't go into 19. 19, 5'e tam bölünmez.

go on devam etmek
go out (eğlence amaçlı) dışarı çıkmak
go up yükselmek, çıkmak: The price of computers is going up. Bilgisayar fiyatları yükseliyor.
be going to -ecek: Are you going to go to the theater tonight? Bu gece tiyatroya gidecek misin? It's going to be sunny tomorrow. Yarın hava güneşli olacak.
How's it going? Nasıl gidiyor?

goal • goal (gol)
/isim/ çoğul goals • **1. amaç, erek, hedef:** pursue one's goal amacının peşinden gitmek **2.** (spor) **kale**
goal kick kale vuruşu
goal posts kale direkleri
3. (spor) **gol:** Tanju scored the first goal. İlk golü Tanju attı.

goat • goat (got)
/isim/ çoğul goats • **keçi:** goat's cheese keçi peyniri goat's milk keçi sütü
mountain goat dağkeçisi

God • God (gad)
/isim/ **Allah**
God forbid! Allah korusun!
God only knows! Allah bilir!
Thank God! Allaha şükür!

god • god (gad)
/isim/ çoğul gods • **tanrı, ilah:** god of war savaş tanrısı

goddess • god.dess (gad´îs)
/isim/ çoğul goddesses • **tanrıça, ilahe:** goddess of victory zafer tanrıçası

gold • gold (gold)
/isim/ **altın**
gold mine altın madeni
/sıfat/ **altın:** a gold bracelet altın bir bilezik

golden • gold.en (gol´dın)
/sıfat/ **1. altın, altından:** a golden necklace altın bir kolye **2. altın rengi**
the Golden Horn **Haliç**

goldfish • gold.fish (gold´fîş)
/isim/ çoğul goldfish • **kırmızıbalık, havuzbalığı, altınbalık**

goldsmith • gold.smith (gold´smîth)
/isim/ çoğul goldsmiths • **altın kuyumcusu**

golf • golf (gôlf)
/isim/ **golf:** golf club golf sopası golf course golf sahası

gondola • gon.do.la (gan´dılı, gando´lı)
/isim/ çoğul gondolas • **gondol**

gone • gone (gôn, gan)
/fiil/ bkz. **go**

good • good (gûd)
/sıfat/ better, best • **iyi:** a good book iyi bir kitap a good person iyi bir insan a good player iyi bir oyuncu Mert is good at mathematics. Mert, matematikte başarılı.
Good afternoon! İyi günler!
Good evening! İyi akşamlar!
Good luck! Bol şanslar!
Good morning! Günaydın!
Good night! İyi geceler!

good-bye • good-bye (gûdbay´)
/ünlem/ Allaha ısmarladık

good-looking • good-look.ing (gûd´lûk´îng) /sıfat/ yakışıklı

good-natured • good.na.tured (gûd´ney´çırd) /sıfat/ iyi huylu

goodness • good.ness (gûd´nîs)
/isim/ iyilik

goods • goods (gûdz)
/isim/ mallar, taşınabilir eşya: cheap goods ucuz mal stolen goods çalıntı eşya

goose • goose (gus)
/isim/ çoğul geese • **kaz**

gorgeous • gor.geous (gôr´cıs)
/sıfat/ çok güzel, harika: This is a gorgeous house. Bu harika bir ev.

gorilla • go.ril.la (gırîl´ı)
/isim/ çoğul gorillas • **goril**

¹**gossip** • gos.sip (gas´ıp)
/isim/ dedikodu

²**gossip** • gos.sip (gas´ıp)
/fiil/ gossips, gossiping, gossiped • **dedikodu yapmak:** Some people gossip a lot. Bazı insanlar çok dedikodu yapar.

got • got (gat)
/fiil/ bkz. get

gotten • got.ten (gat´ın)
/fiil/ bkz. get

govern • gov.ern (gʌv´ırn)
/fiil/ governs, governing, governed • **yönetmek, idare etmek**

government • gov.ern.ment (gʌv´ırnmınt) /isim/ çoğul governments • **hükümet:** the government of Portugal Portekiz hükümeti

governor • gov.er.nor (gʌv´ırnır)
/isim/ çoğul governors • **vali:** The governor will visit our school this week. Vali bu hafta okulumuzu ziyaret edecek.

grab • grab (gräb)
/fiil/ grabs, grabbing, grabbed • **kapmak, çabucak ve zorla elinden almak:** The bagsnatcher grabbed Demet's bag

and ran off. Kapkaççı, Demet'in çantasını kapıp kaçtı.

grace • grace (greys)
/isim/ zarafet, incelik

graceful • grace.ful (greys´fıl)
/sıfat/ zarif, latif: a graceful dancer zarif bir dansçı

grad • grad (gräd)
/isim/ çoğul grads • (konuşma dili) mezun: high school grad lise mezunu

grade • grade (greyd)
/isim/ çoğul grades • 1. derece 2. sınıf: first grade birinci sınıf grade 8 8. sınıf grade school bkz. elementary school 3. not, puan

gradual • grad.u.al (gräc´uwıl)
/sıfat/ derece derece olan, yavaş yavaş olan, yavaş: a gradual increase dereceli bir artış

gradually • grad.u.al.ly (gräc´uwıli)
/zarf/ yavaş yavaş, derece derece, gittikçe, giderek: The patient's condition gradually improved. Hastanın durumu giderek düzeldi.

¹**graduate** • grad.u.ate (gräc´uwît)
/isim/ çoğul graduates • mezun, mezun kimse: law graduate hukuk mezunu

²**graduate** • grad.u.ate (gräc´uweyt)
/fiil/ graduates, graduating, graduated • (from) (-den) mezun olmak; -i mezun etmek

graduation • grad.u.a.tion (gräcuwey´şın) /isim/ mezun olma: graduation ceremony mezuniyet töreni

grain • grain (greyn)
/isim/ çoğul grains • (tahılda) tane: wheat grain buğday tanesi

gram • gram (gräm)
/isim/ çoğul grams • gram İng. gramme

grammar • gram.mar (gräm´ır)
/isim/ çoğul grammars • dilbilgisi, gramer: the rules of English grammar İngilizce dilbilgisi kuralları

grand • grand (gränd)
/sıfat/ grander, grandest • büyük, muhteşem, görkemli

grandchild • grand.child (gränd´çayld)
/isim/ çoğul grandchildren • torun

granddad • grand.dad (gränd´däd)
/isim/ çoğul granddads • (konuşma dili) dede, büyükbaba

granddaughter • grand.daugh.ter (gränd´dôtır) /isim/ çoğul granddaughters • kız torun

grandfather • grand.fa.ther (gränd´fadhır) /isim/ çoğul grandfathers • büyükbaba, dede

grandma • grand.ma (gränd´ma)
/isim/ çoğul grandmas • (konuşma dili) nine, büyükanne

grandmother • grand.moth.er
(gränd´mʌdhır) /isim/ çoğul grand-
mothers • büyükanne, nine

grandpa • grand.pa (gränd´pa)
/isim/ çoğul grandpas • (konuşma dili)
dede, büyükbaba

grandparent • grand.par.ent
(gränd´perınt) /isim/ çoğul grandparents
• büyükbaba; büyükanne

grandson • grand.son (gränd´sʌn)
/isim/ çoğul grandsons • erkek torun

granny • gran.ny (grän´i)
/isim/ çoğul grannies • (konuşma dili)
nine, büyükanne

grape • grape (greyp)
/isim/ çoğul grapes • üzüm: a bunch of
grapes bir salkım üzüm

grapefruit • grape.fruit (greyp´frut)
/isim/ çoğul grapefruits • greyfrut:
grapefruit juice greyfrut suyu

graph • graph (gräf)
/isim/ çoğul graphs • grafik, çizge
area graph alan grafiği
bar graph çubuk grafik
graph paper kareli kâğıt
line graph çizgi grafiği
pie graph dilimli grafik

grass • grass (gräs)
/isim/ çoğul grasses • çimen, çim, ot:
I mowed the grass yesterday.
Çimleri dün biçtim.

grasshopper • grass.hop.per
(gräs´hapır) /isim/ çoğul grasshoppers
• çekirge

grate • grate (greyt)
/isim/ çoğul grates • 1. ızgara: street
grate yol ızgarası 2. demir parmaklık:
iron grate demir parmaklık

grateful • grate.ful (greyt´fıl)
/sıfat/ minnettar: I'm grateful to
Nimet for her help. Yardımı için
Nimet'e minnettarım.

grave • grave (greyv)
/isim/ çoğul graves • mezar

graveyard • grave.yard (greyv´yard)
/isim/ çoğul graveyards • mezarlık

gravity • grav.i.ty (gräv´ıti)
/isim/ yerçekimi
center of gravity ağırlık merkezi
specific gravity özgül ağırlık

gray • gray (grey)
/sıfat/ grayer, grayest • gri: a gray day
bulutlu bir gün gray hair kır saç
İng. grey
/isim/ grays • gri
İng. grey

graze • graze (greyz)
/fiil/ grazes, grazing, grazed • otlamak;
otlatmak: The cows are grazing on
the meadow. İnekler çayırda otluyor.

great • great (greyt)
/sıfat/ greater, greatest • 1. büyük
(derece, miktar), çok: a great crowd
büyük bir kalabalık 2. önemli: news of
great importance çok önemli haber
Great Britain Büyük Britanya
the Great Bear (gökbilim) Büyükayı

greedy • greed.y (gri´di)
/sıfat/ greedier, greediest • hırslı, açgöz-
lü: greedy salesman açgözlü satıcı
be greedy for gözünü (bir şey) hırsı
bürümek: He is greedy for money.
Gözünü para hırsı bürümüş.

green • green (grin)
/sıfat/ greener, greenest • yeşil: green
olive yeşil zeytin
green light (trafik) yeşil ışık
/isim/ çoğul greens • yeşil
greens yeşillik; yeşil yapraklı sebzeler

greengrocer • green.gro.cer
(grin´grosır) /isim/ çoğul greengrocers •
İng. manav

greenhouse • green.house (grin´haus)
/isim/ çoğul greenhouses • sera

greet • greet (grit)
/fiil/ greets, greeting, greeted • selam
vermek, selamlamak: Our neighbor
greeted me this morning. Bu sabah
komşumuz bana selam verdi.

greeting • greet.ing (gri´tîng)
/isim/ çoğul greetings • selam
greeting card tebrik kartı

grew • grew (gru)
/fiil/ bkz. grow

grief • grief (grif)
/isim/ büyük üzüntü, acı, keder

grieve • grieve (griv)
/fiil/ grieves, grieving, grieved • büyük
bir üzüntü içinde olmak; -e büyük
üzüntü vermek, -e acı vermek: My
son's troubles grieve me. Oğlumun
sıkıntıları beni üzüyor.

grill • grill (grîl)
/isim/ çoğul grills • ızgara

grind • grind (graynd)
/fiil/ grinds, grinding, ground • (değirmen,
havan v.b.´nde) öğütmek/çekmek/
dövmek: Tuğçe prefers freshly
ground black pepper. Tuğçe, taze
çekilmiş karabiber tercih eder.

grip • grip (grîp)
/fiil/ grips, gripping, gripped • sıkı tutmak,
kavramak: Gizem gripped her mother's
hand firmly. Gizem, annesinin elini
sıkıca tuttu.

grocer • gro.cer (gro´sır)
/isim/ çoğul grocers • bakkal

grocery • gro.cer.y (gro´sıri)
/isim/ çoğul groceries • bakkal dükkânı,
bakkal
groceries bakkaldan alınan gıda
maddeleri
grocery store bakkal dükkânı, bakkal

groom • groom (grum)
/isim/ çoğul grooms • güvey, damat

gross • gross (gros)
/sıfat/ brüt (miktar, ağırlık)
gross weight brüt ağırlık

¹ground • ground (graund)
/fiil/ bkz. grind

²ground • ground (graund)
/isim/ yer (yerin yüzeyi); zemin:
He sat on the ground. Yere oturdu.
ground floor zemin katı

groundnut • ground.nut (graund´nʌt)
/isim/ çoğul groundnuts • bkz. peanut

¹group • group (grup)
/isim/ çoğul groups • grup, küme:
a group of trees bir ağaç kümesi
group work grup çalışması

²group • group (grup)
/fiil/ groups, grouping, grouped • grup-
landırmak; gruplaşmak

grow • grow (gro)
/fiil/ grows, growing, grew, grown •
1. büyümek; gelişmek: Children
grow quickly. Çocuklar çabuk büyür.
2. (bitki/sebze/meyve) yetiştirmek;
yetişmek: Ülkü grows grapes.
Ülkü, üzüm yetiştiriyor. 3. olmak:
He's grown old. Yaşlandı. Kerem

grew bored of city life. Kerem, kent
yaşamından sıkıldı. The country
gradually grew rich. Ülke gittikçe
zenginleşti. The skies had grown
dark. Gökyüzü kararmıştı.
grow up büyümek: He wants to
become a pilot when he grows up.
Büyüyünce pilot olmak istiyor.

grown • grown (gron)
/fiil/ bkz. grow

grown-up • grown-up (gron´ʌp)
/sıfat/ yetişkin: She has a grown-up
daughter. Yetişkin bir kızı var.
/isim/ çoğul grown-ups • yetişkin:
a summer camp for grown-ups
yetişkinler için bir yaz kampı

growth • growth (groth)
/isim/ büyüme, gelişme: growth rate
büyüme oranı

¹guarantee • guar.an.tee (gerınti´)
/isim/ çoğul guarantees • garanti

²guarantee • guar.an.tee (gerınti´)
/fiil/ guarantees, guaranteeing,
guaranteed • garanti etmek

¹guard • guard (gard)
/isim/ çoğul guards • 1. koruma görevlisi,
muhafız; nöbetçi
be on guard nöbet tutmak; tetikte
olmak
be under guard koruma altında olmak
2. İng. (trende) biletçi

²guard • guard (gard)
/fiil/ guards, guarding, guarded • korumak:
The dog was guarding the farmhouse.
Köpek çiftlik evini koruyordu.

guardian • guard.i.an (gar´diyın)
/isim/ çoğul guardians • **koruyucu**

¹guess • guess (ges)
/fiil/ guesses, guessing, guessed •
1. tahmin etmek: Can you guess my age? Yaşımı tahmin edebilir misin?
2. zannetmek, sanmak: I guess we'll never know. Sanırım hiç bilemeyeceğiz.
guess right **doğru tahmin etmek**
guess wrong **yanlış tahmin etmek**

²guess • guess (ges)
/isim/ çoğul guesses • **tahmin**

guest • guest (gest)
/isim/ çoğul guests • **konuk, misafir; davetli:** an uninvited guest davetsiz bir misafir guest list davetli listesi
guest of honor **onur konuğu**
guest room **misafir odası**

guidance • guid.ance (gayd´ıns)
/isim/ **rehberlik, yol gösterme**

¹guide • guide (gayd)
/fiil/ guides, guiding, guided • **rehberlik etmek, yol göstermek:** He guided me to my seat. Bana oturacağım yeri gösterdi.

²guide • guide (gayd)
/isim/ çoğul guides • **rehber, kılavuz**

guidebook • guide.book (gayd´bûk)
/isim/ çoğul guidebooks • **rehber kitabı**

guilt • guilt (gîlt)
/isim/ **suçluluk:** admit one's guilt suçunu kabul etmek

guilty • guilt.y (gîl´ti)
/sıfat/ **suçlu**
feel guilty **kendini suçlu hissetmek**

guinea pig • guin.ea pig (gîn´i pîg)
/isim/ çoğul guinea pigs • **kobay**

guitar • gui.tar (gîtar´)
/isim/ çoğul guitars • **gitar:** classical guitar klasik gitar
play the guitar **gitar çalmak**

gulf • gulf (gʌlf)
/isim/ çoğul gulfs • **körfez**
the Gulf Stream **Golfstrim**
the Persian Gulf **Basra Körfezi**

gull • gull (gʌl)
/isim/ çoğul gulls • **martı**

gum • gum (gʌm)
/isim/ **1.** çoğul gums • **dişeti
2.** (bazı ağaçlarda oluşan) **reçine, ağaç sakızı 3. çiklet, sakız**

gun • gun (gʌn)
/isim/ çoğul guns • **ateşli silah** (top, tüfek, tabanca)

gunpowder • gun.pow.der
(gʌn´paudır) /isim/ barut: Gunpowder
was invented by the Chinese. Barut,
Çinliler tarafından bulundu.

gutter • gut.ter (gʌt´ır)
/isim/ çoğul gutters • 1. oluk, çatı
oluğu, yağmur oluğu 2. yol oluğu

guy • guy (gay)
/isim/ çoğul guys • (konuşma dili) adam

gym • gym (cîm)

/isim/ 1. çoğul gyms • spor salonu,

jimnastik salonu 2. (okullarda)

beden eğitimi

gym shoes jimnastik ayakkabıları

gymnastics • gym.nas.tics

(cîmnäs´tîks) /isim/ jimnastik

Hh

H, h • h (eyç)
/isim/ H, İngiliz alfabesinin sekizinci harfi

habit • hab.it (häb´ît)
/isim/ çoğul habits • alışkanlık: bad habit kötü alışkanlık

habitat • hab.i.tat (häb´îtät)
/isim/ çoğul habitats • habitat (doğal yaşam ortamı): protect fish habitat balık habitatını korumak

had • had (häd)
/fiil/ bkz. have
hadn´t → had not

hail • hail (heyl)
/isim/ (yağış olarak) dolu

hailstorm • hail.storm (heyl´stôrm)
/isim/ çoğul hailstorms • dolu fırtınası:
The hailstorm did great damage to the orchard. Dolu fırtınası meyve bahçesine büyük zarar verdi.

hair • hair (her)
/isim/ 1. saç
hair curler bigudi

hair dryer saç kurutma makinesi
hair spray saç spreyi
2. çoğul hairs • kıl; tüy

hairbrush • hair.brush (her´brʌş)
/isim/ çoğul hairbrushes • saç fırçası

haircut • hair.cut (her´kʌt)
/isim/ çoğul haircuts • 1. saç tıraşı
2. saç kesimi

hairdresser • hair.dress.er (her´dresır) /isim/ çoğul hairdressers •
1. kadın berberi 2. İng. erkek berberi

hairy • hair.y (her´i)
/sıfat/ hairier, hairiest • tüylü, kıllı: a hairy animal tüylü bir hayvan

Hajj • Hajj (hac)
/isim/ (the) hac

half • half (häf)
/isim/ çoğul halves • **yarım, yarı:** the first half of the century yüzyılın ilk yarısı Two halves make a whole. İki yarım bir bütün eder.
cut in half (cut into halves) **yarıya bölmek**
/sıfat/ **buçuk; yarı, yarım:** a half page yarım sayfa half a kilo yarım kilo half an hour yarım saat

half-moon • half-moon (häf´mun)
/isim/ **yarımay**

half-time • half-time (häf´taym´)
/sıfat/ **yarım günlük, yarı zamanlı** (iş, çalışma)

hall • hall (hôl)
/isim/ çoğul halls • **1. koridor; hol 2. salon:** concert hall konser salonu

Halloween • hal.low.een (hälowin´)
/isim/ **cadılar bayramı** (31 Ekim)

hallway • hall.way (hôl´wey)
/isim/ çoğul hallways • **koridor; hol**

ham • ham (häm)
/isim/ çoğul hams • **jambon**

hamburger • ham.burg.er (häm´bırgır) /isim/ çoğul hamburgers • **hamburger**

hammer • ham.mer (häm´ır)
/isim/ çoğul hammers • **çekiç; tokmak**
hammer throw (spor) **çekiç atma**

hammock • ham.mock (häm´ık)
/isim/ çoğul hammocks • **hamak**

hamster • ham.ster (häm´stır)
/isim/ çoğul hamsters • **cırlaksıçan, hamster**

¹hand • hand (händ)
/isim/ çoğul hands • **el**
by hand **elle**
hand in hand **el ele**
hand signal **el işareti**
Hands off! **Dokunma!**
Hands up! **Eller yukarı!**
on the other hand (on the one hand) **diğer taraftan, öte yandan**

²hand • hand (händ)
/fiil/ hands, handing, handed • (elle) **vermek, uzatmak:** Please hand me that newspaper. Lütfen o gazeteyi bana uzatır mısınız?

handbag • hand.bag (händ´bäg)
/isim/ çoğul handbags • **el çantası**

handball • hand.ball (händ´bôl)
/isim/ (spor) **eltopu, hentbol**

handbook • hand.book (händ´bûk)
/isim/ çoğul handbooks • **elkitabı**

handbrake • hand.brake
(händ´breyk) /isim/ çoğul handbrakes •
el freni

handcuff • hand.cuff (händ´kʌf)
/isim/ çoğul handcuffs • kelepçe

handful • hand.ful (händ´fûl)
/isim/ çoğul handfuls • avuç dolusu,
az miktar: I eat a handful of raisins
everyday. Her gün bir avuç kuru üzüm
yerim.

handkerchief • hand.ker.chief
(häng´kırçîf) /isim/ çoğul handkerchiefs/
İng. handkerchieves • mendil: silk hand-
kerchief ipek mendil

handle • han.dle (hän´dıl)
/isim/ çoğul handles • tutamaç, sap,
kulp: door handle kapı kolu

handlebar • han.dle.bar (hän´dılbar)
/isim/ çoğul handlebars • (bisiklette/
motosiklette) gidon

handmade • hand.made (händ´meyd)
/sıfat/ el işi, el yapımı: handmade
products el yapımı ürünler

handsome • hand.some (hän´sım)
/sıfat/ yakışıklı: a handsome boy
yakışıklı bir çocuk

handstand • hand.stand (händ´ständ)
/isim/ çoğul handstands • ellerin üze-
rinde durma, amuda kalkma

handwriting • hand.writ.ing
(händ´raytîng) /isim/ el yazısı: Can
you read my handwriting? El yazımı
okuyabiliyor musun?

hang • hang (häng)
/fiil/ hangs, hanging, hung • asmak;
asılmak; sarkmak: Hang your coat
up on the rack. Paltonu askılığa as.
He hung the picture on the wall.
Resmi duvara astı.
hang on dayanmak, katlanmak
Hang on. Bir dakika. (Bekle.)
hang up telefonu kapamak

hanger • hang.er (häng´ır)
/isim/ çoğul hangers • 1. askı; askı
kancası 2. çengel

hangman • hang.man (häng´mın)
/isim/ 1. çoğul hangmen • cellat
2. adam asmaca oyunu

happen • hap.pen (häp´ın)
/fiil/ happens, happening, happened •
olmak, meydana gelmek: The
accident happened at about 21:00.
Kaza 21:00 civarında meydana geldi.
happen to -in başına gelmek, -e
olmak: What happened to that poor
cat? O zavallı kediye ne oldu?

happening • hap.pen.ing (häp´ınîng)
/isim/ çoğul happenings • olay, vaka

happily • hap.pi.ly (häp´ıli)
/zarf/ mutlulukla, sevinçle: He laughed
happily. Mutlu bir şekilde güldü.

happiness • hap.pi.ness (häp´inîs)
/isim/ mutluluk: Money does not bring

happiness. Para mutluluk getirmez.

happy • hap.py (häp´i)
/sıfat/ happier, happiest • **mutlu, mesut:**
a happy childhood mutlu bir çocukluk
be happy to do (something) (bir şeyi)
seve seve yapmak: I'd be happy to
do that. Seve seve yaparım.
Happy birthday! **Doğum günün kutlu
olsun!**
Happy New Year! **Mutlu yıllar!**

harbor • har.bor (har´bır)
/isim/ çoğul harbors • **liman:** boats in
harbor limandaki kayıklar
İng. **harbour**

hard • hard (hard)
/sıfat/ harder, hardest • **1. güç, zor:**
a hard question zor bir soru
It's hard to decide. Karar vermesi zor.
hard luck **şanssızlık**
2. katı, sert: a hard apple sert bir
elma a hard mattress sert bir yatak
/zarf/ **gayretle, güçlü bir şekilde:**
Bülent worked hard all day. Bülent,
bütün gün çok sıkı çalıştı.

hard-boiled • hard-boiled
(hard´boyld´) /sıfat/ **lop, katı** (yumur-
ta): hard-boiled egg lop yumurta

harden • hard.en (har´dın)
/fiil/ hardens, hardening, hardened •
**sertleştirmek, katılaştırmak;
sertleşmek, katılaşmak**

hardly • hard.ly (hard´li)
/zarf/ **zorla, güçlükle:** He can hardly
forgive offenses. Kusurları çok güç
bağışlar.

hardship • hard.ship (hard´şîp)

/isim/ çoğul hardships • **sıkıntı, darlık,
güçlük:** She was discouraged by
the hardships of her job. İşinin
güçlükleri yüzünden cesareti kırıldı.

hardware • hard.ware (hard´wer)
/isim/ **1. madeni eşya, hırdavat
2. (bilgisayar) donanım**

hard-working • hard-work.ing
(hard´wır´kîng) /sıfat/ **çalışkan, sıkı
çalışan:** Çelik is a hard-working
student. Çelik, çalışkan bir öğrencidir.

hare • hare (her)
/isim/ çoğul hares • **yabantavşanı**

¹**harm** • harm (harm)
/isim/ **zarar, hasar**
do harm **zarar vermek**

²**harm** • harm (harm)
/fiil/ harms, harming, harmed • **zarar
vermek, kötülük etmek:** Chemical
wastes harm the environment.
Kimyasal atıklar çevreye zarar veriyor.

harmful • harm.ful (harm´fıl)
/sıfat/ **zararlı, fena:** harmful effect
zararlı etki

harmless • harm.less (harm´lîs)
/sıfat/ **zararsız:** Spiders are usually
harmless. Örümcekler genellikle
zararsızdır.

harmony • har.mo.ny (har´mıni)
/isim/ **ahenk, uyum:** We should live
in harmony with nature. Doğa ile
uyum içinde yaşamalıyız.

harness • har.ness (har´nîs)
/isim/ çoğul harnesses • **koşum takımı:**
The farmer bought a new harness
for his horse. Çiftçi, atı için yeni bir
koşum takımı aldı.

harsh • harsh (harş)
/sıfat/ harsher, harshest • **sert, acı:**
harsh measures sert önlemler
the harsh realities of life hayatın acı
gerçekleri

harvest • har.vest (har´vîst)
/isim/ çoğul harvests • **hasat**

has • has (häz)
/fiil, yardımcı fiil/ bkz. have
hasn't → has not

haste • haste (heyst)
/isim/ **acele**
Haste makes waste. Acele işe şeytan
karışır.
in haste **aceleyle, telaşla**
make haste **acele etmek**

hat • hat (hät)
/isim/ çoğul hats • **şapka**

hatch • hatch (häç)
/fiil/ hatches, hatching, hatched •
1. civciv çıkarmak 2. yumurtadan

çıkmak: Six little chicks hatched out.
Yumurtalardan altı minik civciv çıktı.

hate • hate (heyt)
/fiil/ hates, hating, hated • **nefret etmek:**
He hates traffic jams. Trafik
tıkanıklığından nefret eder.

hatred • ha.tred (hey´trîd)
/isim/ **kin, nefret, düşmanlık**

haunted • haunt.ed (hôn´tîd)
/sıfat/ **tekin olmayan, perili:** Children
believe that this mansion is haunted.
Çocuklar bu köşkün perili olduğuna
inanıyor.

have • have (häv)
/fiil/ have, having, had (kuraldışı çekim-
leri: şimdiki zaman → I, you, we,
they have; he, she, it has; geçmiş
zaman → had) • **1. sahip olmak, -si
olmak:** Does Bilge have a bicycle?
Bilge'nin bisikleti var mı?
have an idea **bir fikri olmak**
have got **sahip olmak:** Have you got
a pencil? Kalemin var mı?
have no time **zamanı olmamak**
2. yapmak, etmek
have breakfast **kahvaltı etmek**
have dinner **akşam yemeği yemek**
have lunch **öğle yemeği yemek**
/yardımcı fiil/ 1. (Geçmiş zaman ortacı
ile birlikte kullanılır.): Have you seen
Güngör? Güngör'ü gördün mü? She
has finished her homework. Ev
ödevini bitirdi. **2.** (to mastarı ile
birlikte) **gerekmek:** I have to go.
Gitmeliyim./Gitmem gerek. It has to
be finished on time. Zamanında
bitirilmeli. had better **-se iyi olur:** I
had better go. Gitsem iyi olur.
haven't → have not

hawk • hawk (hôk)
/isim/ çoğul hawks • şahin; atmaca

hay • hay (hey)
/isim/ saman, kuru ot
hay fever **saman nezlesi**
Make hay while the sun shines.
Yağmur yağarken küpünü doldur.

hazard • haz.ard (häz´ırd)
/isim/ şans, tehlike, riziko

hazardous • haz.ard.ous (häz´ırdıs)
/sıfat/ riskli, tehlikeli: hazardous
waste tehlikeli atıklar hazardous
work riskli iş

hazel • ha.zel (hey´zıl)
/isim/ çoğul hazels • fındık ağacı
/sıfat/ ela (göz)

hazelnut • ha.zel.nut (hey´zılnʌt)
/isim/ çoğul hazelnuts • fındık: roasted
hazelnut kavrulmuş fındık

he • he (hi)
/zamir/ (eril) o: He is a student.

O bir öğrencidir.
he'd → 1. he had 2. he would
he'll → he will, he shall
he's → 1. he is 2. he has

head • head (hed)
/isim/ çoğul heads • kafa, baş
from head to foot **baştan aşağı,
tepeden tırnağa (kadar)**
Heads or tails? **Yazı mı, tura mı?**

headache • head.ache (hed´eyk)
/isim/ çoğul headaches • baş ağrısı:
I have a headache. **Başım ağrıyor.**

headlight • head.light (hed´layt)
/isim/ çoğul headlights • far: The head-
lights of the car were on. Otomobilin
farları açıktı.

headline • head.line (hed´layn)
/isim/ çoğul headlines • manşet, başlık

headmaster • head.mas.ter
(hed´mäs´tır) /isim/ çoğul headmasters
• (erkek) okul müdürü: headmaster's
room müdür odası

headmistress • head.mis.tress
(hed´mîs´trîs) /isim/ çoğul headmistresses
• okul müdiresi

headphone • head.phone (hed´fon)
/isim/ çoğul headphones • (telefon, radyo
v.b.'nde) kulaklık

headquarters • head.quar.ters
(hed´kwôrtırz) /isim/ çoğul headquarters
• 1. karargâh 2. merkez büro

heal • heal (hil)
/fiil/ heals, healing, healed • iyileştirmek;
iyileşmek: The wound was healing
fast. Yara hızla iyileşiyordu.

health • health (helth)
/isim/ sağlık: enjoy good health
sağlığı yerinde olmak

healthy • health.y (hel´thi)
/sıfat/ healthier, healthiest • sağlıklı,
sağlam: a healthy child sağlıklı bir
çocuk

¹heap • heap (hip)
/isim/ çoğul heaps • yığın, küme: heap
of books kitap yığını

²heap • heap (hip)
/fiil/ heaps, heaping, heaped • yığmak:
The old newspapers were heaped
up on the table. Eski gazeteler
masanın üzerine yığılmıştı.

hear • hear (hîr)
/fiil/ hears, hearing, heard • 1. işitmek,
duymak: Can you hear me? Beni
duyabiliyor musun? 2. dinlemek: Did
you hear his speech on the radio?
Radyodaki konuşmasını dinledin mi?
Hear! Hear! Bravo!/Yaşa!
hear of (hear about) -den haberi
olmak, -i duymak: We haven't heard
of Hakan since then. O zamandan
beri Hakan'dan haber almadık.

heard • heard (hırd)
/fiil/ bkz. hear

hearing • hear.ing (hîr´îng)
/isim/ işitme
hearing aid işitme cihazı

hearsay • hear.say (hîr´sey)
/isim/ söylenti, dedikodu: It's just
hearsay! O, sadece bir söylenti!

heart • heart (hart)
/isim/ çoğul hearts • kalp, yürek: have
heart trouble kalp rahatsızlığı olmak
by heart ezbere
heart attack kalp krizi
heart disease kalp hastalığı

¹heat • heat (hit)
/isim/ sıcaklık, ısı

²heat • heat (hit)
/fiil/ heats, heating, heated • ısıtmak;
ısınmak

heater • heat.er (hi´tır)
/isim/ çoğul heaters • ısıtıcı: Turn the
heater off. Isıtıcıyı kapa.

heating • heat.ing (hi´tîng)
/isim/ ısıtma: heating systems
ısıtma sistemleri

heaven • heav.en (hev´ın)
/isim/ cennet: go to heaven cennete
gitmek

heavily • heav.i.ly (hev´ıli)
/zarf/ 1. ağır bir şekilde: a heavily

loaded ship aşırı yüklenmiş bir gemi
2. şiddetle

heavy • heav.y (hev´i)
/sıfat/ heavier, heaviest • **1. ağır:**
a heavy load ağır bir yük **2. şiddetli,
kuvvetli** (yağmur, rüzgâr, fırtına)

hedgehog • hedge.hog (hec´hôg)
/isim/ çoğul hedgehogs • **kirpi**

heel • heel (hil)
/isim/ çoğul heels • **topuk, ökçe**
Achilles' heel (birinin) zayıf nokta(sı)
high heels yüksek topuklu ayakkabılar

height • height (hayt)
/isim/ çoğul heights • **1. yükseklik:**
The height of that tower is 50 meters.
Şu kulenin yüksekliği 50 metre.
2. boy: Ayhan's father is of average
height. Ayhan'ın babası orta boylu.

heir • heir (er)
/isim/ çoğul heirs • **vâris, mirasçı**

held • held (held)
/fiil/ bkz. hold

helicopter • hel.i.cop.ter (hel´ıkaptır,
hi´lıkaptır) /isim/ çoğul helicopters •
helikopter: We had an amazing
helicopter tour in Kaş. Kaş'ta
muhteşem bir helikopter turu yaptık.

hell • hell (hel)
/isim/ **cehennem**
hell on earth çok kötü durum
like hell deli gibi
raise hell karışıklık çıkarmak

hello • hel.lo (hılo´)
/ünlem/ **1. merhaba:** Hello, Halil!
Merhaba, Halil! **2. alo:** Hello, is that
the police? Alo, polis mi?

helmet • hel.met (hel´mît)
/isim/ çoğul helmets • **kask:** You should
wear your helmet when you are
riding a bicycle. Bisiklete binerken
kaskını takmalısın.

¹**help** • help (help)
/fiil/ helps, helping, helped • **yardım
etmek, katkıda bulunmak:** You
should always help each other. Her
zaman birbirinize yardım etmelisiniz.
Help yourself. **Başının çaresine bak.**

²**help** • help (help)
/isim/ **yardım, katkı:** Thanks a lot for
your help! Yardımınız için pek çok
teşekkürler!
/ünlem/ **imdat:** Help! I'm drowning!
İmdat! Boğuluyorum!

helpful • help.ful (help´fıl)
/sıfat/ **yararlı:** a helpful advice
yararlı bir öğüt

helpless • help.less (help´lîs)
/sıfat/ âciz, savunmasız: a helpless
kitten savunmasız bir yavru kedi

hemisphere • hem.i.sphere
(hem´îsfîr) /isim/ çoğul hemispheres •
yarıküre

hen • hen (hen)
/isim/ çoğul hens • tavuk

heptagon • hep.ta.gon (hep´tıgan)
/isim/ çoğul heptagons • (geometri)
yedigen

her • her (hır)
/zamir/ (dişil) onu; ona; ondan; onun:
He loves her. Onu seviyor. He looked
at her. Ona baktı. Does he hate her?
Ondan nefret mi ediyor?
/sıfat/ (dişil) onun; kendi: It's her
pencil. Onun kalemidir.

herb • herb (ırb)
/isim/ çoğul herbs • ot; yemeklere tat
vermek için kullanılan bitki

herbal • herb.al (ır´bıl)
/sıfat/ otlarla ilgili; otlardan elde
edilen, bitkisel: This is an herbal
medicine. Bu bitkisel bir ilaç.

herbivorous • her.biv.or.ous
(hırbîv´ırıs) /sıfat/ otçul: Sheep are
herbivorous animals. Koyunlar otçul
hayvanlardır.

herd • herd (hırd)
/isim/ çoğul herds • (hayvan için) sürü:
a herd of deer bir geyik sürüsü

here • here (hîr)
/zarf/ burada; buraya; burası
here and there orada burada, şurada
burada
Here goes! (zor bir işe başlarken)
Haydi bakalım!
Here you are. 1. Buyur, al. 2. İşte!
Look here! Buraya bak!

hereditary • he.red.i.tar.y (hıred´ıteri)
/sıfat/ kalıtsal, kalıtımsal, irsi: a
hereditary disease kalıtımsal bir
hastalık

heredity • he.red.i.ty (hıred´ıti)
/isim/ kalıtım, soyaçekim

hero • he.ro (hîr´o, hi´ro)
/isim/ çoğul heroes • kahraman: Her
father was her hero. Babası onun
kahramanıydı.

hers • hers (hırz)
/zamir/ (dişil) onunki; onun: Take
hers. Onunkini al. That book is hers.
O kitap onun.

herself • her.self (hırself´)
/zamir/ (dişil) kendisi, kendi
by herself kendi başına, kendi kendine

hesitate • hes.i.tate (hez´ıteyt)
/fiil/ hesitates, hesitating, hesitated •
tereddüt etmek, duraksamak: He
hesitated before answering the
question. Soruya yanıt vermeden
önce duraksadı.

hexagon • hex.a.gon (hek´sıgan)
/isim/ çoğul hexagons • (geometri) altıgen

hey • hey (hey)
/ünlem/ **Hey!/Baksana!**

hi • hi (hay)
/ünlem/ **merhaba:** Hi, Hayri!
Merhaba, Hayri!

hibernate • hi.ber.nate (hay´bırneyt)
/fiil/ hibernates, hibernating, hibernated •
kış uykusuna yatmak: Bears hibernate.
Ayılar kış uykusuna yatar.

hibernation • hi.ber.na.tion
(haybırney´şın) /isim/ **kış uykusu**

hiccup • hic.cup (hîk´ıp)
/isim/ çoğul hiccups • **hıçkırık**
get the hiccups (have the hiccups)
hıçkırık tutmak

hid • hid (hîd)
/fiil/ bkz. hide

¹hidden • hid.den (hîd´ın)
/fiil/ bkz. hide

²hidden • hid.den (hîd´ın)
/sıfat/ **gizli, saklı:** hidden camera
gizli kamera

hide • hide (hayd)
/fiil/ hides, hiding, hid, hidden • **saklamak,
gizlemek; saklanmak, gizlenmek:**
He hid the photographs in a drawer.
Fotoğrafları bir çekmeceye gizledi.

hide-and-seek • hide-and-seek
(hayd´ınsik´) /isim/ **saklambaç:** play
hide-and-seek saklambaç oynamak

hierarchy • hi.er.ar.chy (hay´ırarki)
/isim/ **hiyerarşi, aşama sırası**

high • high (hay)
/sıfat/ higher, highest • **yüksek:** high wall
yüksek duvar high price yüksek fiyat
high jump **yüksek atlama**
high school **lise**

high-heeled • high-heeled (hay´hild)
/sıfat/ **yüksek topuklu:** high-heeled
shoes yüksek topuklu ayakkabılar

highlands • high.lands (hay´lındz)
/isim/ **dağlık yer**

highlight • high.light (hay´layt)
/fiil/ highlights, highlighting, highlighted •
**–i vurgulamak, -in altını çizmek,
-e dikkati çekmek:** They highlighted
the importance of recycling. Geri-
dönüşümün önemini vurguladılar.

highway • high.way (hay´wey)
/isim/ çoğul highways • **anayol**

hike • hike (hayk)
/fiil/ hikes, hiking, hiked • **uzun yürüyüş
yapmak:** We went hiking yesterday.
Dün uzun doğa yürüyüşüne çıktık.

hill • hill (hîl)
/isim/ çoğul hills • **tepe:** There was
a path down the hill. Tepenin
aşağısında bir patika vardı.

him • him (hîm)
/zamir/ (eril) **onu; ona:** Did you see

him? Onu gördün mü? She gave him a book. Ona bir kitap verdi.

himself • him.self (hîmself´)
/zamir/ (eril) kendisi, kendi
by himself kendi başına, kendi kendine

hinder • hin.der (hîn´dır)
/fiil/ hinders, hindering, hindered • **engellemek:** The snowstorm hindered the trip. Kar fırtınası yolculuğu engelledi.

Hindu • Hin.du (hîn´du)
/sıfat/ Hindu
/isim/ çoğul Hindus • Hindu

Hinduism • Hin.du.ism (hîn´duwîzım)
/isim/ Hinduizm

hinge • hinge (hînc)
/isim/ çoğul hinges • menteşe, reze

hint • hint (hînt)
/isim/ çoğul hints • ima: a strong hint güçlü bir ima

hip • hip (hîp)
/isim/ çoğul hips • kalça: She fell and broke her hip. Düşüp kalçasını kırdı.

hippo • hip.po (hîp´o)
/isim/ çoğul hippos • (konuşma dili) suaygırı

hippopotamus • hip.po.pot.a.mus (hîpıpat´ımıs) /isim/ çoğul hippopotamuses/hippopotami • suaygırı

hire • hire (hayr)
/fiil/ hires, hiring, hired • **kiralamak:** We hired a boat for five days. Beş gün için bir tekne kiraladık.

his • his (hîz)
/zamir/ (eril) onunki; onun: This book is his. Bu kitap onundur.
/sıfat/ (eril) onun; kendi: his clothes onun giysileri

historian • his.to.ri.an (hîstôr´iyın)
/isim/ çoğul historians • tarihçi

historic • his.tor.ic (hîstôr´îk)
/sıfat/ tarihi, tarihsel: historic places in Istanbul İstanbul'daki tarihi yerler

historical • his.tor.i.cal (hîstôr´îkıl)
/sıfat/ tarihsel, tarihi: historical events tarihsel olaylar

history • his.to.ry (hîs´tıri)
/isim/ çoğul histories • tarih
go down in history tarihe geçmek

hit • hit (hît)
/fiil/ hits, hitting, hit • vurmak, çarpmak: Can you hit the ball harder? Topa daha hızlı vurabilir misin? The motorcycle hit the wall. Motosiklet duvara çarptı.
hit the bull's-eye turnayı gözünden vurmak
hit the nail on the head taşı gediğine koymak

hitchhike • hitch.hike (hîç´hayk)
/fiil/ hitchhikes, hitchhiking, hitchhiked • otostop yapmak: Erdal hitchhiked from Alanya to Fethiye. Erdal, Alanya'dan Fethiye'ye otostop yaptı.

hobby • hob.by (hab´i)
/isim/ çoğul hobbies • hobi, özel zevk:
What are your hobbies? Özel
zevkleriniz nelerdir?

hodja • ho.dja (ho´cı)
/isim/ çoğul hodjas • hoca
Nasreddin Hodja (Hodja Nasreddin)
Nasreddin Hoca

hoist • hoist (hoyst)
/fiil/ hoists, hoisting, hoisted • yukarı
kaldırmak, yukarı çekmek
hoist a flag bayrağı göndere çekmek

hold • hold (hold)
/fiil/ holds, holding, held • tutmak:
Hold his hand. Elini tut.
Hold on! Dur!/Bekle!
hold one's breath nefesini tutmak
hold up yukarı kaldırmak: Hold up
your book. Kitabını kaldır.

hole • hole (hol)
/isim/ çoğul holes • delik; boşluk; çukur:
There was a hole in the wall.
Duvarda bir delik vardı.

holiday • hol.i.day (hal´ıdey)
/isim/ çoğul holidays • tatil günü; tatil
be on holiday tatilde olmak: He was
on holiday last week. Geçen hafta
tatildeydi
go on holiday tatile çıkmak

hollow • hol.low (hal´o)
/sıfat/ oyuk, içi boş: She hid inside a
hollow tree. Oyuk bir ağacın içine
saklandı.

holy • ho.ly (ho´li)
/sıfat/ holier, holiest • kutsal, mukaddes

home • home (hom)
/isim/ çoğul homes • ev, yuva
at home evde
feel at home evinde gibi hissetmek
the Home Office bkz. the Ministry of
Internal Affairs

homeland • home.land (hom´länd)
/isim/ anavatan, anayurt

homeless • home.less (hom´lîs)
/sıfat/ evsiz, evsiz barksız: a homeless
family evsiz bir aile

**homemade • home.made
(hom´meyd´)** /sıfat/ ev yapımı, evde
yapılmış: homemade cookies ev
yapımı kurabiyeler

homesick • home.sick (hom´sîk)
/sıfat/ vatan/ev hasreti çeken

homework • home.work (hom´wırk)
/isim/ ödev, ev ödevi: When is the
best time to do homework? Ev ödevi
yapmak için en iyi zaman nedir?

honest • hon.est (an´ıst)
/sıfat/ dürüst, namuslu: an honest
person dürüst bir kişi

honestly • hon.est.ly (an´ıstli)
/zarf/ 1. gerçekten, doğrusu:
Honestly, I don't know who he is.
Doğrusu onun kim olduğunu
bilmiyorum. 2. dürüstçe

honesty • hon.es.ty (an´ısti)
/isim/ doğruluk, dürüstlük
Honesty is the best policy.
Dürüstlük en iyi yoldur.

honey • hon.ey (hʌn´i)
/isim/ bal: honey jar bal kavanozu

honeybee • hon.ey.bee (hʌn´ibi)
/isim/ çoğul honeybees • balarısı

honeycomb • hon.ey.comb (hʌn´ikom)
/isim/ çoğul honeycombs • (ballı/balsız)
petek

honeymoon • hon.ey.moon (hʌn´imun)
/isim/ çoğul honeymoons • balayı

honor • hon.or (an´ır)
/isim/ onur, şeref: word of honor
şeref sözü
İng. honour

hood • hood (hûd)
/isim/ çoğul hoods • kukuleta, başlık

hoof • hoof (hûf)
/isim/ çoğul hooves/hoofs • toynak:
Horses have hooves. Atların toynak-
ları vardır.

hook • hook (hûk)
/isim/ çoğul hooks • kanca, çengel:
door hook kapı çengeli
crochet hook tığ
hook and eye kopça

hop • hop (hap)
/fiil/ hops, hopping, hopped • sıçramak,
sekmek: The grasshopper hopped
onto a leaf. Çekirge bir yaprağın
üzerine sıçradı.

¹hope • hope (hop)
/isim/ çoğul hopes • ümit, umut:
We had high hopes of success.
Başarma umudumuz büyüktü.

²hope • hope (hop)
/fiil/ hopes, hoping, hoped • ümit etmek,
ummak: I hope everything goes well.
Umarım her şey yolunda gider.
Hope to see you. Görüşmek ümidiyle.

hopeful • hope.ful (hop´fıl)
/sıfat/ ümitli; ümit verici

hopefully • hope.ful.ly (hop´fili)
/zarf/ 1. ümitle 2. (konuşma dili) umu-
lur ki, inşallah: Hopefully, she will call
us tonight. İnşallah bu gece bizi arar.

hopeless • hope.less (hop´lıs)
/sıfat/ ümitsiz, umutsuz: a hopeless
case ümitsiz bir vaka

hopscotch • hop.scotch (hap´skaç)
/isim/ seksek oyunu

horizon • ho.ri.zon (hıray´zın)
/isim/ çoğul horizons • ufuk: The sun is
rising over the horizon. Güneş ufuk-
tan doğuyor.

horizontal • hor.i.zon.tal (hôrızan´tıl)
/sıfat/ yatay

hormone • hor.mone (hôr´mon)
/isim/ çoğul hormones • hormon:
growth hormone büyüme hormonu

horn • horn (hôrn)
/isim/ çoğul horns • **1. boynuz:** My goat has horns. Keçimin boynuzları var.
2. korna, klakson
French horn (müzik) **korno**

horoscope • hor.o.scope (hôrʹıskop)
/isim/ çoğul horoscopes • **yıldız falı:** What does your horoscope for tomorrow say? Yıldız falın yarın için ne diyor?

horrible • hor.ri.ble (hôrʹıbıl)
/sıfat/ **korkunç, dehşetli**

horrified • hor.ri.fied (hôrʹıfayd)
/sıfat/ **korkmuş, dehşet içinde:** The spectators were horrified. Seyirciler dehşet içindeydi.

horrify • hor.ri.fy (hôrʹıfay)
/fiil/ horrify, horrifying, horrified • **korkutmak, dehşete düşürmek:** They were horrified by his remarks. Onun sözleri karşısında dehşete düştüler.

horrifying • hor.ri.fy.ing (hôrʹıfayîng)
/sıfat/ **korkunç, dehşet verici:** We witnessed a horrifying accident. Korkunç bir kazaya şahit olduk.

horror • hor.ror (hôrʹır)
/isim/ **korku, dehşet:** They watched the attack in horror. Saldırıyı dehşet içinde izlediler.

horse • horse (hôrs)
/isim/ çoğul horses • **at:** race horse yarış atı

horseshoe • horse.shoe (hôrsʹşu)
/isim/ çoğul horseshoes • **nal, at nalı**

hose • hose (hoz)
/isim/ çoğul hoses • **hortum:** garden hose bahçe hortumu

hospitable • hos.pi.ta.ble (hasʹpîtıbıl, haspîtʹıbıl) /sıfat/ **konuksever, misafirperver:** A hospitable family runs the boardinghouse. Pansiyonu, konuksever bir aile işletiyor.

hospital • hos.pi.tal (hasʹpîtıl)
/isim/ çoğul hospitals • **hastane:** We took him to the nearest hospital Onu en yakın hastaneye götürdük.

hospitality • hos.pi.tal.i.ty (haspıtälʹıti)
/isim/ **konukseverlik, misafirperverlik**

host • host (host)
/fiil/ hosts, hosting, hosted • **ev sahipliği yapmak, ağırlamak, konuk etmek:** Our school will host a book fair next week. Gelecek hafta okulumuz bir kitap fuarına ev sahipliği yapacak.

hostage • hos.tage (hasʹtîc)
/isim/ çoğul hostages • **rehine** take (someone) hostage (birini) **rehin almak:** The attacker took him hostage. Saldırgan onu rehin aldı.

hostel • hos.tel (hasʹtıl)
/isim/ çoğul hostels • **1. İng. öğrenci yurdu 2. bkz.** youth hostel

hostess • host.ess (hosʹtîs)
/isim/ çoğul hostesses • **hostes; konuk ağırlayan ev sahibesi**

hostile • hos.tile (hasʹtıl, hasʹtayl)
/sıfat/ **düşmanca, saldırgan:** a hostile attitude düşmanca bir tavır

hot • hot (hat)
/sıfat/ hotter, hottest • **1. sıcak:** a hot
day sıcak bir gün hot drinks sıcak
içecekler hot countries sıcak ülkeler
hot weather sıcak hava
feel hot **sıcaklamak, sıcak basmak**
get hot **1. ısınmak 2. öfkelenmek**
hot chocolate **sütlü kakao**
hot dog (bir tür) **sosisli sandviç**
hot plate **elektrik ocağı**
hot spring **kaplıca**
hot-water bottle (hot-water bag)
sıcak su torbası
2. acı (biber, hardal, sos v.b.)

hotel • ho.tel (hotel′)
/isim/ çoğul hotels • **otel:** hotel room
otel odası
stay in/at a hotel **bir otelde kalmak:**
They stayed in a five-star hotel.
Beş yıldızlı bir otelde kaldılar.

hound • hound (haund)
/isim/ çoğul hounds • **tazı, av köpeği**

hour • hour (aur)
/isim/ çoğul hours • **saat:** There are 24
hours in a day. Bir günde 24 saat
vardır. We've been waiting for
hours. Saatlerdir bekliyoruz.
hour hand (saatte) **akrep**
on the hour **saat başında**

hourglass • hour.glass (aur′gläs)
/isim/ çoğul hourglasses • **kum saati**

house • house (haus)
/isim/ çoğul houses • **ev:** detached house
müstakil ev summer house **yazlık ev**

household • house.hold (haus′hold)
/isim/ çoğul households • **ev halkı, hane
halkı**

housewife • house.wife (haus′wayf)
/isim/ çoğul housewives • **ev hanımı**

housework • house.work (haus′wırk)
/isim/ **ev işi**

how • how (hau)
/zarf/ **1. nasıl:** How do you define that
word? O sözcüğü nasıl tanımlarsın?
How are you? **Nasılsınız?**
How do you do? **Nasılsınız?**
How goes it? **Ne âlemdesiniz?**
How is it going? **Nasıl gidiyor?**
How nice! **Ne hoş!**
2. ne kadar: How far is it? Ne kadar
uzak? How long does it take to go
there? Oraya gidiş ne kadar sürer?
How often should I brush my teeth?
Dişlerimi ne sıklıkla fırçalamalıyım?
3. kaç: How many kilos of apples did
you buy? Kaç kilo elma aldın? How
much did it cost? O kaça mal oldu?
How old are you? Kaç yaşındasın?

however • how.ev.er (hawev′ır)
/zarf/ **ancak, bununla birlikte, ama:**
That encyclopedia is two hundred
liras; however, it's worth it. O ansik-
lopedi iki yüz lira, ama buna değer.

¹hug • hug (hʌg)
/fiil/ hugs, hugging, hugged • **sarılmak,
kucaklamak:** Her mother hugged her
and cried. Annesi ona sarıldı ve ağladı.

²hug • hug (hʌg)
/isim/ çoğul hugs • kucaklama, sarılma
give a hug kucaklamak

huge • huge (hyuc)
/sıfat/ huger, hugest • kocaman, dev gibi:
a huge elephant kocaman bir fil

human • hu.man (hyu´mın)
/isim/ çoğul humans • insan
human being insanoğlu, insan
human rights insan hakları

humane • hu.mane (hyumeyn´)
/sıfat/ insani, insana yakışan, insanca:
humane treatment insani muamele

humanity • hu.man.i.ty (hyumän´ıti)
/isim/ insanlık

humble • hum.ble (hʌm´bıl)
/sıfat/ humbler, humblest • alçakgönüllü,
mütevazı: He is a humble person.
O, alçakgönüllü bir kişi.

humid • hu.mid (hyu´mîd)
/sıfat/ yaş, nemli, rutubetli: humid air
nemli hava humid atmosphere nemli
atmosfer

humidity • hu.mid.i.ty (hyumîd´ıti)
/isim/ nem, rutubet

humility • hu.mil.i.ty (hyumîl´ıti)
/isim/ alçakgönüllülük, tevazu

humor • hu.mor (hyu´mır)
/isim/ komiklik, nüktedanlık
sense of humor şakadan anlama,
şaka kaldırabilme
İng. humour

hump • hump (hʌmp)
/isim/ çoğul humps • 1. kambur

2. hörgüç 3. yüksek yer, tepe

hunchback • hunch.back (hʌnç´bäk)
/isim/ çoğul hunchbacks • 1. kambur
sırt 2. kambur kimse

hundred • hun.dred (hʌn´drîd)
/isim, sıfat/ yüz (100)
a/one hundred percent yüzde yüz

hundredth • hun.dredth (hʌn´drîdth)
/sıfat, isim/ 1. yüzüncü 2. yüzde bir

hung • hung (hʌng)
/fiil/ bkz. hang

hunger • hun.ger (hʌng´gır)
/isim/ açlık
hunger strike açlık grevi

hungry • hun.gry (hʌng´gri)
/sıfat/ aç, acıkmış: I'm very hungry.
Çok açım.

hunt • hunt (hʌnt)
/fiil/ hunts, hunting, hunted • avlanmak;
avlamak: It is illegal to hunt lions in
this region. Bu bölgede aslan avlamak
yasak.

hunter • hunt.er (hʌn´tır)
/isim/ çoğul hunters • avcı

hunting • hunt.ing (hʌn´tîng)
/isim/ avcılık
hunting season av mevsimi
/sıfat/ av (avda kullanılan): hunting
dog av köpeği

hurrah • hur.rah (hûrô´)
/ünlem/ Yaşa!

hurray • hur.ray (hûrey´)
/ünlem/ bkz. hurrah

hurricane • hur.ri.cane (hır´ıkeyn)
/isim/ çoğul hurricanes • **kasırga**
hurricane lamp **gemici feneri**

[1]hurry • hur.ry (hır´i)
/fiil/ hurries, hurrying, hurried • **acele
etmek; acele ettirmek**
Hurry up! **Çabuk ol!**

[2]hurry • hur.ry (hır´i)
/isim/ **acele, telaş:** I'm in a hurry.
Acelem var.

hurt • hurt (hırt)
/fiil/ hurts, hurting, hurt • **zarar vermek,
yaralamak, incitmek:** She fell down
and hurt her knee. Düşüp dizini incitti.

husband • hus.band (hʌz´bınd)
/isim/ çoğul husbands • **koca, eş**

husky • husk.y (hʌs´ki)
/isim/ çoğul huskies • **kızak köpeği,
Eskimo köpeği**

hut • hut (hʌt)
/isim/ çoğul huts • **kulübe; baraka:**
a wooden hut ahşap bir kulübe

hydrogen • hy.dro.gen (hay´drıcın)
/isim/ **hidrojen:** hydrogen bomb
hidrojen bombası

hygiene • hy.giene (hay´cin)
/isim/ **hijyen, sağlık bilgisi**

hyphen • hy.phen (hay´fın)
/isim/ çoğul hyphens • **(dilbilgisi) tire,
kısa çizgi**

hypothesis • hy.poth.e.sis
(haypath´ısîs) /isim/ çoğul hypotheses •
hipotez, varsayım

I i

I, i • i (ay)
/isim/ I, İngiliz alfabesinin dokuzuncu harfi

I • I (ay)
/zamir/ **ben:** I'm a photographer.
Ben fotoğrafçıyım. I believe ....
İnanıyorum ki .... I think .... Bence ....
I'd → **1.** I had **2.** I would, I should
I'll → I will, I shall
I'm → I am
I've → I have

ice • ice (ays)
/isim/ **buz**
ice cream **dondurma**
ice hockey **buz hokeyi**
ice skate **buz pateni**

iceberg • ice.berg (ays´bırg)
/isim/ çoğul icebergs • **buzdağı, aysberg**

icicle • i.ci.cle (ay´sîkıl)
/isim/ çoğul icicles • **saçak buzu**

icon • i.con (ay´kan)
/isim/ çoğul icons • **1. ikon, ikona
2.** (bilgisayar) **ikon, simge**

icy • i.cy (ay´si)
/sıfat/ icier, iciest • **1. buz gibi, çok
soğuk:** icy water buz gibi su
2. buzlu: icy road buzlu yol

ID • ID (ay´di´)
/isim/ çoğul ID's • **kimlik, kimlik belgesi**
ID card **kimlik, kimlik kartı**

idea • i.de.a (aydi´yı)
/isim/ çoğul ideas • fikir, düşünce:
a bright idea parlak bir fikir

ideal • i.de.al (aydi´yıl, aydil´)
/sıfat/ ideal: ideal weather conditions
ideal hava koşulları
/isim/ çoğul ideals • ideal, ülkü

identical • i.den.ti.cal (ayden´tîkıl)
/sıfat/ özdeş, aynı: Twins usually wear
identical clothes. İkizler genellikle
aynı elbiseleri giyerler.
identical with (identical to) ile aynı:
His jacket is almost identical to mine.
Onun ceketi benimkiyle hemen
hemen aynı.

identification • i.den.ti.fi.ca.tion
(aydentıfıkey´şın) /isim/ 1. tanıma,
kimliğini saptama 2. teşhis etme
3. kimlik
identification card kimlik kartı

identify • i.den.ti.fy (ayden´tıfay)
/fiil/ identifies, identifying, identified •
tanımak; -in kim/ne/kimin olduğunu
tespit etmek/söylemek: The witness
identified the criminal. Tanık suçluyu
tespit etti.

identity • i.den.ti.ty (ayden´tıti)
/isim/ çoğul identities • kimlik
identity card kimlik, kimlik kartı

ideology • i.de.ol.o.gy (aydiyal´ıci,
îdiyal´ıci) /isim/ çoğul ideologies • ideoloji

idiom • id.i.om (îd´iyım)
/isim/ çoğul idioms • deyim, tabir

idiot • id.i.ot (îd´iyıt)
/isim/ çoğul idiots • geri zekâlı

idle • i.dle (ay´dıl)
/sıfat/ 1. işsiz, aylak 2. tembel 3. boş,
asılsız: idle gossip boş dedikodu
4. boşta duran, çalışmayan (makine,
fabrika v.b.)

i.e. • i.e. (ay´i´)
/kısaltma/ id est (that is) yani, demek ki

if • if (îf)
/bağlaç/ eğer, şayet, ise: I'll be there
if it is necessary. Gerekirse orada
olacağım. We'll go on a picnic if the
weather is good. Hava iyi olursa
pikniğe gideceğiz.
if not aksi takdirde, değilse, olmazsa

ignorance • ig.no.rance (îg´nırıns)
/isim/ cehalet, cahillik

ignorant • ig.no.rant (îg´nırınt)
/sıfat/ cahil, bilgisiz: an ignorant man
cahil bir adam

ignore • ig.nore (îgnor´)
/fiil/ ignores, ignoring, ignored •
1. aldırmamak: ignore criticism
eleştiriye aldırmamak 2. bilmezlik-
ten gelmek

ill • ill (îl)
/sıfat/ worse, worst • 1. hasta, rahatsız:
ill person hasta kimse 2. kötü, fena
ill will düşmanlık; garaz

illegal • il.le.gal (îli´gıl)
/sıfat/ yasadışı: illegal hunting
yasadışı avlanma illegal ivory trade
yasadışı fildişi ticareti

illiterate • il.lit.er.ate (îlît´ırît)
/sıfat/ okuma yazma bilmeyen

illness • ill.ness (îl´nîs)
/isim/ çoğul illnesses • hastalık: a long
illness uzun süren bir hastalık

illuminate • il.lu.mi.nate (îlu´mıneyt)
/fiil/ illuminates, illuminating, illuminated •
aydınlatmak, ışıklandırmak: illuminate
a house bir evi ışıklandırmak

illusion • il.lu.sion (îlu´jın)
/isim/ çoğul illusions • yanılsama

illustrate • il.lus.trate (îl´ıstreyt)
/fiil/ illustrates, illustrating, illustrated •
1. örneklemek 2. resimlemek

illustration • il.lus.tra.tion (îlıstrey´şın)
/isim/ çoğul illustrations • 1. örnek
2. resim: The book had lots of illustra-
tions. Kitapta pek çok resim vardı.

image • im.age (îm´îc)
/isim/ çoğul images • görüntü, imge,
hayal

imaginary • im.ag.i.nar.y (îmâc´ıneri)
/sıfat/ hayal ürünü, imgesel: imaginary
characters hayal ürünü karakterler

imagination • im.ag.i.na.tion
(îmâcıney´şın) /isim/ çoğul imaginations •
hayal gücü: use one's imagination
hayal gücünü kullanmak

imaginative • im.ag.i.na.tive
(îmâc´ınıtîv) /sıfat/ yaratıcı, hayal

gücü kuvvetli: You should try to be
imaginative while writing stories.
Öykü yazarken yaratıcı olmaya
çalışmalısın.

imagine • im.ag.ine (îmâc´în)
/fiil/ imagines, imagining, imagined •
hayal etmek: Try to imagine him as
a painter. Onu bir ressam olarak
hayal etmeye çalış.

imam • i.mam (îmam´)
/isim/ çoğul imams • imam

imitate • im.i.tate (îm´ıteyt)
/fiil/ imitates, imitating, imitated •
1. taklit etmek 2. (birini) örnek
almak: He imitates his father and
grandfather. Babasını ve büyükba-
basını örnek alıyor.

immature • im.ma.ture (îmıçûr´)
/sıfat/ 1. olgunlaşmamış 2. ham,
olmamış

immediate • im.me.di.ate (îmi´diyît)
/sıfat/ 1. hemen olan, anlık: immediate
reply anlık yanıt 2. acil; şimdiki: an
immediate need acil bir gereksinim
3. yakın: in the immediate future
yakın gelecekte

immediately • im.me.di.ate.ly
(îmi´diyîtli) /zarf/ hemen, derhal

immigrant • im.mi.grant (îm´ıgrınt)
/isim/ çoğul immigrants • göçmen,
muhacir: illegal immigrant yasadışı
göçmen

immigrate • im.mi.grate (îm´ıgreyt)
/fiil/ immigrates, immigrating, immigrated •
göç etmek: They immigrated to
Germany 30 years ago. 30 yıl önce
Almanya'ya göç ettiler.

immigration • im.mi.gra.tion
(îmıgrey´şın) /isim/ göç etme:
immigration laws göç yasaları

immune • im.mune (îmyun´)
/sıfat/ 1. to -e karşı bağışık 2. from
-den muaf

immunity • im.mu.ni.ty (îmyu´nıti)
/isim/ 1. bağışıklık 2. (hukuk)
dokunulmazlık

impact • im.pact (îm´päkt)
/isim/ 1. çarpışma 2. etki: the impact
of technology on our lives teknolojinin
yaşamımız üzerindeki etkisi

impartial • im.par.tial (împar´şıl)
/sıfat/ tarafsız, yansız: an impartial
referee tarafsız bir hakem

impatient • im.pa.tient (împey´şınt)
/sıfat/ sabırsız, tez canlı: an impa-
tient driver sabırsız bir sürücü

imperative • im.per.a.tive (împer´ıtîv)
/sıfat/ zorunlu
/isim/ çoğul imperatives • 1. zorunluluk
2. emir
the imperative (dilbilgisi) emir kipi

imply • im.ply (împlay´)
/fiil/ implies, implying, implied • ima
etmek, -e işaret etmek: His smile
implied his approval. Gülümsemesi,
onayladığını gösteriyordu.

impolite • im.po.lite (împılayt´)
/sıfat/ kaba, terbiyesiz: impolite words
kaba sözcükler

¹import • im.port (împôrt´)
/fiil/ imports, importing, imported • ithal

etmek: import machinery makine
aksamı ithal etmek

²import • im.port (îm´pôrt)
/isim/ 1. ithalat, dışalım: import duty
ithalat vergisi 2. çoğul imports • ithal
malı: major imports temel ithal
ürünler

importance • im.por.tance
(împôr´tıns) /isim/ önem

important • im.por.tant (împôr´tınt)
/sıfat/ önemli: an important decision
önemli bir karar

impossible • im.pos.si.ble (împas´ıbıl)
/sıfat/ olanaksız, imkânsız: It's
impossible to find a place to sit.
Oturacak bir yer bulmak olanaksız.

impress • im.press (împres´)
/fiil/ impresses, impressing, impressed •
etkilemek

impression • im.pres.sion (împreş´ın)
/isim/ çoğul impressions • 1. etki
2. izlenim: first impression ilk izlenim

impressive • im.pres.sive (împres´îv)
/sıfat/ duyguları etkileyen, etkileyici:
He made an impressive speech.
Etkileyici bir konuşma yaptı.

improve • im.prove (împruv´)
/fiil/ improves, improving, improved •
1. geliştirmek, ilerletmek; gelişmek,
ilerlemek: He wants to improve his
English. İngilizcesini geliştirmek
istiyor. 2. düzeltmek; düzelmek:
Asaf's health is improving. Asaf'ın
sağlığı düzeliyor.

improvement • im.prove.ment

(împruv´mınt) /isim/ çoğul improvements • 1. geliştirme, ilerletme; gelişme, ilerleme 2. düzeltme; düzelme

impulse • im.pulse (îm´pʌls) /isim/ çoğul impulses • ani bir istek buy on impulse düşünmeden satın almak

in • in (în) /edat/ 1. içinde, -de, -da: in the box kutuda in the drawer çekmecede in the kitchen mutfakta 2. içine, -e, -a: Put it in the cupboard. Onu dolaba koy. 3. ile: in delight sevinçle

inability • in.a.bil.i.ty (înıbîl´ıti) /isim/ yetersizlik, ehliyetsizlik, yeteneksizlik

inaccurate • in.ac.cu.rate (înäk´yırît) /sıfat/ yanlış, kusurlu, hatalı: inaccurate information yanlış bilgi

inch • inch (înç) /isim/ çoğul inches • inç, parmak: move by inches ağır ağır ilerlemek every inch tepeden tırnağa

incident • in.ci.dent (în´sıdınt) /isim/ çoğul incidents • olay, vaka: an unfortunate incident talihsiz bir olay

inclination • in.cli.na.tion (înklıney´şın) /isim/ çoğul inclinations • eğilim

include • in.clude (înklud´) /fiil/ includes, including, included • 1. kapsamak, içermek: The list includes the names of the students. Liste, öğrencilerin isimlerini içeriyor. 2. katmak, eklemek

including • in.clud.ing (înklu´dîng)

/edat/ ile birlikte, dahil: total cost, including VAT KDV dahil toplam maliyet

income • in.come (în´kʌm) /isim/ çoğul incomes • gelir, kazanç: national income ulusal gelir

incorrect • in.cor.rect (înkırekt´) /sıfat/ yanlış, düzeltilmemiş: incorrect answer yanlış cevap

¹**increase** • in.crease (înkris´) /fiil/ increases, increasing, increased • artmak, çoğalmak; artırmak, çoğaltmak: World population is increasing rapidly. Dünya nüfusu hızla artmakta.

²**increase** • in.crease (în´kris) /isim/ çoğul increases • artış, artma, çoğalma

incredible • in.cred.i.ble (înkred´ıbıl) /sıfat/ inanılmaz, akıl almaz: an incredible story inanılmaz bir öykü

incubate • in.cu.bate (în´kyıbeyt) /fiil/ incubates, incubating, incubated • kuluçkaya yatmak

indecision • in.de.ci.sion (îndîsîj´ın) /isim/ kararsızlık, tereddüt

indecisive • in.de.ci.sive (îndîsay´sîv) /sıfat/ 1. kararsız: an indecisive person kararsız bir kimse 2. kesin olmayan

indeed • in.deed (îndid´)
/zarf/ gerçekten, hakikaten: "Did
he win?" "Indeed he did." "Kazandı
mı?" "Gerçekten kazandı."
Indeed! Öyle mi!
No, indeed! Yok canım!
Yes, indeed! Elbette!

indefinite • in.def.i.nite (îndef´ınît)
/sıfat/ 1. belirsiz 2. (dilbilgisi) belirsiz,
belgisiz

independence • in.de.pen.dence
(îndîpen´dıns) /isim/ bağımsızlık

independent • in.de.pen.dent
(îndîpen´dınt) /sıfat/ bağımsız:
an independent country bağımsız
bir ülke an independent opinion
bağımsız bir fikir

index • in.dex (în´deks)
/isim/ çoğul indexes, indices • dizin,
indeks, fihrist
cost-of-living index geçim indeksi
index card fiş
index finger işaretparmağı

India • In.di.a (în´diyı)
/isim/ Hindistan
India ink çini mürekkebi
India rubber doğal kauçuk

Indian • In.di.an (în´diyın)
/sıfat/ 1. Hint; Hindistan'a özgü
2. Hintli 3. Kızılderili
the Indian Ocean Hint Okyanusu
/isim/ çoğul Indians • 1. Hintli
2. Kızılderili

indicate • in.di.cate (în´dıkeyt)
/fiil/ indicates, indicating, indicated •
işaret etmek, göstermek: This sign
indicates north. Bu işaret kuzeyi
gösteriyor.

indication • in.di.ca.tion (îndıkey´şın)
/isim/ 1. bildirme, gösterme 2. çoğul
indications • belirti, gösterge, işaret

indifferent • in.dif.fer.ent (îndîf´ırınt)
/sıfat/ aldırmaz, kayıtsız, umursa-
mayan: She was indifferent to his
problems. Onun sorunlarına karşı
duyarsızdı.

indirect • in.di.rect (îndîrekt´)
/sıfat/ dolaylı: indirect criticism
dolaylı eleştiri
indirect speech dolaylı anlatım

individual • in.di.vid.u.al (îndîvîc´uwıl)
/sıfat/ 1. bireysel, kişisel: individual
effort kişisel çaba 2. tek kişilik: an
individual serving tek porsiyon
/isim/ çoğul individuals • 1. birey 2. kişi

indoor • in.door (în´dôr)
/sıfat/ 1. iç mekâna uygun: indoor
shoes ev ayakkabısı 2. kapalı: indoor
tennis court kapalı tenis kortu

industrial • in.dus.tri.al (îndʌs´triyıl)
/sıfat/ endüstriyel, sınai, işleyimsel:
industrial region sanayi bölgesi

industrious • in.dus.tri.ous
(îndʌs´triyıs) /sıfat/ çalışkan, gayretli:
an industrious student çalışkan bir
öğrenci

industry • in.dus.try (în´dıstri)
/isim/ çoğul industries • sanayi, endüstri:
heavy industry ağır sanayi the steel
industry çelik sanayii

ineffective • in.ef.fec.tive (înîfek´tîv)

/sıfat/ 1. etkisiz (çare, ilaç v.b.):
ineffective methods etkisiz yöntemler
2. beceriksiz (yönetici, işçi v.b.):
ineffective manager beceriksiz idareci

inefficient • in.ef.fi.cient (înîfîş´ınt)
/sıfat/ 1. istenilen etkiyi yaratmayan,
etkisiz: an inefficient campaign
etkisiz bir kampanya 2. verimsiz,
randımansız: an inefficient machine
verimsiz bir makine

inequality • in.e.qual.i.ty (înîkwal´ıti)
/isim/ çoğul inequalities • eşitsizlik:
social inequality toplumsal eşitsizlik

inevitable • in.ev.i.ta.ble (înev´ıtıbıl)
/sıfat/ kaçınılmaz, çaresiz: This result
was inevitable. Bu sonuç kaçınılmazdı.

inexpensive • in.ex.pen.sive
(înîkspen´sîv) /sıfat/ ucuz, masrafı az

inexperienced • in.ex.pe.ri.enced
(înîkspîr´iyınst) /sıfat/ tecrübesiz,
deneyimsiz, acemi: an inexperienced
driver deneyimsiz bir sürücü

infant • in.fant (în´fınt)
/isim/ çoğul infants • bebek, küçük
çocuk: toys for infants küçük çocuk-
lar için oyuncaklar

infect • in.fect (înfekt´)
/fiil/ infects, infecting, infected • (hastalık
v.b.'ni) bulaştırmak, geçirmek

infection • in.fec.tion (înfek´şın)
/isim/ çoğul infections • enfeksiyon:
spread an infection bir enfeksiyonu
yaymak

infinite • in.fin.ite (în´fınît)
/sıfat/ sonsuz, sınırsız: infinite space
sonsuz uzay

infinitive • in.fin.i.tive (înfîn´ıtîv)
/isim/ çoğul infinitives • (dilbilgisi) mastar

inflation • in.fla.tion (înfley´şın)
/isim/ enflasyon

[1]influence • in.flu.ence (în´fluwıns)
/isim/ çoğul influences • etki, tesir:
positive influence olumlu etki

[2]influence • in.flu.ence (în´fluwıns)
/fiil/ influences, influencing, influenced •
etkilemek: How does the weather
influence our mood? Hava, ruh
durumumuzu nasıl etkiler?

influential • in.flu.en.tial (înfluwen´şıl)
/sıfat/ etkili, sözü geçen

influenza • in.flu.en.za (înfluwen´zı)
/isim/ grip

inform • in.form (înfôrm´)
/fiil/ informs, informing, informed • haber
vermek, bilgilendirmek: They did
not inform her. Ona bilgi vermediler.

informal • in.for.mal (înfôr´mıl)
/sıfat/ resmi olmayan, teklifsiz:
an informal meeting resmi olmayan
bir toplantı an informal person
teklifsiz bir kimse

information • in.for.ma.tion
(înfırmey´şın) /isim/ bilgi, haber
information office danışma bürosu
information technology bilgi teknolojisi

informative • in.form.a.tive
(înfôr´mıtîv) /sıfat/ bilgilendirici,
aydınlatıcı, eğitici: an informative
booklet bilgilendirici bir kitapçık

ingredient • in.gre.di.ent (în.gri´diyınt)
/isim/ çoğul ingredients • karışımdaki
madde, malzeme: The main ingredi-
ents of the dessert are milk and rice.
Tatlının ana malzemeleri süt ve pirinç.

inhabit • in.hab.it (înhäb´ît)
/fiil/ inhabits, inhabiting, inhabited • içinde
oturmak: This village is mainly
inhabited by farmers. Bu köyde daha
çok çiftçiler oturuyor.

inhabitant • in.hab.i.tant (înhäb´ıtınt)
/isim/ çoğul inhabitants • bir yerde
oturan kimse, sakin

inherit • in.her.it (înher´ît)
/fiil/ inherits, inheriting, inherited • (from)
-e (-den) miras kalmak: She inherited
some money from her grandfather.
Ona büyükbabasından bir miktar para
miras kaldı.

initial • in.i.tial (înîş´ıl)
/isim/ çoğul initials • ad/soyadın baş
harfi; bir sözcüğün ilk harfi: Do you
know his initials? Onun ad ve soyadı-
nın baş harflerini biliyor musun?

initially • in.i.tial.ly (înîş´ıli)
/zarf/ ilkin, başlangıçta, önce:
Initially, they did not want to go.
Başlangıçta gitmek istemediler.

inject • in.ject (încekt´)
/fiil/ injects, injecting, injected • şırınga
etmek, enjeksiyon yapmak

injection • in.jec.tion (încek´şın)
/isim/ iğne, enjeksiyon

injure • in.jure (în´cır)
/fiil/ injures, injuring, injured • yaralamak,
incitmek

injured • in.jured (în´cırd)
/sıfat/ yaralı: They brought in an
injured bird. Yaralı bir kuş getirdiler.

injury • in.ju.ry (în´cıri)
/isim/ çoğul injuries • 1. yara; incinme
2. zarar

injustice • in.jus.tice (încʌs´tîs)
/isim/ çoğul injustices • haksızlık,
adaletsizlik: injustices of the system
sistemdeki adaletsizlikler

ink • ink (îngk)
/isim/ mürekkep: a bottle of ink
bir şişe mürekkep written in ink
mürekkeple yazılmış

inn • inn (în)
/isim/ çoğul inns • **han, otel:** We spent the night at an inn. Geceyi bir handa geçirdik.

inner • in.ner (în´ır)
/sıfat/ **iç, dahili:** inner courtyard iç avlu

innocence • in.no.cence (în´ısıns)
/isim/ **masumluk, suçsuzluk:** You must prove your innocence. Suçsuzluğunu kanıtlamalısın.

innocent • in.no.cent (în´ısınt)
/sıfat/ **1. masum, suçsuz:** an innocent man suçsuz bir adam **2. zararsız:** innocent amusement zararsız eğlence

innovation • in.no.va.tion (înıvey´şın)
/isim/ çoğul innovations • **1. değişiklik, yenilik 2. yeni alet/metot/şey**

input • in.put (în´pût)
/isim/ çoğul inputs • **girdi, giriş:** an input of energy enerji girdisi

inquire • in.quire (înkwayr´)
/fiil/ inquires, inquiring, inquired • **araştırmak, sorgulamak**
inquire about **-i sormak:** inquire about a book bir kitabı sormak
inquire into ... **... hakkında soruşturma yapmak:** inquire into the complaints şikâyetleri soruşturmak
inquire of **-e sormak:** inquire of the teacher öğretmene sormak

inquiry • in.quir.y (înkwayr´i, îng´kwıri) /isim/ çoğul inquiries • **sorgu, soruşturma, araştırma**

insect • in.sect (în´sekt)
/isim/ çoğul insects • **böcek:** insect bite böcek ısırığı

insecticide • in.sec.ti.cide (însek´tîsayd) /isim/ çoğul insecticides • **böcek ilacı**

insensitive • in.sen.si.tive (însen´sıtîv)
/sıfat/ **düşüncesiz, duyarsız:** insensitive to changes değişimlere karşı duyarsız

insert • in.sert (însırt´)
/fiil/ inserts, inserting, inserted • **arasına koymak:** Insert paper in the printer. Yazıcıya kâğıdı yerleştirin.
insert in **-e sokmak**

inside • in.side (în´sayd´)
/isim/ **iç, iç taraf**
inside out **tersyüz**
/edat/ **içine; içinde:** Emin is inside the house. Emin, evin içinde.

insight • in.sight (în´sayt)
/isim/ çoğul insights • **anlayış, iç yüzünü kavrama**

insignificant • in.sig.nif.i.cant (însîgnîf´ıkınt) /sıfat/ **önemsiz, küçük**

insist • in.sist (însîst´)
/fiil/ insists, insisting, insisted • **(on/upon) (-de) ısrar etmek, (... için) diretmek:** She insisted on staying with her friend. Arkadaşıyla kalmakta ısrar etti.

inspect • in.spect (înspekt´)
/fiil/ inspects, inspecting, inspected •
**denetlemek, yoklamak, kontrol
etmek:** inspect a factory bir fabrikayı
denetlemek

inspiration • in.spi.ra.tion
(înspırey´şın) /isim/ **ilham, esin:**
source of inspiration ilham kaynağı

inspire • in.spire (înspayr´)
/fiil/ inspires, inspiring, inspired • **ilham
vermek, esinlemek:** This river
inspired many poets. Bu nehir pek
çok şaire ilham kaynağı olmuştur.

install • in.stall (înstôl´)
/fiil/ installs, installing, installed •
kurmak, tesis etmek: install a system
bir sistemi kurmak
İng. **instal**

installment • in.stall.ment
(înstôl´mınt) /isim/ çoğul installments •
taksit: Has she paid this month's
installment? Bu ayın taksitini ödedi mi?
İng. **instalment**

instance • in.stance (în´stıns)
/isim/ çoğul instances • **örnek**
for instance **örneğin**

instant • in.stant (în´stınt)
/sıfat/ **1. ani, hemen olan 2. acil, ivedi**
instant coffee **hazır kahve**
instant soup **hazır çorba**
/isim/ **an:** at that instant o anda
in an instant **bir anda**

instead • in.stead (însted´)
/zarf/ **yerine**
instead of -in yerine, -eceğine: You
can read a book instead of watching
television. Televizyon seyredeceğine
kitap okuyabilirsin.

instinct • in.stinct (în´stîngkt)
/isim/ çoğul instincts • **içgüdü:**
Silkworms make cocoons by instinct.
İpekböcekleri içgüdüyle koza örerler.

institute • in.sti.tute (în´stıtut)
/isim/ çoğul institutes • **kuruluş; enstitü**

institution • in.sti.tu.tion (înstıtu´şın)
/isim/ çoğul institutions • **kurum:**
commercial institution ticari kurum

instruct • in.struct (înstrʌkt´)
/fiil/ instructs, instructing, instructed •
öğretmek, eğitmek, okutmak

instruction • in.struc.tion (înstrʌk´şın)
/isim/ **öğrenim, eğitim:** understand an
instruction öğretilen bir şeyi anlamak
instructions **direktif, yönerge**

instructor • in.struc.tor (înstrʌk´tır)
/isim/ çoğul instructors • **öğretmen,
eğitmen; okutman**

instrument • in.stru.ment (în´strımınt)
/isim/ çoğul instruments • **1. alet, araç:**
medical instruments tıbbi aletler
2. enstrüman, çalgı: wind instrument
üflemeli çalgı
musical instrument **müzik aleti**

insufficient • in.suf.fi.cient (însıfîş´ınt)
/sıfat/ eksik, yetersiz: insufficient evidence yetersiz kanıt

¹insult • in.sult (însʌlt´)
/fiil/ insults, insulting, insulted • hakaret etmek, aşağılamak: He insulted my friend. Arkadaşıma hakaret etti.

²insult • in.sult (în´sʌlt)
/isim/ çoğul insults • hakaret

insurance • in.sur.ance (înşûr´ıns)
/isim/ sigorta
fire insurance yangın sigortası
health insurance sağlık sigortası
life insurance yaşam sigortası

insure • in.sure (înşûr´)
/fiil/ insures, insuring, insured • emin olmak, sağlamak
insure against -e karşı sigorta etmek (olmak)

integrate • in.te.grate (în´tıgreyt)
/fiil/ integrates, integrating, integrated • tamamlamak, bütünlemek

integration • in.te.gra.tion (întıgrey´şın) /isim/ bütünleşme, birleşme, entegrasyon: national integration milli bütünleşme

intellectual • in.tel.lec.tu.al (întılek´çuwıl) /sıfat/ akla ait, zihinsel: intellectual capacity zihinsel kapasite

intelligence • in.tel.li.gence (întel´ıcıns) /isim/ akıl, zekâ, anlayış
intelligence test zekâ testi

intelligent • in.tel.li.gent (întel´ıcınt)
/sıfat/ akıllı, zeki, anlayışlı: an intelligent child zeki bir çocuk

intend • in.tend (întend´)
/fiil/ intends, intending, intended • niyet etmek, niyetinde olmak, niyetlenmek: He intended to write a novel. Bir roman yazmaya niyetlendi.

intense • in.tense (întens´)
/sıfat/ 1. şiddetli, keskin: an intense pain şiddetli bir ağrı 2. yoğun: intense emotions yoğun duygular

intensity • in.ten.si.ty (înten´sıti)
/isim/ 1. keskinlik, şiddet: the intensity of the hurricane kasırganın şiddeti
2. yoğunluk: intensity of feeling duygu yoğunluğu

intensive • in.ten.sive (înten´sîv)
/sıfat/ 1. şiddetli: an intensive dust storm şiddetli bir kum fırtınası
2. yoğun: an intensive course in English yoğun bir İngilizce kursu
intensive care yoğun bakım
intensive care unit yoğun bakım servisi

intention • in.ten.tion (înten´şın)
/isim/ çoğul intentions • niyet, amaç, maksat: His intention was good. Niyeti iyiydi.

interaction • in.ter.ac.tion (întıräk´şın)
/isim/ çoğul interactions • birbirini etkileme, etkileşim

interactive • in.ter.ac.tive (întıräk´tîv)
/sıfat/ etkileşimli: interactive teaching etkileşimli öğretim

¹interest • in.ter.est (în´tırîst)
/isim/ 1. ilgi, merak: I have an interest in foreign languages. Yabancı dillere

ilgim var. 2. çoğul interests • **ilgi alanı**
3. faiz

²interest • in.ter.est (în´tırîst)
/fiil/ interests, interesting, interested •
ilgilendirmek: Politics doesn't interest
her. Politika onu ilgilendirmiyor.
be interested in **ile ilgili olmak, ile**
ilgilenmek, -e ilgi duymak: Ayşe is
interested in sports. Ayşe spora ilgi
duyuyor.

interesting • in.ter.est.ing (în´tırîstîng)
/sıfat/ **ilginç:** interesting topics ilginç
konular

interfere • in.ter.fere (întırfîr´)
/fiil/ interferes, interfering, interfered •
karışmak, araya girmek
interfere in **-e karışmak, -e burnunu**
sokmak

interior • in.te.ri.or (întîr´iyır)
/sıfat/ **içerideki, iç, dahili**
interior decorator **içmimar**

interjection • in.ter.jec.tion
(întırcek´şın) /isim/ çoğul interjections •
(dilbilgisi) **ünlem**

intermediate • in.ter.me.di.ate
(întırmi´diyît) /sıfat/ **ortadaki, aradaki,**
orta: intermediate level orta düzey

internal • in.ter.nal (întır´nıl)
/sıfat/ **iç, dahili**
internal affairs **içişleri**
internal organs **iç organlar**

international • in.ter.na.tion.al
(întırnäş´ınıl) /sıfat/ **uluslararası:**
international law uluslararası hukuk

Internet • In.ter.net (în´tırnet)
/isim/ (the) **İnternet**

interpret • in.ter.pret (întır´prît)
/fiil/ interprets, interpreting, interpreted •
yorumlamak; çevirmek, tercüme
etmek: How do you interpret this
poem? Bu şiiri nasıl yorumluyorsun?

interpretation • in.ter.pre.ta.tion
(întırprîtey´şın) /isim/ çoğul interpreta-
tions • **yorumlama, açıklama; yorum:**
interpretation of dreams rüya
yorumlama

interrupt • in.ter.rupt (întırʌpt´)
/fiil/ interrupts, interrupting, interrupted •
1. kesmek, ara vermek 2. sözünü
kesmek

intersection • in.ter.sec.tion
(întırsek´şın) /isim/ **1. kesişme**
2. çoğul intersections • **kavşak**

interval • in.ter.val (în´tırvıl)
/isim/ çoğul intervals • **aralık, ara**

¹interview • in.ter.view (în´tır.vyu)
/isim/ çoğul interviews • **görüşme,**
mülakat; röportaj

²interview • in.ter.view (în´tır.vyu)
/fiil/ interviews, interviewing, interviewed •
görüşmek; röportaj yapmak

intestine • in.tes.tine (întes´tîn)
/isim/ çoğul intestines • bağırsak
large intestine kalınbağırsak
small intestine incebağırsak

into • in.to (în´tu)
/edat/ içine, içeri; -e, -ye: He dived
into the water. Suya daldı. Put the
bowl into the refrigerator. Kâseyi
buzdolabına koy.

intransitive • in.tran.si.tive
(înträn´sıtîv) /sıfat/ (dilbilgisi) geçişsiz,
nesnesiz (fiil)
intransitive verb geçişsiz fiil

introduce • in.tro.duce (întrıdus´)
/fiil/ introduces, introducing, introduced •
tanıtmak, tanıştırmak: İnci introduced
me to her friend. İnci beni arkadaşıyla
tanıştırdı.

introduction • in.tro.duc.tion
(întrıdʌk´şın) /isim/ çoğul introductions •
1. tanıştırma, takdim 2. (kitap, konuş-
ma v.b.´nde) giriş

invade • in.vade (înveyd´)
/fiil/ invades, invading, invaded • 1. istila
etmek 2. saldırmak, hücum etmek:
Pirates invaded the port. Korsanlar
limana saldırdı.

invalid • in.val.id (învâl´îd)
/sıfat/ geçersiz, hükümsüz: an invalid
licence geçersiz bir ehliyet an invalid
ticket geçersiz bir bilet

invasion • in.va.sion (învey´jın)
/isim/ çoğul invasions • istila, saldırı, akın

invent • in.vent (învent´)
/fiil/ invents, inventing, invented • icat

etmek: Who invented the telephone?
Telefonu kim icat etti?

invention • in.ven.tion (înven´şın)
/isim/ çoğul inventions • buluş, icat

inventor • in.ven.tor (înven´tır)
/isim/ çoğul inventors • mucit, buluşçu

invest • in.vest (învest´)
/fiil/ invests, investing, invested • (in)
-e (para) yatırmak

investigate • in.ves.ti.gate
(înves´tıgeyt) /fiil/ investigates, inves-
tigating, investigated • 1. (hakkında)
soruşturma yapmak 2. araştırmak,
incelemek

investigation • in.ves.ti.ga.tion
(învestıgey´şın) /isim/ çoğul investiga-
tions • 1. soruşturma 2. araştırma

investment • in.vest.ment
(învest´mınt) /isim/ çoğul investments •
yatırım

invisible • in.vis.i.ble (învîz´ıbıl)
/sıfat/ görülmez, görünmez

invitation • in.vi.ta.tion (învıtey´şın)
/isim/ çoğul invitations • davet, çağrı
invitation card davetiye

invite • in.vite (învayt´)
/fiil/ invites, inviting, invited • davet
etmek, çağırmak

involve • in.volve (învalv´)
/fiil/ involves, involving, involved •
gerektirmek, istemek: Studying
medicine at university involves
studying hard. Üniversitede tıp
okumak çok çalışmayı gerektirir.

Ireland • Ire.land (ayr´lınd)
/isim/ İrlanda
the Republic of Ireland İrlanda
Cumhuriyeti

Irish • I.rish (ay´rîş)
/sıfat/ 1. İrlanda'ya özgü 2. İrlandaca
3. İrlandalı
/isim/ İrlandaca, İrlanda dili
the Irish İrlandalılar

Irishman • I.rish.man (ay´rîşmın)
/isim/ çoğul Irishmen • İrlandalı (erkek)

Irishwoman • I.rish.wom.an
(ay´rîşwûmın) /isim/ çoğul Irishwomen •
İrlandalı (kadın)

¹iron • i.ron (ay´ırn)
/isim/ 1. demir
the Iron Age demir devri
2. çoğul irons • ütü
/sıfat/ demir (demirden yapılmış):
iron bar demir çubuk

²iron • i.ron (ay´ırn)
/fiil/ irons, ironing, ironed • ütülemek:
She ironed her father's shirt.
Babasının gömleğini ütüledi.
ironing ütüleme
ironing board ütü masası

irregular • ir.reg.u.lar (îreg´yılır)
/sıfat/ düzensiz, kuralsız
irregular verbs (dilbilgisi) düzensiz
fiiller, kuralsız fiiller

irrelevant • ir.rel.e.vant (îrel´ıvınt)
/sıfat/ konudışı

is • is (îz)
/fiil/ (be fiilinin üçüncü tekil kişi
şimdiki zaman biçimi) -dir: He is an
architect. O mimardır. She is right.
O haklıdır. That is a caterpillar. O bir
tırtıldır. There is a book on the table.
Masanın üzerinde bir kitap var.
Is he/she/it ...? ... midir?: Is she a
student? O öğrenci midir?
Is he/she from ...? -li mi?: Is he from
Konya? O Konyalı mı?
isn't → is not

Islam • Is.lam (îslam´)
/isim/ İslam, Müslümanlık

Islamic • Is.lam (îsla´mîk)
/sıfat/ İslami, Müslüman: Islamic
societies Müslüman toplumlar

island • is.land (ay´lınd)
/isim/ çoğul islands • ada

issue • is.sue (îş´u)
/isim/ çoğul issues • 1. yayımlama,
yayım, basım 2. konu 3. sorun, mesele
4. sayı, nüsha: the latest issue of the
magazine derginin son sayısı

IT • IT (ay ti´)
/kısaltma/ information technology

it • it (ît)

/zamir/ **1. o:** Whose is it? O kimin? It is mine. O benim. **2. onu:** Put it in the cupboard. Onu dolaba koy. Who wrote it? Onu kim yazdı? **3. ona:** It is called a keyboard. Ona klavye denir.
it'd → **1.** it had **2.** it would
it'll → it will, it shall
it's → **1.** it is **2.** it has

Italian • I.tal.ian (îtäl´yın)
/sıfat/ **1.** İtalyan **2.** İtalyanca
/isim/ **1.** çoğul Italians • İtalyan
2. İtalyanca

italic • i.tal.ic (îtäl´îk)
/sıfat/ italik (basım harfi)

Italy • It.a.ly (ît´ıli)
/isim/ İtalya

itch • itch (îç)
/fiil/ itches, itching, itched • **kaşınmak:** My ear is itching. Kulağım kaşınıyor.

its • its (îts)
/zamir/ onun

itself • it.self (îtself´)
/zamir/ **kendi, kendisi**
by itself **1.** kendi başına, kendi **kendine:** Our dog can open the door by itself. Köpeğimiz kapıyı kendi başına açabilir. **2. kendiliğinden:** The window opened by itself. Pencere kendiliğinden açıldı.

ivy • i.vy (ay´vi)
/isim/ çoğul ivies • **sarmaşık**

Jj

J, j • j (cey)
/isim/ J, İngiliz alfabesinin onuncu harfi

jacket • jack.et (cäk´ît)
/isim/ çoğul jackets • ceket
life jacket can yeleği

jaguar • jag.uar (cäg´war)
/isim/ çoğul jaguars • jaguar, jagar

jail • jail (ceyl)
/isim/ çoğul jails • hapishane, cezaevi

jam • jam (cäm)
/isim/ çoğul jams • 1.reçel, marmelat:
apricot jam kayısı reçeli 2. tıkanıklık,
sıkışıklık; izdiham 3. bkz. traffic jam

janitor • jan.i.tor (cän´îtır)
/isim/ çoğul janitors • kapıcı; odacı

January • Jan.u.ar.y (cän´yuweri)
/isim/ ocak (ayı)

Japan • Ja.pan (cıpän´)
/isim/ Japonya

Japanese • Jap.a.nese (cäpıniz´)
/sıfat/ 1. Japon 2. Japonca
/isim/ 1. çoğul Japanese • Japon
2. Japonca

jar • jar (car)
/isim/ çoğul jars • kavanoz: a jar of
honey bir kavanoz bal

jaw • jaw (cô)
/isim/ çoğul jaws • çene
lower jaw alt çene
upper jaw üst çene

jazz • jazz (cäz)
/isim/ caz (müziği): modern jazz
modern caz

jealous • jeal.ous (cel´ıs)
/sıfat/ kıskanç: a jealous man
kıskanç bir adam

jealousy • jeal.ou.sy (cel´ısi)
/isim/ çoğul jealousies • kıskançlık

jean • jean (cin)
/isim/ kot, cin (kumaş)

jeans • jeans (cinz)
/isim/ çoğul jeans • blucin, kot pantolon:
He wears jeans on weekends. Hafta
sonları kot pantolon giyer.

jeep • jeep (cip)
/isim/ çoğul jeeps • cip

jelly • jel.ly (cel´i)
/isim/ çoğul jellies • jöle, pelte:
strawberry jelly çilek jölesi

jellyfish • jel.ly.fish (cel´ifîş)
/isim/ çoğul jellyfish • denizanası: Some
species of jellyfish are poisonous.
Bazı denizanası türleri zehirlidir.

jet • jet (cet)
/isim/ çoğul jets • jet (uçağı):
jet engine jet motoru

Jew • Jew (cu)
/isim/ çoğul Jews • Musevi, Yahudi

jewel • jew.el (cu´wıl)
/isim/ çoğul jewels • mücevher,
değerli taş

jewelry • jew.el.ry (cu´wılri)
/isim/ çoğul jewelry • mücevherat:
jewelry box mücevher kutusu
İng. jewellery

Jewish • Jew.ish (cu´wîş)
/sıfat/ Musevi, Yahudi

jigsaw • jig.saw (cîg´sô)
/isim/ çoğul jigsaws • 1. motorlu oyma
testeresi
jigsaw puzzle yapboz

job • job (cab)
/isim/ çoğul jobs • iş, görev: a temporary
job geçici bir iş
be out of a job işsiz olmak
look for a job iş aramak

jockey • jock.ey (cak´i)
/isim/ çoğul jockeys • cokey, jokey

jogging • jog.ging (cag´îng)
/isim/ jogging, yavaş tempo koşu

join • join (coyn)
/fiil/ joins, joining, joined • 1. birleş-
tirmek; birleşmek 2. (kulüp, parti

v.b.'ne) katılmak 3. bağlamak;
bağlanmak

joint • joint (coynt)
/isim/ çoğul joints • (anatomi) **eklem,
mafsal:** There are three joints on
each finger. Her parmakta üç eklem
bulunur.

joke • joke (cok)
/isim/ çoğul jokes • **şaka**
crack a joke (make a joke) **şaka
yapmak**
It's no joke. **Şaka değil bu. (Ciddiyim.)**
practical joke **eşek şakası**
take a joke **şaka kaldırmak**

jolly • jol.ly (cal´i)
/sıfat/ jollier, jolliest • **şen, neşeli:**
a jolly laugh neşeli bir kahkaha

journal • jour.nal (cır´nıl)
/isim/ çoğul journals • **1. dergi, gazete:**
scientific journal bilim dergisi
2. günlük, günce
keep a journal **günlük tutmak**

journalism • jour.nal.ism (cır´nılîzım)
/isim/ **gazetecilik**

journalist • jour.nal.ist (cır´nılîst)
/isim/ çoğul journalists • **gazeteci:**
She is a well-known journalist.
O tanınmış bir gazetecidir.

journey • jour.ney (cır´ni)
/isim/ çoğul journeys • **yolculuk, gezi,
seyahat, sefer**

joy • joy (coy)
/isim/ çoğul joys • **sevinç, haz, neşe**

joyful • joy.ful (coy´fıl)

/sıfat/ **sevinçli, neşeli:** a joyful day
neşeli bir gün

Judaism • Ju.da.ism (cu´diyîzım)
/isim/ **Musevilik, Musevi dini**

¹**judge** • judge (cʌc)
/isim/ çoğul judges • **yargıç, hâkim**

²**judge** • judge (cʌc)
/fiil/ judges, judging, judged •
yargılamak: judge by appearances
görünüşe göre yargılamak

judgement • judge.ment (cʌc´mınt)
/isim/ çoğul judgements • bkz. **judgment**

judgment • judg.ment (cʌc´mınt)
/isim/ çoğul judgments • **hüküm, karar,
yargı:** I trust your judgments on this
matter. Bu konudaki kararlarına
güveniyorum.

judo • ju.do (cu´do)
/isim/ **judo**

jug • jug (cʌg)
/isim/ çoğul jugs • **1.** İng. **(kulplu)
sürahi:** a jug of water bir sürahi su
2. testi

juice • juice (cus)
/isim/ çoğul juices • **sebze/meyve/et
suyu:** lemon juice limon suyu

juicy • juic.y (cuˊsi)
/sıfat/ juicier, juiciest • özlü, sulu:
Apples are usually juicy in this
season. Bu mevsimde elmalar
genellikle sulu olur.

July • Ju.ly (cûlayˊ, cılayˊ)
/isim/ temmuz

¹jump • jump (cʌmp)
/fiil/ jumps, jumping, jumped • atlamak,
zıplamak, sıçramak
jump over üstünden atlamak
jump rope ip atlamak

²jump • jump (cʌmp)
/isim/ çoğul jumps • atlama, sıçrama
high jump yüksek atlama
long jump (broad jump) uzun atlama

jumper • jump.er (cʌmˊpır)
/isim/ çoğul jumpers • bluz/kazak
üzerine giyilen kolsuz elbise

junction • junc.tion (cʌngkˊşın)
/isim/ çoğul junctions • kavşak, birleşme
yeri

June • June (cun)
/isim/ haziran

jungle • jun.gle (cʌngˊgıl)
/isim/ çoğul jungles • cangıl, cengel,
vahşi orman, sık ağaçlı orman

junior • jun.ior (cunˊyır)
/sıfat/ 1. yaşça (daha) küçük 2.
kıdemce aşağı, ast

junk • junk (cʌngk)
/isim/ 1. ıvır zıvır, pılı pırtı; atılacak
eşya/şeyler 2. hurda

Jupiter • Ju.pi.ter (cuˊpıtır)
/isim/ (gökbilim) Jüpiter

jury • ju.ry (cûrˊi)
/isim/ çoğul juries • jüri, seçiciler kurulu

just • just (cʌst)
/sıfat/ 1. adaletli, adil 2. haklı,
yerinde, doğru
/zarf/ 1. tam: just across from us tam
karşımızda
just as ... tam ... gibi: It is just as he
thought. Tam düşündüğü gibi.
just like ... aynı, tıpkı: Tuna looks just
like his father. Tuna tıpkı babasına
benziyor.
just then ... tam o sırada; tam o anda:
Just then, the bell rang. Tam o sırada
zil çaldı. 2. hemen, şimdi, biraz önce:
Şule has just arrived. Şule şimdi geldi.
3. ancak, yalnız, sadece: There are
just two people living there. Orada
yaşayan yalnızca iki kişi var.

justice • jus.tice (cʌsˊtîs)
/isim/ adalet, hak
do justice hakkını vermek

justify • jus.ti.fy (cʌsˊtıfay)
/fiil/ justifies, justifying, justified • doğru-
lamak, haklı çıkarmak

juvenile • ju.ve.nile (cuˊvınıl,
cuˊvınayl) /sıfat/ genç; gençliğe özgü
juvenile court çocuk mahkemesi

Kk

K, k • k (key)
/isim/ K, İngiliz alfabesinin on birinci harfi

kangaroo • kan.ga.roo (käng.gıru´)
/isim/ çoğul kangaroos • kanguru

karate • ka.ra.te (kıra´ti)
/isim/ karate

kebab • ke.bab (kıbab´)
/isim/ çoğul kebabs • kebap
doner kebab döner kebap

keen • keen (kin)
/sıfat/ keener, keenest • keskin, sivri

keep • keep (kip)
/fiil/ keeps, keeping, kept • tutmak, sakla-

mak: Keep meat in the refrigerator. Eti buzdolabında saklayın.
keep off 1. -i uzak tutmak 2. -den uzak durmak
keep on devam etmek: They kept on working. Çalışmaya devam ettiler.
keep (someone) waiting (birini) bekletmek: Never keep him waiting. Onu asla bekletme.
keep watch nöbet tutmak

keepsake • keep.sake (kip´seyk)
/isim/ çoğul keepsakes • andaç, hatıra: This watch is a keepsake from my aunt. Bu kol saati, halamdan bir hatıra.

kennel • ken.nel (ken´ıl)
/isim/ çoğul kennels • köpek kulübesi

kept • kept (kept)
/fiil/ bkz. keep

ketchup • ketch.up (keç´ıp, käç´ıp)
/isim/ ketçap: homemade ketchup
ev yapımı ketçap

kettle • ket.tle (ket´ıl)
/isim/ çoğul kettles • çaydanlık; su
ısıtıcısı

key • key (ki)
/isim/ çoğul keys • anahtar
/sıfat/ baş, ana, en önemli: play a
key role önemli bir rol oynamak

keyboard • key.board (ki´bôrd)
/isim/ çoğul keyboards • klavye

keyhole • key.hole (ki´hol)
/isim/ çoğul keyholes • anahtar deliği

keyword • key.word (ki´wırd)
/isim/ çoğul keywords • anahtar sözcük;
parola

¹kick • kick (kîk)
/fiil/ kicks, kickıng, kicked • tekmelemek,
tekme atmak
kick a goal (ayağıyla) gol atmak

²kick • kick (kîk)
/isim/ çoğul kicks • tekme

kid • kid (kîd)

/isim/ çoğul kids • 1. oğlak
with kid gloves tatlılıkla
2. çocuk
the kids 1. çocuklar 2. bizimkiler

kidnap • kid.nap (kîd´näp)
/fiil/ kidnaps, kidnapping, kidnapped •
(fidye için) (birini) kaçırmak: The boss
was kidnapped. Patron kaçırıldı.

kidney • kid.ney (kîd´ni)
/isim/ çoğul kidneys • böbrek
kidney bean (bir tür) barbunya
kidney machine diyaliz makinesi
kidney stone böbrek taşı

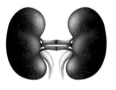

kill • kill (kîl)
/fiil/ kills, killing, killed • öldürmek
kill two birds with one stone bir taşla
iki kuş vurmak

killer • kill.er (kîl´ır)
/isim/ çoğul killers • 1. katil, öldüren
kimse 2. öldüren şey

kilo • ki.lo (ki´lo)
/isim/ çoğul kilos • kilo, kilogram

kilogram • kil.o.gram (kîl´ıgräm)
/isim/ çoğul kilograms • kilogram, kilo
İng. kilogramme

kiloliter • kil.o.li.ter (kîl´ılitır)
/isim/ çoğul kiloliters • kilolitre
İng. kilolitre

kilometer • kil.o.me.ter (kîlam´ıtır)
/isim/ çoğul kilometers • **kilometre**
İng. **kilometre**

kilt • kilt (kîlt)
/isim/ çoğul kilts • **İskoç erkeklerinin giydiği eteklik**

kind • kind (kaynd)
/isim/ çoğul kinds • **çeşit, cins, tür:**
They sell various kinds of fruit.
Çeşitli meyve türleri satıyorlar.
/sıfat/ kinder, kindest • **iyi, iyiliksever; sevecen:** kind person iyiliksever kişi

kindergarten • kin.der.gar.ten
(kîn´dırgartın) /isim/ çoğul kindergartens
• **anaokulu:** My sister is in kinder-
garten. Kız kardeşim anaokulunda.

kindhearted • kind.heart.ed
(kaynd´har´tîd) /sıfat/ **iyi kalpli**

kindly • kind.ly (kaynd´li)
/sıfat/ kindlier, kindliest • **iyi niyetli:**
a kindly smile iyi niyetli bir tebessüm

king • king (kîng)
/isim/ çoğul kings • **kral:** King of Sweden
İsveç kralı

kingdom • king.dom (kîng´dım)
/isim/ çoğul kingdoms • **1. krallık**
2. (biyoloji) âlem: the plant kingdom
bitkiler âlemi

kiosk • ki.osk (ki´yask)
/isim/ çoğul kiosks • **kulübe:**
newspaper kiosk gazete kulübesi

¹kiss • kiss (kîs)
/fiil/ kisses, kissing, kissed • **öpmek;**
öpüşmek: She kissed him on the
cheek. Onu yanağından öptü.

²kiss • kiss (kîs)
/isim/ çoğul kisses • **öpücük, öpüş**

kit • kit (kît)
/isim/ çoğul kits • **alet takımı:** sewing
kit dikiş takımı

kitchen • kitch.en (kîç´ın)
/isim/ çoğul kitchens • **mutfak:**
kitchen table mutfak masası
kitchen garden **sebze bahçesi**

kite • kite (kayt)
/isim/ çoğul kites • **uçurtma:** fly a kite
uçurtma uçurmak

kitten • kit.ten (kît´ın)
/isim/ çoğul kittens • **yavru kedi, kedi**
yavrusu

knee • knee (ni)
/isim/ çoğul knees • **diz:** knee joint
diz eklemi

kneel • kneel (nil)
/fiil/ kneels, kneeling, knelt/kneeled •
diz çökmek: Anıl kneeled in front of
the statue. Anıl, heykelin karşısında
diz çöktü.

knelt • knelt nelt
/fiil/ bkz. **kneel**

knew • knew nu
/fiil/ bkz. **know**

knife • knife (nayf)
/isim/ çoğul knives • **bıçak:** a blunt knife kör bir bıçak

knight • knight (nayt)
/isim/ çoğul knights • **1. şövalye 2.** (satranç) at

knit • knit (nît)
/fiil/ knits, knitting, knitted/knit • **örmek:** knit a sweater bir kazak örmek

knitting • knit.ting (nît´îng)
/isim/ **örme; örgü**
knitting needle **şiş, örgü şişi**
knitting wool **örgü yünü**

knob • knob (nab)
/isim/ çoğul knobs • **topuz, tokmak:** door knob kapı topuzu

knock • knock (nak)
/fiil/ knocks, knocking, knocked • **vurmak, çarpmak:** knock on/at the door kapıyı çalmak
knock out **vurup yıkmak**

knot • knot (nat)
/isim/ çoğul knots • **düğüm**
Gordian knot **kördüğüm**

know • know (no)
/fiil/ knows, knowing, knew, known • **1. bilmek:** Do you know how to swim? Yüzmeyi biliyor musun? **2. tanımak:** Do you know Tarık? Tarık'ı tanıyor musunuz?

know-how • know-how (no´hau)
/isim/ **uzmanlık**

knowledge • knowl.edge (nal´îc)
/isim/ **bilgi; haber:** technical knowledge teknik bilgi

known • known (non)
/fiil/ bkz. **know**

knuckle • knuck.le (nʌk´ıl)
/isim/ çoğul knuckles • **parmağın oynak yeri, boğum**

Koran • Ko.ran (korän´)
/isim/ **Kuran**

Kurd • Kurd (kûrd, kırd)
/isim/ çoğul Kurds • **Kürt**

Kurdish • Kurd.ish (kûr´dîş, kır´dîş)
/sıfat/ **1. Kürt 2. Kürtçe**
/isim/ **Kürtçe**

L, l • l (el)
/isim/ L, İngiliz alfabesinin on ikinci
harfi

lab • lab (läb)
/isim/ çoğul labs • laboratuvar:
physics lab fizik laboratuvarı

¹label • la.bel (ley´bıl)
/isim/ çoğul labels • etiket

²label • la.bel (ley´bıl)
/fiil/ labels, labeling/İng. labelling, labeled/
İng. labelled • 1. etiketlemek
2. adlandırmak

labor • la.bor (ley´bır)
/isim/ 1. çalışma, iş: hand labor elle
yapılan iş 2. çoğul labors • emek
İng. labour

laboratory • lab.o.ra.to.ry (läb´rıtôri,
İng. lıbar´ıtri) /isim/ çoğul laboratories •
laboratuvar: research laboratory
araştırma laboratuvarı

lace • lace (leys)
/isim/ 1. dantel: Her dress was
covered with lace. Elbisesi dantelle
kaplıydı.
2. çoğul laces • (ayakkabı için) bağ, bağcık

¹lack • lack (läk)
/isim/ eksiklik, noksan
lack of -sizlik: lack of confidence
güvensizlik lack of money parasızlık
lack of sleep uykusuzluk

²lack • lack (läk)
/fiil/ lacks, lacking, lacked • -den yoksun
olmak, ... eksik olmak: This salad
lacks salt. Bu salatanın tuzu eksik.

ladder • lad.der (läd´ır)
/isim/ çoğul ladders • merdiven, portatif
merdiven

ladle • la.dle (ley´dıl)
/isim/ çoğul ladles • kepçe (mutfak aleti)

lady • la.dy (ley´di)
/isim/ çoğul ladies • bayan, hanımefendi
Ladies and Gentlemen! (konuşmanın
başında) Bayanlar, Baylar!

ladybird • la.dy.bird (ley´dibırd)
/isim/ çoğul ladybirds • bkz. **ladybug**

ladybug • la.dy.bug (ley´dibʌg)
/isim/ çoğul ladybugs • **uğurböceği,
hanımböceği, uçuçböceği**
İng. ladybird

laid • laid (leyd)
/fiil/ bkz. ¹lay

lain • lain (leyn)
/fiil/ bkz. ³lie

lake • lake (leyk)
/isim/ çoğul lakes • **göl**

lamb • lamb (läm)
/isim/ çoğul lambs • **kuzu**
lamb's wool **kuzu yünü**

lamp • lamp (lämp)
/isim/ çoğul lamps • **lamba:** table lamp
masa lambası

lamppost • lamp.post (lämp´post)
/isim/ çoğul lampposts • **sokak lambası
direği**

¹**land** • land (länd)
/isim/ 1. **kara:** Cats live on land.
Kediler karada yaşar.
2. **toprak, yer:** dry land kurak toprak
3. çoğul lands • **ülke, diyar**

²**land** • land (länd)
/fiil/ lands, landing, landed • 1. **karaya
çıkmak** 2. **yere inmek:** The airplane
is about to land. Uçak inmek üzere.

landlady • land.la.dy (länd´leydi)
/isim/ çoğul landladies • **evini kiraya
veren mal sahibi, ev sahibi (kadın)**

landlord • land.lord (länd´lôrd)
/isim/ çoğul landlords • **evini kiraya
veren mal sahibi, ev sahibi**

landscape • land.scape (länd´skeyp)
/isim/ çoğul landscapes • **peyzaj, kır
manzarası**

landslide • land.slide (länd´slayd)
/isim/ çoğul landslides • **toprak kayması**

lane • lane (leyn)
/isim/ çoğul lanes • 1. **dar yol, dar geçit**
2. (otoyol) **şerit:** four-lane motorway
dört şeritli otoyol 3. (spor) **kulvar:**
lane two ikinci kulvar

language • lan.guage (läng´gwîc)
/isim/ çoğul languages • **dil, lisan:**
everyday language günlük dil

the language barrier dil engeli
language laboratory **dil laboratuvarı**

lantern • lan.tern (län´tırn)
/isim/ çoğul lanterns • **fener:** The
campers lit the lanterns. Kampçılar
fenerleri yaktılar.

lap • lap (läp)
/isim/ çoğul laps • **kucak**

laptop • lap.top (läp´tap)
/sıfat/ **dizüstü (bilgisayar)**
/isim/ çoğul laptops • **dizüstü bilgisayar,
dizüstü**

large • large (larc)
/sıfat/ larger, largest • **büyük; geniş;
iri:** a large watermelon **büyük bir
karpuz** large size **büyük beden**

largely • large.ly (larc´li)
/zarf/ **büyük ölçüde, çoğunlukla:** First
responses were largely positive. **İlk
tepkiler büyük ölçüde olumluydu.**

laser • la.ser (ley´zır)
/isim/ çoğul lasers • (fizik) **lazer**
laser printer (bilgisayar) **lazer yazıcı**

lash • lash (läş)
/isim/ çoğul lashes • bkz. **eyelash**

¹last • last (läst)
/sıfat/ **1. son, sonuncu:** the last page

of the book **kitabın son sayfası**
the last train to İzmir **İzmir´e son tren**
last chance **son şans**
last name bkz. **surname**
2. geçen, önceki: last night **dün gece**
last week **geçen hafta**
/isim/ çoğul last • (the) **sonuncu, en
son kişi/şey:** He was the last of the
great composers. **Büyük bestecilerin
sonuncusuydu.**
at last **sonunda**

²last • last (läst)
/fiil/ lasts, lasting, lasted • **sürmek,
devam etmek:** His education lasted
fifteen years. **Eğitimi on beş yıl sürdü.**

late • late (leyt)
/sıfat/ later, latest • **1. geç; gecikmiş:**
a late breakfast **geç bir kahvaltı**
be late **gecikmek, geç kalmak:** Ali was
late for school. **Ali okula geç kalmıştı.**
/zarf/ later, latest • **geç:** He usually
gets up late. **Genellikle geç kalkar.**
of late **bugünlerde, son zamanlarda**
See you later! **Daha sonra görüşürüz!**
too late **çok geç**

lately • late.ly (leyt´li)
/zarf/ **son zamanlarda:** He hasn't
really been studying lately. **Son
zamanlarda pek ders çalışmıyor.**

Latin • Lat.in (lät´în)
/sıfat/ **1. Latince 2. Latin**
the Latin alphabet **Latin alfabesi**
/isim/ **1. Latince 2.** çoğul Latins • **Latin**

latitude • lat.i.tude (lät´ıtud)
/isim/ çoğul latitudes • **enlem**

latter • lat.ter (lät´ır)
/sıfat/ **(ikisinden) sonuncu, sonraki,**

ikinci: the latter part of the 20th
century 20. yüzyılın ikinci yarısı
/isim/ çoğul latter • (the) (ikisinden)
sonuncusu, sonraki, ikincisi: Of those
two books, I prefer the latter. O iki
kitaptan ikincisini tercih ederim.

¹laugh • laugh (läf)
/fiil/ laughs, laughing, laughed • gülmek,
kahkaha atmak

²laugh • laugh (läf)
/isim/ çoğul laughs • gülme, gülüş,
kahkaha
have the last laugh sonunda başarmak

laughter • laugh.ter (läf´tır)
/isim/ gülüş, kahkaha: roar with
laughter kahkahayla gülmek

launch • launch (lônç)
/fiil/ launches, launching, launched •
1. (gemiyi) suya indirmek 2. (roket)
fırlatmak: launch a rocket roket fırlat-
mak 3. -i başlatmak, -e girişmek

laundry • laun.dry (lôn´dri)
/isim/ (kirli/temiz) çamaşır: dirty
laundry kirli çamaşır

lava • la.va (la´vı)
/isim/ lav, püskürtü

lavatory • lav.a.to.ry (läv´ıtôri)
/isim/ çoğul lavatories • 1. lavabo
2. tuvalet

lavender • lav.en.der (läv´ındır)
/isim/ lavanta

law • law (lô)
/isim/ 1. çoğul laws • yasa, kanun
law and order yasa ve düzen
2. hukuk: civil law medeni hukuk
law school hukuk fakültesi

lawn • lawn (lôn)
/isim/ çimenlik, çim alanı
lawn mower çim biçme makinesi

lawyer • law.yer (lô´yır)
/isim/ çoğul lawyers • avukat

¹lay • lay (ley)
/fiil/ lays, laying, laid • 1. yatırmak:
She laid the baby in her crib. Bebeği
karyolasına yatırdı. 2. koymak, yer-
leştirmek: She laid her hand on my
shoulder. Elini omzuma koydu.
3. döşemek: lay cables kablo
döşemek 4. sermek: She laid the
cloth on the floor. Örtüyü yere serdi.
5. (sofrayı) kurmak: Songül laid the
table. Songül sofrayı kurdu.
6. yumurtlamak: In general, hens
lay one egg per day. Tavuklar genel-
likle günde bir yumurta yumurtlar.

²lay • lay (ley)
/fiil/ bkz. ³lie

layer • lay.er (ley´ır)
/isim/ çoğul layers • kat, tabaka

layout • lay.out (ley´aut)
/isim/ çoğul layouts • düzen, plan:
layout of a factory bir fabrikanın planı

lazily • la.zi.ly (ley´zıli)
/zarf/ tembelce: Sheep graze lazily

in the meadow. Koyunlar çayırda tembel tembel otluyorlar.

lazy • la.zy (ley´zi)
/sıfat/ lazier, laziest • **tembel**: a lazy student tembel bir öğrenci

¹lead • lead (lid)
/fiil/ leads, leading, led • **yol göstermek, rehberlik etmek, götürmek**: We led him to the teacher. Onu öğretmene götürdük.

²lead • lead (led)
/isim/ **kurşun**
lead poisoning **kurşun zehirlenmesi**

leader • lead.er (li´dır)
/isim/ çoğul leaders • **1. lider, önder**: party leader parti lideri **2. rehber, kılavuz**

leadership • lead.er.ship (li´dırşîp)
/isim/ **1. liderlik, önderlik 2. rehberlik, kılavuzluk**

leaf • leaf (lif)
/isim/ çoğul leaves • **yaprak**

leaflet • leaf.let (lif´lît)
/isim/ çoğul leaflets • **broşür, kitapçık; bildiri, el ilanı**

league • league (lig)
/isim/ çoğul leagues • **1. birlik, cemiyet 2.** (spor) **lig**

¹leak • leak (lik)
/fiil/ leaks, leaking, leaked • **sızdırmak; sızmak**: Natural gas was leaking from the pipe. Borudan doğalgaz sızıyordu.

²leak • leak (lik)
/isim/ çoğul leaks • **sızıntı**: fix the leak sızıntıyı onarmak

¹lean • lean (lin)
/fiil/ leans, leaning, leaned/İng. leant • **dayanmak, yaslanmak; yaslamak**: Ece leaned on her mother's shoulder. Ece, annesinin omzuna yaslandı. lean against/on **-e dayanmak**: Doğan leaned against the wall. Doğan, duvara dayandı.

²lean • lean (lin)
/sıfat/ leaner, leanest • **1. zayıf, ince 2. az yağlı; yağsız**: lean meat yağsız et

leant • leant (lent)
/fiil/ bkz. ¹**lean**

leap • leap (lip)
/fiil/ leaps, leaping, leaped/İng. leapt • **sıçramak, atlamak, hoplamak**: Two frogs leaped out of the water. İki kurbağa suyun dışına sıçradı. leap year **artıkyıl**

leapfrog • leap.frog (lip´frag)
/isim/ **birdirbir** (oyunu)

leapt • leapt (lipt, lept)
/fiil/ bkz. **leap**

learn • learn (lırn)
/fiil/ learns, learning, learned/İng. learnt •
öğrenmek: Where did you learn
English? İngilizceyi nerede öğrendin?
learn by heart **ezberlemek**

learnt • learnt (lırnt)
/fiil/ bkz. **learn**

least • least (list)
/sıfat/ **en ufak, en az**
/isim/ 1. **en az derece** 2. **en az miktar**
at least **en azından, hiç olmazsa**
/zarf/ **en az** (derecede): the least
dangerous snake en az tehlikeli yılan

leather • leath.er (ledh´ır)
/isim/ **deri; meşin; kösele:** artificial
leather yapay deri
/sıfat/ **deri; meşin; kösele:** leather
jacket deri ceket

leave • leave (liv)
/fiil/ leaves, leaving, left • 1. **bırakmak,
terk etmek:** The secretary left the
meeting. Sekreter toplantıyı terk etti.
2. **ayrılmak:** Erdem leaves home at
seven o'clock. Erdem, evden saat
yedide çıkar. 3. (taşıt) **kalkmak:** The
train leaves at ten o'clock. Tren saat
onda kalkar.
leave for (bir yere) **gitmek için** (bir
yerden) **ayrılmak**

lecture • lec.ture (lek´çır)
/isim/ çoğul lectures • 1. **konferans,
konuşma** 2. (üniversitede) **ders:**
give a lecture ders vermek

led • led (led)
/fiil/ bkz. ¹**lead**

leek • leek (lik)
/isim/ çoğul leeks • **pırasa**

¹**left** • left (left)
/sıfat/ **sol:** left leg sol bacak
left hand 1. **sol el** 2. **sol taraf**
/zarf/ **sola, sola doğru:** Turn left
here. Buradan sola dön.
/isim/ 1. **sol, sol taraf:** Sit on my left.
Soluma otur. 2. **sol el**

²**left** • left (left)
/fiil/ bkz. **leave**

leg • leg (leg)
/isim/ çoğul legs • **bacak:** A spider has
eight legs. Örümceğin sekiz bacağı
vardır.

legal • le.gal (li´gıl)
/sıfat/ **yasal:** legal rights yasal haklar

legend • leg.end (lec´ınd)
/isim/ çoğul legends • **efsane, söylence:**
the legend of Atlantis Atlantis efsanesi

legendary • leg.end.ar.y (lec´ınderi)
/sıfat/ **efsanevi, söylencesel:**
Hercules is a legendary warrior.
Herkül, efsanevi bir savaşçıdır.

leisure • lei.sure (li´jır, lej´ır)
/isim/ **boş zaman**
at leisure **boş zamanlarda**
/sıfat/ 1. **boş** (zaman): leisure time

boş zaman 2. boş zamanda yapılan, boş zamana özgü: leisure activities boş zaman etkinlikleri

lemon • lem.on (lem´ın)
/isim/ çoğul lemons • limon: lemon juice limon suyu

lemonade • lem.on.ade (lemıneyd´) /isim/ limonata

lend • lend (lend)
/fiil/ lends, lending, lent • ödünç vermek; borç vermek: Can you lend me 20 TL? Bana 20 TL borç verir misin?

length • length (lengkth, length)
/isim/ çoğul lengths • 1. uzunluk, boy: five meters in length beş metre uzunluğunda the length of her hair saçının uzunluğu 2. süre, uzunluk at length uzun uzadıya

lengthen • length.en (lengk´thın, leng´thın) /fiil/ lengthens, lengthening, lengthened • uzatmak; uzamak

lens • lens (lenz)
/isim/ çoğul lenses • 1. mercek 2. objektif 3. (anatomi) göz merceği contact lens kontakt lens, lens

lent • lent (lent)
/fiil/ bkz. lend

lentil • len.til (len´tıl)
/isim/ çoğul lentils • mercimek: lentil soup mercimek çorbası

leopard • leop.ard (lep´ırd)
/isim/ çoğul leopards • leopar, pars

less • less (les)
/sıfat/ daha ufak, daha az: We must spend less money. Daha az para harcamalıyız.
/zarf/ aşağı derecede, bir derece aşağı, daha az: Eat less! Daha az ye!

lessen • less.en (les´ın)
/fiil/ lessens, lessening, lessened • küçültmek, eksiltmek, azaltmak; küçülmek, eksilmek, azalmak: The medicine lessened the woman's pain. İlaç, kadının acısını azalttı.

lesson • les.son (les´ın)
/isim/ çoğul lessons • ders: violin lessons keman dersleri

let • let (let)
/fiil/ lets, letting, let • izin vermek: They didn't let her go to the party. Partiye gitmesine izin vermediler. Let it be! Bırak!/Öyle kalsın! Let me see. Bakayım./Düşüneyim.

lethal • le.thal (li´thıl)
/sıfat/ öldürücü

let's • let's (lets)
/kısaltma/ let us • yapalım, edelim:
Let's go. Gidelim.
let's not (let us not) yapmayalım,
etmeyelim: Let's not go there. Oraya
gitmeyelim.

letter • let.ter (let´ır)
/isim/ çoğul letters • 1. harf: There are
29 letters in the Turkish alphabet.
Türk alfabesinde 29 harf vardır.
to the letter harfi harfine
2. mektup: business letter iş mektubu
letter box posta kutusu

lettuce • let.tuce (let´ıs)
/isim/ kıvırcık salata
cos lettuce (romaine lettuce) marul

level • lev.el (lev´ıl)
/isim/ çoğul levels • düzey, seviye: above
sea level deniz seviyesinden yukarıda

liar • li.ar (lay´ır)
/isim/ çoğul liars • yalancı
a bad liar kötü bir yalancı (kolayca
yalan söyleyemeyen kimse)

liberal • lib.er.al (lîb´ırıl, lîb´rıl)
/sıfat/ 1. liberal 2. açık fikirli 3. eli
açık, cömert

liberty • lib.er.ty (lîb´ırti)
/isim/ çoğul liberties • özgürlük, hürriyet

librarian • li.brar.i.an (laybrer´iyın)
/isim/ çoğul librarians • kütüphaneci

library • li.brar.y (lay´breri, lay´brıri)
/isim/ çoğul libraries • kütüphane, kitap-
lık: school library okul kütüphanesi

license • li.cense (lay´sıns)
/isim/ çoğul licenses • 1. izin, ruhsat
2. izin belgesi, lisans, ruhsat
license plate plaka
İng. licence

lick • lick (lîk)
/fiil/ licks, licking, licked • yalamak

lid • lid (lîd)
/isim/ çoğul lids • kapak: box lid kutu
kapağı

¹lie • lie (lay)
/isim/ çoğul lies • yalan
a white lie masum bir yalan, beyaz
yalan

²lie • lie (lay)
/fiil/ lies, lying, lied • yalan söylemek:
You're lying. Yalan söylüyorsun.

³lie • lie lay
/fiil/ lies, lying, lay, lain • yatmak, uzan-
mak: lie in bed all day gün boyu
yatakta uzanmak lie under a tree
ağaç altında uzanmak

lieutenant • lieu.ten.ant (luten´ınt,
İng. leften´ınt) /isim/ çoğul lieutenants •
teğmen

life • life (layf)
/isim/ çoğul lives • yaşam, hayat, ömür:
life story yaşam öyküsü
life buoy cankurtaran simidi, can
simidi

lifeboat • life.boat (layf´bot)
/isim/ çoğul lifeboats • cankurtaran sandalı

lifelong • life.long (layf´lông)
/sıfat/ ömür boyu

lifestyle • life.style (layf´stayl)
/isim/ çoğul lifestyles • yaşam tarzı

¹lift • lift (lîft)
/fiil/ lifts, lifting, lifted • kaldırmak, yükseltmek: Lift your arm. Kolunu kaldır.

²lift • lift (lîft)
/isim/ çoğul lifts • bkz. elevator

¹light • light (layt)
/isim/ 1. ışık: a bright light parlak bir ışık
light year ışık yılı
2. çoğul lights • ışık (kaynağı), aydınlatıcı: Turn the lights off before you leave home. Evden çıkmadan ışıkları söndürün. 3. aydınlık, gün ışığı
4. aydınlık, anlaşılır olma
bring to light aydınlatmak, ortaya çıkarmak

²light • light (layt)
/fiil/ lights, lighting, lighted/lit • 1. yakmak, tutuşturmak: light a fire ateş yakmak 2. aydınlatmak, ışık vermek:

He used his flashlight to light the room. Odayı aydınlatmak için el fenerini kullandı.

³light light (layt)
/sıfat/ lighter, lightest • 1. hafif: a light bag hafif bir çanta light clothes hafif giysiler light meal hafif yemek
2. açık (renk): light blue açık mavi

lighter • light.er (lay´tır)
/isim/ çoğul lighters • çakmak

lighting • light.ing (layt´îng)
/isim/ aydınlatma, ışıklandırma

lightning • light.ning (layt´nîng)
/isim/ şimşek; yıldırım
lightning rod paratoner, yıldırımsavar

¹like • like (layk)
/edat/ gibi, -e benzer: His eyes are green like mine. Gözleri benimkiler gibi yeşil. The sea was like a mirror. Deniz ayna gibiydi.
like this bunun gibi, böyle: on a day like this böyle bir günde

²like • like (layk)
/fiil/ likes, liking, liked • hoşlanmak, sevmek; beğenmek: Do you like playing chess? Satranç oynamayı sever misin?

likelihood • like.li.hood (layk´lihûd)
/isim/ olasılık, ihtimal

likely • like.ly (layk´li)
/sıfat/ likelier, likeliest • olası, beklenen: I think he is likely to come. Sanırım gelecek.

lily • lil.y (lîl´i)
/isim/ çoğul lilies • zambak

limb • limb (lim)
/isim/ çoğul limbs • 1. ağacın ana dallarından her biri 2. kol ve bacak gibi gövdeye bağlı organ

lime • lime (laym)
/isim/ çoğul limes • misket limonu

¹limit • lim.it (lîm´ît)
/isim/ çoğul limits • sınır, limit: time limit zaman sınırı
off limits yasak bölge

²limit • lim.it (lîm´ît)
/fiil/ limits, limiting, limited • sınırlamak, kısıtlamak

line • line (layn)
/isim/ çoğul lines • 1. çizgi 2. (sayfada) satır: There are thirty lines on that page. O sayfada otuz satır var.
3. dize, mısra: a line of poetry bir şiir dizesi 4. dizi, sıra; kuyruk: There was a long line at the store. Mağazada uzun bir kuyruk vardı.

linen • lin.en (lîn´ın)
/sıfat/ keten (dokuma)
/isim/ 1. keten kumaş, keten
2. (keten/pamuklu) örtüler/çarşaflar

linguist • lin.guist (lîng´gwîst)
/isim/ dilbilimci

linguistics • lin.guis.tics (lîng.gwîs´tîks) /isim/ dilbilim

lining • lin.ing (lay´nîng)
/isim/ çoğul linings • astar

link • link (lîngk)
/isim/ çoğul links • bağ, bağlantı: commercial links between two countries iki ülke arasındaki ticari bağlar

lion • li.on (lay´ın)
/isim/ çoğul lions • aslan
the lion's share aslan payı

lip • lip (lîp)
/isim/ çoğul lips • dudak

lipstick • lip.stick (lîp´stîk)
/isim/ çoğul lipsticks • ruj, dudak boyası

liquid • liq.uid (lîk´wîd)
/sıfat, isim/ sıvı

lira • li.ra (lîr´ı)
/isim/ çoğul liras • lira

list • list (lîst)
/isim/ çoğul lists • liste: shopping list alışveriş listesi

listen • lis.ten (lîs´ın)
/fiil/ listens, listening, listened •
1. dinlemek: She was not listening. Dinlemiyordu. 2. to -i dinlemek: Müjgân likes listening to music. Müjgân müzik dinlemeyi seviyor.

listener • lis.ten.er (lîs´ınır)
/isim/ çoğul listeners • dinleyici

lit • lit (lît)
/fiil/ bkz. ²light

liter • li.ter (li´tır)
/isim/ çoğul liters • litre
İng. litre

literacy • lit.er.a.cy (lît´ırısi)
/isim/ okuryazarlık: The rate of
literacy in this country is high. Bu
ülkede okuryazarlık oranı yüksek.

literary • lit.er.ar.y (lît´ıreri)
/sıfat/ yazınsal, edebi

literate • lit.er.ate (lît´ırît)
/sıfat/ okuryazar

literature • lit.er.a.ture (lît´ırıçûr,
lît´ırıçır, lît´ırıçır) /isim/ edebiyat, yazın:
Turkish literature Türk edebiyatı

litter • lit.ter (lît´ır)
/isim/ (yere atılan) çöp, çerçöp
litter bag çöp torbası

little • lit.tle (lît´ıl)
/sıfat/ küçük, ufak: a little room
küçük bir oda little brother küçük
erkek kardeş
/zarf/ less, least • az: Wait a little.
Biraz bekle.
little by little azar azar, yavaş yavaş

¹live • live (lîv)
/fiil/ lives, living, lived • 1. yaşamak
live and learn yaşayarak öğrenmek
live fast hızlı yaşamak
2. oturmak, ikamet etmek: How long
have you lived there? Ne zamandır
orada oturuyorsun?

²live • live (layv)
/sıfat/ 1. canlı, diri: a live octopus
canlı bir ahtapot 2. (radyo, TV) canlı
(yayın): live broadcast canlı yayın

livelihood • live.li.hood (layv´lihûd)
/isim/ çoğul livelihoods • geçim, geçinme

lively • live.ly (layv´li)
/sıfat/ livelier, liveliest • canlı, neşeli:
a lively child neşeli bir çocuk

liver • liv.er (lîv´ır)
/isim/ çoğul livers • karaciğer: liver
disease karaciğer hastalığı

livestock • live.stock (layv´stak)
/isim/ çiftlik hayvanları

lizard • liz.ard (lîz´ırd)
/isim/ çoğul lizards • kertenkele

¹load • load (lod)
/isim/ çoğul loads • yük; ağırlık

²load • load (lod)
/fiil/ loads, loading, loaded • yüklemek;
yükletmek: load a truck with boxes
bir kamyona kutular yüklemek

loaf • loaf (lof)
/isim/ çoğul loaves • somun (ekmek):
a loaf of bread bir somun ekmek

¹loan • loan (lon)
/isim/ çoğul loans • borç para

²**loan** • loan (lon)
/fiil/ loans, loaning, loaned • (özellikle
faiz karşılığında) **ödünç (para) ver-
mek**: The bank refused to loan him
the money he needed. Banka, ona
ihtiyacı olan parayı vermeyi reddetti.

lobster • lob.ster (lab´stır)
/isim/ çoğul lobsters • **ıstakoz**

local • lo.cal (lo´kıl)
/sıfat/ **yerel, yöresel**: local radio
yerel radyo

locate • lo.cate (lo´keyt)
/fiil/ locates, locating, located • **(bir yere)
yerleştirmek**
be located in (on) **-de olmak, -de
bulunmak**: The factory is located on
a convenient site. Fabrika uygun bir
yerde bulunuyor.

location • lo.ca.tion (lokey´şın)
/isim/ çoğul locations • **yer, mahal**

¹**lock** • lock (lak)
/isim/ çoğul locks • **kilit**

²**lock** • lock (lak)
/fiil/ locks, locking, locked • **kilitlemek;
kilitlenmek**

locker • lock.er (lak´ır)
/isim/ çoğul lockers • (soyunma odası
v.b.´nde) **kilitli dolap, kilitli çekmece**

locksmith • lock.smith (lak´smîth)
/isim/ çoğul locksmiths • **çilingir**

locomotive • lo.co.mo.tive (lokimo´tîv)
/isim/ çoğul locomotives • **lokomotif**:
electric locomotive elektrikli lokomotif

¹**log** • log (lôg)
/isim/ çoğul logs • **1. kütük**
log cabin **kütüklerden yapılmış kulübe**
2. (bilgisayar) günlük

²**log** • log (lôg)
/fiil/ logs, logging, logged • **kaydetmek,
not etmek**
log in (bilgisayar) **oturum açmak**
log in/on (to) (bilgisayar) **(-e) girmek**
log off (bilgisayar) **-i sonlandırmak**
log out (bilgisayar) **oturum kapamak**

logic • log.ic (lac´îk)
/isim/ **mantık**

logical • log.i.cal (lac´îkıl)
/sıfat/ **mantıksal, mantıklı, mantığa
uygun**

lollipop • lol.li.pop (lal´ipap)
/isim/ çoğul lollipops • **lolipop (şeker)**

lonely • lone.ly (lon´li)
/sıfat/ lonelier, loneliest • **1. yalnız,
kimsesiz**: a lonely man yalnız bir
adam lonely life kimsesiz yaşam
2. ıssız, tenha: Deserts are lonely
places. Çöller tenha yerlerdir.

¹**long** • long (lông)
/sıfat/ longer, longest • **uzun:** a long
journey uzun bir yolculuk a long list
uzun bir liste long hair uzun saç
/zarf/ longer, longest • **çok, uzun
zaman:** The meeting won't last long.
Toplantı uzun sürmez.
any longer **daha fazla, daha:** I can't
stay any longer. Daha fazla kalamam.
before long **yakında, çabuk, çok
geçmeden:** We were there before
long. Çok geçmeden oradaydık.
long ago **çok zaman önce:** She left
here long ago. Buradan çok zaman
önce ayrıldı.

²**long** • long (lông)
/fiil/ longs, longing, longed • **çok istemek,
hasretini çekmek**
long for -i **özlemek:** We are longing
for world peace. Dünya barışının
özlemini çekiyoruz.

longing • long.ing (lông´îng)
/isim/ **özlem, hasret**

longitude • lon.gi.tude (lan´cıtud)
/isim/ çoğul longitudes • **boylam**

long-term • long-term (lông´tırm´)
/sıfat/ **uzun vadeli:** long-term plans
uzun vadeli planlar

¹**look** • look (lûk)
/fiil/ looks, looking, looked • **1. bakmak**
look about **etrafına bakmak, bakınmak:**
He raised his head and looked about.
Kafasını kaldırdı ve etrafına bakındı.
look after -e **bakmak, ile ilgilenmek:**
look after children çocuklara bakmak
look around (for) -i **araştırmak**
look at -e **bakmak**
look back **geriye/geçmişe bakmak**
look for 1. -i **aramak** 2. -i **beklemek**

look forward to -i **dört gözle beklemek:**
They look forward to seeing each
other. Birbirlerini görmeyi dört gözle
bekliyorlar.
Look here! **Bana bak!**
2. görünmek, gözükmek: He looks ill.
Hasta görünüyor.
look like -e **benzemek:** It looks like
snow. Kar yağacak gibi.

²**look** • look (lûk)
/isim/ çoğul looks • **1. bakış, bakma**
have/take a look **bakmak, incelemek**
 2. görünüş 3. ifade: The look on his
face was worrying. Yüzündeki ifade
endişe vericiydi.

loose • loose (lus)
/sıfat/ looser, loosest • **gevşek:** a loose
knot gevşek bir düğüm
get loose **kurtulmak**
let (someone) loose (birini) **serbest
bırakmak**

loosen • loos.en (lus´ın)
/fiil/ loosens, loosening, loosened •
gevşemek; gevşetmek

lord • lord (lôrd)
/isim/ çoğul lords • **1. lord**
the House of Lords **Lordlar Kamarası**
2. efendi, mal sahibi

lorry • lor.ry (lôr´i)
/isim/ çoğul lorries • bkz. **truck**

lose • lose (luz)
/fiil/ loses, losing, lost • **1. kaybetmek,
yitirmek**
lose interest in -e **ilgisini yitirmek**
lose oneself **kendini kaybetmek**
lose one's job **işini kaybetmek**
lose speed **hız kaybetmek**

2. yenilmek, kaybetmek: Our team lost the game. Bizim takım maçı kaybetti.

loss • loss (lôs)
/isim/ çoğul losses • zarar, ziyan; kayıp: weight loss kilo kaybı
bear a loss zarara katlanmak

¹lost • lost (lôst)
/sıfat/ kayıp, yitik
get lost kaybolmak
lost property office kayıp eşya bürosu

²lost • lost (lôst)
/fiil/ bkz. lose

lot • lot (lat)
/isim/ çoğul lots • 1. grup, kısım: one lot of irresponsible people bir grup sorumsuz insan 2. arsa; yer, alan
a lot çok: They like her a lot. Ondan çok hoşlanıyorlar.
a lot of birçok, pek çok: She bought a lot of books. Birçok kitap aldı.
lots of (konuşma dili) çok, pek çok: There is lots of work to do. Yapılacak çok iş var.

lotion • lo.tion (lo´şın)
/isim/ çoğul lotions • losyon:
hand lotion el losyonu

lottery • lot.ter.y (lat´ıri)
/isim/ çoğul lotteries • piyango: lottery ticket piyango bileti

¹loud • loud (laud)
/sıfat/ louder, loudest • 1. yüksek (ses):
in a loud voice yüksek sesle
2. gürültülü: loud music gürültülü müzik
/zarf/ louder, loudest • 1. yüksek sesle: talk loud yüksek sesle konuşmak
2. gürültüyle

loudly • loud.ly (laud´li)
/zarf/ 1. yüksek sesle 2. gürültüyle

loudspeaker • loud.speak.er (laud´spikır) /isim/ çoğul loudspeakers • hoparlör

louse • louse (laus)
/isim/ çoğul lice • bit: They found lice in his hair. Saçında bit buldular.

¹love • love (lʌv)
/fiil/ loves, loving, loved • sevmek, âşık olmak: I love my mother. Annemi çok seviyorum.

²love • love (lʌv)
/isim/ çoğul loves • sevgi, sevi, aşk:
love story aşk hikâyesi
be in love with -e âşık olmak
fall in love âşık olmak

lovely • love.ly (lʌv´li)
/sıfat/ lovelier, loveliest • güzel, hoş, sevimli

low • low (lo)
/sıfat/ lower, lowest • 1. alçak : a low ceiling alçak bir tavan a low wall alçak bir duvar 2. düşük: a low income düşük bir gelir low prices düşük fiyatlar 3. alt: the lower floor alt kat the lowest layer en alt katman

lower • low.er (lo´wır)
/fiil/ lowers, lowering, lowered •
1. indirmek: lower the sails yelkenleri indirmek 2. azaltmak, alçaltmak: lower one's voice sesini alçaltmak

loyal • loy.al (loy´ıl)
/sıfat/ sadık, vefalı: a loyal friend sadık bir dost

loyalty • loy.al.ty (loy´ılti)
/isim/ sadakat, vefa, bağlılık

luck • luck (lʌk)
/isim/ 1. şans: bad luck kötü şans
Good luck! Bol şanslar!
2. uğur

lucky • luck.y (lʌk´i)
/sıfat/ luckier, luckiest • 1. şanslı:
lucky man şanslı adam 2. uğurlu

luggage • lug.gage (lʌg´îc)
/isim/ bagaj, eşya

lullaby • lull.a.by (lʌl´ıbay)
/isim/ çoğul lullabies • ninni

lumber • lum.ber (lʌm´bır)
/isim/ kereste

lump • lump (lʌmp)
/isim/ çoğul lumps • 1. parça, topak:
a lump of butter bir topak tereyağı
2. yumru; şiş, şişlik

lunar • lu.nar (lu´nır)
/sıfat/ aya ait, ayla ilgili
lunar year ay yılı

lunch • lunch (lʌnç)
/isim/ çoğul lunches • öğle yemeği
lunch counter büfe
lunch hour öğle tatili
lunch room yemek salonu

lunchtime • lunch.time (lʌnç´taym)
/isim/ çoğul lunchtimes • öğle tatili

lung • lung (lʌng)
/isim/ çoğul lungs • akciğer: lung cancer
akciğer kanseri

luxurious • lux.u.ri.ous (lʌgjûr´iyıs,
lʌkşûr´iyıs) /sıfat/ lüks: a luxurious
restaurant lüks bir lokanta a person
with luxurious tastes lüks zevkleri
olan bir kimse

luxury • lux.u.ry (lʌk´şıri, lʌg´jıri)
/isim/ 1. lüks: live in luxury lüks içinde
yaşamak 2. çoğul luxuries • lüks şey

lying • ly.ing (lay´îng)
/isim/ yalan söyleme, yalancılık:
I cannot forgive her lying.
Yalancılığını affedemem.

Mm

M, m • m (em)
/isim/ M, İngiliz alfabesinin on üçüncü
harfi

macaroni • mac.a.ro.ni (mäkıro´ni)
/isim/ makarna, düdük makarnası

machine • ma.chine (mışin´)
/isim/ çoğul machines • makine:
weaving machine dokuma makinesi

machine-made • ma.chine-made
(mışin´meyd) /sıfat/ makine işi:
machine-made rug makine işi halı

machinery • ma.chin.er.y (mışi´nıri,
mışin´ri) /isim/ makineler: office
machinery ofis makineleri

mad • mad (mäd)
/sıfat/ madder, maddest • deli, çılgın:
a mad person deli bir kimse
be mad about -e bayılmak
drive (someone) mad (birini) çıldırtmak
get mad at -e çok kızmak
go mad delirmek, çıldırmak

madam • mad.am (mäd´ım)
/isim/ bayan, hanımefendi

¹made • made (meyd)
/sıfat/ yapılmış
made in ... ... yapımı:
made in Turkey Türk yapımı
made of -den yapılmış:
made of wood tahtadan yapılmış

²made • made (meyd)
/fiil/ bkz. make

magazine • mag.a.zine (mägızin´)
/isim/ çoğul magazines • dergi, magazin,
mecmua: computer magazine
bilgisayar dergisi

magic • mag.ic (mäc´îk)
/isim/ sihir, büyü: the magic of art
sanatın büyüsü
black magic kötü amaçlı büyü, kara
büyü
/sıfat/ sihirli, büyülü
magic wand sihirli değnek

magician • ma.gi.cian (mıcîş´ın)
/isim/ çoğul magicians • sihirbaz, büyücü

magma • mag.ma (mäg´mı)
/isim/ (yerbilim) magma

magnet • mag.net (mäg´nît)
/isim/ çoğul magnets • mıknatıs:
bar magnet çubuk mıknatıs

magnetic • mag.net.ic (mägnet´îk)
/sıfat/ manyetik: magnetic field
manyetik alan

magnificent • mag.nif.i.cent
(mägnîf´ısınt) /sıfat/ görkemli,
gösterişli: a magnificent book
muhteşem bir kitap

magnify • mag.ni.fy (mäg´nıfay)
/fiil/ magnifies, magnifying, magnified •
büyütmek, büyük göstermek
magnifying glass büyüteç

magnolia • mag.no.li.a (mägno´liyı)
/isim/ çoğul magnolias • manolya

maid • maid (meyd)
/isim/ çoğul maids • hizmetçi, hizmetçi
kadın

maiden • maid.en (meyd´ın)
/isim/ çoğul maidens • evlenmemiş
genç kız
maiden name kızlık soyadı

[1]**mail** • mail (meyl)
/isim/ posta: I sent the books to you
by mail. Kitapları sana postayla gön-
derdim.
İng. [1]post

[2]**mail** • mail (meyl)
/fiil/ mails, mailing, mailed • postalamak,
posta ile göndermek: I have to mail
a letter to Birsen. Birsen'e bir mek-
tup postalamalıyım.
İng. [2]post

mailbox • mail.box (meyl´baks)
/isim/ çoğul mailboxes • posta kutusu:
I check my mailbox every day. Posta
kutumu her gün kontrol ederim.
İng. postbox

mailman • mail.man (meyl´män)
/isim/ çoğul mailmen • postacı
İng. postman

main • main (meyn)
/sıfat/ asıl, esas, başlıca, ana, temel:
the main building ana bina main

idea ana fikir the main problem
başlıca sorun

mainly • main.ly (meyn´li)
/zarf/ **en çok:** It rained mainly in this
part of the country. Yağmur en çok
ülkenin bu bölgesinde yağdı.

maintain • main.tain (meyn.teyn´)
/fiil/ maintains, maintaining, maintained •
1. sürdürmek, devam ettirmek:
maintain law and order yasa ve
düzeni korumak **2. bakımını yapmak:**
maintain a car bir arabanın bakımını
yapmak maintain a family aileye
bakmak

maize • maize (meyz)
/isim/ İng. **mısır**

majestic • ma.jes.tic (mıces´tîk)
/sıfat/ **görkemli, heybetli:** majestic
cities görkemli şehirler

majesty • maj.es.ty (mäc´îsti)
/isim/ **görkem, heybet:** the majesty of
the Himalayas Himalayaların görkemi

major • ma.jor (mey´cır)
/sıfat/ **büyük, önemli; başlıca, asıl:**
a major problem önemli bir sorun
major cause başlıca neden

majority • ma.jor.i.ty (mıcôr´ıti)
/isim/ çoğul majorities • **1. çoğunluk:**

In this country, the majority of people
work as farmers. Bu ülkede insan-
ların çoğunluğu çiftçi olarak çalışır.
2. oyçokluğu

make • make (meyk)
/fiil/ makes, making, made • **yapmak,
etmek:** make bread ekmek yapmak
make plans for the future gelecek
için planlar yapmak
make up **1. düzenlemek, hazırlamak
2. uydurmak 3. makyaj yapmak**

makeup • make.up (meyk´ʌp)
/isim/ **makyaj:** His mother never wears
makeup. Annesi hiç makyaj yapmaz.

malaria • ma.lar.i.a (mıler´iyı)
/isim/ **sıtma, malarya**

male • male (meyl)
/sıfat/ **erkek:** male deer erkek geyik
/isim/ çoğul males • **erkek**

mall • mall (môl, mal, mäl)
/isim/ çoğul malls • **kapalı çarşı, kapalı
alışveriş merkezi:** shopping mall
alışveriş merkezi

mammal • mam.mal (mäm´ıl)
/isim/ çoğul mammals • **memeli hayvan**

man • man (män)
/isim/ çoğul men • **adam, erkek:**
men's jacket erkek ceketi
man and wife **karı koca**

manage • man.age (män´îc)
/fiil/ manages, managing, managed •
yönetmek, idare etmek: manage a
factory bir fabrikayı yönetmek

management • man.age.ment
(män´îcmınt) /isim/ **1. yönetim, idare
2. yönetim kurulu**

manager • man.ag.er (män´îcır)
/isim/ çoğul managers • yönetici, idareci:
hotel manager otel yöneticisi

mandolin • man.do.lin (män´dılîn)
/isim/ çoğul mandolins • mandolin

mane • mane (meyn)
/isim/ çoğul manes • yele

mankind • man.kind (män´kaynd´)
/isim/ insanlık: the history of mankind
insanlık tarihi

manner • man.ner (män´ır)
/isim/ tavır, tarz: I don't like his
manner of speech. Onun konuşma
tarzını beğenmiyorum.

manners • man.ners (män´ırz)
/isim/ terbiye, görgü

mansion • man.sion (män´şın)
/isim/ çoğul mansions • konak, köşk

manufacture • man.u.fac.ture
(mänyıfäk´çır) /fiil/ manufactures,
manufacturing, manufactured • imal
etmek, yapmak

manufacturer • man.u.fac.tur.er
(mänyıfäk´çırır) /isim/ çoğul manufac-
turers • üretici, imalatçı

manuscript • man.u.script
(män´yıskrîpt) /isim/ çoğul manuscripts •

1. yazma, el yazması: This collector
owns some manuscripts. Bu kolek-
siyoncu bazı el yazmalarına sahip.
2. müsvedde

many • man.y (men´i)
/sıfat/ more, most • çok, bir hayli:
many people birçok kimse
a good many birçok, hayli
a great many pek çok: a great many
people pek çok kimse
how many kaç tane: How many
planets are there? Kaç gezegen var?
many times çok kez

map • map (mäp)
/isim/ çoğul maps • harita: a map of
Turkey Türkiye haritası

marathon • mar.a.thon (mer´ıthan)
/isim/ çoğul marathons • maraton

marble • mar.ble (mar´bıl)
/isim/ 1. mermer: marble statue
mermer heykel 2. çoğul marbles •
misket, bilye: play marbles misket
oynamak

March • March (març)
/isim/ mart

march • march (març)
/isim/ çoğul marches • 1. (müzik) marş:
wedding march düğün marşı
2. (topluca) yürüyüş

margarine • mar.ga.rine (mar´cırîn)
/isim/ margarin

marine • ma.rine (mırin´)
/sıfat/ 1. denize ait, denizle ilgili:
marine plants deniz bitkileri
2. denizcilikle ilgili

¹mark • mark (mark)
/isim/ çoğul marks • 1. işaret, marka
2. iz 3. (derste) not

²mark • mark (mark)
/fiil/ marks, marking, marked •
1. işaretlemek: Prices were marked
on the goods. Malların üzerinde
fiyatları belirtilmişti. 2. not vermek:
mark examination papers sınav
kâğıtlarına not vermek

market • mar.ket (mar´kît)
/isim/ çoğul markets • pazar, çarşı:
market place pazar yeri

marketing • mar.ket.ing (mar´kîtîng)
/isim/ pazarlama

marmalade • mar.ma.lade
(mar´mıleyd) /isim/ marmelat: orange
marmalade portakal marmeladı

Marmara • Mar.ma.ra (mar´mırı)
/isim/ Marmara
the Sea of Marmara Marmara Denizi

marriage • mar.riage (mer´îc)
/isim/ çoğul marriages • evlilik; evlenme
marriage proposal evlenme teklifi

married • mar.ried (mer´id)
/sıfat/ evli: a married couple evli bir çift

be married to ile evli olmak: İlknur
is married to a famous writer.
İlknur, ünlü bir yazar ile evli.
get married evlenmek

marry • mar.ry (mer´i)
/fiil/ marries, marrying, married • evlen-
mek; evlendirmek

Mars • Mars (marz)
/isim/ (gökbilim) Mars, Merih

marsh • marsh (marş)
/isim/ çoğul marshes • bataklık

martyr • mar.tyr (mar´tır)
/isim/ çoğul martyrs • şehit

marvelous • mar.vel.ous (mar´vılıs)
/sıfat/ olağanüstü, harika: a marvelous
boat harika bir tekne
İng. marvellous

mask • mask (mäsk)
/isim/ çoğul masks • maske

mass • mass (mäs)
/isim/ çoğul masses • 1. kitle
mass media kitle iletişim araçları
mass production seri üretim
2. (fizik) kütle

massage • mas.sage (mısaj´)
/isim/ çoğul massages • masaj

massive • mas.sive (mäs´îv)
/sıfat/ büyük ve ağır; kocaman:
a massive rock ağır bir kaya

master • mas.ter (mäs´tır, İng.
mas´tır) /sıfat/ ana, temel, esas:
master builder inşaat kalfası

masterpiece • mas.ter.piece
(mäs´tırpis, İng. mas´tırpis) /isim/ çoğul
masterpieces • **başyapıt**: a masterpiece
by Picasso Picasso'nun başyapıtı

mat • mat (mät)
/isim/ çoğul mats • **1. hasır; paspas:**
bath mat banyo paspası **2. altlık**

¹match • match mäç
/fiil/ matches, matching, matched • (bir-
birine) **uymak;** (birbirine) **uydurmak;**
eşlemek: His shirt and tie don't match.
Gömleğiyle kravatı birbirine uymamış.

²match • match (mäç)
/isim/ **1. eş, benzer, denk 2.** çoğul
matches • **maç, karşılaşma:** soccer
match futbol maçı
3. çoğul matches • **kibrit, kibrit çöpü**

matchbox • match.box (mäç´baks)
/isim/ çoğul matchboxes • **kibrit kutusu**

mate • mate (meyt)
/isim/ çoğul mates • **1. eş 2.** İng.
(konuşma dili) **arkadaş, dost**

material • ma.te.ri.al (mıtîr´iyıl)
/isim/ çoğul materials • **1. madde:**
waste materials atık maddeler
2. malzeme: building materials
inşaat malzemesi **3. kumaş**

math • math (mäth)
/isim/ (konuşma dili) **matematik**
İng. **maths**

mathematics • math.e.mat.ics
(mäthımät´îks) /isim/ **matematik**

¹matter • mat.ter (mät´ır)
/isim/ çoğul matters • **1. madde:**
organic matter organik madde
2. konu, sorun, iş
as a matter of fact **aslında**
matter in hand **gündemdeki konu**
What's the matter? **Ne oldu?**

²matter • mat.ter (mät´ır)
/fiil/ matters, mattered • **önemi olmak,**
önem taşımak
It doesn't matter. **Önemli değil.**

mattress • mat.tress (mät´rıs)
/isim/ çoğul mattresses • **yatak, döşek,**
şilte: mattress cover yatak örtüsü

mature • ma.ture (mıçûr´, mıtyûr´)
/sıfat/ maturer, maturest • **olgun, ergin:**
Orhun is very mature for his age.
Orhun, yaşına göre çok olgun.

mausoleum • mau.so.le.um
(môsıli´yım) /isim/ çoğul mausoleums/
mausolea • **anıtmezar**
the Mausoleum of Atatürk **Anıtkabir**

maximum • max.i.mum (mäk´sımım)
/sıfat/ **maksimum, en çok, en büyük,**
en yüksek, azami: maximum speed
en yüksek hız

May • May (mey)
/isim/ **mayıs**
May Day 1 Mayıs

may • may (mey)
/yardımcı fiil/ might • **-ebil-:** May I
help you? **Yardım edebilir miyim?**

▬ ▬ ▬ ▬ ▬ ▬ ▬

May fiili izin, olanak, olasılık belirtir.
izin:
May I go? → **Gidebilir miyim?**
olanak:
It may be your car. → **O, senin**
araban olabilir.
olasılık:
He may or may not see. → **Görebilir**
de, görmeyebilir de.

▬ ▬ ▬ ▬ ▬ ▬ ▬

maybe • may.be (mey´bi)
/zarf/ **belki, olabilir:** Maybe he'll win,
maybe he won't. **Belki kazanır, belki**
de kazanamaz.

mayonnaise • may.on.naise
(meyıneyz´) /isim/ **mayonez:** home-
made mayonnaise **ev yapımı mayonez**

mayor • may.or (mey´ır)
/isim/ çoğul mayors • **belediye başkanı**

maze • maze (meyz)
/isim/ çoğul mazes • **labirent**

me • me (mi)
/zamir/ **beni; bana:** Call me tomorrow.
Beni yarın ara. She told me a story.
Bana bir öykü anlattı.

meadow • mead.ow (med´o)
/isim/ çoğul meadows • **çayır**

meal • meal (mil)
/isim/ çoğul meals • **yemek:** a heavy
meal **ağır bir yemek**

¹**mean** • mean (min)
/fiil/ means, meaning, meant • **1. ...**
anlamına gelmek: What does this
word mean? **Bu sözcük ne anlama**
geliyor? 2. **amaçlamak, niyet etmek;**
demek istemek: What do you mean?
Ne demek istiyorsun?

²**mean** • mean (min)
/sıfat/ meaner, meanest • **1. adi, aşağı,**
bayağı; alçak: a mean trick **adi bir**
hile 2. **cimri, pinti**
/sıfat/ **ortalama:** mean daily tem-
perature **günlük ortalama sıcaklık**
/isim/ (the) **orta, ortalama:** The
mean of 11, 6 and 4 is 7. **11, 6 ve**
4'ün ortalaması 7'dir.

meaning • mean.ing (mi´nîng)
/isim/ çoğul meanings • **anlam**

meaningful • mean.ing.ful (mi´nîngfıl)
/sıfat/ **anlamlı:** a meaningful look
anlamlı bir bakış

means • means (minz)
/isim/ çoğul means • **araç, vasıta**
by all means **elbette**
by any means **ne pahasına olursa**
olsun
by means of **aracılığıyla:** by
means of several methods **çeşitli**

yöntemler yardımıyla
by no means **asla, katiyen**

meant • meant (ment)
/fiil/ bkz. ¹mean

meanwhile • mean.while (min´hwayl)
/zarf/ **bu arada:** The dog was asleep;
meanwhile the burglar was trying to
break in. Köpek uyuyordu; bu arada
hırsız binaya girmeye çalışıyordu.

measles • mea.sles (mi´zılz)
/isim/ **kızamık**

¹**measure** • meas.ure (mej´ır)
/isim/ çoğul measures • **1. ölçü, miktar:**
measure of length uzunluk ölçüsü
2. ölçüm, ölçme
tape measure **mezura, şerit metre**
3. önlem
take measures **önlem almak**

²**measure** • meas.ure (mej´ır)
/fiil/ measures, measuring, measured •
ölçmek; ölçüsünü almak
measuring cup **ölçü kabı**

measurement • meas.ure.ment
(mej´ırmınt) /isim/ **1.** çoğul measure-
ments • **ölçü:** unit of measurement
ölçü birimi **2. ölçüm, ölçme**

meat • meat (mit)
/isim/ **et:** a piece of meat bir parça et

meatball • meat.ball (mit´bôl)
/isim/ çoğul meatballs • **köfte**

mechanic • me.chan.ic (mıkän´îk)
/isim/ çoğul mechanics • **makinist,
makine ustası; makine tamircisi**

mechanical • me.chan.i.cal
(mıkän´îkıl) /sıfat/ **1. mekanik:**
a mechanical device mekanik bir
cihaz **2. makineyle ilgili:** mechanical
engineer makine mühendisi

mechanism • mech.a.nism
(mek´ınîzım) /isim/ çoğul mechanisms •
1. mekanizma 2. işleyiş

medal • med.al (med´ıl)
/isim/ çoğul medals • **madalya:** gold
medal altın madalya

media • me.di.a (mi´diyı)
/isim/ **araçlar, vasıtalar**
the media **medya, kitle iletişim araçları**

medical • med.i.cal (med´îkıl)
/sıfat/ **tıbbi:** medical research tıbbi
araştırma medical school tıp fakültesi
medical student tıp öğrencisi

medication • med.i.ca.tion
(medıkey´şın) /isim/ **1.** çoğul medica-
tions • **ilaç:** cold medication soğuk
algınlığı ilacı **2. ilaçla tedavi**

medicine • med.i.cine (med´ısın, İng. med´sın) /isim/ 1. çoğul medicines • ilaç: take a medicine ilaç kullanmak 2. tıp, hekimlik

medieval • me.di.e.val (mîdi´vıl) /sıfat/ ortaçağa ait, ortaçağa özgü: medieval music ortaçağ müziği

mediocre • me.di.o.cre (midiyo´kır) /sıfat/ alelade, olağan, sıradan, ne iyi ne kötü, orta karar: a mediocre hotel alelade bir otel

Mediterranean • Med.i.ter.ra.ne.an (medıtırey´niyın) /sıfat/ Akdeniz, Akdeniz'e özgü
the Mediterranean Sea Akdeniz /isim/ (the) Akdeniz

medium • me.di.um (mi´diyım) /isim/ çoğul mediums/media • 1. orta: the medium between extravagance and stinginess savurganlıkla cimriliğin ortası 2. çevre, ortam 3. araç, vasıta
/sıfat/ orta; ortalama: of medium height orta boylu

meet • meet (mit) /fiil/ meets, meeting, met • 1. -e rastlamak, ile karşılaşmak: I met him by chance yesterday. Dün tesadüfen ona rastladım. 2. tanışmak: They met on a business trip. Bir iş seyahatinde tanıştılar. 3. buluşmak: Let's meet in front of the art gallery. Sanat galerisinin önünde buluşalım. 4. toplanmak: The teachers will meet in the conference room. Öğretmenler, toplantı odasında toplanacak.

meeting • meet.ing (mi´tîng) /isim/ çoğul meetings • toplantı; miting

melody • mel.o.dy (mel´ıdi) /isim/ çoğul melodies • melodi, ezgi

melon • mel.on (mel´ın) /isim/ çoğul melons • kavun

melt • melt (melt) /fiil/ melts, melting, melted • eritmek; erimek
melting point erime noktası
melting pot pota, eritme kabı

member • mem.ber (mem´bır) /isim/ çoğul members • üye, aza
member of parliament milletvekili

membership • mem.ber.ship (mem´bırşîp) /isim/ üyelik: membership fees üyelik aidatı

memorize • mem.o.rize (mem´ırayz) /fiil/ memorizes, memorizing, memorized • ezberlemek, ezbere öğrenmek: memorize the alphabet alfabeyi ezberlemek
İng. memorise

memory • mem.o.ry (mem´ıri) /isim/ çoğul memories • 1. bellek, hafıza: have a good memory hafızası güçlü olmak 2. anı, hatıra: happy memories mutlu anılar

mend • mend (mend) /fiil/ mends, mending, mended • onarmak, tamir etmek: mend shoes ayakkabı onarmak

mental • men.tal (men´tıl)
/sıfat/ zihinsel, zihni, akıl ile ilgili:
mental illness akıl hastalığı

mention • men.tion (men´şın)
/fiil/ mentions, mentioning, mentioned •
sözünü etmek, -den bahsetmek
Don't mention it. Bir şey değil., Rica ederim.

menu • men.u (men´yu)
/isim/ çoğul menus • menü; yemek listesi: What's on the menu today?
Bugün yemekte ne var?
I'd like the menu, please. Lütfen menüyü alabilir miyim?

meow • me.ow (miyau´)
/isim/ çoğul meows • miyav

merchant • mer.chant (mır´çınt)
/isim/ çoğul merchants • tüccar:
coal merchant kömür tüccarı

mercury • mer.cu.ry (mır´kyıri)
/isim/ 1. (kimya) cıva 2. Mercury (gökbilim) Merkür

mercy • mer.cy (mır´si)
/isim/ merhamet: Have mercy!
Merhamet edin!

mere • mere (mîr)
/sıfat/ katıksız, saf

merely • mere.ly (mîr´li)
/zarf/ yalnızca, yalnız, sadece

mermaid • mer.maid (mır´meyd)
/isim/ çoğul mermaids • denizkızı

merry • mer.ry (mer´i)
/sıfat/ merrier, merriest • şen, neşeli:
merry children neşeli çocuklar

merry-go-round • mer.ry-go-round (mer´igoraund) /isim/ çoğul merry-go-rounds • atlıkarınca
İng. ²roundabout (1.)

¹mess • mess (mes)
/isim/ düzensizlik, karışıklık, dağınıklık

²mess • mess (mes)
/fiil/ messes, messing, messed • up
yüzüne gözüne bulaştırmak

message • mes.sage (mes´îc)
/isim/ çoğul messages • mesaj, haber:
leave a message mesaj bırakmak
message board ilan tahtası

met • met (met)
/fiil/ bkz. meet

metal • met.al (met´ıl)
/isim/ çoğul metals • metal, maden

metaphor • met.a.phor (met´ıfôr)
/isim/ çoğul metaphors • mecaz

meteorology • me.te.or.ol.o.gy (mitiyıral´ıci) /isim/ meteoroloji

meter • me.ter (mi´tır)
/isim/ çoğul meters • 1. metre
2. sayaç, saat: electricity meter elektrik sayacı
İng. metre

method • meth.od (meth´ıd)
/isim/ çoğul methods • yöntem, yol, metot: scientific methods bilimsel yöntemler

metro • met.ro (met´ro)
/isim/ çoğul metros • (İngiltere hariç,
Avrupa'da) metro

microbe • mi.crobe (may´krob)
/isim/ çoğul microbes • mikrop:
Microbes cause diseases. Mikroplar
hastalıklara neden olur.

microorganism • mi.cro.or.gan.ism
(maykrowôr´gınîzım) /isim/ çoğul
microorganisms • mikroorganizma

microphone • mi.cro.phone
(may´krıfon) /isim/ çoğul microphones •
mikrofon

microscope • mi.cro.scope
(may´krıskop) /isim/ çoğul microscopes
• mikroskop

microwave • mi.cro.wave
(may´krıweyv) /isim/ çoğul microwaves •
mikrodalga
microwave oven mikrodalga fırın

midday • mid.day (mîd´dey)
/isim/ öğle, gün ortası

middle • mid.dle (mîd´ıl)
/sıfat/ 1. orta
middle age orta yaş
middle class orta sınıf
2. ortadaki
/isim/ orta, orta nokta, orta yer:
the middle of the room odanın ortası

middle-aged • mid.dle-aged
(mîd´ıleycd) /sıfat/ orta yaşlı: His
father is a middle-aged man. Babası
orta yaşlı bir adam.

midnight • mid.night (mîd´nayt)
/isim/ gece yarısı: after midnight
gece yarısından sonra

midsummer • mid.sum.mer
(mîd´sʌmır) /isim/ yaz ortası

midwife • mid.wife (mîd´wayf)
/isim/ çoğul midwives • ebe

¹might • might (mayt)
/yardımcı fiil/ -ebil- (Zayıf olasılık ve
izin belirtir.): I might come late. Geç
gelebilirim. He might at least have
an opportunity. En azından bir fırsatı
olabilirdi.
bkz. may
mightn't → might not

²might • might (mayt)
/isim/ güç, kuvvet, kudret: with all
his might tüm gücüyle

mighty • might.y (may´ti)
/sıfat/ mightier, mightiest • güçlü, kuv-
vetli, kudretli

migrate • mi.grate (may´greyt)
/fiil/ migrates, migrating, migrated •
göç etmek: Many birds migrate to
south for the winter. Birçok kuş,
kış için güneye göç eder.

migration • mi.gra.tion (maygrey´şın)
/isim/ çoğul migrations • göç: the
migration routes of birds kuşların
göç yolları

migratory • mi.gra.to.ry (may´grıtôri)
/sıfat/ 1. göçmen: migratory birds
göçmen kuşlar 2. göçle ilgili

mild • mild (mayld)
/sıfat/ milder, mildest • 1. yumuşak
başlı, ılımlı: a mild man ılımlı bir
adam 2. ılıman (iklim): a mild climate
ılıman bir iklim

mile • mile (mayl)
/isim/ çoğul miles • mil (uzaklık ölçü
birimi): 1 mile is 1609 meters. 1 mil
1609 metredir.

military • mil.i.tar.y (mîl´ıteri)
/sıfat/ askeri
Military Academy Askeri Akademi
military school askeri okul
/isim/ the military ordu

¹milk • milk (mîlk)
/isim/ süt
milk tooth sütdişi

²milk • milk (mîlk)
/fiil/ milks, milking, milked • süt sağmak:
milk the cows inekleri sağmak

milkman • milk.man (mîlk´män)
/isim/ çoğul milkmen • sütçü

mill • mill (mîl)
/isim/ çoğul mills • değirmen
coffee mill kahve değirmeni
water mill su değirmeni

millennium • mil.len.ni.um
(mîlen´iyim) /isim/ çoğul millenniums/
millennia • milenyum, bin yıllık devre:
the first millennium ilk bin yıl

milliard • mil.liard (mîl´yard, mîl´yırd)
/isim/ çoğul milliards • İng. milyar

millimeter mil.li.me.ter (mîl´ımıtır)
/isim/ çoğul millimeters • milimetre
İng. millimetre

million • mil.lion (mîl´yın)
/isim/ çoğul millions/million • milyon
/sıfat/ milyon

millionaire mil.lion.aire (mîlyıner´)
/isim/ çoğul millionaires • milyoner

millionth • mil.lionth (mîl´yınth)
/isim, sıfat/ 1. milyonuncu
2. milyonda bir

mime • mime (maym)
/isim/ çoğul mimes • (tiyatro) mim

minaret • min.a.ret (mînıret´)
/isim/ çoğul minarets • minare

mince • mince (mîns)
/fiil/ minces, mincing, minced • kıymak,
ince ince doğramak

¹mind • mind (maynd)
/isim/ çoğul minds • akıl, zihin; zekâ
bear in mind (keep in mind) -i aklında
tutmak
call to mind hatırlamak; akla getirmek
come to mind akla gelmek

²mind • mind (maynd)
/fiil/ minds, minding, minded • 1. dikkat
etmek

Mind your step! (Adımlarına) Dikkat
et! 2. -e bakmak, ile meşgul olmak:
Could you mind the baby for an hour?
Bebeğe bir saat kadar bakabilir misin?
Do you mind if ...? se olur mu?:
Do you mind if I ask you a question?
Size bir soru sorabilir miyim?
if you don't mind sakıncası yoksa
Mind your own business! Kendi
işine bak!

¹mine • mine (mayn)
/isim/ çoğul mines • maden ocağı,
maden: gold mine altın madeni

²mine • mine (mayn)
/zamir/ benim; benimki: That pencil
is mine. O kalem benim.

miner • min.er (may´nır)
/isim/ çoğul miners • madenci

mineral • min.er.al (mîn´ırıl, mîn´rıl)
/isim/ çoğul minerals • mineral
/sıfat/ mineral
mineral oil mineral yağ
mineral water madensuyu

miniature • min.i.a.ture (mîn´iyıçır)
/isim/ çoğul miniatures • minyatür

minibus • min.i.bus (mîn´ibʌs)
/isim/ çoğul minibuses/minibusses •
minibüs

minimum • min.i.mum (mîn´ımım)
/sıfat/ minimum, en az, asgari
minimum wage asgari ücret

mining • min.ing (may´nîng)
/isim/ madencilik

minister • min.is.ter (mîn´îstır)
/isim/ çoğul ministers • bakan:
the Minister of Education Milli Eğitim
Bakanı

ministry • min.is.try (mîn´îstri)
/isim/ çoğul ministries • bakanlık
the Ministry of Foreign Affairs, İng. the
Foreign Office Dışişleri Bakanlığı
the Ministry of Internal Affairs, İng. the
Home Office İçişleri Bakanlığı

minor • mi.nor (may´nır)
/sıfat/ küçük: a minor problem
küçük bir sorun

minority • mi.nor.i.ty (maynôr´ıti)
/isim/ çoğul minorities • azınlık

mint • mint (mînt)
/isim/ nane: mint tea nane çayı

minus • mi.nus (may´nıs)
/sıfat/ (matematik) eksi
minus sign eksi işareti (-)
/edat/ (matematik) ... eksi, ... çıkarsa:
Ten minus three equals seven.
Ondan üç çıkarsa yedi kalır.

minute • min.ute (mîn´ît)
/isim/ çoğul minutes • dakika
minute hand (saatte) yelkovan

miracle • mir.a.cle (mîr´ıkıl)
/isim/ çoğul miracles • mucize

mirror • mir.ror (mîr´ır)
/isim/ çoğul mirrors • **ayna:** hand mirror el aynası

miscellaneous • mis.cel.la.ne.ous (mîsıley´niyıs) /sıfat/ **çeşitli, muhtelif:** miscellaneous expenses çeşitli harcamalar

miser • mi.ser (may´zır)
/isim/ çoğul misers • **cimri kimse, pinti kimse**

miserable • mi.ser.a.ble (mîz´ırıbıl)
/sıfat/ **berbat, çok kötü:** I feel miserable. Kendimi çok kötü hissediyorum.

misfortune • mis.for.tune (mîsfôr´çın)
/isim/ **talihsizlik, aksilik**

Miss • Miss (mîs)
/isim/ (Soyadından önce gelir.) **Bayan, Matmazel:** Miss Jones Bayan Jones

miss • miss (mîs)
/fiil/ misses, missing, missed • **1.** (fırsat, tren, otobüs v.b.´ni) **kaçırmak:** miss an opportunity bir fırsatı kaçırmak miss the bus otobüsü kaçırmak **2. özlemek, aramak:** We're going to miss you. Seni özleyeceğiz.

missile • mis.sile (mîs´ıl, İng. **mîs´ayl)**
/isim/ çoğul missiles • **füze**

missing • miss.ing (mîs´îng)
/sıfat/ **eksik, olmayan, kayıp:** missing book kayıp kitap the missing pages eksik sayfalar

mission • mis.sion (mîş´ın)
/isim/ çoğul missions • **özel görev, misyon**

misspell • mis.spell (mîs.spel´)
/fiil/ misspells, misspelling, misspelled/ misspelt • (yazım kurallarına göre) **yanlış yazmak/söylemek**

misspelt • mis.spelt (mîs.spelt´)
/fiil/ bkz. misspell

mist • mist (mîst)
/isim/ **sis, pus:** morning mist sabah sisi

¹mistake • mis.take (mîsteyk´)
/isim/ çoğul mistakes • **yanlış, hata, yanlışlık**
by mistake yanlışlıkla
make a mistake hata yapmak

²mistake • mis.take (mîsteyk´)
/fiil/ mistakes, mistaking, mistook, mistaken • **1. yanlış anlamak 2.** for yanlışlıkla -e benzetmek, ile karıştırmak: I mistook Berk for his brother. Berk'i erkek kardeşiyle karıştırdım.

¹mistaken • mis.tak.en (mîstey´kın)
/fiil/ bkz. ²mistake

²mistaken • mis.tak.en (mîstey´kın)
/sıfat/ **yanlış, hatalı, yanılgı içeren**
be mistaken yanılmak

Mister • Mis.ter (mîs´tır)
/isim/ (Soyadından önce gelir.) **Bay:** Mister Smith Bay Smith

mistook • mis.took (mîstûk´)
/fiil/ bkz. ²mistake

misunderstand • mis.un.der.stand
(mîsʌndɪrständ´) /fiil/ misunderstands,
misunderstanding, misunderstood • yanlış
anlamak: Please don't misunder-
stand me. Lütfen beni yanlış anlama.

misunderstanding • mis.un.der.stand-
.ing (mîsʌndɪrstän´dîng) /isim/ çoğul
misunderstandings • 1. yanlış anlama:
There was a misunderstanding. Bir
yanlış anlama oldu. 2. anlaşmazlık

misunderstood • mis.un.der.stood
(mîsʌndɪrstûd´) /fiil/ bkz. misunder-
stand

mix • mix (mîks)
/fiil/ mixes, mixing, mixed • karıştırmak;
karışmak: Olive oil and water don't
mix. Zeytinyağı ile su karışmaz.

mixed • mixed (mîkst)
/sıfat/ karışık

mixer • mix.er (mîk´sɪr)
/isim/ çoğul mixers • mikser, karıştırıcı

mixture • mix.ture (mîks´çır)
/isim/ çoğul mixtures • karışım

mobile • mo.bile (mo´bıl, İng. mo´bayl)
/sıfat/ devingen, hareketli, hareket
halinde olan
mobile phone bkz. cellular phone

model • mod.el (mad´ıl)
/isim/ çoğul models • model, örnek:
economical model ekonomik model
/sıfat/ 1. model: a model airplane
model uçak 2. örnek: a model student
örnek bir öğrenci

modern • mod.ern (mad´ırn)
/sıfat/ modern, çağdaş

modest • mod.est (mad´îst)
/sıfat/ alçakgönüllü: a modest person
alçakgönüllü bir kimse

modify mod.i.fy (mad´ıfay)
/fiil/ modifies, modifying, modified • biraz
değiştirmek

moist • moist (moyst)
/sıfat/ nemli; ıslak: moist air nemli
hava moist eyes nemli gözler

moisture • mois.ture (moys´çır)
/isim/ nem, rutubet

¹mold mold (mold)
/isim/ çoğul molds • kalıp: They pour
the melted iron into molds. Erimiş
demiri kalıplara döküyorlar.
İng. mould

²mold • mold mold
/fiil/ molds, molding, molded • şekil ver-
mek, biçimlendirmek: mold plastic
plastiğe şekil vermek
İng. mould

mole • mole (mol)
/isim/ çoğul moles • 1. ben, leke
2. köstebek

molecule • mol.e.cule (mal´ıkyul)
/isim/ çoğul molecules • molekül:
water molecule su molekülü

mollusk • mol.lusk (mal´ısk)
/isim/ yumuşakçalar sınıfından bir
hayvan, mollusk
İng. mollusc

mom • mom (mam)
/isim/ çoğul moms • (konuşma dili) anne
İng. mum

moment • mo.ment (mo´mınt)
/isim/ çoğul moments • an
at the moment şu an, şimdilik
in a moment kısa sürede
just a moment bir saniye (bekleme
anlamında)

mommy • mom.my (mam´i)
/isim/ çoğul mommies • (konuşma dili)
anne
İng. mummy

Monday • Mon.day (mʌn´di, mʌn´dey)
/isim/ çoğul Mondays • pazartesi

money • mon.ey (mʌn´i)
/isim/ para: Earning money is not
easy. Para kazanmak kolay değil.

monitor • mon.i.tor (man´ıtır)
/isim/ çoğul monitors • 1. (bilgisayar, TV)
monitör 2. sınıf başkanı

monkey • mon.key (mʌng´ki)
/isim/ çoğul monkeys • maymun
monkey wrench ingilizanahtarı

monotonous • mo.not.o.nous
(mınat´ınıs) /sıfat/ tekdüze, monoton:
a monotonous job tekdüze bir iş
a monotonous voice monoton bir ses

monotony • mo.not.o.ny (mınat´ıni)
/isim/ tekdüzelik, monotonluk

monster • mon.ster (man´stır)
/isim/ çoğul monsters • canavar

month • month (mʌnth)
/isim/ çoğul months • ay: last month
geçen ay next month gelecek ay

monthly • month.ly (mʌnth´li)
/sıfat/ aylık; ayda bir olan:
monthly installment aylık taksit
monthly magazine aylık dergi

monument • mon.u.ment
(man´yımınt) /isim/ çoğul monuments •
anıt, abide: an ancient monument
antik bir anıt

mood • mood (mud)
/isim/ çoğul moods • 1. (dilbilgisi) kip:
the imperative mood emir kipi
2. ruh durumu, hal: İlke is in a good
mood. İlke'nin keyfi yerinde.

moon • moon (mun)
/isim/ ay
full moon dolunay
new moon yeniay

moonlight • moon.light (mun´layt)
/isim/ ay ışığı, mehtap

moral • mor.al (môr´ıl)
/sıfat/ etik, ahlaki: moral values etik
değerler
/isim/ çoğul morals • ders, hisse:
the moral of the story öyküden
çıkarılan ders

more • more (môr)
/sıfat/ 1. daha çok, daha fazla:
I need more time. Daha çok süreye
ihtiyacım var. 2. daha: one more
time bir kez daha
/zarf/ (than) (-den) daha; daha çok
more and more gittikçe
more or less 1. oldukça, az çok
2. aşağı yukarı
more than once bir defadan fazla:
He read that book more than once.
O kitabı bir defadan fazla okudu.
no more than -den fazla değil: no
more than he did before daha önce
yaptığından çok değil

moreover • more.o.ver (môro´vır)
/zarf/ bundan başka, ayrıca, üstelik

morning • morn.ing (môr´nîng)
/isim/ çoğul mornings • sabah: every
morning her sabah this morning
bu sabah tomorrow morning yarın
sabah yesterday morning dün sabah
in the morning sabahleyin
/sıfat/ sabah (yapılan, olan, giyilen,
görülen v.b.)
morning star Sabahyıldızı

mortal • mor.tal (môr´tıl)
/sıfat/ ölümlü, fani: All men are
mortal. Bütün insanlar ölümlüdür.

mosaic • mo.sa.ic (mozey´îk)
/isim/ çoğul mosaics • mozaik

mosque • mosque (mask)
/isim/ çoğul mosques • cami
the Süleymaniye Mosque Süleymaniye
Camii

mosquito • mos.qui.to (mıski´to)
/isim/ çoğul mosquitoes/mosquitos •
sivrisinek: Mosquitos spread diseases.
Sivrisinerkler hastalıkları yayar.
mosquito net cibinlik

moss • moss (môs)
/isim/ yosun

most • most (most)
/sıfat/ 1. çoğu, pek çok: most people
çoğu kimse 2. en çok, en fazla
/zarf/ 1. en: the most important
event en önemli olay 2. en çok:
Which one did you like most? En çok
hangisini beğendin?

mostly • most.ly (most´li)
/zarf/ 1. çoğunlukla, çoğu kez:
They mostly come out at night.
Çoğunlukla geceleri ortaya çıkarlar.
2. en çok

motel • mo.tel (motel´)
/isim/ çoğul motels • motel

moth • moth (môth, math)
/isim/ çoğul moths • güve

mother • moth.er (mʌdh´ır)
/isim/ çoğul mothers • **anne**
Mother's Day **Anneler Günü**
mother tongue **anadili**

mother-in-law • moth.er-in-law
(mʌdh´ırînlô) /isim/ çoğul mothers-in-
law • **kayınvalide**

motif • mo.tif (motif´)
/isim/ çoğul motifs • **motif**

motion • mo.tion (mo´şın)
/isim/ çoğul motions • **1. hareket**
in motion **hareket halinde**
motion picture (sinema) **film**
2. önerge, teklif

motionless • mo.tion.less (mo´şınlîs)
/sıfat/ **hareketsiz**

motivate • mo.ti.vate (mo´tıveyt)
/fiil/ motivates, motivating, motivated •
harekete geçirmek, sevk etmek

motivation • mo.ti.va.tion (motıvey´şın)
/isim/ çoğul motivations • **1. motivasyon,**
güdülenme 2. güdü

motive • mo.tive (mo´tîv)
/isim/ çoğul motives • **güdü**

motor • mo.tor (mo´tır)
/isim/ çoğul motors • **motor:** electric
motor **elektrik motoru**

motorbike • mo.tor.bike (mo´tırbayk)
/isim/ çoğul motorbikes • **motosiklet**

motorboat • mo.tor.boat (mo´tırbot)
/isim/ çoğul motorboats • **motorbot,**
deniz motoru

motorcycle • mo.tor.cy.cle
(mo´tırsaykıl) /isim/ çoğul motorcycles •
motosiklet

motorway • mo.tor.way (mo´tırwey)
/isim/ çoğul motorways • **karayolu,**
otoyol

¹**mount** • mount (maunt)
/isim/ çoğul mounts • **dağ, tepe**
Mount (Mt.) Ararat **Ağrı Dağı**

²**mount** • mount (maunt)
/fiil/ mounts, mounting, mounted •
(at, bisiklet v.b.´ne) binmek: mount a
horse **ata binmek**

mountain • moun.tain (maun´tın)
/isim/ çoğul mountains • **dağ:** the peak
of the mountain **dağın zirvesi**
mountain climbing **dağcılık**
mountain range **sıradağ**

mountainous • moun.tain.ous
(maun´tınıs) /sıfat/ **dağlık:**
a mountainous country **dağlık bir ülke**

mourn • mourn (môrn)
/fiil/ mourns, mourning, mourned •
yas tutmak, matem tutmak: She is
mourning for her dead son. Ölen
oğlunun yasını tutuyor.

mouse • mouse (maus)
/isim/ çoğul mice • **fare**
field mouse **tarlafaresi**

mouth • mouth (mauth)
/isim/ çoğul mouths • **ağız**
from mouth to mouth **dilden dile,
ağızdan ağıza**
mouth organ **mızıka, armonika**

¹**move** • move (muv)
/fiil/ moves, moving, moved • **1. hareket
ettirmek; hareket etmek**
Don't move! **Kımıldama!**
2. taşımak; taşınmak: They have
decided to move. Taşınmaya karar
verdiler. **3. (satranç, dama v.b.'nde)
hamle yapmak**

²**move** • move (muv)
/isim/ çoğul moves • **1. hareket:** He
watches your every move. Senin her
hareketini izliyor. **2. (satranç, dama
v.b.'nde) hamle:** possible moves
olası hamleler

movement • move.ment (muv´mınt)
/isim/ çoğul movements • **hareket**

movie • mov.ie (mu´vi)
/isim/ çoğul movies • **(sinema) film**
movie house (movie theater) **sinema,
sinema salonu**
movie star **film yıldızı**

Mr. • Mr. (mîs´tır)
/isim/ (Erkeğin soyadından önce)
Bay: Mr. Smith Bay Smith

Mrs. • Mrs. (mîs´îz)
/isim/ (Evli kadının soyadından önce)
Bayan: Mrs. Smith Bayan Smith

Ms. Ms. (mîz)
/isim/ (Evli veya evli olmayan kadının
soyadından önce) **Bayan:** Ms. Green
Bayan Green

much • much (mʌç)
/sıfat/ more, most • **çok, epey, hayli:**
There's much work to be done.
Yapılacak çok iş var.
/zarf/ more, most • **çok, pek, hayli:**
I'm feeling much better. Kendimi
çok daha iyi hissediyorum.

mud • mud (mʌd)
/isim/ **çamur**

muddy • mud.dy (mʌd´i)
/sıfat/ muddier, muddiest • **çamurlu**

mug • mug (mʌg)
/isim/ çoğul mugs • **kulplu büyük bar-
dak, kupa**

mulberry • mul.ber.ry (mʌl´beri,
mʌl´bıri) /isim/ çoğul mulberries • **dut:**
mulberry jam dut reçeli

mule • mule (myul)
/isim/ çoğul mules • **katır**

multiple • mul.ti.ple (mʌl´tıpıl)
/sıfat/ birçok, çok yönlü

multiplicand • mul.ti.pli.cand
(mʌltıplıkänd´) /isim/ çoğul multipli-
cands • (matematik) çarpılan

multiplication • mul.ti.pli.ca.tion
(mʌltıplıkey´şın) /isim/ (matematik)
çarpma, çarpım
multiplication sign çarpma işareti (x)
multiplication table çarpım tablosu

multiplier • mul.ti.pli.er (mʌl´tıplayır)
/isim/ çoğul multipliers • (matematik)
çarpan

multiply • mul.ti.ply (mʌl´tıplay)
/fiil/ multiplies, multiplying, multiplied •
1. (matematik) çarpmak 2. artmak,
çoğalmak: Germs multiply rapidly
in a warm and moist environment.
Mikroplar, sıcak ve nemli bir ortamda
hızla çoğalırlar.

mumps • mumps (mʌmps)
/isim/ kabakulak: mumps virus
kabakulak virüsü

municipality • mu.nic.i.pal.i.ty
(myunîsıpäl´ıti) /isim/ çoğul municipali-
ties • belediye

¹murder • mur.der (mır´dır)
/isim/ çoğul murders • cinayet, adam
öldürme

²murder • mur.der (mır´dır)
/fiil/ murders, murdering, murdered •
öldürmek; cinayet işlemek: He was
murdered in front of his house. Evinin
önünde öldürüldü.

murderer • mur.der.er (mır´dırır)
/isim/ çoğul murderers • katil: The
police arrested the murderer. Polis
katili tutukladı.

muscle • mus.cle (mʌs´ıl)
/isim/ çoğul muscles • kas, adale

museum • mu.se.um (myuzi´yım)
/isim/ çoğul museums • müze:
the Archaeological Museum of
Ephesus Efes Arkeoloji Müzesi

mushroom • mush.room (mʌş´rum,
mʌş´rûm) /isim/ çoğul mushrooms •
mantar: mushroom soup mantar
çorbası

music • mu.sic (myu´zîk)
/isim/ müzik
classical music klasik müzik
vocal music vokal müzik

musical • mu.si.cal (myu´zîkıl)
/sıfat/ müzikal, müzikle ilgili
musical instrument müzik aleti
/isim/ çoğul musicals • müzikal

musician • mu.si.cian (myuzîş´ın)
/isim/ çoğul musicians • müzisyen

Muslim • Mus.lim (mʌz´lîm)
/isim/ çoğul Muslims • Müslüman
/sıfat/ Müslüman

mussel • mus.sel (mʌsˊıl)
/isim/ çoğul mussels • **midye:** mussel
shell midye kabuğu

must • must (mʌst)
/yardımcı fiil/ **-meli, -malı:** You must
give it to me. Onu bana vermelisin.
mustn't → must not

mustache • mus.tache (mıstäşˊ,
mʌsˊtäş) /isim/ **bıyık**
grow a mustache bıyık bırakmak
İng. **moustache**

mustard • mus.tard (mʌsˊtırd)
/isim/ **hardal:** a jar of mustard bir
kavanoz hardal

mute • mute (myut)
/sıfat/ 1. **dilsiz** 2. **sessiz**

mutual • mu.tu.al (myuˊçuwıl)
/sıfat/ **karşılıklı:** mutual understanding
karşılıklı anlayış

my • my (may)
/zamir/ **benim:** My father's name is
Barlas. Babamın adı Barlas.

myself • my.self (mayselfˊ)
/zamir/ **kendim:** I will try it myself.
Kendim deneyeceğim.

mysterious • mys.te.ri.ous (mîstîrˊiyıs)
/sıfat/ **gizemli, esrarengiz:** a mysterious
event esrarengiz bir olay

mystery • mys.ter.y (mîsˊtıri)
/isim/ çoğul mysteries • **gizem, sır,
esrar:** the mysteries of life yaşamın
gizemleri

myth • myth (mîth)
/isim/ çoğul myths • **mit, efsane:** the
myth of Atlantis Atlantis efsanesi

mythology • my.thol.o.gy (mîthalˊıci)
/isim/ çoğul mythologies • **mitoloji**

Nn

N, n • n (en)
/isim/ N, İngiliz alfabesinin on
dördüncü harfi

nail • nail (neyl)
/isim/ çoğul nails • 1. çivi 2. tırnak: cut
one's nails tırnaklarını kesmek
nail polish **oje**
nail scissors **tırnak makası**

naked • na.ked (ney´kîd)
/sıfat/ 1. çıplak
with the naked eye **çıplak gözle**
2. yalın, açık
the naked truth **salt gerçek**

¹name • name (neym)
/isim/ çoğul names • ad, isim
by name **adıyla, ismiyle:** He called
me by name. Bana ismimle hitap etti.
in the name of ... **adına:** war in the
name of peace barış adına savaş

²name • name (neym)
/fiil/ names, naming, named • **adlandır-
mak, ad vermek:** I was named after
my grandfather. Bana dedemin adını
vermişler.

namely • name.ly (neym´li)
/zarf/ yani, şöyle ki: the five sense
organs, namely the eyes, ears, nose,
skin, and tongue beş duyu organı, yani
gözler, kulaklar, burun, deri ve dil

napkin • nap.kin (näp´kîn)
/isim/ çoğul napkins • **peçete:** napkin
holder peçete tutacağı

narrow • nar.row (ner´o)
/sıfat/ narrower, narrowest • **1. dar,
ensiz:** a narrow road dar bir yol
2. sınırlı 3. dar darına olan: narrow
escape ucuz kurtulma, ucu ucuna
kurtulma

nasty • nas.ty (näs´ti)
/sıfat/ nastier, nastiest • **iğrenç, kötü,
berbat:** a nasty smell berbat bir koku

nation • na.tion (ney´şın)
/isim/ çoğul nations • **ulus, millet:** the
birth of a nation bir ulusun doğuşu

national • na.tion.al (näş´ınıl)
/sıfat/ **ulusal**
national bank **ulusal banka**
national monument **ulusal anıt**
national park **ulusal park**

nationalism • na.tion.al.ism
(näş´ınılîzım) /isim/ **ulusçuluk,
milliyetçilik**

nationality • na.tion.al.i.ty (näşınäl´ıti)
/isim/ çoğul nationalities • **milliyet,
uyrukluk:** What's your nationality?
Hangi ulustansınız?

native • na.tive (ney´tîv)
/sıfat/ **yerli; doğal; doğuştan olan**
native ability **Allah vergisi yetenek**
native land **anayurt, anavatan**
native language **anadili**

natural • nat.u.ral (näç´ırıl)
/sıfat/ **doğal:** natural color doğal renk
natural yogurt doğal yoğurt
natural gas **doğalgaz**

naturally • nat.u.ral.ly (näç´ırıli)
/zarf/ **doğal olarak:** Naturally, he
was upset because of the fire. Doğal
olarak yangın nedeniyle üzgündü.

nature • na.ture (ney´çır)
/isim/ **1. doğa:** love of nature doğa
sevgisi **2. huy, mizaç**
by nature **doğuştan:** intelligent by
nature doğuştan zeki

naughty • naugh.ty (nô´ti)
/sıfat/ naughtier, naughtiest • **yaramaz,
haylaz:** a naughty child yaramaz bir
çocuk

nausea • nau.se.a (nô´ziyı)
/isim/ **bulantı, mide bulantısı**

navigate • nav.i.gate (näv´ıgeyt)
/fiil/ navigates, navigating, navigated •
**1. (kaptanlık ederek) gemiyi/tekneyi
götürmek, dümen tutmak 2. (gemi/
tekne) seyretmek**

navy • na.vy (ney´vi)
/isim/ çoğul navies • **donanma; deniz
kuvvetleri**
navy blue **lacivert, koyu mavi**

near • near (nîr)
/zarf/ nearer, nearest • **yakın, yakında:**
He came near enough to hear them.
Onları duyacak kadar yakına geldi.
/edat/ nearer, nearest • **-e bitişik,
-e yakın:** He sat near his mother.
Annesinin yanına oturdu.

nearby • near.by (nîrbay´, nîr´bay)
/sıfat/ **yakın:** Yakup went to the near-
by flower shop. Yakup, yakındaki
çiçekçi dükkânına gitti.

nearly • near.ly (nîr´li)
/zarf/ **neredeyse, hemen hemen:** We
nearly arrived home. Neredeyse eve
vardık.

neat • neat (nit)
/sıfat/ **temiz, derli toplu, düzgün:**
a neat room düzenli bir oda

necessary • nec.es.sar.y (nes´ıseri)
/sıfat/ **gerekli, zorunlu:** I can go out

if necessary. Gerekiyorsa dışarı çıkabilirim.
be necessary **gerekmek:** It is necessary that you wear a helmet. Kask giymen gerekiyor.

necessity • ne.ces.si.ty (nıses´ıti)
/isim/ 1. çoğul necessities • **gerekli şey**
2. **gereksinme, gereksinim, ihtiyaç:** basic necessities temel ihtiyaçlar

neck • neck (nek)
/isim/ çoğul necks • **boyun**

necklace • neck.lace (nek´lîs)
/isim/ çoğul necklaces • **kolye, gerdanlık**

necktie • neck.tie (nek´tay)
/isim/ çoğul neckties • **kravat, boyunbağı**

nectarine • nec.tar.ine (nektırin´)
/isim/ çoğul nectarines • **nektarin**

¹**need** • need (nid)
/isim/ 1. **gereksinme, gereksinim, ihtiyaç; gereklilik:** Our plants are in need of extra water in this heat. Bu sıcakta bitkilerimizin daha fazla suya ihtiyacı var.
if need be **gerekirse:** If need be, we can rent a motorcycle. Gerekirse motosiklet kiralarız.
2. çoğul needs • **gereksinim, ihtiyaç:** basic needs temel ihtiyaçlar

²**need** • need (nid)
/fiil/ needs, needing, needed •
1. **-e ihtiyacı olmak; -e gerekmek, gerekli olmak:** I need a new umbrella. Bana yeni bir şemsiye gerekiyor.
need to **gerekmek:** I need to leave soon. Yakında gitmem gerekiyor.
2. **istemek, gerektirmek:** Do you need any help? Yardım ister misin?
needn't → need not

needle • nee.dle (nid´ıl)
/isim/ çoğul needles • 1. **iğne, dikiş iğnesi** sewing needle dikiş iğnesi
2. **ibre**
magnetic needle pusula iğnesi

needlework • nee.dle.work (nid´ılwırk)
/isim/ **iğne işi**

needy • need.y (ni´di)
/sıfat/ needier, neediest • **yoksul, fakir**

negative • neg.a.tive (neg´ıtîv)
/sıfat/ **olumsuz; aksi, ters:** a negative answer olumsuz bir yanıt

neglect • ne.glect (nîglekt´)
/fiil/ neglects, neglecting, neglected •
ihmal etmek, aldırmamak, boşlamak: neglect one's health sağlığını ihmal etmek

negotiate • ne.go.ti.ate (nîgo´şiyeyt)
/fiil/ negotiates, negotiating, negotiated •

(anlaşma yapmak için) **görüşmek:**
negotiate the terms of the agreement
anlaşmanın şartlarını görüşmek

negotiation • ne.go.ti.a.tion
(nîgoşiyey´şın) /fiil/ çoğul negotiations •
(anlaşma yapmak için) **görüşme,
müzakere:** diplomatic negotiations
diplomatik müzakereler

neighbor • neigh.bor (ney´bır)
/isim/ çoğul neighbors • **komşu:** be a
good neighbor iyi bir komşu olmak
İng. **neighbour**

neighborhood • neigh.bor.hood
(ney´bırhûd) /isim/ çoğul neighborhoods •
civar, yöre, semt
İng. **neighbourhood**

neither • nei.ther (ni´dhır, nay´dhır)
/sıfat/ **ikisinden hiçbiri, ne bu ne öteki:**
Neither address is correct. İki adres
de doğru değil.
/bağlaç/ neither... nor... **ne ... ne de ...:**
I bought neither apples nor oranges.
Ne elma aldım ne de portakal.
/zamir/ (ikisinden) **hiçbiri**

nephew • neph.ew (nef´yu)
/isim/ çoğul nephews • (erkek) **yeğen**

Neptune • Nep.tune (nep´tun)
/isim/ (gökbilim) **Neptün**

nerve • nerve (nırv)
/isim/ çoğul nerves • **sinir**
nerve gas **sinir gazı**

nervous • ner.vous (nır´vıs)
/sıfat/ 1. **sinirli, gergin; kaygılı;
heyecanlı:** a nervous person sinirli
bir kimse
2. **sinirsel; sinirlerle ilgili**
the nervous system **sinir sistemi**

nest • nest (nest)
/isim/ çoğul nests • (genellikle kuş
için) **yuva**

net • net (net)
/isim/ çoğul nets • **ağ:** safety net
güvenlik ağı volleyball net voleybol ağı

nettle • net.tle (net´ıl)
/isim/ çoğul nettles • **ısırgan, ısırganotu**

network • net.work (net´wırk)
/isim/ çoğul networks • **ağ, şebeke**

neutral • neu.tral (nu´trıl)
/sıfat/ 1. **tarafsız, yansız** 2. (fizik) **nötr**

neutron • neu.tron (nu´tran)
/isim/ çoğul neutrons • (fizik) **nötron**
neutron bomb **nötron bombası**

never • nev.er (nev´ır)
/zarf/ **hiç, hiçbir zaman, asla:**
She never takes sugar with her tea.
Çayına asla şeker koymaz.
Never mind. **Boş ver.**

nevertheless • nev.er.the.less
(nevırdhiles´) /zarf/ **yine de, bununla
birlikte, ne var ki:** They ran to catch
the bus. Nevertheless they were late.
Otobüsü yakalamak için çok koştular.
Ne var ki geç kalmışlardı.

new • new (nu)
/sıfat/ newer, newest • 1. **yeni:** a new

bicycle yeni bir bisiklet new year
yeni yıl

newborn • new.born (nu´bôrn)
/sıfat/ yeni doğmuş
/isim/ çoğul newborns • yenidoğan

news • news (nuz)
/isim/ haber: good news iyi haber
latest news son haberler news
agency haber ajansı news program
haber programı

newsagent • news.a.gent (nuz´eycınt)
/isim/ çoğul newsagents • İng. gazete bayii

newspaper • news.pa.per (nuz´peypır)
/isim/ çoğul newspapers • gazete

next • next (nekst)
/sıfat/ bir sonraki; ertesi; gelecek:
Next summer we'll go to Alanya.
Gelecek yaz Alanya'ya gideceğiz.
next to -in yanında, -e bitişik: Don't
sit next to the window. Pencerenin
yanına oturma.
/zarf/ sonra, ondan sonra: What will
happen next? Bundan sonra ne olacak?

next-door • next-door (neks´dor´,
nekst´dor´) /sıfat/ yandaki evde
oturan; yandaki, bitişikteki: next-
door neighbor kapı komşusu

nice • nice (nays)
/sıfat/ nicer, nicest • hoş, güzel:

a nice day güzel bir gün a nice girl
hoş bir kız
Nice to meet you. Tanıştığımıza
memnun oldum.

nickel • nick.el (nîk´ıl)
/isim/ (kimya) nikel

nickname • nick.name (nîk´neym)
/isim/ çoğul nicknames • lakap, takma
ad: Please call me by my real name
not my nickname. Lütfen gerçek
adımı kullan, takma adımı değil.

niece • niece (nis)
/isim/ çoğul nieces • (kız) yeğen

night • night (nayt)
/isim/ çoğul nights • gece: The air is
cooler at night. Geceleri hava daha
serin oluyor.
all night gece boyu
at night geceleyin
during the night gece boyunca

nightgown • night.gown (nayt´gaun)
/isim/ çoğul nightgowns • gecelik (kadın
için): a comfortable nightgown rahat
bir gecelik

nightingale • night.in.gale
(nay´tın.geyl) /isim/ çoğul nightingales •
bülbül

nightmare • night.mare (nayt´mer)
/isim/ çoğul nightmares • kâbus,
karabasan

nine • nine (nayn)
/isim, sıfat/ dokuz

nineteen • nine.teen (nayntin´)
/isim, sıfat/ on dokuz

nineteenth • nine.teenth (nayntinth´)
/sıfat, isim/ 1. on dokuzuncu 2. on
dokuzda bir

ninetieth • nine.ti.eth (nayn´tiyıth)
/sıfat, isim/ 1. doksanıncı
2. doksanda bir

ninety • nine.ty (nayn´ti)
/isim, sıfat/ doksan

ninth • ninth (naynth)
/sıfat, isim/ 1. dokuzuncu 2. dokuzda bir

no • no (no)
/zarf/ hayır, olmaz, değil, yok: "Do you
know his name?" "No, I don't."
"Onun adını biliyor musun?" "Hayır,
bilmiyorum."
/sıfat/ hiç, hiçbir
No comment. Yorum yok.
No entry. Giriş yasaktır.
no one hiç kimse: No one saw him
smile. Gülümsediğini kimse görmedi.
No problem. Sorun değil.
No smoking. Sigara içilmez.

Noah • No.ah (no´wı)
/isim/ Nuh peygamber
Noah's ark Nuh'un gemisi

noble • no.ble (no´bıl)
/sıfat/ nobler, noblest • soylu, asil:

He comes from a noble family.
Soylu bir aileden geliyor.

nobody • no.bod.y (no´bʌdi)
/zamir/ hiç kimse: Nobody lives
there anymore. Artık orada kimse
oturmuyor.

nod • nod (nad)
/fiil/ nods, nodding, nodded • baş
sallamak: He nodded to the little
boy and smiled. Küçük çocuğa
başını sallayarak gülümsedi.

noise • noise (noyz)
/isim/ çoğul noises • ses, gürültü:
Did you hear the noise? Gürültüyü
duydun mu?
noise pollution gürültü kirliliği

noisy • nois.y (noy´zi)
/sıfat/ noisier, noisiest • 1. gürültülü:
a noisy classroom gürültülü bir
sınıf 2. gürültücü: noisy neighbors
gürültücü komşular

nomad • no.mad (no´mäd)
/isim/ çoğul nomads • göçebe: Mongols
were nomads. Moğollar göçebeydiler.

none • none (nʌn)
/zamir/ hiçbiri, hiç kimse
none of -in hiçbiri: None of my
answers were right. Yanıtlarımın
hiçbiri doğru değildi.

nonliving • non.liv.ing (nanlîv´îng)
/sıfat/ cansız, yaşamayan

nonsense • non.sense (nan´sens)
/isim/ saçma; saçmalık
talk nonsense saçma sapan konuş-
mak: He's talking nonsense. Saçma
sapan konuşuyor.

nonsmoker • non.smok.er
(nansmo´kır) /isim/ çoğul nonsmokers •
sigara içmeyen kişi

nonstop • non.stop (nan´stap´)
/zarf/ duraklamadan; aralıksız:
talk nonstop kesintisiz konuşmak

noodle • noo.dle (nud´ıl)
/isim/ çoğul noodles • erişte, şerit
halindeki makarna

noon • noon (nun)
/isim/ öğle: The students take a
break at noon. Öğrenciler öğleyin
mola veriyorlar.

nor • nor (nôr)
/bağlaç/ ne de, ne: His answer was
neither positive nor negative. Yanıtı
ne olumlu ne de olumsuzdu.

normal • nor.mal (nôr´mıl)
/sıfat/ normal: normal working
hours normal çalışma saatleri

normally • nor.mal.ly (nôr´mıli)
/zarf/ normal olarak, genellikle:
The journey normally takes about
three hours. Yolculuk normalde
yaklaşık üç saat sürüyor.

north • north (nôrth)
/isim/ kuzey: winds blowing from the
north kuzeyden esen rüzgârlar
/sıfat/ kuzey: north wind kuzey rüzgârı
the North Pole Kuzey Kutbu
the North Star Kutupyıldızı

northeast • north.east (nôrthist´)
/isim, sıfat/ kuzeydoğu

northern • northern (nôr´dhırn)
/sıfat/ kuzey, kuzeye ait

the Northern Hemisphere Kuzey
Yarıküre

northwest • north.west (nôrthwest´)
/isim, sıfat/ kuzeybatı

nose • nose (noz)
/isim/ çoğul noses • burun
under one's nose burnunun dibinde

not • not (nat)
/zarf/ değil, olmayan: Those shoes are
not mine. O ayakkabılar benim değil.

Not at all! Bir şey değil! (teşekkür
edildiğinde cevap olarak söylenir.)

¹note • note (not)
/isim/ çoğul notes • 1. not, pusula
take notes not tutmak, not almak
2. (müzik) nota: The singer had diffi-
culty hitting the high notes. Şarkıcı
yüksek notalara çıkmakta zorlandı.

²note • note (not)
/fiil/ notes, noting, noted • 1. dikkat et-
mek, önem vermek: Note the differ-
ence between the two. İkisi arasındaki
farka dikkat edin. 2. (down) not etmek

notebook • note.book (not´bûk)
/isim/ çoğul notebooks • defter

nothing • noth.ing (nʌth´îng)
/isim/ hiçbir şey: Recep has nothing
in his pockets. Recep'in ceplerinde

hiçbir şey yok.
for nothing 1. parasız, bedava 2. boş yere, boşuna
nothing else başka hiçbir şey
nothing like benzemez

¹notice • no.tice (no´tîs)
/isim/ 1. çoğul notices • ilan, duyuru, bildiri: Kayhan put up a notice about his lost dog. Kayhan, kayıp köpeği ile ilgili bir ilan astı. 2. dikkat, önemseme
take notice of -i dikkate almak, -e aldırmak

²notice • no.tice (no´tîs)
/fiil/ notices, noticing, noticed • dikkat etmek; farkına varmak: Did you notice her come in? Onun geldiğini fark ettiniz mi?

nought • nought (nôt)
/isim/ çoğul noughts • bkz. zero

noun • noun (naun)
/isim/ çoğul nouns • (dilbilgisi) isim, ad
common noun cins adı
proper noun özel ad

novel • nov.el (nav´ıl)
/isim/ çoğul novels • roman: historical novel tarihsel roman

November • No.vem.ber (novem´bır)
/isim/ kasım

now • now (nau)
/zarf/ şimdi: You must come inside now. Şimdi içeriye girmelisin.
now and then (now and again) ara sıra, zaman zaman

nowadays • now.a.days (nau´wıdeyz)
/zarf/ bugünlerde, günümüzde

nowhere • no.where (no´hwer)

/zarf/ hiçbir yerde; hiçbir yere: This flower is found nowhere else. Bu çiçek başka hiçbir yerde bulunmaz.

nuclear • nu.cle.ar (nu´kliyır)
/sıfat/ nükleer, çekirdeksel: nuclear energy nükleer enerji

nuisance • nui.sance (nu´sıns)
/isim/ çoğul nuisances • baş belası: Waiting is a real nuisance to me. Beklemek benim için tam bir baş belası.

numb • numb (nʌm)
/sıfat/ hissiz, duygusuz; uyuşuk

number • num.ber (nʌm´bır)
/isim/ çoğul numbers • 1. sayı, rakam: Add up these numbers. Bu sayıları toplayın.
cardinal numbers pozitif tamsayılar
natural numbers doğal sayılar
ordinal numbers sıra sayıları
2. numara: telephone number telefon numarası 3. miktar, sayı: the number of pages sayfa sayısı

numerous • nu.mer.ous (nu´mırıs)
/sıfat/ çok, pek çok: numerous fruits çok sayıda meyve

nurse • nurse (nırs)
/isim/ çoğul nurses • hemşire, hasta-bakıcı

nursery • nurs.er.y (nır´sıri)
/isim/ çoğul nurseries • 1. çocuk odası
2. yuva, kreş
nursery rhyme çocuk şiiri; çocuk
şarkısı
nursery school anaokulu

nut • nut (nʌt)
/isim/ çoğul nuts • fındık, fıstık, ceviz
gibi kabuklu yemiş

nutrient • nu.tri.ent (nu´triyınt)
/isim/ çoğul nutrients • besleyici madde;
besin, gıda

nutrition • nu.tri.tion (nutrîş´ın)
/isim/ besi, besleme; beslenme

nutritious • nu.tri.tious (nutrîş´ıs)
/sıfat/ besleyici: Potatoes are very
nutritious. Patates çok besleyicidir.

nylon • ny.lon (nay´lan)
/isim/ naylon: nylon rope naylon ip

Oo

O, o • o (o)
/isim/ O, İngiliz alfabesinin on beşinci harfi

oak • oak (ok)
/isim/ çoğul oaks • meşe

oar • oar (or)
/isim/ çoğul oars • kürek, kayık küreği

oath • oath (oth)
/isim/ çoğul oaths • yemin, ant
take an oath **yemin etmek:** He took an oath to protect his country. Yurdunu korumaya ant içti.

obedient • o.be.di.ent (obi´diyınt)
/sıfat/ itaatli, söz dinleyen: Dogs are obedient animals. Köpekler itaatli hayvanlardır.

obey • o.bey (obey´)
/fiil/ obeys, obeying, obeyed • itaat etmek; -e uymak: obey orders emirlere uymak

¹object • ob.ject (ab´cîkt, ab´cekt)
/isim/ çoğul objects • 1. nesne, cisim 2. amaç: His object was to finish his report today. Amacı raporunu bugün tamamlamaktı. 3. (dilbilgisi) nesne direct object nesne, dolaysız tümleç indirect object dolaylı tümleç

²object • ob.ject (ıbcekt´)
/fiil/ objects, objecting, objected • (to) (-e) itiraz etmek, (-e) karşı çıkmak: object to a plan bir plana itiraz etmek

objection • ob.jec.tion (ıbcek´şın)
/isim/ 1. çoğul objections • itiraz 2. itiraz etme

objective • ob.jec.tive (ıbcek´tîv)
/isim/ çoğul objectives • 1. amaç, gaye 2. objektif, mercek
/sıfat/ objektif, nesnel

obligation • ob.li.ga.tion (ablıgey´şın)
/isim/ çoğul obligations • zorunluluk,
zorunluk, mecburiyet

oblige • o.blige (ıblayc´)
/fiil/ obliges, obliging, obliged • zorlamak,
mecbur etmek
be obliged to do something bir şeyi
yapmaya mecbur olmak

observation • ob.ser.va.tion
(abzırvey´şın) /isim/ çoğul observations •
1. gözlem 2. gözetleme

observatory • ob.ser.va.to.ry
(ıbzır´vitôri) /isim/ çoğul observatories •
gözlemevi, rasathane, observatuar:
We visited the Kandilli Observatory.
Kandilli Rasathanesi'ni ziyaret ettik.

observe • ob.serve (ıbzırv´)
/fiil/ observes, observing, observed •
gözlemlemek, gözlemek: observe
carefully dikkatle gözlemek

observer • ob.serv.er (ıbzır´vır)
/isim/ çoğul observers • gözlemci

obsession • ob.ses.sion (ıbseş´ın)
/isim/ çoğul obsessions • akla takılan
düşünce, takıntı

obstacle • ob.sta.cle (ab´stıkıl)
/isim/ çoğul obstacles • engel: Her
hunger was an obstacle to her doing
a good job. Açlığı işini iyi yapmasına
engel oldu.

obstinate • ob.sti.nate (ab´stınît)
/sıfat/ inatçı, dik kafalı

obstruct • ob.struct (ıbstrʌkt´)
/fiil/ obstructs, obstructing, obstructed •
1. engellemek, engel olmak, mâni
olmak 2. tıkamak, kapamak: The
boxes obstructed the entrance to
the building. Kutular binanın girişini
kapamıştı.

obtain • ob.tain (ıbteyn´)
/fiil/ obtains, obtaining, obtained • elde
etmek, ele geçirmek: He obtained
the award he deserves. Hak ettiği
ödülü elde etti.

obvious • ob.vi.ous (ab´viyıs)
/sıfat/ belli, açık: It's obvious how
much his mother loves him.
Annesinin onu ne kadar sevdiği belli.

obviously • ob.vi.ous.ly (ab´viyısli)
/zarf/ açıkça

occasion • oc.ca.sion (ıkey´jın)
/isim/ çoğul occasions • zaman, sıra:
I wasn't there on that occasion.
O sırada orada değildim.

occasionally • oc.ca.sion.al.ly
(ıkey´jınıli) /zarf/ ara sıra, zaman
zaman

occupation • oc.cu.pa.tion
(akyıpey´şın) /isim/ çoğul occupations •
1. iş, meslek 2. işgal

occupy • oc.cu.py (ak´yıpay)
/fiil/ occupies, occupying, occupied •
1. meşgul etmek, (zamanını) almak:
occupy one's mind zihnini meşgul
etmek 2. (belirli bir yerde) bulunmak:
He is occupying my seat. Benim
yerime oturmuş. 3. işgal etmek

occur • oc.cur (ıkır´)
/fiil/ occurs, occurring, occurred • olmak,

meydana gelmek: When did the earthquake occur? Deprem ne zaman oldu?

ocean • o.cean (o´şın)
/isim/ çoğul oceans • okyanus

o'clock • o'clock (ıklak´)
/zarf/ saate göre: It's ten o'clock. Saat on.

octagon • oc.ta.gon (ak´tıgan)
/isim/ (geometri) sekizgen

October • Oc.to.ber (akto´bır)
/isim/ ekim (ayı)

octopus • oc.to.pus (ak´tıpıs)
/isim/ çoğul octopuses • ahtapot

odd • odd (ad)
/sıfat/ odder, oddest • 1. garip, tuhaf: an odd picture garip bir resim How odd! Ne kadar garip!
2. tek
odd number tek sayı
odd or even tek mi çift mi (oyunu)

odor • o.dor (o´dır)
/isim/ çoğul odors • koku
İng. odour

of • of (ʌv, ıv)
/edat/ 1. -in: a friend of mine bir arkadaşım 2. -li: a man of talent

yetenekli bir adam 3. -den: built of bricks tuğladan inşa edilmiş 4. ... hakkında: speak of plans planlar hakkında konuşmak

off • off (ôf)
/zarf/ uzağa, öteye; uzakta, ötede: The gas station is a long way off from here. Benzin istasyonu buradan oldukça uzakta.
Off with you! Defol!
/edat/ 1. -den, -dan: The book fell off the shelf. Kitap raftan düştü. 2. -den uzak: off the main road anayoldan uzakta

offend • of.fend (ıfend´)
/fiil/ offends, offending, offended • gücendirmek, darıltmak, incitmek be offended by -e gücenmek: I was offended by his words. Sözlerine gücendim.

offense • of.fense (ıfens´)
/isim/ çoğul offenses • 1. kusur, suç: an offense against humanity insanlığa karşı bir suç
commit an offense suç işlemek: He committed a serious offense. Ciddi bir suç işledi.
2. saldırı, hücum 3. gücenme, incinme take offense at -e gücenmek, -den incinmek
İng. offence

¹offer • of.fer (ô´fır)
/fiil/ offers, offering, offered • 1. sunmak, ikram etmek: offer a slice of cake bir dilim kek sunmak 2. teklif etmek, önermek: My friend offered to carry my bag. Arkadaşım çantamı taşımayı teklif etti. 3. sunmak, sağlamak: offer an opportunity bir fırsat sunmak

²offer • of.fer (ô´fır)
/isim/ çoğul offers • teklif, öneri:
a generous offer cömert bir öneri

office • of.fice (ô´fîs)
/isim/ çoğul offices • yazıhane, ofis, işyeri:
office building iş hanı office hours
çalışma saatleri

officer • of.fi.cer (ô´fîsır)
/isim/ çoğul officers • 1. memur 2. subay

official • of.fi.cial (ıfîş´ıl)
/sıfat/ resmi: an official decision
resmi bir karar an official visit resmi
bir ziyaret
/isim/ çoğul officials • memur; yetkili

off-line • off-line (ôf´layn)
/sıfat/ (bilgisayar) çevrimdışı

offspring • off.spring (ôf´sprîng)
/isim/ çoğul offspring • 1. evlat 2. yavru

often • of.ten (ô´fın)
/zarf/ sık sık, çoğu kez: She visits her
grandmother often. Büyükannesini
sık sık ziyaret eder.
every so often ara sıra: Every so
often she washes her car. Arabasını
ara sıra yıkar.
how often ... hangi sıklıkta ..., hangi
sıklıkla ...: How often do you go to
the movies? Sinemaya hangi sıklıkla
gidersiniz?

oh • oh (o)
/ünlem/ 1. Ay! (Korku/şaşkınlık
belirtir.) 2. Ay!/Ah!/Of! (Ağrı/acı
belirtir.) 3. Ah! (Pişmanlık/özlem
belirtir.) 4. Oh!/O! (Beğenme/
sevinç/hayranlık belirtir.) 5. Of!/Öf!
(Kızgınlık/hoşnutsuzluk belirtir.)

Oh my God! Aman Allahım!
Oh, no! Olamaz!

oil • oil (oyl)
/isim/ 1. çoğul oils • yağ, sıvıyağ: corn
oil mısıryağı
oil paint yağlıboya
2. petrol
oil field petrol sahası
oil well petrol kuyusu

oily • oil.y (oy´li)
/sıfat/ oilier, oiliest • yağlı: Her cooking
is usually too oily. Onun yemekleri
genelde çok yağlı oluyor.

OK • OK (okey´)
/ünlem/ Peki!, Olur!
/sıfat/ iyi: Are you OK? İyi misin?

okay • o.kay (okey´)
/ünlem, sıfat/ bkz. OK

okra • o.kra (o´krı)
/isim/ bamya

old • old (old)
/sıfat/ older, oldest • 1. eski: old clothes
eski giysiler
old hat modası geçmiş
old school eski düşünce tarzı
2. yaşlı, ihtiyar: old man yaşlı adam
get old (grow old) yaşlanmak
old age yaşlılık
3. ... yaşında: Onur is ten years old.
Onur, on yaşında.

old-fashioned • old-fash.ioned
(old´fäş´ınd) /sıfat/ eski moda,
modası geçmiş

olive • ol.ive (al´îv)
/isim/ çoğul olives • **zeytin**
olive branch **zeytin dalı (barış sembolü)**
olive oil **zeytinyağı**

Olympics • O.lym.pics (olîm´pîks)
/isim/ (the) **olimpiyat oyunları,
olimpiyatlar**

omelet • om.e.let (am´lît, am´ılît)
/isim/ çoğul omelets • **omlet:** cheese
omelet peynirli omlet

omelette • om.e.lette (am´lît, am´ılît)
/isim/ çoğul omelettes • bkz. **omelet**

omit o.mit (omît´)
/fiil/ omits, omitting, omitted • **atlamak,
dışarıda bırakmak:** The eyewitness
omitted the most important detail.
Görgü tanığı en önemli ayrıntıyı atladı.

on • on (an)
/edat/ 1. **üzerinde, üstünde; üzerine,
üstüne:** on the table masanın üstünde
2. **-de:** on the bus otobüste on the fifth
of February şubatın beşinde on the
list listede 3. **hakkında, konusunda:** a
talk on rain forests yağmur ormanları
hakkında bir konuşma
/zarf/ 1. **üstüne, üzerine; üstünde,
üzerinde:** He had a coat on. Üstünde

bir palto vardı. 2. (Kullanımda/
çalışmakta olmayı veya kullanıma/
çalışmaya başlamayı belirtir.): Işıl
left the lights on. Işıl, ışıkları açık
bıraktı. Turn the television on. Tele-
vizyonu aç. 3. **ileri, ileriye; ileride:**
The next bus stop is six kilometers
on. Bir sonraki otobüs durağı altı
kilometre ileride. 4. (Sürmekte/
devam etmekte oluşu belirtir.): He
worked on till sunset. Günbatımına
kadar çalışmaya devam etti.
on and off **kesintili**
on and on **aralıksız**
/sıfat/ 1. **kullanımda, çalışmakta**
be on (ışık, makine) **açık olmak:** All
the lights are on. Bütün ışıklar açık.
2. **sürmekte, devam etmekte:** The
parade was on. Geçit töreni devam
ediyordu.

once • once (wʌns)
/zarf/ 1. **bir kez:** once a month ayda bir
all at once **birden**
at once **hemen**
once in a while **ara sıra**
once more **bir kez daha:** Repeat it
once more. Bir kez daha tekrar edin.
once or twice **bir iki kere**
2. **eskiden**
once upon a time **bir varmış bir yokmuş**

one • one (wʌn)
/isim, sıfat/ **bir**
one by one **birer birer**
one or two **bir veya iki, birkaç**
/zamir/ 1. **biri:** one of my friends arka-
daşlarımdan biri 2. **bir tane:** a new
one yeni bir tane 3. (Genellemelerde
kullanılır.): One doesn't go there
alone. Oraya tek başına gidilmez.

oneself • one.self (wʌnself´)
/zamir/ **kendi, kendisi**

one-way • one-way (wʌn´wey)
/sıfat/ tek yönlü: one-way traffic tek yönlü trafik
one-way ticket gidiş bileti

ongoing • on.go.ing (an´gowîng)
/sıfat/ devam eden

onion • on.ion (ʌn´yın)
/isim/ çoğul onions • soğan
green onion yeşil soğan, taze soğan

on-line • on-line (an´layn)
/sıfat/ (bilgisayar) çevrimiçi

onlooker • on.look.er (an´lûkır)
/isim/ çoğul onlookers • seyirci:
curious onlookers meraklı seyirciler

only • on.ly (on´li)
/sıfat/ 1. bir tek, biricik 2. tek: the only novel he wrote yazdığı tek roman
the only veterinarian in the village köydeki tek veteriner
/zarf/ yalnız, ancak, sadece: He only likes classical music. Sadece klasik müziği sever.
if only keşke: If only I had known. Keşke bilseydim.
not only this yalnız bu değil
not only ... but also ... yalnızca ... değil, aynı zamanda ...: His job is not only dangerous but also difficult. İşi yalnızca tehlikeli değil, üstelik zor da.
only a few bir iki tanecik
only a little birazcık

onto • on.to (an´tu)
/edat/ üstüne; -e: Place the plates onto the shelves. Tabakları raflara yerleştir.

¹**open** • o.pen (o´pın)
/sıfat/ açık: Don't leave the door open. Kapıyı açık bırakma.
open air açık hava

²**open** • o.pen (o´pın)
/fiil/ opens, opening, opened • açmak; açılmak: Open your eyes. Gözlerini aç.

opening • o.pen.ing (o´pınîng)
/isim/ 1. çoğul openings • açıklık, delik 2. açılış: opening day açılış günü

opera • op.er.a (ap´ırı)
/isim/ çoğul operas • opera:
opera house opera binası
soap opera (TV) melodram dizisi

operate • op.er.ate (ap´ıreyt)
/fiil/ operates, operating, operated • işlemek, çalışmak; işletmek, çalıştırmak: Do you know how to operate that machine? O makineyi çalıştırmayı biliyor musun?
operate on -i ameliyat etmek

operation • op.er.a.tion (apırey´şın)
/isim/ 1. işleme, çalışma; işletme, çalıştırma 2. çoğul operations • ameliyat
have an operation ameliyat olmak

operator • op.er.a.tor (ap´ıreytır)
/isim/ çoğul operators • operatör; santral memuru

opinion • o.pin.ion (ıpîn´yın)
/isim/ çoğul opinions • görüş, fikir, düşünce: Beşir doesn't listen to other

people's opinions. Beşir, başkalarının
fikirlerini dinlemez.
in my opinion **bana kalırsa**

opponent • op.po.nent (ıpo´nınt)
/isim/ çoğul opponents • **1. düşman**
2. rakip: Tekin was my opponent
in the tennis match. Tekin, tenis
maçında rakibimdi.

opportunity • op.por.tu.ni.ty
(apırtu´nıti) /isim/ çoğul opportunities •
fırsat

oppose • op.pose (ıpoz´)
/fiil/ opposes, opposing, opposed • **karşı**
koymak, karşı çıkmak, direnmek

opposite • op.po.site (ap´ızît)
/sıfat/ **karşı; karşıt, zıt, ters**
/isim/ çoğul opposites • **karşıt olan şey;**
karşıt olan kimse: Black and white
are opposites. Siyah ve beyaz karşıttır.
/zarf, edat/ **karşı karşıya; karşılıklı;**
karşısında: The library is opposite the
school. Kütüphane, okulun karşısında.

optician • op.ti.cian (aptîş´ın)
/isim/ çoğul opticians • **gözlükçü**

optimist • op.ti.mist (ap´tımîst)
/isim/ çoğul optimists • **iyimser**

optimistic • op.ti.mis.tic (aptîmîs´tîk)
/sıfat/ **iyimser:** an optimistic person
iyimser bir insan

option • op.tion (ap´şın)
/isim/ çoğul options • **seçenek, şık**

optional • op.tion.al (ap´şınıl)
/sıfat/ **zorunlu olmayan, isteğe bağlı,**
seçmeli: Attendance to the meeting

is optional. Toplantıya katılmak
zorunlu değil.

or • or (ôr)
/bağlaç/ **1. veya, ya da:** We can play
basketball or soccer. Basketbol
veya futbol oynayabiliriz. **2. yoksa:**
Hurry up, or you'll miss the bus.
Acele et, yoksa otobüsü kaçıracaksın.

oral • o.ral (ôr´ıl)
/sıfat/ **1. sözlü, ağızdan söylenen:**
oral communication sözlü iletişim
2. ağızdan alınan (ilaç) 3. ağızla
ilgili, oral
oral health **ağız sağlığı**

orange • or.ange (ôr´înc)
/isim/ çoğul oranges • **1. portakal:**
orange juice portakal suyu
sour orange (bitter orange) **turunç**
2. turuncu
/sıfat/ **turuncu:** orange paint
turuncu boya

orbit • or.bit (ôr´bît)
/isim/ çoğul orbits • **yörünge:** Mercury's
orbit Merkür'ün yörüngesi

orchard • or.chard (ôr´çırd)
/isim/ çoğul orchards • **meyve bahçesi**

orchestra • or.ches.tra (ôr´kîstrı)
/isim/ çoğul orchestras • **orkestra**

¹order • or.der (ôr´dır)
/isim/ 1. **düzen, tertip:** I need more order in my life. Hayatımda daha çok düzene ihtiyacım var.
in order 1. **düzenli** 2. **uygun, yerinde**
keep order düzeni korumak
out of order 1. **bozuk** 2. **düzensiz**
2. **sıra, dizi:** in alphabetical order alfabetik sırada 3. çoğul **orders • emir, buyruk** 4. çoğul orders • **ısmarlama, sipariş:** Can I take your order? Siparişinizi alabilir miyim? 5. **amaç**
in order that -sin diye: in order that he may see görsün diye
in order to için: in order to see him onu görmek için

²order • or.der (ôr´dır)
/fiil/ orders, ordering, ordered •
1. **emretmek** 2. **ısmarlamak, sipariş etmek:** I've ordered that book. O kitabı sipariş ettim.

ordinary • or.di.nar.y (ôr´dıneri)
/sıfat/ **sıradan, alelade; olağan, alışılmış:** This is no ordinary bicycle. Bu sıradan bir bisiklet değil.

organ • or.gan (ôr´gın)
/isim/ çoğul organs • 1. **(borulu) org, erganun** 2. **(elektronik) org**
3. **(biyoloji) organ:** speech organs konuşma organları

organic • or.gan.ic (ôrgän´îk)
/sıfat/ **organik:** organic food organik yiyecek organic matter organik madde

organization • or.gan.i.za.tion (ôrgınızey´şın) /isim/ çoğul organizations
• 1. **örgüt, kuruluş** 2. **düzenleme, organizasyon**
İng. organisation

organize • or.gan.ize (ôr´gınayz)
/fiil/ organizes, organizing, organized •
1. **düzenlemek:** organize a trip bir gezi düzenlemek 2. **örgütlemek**
İng. organise

Orient • O.ri.ent (ôr´iyint)
/isim/ (the) **Doğu (Şark)**

Oriental • O.ri.en.tal (ôriyen´tıl)
/sıfat/ 1. **Doğulu** 2. **Doğu'ya özgü:** Oriental rug Şark halısı

origin • or.i.gin (ôr´ıcîn)
/isim/ çoğul origins • 1. **köken, kaynak**
2. **nesil, soy**

original • o.rig.i.nal (ırîc´ınıl)
/sıfat/ 1. **orijinal, özgün:** an original idea özgün bir fikir 2. **ilk, asıl:** the original owner of the car arabanın ilk sahibi

originally • o.rig.i.nal.ly (ırîc´ınıli)
/zarf/ 1. **ilk başta, başlangıçta** 2. **özgün bir biçimde** 3. **aslen:** I am originally from Ankara. Aslen Ankaralıyım.

ornament • or.na.ment (ôr´nımınt)
/isim/ çoğul ornaments • **süs**

orphan • or.phan (ôr´fın)
/isim/ çoğul orphans • **öksüz**
/sıfat/ **öksüz:** an orphan kitten öksüz bir kedi yavrusu

orphanage • or.phan.age (ôr´fınîc)
/isim/ çoğul orphanages • **yetimhane, öksüzler yurdu**

ostrich • os.trich (ôs´trîç)
/isim/ çoğul ostriches • **devekuşu:**

The ostrich is the fastest running bird. Devekuşu, en hızlı koşan kuştur.

other • oth.er (ʌdh´ır)
/sıfat/ **başka, diğer, öbür:** Where did the other people go? Diğer insanlar nereye gitti?
the other day **geçen gün**
/zamir/ çoğul others • **başkası, diğeri, öbürü:** Some of them were sitting and others were dancing. Bazıları oturuyordu, diğerleri de dans ediyordu.

otherwise • oth.er.wise (ʌdh´ırwayz)
/zarf/ **aksi takdirde, yoksa:** Study for your test, otherwise you'll fail. Sınavına hazırlan yoksa kalırsın.

Ottoman • Ot.to.man (at´ımın)
/sıfat/ **Osmanlı**
the Ottoman Empire **Osmanlı İmparatorluğu**
/isim/ çoğul Ottomans • **Osmanlı**

ought • ought (ôt)
/yardımcı fiil/ **-meli, -malı (Gereklilik ve zorunluluk belirtir.):** You ought to see a doctor. Doktora gitmelisin.
oughtn't → ought not

our • our (aur)
/sıfat/ **bizim:** This is our school. Bu bizim okulumuz.

ours • ours (aurz)
/zamir/ **bizimki:** Which car is ours? Hangi araba bizimki?

ourselves • our.selves (aurselvz´)
/zamir/ **kendimiz, bizler**

out • out (aut)
/zarf/ **dışarı; dışarıda; dışarıya:** Çetin took the dog out for a walk. Çetin, köpeği yürüyüş için dışarı çıkardı.
be out **dışarıda olmak:** Şebnem is out at the moment. Şebnem şu an dışarıda.
/edat/ **(-den) dışarıya/öteye:** He looked out the window. Pencereden dışarıya baktı.
out of **1. -den:** Tezel took his hands out of his pockets. Tezel ellerini ceplerinden çıkardı. **2. -den uzak, dışında:** It's out of range. Menzil dışında.

outcome • out.come (aut´kʌm)
/isim/ **sonuç:** The outcome was a surprise for all of us. Sonuç hepimiz için sürpriz olmuştu.

outdoor • out.door (aut´dôr)
/sıfat/ **dışarıda yapılan:** Hide-and-seek is an outdoor game. Saklambaç, dışarıda oynanan bir oyundur.

outdoors • out.doors (aut´dôrz)
/zarf/ **dışarıya; dışarıda:** We walked outdoors for fresh air. Temiz hava için dışarıda yürüdük.

outer • out.er (au´tır)
/sıfat/ **dıştaki, dış:** the outer walls of the building binanın dış duvarları

outlook • out.look (aut´lûk)
/isim/ **görüş açısı; manzara:** an optimistic outlook iyimser bir bakış

out-of-date • out-of-date (autıvdeyt´)
/sıfat/ 1. modası geçmiş 2. tarihi
geçmiş

outside • out.side (aut´sayd)
/isim/ dış, dış taraf: the outside of
the house evin dışı
/sıfat/ dış: the outside world dış dünya
/zarf/ dışarıda; dışarıya: Let's sit
outside. Dışarıda oturalım.

outstanding out.stand.ing
(autstän´dîng) /sıfat/ üstün, seçkin

oval • o.val (o´vıl)
/sıfat/ oval, yumurta biçiminde

oven • ov.en (ʌv´ın)
/isim/ çoğul ovens • fırın: electric oven
elektrikli fırın

over • o.ver (o´vır)
/zarf/ 1. -e, -e doğru: Emel ran over
to the tree. Emel, ağaca doğru koştu.
Birol fell over. Birol yere düştü.
2. -de, ötede: He lives over in
Maltepe. Maltepe'de oturuyor. The
post office is only two blocks over
from here. Postane buradan ancak
iki blok ötede. 3. üstünde, üzerinde:
students who are 15 years old and
over 15 yaş ve üzerindeki öğrenciler
over again bir daha, tekrar
over and over (again) defalarca
over there orada; oraya: They decided

to stay over there for a year. Orada
bir yıl kalmaya karar verdiler.
/edat/ 1. üzerinde; üzerinden; üzerine:
The airplane flew over the city. Uçak
şehrin üzerinden uçtu. They put a quilt
over the child. Çocuğun üzerine yor-
gan örttüler. 2. -den fazla, -den çok:
over ten kilos on kilodan fazla

overall • o.ver.all (o´vırôl)
/sıfat/ kapsamlı, ayrıntılı

overate • o.ver.ate (ovıreyt´)
/fiil/ bkz. overeat

overcame • o.ver.came (ovırkeym´)
/fiil/ bkz. overcome

overcoat • o.ver.coat (o´vırkot)
/isim/ çoğul overcoats • palto

overcome • o.ver.come (ovırkʌm´)
/fiil/ overcomes, overcoming, overcame,
overcome • üstesinden gelmek,
yenmek: Can you overcome your fear?
Korkunun üstesinden gelebilir misin?
be overcome with/by -den çok etki-
lenmek

overcrowded • o.ver.crowd.ed
(ovırkraud´îd) /sıfat/ aşırı kalabalık:
The shopping mall was overcrowded.
Alışveriş merkezi aşırı kalabalıktı.

overeat • o.ver.eat (ovırit´)
/fiil/ overeats, overeating, overate, overeaten
• tıka basa yemek, gereğinden çok
yemek

overeaten • o.ver.eat.en (ovırit´ın)
/fiil/ bkz. overeat

overflow • o.ver.flow (ovırflo´)
/fiil/ overflows, overflowing, overflowed •
taşmak

overhead • o.ver.head (o´vırhed)
/zarf/ baştan yukarı, yukarıda, üstte:
Birds were flying overhead. Yukarıda
kuşlar uçuşuyordu.

overhear • o.ver.hear (ovırhîr´)
/fiil/ overhears, overhearing, overheard •
kulak misafiri olmak: I overheard their
conversation. Konuşmalarına kulak
misafiri oldum.

overheard • o.ver.heard (ovırhırd´)
/fiil/ bkz. overhear

overnight • o.ver.night (o´vırnayt´)
/zarf/ 1. geceleyin, gece: They stayed
overnight at a hotel. Bir gece otelde
kaldılar. 2. bir gecede

overseas • o.ver.seas (ovırsiz´)
/sıfat/ denizaşırı: overseas trade
denizaşırı ticaret
/zarf/ denizlerin ötesinde; denizlerin
ötesine

oversleep • o.ver.sleep (ovırslip´)
/fiil/ oversleeps, oversleeping, overslept •
fazla uyumak, uyuyakalıp gecikmek

overslept • o.ver.slept (ovırslept´)
/fiil/ bkz. oversleep

overtime • o.ver.time (o´vırtaym)
/isim/ fazla mesai: He worked over-
time to finish the job. İşi bitirmek
için fazla mesai yaptı.

overweight • o.ver.weight (ovırweyt´)
/sıfat/ aşırı kilolu, şişman

owe • owe (o)
/fiil/ owes, owing, owed • borcu olmak,
borçlu olmak: How much do I owe
you? Sana ne kadar borcum var?

owing to nedeniyle, yüzünden, saye-
sinde, -den dolayı

owl • owl (aul)
/isim/ çoğul owls • baykuş

¹own • own (on)
/sıfat/ kendine özgü, kendinin, kendi:
It was his own idea. Bu onun kendi
fikriydi.

²own • own (on)
/fiil/ owns, owning, owned • sahip olmak,
-si olmak: Who owns this boat? Bu
teknenin sahibi kim?

owner • own.er (o´nır)
/isim/ çoğul owners • sahip: Who is the
owner of the house? Evin sahibi kim?

ownership • own.er.ship (o´nırşîp)
/isim/ çoğul ownerships • 1. mülkiyet
2. sahip olma, sahiplik

ox • ox (aks)
/isim/ çoğul oxen • öküz

oxygen • ox.y.gen (ak´sıcın)
/isim/ oksijen

oyster • oys.ter (oys´tır)
/isim/ çoğul oysters • istiridye

ozone • o.zone (o´zon)
/isim/ ozon
the ozone layer ozon tabakası

Pp

P, p • p (pi)
/isim/ P, İngiliz alfabesinin on altıncı
harfi

Pacific • Pa.cif.ic (pısîf´îk)
/sıfat/ Büyük Okyanus'a özgü; Büyük
Okyanus'ta bulunan
the Pacific Ocean Büyük Okyanus
/isim/ (the) Büyük Okyanus

¹pack • pack (päk)
/isim/ çoğul packs • 1. bohça, çıkın
2. paket: a pack of balloons bir
paket balon

²pack • pack (päk)
/fiil/ packs, packing, packed • 1. bohçala-
mak 2. paketlemek; ambalaj yapmak:
We packed the books in boxes.
Kitapları kutulara yerleştirdik.
3. bavul(ları) hazırlamak: I haven't
packed my suitcase yet. Henüz
bavulumu hazırlamadım.

package • pack.age (päk´îc)
/isim/ çoğul packages • 1. paket: gift
package hediye paketi 2. bohça
3. ambalaj

packet • pack.et (päk´ît)
/isim/ çoğul packets • (küçük) paket:
a packet of biscuits bir paket bisküvi

padlock • pad.lock (päd´lak)
/isim/ çoğul padlocks • asma kilit

page • page (peyc)
/isim/ çoğul pages • sayfa: The report
is ten pages long. Rapor on sayfa.
front page (gazetede) baş sayfa
turn over the page sayfayı çevirmek

paid • paid (peyd)
/fiil/ bkz. ¹pay

pain • pain (peyn)
/isim/ çoğul pains • ağrı, sızı, acı: My
mom has a back pain. Annemin sırtı
ağrıyor.

painful • pain.ful (peyn´fûl)
/sıfat/ **ağrılı:** painful joints ağrılı
eklemler

painkiller • pain.kill.er (peyn´kîlır)
/isim/ çoğul painkillers • **ağrı kesici**

¹paint • paint (peynt)
/isim/ **boya:** We need to buy some
paint for the house. Ev için boya
almamız gerekiyor.

²paint • paint (peynt)
/fiil/ paints, painting, painted • **boyamak:**
Kayra painted the door green. Kayra,
kapıyı yeşile boyadı.

paintbrush • paint.brush (peynt´brʌş)
/isim/ çoğul paintbrushes • **boya fırçası**

painter • paint.er (peyn´tır)
/isim/ çoğul painters • **1. ressam:**
a famous painter ünlü bir ressam
2. boyacı, badanacı

painting • paint.ing (peyn´tîng)
/isim/ çoğul paintings • **resim, tablo:**
a painting by Picasso Picasso'nun
bir tablosu

pair • pair (per)
/isim/ çoğul pairs • **çift:** I bought a new
pair of shoes. Yeni bir çift ayakkabı
aldım.
a pair of glasses **gözlük**
a pair of pajamas **pijama**

a pair of pants **pantolon**
a pair of scissors **makas**
pair work **ikili çalışma**

pajamas • pa.ja.mas (pıca´mız)
/isim/ (çoğul) **pijama:** I cannot find my
pajamas. Pijamamı bulamıyorum.
İng. pyjamas

palace • pal.ace (päl´îs)
/isim/ çoğul palaces • **saray:** We visited
the Dolmabahçe Palace. Dolmabahçe
Sarayı'nı ziyaret ettik.

pale • pale (peyl)
/sıfat/ paler, palest • **soluk, solgun,
renksiz:** You look very pale. Çok
solgun görünüyorsun.
turn pale (go pale) **rengi atmak**

palm • palm (pam)
/isim/ çoğul palms • **1. avuç içi, aya:**
the palm of my hand avucumun içi
2. palmiye
palm tree **palmiye ağacı**

pan • pan (pän)
/isim/ çoğul pans • **1. tava 2. tepsi**

pancake • pan.cake (pän´keyk)
/isim/ çoğul pancakes • **krep; gözleme:**
We made pancakes for breakfast.
Kahvaltı için krep yaptık.

panda • pan.da (pän´dı)
/isim/ çoğul pandas • **panda**

pane • pane (peyn)
/isim/ çoğul panes • pencere camı

¹**panic** • pan.ic (pän´îk)
/isim/ **panik:** There was a big panic
in the stadium. Stadyumda büyük
bir panik yaşandı.

²**panic** • pan.ic pän´îk
/fiil/ panics, panicking, panicked •
paniğe kapılmak, paniklemek:
There's no need to panic. Paniğe
kapılmaya gerek yok.
Don't panic! Paniğe kapılma!

pants • pants (pänts)
/isim/ (çoğul) 1. pantolon 2. İng. külot, don

pantyhose • pant.y.hose (pän´tihoz)
/isim/ (çoğul) külotlu çorap
İng. tights • (1.)

paper • pa.per (pey´pır)
/isim/ 1. kâğıt 2. çoğul papers • gazete
3. çoğul papers • (herhangi bir) yazı, tez
/sıfat/ 1. kâğıt (kâğıttan yapılmış)
paper money kâğıt para, banknot
2. kâğıtla ilgili
paper clip ataş, kâğıt maşası

paperback • pa.per.back (pey´pırbäk)
/sıfat/ karton kapaklı (kitap)
/isim/ çoğul paperbacks • karton kapaklı
kitap

paper-bag • pa.per-bag (pey´pırbäg)
/isim/ çoğul paper-bags • kesekâğıdı

papyrus • pa.py.rus (pıpay´rıs)
/isim/ çoğul papyruses/papyri • papirüs

parachute • par.a.chute (per´ışut)
/isim/ çoğul parachutes • **paraşüt:** His

parachute failed to open. Paraşütü
açılmadı.
parachute jumping **paraşütle atlama**

parachuting • par.a.chut.ing
(per´ışutîng) /isim/ paraşütçülük

parade • pa.rade (pıreyd´)
/isim/ çoğul parades • **geçit töreni**
parade ground merasim alanı

paradise • par.a.dise (per´ıdays)
/isim/ cennet

paragliding • par.a.glid.ing
(per´ıglaydîng) /isim/ (spor) yamaç
paraşütüyle uçma

paragraph • par.a.graph (per´ıgräf)
/isim/ çoğul paragraphs • **paragraf**
paragraph mark paragraf imi

parallel • par.al.lel (per´ılel)
/sıfat/ **paralel, koşut:** Parallel lines
never intersect. Paralel doğrular
asla kesişmez.

paralysis • pa.ral.y.sis (pıräl´ısîs)
/isim/ çoğul paralyses • **felç, inme**

parcel • par.cel (par´sıl)
/isim/ çoğul parcels • **paket:** There was
a bomb in the parcel. Paketin içinde
bomba vardı.

¹pardon • par.don (par´dın)
/fiil/ pardons, pardoning, pardoned •
affetmek, bağışlamak: Please pardon
me. Lütfen beni bağışlayın.
be pardoncd affedilmek: The criminal
was pardoned. Suçlu affedildi.

²pardon • par.don (par´dın)
/isim/ çoğul pardons • af, bağışlama
I beg your pardon. Affedersiniz.

parent • par.ent (per´ınt)
/isim/ çoğul parents • anne veya baba:
I need to talk to your parents. Annen
ve babanla konuşmam gerekiyor.

parenthesis • pa.ren.the.sis
(pıren´thısîs) /isim/ çoğul parentheses •
parantez, ayraç
in parentheses parantez içinde:
Put those numbers in parentheses.
O rakamları parantez içine al.

¹park • park (park)
/isim/ çoğul parks • park: They played
in the park. Parkta oynadılar.

²park • park (park)
/fiil/ parks, parking, parked • park
etmek: I parked my car in front of
the building. Arabamı binanın önüne
park ettim.
parking lot otopark, park yeri
parking meter park saati, park sayacı

parliament • par.lia.ment (par´lımınt)
/isim/ çuğul parliaments • parlamento,
millet meclisi: the Turkish parliament
Türkiye parlamentosu

parliamentarian • par.lia.men.tar.i.an
(parlımenter´iyın) /isim/ çoğul parlia-
mentarians • parlamenter

parrot • par.rot (per´ıt)
/isim/ çoğul parrots • papağan

parsley • pars.ley (pars´li)
/isim/ maydanoz

part • part (part)
/isim/ çoğul parts • 1. parça, bölüm,
kısım: I forgot that part of the song.
Şarkının o bölümünü unuttum.
parts of speech (dilbilgisi) söz-
bölükleri 2. rol

partial • par.tial (par´şıl)
/sıfat/ kısmi; kısmen etkili

participant • par.tic.i.pant
(partîs´ıpınt)
/isim/ çoğul participants • katılımcı:
Did you meet the participants?
Katılımcılarla tanıştın mı?

participate • par.tic.i.pate (partîs´ıpeyt)
/fiil/ participates, participating, participated
• katılmak
participate in -e katılmak: Would
you like to participate in the race?
Yarışa katılmak ister misin?

participation • par.tic.i.pa.tion
(partîsıpey´şın) /isim/ katılma, katılım

particular • par.tic.u.lar (pırtîk´yılır)
/sıfat/ 1. belirli, özel: a particular
style of writing belirli bir yazı tarzı

2. -e özgü: his particular style ona özgü üslup
particular to -e özgü

particularly • par.tic.u.lar.ly (pırtîk´yılırli) /zarf/ özellikle: Fuat particularly likes soccer. Fuat özellikle futbolu seviyor.

partly • part.ly (part´li) /zarf/ kısmen, bir dereceye kadar

partner • part.ner (part´nır) /isim/ çoğul partners • ortak, arkadaş; partner, eş: Let me introduce you to my tennis partner. Seni tenis partnerimle tanıştırayım.

part-time • part-time (part´taym) /sıfat/ parttaym, yarı zamanlı: a part-time job yarı zamanlı bir iş

party • par.ty (par´ti) /isim/ çoğul parties • 1. parti, eğlence 2. (politika) parti
political party siyasi parti

¹pass • pass (päs)
/fiil/ passes, passing, passed • 1. (üstünden/içinden/yanından) geçmek/geçirmek: pass through a village bir köyden geçmek 2. (sınavda) geçmek: Did you pass the exam on the first try? Sınavı ilk denemede geçtin mi? 3. -i geçmek, -e üstün gelmek: He passed me in the race. Yarışta beni geçti. 4. (zaman) geçmek/geçirmek pass the time of day selamlaşıp hoşbeş etmek

²pass • pass (päs)
/isim/ çoğul passes • 1. geçiş 2. paso; giriş kartı 3. geçit, boğaz

passage • pas.sage (päs´îc)
/isim/ çoğul passages • 1. yol; geçit, boğaz: a passage through the mountains dağlar arasında bir geçit 2. metin parçası, okuma parçası: Erkin read a passage from the book. Erkin, kitaptan bir parça okudu.

passenger • pas.sen.ger (päs´ıncır) /isim/ çoğul passengers • yolcu: The passengers boarded the plane. Yolcular uçağa bindiler.

passerby • pass.er.by (päs´ırbay) /isim/ çoğul passersby • yoldan geçen kimse

passion • pas.sion (päs´ın) /isim/ çoğul passions • güçlü duygu, tutku, hırs: Cycling is my passion. Bisiklete binmek benim tutkum.

passionate • pas.sion.ate (päs´ınît) /sıfat/ 1. aşırı tutkulu: İlhan is passionate about his work. İlhan, işine tutkuyla bağlı. 2. heyecanlı

passive • pas.sive (päs´îv) /sıfat/ 1. pasif, eylemsiz
passive resistance pasif direniş 2. (dilbilgisi) edilgen
the passive voice (dilbilgisi) edilgen çatı

passport • pass.port (päs´pôrt) /isim/ çoğul passports • pasaport

password • pass.word (päs´wırd) /isim/ çoğul passwords • 1. parola 2. (bilgisayar) şifre

past • past (päst) /sıfat/ geçmiş, geçen, olmuş: past

experience geçmişteki deneyim
the past perfect tense (dilbilgisi)
-mişli geçmiş zaman
the past tense (dilbilgisi) **geçmiş
zaman**
/isim/ **geçmiş, mazi:** a colorful past
renkli bir geçmiş
in the past **geçmişte**
the recent past **yakın geçmiş**
/edat/ **-den ötede, -den öteye; öte-
sinde:** He ran past the park. Parkın
ötesine koştu.

pasta • pas.ta (pas´tı)
/isim/ **makarna**

paste • paste (peyst)
/fiil/ pastes, pasting, pasted • (tutkalla)
yapıştırmak: He pasted the picture
onto the door. Resmi kapıya yapıştırdı.

pastime • pas.time (päs´taym)
/isim/ çoğul pastimes • **eğlence:** Swim-
ming is my favorite pastime. Yüzme
en eğlenerek yaptığım şeydir.

pastry • pas.try (peys´tri)
/isim/ çoğul pastries • **hamur; yufka;
hamur tatlıları**
pastry shop **pastane**

pasture • pas.ture (päs´çır)
/isim/ çoğul pastures • **otlak, mera:**
This pasture can feed hundreds of
sheep. Bu mera yüzlerce koyunu
besleyebilir.

pat • pat (pät)
/fiil/ pats, patting, patted • (takdir/sevgi
belirtisi olarak) **okşamak, sıvazlamak**

patch • patch (päç)
/isim/ çoğul patches • **yama:** I have a
coat with patches on the elbows.
Dirsekleri yamalı bir ceketim var.

patent • pat.ent (pät´ınt, İng. peyt´ınt)
/isim/ çoğul patents • **patent:** patent
for an invention bir buluşun patenti
the Turkish Patent Institute **Türk
Patent Enstitüsü**

path • path (päth)
/isim/ çoğul paths • **yol; patika:** bicycle
path bisiklet yolu

patience • pa.tience (pey´şıns)
/isim/ **sabır**

patient • pa.tient (pey´şınt)
/sıfat/ **sabırlı**
be patient **sabırlı olmak:** I can't be
patient much longer. Daha fazla
sabırlı olamayacağım.
/isim/ çoğul patients • **hasta:** The
hospital was full of patients.
Hastane hastalarla doluydu.

patiently • pa.tient.ly (pey´şıntli)
/zarf/ **sabırla:** The dog waited
patiently. Köpek sabırla bekledi.

patriot • pa.tri.ot (pey´triyıt)
/isim/ çoğul patriots • **yurtsever, vatan-
sever**

**patriotism • pa.tri.ot.ism
(pey´triyıtîzım)** /isim/ **yurtseverlik,
vatanseverlik**

pattern • pat.tern (pät´ırn)
/isim/ çoğul patterns • örnek, model

pause • pause (pôz)
/fiil/ pauses, pausing, paused • **durmak, duraklamak; mola vermek:** Birgül paused and thought for a moment. Birgül bir an durup düşündü.

pavement • pave.ment (peyv´mınt)
/isim/ çoğul pavements • bkz. sidewalk

paw • paw (pô)
/isim/ çoğul paws • **pençeli ayak, pati:** a dog's paw bir köpeğin patisi

¹pay • pay (pey)
/fiil/ pays, paying, paid • **ödemek:** How much do I need to pay you? Sana ne kadar ödemem gerekiyor?
pay a visit to **-i ziyaret etmek:** We paid a visit to an old friend. Eski bir dostu ziyaret ettik.
pay (someone) back (birine) **geri ödemek:** I'll pay you back tomorrow. Size yarın geri öderim.
pay for **bedelini ödemek:** How much do we pay for it? Onun için ne ödeyeceğiz?
pay in advance **peşin ödemek:** Don't pay in advance for a product you haven't seen. Görmediğiniz bir ürün için peşin ödeme yapmayın.

²pay • pay (pey)
/isim/ **ücret, maaş**

payment • pay.ment (pey´mınt)
/isim/ 1. **ödeme** 2. çoğul payments • **taksit** 3. çoğul payments • **ücret**

PC • /kısaltma/ personal computer

PE • /kısaltma/ physical education

pea • pea (pi)
/isim/ çoğul peas • **bezelye:** pea soup bezelye çorbası

peace • peace (pis)
/isim/ **barış; huzur:** All we want is peace. Sadece barış istiyoruz.
at peace **barış halinde**
live in peace **barış içinde yaşamak**
make peace **barış yapmak**

peaceful • peace.ful (pis´fıl)
/sıfat/ 1. **huzurlu, sakin:** a peaceful sleep huzurlu bir uyku 2. **barışçı**

peach • peach (piç)
/isim/ çoğul peaches • **şeftali:** peach tree şeftali ağacı

peacock • pea.cock (pi´kak)
/isim/ çoğul peacocks • **tavus, tavuskuşu**

peak • peak (pik)
/isim/ çoğul peaks • **tepe, doruk, zirve:** They climbed to the peak of the mountain. Dağın tepesine tırmandılar.

peanut • pea.nut (pi´nʌt)
/isim/ çoğul peanuts • yerfıstığı
İng. groundnut

pear • pear (per)
/isim/ çoğul pears • armut

pearl • pearl (pırl)
/isim/ çoğul pearls • inci
/sıfat/ 1. inci, inciden yapılmış; inci-
lerle süslü: pearl bracelet inci bilezik
pearl buttons inci düğmeler 2. inci gibi

peasant • peas.ant (pez´ınt)
/isim/ çoğul peasants • köylü

pebble • peb.ble (peb´ıl)
/isim/ çoğul pebbles • çakıl taşı, çakıl

peck • peck (pek)
/fiil/ pecks, pecking, pecked • gagalamak

peculiar pe.cu.liar (pîkyul´yır)
/sıfat/ 1. to -e özgü: This insect is
peculiar to this forest. Bu böcek bu
ormana özgüdür. 2. özel 3. acayip,
garip, tuhaf

pedal • ped.al (ped´ıl)
/isim/ çoğul pedals • (bisiklet, motorlu
taşıt, org, piyano v.b. için) pedal:
bike pedal bisiklet pedalı

pedestrian • pe.des.tri.an
(pıdes´triyın) /isim/ çoğul pedestrians •
yaya
pedestrian crossing bkz. crosswalk

peek • peek (pik)
/fiil/ peeks, peeking, peeked • gizlice
bakmak, gözetlemek

¹peel • peel (pil)
/fiil/ peels, peeling, peeled • (meyve/
sebze) kabuğunu soymak: Can you
peel the potatoes? Patatesleri
soyabilir misin?

²peel • peel (pil)
/isim/ meyve/sebze kabuğu

peg • peg (peg)
/isim/ çoğul pegs • 1. ağaç çivi 2. askı,
kanca 3. gerekçe, bahane

pelican • pel.i.can (pel´îkın)
/isim/ çoğul pelicans • pelikan

pen • pen (pen)
/isim/ çoğul pens • dolmakalem
pen name (edebiyat) takma ad
pen pal, İng. pen friend mektup
arkadaşı

penalty • pen.al.ty (pen´ılti)
/isim/ çoğul penalties • 1. (hukuk) ceza
2. (spor) penaltı

pencil • pen.cil (pen´sıl)
/isim/ çoğul pencils • kurşunkalem
pencil box kalem kutusu

pencil case **kalem çantası**
pencil holder **kalemlik**
pencil sharpener **kalemtıraş**

penguin • pen.guin (pen´gwîn)
/isim/ çoğul penguins • **penguen**
emperor penguin **imparator penguen**

peninsula • pen.in.su.la (pınîn´sılı,
pınîn´syılı) /isim/ çoğul peninsulas •
yarımada
the Anatolian Peninsula **Anadolu
Yarımadası**

penny • pen.ny (pen´i)
/isim/ 1. çoğul pennies, pence • İng. **peni
(sterlinin yüzde biri)** 2. çoğul pennies •
ABD **sent**

pension • pen.sion (pen´şın)
/isim/ **emekli aylığı:** The old man
lived on his pension. **Yaşlı adam
emekli aylığıyla geçiniyordu.**

pensioner • pen.sion.er (pen´şınır)
/isim/ çoğul pensioners • İng. **emekli kişi**

pentagon • pen.ta.gon (pen´tıgan)
/isim/ **(geometri) beşgen**

people • peo.ple (pi´pıl)
/isim/ 1. **insanlar, kişiler:** How many
people are there in the room? **Odada
kaç kişi var?** 2. çoğul peoples • **halk**

pepper • pep.per (pep´ır)
/isim/ çoğul peppers • **biber**
banana pepper **çarliston biber**
bell pepper **dolmalık biber**
black pepper **karabiber**
green pepper 1. **dolmalık biber**
2. **(olgunlaşmamış) yeşil biber**
hot pepper **acı biber**
red pepper **kırmızıbiber**
sweet pepper **tatlı biber**

per • per (pır)
/edat/ **... başına, her bir ... için:**
How much do you earn per hour?
Bir saatte ne kazanıyorsunuz?
per night **gece başına**

perceive • per.ceive (pırsiv´)
/fiil/ perceives, perceiving, perceived •
1. **algılamak:** How do we perceive
the world? **Dünyayı nasıl algılıyoruz?**
2. **fark etmek, anlamak; kavramak;
sezmek**

percent • per.cent (pırsent´)
/sıfat/ **yüzde:** a five percent increase
in prices **fiyatlarda yüzde beş artış**
/isim/ **yüzde:** Seventy percent of the
population voted. **Nüfusun yüzde
yetmişi oy kullandı.**

percentage • per.cent.age (pırsen´tîc)
/isim/ **yüzde, yüzde oranı**

perception • per.cep.tion (pırsep´şın)
/isim/ 1. **algılama** 2. **fark etme,
anlama; kavrama; sezme**

¹perch • perch (pırç)
/fiil/ perches, perching, perched • on
1. **-e tünemek** 2. **(yüksek bir yere)
oturmak, tünemek**

²perch • perch (pırç)

/isim/ çoğul perches • 1. tünek
2. oturulacak yüksek yer

perfect • per.fect (pır´fîkt)
/sıfat/ tam, mükemmel, kusursuz:
Nobody's perfect. Kimse kusursuz
değildir.
the perfect tense (dilbilgisi) görülen
geçmiş zaman

perfectly • per.fect.ly (pır´fîktli)
/zarf/ 1. tamamen: perfectly happy
çok mutlu 2. eksiksiz, kusursuzca

perform • per.form (pırfôrm´)
/fiil/ performs, performing, performed •
1. yapmak: perform an operation bir
işi yapmak 2. (oyuncu, sanatçı) oyna-
mak; (müzisyen) çalmak; söylemek:
Can you perform the role of Juliet?
Juliet rolünü oynayabilir misin?

performance • per.form.ance
(pırfôr´mıns) /isim/ çoğul performances
• 1. gösteri; temsil: They watched
three different performances in one
show. Bir gösteride üç ayrı temsil
izlediler. 2. iş, performans

perfume • per.fume (pır´fyum)
/isim/ çoğul perfumes • parfüm, esans:
Do you wear perfume? Parfüm kulla-
nır mısınız?

perhaps • per.haps (pırhäps´)
/zarf/ belki: Perhaps we could go
another day. Belki başka bir gün
gidebiliriz.

period • pe.ri.od (pîr´iyıd)
/isim/ çoğul periods • 1. devir; dönem:
the Ottoman period Osmanlı devri
2. süre, müddet: for a brief period
kısa bir süre için

period of time zaman dilimi
3. (dilbilgisi) nokta
İng. full stop

periodical • pe.ri.od.i.cal (pîriyad´îkıl)
/isim/ çoğul periodicals • süreli yayın:
weekly periodical haftalık süreli yayın

permanent • per.ma.nent (pır´mınınt)
/sıfat/ kalıcı; sürekli: a permanent job
sürekli bir iş

permanently • per.ma.nent.ly
(pır´mınıntli) /zarf/ kalıcı bir şekilde;
sürekli olarak, devamlı olarak

permission • per.mis.sion (pırmîş´ın)
/isim/ çoğul permissions • izin
With your permission İzninizle

permit • per.mit (pırmît´)
/fiil/ permits, permitting, permitted • izin
vermek: Do you permit parking next
to this building? Bu binanın yanında
park etmeye izin veriyor musunuz?

persist • per.sist (pırsîst´, pırzîst´)
/fiil/ persists, persisting, persisted • 1. in
-de ısrar etmek, -de ayak diremek,
-de inat etmek: Orhan persisted in
not telling them the truth. Orhan,
onlara gerçeği söylememekte ısrar
etti. 2. devam etmek, sürüp gitmek

person • per.son (pır´sın)
/isim/ çoğul people • şahıs, kimse, kişi:
What kind of a person is Oya? Oya
nasıl biridir?

personal • per.son.al (pır´sınıl)
/sıfat/ kişisel, özel
personal computer kişisel bilgisayar

personality • per.son.al.i.ty
(pırsınäl´ıti) /isim/ çoğul personalities •
kişilik: Cevza has a strong personality.
Cevza güçlü bir kişiliğe sahip.

personnel • per.son.nel (pırsınel´)
/isim/ (çoğul) **personel, kadro:** army
personnel ordu personeli

perspective • per.spec.tive
(pırspek´tîv) /isim/ 1. (resimde)
perspektif 2. çoğul perspectives • **bakış
açısı, açı**

persuade • per.suade (pırsweyd´)
/fiil/ persuades, persuading, persuaded •
ikna etmek, inandırmak, razı etmek:
I couldn't persuade him to come.
Gelmesi için onu ikna edemedim.

pessimist • pes.si.mist (pes´ımîst)
/isim/ çoğul pessimists • **karamsar,
kötümser:** Are you a pessimist or an
optimist? Karamsar mı, iyimser misin?

pessimistic • pes.si.mis.tic
(pesımîs´tîk) /sıfat/ **karamsar,
kötümser**

pet • pet (pet)
/isim/ çoğul pets • **evde beslenen hayvan**
pet shop evcil hayvan dükkânı

petition • pe.ti.tion (pıtîş´ın)
/isim/ çoğul petitions • 1. **rica** 2. **dilek,
dua** 3. **dilekçe:** The villagers' petition
was rejected. Köylülerin dilekçesi
reddedildi.

petrol • pet.rol (pet´rıl)
/isim/ bkz. gasoline

pharmacist • phar.ma.cist (far´mısîst)
/isim/ çoğul pharmacists • **eczacı**
İng. chemist

pharmacy • phar.ma.cy (far´mısi)
/isim/ 1. **eczacılık:** faculty of pharmacy
eczacılık fakültesi 2. çoğul pharmacies •
eczane

phase • phase (feyz)
/isim/ çoğul phases • **evre, safha**

philosopher • phi.los.o.pher (fîlas´ıfır)
/isim/ çoğul philosophers • **filozof, felsefeci**

philosophy • phi.los.o.phy (fîlas´ıfi)
/isim/ **felsefe**

¹phone • phone (fon)
/isim/ çoğul phones • (konuşma dili)
telefon
pay phone **jetonlu telefon**
phone book **telefon rehberi**
phone booth, İng. phone box **telefon
kulübesi**
phone call **telefon konuşması:** make a
phone call telefon konuşması yapmak
phone card **telefon kartı**
phone number **telefon numarası**

²phone • phone (fon)
/fiil/ phones, phoning, phoned • (konuşma
dili) **telefon etmek**

photo • pho.to (fo´to)
/isim/ çoğul photos • (konuşma dili)
fotoğraf

photocopier • pho.to.cop.i.er
(fo´tokapıyır) /isim/ çoğul photocopiers •
fotokopi makinesi

photocopy • pho.to.cop.y (fo´tokapi)
/isim/ çoğul photocopies • fotokopi,
tıpkıçekim: I need a photocopy of
this page. Bana bu sayfanın fotoko-
pisi gerekiyor.

photograph • pho.to.graph (fo´tıgräf)
/isim/ çoğul photographs • fotoğraf:
take a photograph fotoğraf çekmek

photographer • pho.tog.ra.pher
(fıtag´rıfır) /isim/ çoğul photographers •
fotoğrafçı

photography • pho.tog.ra.phy (fıtag´rıfi)
/isim/ fotoğrafçılık

phrasal • phras.al (frey´zıl)
/sıfat/ deyimsel
phrasal verb (dilbilgisi) deyimsel fiil

▬ ▬ ▬ ▬ ▬ ▬ ▬ ▬

Deyimsel fiiller (phrasal verbs), bir fiilin
bir zarfla, bir edatla ya da ikisiyle birlik-
te kullanıldığı ve fiilin asıl anlamından
farklı anlamlara geldiği fiil kalıplarıdır.
get away with → yanına kâr kalmak: We
won't let him get away with this. Bunu
yanına bırakmayacağız.
give up → vazgeçmek: We will not give
up our right. Hakkımızdan vazgeçmeyiz.
hold on → beklemek: Hold on a minute.
Bir dakika bekleyin.
turn out → söndürmek: Please turn out
the lights. Lütfen ışıkları söndürün.

▬ ▬ ▬ ▬ ▬ ▬ ▬ ▬

phrase • phrase (freyz)
/isim/ çoğul phrases • deyim, tabir
phrase book yabancı dil kılavuzu

physical • phys.i.cal (fîz´îkıl)
/sıfat/ 1. fiziksel: physical therapy
fizik tedavisi 2. bedensel

physical education beden eğitimi
physical examination çekap, sağlık
muayenesi

physics • phys.ics (fîz´îks)
/isim/ fizik

pianist • pi.an.ist (piyän´îst, pi´yınîst)
/isim/ çoğul pianists • piyanist

piano • pi.an.o (piyän´o)
/isim/ çoğul pianos • piyano: play the
piano piyano çalmak

pick • pick (pîk)
/fiil/ picks, picking, picked • 1. seçmek:
Can you pick out a book for me?
Benim için bir kitap seçebilir misin?
2. toplamak, koparmak: pick apples
elma toplamak
pick up yerden eğilip almak: He
picked the book up from the floor
and put it on the table. Yerdeki kitabı
kaldırıp masanın üzerine koydu.

pickle • pick.le (pîk´ıl)
/isim/ çoğul pickles • turşu

pickpocket • pick.pock.et (pîk´pakît)
/isim/ çoğul pickpockets • yankesici: The
pickpocket stole the woman's purse.
Yankesici kadının cüzdanını çaldı.

pickup • pick.up (pîk´ʌp)
/isim/ çoğul pickups • kamyonet, pikap

picnic • pic.nic (pîk´nîk)
/isim/ çoğul picnics • **piknik**: go on a picnic pikniğe gitmek

picture • pic.ture (pîk´çır)
/isim/ 1. çoğul pictures • **resim**: Draw a picture of your family. Ailenizin resmini çizin. 2. çoğul pictures • **fotoğraf, resim** 3. **durum, genel görünüş, tablo, manzara**
get the picture **durumu anlamak**: At last I got the picture. Sonunda durumu anladım.

pie • pie pay
/isim/ çoğul pies • **turta**: apple pie elmalı turta

piece • piece (pis)
/isim/ çoğul pieces • **parça, kısım, bölüm**: Can I have another piece of cake? Bir parça daha kek alabilir miyim? a piece of cake (konuşma dili) **çok kolay bir iş**

pier • pier (pîr)
/isim/ çoğul piers • **iskele, rıhtım**

pierce • piercew (pîrs)
/fiil/ pierces, piercing, pierced • **1. delmek 2. delip geçmek**

pig • pig (pîg)
/isim/ çoğul pigs • **domuz**

pigeon • pi.geon (pîc´ın)
/isim/ çoğul pigeons • **güvercin**

pile • pile (payl)
/isim/ çoğul piles • **yığın, küme**: pile of books kitap yığını

pilgrim • pil.grim (pîl´grîm)
/isim/ çoğul pilgrims • **hacı**

pill • pill (pîl)
/isim/ çoğul pills • **hap**: My grandfather has to take two pills a day. Büyükbabam günde iki hap yutmak zorunda.

pillow • pil.low (pîl´o)
/isim/ çoğul pillows • **yastık**: pillow fight yastık kavgası

pillowcase • pil.low.case (pîl´okeys)
/isim/ çoğul pillowcases • **yastık yüzü**

pilot • pi.lot (pay´lıt)
/isim/ çoğul pilots • **pilot**

pin • pin (pîn)
/isim/ çoğul pins • **1. topluiğne 2. broş, iğne**

¹pinch • pinch (pînç)
/fiil/ pinches, pinching, pinched • **çimdiklemek**: She pinched my arm. Kolumu çimdikledi.

²pinch • pinch (pînç)
/isim/ çoğul pinches • **1. çimdik**: give (someone) a pinch (birine) çimdik atmak **2. tutam**: a pinch of salt bir tutam tuz

pine • pine (payn)
/isim/ çoğul pines • **çam**
pine nut **çamfıstığı**
pine tree **çam ağacı**

pineapple • pine.ap.ple (payn´äpıl)
/isim/ çoğul pineapples • **ananas:**
pineapple juice ananas suyu

ping-pong • ping-pong (pîng´pang)
/isim/ **masatenisi, masatopu, ping-
pong:** ping-pong table masatenisi
masası

pink • pink (pîngk)
/sıfat/ pinker, pinkest • **pembe:** a pink
rose pembe bir gül
/isim/ çoğul pinks • **pembe:** Pink is
Asu's favorite color. Asu'nun sevdiği
renk pembedir.

pioneer • pi.o.neer (payınîr´)
/isim/ çoğul pioneers • **öncü:** a pioneer
in the field of aviation havacılık
alanında bir öncü

pipe • pipe (payp)
/isim/ çoğul pipes • **1. boru:** water pipe
su borusu **2. kaval, düdük:** play on a
pipe düdük çalmak **3. pipo**

pirate • pi.rate (pay´rît)
/isim/ çoğul pirates • **korsan:** pirate
ship korsan gemisi

pistachio • pis.ta.chi.o (pîsta´şiyo,
pîstäş´iyo) /isim/ çoğul pistachios •
antepfıstığı, şamfıstığı
pistachio green fıstık yeşili

pistol • pis.tol (pîs´tıl)
/isim/ çoğul pistols • **tabanca:** starting
pistol (spor) başlangıç tabancası

pit • pit (pît)
/isim/ çoğul pits • **1. çukur 2.** (şeftali
gibi meyvelerde) **çekirdek:** peach pit
şeftali çekirdeği
İng. **stone •** (2.)

pitch • pitch (pîç)
/fiil/ pitches, pitching, pitched • **1. atmak,
fırlatmak:** The child pitched the ball.
Çocuk topu fırlattı. **2.** (çadır) **kurmak**

pitcher • pitch.er (pîç´ır)
/isim/ çoğul pitchers • (kulplu) **sürahi**

¹**pity • pit.y** (pît´i)
/isim/ çoğul pities • **acıma, merhamet:**
My heart is full of pity for him. Kalbim
ona karşı merhamet hissiyle dolu.
feel pity for **-e acımak:** Don't feel
pity for me. Bana acımayın.
What a pity! **Ne yazık!**

²**pity • pit.y** pît´i
/fiil/ pities, pitying, pitied • **acımak,
merhamet etmek:** They pity that
homeless man. O evsiz barksız
adama acıyorlar.

pizza • piz.za (pit´sı)
/isim/ çoğul pizzas • **pizza:** a delicious
pizza nefis bir pizza two slices of
pizza iki dilim pizza
pizza house **pizzacı**

¹**place** • place (pleys)
/isim/ çoğul places • **yer, konum:**
a rocky place kayalık bir yer
in place **yerinde**
out of place **yersiz**

²**place** • place (pleys)
/fiil/ places, placing, placed • **koymak,
yerleştirmek:** Place that book on the
top shelf. O kitabı üst rafa yerleştir.
place an order **sipariş vermek**

plain • plain (pleyn)
/sıfat/ **düz; sade, basit:** Wear that
plain dress. O sade elbiseyi giy.
in plain words **1. açıkça 2. açıkçası**
/isim/ çoğul plains • **düzlük, ova:** vast
plains geniş ovalar

plait • plait (pleyt)
/isim/ çoğul plaits • **örgü**

¹**plan** • plan (plän)
/isim/ çoğul plans • **1. plan; kroki, taslak:**
This is the plan of the stadium. Bu,
stadyumun krokisi. **2. plan, düşünce,
niyet, maksat:** My plan is to go to
the museum tomorrow. Planım
yarın müzeye gitmek.

²**plan** • plan (plän)
/fiil/ plans, planning, planned • **plan
yapmak, planlamak, tasarlamak:**
We are planning to visit Nepal at the
end of this year. Bu yılın sonunda
Nepal'i ziyaret etmeyi planlıyoruz.

plane • plane (pleyn)
/isim/ çoğul planes • **1. uçak:** travel by
plane uçak yolculuğu yapmak
2. düzlem: inclined plane eğik düzlem
3. çınar
plane tree **çınar ağacı**

planet • plan.et (plän´ît)
/isim/ çoğul planets • **gezegen:** How
many planets are there in the solar
system? Güneş sisteminde kaç
gezegen vardır?

¹**plant** • plant (plänt)
/isim/ çoğul plants • **1. bitki, ot:** house
plants ev bitkileri **2. fabrika:** nuclear
plant nükleer santral

²**plant** • plant (plänt)
/fiil/ plants, planting, planted • **ekmek,
dikmek:** We planted 300 pine trees
on a hillside. Bir dağ yamacına 300
çam ağacı diktik.

plaster • plas.ter (pläs´tır)
/isim/ **1. alçı; sıva:** plaster sculpture
alçı heykel
plaster cast (tıp) **alçı**
2. çoğul plasters • İng. **yara bandı, bant**

plastic • plas.tic (pläs´tîk)
/sıfat/ **plastik, naylon:** a plastic plate
plastik bir tabak
/isim/ çoğul plastics • **plastik, naylon:**
use of plastics in industry endüstride
plastik kullanımı

plate • plate (pleyt)
/isim/ çoğul plates • **tabak**

plateau • pla.teau (pläto´)
/isim/ çoğul plateaus/plateaux • **plato**

platform • plat.form (plät´fôrm)
/isim/ çoğul platforms • 1. **kürsü:** He
gave a speech from the platform.
Kürsüden bir konuşma yaptı.
2. (tren için) **peron:** Your train will
leave from platform four. Treniniz
dört numaralı perondan kalkacak.

¹**play** • play (pley)
/fiil/ plays, playing, played • 1. (oyun)
oynamak; (oyun) **oynatmak:** Do you
want to play chess? Satranç oyna-
mak ister misin? 2. (çalgı, müzik)
çalmak: play the flute flüt çalmak
3. (tiyatro) **oynamak, canlandırmak**
play a joke on someone **birine şaka
yapmak**

²**play** • play (pley)
/isim/ çoğul plays • 1. **oyun:** children at
play oyun oynayan çocuklar 2. **piyes,
sahne oyunu:** the main characters
of the play oyunun ana karakterleri

player • play.er (pley´ır)
/isim/ çoğul players • **oyuncu**

playful • play.ful (pley´fıl)
/sıfat/ **şen, neşeli, oyuncu**

playground • play.ground
(pley´graund) /isim/ çoğul playgrounds •
(okulda) **oyun alanı, çocuk bahçesi**

pleasant • pleas.ant (plez´ınt)
/sıfat/ **hoş, güzel, tatlı:** This is a very
pleasant picnic place. Burası çok
hoş bir piknik yeri.

¹**please** • please (pliz)
/fiil/ pleases, pleasing, pleased •
sevindirmek, hoşnut etmek
be pleased **hoşnut olmak, memnun**

olmak: I'm pleased to meet you.
Tanıştığımıza memnun oldum.

²**please** • please (pliz)
/zarf/ **lütfen:** Please sit down. Lütfen
oturunuz.

pleasing • pleas.ing (pli´zîng)
/sıfat/ **hoş, zevk veren**

pleasure • pleas.ure (plej´ır)
/isim/ çoğul pleasures • **zevk, neşe, haz**
It's a pleasure (for me). (Benim için)
bir zevk.
take pleasure in **-den zevk almak**
with pleasure **memnuniyetle**

plentiful • plen.ti.ful (plen´tîfıl)
/sıfat/ **çok, bol**

plenty • plen.ty (plen´ti)
/isim/ **bolluk**
plenty of **bol miktarda:** There is plenty
of food. Bol miktarda yiyecek var.

pliers • pli.ers (play´ırz)
/isim/ **kerpeten, pense, kıskaç**

plug • plug (plʌg)
/isim/ çoğul plugs • (elektrik) **fiş:** put the
plug in the socket fişi prize takmak

plum • plum (plʌm)
/isim/ çoğul plums • **erik**

plumber • plumb.er (plʌm´ır)
/isim/ çoğul plumbers • (sıhhi) **tesisatçı, muslukçu:** We called a plumber to fix our sink. Lavabomuzu tamir etmesi için tesisatçı çağırdık.

plural • plu.ral (plûr´ıl)
/sıfat/ (dilbilgisi) **çoğul:** plural noun çoğul isim
/isim/ (dilbilgisi) **çoğul:** 'Cats' is the plural of 'cat'. 'Kediler', 'kedi'nin çoğul halidir.

plus • plus (plʌs)
/sıfat/ (matematik) **artı**
plus sign **artı işareti (+)**
/edat/ **1.** (matematik) ... **artı:** Six plus two equals eight. Altı artı iki sekiz eder. **2. ve ayrıca:** They sell cars plus they do the servicing as well. Araba satıyorlar ve ayrıca bakımını da yapıyorlar.

P.M., p.m. • (p.m. pi em´)
/kısaltma/ post meridiem **öğleden sonra** (12.00-24.00 arası): Let's meet at 3:30 P.M. Saat 15.30'da buluşalım.

pocket • pock.et (pak´ît)
/isim/ çoğul pockets • **cep:** pocket money cep harçlığı

pocketknife • pock.et.knife (pak´ît-nayf) /isim/ çoğul pocketknives • **çakı**

poem • po.em (po´wım)
/isim/ çoğul poems • **şiir:** What kind of poems do you like to read? Ne tür şiirler okumayı seversiniz?

poet • po.et (po´wît)
/isim/ çoğul poets • **şair, ozan:** Birgül wants to be a poet. Birgül, şair olmak istiyor.

poetry • po.et.ry (po´wîtri)
/isim/ **şiir, şiir sanatı**

¹point • point (poynt)
/isim/ çoğul points • **1. nokta:** point of intersection kesişme noktası
2. (matematik) (tamsayı ile kesiri ayıran) **nokta:** four point six dört nokta altı
3. (dilbilgisi) bkz. **period 4. anlatılmak istenen şey, öz:** the point of the matter meselenin özü **5. nokta, an** at that point o sırada
6. sayı, puan 7. uç, sivri uç

²point • point (poynt)
/fiil/ points, pointing, pointed • **işaret etmek, göstermek:** He pointed towards the forest. Ormanı işaret etti.
point at (point out, point to) **-i işaret etmek**
point (something) at (someone/something) **(bir şeyi) (birine/bir şeye) doğrultmak:** He pointed his finger at me and said, "Do your homework." Parmağını bana doğrulttu ve "Ödevini yap," dedi.

pointed • point.ed (poyn´tîd)
/sıfat/ **1. sivri uçlu 2. anlamlı**

pointless • point.less (poynt´lîs)
/sıfat/ **anlamsız:** a pointless remark anlamsız bir söz

¹poison • poi.son (poy´zın)
/isim/ çoğul poisons • **zehir:** They bought poison to kill the rats. Fareleri öldürmek için zehir aldılar.
rat poison **fare zehiri**

²poison • poi.son (poy´zın)
/fiil/ poisons, poisoning, poisoned • **zehirlemek**

poisonous • poi.son.ous (poy´zınıs)
/sıfat/ **zehirli:** poisonous mushrooms
zehirli mantarlar poisonous snakes
zehirli yılanlar

polar • po.lar (po´lır)
/sıfat/ **kutupsal, kutup:** polar bear
kutup ayısı

pole • pole (pol)
/isim/ çoğul poles • **1. kutup**
magnetic poles **manyetik kutuplar**
2. kutup (birbiriyle karşıt olan
şeylerden her biri): Opposite poles
attract each other. Zıt kutuplar
birbirini çeker.

police • po.lice (pılis´)
/isim/ çoğul police • **polis**
police dog **polis köpeği**
police station **karakol**

policeman • po.lice.man (pılis´mın)
/isim/ çoğul policemen • **(erkek) polis**

policewoman • po.lice.wom.an
(pılis´wûmın) /isim/ çoğul policewomen •
(kadın) polis

policy • pol.i.cy (pal´ısi)
/isim/ çoğul policies • **1. siyaset, politika:**
foreign policy **dış politika 2. poliçe:**
insurance policy **sigorta poliçesi**

¹**polish** • pol.ish (pal´îş)
/fiil/ polishes, polishing, polished •

(ayakkabı) **boyamak; cilalamak, par-
latmak:** I need to polish my shoes.
Ayakkabılarımı parlatmam gerekiyor.

²**polish** • pol.ish (pal´îş)
/isim/ çoğul polishes • **cila:** shoe polish
ayakkabı boyası

polite • po.lite (pılayt´)
/sıfat/ **kibar, nazik:** Be polite to our
guests. Misafirlerimize karşı kibar
davranın.

politely • po.lite.ly (pılayt´li)
/zarf/ **kibarca:** The waiter smiled
politely. Garson kibarca gülümsedi.

political • po.lit.i.cal (pılît´îkıl)
/sıfat/ **1. devlete/hükümete ait**
2. politik, siyasi: political issues
politik konular

politician • pol.i.ti.cian (palıtîş´ın)
/isim/ çoğul politicians • **politikacı,**
siyasetçi: He was an honest politician.
O, dürüst bir politikacıydı.

politics • pol.i.tics (pal´ıtîks)
/isim/ **politika, siyaset:** party politics
parti politikası

poll • poll (pol)
/isim/ çoğul polls • **anket; oylama:**
public opinion poll **kamuoyu anketi**

pollen • pol.len (pal´ın)
/isim/ **çiçektozu, polen**

pollutant • pol.lut.ant (pılu´tınt)
/isim/ çoğul pollutants • **kirletici madde**

pollute • pol.lute (pılut´)
/fiil/ pollutes, polluting, polluted • **kirlet-**
mek: We shouldn't pollute our rivers.
Nehirlerimizi kirletmemeliyiz.

polluted • pol.lut.ed (pılu´tıd)
/sıfat/ kirli, kirletilmiş: The air is
very polluted. Hava çok kirli.

pollution • pol.lu.tion (pılu´şın)
/isim/ kirlilik: air pollution hava kirliliği

polygon • pol.y.gon (pal´igan)
/isim/ çoğul polygons • (geometri)
çokgen, poligon

pomegranate pome.gran.ate
(pam´gränît) /isim/ çoğul pomegranates •
nar

pompous pom.pous (pam´pıs)
/sıfat/ 1. azametli, gururlu 2. gösteriş-
li, görkemli: They threw a pompous
party. Gösterişli bir parti verdiler.

pond • pond (pand)
/isim/ çoğul ponds • gölcük, gölet:
ornamental pond süs havuzu

pony • po.ny (po´ni)
/isim/ çoğul ponies • midilli

ponytail • po.ny.tail (po´niteyl)
/isim/ çoğul ponytails • atkuyruğu

pool • pool (pul)
/isim/ çoğul pools • 1. gölcük 2. su
birikintisi 3. havuz; yüzme havuzu

poor • poor (pûr)
/sıfat/ poorer, poorest • 1. yoksul, fakir:

a poor family fakir bir aile 2. güçsüz,
zavallı 3. kötü: poor food kötü yiyecek
/isim/ (çoğul) (the) yoksullar

poorly • poor.ly (pûr´li)
/zarf/ kötü bir şekilde; başarısızlıkla

¹**pop** • pop (pap)
/sıfat/ pop, sevilen: pop music pop
müzik pop star pop yıldızı
/isim/ pop müzik

²**pop** • pop (pap)
/fiil/ pops, popping, popped • (mısır,
balon v.b.´ni) patlatmak: pop a
balloon bir balonu patlatmak

popcorn • pop.corn (pap´kôrn)
/isim/ patlamış mısır

poplar • pop.lar (pap´lır)
/isim/ çoğul poplars • kavak

poppy • pop.py (pap´i)
/isim/ çoğul poppies • gelincik: poppy
field gelincik tarlası
opium poppy haşhaş

popular • pop.u.lar (pap´yılır)
/sıfat/ popüler, herkesçe sevilen:
a popular student sevilen bir öğrenci
Okay is very popular at school. Okay,
okulda çok popülerdir.

population • pop.u.la.tion
(papyıley´şın) /isim/ çoğul populations •

nüfus: What is the population of this town? Bu şehrin nüfusu ne kadardır? population density nüfus yoğunluğu population distribution nüfus dağılımı

porcelain • por.ce.lain (pôrˊsılîn, pôrsˊlîn) /isim/ çoğul porcelains • porselen: Chinese porcelain Çin porseleni
/sıfat/ porselen: porcelain vase porselen vazo

pork • pork (pôrk)
/isim/ domuz eti: pork chops domuz pirzolası

port • port (pôrt)
/isim/ çoğul ports • liman: fishing port balıkçı limanı

portable • port.a.ble (pôrˊtıbıl)
/sıfat/ taşınabilir, portatif: portable device taşınabilir aygıt

porter • por.ter (pôrˊtır)
/isim/ çoğul porters • 1. kapıcı: hotel porter otel kapı görevlisi 2. hamal, taşıyıcı: railroad porter demiryolu hamalı

portion • por.tion (pôrˊşın)
/isim/ çoğul portions • 1. kısım, parça, bölüm: I will paint this portion of the wall. Ben duvarın bu kısmını boyarım. 2. porsiyon: I'd like a small portion of rice. Küçük bir porsiyon pirinç pilavı istiyorum.

portrait • por.trait (pôrˊtrît)
/isim/ çoğul portraits • portre: portrait painter portre ressamı

position • po.si.tion (pızîşˊın)
/isim/ çoğul positions • 1. yer, mevki: What position do you play in soccer? Futbolda hangi mevkide oynuyorsun? 2. durum, konum: in an upright position dikey konumda What would you do in his position? Onun yerinde olsan ne yapardın?

positive • pos.i.tive (pazˊıtîv)
/sıfat/ olumlu, pozitif: He responded in a positive way. Olumlu bir şekilde yanıtladı.

possess • pos.sess (pızesˊ)
/fiil/ possesses, possessing, possessed • sahip olmak: What skills do you possess? Hangi becerilere sahipsiniz?

possessive • pos.ses.sive (pızesˊîv)
/sıfat/ iyelik gösteren, iyelik ... possessive pronoun iyelik zamiri

possibility • pos.si.bil.i.ty (pasıbîlˊıti)
/isim/ çoğul possibilities • 1. olanak, imkân 2. olasılık, olabilirlik, ihtimal: We tried all possibilities one by one. Tüm olasılıkları tek tek denedik.

possible • pos.si.ble (pasˊıbıl)
/sıfat/ 1. mümkün, olanaklı: Is it possible to take a different bus? Başka bir otobüse binmek mümkün mü? 2. olası, olabilir, muhtemel

possibly • pos.si.bly (pasˊıbli)
/zarf/ belki, olabilir, muhtemelen: He possibly came from Italy. Muhtemelen İtalya'dan geldi.

¹post • post (post)
/isim/ bkz. ¹mail
post office postane

²post • post (post)
/fiil/ posts, posting, posted • bkz. ²mail

postbox • post.box (post´baks)
/isim/ çoğul postboxes • bkz. mailbox

postcard • post.card (post´kard)
/isim/ çoğul postcards • kartpostal

postcode • post.code (post´kod)
/isim/ çoğul postcodes • bkz. zip code

poster • post.er (pos´tır)
/isim/ çoğul posters • poster, afiş:
movie poster sinema afişi

posterity • pos.ter.i.ty (paster´ıti)
/isim/ 1. gelecek kuşaklar: for
posterity gelecek kuşaklar için 2. bir
kimsenin soyundan gelenler

postman • post.man (post´mın)
/isim/ çoğul postmen • bkz. mailman

postpone • post.pone (postpon´)
/fiil/ postpones, postponing, postponed •
ertelemek: The basketball game was
postponed. Basketbol maçı ertelendi.

pot • pot (pat)
/isim/ çoğul pots • 1. çömlek, toprak kap
2. kap; tencere: a pot of soup bir
tencere çorba
pot holder, İng. pan holder fırın
eldiveni, tutacak

potato • po.ta.to (pıtey´to)
/isim/ çoğul potatoes • patates: potato
peeler patates soyacağı
potato chips 1. cips 2. İng. kızarmış
patates
potato crisps İng. cips

potential • po.ten.tial (pıten´şıl)
/sıfat/ olası, muhtemel

pottery • pot.ter.y (pat´ıri)
/isim/ 1. çanak çömlek 2. çömlekçilik

poultry • poul.try (pol´tri)
/isim/ 1. çoğul kümes hayvanları
2. kümes hayvanlarının eti

pound • pound (paund)
/isim/ çoğul pounds • sterlin, pound
(İngiliz para birimi)

pour • pour (pôr)
/fiil/ pours, pouring, poured • dökmek;
akmak, dökülmek: Pour the water into
the bucket. Suyu kovanın içine dök.

poverty • pov.er.ty (pav´ırti)
/isim/ yoksulluk, fakirlik: global
poverty küresel yoksulluk poverty of
the soil toprağın fakirliği

powder • pow.der (pau´dır)
/isim/ 1. çoğul powders • toz: baking pow-
der kabartma tozu 2. pudra 3. barut

power • pow.er pau´wır
/isim/ çoğul powers • **güç, kuvvet:**
electric power elektrik kuvveti
physical power fiziksel güç
power plant, İng. power station **enerji
santralı**

powerful • pow.er.ful (pau´wırfıl)
/sıfat/ **güçlü, kuvvetli:** a powerful
speech güçlü bir konuşma

practical • prac.ti.cal (präk´tîkıl)
/sıfat/ **pratik; kullanışlı, elverişli:** My
mother is a very practical person.
Annem çok pratik birisidir.

¹**practice** • prac.tice (präk´tîs)
/fiil/ practices, practicing, practiced •
pratik yapmak, alıştırma yapmak:
practice the piano piyano çalışmak
İng. **practise**

²**practice** • prac.tice (präk´tîs)
/isim/ çoğul practices • **pratik, uygulama,
alıştırma:** Practice will make him a
good singer. Pratikle iyi bir şarkıcı
olacak.

praise • praise (preyz)
/fiil/ praises, praising, praised • **1. övmek
2. (Allaha) şükretmek**

pram • pram (präm)
/isim/ çoğul prams • **bkz. baby carriage**

pray • pray (prey)
/fiil/ prays, praying, prayed • **1. dua
etmek 2. namaz kılmak**

prayer • prayer (prer)
/isim/ çoğul prayers • **dua**

precaution • pre.cau.tion (prikô´şın)
/isim/ çoğul precautions • **önlem, tedbir:**
fire precautions yangın önlemleri
take precaution(s) **önlem almak**

precious • pre.cious (preş´ıs)
/sıfat/ **1. çok değerli:** Children are very
precious. Çocuklar çok değerlidir.
2. çok pahalı, değerli
precious metals **değerli metaller**
precious stone **değerli taş**
/zarf/ **çok, pek**
precious little (precious few) **çok az**

precise • pre.cise (prîsays´)
/sıfat/ **1. tam, kesin:** precise measure-
ments tam ölçümler **2. titiz, çok
dikkatli (kimse):** a precise worker
titiz bir işçi **3. titizlikle yapılmış:** a
precise work titizlikle yapılmış bir iş

predict • pre.dict (prîdîkt´)
/fiil/ predicts, predicting, predicted •
**önceden söylemek, kehanette bulun-
mak:** Can we predict earthquakes?
Depremleri önceden kestirebilir
miyiz?

prediction • pre.dic.tion (prîdîk´şın)
/isim/ çoğul predictions • **tahmin,
kehanet:** prediction of storm
fırtınanın tahmin edilmesi

preface • pref.ace (pref´îs)
/isim/ çoğul prefaces • **önsöz:** He skip-
ped the preface and read the book.
Önsözü atlayıp kitabı okudu.

prefer • pre.fer (prîfır´)
/fiil/ prefers, preferring, preferred •
tercih etmek, yeğlemek: She prefers
walking alone. Yalnız yürümeyi tercih
ediyor.

preference • pref.er.ence (pref´ırıns)
/isim/ **1. yeğleme, tercih 2.** çoğul pref-
erences • **tercih, tercih edilen şey**

prefix • pre.fix (pri´fîks)
/isim/ çoğul prefixes • (dilbilgisi) önek

pregnant • preg.nant (preg´nınt)
/sıfat/ hamile, gebe

prejudice • prej.u.dice (prec´ıdîs)
/isim/ çoğul prejudices • önyargı:
extreme prejudice aşırı önyargı

prejudiced • prej.u.diced (prec´ıdîst)
/sıfat/ önyargılı: Why are you
prejudiced against me? Bana karşı
neden önyargılısın?

prep • prep (prep)
/sıfat/ (konuşma dili) hazırlayıcı,
hazırlık: prep school hazırlık okulu

preparation • prep.a.ra.tion
(prepırey´şın) /isim/ 1. hazırlama
2. çoğul preparations • hazırlık 3. çoğul
preparations • preparat, hazır ilaç

preparatory • pre.par.a.to.ry
(prîper´ıtôri) /sıfat/ hazırlayıcı
preparatory school İng. hazırlık okulu
(koleje hazırlayan özel okul)

prepare • pre.pare (prîper´)
/fiil/ prepares, preparing, prepared •
hazırlamak; hazırlanmak: prepare a
meal yemek hazırlamak She is prepa-
ring for the exam. Sınava hazırlanıyor.

preposition • prep.o.si.tion
(prepızîş´ın) /isim/ çoğul prepositions •
edat, ilgeç

prescription • pre.scrip.tion
(priskrîp´şın) /isim/ çoğul prescriptions •
reçete: You cannot buy this medicine
without prescription. Bu ilacı reçete-
siz alamazsınız.

presence • pres.ence (prez´ıns)
/isim/ hazır bulunma, varlık: His

presence gave us strength. Varlığı
bize güç veriyordu.

¹present • pres.ent (prez´ınt)
/sıfat/ 1. şimdiki
the present continuous tense
(dilbilgisi) şimdiki zaman
the present simple tense (dilbilgisi)
geniş zaman
2. mevcut: Were you present at the
ceremony? Törende var mıydın?
/isim/ şimdi; halihazır
at present şimdiki durumda, şu an;
halihazırda
for the present şimdilik
the present şimdi, içinde bulunduğu-
muz zaman

²present • pres.ent (prez´ınt)
/isim/ çoğul presents • hediye: birthday
present doğum günü hediyesi

³present • pre.sent (prîzent´)
/fiil/ presents, presenting, presented •
1. sunmak, takdim etmek: present a
petition bir dilekçe sunmak present
one's apologies özürlerini sunmak
2. takdim etmek, tanıtmak: He was
presented to the queen. Kraliçeye
takdim edildi. 3. -e neden olmak, -e
yol açmak, çıkarmak: Mobile phones
present new problems. Cep telefon-
ları yeni sorunlar çıkarıyorlar.
4. sergilemek, göstermek: present a
modern image çağdaş bir görünüm
sergilemek

presentation • pres.en.ta.tion
(prezıntey´şın, prizıntey´şın) /isim/
1. sunuş, takdim; sunuluş 2. çoğul presentations • **sunum:** presentation of a project proje sunumu

¹**preserve** pre.serve (prîzırv´)
/isim/ çoğul preserves • **reçel**

²**preserve** pre.serve (prîzırv´)
/fiil/ preserves, preserving, preserved •
1. **korumak, esirgemek:** We must preserve the rain forests. Yağmur ormanlarını korumalıyız. 2. **saklamak** 3. **sürdürmek**

president • pres.i.dent (prez´ıdınt)
/isim/ çoğul presidents • **başkan; cumhurbaşkanı**

¹**press** • press (pres)
/isim/ 1. **basın, medya:** press conference basın toplantısı the local press yerel basın 2. çoğul presses • **basımevi, matbaa** 3. çoğul presses • **yayınevi** 4. çoğul presses • **baskı makinesi:** go to press baskıya girmek 5. **baskı, sıkıştırma** 6. çoğul presses • **sıkacak:** fruit press meyve sıkacağı

²**press** • press (pres)
/fiil/ presses, pressing, pressed •
1. **basmak:** Press that red button. O kırmızı düğmeye bas. 2. **sıkmak; ezmek** 3. **sıkıştırmak**

pressure • pres.sure (preş´ır)
/isim/ 1. **basınç:** atmospheric pressure hava basıncı high pressure yüksek basınç low pressure alçak basınç 2. çoğul pressures • **baskı:** political pressures politik baskılar be under pressure baskı altında olmak

presume • pre.sume (prizum´)
/fiil/ presumes, presuming, presumed •
tahmin etmek, sanmak: I presume you will stay here. Sanırım burada kalacaksın.

pretend • pre.tend (prîtend´)
/fiil/ pretends, pretending, pretended •
rolüne girmek; yalandan yapmak, -miş gibi davranmak: He's pretending to be sick. Hasta numarası yapıyor. pretend illness yalandan hasta olmak

pretty • pret.ty (prît´i)
/sıfat/ prettier, prettiest • **sevimli, güzel, hoş:** a pretty child sevimli bir çocuk

prevent • pre.vent (prîvent´)
/fiil/ prevents, preventing, prevented •
önlemek, engellemek: We should try to prevent forest fires. Orman yangınlarını önlemeye çalışmalıyız.

previous • pre.vi.ous (pri´viyıs)
/sıfat/ **önceki, evvelki; eski:** previous day evvelki gün the previous owner of the store dükkânın önceki sahibi

prey • prey (prey)
/isim/ **av:** The lion caught its prey. Aslan avını yakaladı.

price • price (prays)
/isim/ çoğul prices • **fiyat; bedel:** current price piyasa fiyatı price list fiyat listesi at any price **ne pahasına olursa olsun** price tag fiyat etiketi

priceless • price.less (prays´lîs)
/sıfat/ **paha biçilmez, değer biçilemez:** priceless paintings paha biçilmez tablolar

pride • pride (prayd)
/isim/ gurur
take pride in -den gurur duymak:
Şirin takes pride in her work. Şirin,
işinden gurur duyuyor.

priest • priest (prist)
/isim/ çoğul priests • **papaz**

primary • pri.ma.ry (pray´meri, İng.
pray´mıri) /sıfat/ 1. ilk, birinci
primary school İng. ilkokul
2. başlıca, temel
primary colors ana renkler

prime • prime (praym)
/sıfat/ önemli; başlıca
prime meridian **başlangıç meridyeni**
prime minister **başbakan**
prime number **asal sayı**
prime time (TV) **izleyicinin en yoğun
olduğu zaman**

primitive • prim.i.tive (prîm´ıtîv)
/sıfat/ ilkel, primitif: a primitive
device ilkel bir cihaz primitive
societies ilkel toplumlar

prince • prince (prîns)
/isim/ çoğul princes • **prens:** the Prince
of Wales Galler Prensi

princess • prin.cess (prîn´sîs)
/isim/ çoğul princesses • **prenses**

principal • prin.ci.pal (prîn´sıpıl)
/sıfat/ en önemli, başlıca, baş, ana

principle • prin.ci.ple (prîn´sıpıl)
/isim/ çoğul principles • **ilke, prensip:**
We live according to our principles.
İlkelerimize göre yaşıyoruz.
on principle ilke olarak

¹**print** • print (prînt)
/fiil/ prints, printing, printed • **1. basmak:**
print a book bir kitap basmak
2. yayımlamak

²**print** • print (prînt)
/isim/ baskı, basım
out of print baskısı tükenmiş

printer • print.er (prîn´tır)
/isim/ çoğul printers • **1. basımcı, mat-
baacı 2. (bilgisayar) yazıcı**

priority • pri.or.i.ty (prayôr´ıti)
/isim/ çoğul priorities • **öncelik**

prison • pris.on (prîz´ın)
/isim/ çoğul prisons • **hapishane,
cezaevi:** escape from prison hapis-
haneden kaçmak go to prison hapse
girmek

prisoner • pris.on.er (prîz´ınır)
/isim/ çoğul prisoners • **1. tutuklu,
hükümlü:** political prisoner siyasi
tutuklu **2. tutsak, esir:** prisoner of
war savaş esiri

private • pri.vate (pray´vît)
/sıfat/ **1. özel, kişisel:** private car
özel araba private letter kişiye özel
mektup **2. gizli:** private telephone
conversation gizli telefon konuşması

privilege • priv.i.lege (prîv´ılîc)
/isim/ çoğul privileges • ayrıcalık,
imtiyaz

prize • prize (prayz)
/isim/ çoğul prizes • 1. ödül: Nobel Prize
Nobel Ödülü
win a prize ödül kazanmak
2. ikramiye

probability • prob.a.bil.i.ty (prabıbîl´ıti)
/isim/ çoğul probabilities • olasılık:
What's the probability of winning?
Kazanma olasılığı nedir?
in all probability büyük bir olasılıkla

probable • prob.a.ble (prab´ıbıl)
/sıfat/ olası, muhtemel: a probable
problem olası bir sorun

probably • prob.a.bly (prab´ıbli)
/zarf/ büyük bir olasılıkla, herhalde:
I can probably come to the concert
tomorrow. Büyük bir olasılıkla yarın
konsere gelebilirim.

problem • prob.lem (prab´lım)
/isim/ çoğul problems • sorun, problem:
create a problem sorun çıkarmak
health problems sağlık sorunları
mathematical problem matematik
problemi social problem sosyal sorun
solve a problem bir sorunu çözmek

procedure • pro.ce.dure (prısi´cır)
/isim/ çoğul procedures • yol, yöntem,
metot: correct/proper procedure
doğru/uygun yöntem

process • proc.ess (pras´es, İng.
pro´ses) /isim/ çoğul processes • 1. yön-
tem, yol: He showed the process for
making molasses. Pekmez yapmanın

yöntemini gösterdi. 2. süreç, proses:
the peace process barış süreci

proclaim • pro.claim (prokleym´)
/fiil/ proclaims, proclaiming, proclaimed • ilan
etmek

proclamation • proc.la.ma.tion
(praklımey´şın) /isim/ çoğul proclama-
tions • 1. ilan 2. bildiri

produce • pro.duce (prıdus´)
/fiil/ produces, producing, produced •
1. meydana getirmek; -e neden
olmak: His acts produced no effects.
Davranışları sonuç vermedi. 2. yap-
mak, üretmek: They produce tea in
Rize. Rize'de çay üretiyorlar.

producer • pro.duc.er (prıdu´sır)
/isim/ çoğul producers • üretici

product • prod.uct (prad´ıkt)
/isim/ çoğul products • 1. ürün: Are you
happy with the product? Üründen
memnun musun? 2. sonuç

production • pro.duc.tion (prıdʌk´şın)
/isim/ 1. üretim: wheat production
buğday üretimi 2. ürün

productive • pro.duc.tive (prıdʌk´tîv)
/sıfat/ verimli, bereketli; üretken:
a productive worker verimli bir işçi
I had a very productive time at the
gym. Spor salonunda çok yararlı
zaman geçirdim.

profession • pro.fes.sion (prıfeş´ın)
/isim/ çoğul professions • meslek; işkolu:
What kind of profession is the best
for you? Size göre en iyi meslek
hangisidir?

professional • pro.fes.sion.al
(prıfeş´ınıl) /sıfat/ 1. mesleğe ait,
mesleki 2. profesyonel: a professional
athlete profesyonel bir sporcu

professor • pro.fes.sor (prıfes´ır)
/isim/ çoğul professors • profesör

proficiency • pro.fi.cien.cy (prıfîş´ınsi)
/isim/ ehliyet, beceri, ustalık: He
has a high level of proficiency in the
area of mathematics. Matematikte
yüksek yeterlik sahibidir.
proficiency test yeterlik sınavı

proficient • pro.fi.cient (prıfîş´ınt)
/sıfat/ becerikli, usta
proficient in -de yeterli

¹profit • prof.it (praf´ît)
/isim/ 1. çoğul profits • kâr, kazanç:
make a profit kâr etmek This year's
profit was low. Bu senenin kârı
düşüktü. 2. fayda, çıkar

²profit • prof.it (praf´ît)
/fiil/ profits, profiting, profited • by/from
-den yararlanmak, -den faydalanmak:
We profited from the good weather.
İyi havadan yararlandık.

profitable • prof.it.a.ble (praf´îtıbıl)
/sıfat/ kârlı, kazançlı: a profitable
business kârlı bir iş

¹program • pro.gram (pro´gräm)
/isim/ çoğul programs • 1. program,
izlence 2. (bilgisayar) program
İng. programme

²program • pro.gram (pro´gräm)
/fiil/ programs, programing/programming,
programed/programmed • 1. programla-
mak, programa bağlamak: program
a trip bir yolculuk düzenlemek
2. (bilgisayar) programlamak:
computer programing bilgisayar
programlama
İng. programme

¹progress • prog.ress (prag´res, İng.
pro´gres) /isim/ ilerleme, gelişme:
make slow progress yavaş ilerlemek
the work now in progress yapılmakta
olan iş

²progress • prog.ress (prıgres´)
/fiil/ progresses, progressing, progressed •
ilerlemek, gelişmek: During the last
fifty years, humanity has progressed
a lot in technology. Son elli yılda,
insanlık teknolojide oldukça ilerledi.

prohibit • pro.hib.it (prohîb´ît)
/fiil/ prohibits, prohibiting, prohibited •
menetmek, yasaklamak, engel olmak:
They prohibited smoking in public
places. Halka açık alanlarda sigara
içmeyi yasakladılar.

project • proj.ect (prac´ekt)
/isim/ çoğul projects • plan, proje:
Ali is trying to finish his project.
Ali, projesini bitirmeye çalışıyor.

prominent • prom.i.nent (pram´ınınt)
/sıfat/ 1. ünlü, önemli 2. göze çarpan

¹**promise • prom.ise** (pram´îs)
/isim/ çoğul promises • **söz, vaat**
break a promise **sözünden dönmek**
keep one's promise **sözünü tutmak**
make a promise **söz vermek:** He
made a promise to be on time.
Zamanında geleceğine söz verdi.

²**promise • prom.ise** (pram´îs)
/fiil/ promises, promising, promised •
söz vermek, vaat etmek: I promised
my friend I'd go to her wedding.
Arkadaşıma, düğününe gideceğime
söz verdim.

promising • prom.is.ing (pram´îsîng)
/sıfat/ **umut verici, geleceği parlak**

promote • pro.mote (prımot´)
/fiil/ promotes, promoting, promoted •
1. terfi ettirmek: He was promoted
to chief in 2005. 2005'de şefliğe terfi
etti. **2. üst sınıfa geçirmek 3. tanıt-
mak:** We are promoting our new
product. Yeni ürünümüzü tanıtıyoruz.

promotion • pro.mo.tion (prımo´şın)
/isim/ **terfi:** The librarian is expecting
a promotion. Kütüphaneci terfi
bekliyor.

pronoun • pro.noun (pro´naun)
/isim/ çoğul pronouns • **(dilbilgisi)
zamir, adıl**

pronounce • pro.nounce (prınauns´)
/fiil/ pronounces, pronouncing, pronounced •
telaffuz etmek, söylemek: Most
foreigners have trouble pronouncing
Turkish words. Yabancıların çoğu,
Türkçe sözcükleri söylemekte zor-
lanıyorlar.

pronunciation • pro.nun.ci.a.tion
(prınʌnsiyey´şın) /isim/ çoğul pronunci-
ations • **telaffuz, söyleyiş:** Your English
pronunciation is good enough. İngilizce
telaffuzun yeterince iyi.

proof • proof (pruf)
/isim/ çoğul proofs • **1. delil, kanıt:**
Can you show proof of your identity?
Kimliğinle ilgili kanıt gösterebilir
misin? **2. (matematik) sağlama**

propaganda • prop.a.gan.da
(prapıgän´dı) /isim/ **propaganda**

propeller • pro.pel.ler (prıpel´ır)
/isim/ çoğul propellers • **pervane:** How
does a propeller work? Bir pervane
nasıl çalışır?

proper • prop.er (prap´ır)
/sıfat/ **uygun, yakışır:** at a proper time
and place uygun bir yer ve zamanda

properly • prop.er.ly (prap´ırli)
/zarf/ **uygun bir şekilde; doğru bir
şekilde:** He cannot say it properly.
Onu doğru bir şekilde söyleyemiyor.

property • prop.er.ty (prap´ırti)
/isim/ çoğul properties • **1. mal; mülk:**
That man owns property in France.
O adamın Fransa'da mülkü var.
property tax **emlak vergisi**
public property **kamu malı**

2. **özellik:** a charming property
hoş bir özellik chemical properties
kimyasal özellikler

prophet • proph.et (praf´ît)
/isim/ çoğul prophets • **peygamber**

proportion • pro.por.tion (prıpôr´şın)
/isim/ **oran, orantı:** A large propor-
tion of their income goes to charity.
Gelirlerinin büyük bir bölümü hayır
işine gidiyor.
out of proportion **oransız, orantısız**
proportions çoğul **ölçüler, boyutlar:**
body proportions beden ölçüleri

proposal • pro.pos.al (prıpo´zıl)
/isim/ çoğul proposals • **öneri, teklif:**
have a proposal bir önerisi olmak

propose • pro.pose (prıpoz´)
/fiil/ proposes, proposing, proposed •
önermek, teklif etmek: propose a
plan bir plan önermek

prose • prose (proz)
/isim/ **düzyazı, nesir**

protect • pro.tect (prıtekt´)
/fiil/ protects, protecting, protected •
korumak, muhafaza etmek: protect
the nature against man doğayı insan-
oğlundan korumak

protection • pro.tec.tion (prıtek´şın)
/isim/ **koruma**

protein • pro.tein (pro´tin)
/isim/ çoğul proteins • **protein**

protest • pro.test (pro´test)
/isim/ çoğul protests • **protesto; itiraz:**
make protest against war savaşa

karşı protesto yapmak protest
demonstration protesto gösterisi

proton • pro.ton (pro´tan)
/isim/ çoğul protons • **proton**

proud • proud (praud)
/sıfat/ prouder, proudest • **1. gururlu**
be proud of **ile gurur duymak:** I am
proud of my children. Çocuklarımla
gurur duyuyorum. **2. kibirli**

prove • prove (pruv)
/fiil/ proves, proving, proved, proved/
proven • **ispatlamak, kanıtlamak:** Can
you prove you are innocent? Masum
olduğunu kanıtlayabilir misin?

¹proven • prov.en (pruv´ın)
/fiil/ bkz. **prove**

²proven • prov.en (pruv´ın)
/sıfat/ **ispatlanmış, kanıtlanmış**

proverb • prov.erb (prav´ırb)
/isim/ çoğul proverbs • **atasözü:** He
started his speech with a proverb.
Konuşmasına bir atasözüyle başladı.

provide • pro.vide (prıvayd´)
/fiil/ provides, providing, provided • **sağla-
mak, temin etmek:** He provided his
nephew with a place to stay. Yeğenine
kalacak bir yer verdi.
provide evidence **kanıt bulmak**
provided that **koşuluyla, şartıyla**

province • prov.ince (prav´îns)
/isim/ çoğul provinces • **il, vilayet;**
eyalet: What province were you born
in? Hangi ilde doğdun?

psychologist • psy.chol.o.gist
(saykal´ıcîst) /isim/ çoğul psychologists •
psikolog, ruhbilimci

psychology • psy.chol.o.gy (saykal´ıci)
/isim/ psikoloji

puberty • pu.ber.ty (pyu´bırtı)
/isim/ ergenlik çağı

public • pub.lic (pʌb´lîk)
/sıfat/ halka ait, umumi: public
health halk sağlığı public library
halk kütüphanesi
public opinion kamuoyu
public relations halkla ilişkiler
/isim/ (the) halk: open to the public
halka açık

publish • pub.lish (pʌb´lîş)
/fiil/ publishes, publishing, published •
yayımlamak, basmak: When will
your book be published? Kitabın ne
zaman yayımlanacak?

publisher • pub.lish.er (pʌb´lîşır)
/isim/ çoğul publishers • yayınevi;
yayımcı

pudding • pud.ding (pûd´îng)
/isim/ çoğul puddings • muhallebi, puding:
chocolate pudding çikolatalı puding
rice pudding sütlaç

pull • pull (pûl)
/fiil/ pulls, pulling, pulled • çekmek:
Don't pull my hair. Saçımı çekme.
pull the curtains perdeleri çekmek
pull out -i çekip çıkarmak

pullover • pull.o.ver (pûl´ovır)
/isim/ çoğul pullovers • kazak, süveter:
long-sleeve pullover uzun kollu kazak

pulse • pulse (pʌls)
/isim/ nabız, nabız atışı: have a low
pulse nabzı düşük olmak

¹pump • pump (pʌmp)
/isim/ çoğul pumps • 1. pompa: bicycle
pump bisiklet pompası gas pump
benzin pompası 2. tulumba

²pump • pump (pʌmp)
/fiil/ pumps, pumping, pumped •
pompalamak: pump air into the ball
topa hava pompalamak
pump out (bir yerdeki suyu) boşalt-
mak: They had to quickly pump the
water out of the boat. Teknedeki
suyu çabucak dışarıya pompalamak
zorundaydılar.

pumpkin • pump.kin (pʌmp´kîn)
/isim/ çoğul pumpkins • balkabağı

¹punch • punch (pʌnç)
/isim/ çoğul punches • 1. zımba, delgeç
2. yumruk, yumrukla vuruş

²punch • punch (pʌnç)
/fiil/ punches, punching, punched •
1. zımbalamak; zımba ile (delik)
açmak: punch a hole delik açmak
2. yumruklamak, yumruk atmak:
punch someone in the face birinin
suratına yumruk atmak

punctual • punc.tu.al (pʌngk´çuwıl)
/sıfat/ dakik, vaktinde gelen/olan/

yapılan: a punctual person dakik bir kişi punctual start vaktinde başlangıç

punctuation • punc.tu.a.tion (pʌngkçuwey´şın) /isim/ çoğul punctuations • (dilbilgisi) 1. noktalama 2. noktalama işareti

puncture • punc.ture (pʌngk´çır) /isim/ 1. delme 2. çoğul punctures • göz, ufak delik 3. çoğul punctures • patlak (patlamış yer)

punish • pun.ish (pʌn´îş) /fiil/ punishes, punishing, punished • cezalandırmak

punishment • pun.ish.ment (pʌn´îşmınt) /isim/ 1. çoğul punishments • ceza: capital punishment ölüm cezası 2. cezalandırma

pupil • pu.pil (pyu´pıl) /isim/ çoğul pupils • 1. öğrenci: The school has 500 pupils. Okulun 500 öğrencisi var. 2. (anatomi) gözbebeği: Suddenly her pupils dilated. Birden gözbebekleri büyüdü.

puppet • pup.pet (pʌp´ît) /isim/ çoğul puppets • kukla hand puppet, İng. glove puppet el kuklası

puppy • pup.py (pʌp´i) /isim/ çoğul puppies • köpek yavrusu

purchase • pur.chase (pır´çıs) /fiil/ purchases, purchasing, purchased • satın almak: We purchased a new car. Yeni bir araba satın aldık.

pure • pure (pyûr) /sıfat/ purer, purest • saf, arı; has: pure gold saf altın pure orange juice saf portakal suyu pure water saf su

purple • pur.ple (pır´pıl) /sıfat/ mor, eflatun: a purple flower mor bir çiçek /isim/ çoğul purples • mor, eflatun: Her favorite color is purple. Onun en sevdiği renk mor.

purpose • pur.pose (pır´pıs) /isim/ çoğul purposes • niyet, amaç: His purpose in coming was to help. Gelmekteki amacı yardım etmekti. purpose of life yaşamın amacı on purpose bile bile, kasten

purposeful • pur.pose.ful (pır´pısfil) /sıfat/ maksatlı: His visits were purposeful. Ziyaretleri maksatlıydı.

purse • purse (pırs) /isim/ çoğul purses • 1. (kadınların kullandığı) el çantası 2. İng. bozuk para çantası; para cüzdanı: leather purse deri cüzdan change purse bozuk para çantası

pursue • pur.sue (pırsu´)
/fiil/ pursues, pursuing, pursued •
1. kovalamak, izlemek, takip etmek,
peşine düşmek: pursue a thief bir
hırsızı takip etmek 2. gerçekleştir-
meye çalışmak, peşinde olmak, izle-
mek: Hale wants to pursue a career
in law. Hale, hukukla ilgili bir kariyer
izlemek istiyor.

push • push (pûş)
/fiil/ pushes, pushing, pushed • 1. itmek,
dürtmek: Push the chair toward the
table. İskemleyi masaya doğru it. My
friend pushed me into the swimming
pool. Arkadaşım beni havuza itti.
2. (düğme v.b.´ne) basmak: Push the
button. Düğmeye bas.

pushchair • push.chair (pûş´çer)
/isim/ çoğul pushchairs • bkz. stroller

put • put (pût)
/fiil/ puts, putting, put • koymak, yerleş-
tirmek: Please put your cup on the
counter. Lütfen bardağını tezgâhın
üstüne koy.
put an end to -e son vermek: put an
end to slavery köleliğe son vermek
put away ortadan kaldırmak, saklamak
put on giymek: Put your jacket on!
Ceketini giy!

put on weight kilo almak: How do I
put on weight? Nasıl kilo alabilirim?
put out söndürmek
put together bir araya getirmek,
birleştirmek
put up inşa etmek, yapmak
put up with -e katlanmak: He puts up
with living there because of his job. İşi
nedeniyle orada yaşamaya katlanıyor.

¹**puzzle** • puz.zle (pʌz´ıl)
/isim/ çoğul puzzles • bilmece; bulmaca:
crossword puzzle çapraz bulmaca
jigsaw puzzle yapboz solve a puzzle
bir bilmeceyi çözmek

²**puzzle** • puz.zle (pʌz´ıl)
/fiil/ puzzles, puzzling, puzzled • şaşırt-
mak, hayrete düşürmek

pyramid • pyr.a.mid (pîr´ımîd)
/isim/ çoğul pyramids • piramit: the
base of a pyramid piramidin tabanı
triangular pyramid üçgen piramit

Qq

Q, q • q (kyu)
/isim/ Q, İngiliz alfabesinin on yedinci harfi

¹quack • quack (kwäk)
/fiil/ quacks, quacking, quacked • vaklamak, ördek sesi çıkarmak

²quack • quack (kwäk)
/isim/ çoğul quacks • ördek sesi, vak vak

quadrangle • quad.ran.gle
(kwad´räng.gıl) /isim/ çoğul quadrangles • (geometri) dörtgen

¹quadruple quad.ru.ple • (kwad´rûpıl, kwadru´pıl) /fiil/ quadruples, quadrupling, quadrupled • dört katına çıkmak; dört katına çıkmak: This will quadruple the sales of the company. Bu, şirketin satışlarını dört katına çıkaracak.

²quadruple quad.ru.ple • (kwad´rûpıl, kwadru´pıl) /sıfat/ dört kat: I want quadruple this amount. Bu miktarın dört katını istiyorum.

quake • quake (kweyk)
/fiil/ quakes, quaking, quaked • titremek, sarsılmak

qualification • qual.i.fi.ca.tion
(kwalıfıkey´şın) /isim/ çoğul qualifications • 1. nitelik, özellik: Begüm has all the qualifications. Begüm, bütün özelliklere sahip. 2. şart

qualify • qual.i.fy (kwal´ıfay)
/fiil/ qualifies, qualifying, qualified • hak kazanmak; hak kazandırmak: Deren qualified for the final in the 400 meters. Deren, 400 metre yarışında finale kaldı.

quality • qual.i.ty (kwal´ıti)
/isim/ çoğul qualities • nitelik, kalite: high quality yüksek kalite quality

control kalite kontrolü quality of life
yaşam kalitesi

quantity • quan.ti.ty (kwan´tıtı)
/isim/ çoğul quantities • **nicelik; miktar**
an unknown quantity bilinmeyen bir
miktar large quantity büyük miktar

quarantine • quar.an.tine (kwôr´ıntin)
/isim/ **karantina**

¹quarrel • quar.rel (kwôr´ıl)
/isim/ çoğul quarrels • **kavga,
çekişme:** Their quarrel made us
uncomfortable. Onların kavgası
bizi rahatsız etti.
pick a quarrel **kavga çıkarmak**

²quarrel • quar.rel (kwôr´ıl)
/fiil/ quarrels, quarreling/quarrelling,
quarreled/quarrelled • **kavga etmek,
çekişmek:** They quarreled over a
pair of shoes. Bir çift ayakkabı için
kavga ettiler.

quarter • quar.ter (kwôr´tır)
/isim/ çoğul quarters • **1. dörtte bir, çey-
rek:** He cut the apple into quarters.
Elmayı dörde böldü. **2. çeyrek (15
dakikalık zaman):** We'll be there at
a quarter to six. Altıya çeyrek kala
orada olacağız.

queen • queen (kwin)
/isim/ çoğul queens • **1. kraliçe:** carnival
queen karnaval kraliçesi
queen bee **anaarı, arıbeyi**
2. (satranç) vezir

query • que.ry (kwîr´i)
/isim/ çoğul queries • **soru:** The man
got tired of the detective's queries.
Adam dedektifin sorularından bıktı.

¹question • ques.tion (kwes´çın)
/isim/ çoğul questions • **soru, sual:**
ask a question bir soru sormak
beside the question konu dışı
beyond question şüphe götürmez
question mark soru işareti

²question • ques.tion (kwes´çın)
/fiil/ questions, questioning, questioned •
**1. sorular sormak 2. (eleştirel olarak)
sorgulamak 3. sorguya çekmek**

questionnaire • ques.tion.naire
(kwesçıner´) /isim/ çoğul questionnaires •
anket, sormaca
fill in a questionnaire **anket formu
doldurmak**

¹queue • queue (kyu)
/isim/ çoğul queues • İng. **kuyruk, sıra:**
We've been waiting in the bank queue
for one hour. Bir saattir banka kuyru-
ğunda bekliyoruz.

²queue • queue (kyu)
/fiil/ queues, queuing, queued • İng. **kuyruğa
girmek, sıra olmak:** You have to queue
behind the line. Sıraya girmelisin.

quick • quick (kwîk)
/sıfat/ quicker, quickest • **çabuk, hızlı:**
a quick decision çabuk bir karar
a quick reader seri bir okuyucu
quick steps hızlı adımlar
/zarf/ quicker, quickest • **çabuk, hızlı:**

Come quick! Tekin is on TV! Çabuk gel! Tekin televizyonda!

quickly • quick.ly (kwîk´li)
/zarf/ çabucak, süratle, hızla: He walked quickly away. Hızla uzaklaştı.

[1]**quiet** • qui.et (kway´ît)
/sıfat/ quieter, quietest • 1. sessiz, sakin: quiet footsteps sessiz adımlar Why is everyone so quiet? Neden herkes bu kadar sessiz? 2. hareketsiz, dingin: quiet sea durgun deniz

[2]**quiet** • qui.et (kway´ît)
/fiil/ quiets, quieting, quieted • (down)
1. susturmak; susmak: Quiet down please! Lütfen sessiz olun! 2. yatışmak, sakinleşmek; yatıştırmak, sakinleştirmek
İng. quieten

quieten • qui.et.en (kway´îtın)
/fiil/ quietens, quietening, quietened • bkz. [2]quiet

quietly • qui.et.ly (kway´îtli)
/zarf/ yavaşça, sessizce: The engine was running quietly. Makine sessizce çalışıyordu.

quilt • quilt (kwîlt)
/isim/ çoğul quilts • yorgan

quince • quince (kwîns)
/isim/ çoğul quinces • ayva: quince jam ayva reçeli

quit • quit (kwît)
/fiil/ quits, quitting, quit/quitted • 1. vazgeçmek, bırakmak: quit smoking sigarayı bırakmak 2. -i terk etmek; ayrılmak, bırakmak: She quit her job yesterday. İşini dün bıraktı.

quite • quite (kwayt)
/zarf/ 1. oldukça, bayağı: quite awful çok korkunç quite big bayağı büyük quite a bit (quite a lot) epeyce Quite well. Oldukça iyi.
2. tam, tamamen: It's not quite ready. Tam hazır değil.
Quite (so). İng. Tabii.

quiz • quiz (kwîz)
/isim/ çoğul quizzes • küçük sınav quiz show (quiz program) (radyo, TV) bilgi yarışması

quotation • quo.ta.tion (kwotey´şın)
/isim/ çoğul quotations • alıntı quotation mark tırnak işareti

quote • quote (kwot)
/fiil/ quotes, quoting, quoted • alıntı yapmak, alıntılamak: quote from a story bir öyküden alıntı yapmak

Rr

R, r • r (ar)
/isim/ R, İngiliz alfabesinin on sekizinci harfi

rabbi • rab.bi (räb´ay)
/isim/ çoğul rabbis • haham

rabbit • rab.bit (räb´ît)
/isim/ çoğul rabbits • tavşan

rabies • ra.bies (rey´biz)
/isim/ **kuduz:** Your dog must have a rabies vaccination. Köpeğiniz kuduz aşısı olmalı.

¹race • race (reys)
/isim/ çoğul races • 1. **yarış, koşu:**
horse race at yarışı
race track yarış pisti
2. **ırk**

²race • race (reys)
/fiil/ races, racing, raced • **yarışmak; yarıştırmak**

racial • ra.cial (rey´şıl)
/sıfat/ **ırksal**
racial discrimination ırk ayrımı

racism • rac.ism (rey´sîzım)
/isim/ **ırkçılık**

rack • rack (räk)
/isim/ çoğul racks • **raf:** towel rack havluluk

racket • rack.et (räk´ît)
/isim/ çoğul rackets • **raket:** tennis racket tenis raketi

racquet • rac.quet (räk´ît)
/isim/ çoğul racquets • bkz. racket

radar • ra.dar (rey´dar)
/isim/ radar: locate an airplane by radar uçağı radarla tespit etmek radar trap bkz. speed trap

radiator • ra.di.a.tor (rey´diyeytır)
/isim/ çoğul radiators • radyatör

radical • rad.i.cal (räd´îkıl)
/sıfat/ köklü, esaslı, radikal: radical changes köklü değişiklikler

radio • ra.di.o (rey´diyo)
/isim/ çoğul radios • radyo: radio station radyo istasyonu

radius • ra.di.us (rey´diyıs)
/isim/ çoğul radii/radiuses • yarıçap: radius of a circle bir dairenin yarıçapı

raft • raft (räft, İng. raft)
/isim/ çoğul rafts • sal; bot

rafting • raft.ing (räf´tîng, İng. raf´tîng)
/isim/ rafting (bot sporu)

¹rage • rage (reyc)
/isim/ çoğul rages • öfke, hiddet

²rage • rage (reyc)
/fiil/ rages, raging, raged • öfkelenmek, hiddetlenmek: All customers rage about the prices. Bütün müşteriler fiyatlara öfkeleniyorlar.

raid • raid (reyd)
/isim/ çoğul raids • baskın; polis baskını: air raid hava bombardımanı police raid polis baskını

rail • rail (reyl)
/isim/ çoğul rails • 1. (demiryolu) ray 2. ray: curtain rail perde rayı

railroad • rail.road (reyl´rod)
/isim/ çoğul railroads • demiryolu: railroad station tren istasyonu
İng. railway

railway • rail.way (reyl´wey)
/isim/ çoğul railways • bkz. railroad

¹rain • rain (reyn)
/isim/ yağmur: It looks like rain. Yağmur yağacak gibi. summer rain yaz yağmuru
rain forest yağmur ormanı
rain or shine ne olursa olsun: I'll be there rain or shine. Ne olursa olsun orada olacağım.

²rain • rain (reyn)
/fiil/ rains, raining, rained • yağmur yağmak: rain hard (yağmur) şiddetli yağmak
rain cats and dogs (konuşma dili) bardaktan boşanırcasına yağmak, gök delinmek, yağmur boşanmak

rainbow • rain.bow (reyn´bo)
/isim/ çoğul rainbows • gökkuşağı

raincoat • rain.coat (reyn´kot)
/isim/ çoğul raincoats • yağmurluk

raindrop • rain.drop (reyn´drap)
/isim/ çoğul raindrops • **yağmur damlası**

rainstorm • rain.storm (reyn´stôrm)
/isim/ çoğul rainstorms • **sağanak**

rainy • rain.y (rey´ni)
/sıfat/ rainier, rainiest • **yağmurlu:**
a rainy evening yağmurlu bir akşam
the rainy season yağmurlu mevsim

raise • raise (reyz)
/fiil/ raises, raising, raised • **1. (yukarı)
kaldırmak:** raise a hand el kaldırmak
2. yükseltmek, artırmak: raise one's
voice sesini yükseltmek raise prices
fiyatları artırmak

raisin • rai.sin (rey´zın)
/isim/ çoğul raisins • **kuru üzüm**

ram • ram (räm)
/isim/ çoğul rams • **koç:** Rams and sheep
are sleeping on the grass. Koçlar ve
koyunlar çimlerin üzerinde uyuyor.

Ramadan • Ram.a.dan (rämıdan´)
/isim/ **Ramazan**

ran • ran (rän)
/fiil/ bkz. run

random • ran.dom (rän´dım)
/sıfat/ **rasgele, gelişigüzel:** random
selection rasgele seçim

rang • rang (räng)
/fiil/ bkz. ²ring

range • range (reync)
/isim/ çoğul ranges • **1. alan, saha:**
have a wide range of interests geniş
bir ilgi alanı olmak **2. sıra, dizi:**
mountain range dağ silsilesi

rank • rank (rängk)
/isim/ çoğul ranks • **1. sıra, dizi, saf:** Eda
was in the first rank in the parade.
Eda, geçit töreninde ilk sıradaydı.
2. (askerlik) rütbe: the highest rank
en yüksek rütbe **3. derece, mertebe**

rape • rape (reyp)
/fiil/ rapes, raping, raped • **–in ırzına
geçmek, -e tecavüz etmek**

rapid • rap.id (räp´îd)
/sıfat/ **çabuk, hızlı, tez:** rapid increase
in population nüfustaki hızlı artış
rapid pulse hızlı nabız

rapidly • rap.id.ly (räp´îdli)
/zarf/ **hızla, süratle:** The pollution is
growing rapidly. Kirlilik hızla artıyor.

rare • rare (rer)
/sıfat/ rarer, rarest • **nadir, seyrek, az
bulunur:** We found a rare butterfly in
our yard. Bahçemizde, az rastlanan
bir kelebek bulduk.

rarely • rare.ly (rer´li)
/zarf/ **nadiren, seyrek:** He rarely
goes to work on time. İşe nadiren
zamanında gider.

raspberry • rasp.ber.ry (räz´beri)
/isim/ çoğul raspberries • **ahududu,
ağaççileği**

rat • rat (rät)
/isim/ çoğul rats • **sıçan** (fareden iri
kemirgen): get rid of rats and mice
sıçan ve farelerden kurtulmak **rat
poison** fare zehiri

rate • rate (reyt)
/isim/ çoğul rates • **1. oran:** Its success
rate is about 95 percent. Başarı oranı
yaklaşık % 95. rate of interest **faiz
oranı 2. hız, sürat:** at a slow rate
düşük bir hızla
at any rate (konuşma dili) **neyse, her
neyse**

rather • rath.er (rädh´ır, İng. ra´dhır)
/zarf/ 1. **-mektense:** I would rather go
to the beach than to a pool. Havuza
gitmektense denize gitmeyi yeğlerim.
rather than **-den çok, -den ziyade:**
This place is like a museum rather
than a house. Burası, evden çok
müzeye benziyor.
2. **oldukça, epeyce:** She is rather tall
and thin. Oldukça uzun boylu ve zayıf.

ratio • ra.tio (rey´şo, rey´şiyo)
/isim/ çoğul ratios • **oran, nispet**

raw • raw (rô)
/sıfat/ 1. **çiğ, pişmemiş:** Burçin loves
to eat raw carrots. Burçin, çiğ havuç
yemeyi çok sever. 2. **ham, işlenmemiş:**
raw data **işlenmemiş (ham) veri**
raw material **hammadde**

ray • ray (rey)
/isim/ çoğul rays • **ışın:** The sun's rays
shone through my window. Güneşin
ışınları penceremden içeri girdi.
a ray of hope **umut ışığı**

razor • ra.zor (rey´zır)
/isim/ çoğul razors • **tıraş makinesi;
ustura:** electric razor elektrikli tıraş
makinesi razor blade jilet, tıraş bıçağı

reach • reach (riç)
/fiil/ reaches, reaching, reached •
1. **uzanmak,** (elini, kolunu) **uzatmak;
erişmek, -e yetişmek:** Can you reach
the sugar on the top shelf? Üst
raftaki şekere uzanabilir misin?
2. **varmak, ulaşmak:** We'll reach İzmir
at noon. İzmir'e öğleyin varacağız.
reach a conclusion **sonuca ulaşmak**

react • re.act (riyäkt´)
/fiil/ reacts, reacting, reacted • (to) **(-e)
tepki göstermek:** Everyone reacted
to Sezgi's words. Herkes Sezgi'nin
sözlerine tepki gösterdi.

reaction • re.ac.tion (riyäk´şın)
/isim/ çoğul reactions • **tepki, reaksiyon;
tepkime:** a positive reaction **olumlu
bir tepki**
chemical reaction **kimyasal tepkime**

¹read • read (rid)
/fiil/ reads, reading, read • **okumak:**
read a book **bir kitap okumak**
read between the lines **kapalı anlamı
keşfetmek, satır aralarını okumak**
read over **baştan aşağı okumak,
baştan başa okumak**
read (someone's) mind **(birinin)
aklından geçenleri okumak**

²read • read (red)
/fiil/ bkz. ¹read

reader • read.er (ri´dır)
/isim/ çoğul readers • 1. okuyucu: a slow
reader ağır bir okuyucu 2. okuma kitabı

reading • read.ing (ri´dîng)
/isim/ 1. okuma: Oylum loves reading.
Oylum, okumayı çok sever. 2. çoğul
readings • okunan ölçüm: readings on a
thermometer termometrede okunan
ölçümler

ready • read.y (red´i)
/sıfat/ 1. hazır: We are ready to go
on our trip. Geziye çıkmaya hazırız.
get ready hazırlanmak
ready money nakit; peşin para
2. istekli

ready-made • read.y-made
(redimeyd´) /sıfat/ hazır, önceden dikil-
miş: ready-made clothing hazır giyim

real • re.al (ril, ri´yıl)
/sıfat/ 1. gerçek: real image gerçek
görüntü 2. asıl: the real problem
asıl sorun
real estate taşınmaz mal, gayrimenkul

realistic • re.al.is.tic (riyılîs´tîk)
/sıfat/ gerçekçi: a realistic person
gerçekçi bir kimse

reality • re.al.i.ty (riyäl´ıti)
/isim/ çoğul realities • gerçeklik, hakikat

realize • re.al.ize (ri´yılayz)
/fiil/ realizes, realizing, realized •
1. farkında olmak; farkına varmak,
anlamak: How did you realize your
mistake? Hatanı nasıl anladın?

2. gerçekleştirmek: He finally
realized his dream. Sonunda
rüyasını gerçekleştirdi.
İng. realise

really • re.al.ly (ri´yıli, ri´li)
/zarf/ gerçekten
Really? Öyle mi?

reason • rea.son (ri´zın)
/isim/ 1. çoğul reasons • neden, sebep:
Give me a reason why I should wait.
Beklemem için bir sebep söyle.
by reason of nedeniyle
for this reason bu sebeple
2. akıl, us, mantık

reasonable • rea.son.a.ble (ri´zınıbıl)
/sıfat/ makul: a reasonable period
of time makul bir süre a reasonable
quantity makul bir miktar

¹rebel • reb.el (reb´ıl)
/isim/ çoğul rebels • isyancı, asi
/sıfat/ isyancı, asi: rebel forces
isyancı güçler

²rebel • re.bel (rîbel´)
/fiil/ rebels, rebelling, rebelled • isyan
etmek, ayaklanmak

rebellion • re.bel.lion (rîbel´yın)
/isim/ çoğul rebellions • isyan, ayaklanma

recall • re.call (rîkôl´)
/fiil/ recalls, recalling, recalled • 1. geri
çağırmak 2. anımsamak; anımsat-
mak: I couldn't recall his name.
Onun ismini anımsayamadım.

receive • re.ceive (rîsiv´)
/fiil/ receives, receiving, received •
1. almak: İzel received a nice gift

from her aunt. İzel, teyzesinden
güzel bir hediye aldı. 2. kabul etmek

receiver • re.ceiv.er (rîsi´vır)
/isim/ çoğul receivers • alıcı; ahize: lift
the receiver telefonu kaldırmak

recent • re.cent (ri´sınt)
/sıfat/ yeni, yakında olmuş, son:
a recent event yeni bir olay

recently • re.cent.ly (ri´sıntli)
/zarf/ geçenlerde; yakınlarda: We
recently returned from our trip.
Geziden yeni döndük.

reception • re.cep.tion (rîsep´şın)
/isim/ 1. alma, kabul: reception room
bekleme odası; kabul odası 2. çoğul
receptions • kabul töreni; resepsiyon

receptionist • re.cep.tion.ist
(rîsep´şınîst) /isim/ çoğul receptionists •
resepsiyon memuru, kabul görevlisi

rechargeable • re.charge.a.ble
(riçar´cıbıl) /sıfat/ yeniden şarj edile-
bilen: rechargeable battery şarj
edilebilir pil

recipe • rec.i.pe (res´ıpi)
/isim/ çoğul recipes • yemek tarifi: Would
you give me the recipe for this cake?
Bu kekin tarifini verebilir misin?
recipe book yemek kitabı

reckless • reck.less (rek´lîs)
/sıfat/ 1. dünyayı umursamayan, per-
vasız, gözü kara 2. dikkatsiz, aldırışsız,
kayıtsız: a reckless person dikkatsiz
bir kişi

recognize • rec.og.nize (rek´ıgnayz)
/fiil/ recognizes, recognizing, recognized •

1. tanımak: Can you recognize me?
Beni tanıdınız mı? How many people
can you recognize here? Burada kaç
kişiyi tanıyorsun? 2. farkında olmak;
farkına varmak: How can you recognize
if you have the flu? Grip olduğunuzu
nasıl anlarsınız?
İng. recognise

recommend • rec.om.mend
(rekimend´) /fiil/ recommends, recom-
mending, recommended • tavsiye etmek,
önermek: recommend a book bir
kitap önermek

recommendation • rec.om.men.da.tion
(rekimendey´şın) /isim/ çoğul recom-
mendations • tavsiye

¹**record** • re.cord (rîkôrd´)
/fiil/ records, recording, recorded • yazmak;
kaydetmek: She recorded her
memories in her diary. Anılarını
günlüğüne kaydetti.

²**record** • rec.ord (rek´ırd)
/isim/ çoğul records • 1. kayıt: criminal
record sabıka kaydı daily records
günlük kayıtlar 2. (müzik) plak
record player pikap
3. (spor) rekor: He holds the world
record for long jump. Uzun atlama
dünya rekoru onun elinde.
break a record rekor kırmak

recover • re.cov.er (rîkʌv´ır)
/fiil/ recovers, recovering, recovered •
kendine gelmek; iyileşmek; topar-
lanmak: recover from the shock
şoktan kurtulmak

recovery • re.cov.er.y (rîkʌv´ıri)
/isim/ 1. geri alma 2. yeniden bulma
3. iyileşme

rectangle • rec.tan.gle (rek´täng.gıl)
/isim/ çoğul rectangles • dikdörtgen

rectangular • rec.tan.gu.lar
(rektäng´gyılır) /sıfat/ dikdörtgen,
dikdörtgen biçiminde

recycle • re.cy.cle (risay´kıl)
/fiil/ recycles, recycling, recycled • geri
kazanmak: Most papers can be
recycled. Kâğıtların çoğu geri kaza-
nılabilir.

recycled • re.cy.cled (risay´kıld)
/sıfat/ geri kazanılmış: These books
are made out of recycled paper. Bu
kitaplar geri kazanılmış kâğıttan
yapılıyor.

recycling • re.cy.cling (risay´klîng)
/isim/ geri dönüşüm: recycling
center geri dönüşüm merkezi

red • red (red)
/sıfat/ redder, reddest • kırmızı, kızıl, al
red light (trafik) kırmızı ışık
the Red Crescent Kızılay
the Red Cross Kızılhaç
the Red Sea Kızıldeniz
/isim/ çoğul reds • kırmızı, kızıl, al

reduce • re.duce (rîdus´)
/fiil/ reduces, reducing, reduced • azalt-
mak, indirmek, düşürmek: reduce
costs masrafları azaltmak They've
reduced the price of books at the
store. Dükkândaki kitapların fiyatla-
rını indirdiler.

reduction • re.duc.tion (rîdʌk´şın)
/isim/ 1. azaltma, indirme, küçültme
2. çoğul reductions • indirim, ıskonto

refer • re.fer (rîfır´)
/fiil/ refers, referring, referred • to 1. -e
göndermek: The doctor has referred
me to a dentist. Doktor beni dişçiye
gönderdi. 2. -e başvurmak: Please
refer to the instructions for help. Lüt-
fen yardım için yönergeye başvurunuz.

referee • ref.er.ee (refıri´)
/isim/ çoğul referees • hakem: act
as a referee in a game bir oyunda
hakemlik yapmak

refine • re.fine (rîfayn´)
/fiil/ refines, refining, refined • arıtmak,
rafine etmek: refine sugar şekeri
rafine etmek

reflect • re.flect (rîflekt´)
/fiil/ reflects, reflecting, reflected •
yansıtmak; yansımak: His image is
reflected in the water. Onun
görüntüsü suya yansıyor.

reflection • re.flec.tion (rîflek´şın)
/isim/ çoğul reflections • yansıma

reflex • re.flex (ri´fleks)
/isim/ çoğul reflexes • tepke, yansı,
refleks: have quick reflexes hızlı
reflekslere sahip olmak
reflex movement refleks hareketi

reform • re.form (rîfôrm´)
/isim/ çoğul reforms • reform, ıslah,
düzeltme: make reforms in the
judicial system yargı sisteminde
reformlar yapmak social reform
sosyal reform

refresh • re.fresh (rîfreş´)
/fiil/ refreshes, refreshing, refreshed •
tazelemek: She refreshed herself
with a hot bath. Bir sıcak banyo ile
kendine geldi.

refrigerator • re.frig.er.a.tor
(rîfrîc´ıreytır) • /isim/ çoğul refrigerators
• **buzdolabı, soğutucu**
İng. **fridge**

refugee • ref.u.gee (ref´yûci)
/isim/ çoğul refugees • **mülteci,
sığınmacı**

refuse • re.fuse (rîfyuz´)
/fiil/ refuses, refusing, refused • **kabul
etmemek, reddetmek, geri çevirmek:**
refuse an invitation bir daveti geri
çevirmek refuse (someone's) help
(birinin) yardımını reddetmek

regard • re.gard (rîgard´)
/fiil/ regards, regarding, regarded •
1. saymak, ... gözüyle bakmak:
I regard him as a friend. Onu bir
arkadaş olarak görüyorum. **2. saygı
duymak 3. dikkatle bakmak:** She
regarded him curiously. Onu meraklı
bir şekilde süzdü.

region • re.gion (ri´cın)
/isim/ çoğul regions • **yöre, bölge:** the
mountainous regions of the continent
kıtanın dağlık bölgeleri tropical
regions tropikal bölgeler

regional • re.gion.al (ri´cınıl)
/sıfat/ **bölgesel:** regional differences
bölgesel farklılıklar regional flora
bölgesel bitki örtüsü

register • reg.is.ter (rec´îstır)
/fiil/ registers, registering, registered •
kaydetmek; kaydolmak: register
at a hotel otele kaydını yaptırmak
register for a language course bir dil
kursuna kaydolmak We registered to
vote. Oy kullanmak için kaydolduk.

registration • reg.is.tra.tion
(recîstrey´şın) /isim/ **1. kayıt, kayda
geçirme 2.** çoğul registrations • **ruhsat:**
a car registration bir araba ruhsatı

regret • re.gret (rîgret´)
/fiil/ regrets, regretting, regretted •
pişmanlık duymak; üzgün olmak:
Ask now so you won't regret later.
Şimdi sor ki sonra pişman olma.
I regret nothing. Hiçbir şeyden
pişman değilim.

regular • reg.u.lar (reg´yılır)
/sıfat/ **düzenli, kurallı; düzgün:** a
regular heartbeat düzenli bir kalp
atışı at regular intervals düzenli
aralıklarla have regular habits
düzenli alışkanlıkları olmak regular
meetings düzenli toplantılar
regular verbs (dilbilgisi) **düzenli fiiller,
kurallı fiiller**

regularly • reg.u.lar.ly (reg´yılırli)
/zarf/ **düzenli olarak:** Demet goes
to gym regularly. Demet, düzenli
olarak spor salonuna gider.

rehearsal • re.hears.al (rîhır´sıl)
/isim/ **1.** çoğul rehearsals • **(tiyatro,
müzik) prova 2. tekrarlama**

rehearse • re.hearse (rîhırs´)
/fiil/ rehearses, rehearsing, rehearsed •
(oyun, müzik v.b.'ni) **prova etmek:**
Students will rehearse the play
three days a week. Öğrenciler oyunu
haftada üç gün prova edecekler.

reindeer • rein.deer (reyn´dir)
/isim/ çoğul reindeer • **rengeyiği:**
a herd of reindeer rengeyiği sürüsü

reinforce • re.in.force (riyînfôrs´)
/fiil/ reinforces, reinforcing, reinforced •
1. **desteklemek:** reinforce one's
opinion fikrini desteklemek
2. **sağlamlaştırmak, güçlendirmek:**
reinforce a bridge bir köprüyü
sağlamlaştırmak

reject • re.ject (rîcekt´)
/fiil/ rejects, rejecting, rejected • **reddet-
mek, kabul etmemek:** He rejected
all suggestions for peace. Tüm barış
önerilerini reddetti. reject a gift bir
hediyeyi kabul etmemek

relate • re.late (rîleyt´)
/fiil/ relates, relating, related • 1. **anlat-
mak, nakletmek:** He related his
story to the jury. Hikâyesini jüriye
anlattı. 2. (arasında) **bağlantı kur-
mak** 3. to **ile ilgili olmak, ile ilgisi
olmak** 4. to **ile ilişki kurmak:** We
weren't sure how to relate to the
new student. Yeni öğrenciyle nasıl

ilişki kuracağımızdan emin değildik.

relation • re.la.tion (rîley´şın)
/isim/ çoğul relations • 1. **bağlantı, ilişki:**
have no relation ilişkisi olmamak the
relation between sleep and health
uyku ve sağlık arasındaki ilişki
in relation to 1. **hakkında** 2. **-e göre,
-e oranla**
international relations **uluslararası
ilişkiler**
2. **akraba, hısım**

relationship • re.la.tion.ship
(rîley´şınşîp) /isim/ çoğul relationships •
1. **ilişki, bağlantı:** the doctor-patient
relationship doktor hasta ilişkisi the
relationship between nutrition and
health beslenme ve sağlık arasındaki
ilişki 2. **akrabalık**

relative • rel.a.tive (rel´ıtîv)
/isim/ çoğul relatives • **akraba, hısım:**
our friends and relatives
arkadaşlarımız ve akrabalarımız
/sıfat/ **göreli, görece, bağıl:** relative
value bağıl değer
relative pronoun **ilgi zamiri**
relative to **ile ilgili olarak**

relax • re.lax (rîläks´)
/fiil/ relaxes, relaxing, relaxed • **gevşe-
mek; rahatlamak:** If you try to relax
you'll feel better. Gevşemeye çalışır-
san kendini daha iyi hissedersin.

release • re.lease (rîlis´)
/fiil/ releases, releasing, released • **ser-
best bırakmak, salıvermek:** release
a prisoner bir tutukluyu serbest
bırakmak release the balloons
balonları bırakıvermek

relevant • rel.e.vant (rel´ıvınt)
/sıfat/ 1. to ile ilgili 2. konuyla ilgili,
yerinde: What she said was not
relevant at all. Söylediklerinin
konuyla hiç ilgisi yoktu.

reliable • re.li.a.ble (rîlay´ıbıl)
/sıfat/ güvenilir, emin, sağlam:
a reliable witness güvenilir bir tanık

relief • re.lief (rîlif´)
/isim/ iç rahatlaması, ferahlama

relieve • re.lieve (rîliv´)
/fiil/ relieves, relieving, relieved •
gönlünü ferahlatmak

religion • re.li.gion (rîlîc´ın)
/isim/ çoğul religions • din: the Islamic
religion İslam dini

religious • re.li.gious (rîlîc´ıs)
/sıfat/ 1. dindar 2. dinsel

reluctant • re.luc.tant (rîlʌk´tınt)
/sıfat/ gönülsüz, isteksiz

rely • re.ly (rîlay´)
/fiil/ relies, relying, relied • on -e
güvenmek, -e bel bağlamak: I am
relying on you to keep a secret.
Sır tutacağına güveniyorum.

remain • re.main (rîmeyn´)
/fiil/ remains, remaining, remained •
1. kalmak, durmak: Everybody left
but he remained. Herkes gitti fakat o
kaldı. Let it remain as it is. Bırakın
olduğu gibi kalsın. remain silent
sessiz kalmak 2. artakalmak

remark • re.mark (rîmark´)
/isim/ çoğul remarks • söz, laf: in the
light of your remarks sözlerinizin
ışığında opening remarks açılış
sözleri unkind remarks kırıcı sözler
make a remark bir şey söylemek:
I will make a few remarks about the
new library. Yeni kütüphane hakkında
bir şeyler söyleyeceğim.

remarkable • re.mark.a.ble
(rîmar´kıbıl) /sıfat/ dikkate değer:
a remarkable achievement dikkate
değer bir başarı

remedy • rem.e.dy (rem´ıdi)
/isim/ çoğul remedies • 1. çare 2. ilaç,
deva: a remedy for flu bir grip ilacı
herbal remedy bitkisel ilaç

remember • re.mem.ber (rîmem´bır)
/fiil/ remembers, remembering,
remembered • anımsamak, hatırlamak:
Do you remember the rules of the
game? Oyunun kurallarını hatırlıyor
musun?

remind • re.mind (rîmaynd´)
/fiil/ reminds, reminding, reminded •
hatırlatmak, anımsatmak: He
reminded me to take off my hat.
Bana şapkamı çıkartmamı hatırlattı.

remote • re.mote (rîmot´)
/sıfat/ remoter, remotest • uzak; sapa,
ücra: a remote village sapa bir köy
They traveled to a remote place.
Uzak bir yere yolculuk ettiler.
remote control uzaktan kumanda

remove • re.move (rîmuv´)
/fiil/ removes, removing, removed •
1. çıkarmak: She removed them
from the class. Onları sınıftan
çıkardı. remove one's shoes

ayakkabılarını çıkarmak
2. çıkarmak, gidermek: Were
you able to remove the stain from
your shirt? Gömleğindeki lekeyi
çıkarabildin mi?

renew • re.new (rînu´)
/fiil/ renews, renewing, renewed • 1. yeni-
lemek, onarmak: We renewed our
apartment. Dairemizi yeniledik.
2. canlandırmak

¹rent • rent (rent)
/isim/ çoğul rents • kira, kira bedeli:
Rents are going up. Kiralar artıyor.
for rent kiralık

²rent • rent (rent)
/fiil/ rents, renting, rented • 1. kiralamak,
kiraya vermek: They decided to rent
the apartment. Daireyi kiralamaya
karar verdiler. 2. kiralamak, kira ile
tutmak

repair • re.pair (rîper´)
/fiil/ repairs, repairing, repaired • onarmak,
tamir etmek: He is repairing my bike.
Bisikletimi tamir ediyor.

repairman • re.pair.man (rîper´män)
/isim/ çoğul repairmen • tamirci

repeat • re.peat (rîpit´)
/fiil/ repeats, repeating, repeated • tekrar-
lamak, yinelemek: repeat a grade
bir sınıfı tekrar okumak Repeat after
me! Benden sonra tekrarlayın! repeat
an action bir hareketi yinelemek

repeatedly • re.peat.ed.ly (rîpi´tîdli)
/zarf/ tekrar tekrar, defalarca

repetition • rep.e.ti.tion (repıtîş´ın)

/isim/ 1. tekrarlama, yineleme; tekrar-
lanma, yinelenme 2. çoğul repetitions •
tekrar

repetitive • re.pet.i.tive (rîpet´ıtîv)
/sıfat/ yinelemeli, tekrarlamalı

replace • re.place (rîpleys´)
/fiil/ replaces, replacing, replaced •
1. yenilemek, yenisiyle değiştirmek:
replace a bathtub with a new one
küveti yenisiyle değiştirmek Would
you replace the light bulb? Ampulü
değiştirebilir misin? 2. (with/by) ile
yer değiştirmek, -in yerini almak
3. geri koymak: replace the receiver
(telefon ettikten sonra) ahizeyi yerine
koymak

¹reply • re.ply (rîplay´)
/fiil/ replies, replying, replied • -i
yanıtlamak, -e cevap vermek:
Did you reply to her letter? Onun
mektubunu yanıtladın mı? reply
to a question bir soruyu yanıtlamak
reply to an invitation bir davete
cevap vermek

²reply • re.ply (rîplay´)
/isim/ çoğul replies • yanıt, cevap,
karşılık: get (receive) a reply to a
letter bir mektuba yanıt almak

¹report • re.port (rîpôrt´)
/fiil/ reports, reporting, reported •
bildirmek; anlatmak: He reported
the results of his survey. Araştırma-
sının sonuçlarını bildirdi. report an
accident bir kazayı bildirmek

²report • re.port (rîpôrt´)
/isim/ çoğul reports • 1. rapor: a
reliable report güvenilir bir rapor

a report on human rights insan hakları üzerine bir rapor 2. **haber:** newspaper reports gazete haberleri

reporter • re.port.er (rîpôr´tır) /isim/ çoğul reporters • (gazete, radyo, TV) **muhabir**

represent • rep.re.sent (reprîzent´) /fiil/ represents, representing, represented • 1. -i **temsil etmek, -in temsilcisi olmak:** Çağla will represent our country at the Olympics. Çağla, olimpiyatlarda ülkemizi temsil edecek. 2. **göstermek, betimlemek:** This painting represents a village in Anatolia. Bu tablo Anadolu´daki bir köyü betimliyor.

representation • rep.re.sen.ta.tion (reprîzentey´şın) /isim/ 1. **temsil etme; temsil edilme:** representation in Parliament Parlamentoda temsil edilme 2. **gösterme, betimleme, tasvir etme:** the book's representation of the war kitabın savaşı betimlemesi

[1]**representative** • rep.re.sent.a.tive (reprîzen´tıtîv) /sıfat/ **tipik, örnek:** a representative case örnek bir vaka /isim/ çoğul representatives • **temsilci:** class representative sınıf temsilcisi

reproduce • re.pro.duce (riprıdus´) /fiil/ reproduces, reproducing, reproduced • 1. **üremek, çoğalmak; üretmek, çoğaltmak** 2. **aynını/kopyasını yapmak** 3. **yeniden oluşturmak**

reproduction • re.pro.duc.tion (riprıdʌk´şın) /isim/ 1. **üreme, çoğalma;** üretme, çoğaltma 2. çoğul reproductions • **röprodüksiyon, kopya**

reptile • rep.tile (rep´tayl, rep´tîl) /isim/ çoğul reptiles • **sürüngen**

republic • re.pub.lic (rîpʌb´lîk) /isim/ çoğul republics • **cumhuriyet:** the Republic of Turkey (the Turkish Republic) Türkiye Cumhuriyeti

reputation • rep.u.ta.tion (repıytey´şın) /isim/ çoğul reputations • **ad, ün, şöhret:** He has a reputation for being honest. Dürüstlüğü ile ünlüdür.

[1]**request** • re.quest (rîkwest´) /isim/ çoğul requests • **rica, dilek, istek:** a request for help bir yardım isteği grant a request bir ricayı kabul etmek We found his request to be reasonable. İsteğini makul bulduk. **on request** istek üzerine

[2]**request** • re.quest (rîkwest´) /fiil/ requests, requesting, requested • **rica etmek, dilemek:** He requested that we wouldn't smoke in his house. Evinde sigara içmememizi rica etti.

require • re.quire (rîkwayr´) /fiil/ requires, requiring, required • 1. **gerektirmek:** This work requires patience. Bu iş sabır ister. We are required to wear uniforms at school. Okulda üniforma giymemiz gerekiyor. **2. -e gereksinimi olmak:** We require help. Yardıma ihtiyacımız var.

requirement • re.quire.ment (rîkwayr´mınt) /isim/ çoğul requirements • **gereksinim, ihtiyaç**

¹rescue • res.cue (res´kyu) /fiil/ rescues, rescuing, rescued • **kurtarmak:** rescue a man from fire bir adamı yangından kurtarmak

²rescue • res.cue (res´kyu) /isim/ çoğul rescues • **kurtarma:** a rescue attempt bir kurtarma girişimi rescue operation kurtarma operasyonu
rescue team **kurtarma ekibi**

¹research • re.search (rîsırç´, ri´sırç) /isim/ çoğul researches • **araştırma:** According to research it is unhealthy to smoke. Araştırmalara göre sigara içmek sağlığa zararlıdır. medical research tıbbi araştırma

²research • re.search (rîsırç´, ri´sırç) /fiil/ researches, researching, researched • **araştırmak:** They are researching organic farming techniques. Organik tarım yöntemlerini araştırıyorlar.

resemble • re.sem.ble (rîzem´bıl) /fiil/ resembles, resembling, resembled • **benzemek:** Banu resembles her father. Banu, babasına benziyor.

reservation • res.er.va.tion (rezırvey´şın) /isim/ çoğul reservations • **yer ayırtma, rezervasyon:** Did you

make a reservation? Rezervasyon yaptırdınız mı?

reserve • re.serve (rîzırv´) /fiil/ reserves, reserving, reserved • **ayırtmak; ayırmak:** Did you reserve a place for us on the bus? Otobüste bize yer ayırdınız mı? reserve a ticket bir bilet ayırtmak

reserved • re.served (rîzırvd´) /sıfat/ **ayrılmış, saklanmış** All rights reserved. (hukuk) Tüm hakları saklıdır.

reside • re.side (rîzayd´) /fiil/ resides, residing, resided • **oturmak, ikamet etmek:** They reside in Turkey in the summer. Yazın Türkiye'de ikamet ediyorlar.

resident • res.i.dent (rez´ıdınt) /isim/ çoğul residents • **(bir yerde) oturan kimse, sakin:** the residents of the street sokak sakinleri

resign • re.sign (rîzayn´) /fiil/ resigns, resigning, resigned • **istifa etmek, (işten) ayrılmak:** resign for health reasons sağlık nedenleriyle işten ayrılmak resign from a job bir işten ayrılmak

resist • re.sist (rîzîst´) /fiil/ resists, resisting, resisted • **1. diren-**

mek, karşı koymak: I couldn't resist eating the last piece of cake. Son parça keki yemeden duramadım. resist a request bir isteğe karşı durmak resist an attack bir saldırıya karşı koymak 2. **direnmek, dayanmak:** resist disease hastalığa direnmek

resistance • re.sist.ance (rîzîs´tıns) /isim/ 1. **direniş:** resistance to change değişime direniş 2. **direnç:** heat resistance ısı direnci resistance to disease hastalığa karşı direnç

resolution • res.o.lu.tion (rezılu´şın) /isim/ 1. **kararlılık:** show great resolution büyük kararlılık göstermek 2. çoğul resolutions • **karar:** He made a resolution to be kinder to his brother. Erkek kardeşine daha iyi davranma kararı verdi. 3. çoğul resolutions • **çözüm:** resolution of a problem bir problemin çözümü resolution of conflict anlaşmazlığın çözümü

resolve • re.solve (rîzalv´) /fiil/ resolves, resolving, resolved • 1. **karar vermek:** Bengi resolved to go. Bengi, gitmeye karar verdi. 2. **çözmek:** resolve a problem bir sorunu çözmek

resort • re.sort (rîzôrt´) /isim/ çoğul resorts • 1. **uğrak** 2. **tatil yeri:** We will stay at a resort by the sea in July. Temmuzda deniz kenarında bir tatil yerinde kalacağız. vacation resort **tatil yeri**

resource • re.source (ri´sôrs, rîsôrs´) /isim/ çoğul resources • **kaynak:** natural resources doğal kaynaklar

¹**respect** • re.spect (rîspekt´) /isim/ çoğul respects • **saygı, hürmet:** have a deep respect for -e derin saygısı olmak have respect for the feelings of others başkalarının duygularına saygılı olmak

²**respect** • re.spect (rîspekt´) /fiil/ respects, respecting, respected • **saygı göstermek; saygı duymak**

respectable • re.spect.a.ble (rîspek´tıbıl) /sıfat/ **saygıdeğer; saygın**

respectful • re.spect.ful (rîspekt´fıl) /sıfat/ **saygılı:** They are respectful to their elders. Büyüklerine karşı saygılılar.

respiration • res.pi.ra.tion (respırey´şın) /isim/ **nefes alma, solunum:** He is having respiration problems. Onun solunum problemleri var.

respiratory • res.pi.ra.to.ry (res´pırîtôri) /sıfat/ **solunumla ilgili:** the respiratory system solunum sistemi

respond • re.spond (rîspand´) /fiil/ responds, responding, responded • 1. **yanıt vermek** 2. (to) (-e) **tepki göstermek**

response • re.sponse (rîspans´) /isim/ çoğul responses • 1. **yanıt:** He sent a positive response to my invitation. Davetime olumlu yanıt verdi. 2. **tepki:** good response iyi tepki meet with no response hiç tepki almamak

responsibility • re.spon.si.bil.i.ty (rîspansıbîl´ıti) /isim/ çoğul responsibilities • **sorumluluk:** accept respon-

sibility sorumluluğu kabullenmek
assume responsibility sorumluluğu
üstlenmek social responsibility
sosyal sorumluluk take responsibility
sorumluluk almak

responsible • re.spon.si.ble
(rîspan´sıbıl) /sıfat/ sorumlu, mesul
responsible for -den sorumlu:
Parents are responsible for their
children. Anne ve baba çocuklarından
sorumludurlar.

¹rest • rest (rest)
/isim/ çoğul rests • dinlenme: They felt
refreshed after their rest. Dinlenince
kendilerine geldiler.
get some rest biraz dinlenmek
have a rest (take a rest) dinlenmek
rest room tuvalet

²rest • rest (rest)
/fiil/ rests, resting, rested • dinlenmek:
rest one's eyes gözlerini dinlendirmek
You should rest before your concert.
Konserinden önce dinlenmelisin.

³rest • rest (rest)
/isim/ (the) kalan miktar, geri kalan,
artan: the rest of the day günün geri
kalanı You can eat the rest of the pie
if you like. İstiyorsan turtanın geri
kalanını yiyebilirsin.
all the rest kalanların tümü

restaurant • res.tau.rant (res´tırınt)
/isim/ çoğul restaurants • lokanta,
restoran: Italian restaurant İtalyan
lokantası
restaurant car bkz. dining car

restoration • res.to.ra.tion
(restırey´şın) /isim/ 1. restorasyon,
onarım 2. (yeni-den) canlandırma,
geri getirme; iyileştirme

restore • re.store (rîstor´)
/fiil/ restores, restoring, restored •
1. (yeniden) canlandırmak, geri getir-
mek; iyileştirmek: restore confidence
güven tazelemek restore health
sağlığı geri kazanmak 2. restore
etmek, onarıp eski durumuna
getirmek: They restored the ancient
ruins. Eski harabeleri restore ettiler.

restrict • re.strict (rîstrîkt´)
/fiil/ restricts, restricting, restricted • kısıt-
lamak, sınırlamak: The emergency
entrance is restricted to emergency
patients only. Acil girişi yalnız acil
hastalara ayrılmıştır.

restricted • re.strict.ed (rîstrîk´tîd)
/sıfat/ kısıtlı, sınırlı
restricted area yasak bölge

restriction • re.stric.tion (rîstrîk´şın)
/isim/ 1. çoğul restrictions • sınırlayıcı
koşul/şart 2. kısıtlama, sınırlama

¹**result • re.sult (rîzʌlt´)**
/isim/ çoğul results • **sonuç:** Aysu was happy with the result of her test. Aysu, sınav sonucundan memnundu. election results seçim sonuçları

²**result • re.sult (rîzʌlt´)**
/fiil/ results, resulting, resulted • **1.** from **-den kaynaklanmak, -den meydana gelmek:** damage that resulted from the fire yangından kaynaklanan hasar **2.** in **-e yol açmak, -e neden olmak**

retail • re.tail (ri´teyl)
/isim/ **perakende satış**
/sıfat/ **perakende:** retail price perakende fiyatı

retire • re.tire (rîtayr´)
/fiil/ retires, retiring, retired • **emekli olmak, emekliye ayrılmak:** retire early erken emekli olmak

retired • re.tired (rîtayrd´)
/sıfat/ **emekli:** My grandfather is a retired factory worker. Dedem emekli bir fabrika işçisi.

retrieve • re.trieve (rîtriv´)
/fiil/ retrieves, retrieving, retrieved • **1. geri almak, kurtarmak 2. bulup getirmek:** The dog retrieved the stick. Köpek sopayı getirdi.

¹**return • re.turn (rîtırn´)**
/fiil/ returns, returning, returned • **1. geri dönmek:** We returned from Italy by train. İtalya'dan trenle döndük. **2. geri vermek, iade etmek:** She returned the book to the library. Kitabı kütüphaneye iade etti.

²**return • re.turn (rîtırn´)**
/isim/ **1. dönüş:** return trip dönüş

yolculuğu We had a party to celebrate their return. Dönüşlerini kutlamak için bir parti verdik.
return game **rövanş maçı**
return ticket **1. dönüş bileti 2.** İng. **gidiş dönüş bileti**
2. geri verme, iade: return of the books kitapların iadesi

reveal • re.veal (rîvil´)
/fiil/ reveals, revealing, revealed •
1. açıklamak, açığa vurmak: reveal the truth gerçeği açıklamak
2. göstermek: reveal oneself kendini göstermek

revenge • re.venge (rîvenc´)
/isim/ **intikam, öç**
take revenge on **-den intikam almak**

revenue • rev.e.nue (rev´ınu)
/isim/ çoğul revenues • **1. gelir**
2. devletin geliri

reverse • re.verse (rîvırs´)
/sıfat/ **1. ters, aksi, arka 2. tersine dönmüş**
reverse gear **geri vites**

¹**review • re.view (rîvyu´)**
/fiil/ reviews, reviewing, reviewed •
1. gözden geçirmek, incelemek: She reviewed her notes for the test. Sınav için notlarını gözden geçirdi.
2. (kitap, film v.b.'nin) eleştirisini yapmak: Betül reviews books for a newspaper. Betül, bir gazetede kitap eleştirisi yapıyor.

²**review • re.view (rîvyu´)**
/isim/ çoğul reviews • **1. inceleme, gözden geçirme:** scientific review

bilimsel inceleme 2. eleştiri: book review kitap eleştirisi

revise • re.vise (rîvayz´)
/fiil/ revises, revising, revised • **gözden geçirip düzeltmek:** You should revise your homework. Ödevinizi gözden geçirip düzeltmelisiniz.

revolt • re.volt (rîvolt´)
/fiil/ revolts, revolting, revolted •
1. (against) (-e karşı) **isyan etmek, ayaklanmak** 2. **tiksindirmek**

revolution • rev.o.lu.tion (revîlu´şın)
/isim/ çoğul revolutions • **devrim, ihtilal:** the French Revolution **Fransız Devrimi** the Industrial Revolution **Sanayi Devrimi**

reward • re.ward (rîwôrd´)
/isim/ çoğul rewards • **ödül, mükâfat:** emotional reward manevi ödül financial reward para ödülü

rewrite • re.write (rirayt´)
/fiil/ rewrites, rewriting, rewrote, rewritten • **yeniden yazmak:** He rewrote the second act of the play. Oyunun ikinci perdesini yeniden yazdı. rewrite the rules kuralları yeniden yazmak

rewritten • re.writ.ten (rirît´ın)
/fiil/ bkz. rewrite

rewrote • re.wrote (rirot´)
/fiil/ bkz. rewrite

rheumatism • rheu.ma.tism (ru´mîtîzım) /isim/ **romatizma**

rhino • rhi.no (ray´no)
/isim/ çoğul rhinos/rhino • (konuşma dili) **gergedan**

rhinoceros • rhi.noc.er.os (raynas´ırıs)
/isim/ çoğul rhinoceroses/rhinoceros/ rhinoceri • **gergedan**

rhyme • rhyme (raym)
/isim/ çoğul rhymes • **uyak, kafiye:** Aykut likes poetry with rhyme. Aykut, uyaklı şiirleri sever. rhyming words uyaklı sözcükler

rhythm • rhythm (rîdh´ım)
/isim/ çoğul rhythms • **ritim**

rib • rib (rîb)
/isim/ çoğul ribs • **kaburga:** One of her ribs was broken in the accident. Kazada kaburgalarından biri kırılmış.

ribbon • rib.bon (rîb´ın)
/isim/ çoğul ribbons • **kurdele; şerit:** a present tied with red ribbon kırmızı kurdeleyle bağlı bir hediye

rice • rice (rays)
/isim/ 1. **pirinç:** rice fields pirinç tarlaları
rice pudding **sütlaç**
2. **pilav:** a bowl of rice bir tas pilav

rich • rich (rîç)
/sıfat/ richer, richest • 1. zengin, varlıklı: a rich man zengin bir adam 2. zengin, verimli: rich soil zengin toprak
/isim/ (the) (çoğul) zenginler

rid • rid (rîd)
/fiil/ rids, ridding, rid/ridded • of –den kurtarmak
get rid of -i defetmek, -i savmak; -den kurtulmak: How do we get rid of pollution? Kirliliği nasıl ortadan kaldırabiliriz?

ridden • rid.den (rîd´ın)
/fiil/ bkz. ride

ride • ride (rayd)
/fiil/ rides, riding, rode, ridden • 1. binmek: ride in a car bir arabada yolculuk etmek They rode a horse at the fair. Fuarda ata bindiler. 2. sürmek: ride a bike bir bisikleti sürmek

ridicule • rid.i.cule (rîd´îkyul)
/isim/ alay, eğlenme

ridiculous • ri.dic.u.lous (rîdîk´yılıs)
/sıfat/ 1. gülünç 2. tuhaf, saçma: She is being ridiculous. Saçmalıyor.

rifle • ri.fle (ray´fıl)
/isim/ çoğul rifles • tüfek

right • right (rayt)
/sıfat/ 1. doğru (yanlış olmayan): My answer was right. Benim yanıtım doğruydu. 2. (ahlakça) doğru: Do what's right! Doğru olanı yap! 3. haklı: You're right. Haklısın. 4. sağ, sağdaki: my right eye sağ gözüm the right lane sağ şerit 5. (geometri) dik: right angle dik açı

/zarf/ 1. tam: right here tam burada right in the middle tam ortada 2. doğru, doğru olarak: You guessed right. Doğru tahmin ettin. 3. hemen: We left right after breakfast. Kahvaltıdan hemen sonra çıktık. I'll be right back. Hemen dönerim.
right away hemen, derhal
right now 1. şimdi 2. hemen
4. doğru, doğruca, dosdoğru: She went right home. Doğru evine gitti. 5. sağa, sağa doğru: Turn right at the corner. Köşede sağa dön.
/isim/ 1. (ahlakça) doğru olan şey 2. çoğul rights • hak: equal rights eşit haklar 3. çoğul rights • yetki 4. (the) sağ taraf, sağ

rigid • rig.id (rîc´îd)
/sıfat/ 1. sert, katı: rigid plastics sert plastikler 2. katı, sıkı: He has rigid rules. Katı kuralları var.

rim • rim (rîm)
/isim/ çoğul rims • kenar: the rim of a circle bir çemberin kenarı

¹ring • ring (rîng)
/isim/ çoğul rings • 1. yüzük: a gold ring altın bir yüzük engagement ring nişan yüzüğü wedding ring alyans 2. halka, daire, çember: ring of fire ateş çemberi

²ring • ring (rîng)
/fiil/ rings, ringing, rang, rung • 1. (zili) çalmak: The guests rang the door-bell. Misafirler kapının zilini çaldılar. 2. (zil) çalmak/çalınmak: The bell rang twice. Zil iki kez çaldı. 3. İng. telefon etmek, (telefonla) aramak: She rang me in the morning. Beni sabah aradı.

ring someone up Ing. (telefonla) **birini aramak:** I'll ring her up now. Onu şimdi arayacağım.

rinse • rinse (rîns)
/fiil/ rinses, rinsing, rinsed • **1. çalkalamak, durulamak:** rinse the dishes bulaşıkları durulamak **2. suyla yıkayarak temizlemek**

riot • ri.ot (ray´ıt)
/isim/ çoğul riots • **1. kargaşa 2. ayaklanma, isyan**

rip • rip (rîp)
/fiil/ rips, ripping, ripped • **yırtmak; yırtılmak**

ripe • ripe (rayp)
/sıfat/ riper, ripest • **olmuş, olgun** (meyve): Those pears are not ripe yet. O armutlar henüz olgun değil.

rise • rise (rayz)
/fiil/ rises, rising, rose, risen • **1. yukarı çıkmak, yükselmek:** Black smoke was rising from the chimney. Bacadan kara duman yükseliyordu. **2. yükselmek, artmak:** Prices are rising. Fiyatlar artıyor. **3. kalkmak, ayağa kalkmak:** The students rose when the teacher entered the room. Öğretmen odaya girince öğrenciler ayağa kalktı. **4. kalkmak, yataktan kalkmak:** Sema rises early. Sema, sabahları erken kalkar. **5.** (güneş, ay) **doğmak:** The sun rises in the east. Güneş doğudan doğar.

risen • ris.en (rîz´ın)
/fiil/ bkz. rise

risk • risk (rîsk)
/isim/ çoğul risks • **risk, tehlike**

at risk **risk altında, tehlikede**
run a risk (take a risk) **riske girmek**

risky • risk.y (rîs´ki)
/sıfat/ riskier, riskiest • **tehlikeli, riskli:** a risky business tehlikeli bir iş a risky operation riskli bir ameliyat

ritual • rit.u.al (rîç´uwıl)
/sıfat/ **1. ayine ait, ayinle ilgili, dinsel törene ait 2. âdet edinilmiş**
/isim/ çoğul rituals • **1. ayin, ritüel 2. âdet, alışkı**

rival • ri.val (ray´vıl)
/isim/ çoğul rivals • **rakip:** without rival rakipsiz, eşsiz

river • riv.er (rîv´ır)
/isim/ çoğul rivers • **ırmak, nehir**

road • road (rod)
/isim/ çoğul roads • **yol:** main road anayol on the road yolda
hit the road (konuşma dili) **yola çıkmak**
take to the road **yola koyulmak**

roar • roar (rôr)
/fiil/ roars, roaring, roared • **1. gürlemek; gümbürdemek 2.** (aslan) **kükremek:** The lion roared. Aslan kükredi.

¹**roast** • roast (rost)
/fiil/ roasts, roasting, roasted • **1.** (fırında/ ateşte) **kızartmak 2.** (kahve v.b.'ni) **kavurmak**

²**roast** • roast (rost)
/isim/ çoğul roasts • **rosto** (kızarmış et)

rob • rob (rab)
/fiil/ robs, robbing, robbed • **soymak:** rob a bank bir banka soymak

robber • rob.ber (rab´ır)
/isim/ çoğul robbers • **soyguncu, hırsız; haydut**

robbery • rob.ber.y (rab´ıri)
/isim/ çoğul robberies • **soygun, hırsızlık:** armed robbery silahlı soygun

robot • ro.bot (ro´bat, ro´bıt)
/isim/ çoğul robots • **robot**

¹rock • rock (rak)
/isim/ çoğul rocks • **kaya:** solid as a rock kaya gibi sağlam
rock candy **akide şekeri**

²rock • rock (rak)
/fiil/ rocks, rocking, rocked • **sallamak, sarsmak:** rock the cradle beşiği sallamak
rocking chair **salıncaklı sandalye**

rocket • rock.et (rak´ît)
/isim/ çoğul rockets • **1. roket, füze 2. havai fişek**

rod • rod (rad)
/isim/ çoğul rods • **(demir, tahta) çubuk** lightning rod **paratoner**

rode • rode (rod)
/fiil/ bkz. ride

rodent • ro.dent (rod´int)
/isim/ çoğul rodents • **kemirgen hayvan**

role • role (rol)
/isim/ çoğul roles • **rol:** Rıfat will play the role of Romeo. Rıfat, Romeo rolünü oynayacak.

role-play • role-play (rol´pley)
/isim/ **rol yapma, canlandırma:** The teacher asked the students to do a role-play for a dialog. Öğretmen, öğrencilerden bir diyaloğu canlandırmalarını istedi.

roll • roll (rol)
/fiil/ rolls, rolling, rolled • **yuvarlamak; yuvarlanmak:** My dog loves to roll on the grass. Köpeğim çimde yuvarlanmayı çok seviyor.

roller • roll.er (ro´lır)
/isim/ çoğul rollers • **oklava, merdane** roller skate **tekerlekli paten**

roller-skate • roll.er-skate (ro´lır.skeyt) /fiil/ roller-skates, roller-skating, roller-skated • **tekerlekli patenle kaymak:** He roller-skated on the sidewalk. Kaldırımda tekerlekli patenle kaydı.

romance • ro.mance (romäns´)
/isim/ **1.** çoğul romances • **romantik aşk:** a romance novel bir aşk romanı
2. romantiklik

romantic • ro.man.tic (romän´tîk)
/sıfat/ romantik, duygusal

roof • roof (ruf, rûf)
/isim/ çoğul roofs • **dam; çatı:** flat roof
düz çatı

room • room (rum, rûm)
/isim/ çoğul rooms • **oda:** back room
arka oda room service oda servisi

roommate • room.mate (rum´meyt)
/isim/ çoğul roommates • **oda arkadaşı**

rooster • roost.er (rus´tır)
/isim/ çoğul roosters • **horoz**

root • root (rut, rût)
/isim/ çoğul roots • **1. kök:** root of a
tree bir ağacın kökü take root kök
salmak **2. köken, kaynak:** root of a
problem bir sorunun kaynağı

rope • rope (rop)
/isim/ çoğul ropes • **ip; halat**

rosary • ro.sa.ry (ro´zıri)
/isim/ çoğul rosaries • **tespih**

¹**rose** • rose (roz)
/isim/ **1.** çoğul roses • **gül:** a bunch of
roses bir demet gül a rose garden bir
gül bahçesi **2. açık pembe, gül rengi**

²**rose** • rose (roz)
/fiil/ bkz. **rise**

rot • rot (rat)
/fiil/ rots, rotting, rotted • **çürümek;
çürütmek:** Candy will rot your teeth.
Şeker dişlerini çürütür. rotting
leaves çürüyen yapraklar

rotate • ro.tate (ro´teyt)
/fiil/ rotates, rotating, rotated • **1. dönmek;
döndürmek 2. sırayla çalışmak**

rotten • rot.ten (rat´ın)
/sıfat/ **çürük, bozuk, çürümüş:** rotten
tomatoes çürük domatesler

rough • rough (rʌf)
/sıfat/ rougher, roughest • **1. pürüzlü:**
rough surface pürüzlü yüzey She
put cream on her rough skin.
Pürüzlü cildine krem sürdü. **2. kaba:**
a rough behavior kaba bir davranış
3. engebeli: rough road engebeli yol
4. dalgalı: rough sea dalgalı deniz
5. fırtınalı: rough weather fırtınalı
hava **6. kaba, son şeklini almamış:** a
rough drawing kaba bir çizim

roughly • rough.ly (rʌf´li)
/zarf/ **1. kabaca 2. aşağı yukarı, yak-
laşık olarak:** The town is roughly 10
kilometers away. Kasaba, yaklaşık
olarak 10 kilometre uzaklıkta.

round • round (raund)
/sıfat/ **1.** rounder, roundest • **yuvarlak;
küresel:** a round table yuvarlak bir
masa **2. yuvarlak, toparlak:** round
number yuvarlak sayı
/zarf/ **etrafta; etrafında:** The garden
has a high fence all round. Bahçenin
etrafında yüksek bir çit var.
/edat/ **-in etrafına; -in etrafında:**
They were sitting round a table. Bir
masanın etrafında oturmuşlardı.

roundabout • round.a.bout
(raund´ıbaut) /sıfat/ dolambaçlı: His
answer was roundabout, not clear.
Yanıtı açık değil, dolambaçlıydı.
/isim/ çoğul roundabouts • 1. bkz. merry
-go-round 2. bkz. traffic circle

routine • rou.tine (rutin´)
/sıfat/ alışılmış, her zamanki:
routine problems alışılmış sorunlar
/isim/ çoğul routines • 1. âdet, usul
2. alışkanlık haline gelmiş iş, rutin:
daily routines günlük uğraşılar

¹row • row (ro)
/isim/ çoğul rows • sıra, dizi: people
lined up in a row sıraya dizilmiş
insanlar

²row • row (ro)
/fiil/ rows, rowing, rowed • kürek
çekmek: They rowed down the river.
Nehir boyunca kürek çektiler.

royal • roy.al (roy´ıl)
/sıfat/ krala ait, krala yakışır: royal
family kraliyet ailesi

rub • rub (rʌb)
/fiil/ rubs, rubbing, rubbed • 1. ovmak,
ovalamak: He rubbed his chin
thoughtfully. Düşünceli bir şekilde
çenesini ovdu. 2. silmek, ovalayarak
temizlemek: rub the glass camı silmek

rubber • rub.ber (rʌb´ır)
/isim/ 1. kauçuk, lastik 2. çoğul rubbers •
bkz. eraser

rubbish • rub.bish (rʌb´îş)
/isim/ 1. İng. çöp: Please throw out
the rubbish. Lütfen çöpü at.
rubbish bin İng. çöp kutusu

2. saçma, saçmalık: I can't believe
such rubbish. Böyle bir saçmalığa
inanamam.

rucksack • ruck.sack (rʌk´säk,
rûk´säk) /isim/ çoğul rucksacks • bkz.
backpack

rude • rude (rud)
/sıfat/ ruder, rudest • kaba, kaba saba;
terbiyesiz, edepsiz: a rude man kaba
bir adam

rudely • rude.ly (rud´li)
/zarf/ kabaca: behave rudely kaba
davranmak

rug • rug (rʌg)
/isim/ çoğul rugs • halı; yaygı: Afghan
rug Afgan halısı

rugby • rug.by (rʌg´bi)
/isim/ (spor) rugbi

¹ruin • ru.in (ru´wîn)
/fiil/ ruins, ruining, ruined • harap
etmek, yıkmak; mahvetmek

²ruin • ru.in (ru´wîn)
/isim/ çoğul ruins • harabe, virane,
yıkıntı

¹rule • rule (rul)
/isim/ çoğul rules • 1. kural: rules of
the game oyunun kuralları We must
follow the rules. Kurallara uymalıyız.

as a rule **genel olarak, genellikle**
golden rule **altın kural**
2. yönetim, idare: the rule of a
country bir ülkenin yönetimi

²**rule • rule (rul)**
/fiil/ rules, ruling, ruled • **yönetmek:**
rule a nation bir ulusu yönetmek

ruler • rul.er (ru´lır)
/isim/ çoğul rulers • **1. hükümdar
2. cetvel**

rumor • ru.mor (ru´mır)
/isim/ çoğul rumors • **söylenti; dedikodu**
İng. **rumour**

run • run (rʌn)
/fiil/ runs, running, ran, run • **1. koş-
mak:** The bull was running towards
him. Boğa, ona doğru koşuyordu.
run across **-e rastlamak:** I ran
across an old friend in the street.
Caddede eski bir dosta rastladım.
run after **-in peşinden koşmak:** The
dog ran after me. Köpek beni kovaladı.
run away **kaçmak, firar etmek:** Did
the burglars run away? Hırsız kaçtı mı?
run into **1. -e rastlamak, -e rast
gelmek:** Guess who I ran into this
morning! Bu sabah kime rastladım,
tahmin et! **2. çarpmak:** They ran into
each other at full speed. Son süratle
birbirlerine çarptılar.

run over **ezmek, çiğnemek:** The
motorcycle ran over a rabbit.
Motosiklet bir tavşanı ezdi.
**2. işlemek, çalışmak; işletmek, çalış-
tırmak:** run a machine bir makineyi
çalıştırmak The trains run every
hour. Trenler her saat çalışıyor.

rung • rung (rʌng)
/fiil/ bkz. ²**ring**

runner • run.ner (rʌn´ır)
/isim/ çoğul runners • **koşucu:** a
long-distance runner bir uzun
mesafe koşucusu

rural • ru.ral (rûr´ıl)
/sıfat/ **kırsal, köye ait:** I enjoy rural
life. Köy hayatını severim.

¹**rush • rush (rʌş)**
/fiil/ rushes, rushing, rushed • **koşuştur-
mak, koşmak, acele etmek:** My dad
rushes to work every morning. Babam
her sabah işe gitmek için koşuşturur.

²**rush • rush (rʌş)**
/isim/ **koşuşturma, acele, telaş**
rush hour (iş günü) **trafiğin en yoğun
olduğu zaman**

Russia • Rus.sia (rʌş´ı)
/isim/ **Rusya**

Russian • Rus.sian (rʌş´ın)
/sıfat/ **1. Rus 2. Rusça**
/isim/ **1.** çoğul Russians • **Rus 2. Rusça**

¹**rust • rust (rʌst)**
/isim/ **1. pas 2. pas rengi**

²**rust • rust (rʌst)**
/fiil/ rusts, rusting, rusted • **paslanmak:**
Gold does not rust. Altın paslanmaz.

rusty • rust.y (rʌsˊti)
/sıfat/ rustier, rustiest • paslı, paslanmış

rutabaga • ru.ta.ba.ga (rutıbeyˊgı)
/isim/ çoğul rutabagas • şalgam

ruthless • ruth.less (ruthˊlîs)
/sıfat/ merhametsiz, acımasız, insaf-
sız: Don't be ruthless. Acımasız olma.

rye • rye (ray)
/isim/ çavdar: rye bread çavdar
ekmeği

Ss

S, s • s (es)
/isim/ S, İngiliz alfabesinin on dokuzuncu harfi

-'s • -'s (s, z, ız)
/sonek/ -in, -ın, -nin, -nın: What is your father's name? Babanın adı nedir?

sack • sack (säk)
/isim/ çoğul sacks • **torba, çuval:** flour sack un çuvalı

sacred • sa.cred (sey´krîd)
/sıfat/ **1. kutsal:** a sacred city kutsal bir şehir **2. dinsel, dini**

¹sacrifice • sac.ri.fice (säk´rıfays)
/isim/ çoğul sacrifices • **1. kurban 2. fedakârlık, özveri**

²sacrifice • sac.ri.fice (säk´rıfays)
/fiil/ sacrifices, sacrificing, sacrificed • **1. kurban etmek 2. feda etmek**

sad • sad (säd)
/sıfat/ sadder, saddest • **1. kederli, üzgün:** He was very sad when his dog died. Köpeği öldüğünde çok üzüldü. **2. üzücü, acıklı:** sad news üzücü haber

saddle • sad.dle (säd´ıl)
/isim/ çoğul saddles • **1. eyer 2. (bisiklette) sele**

safari • sa.fa.ri (sıfa´ri)
/isim/ çoğul safaris • **safari:** go on safari safariye çıkmak

¹safe • safe (seyf)
/sıfat/ safer, safest • **emin, güvenli, sağlam:** a safe place güvenli bir yer be in safe hands **emin ellerde olmak** safe and sound **sağ salim, sapasağlam**

²safe • safe (seyf)
/isim/ çoğul safes • **(değerli şeylerin konulduğu) kasa**

safety • safe.ty (seyf´ti)
/isim/ güvenlik, emniyet
safety belt **emniyet kemeri**
safety lamp **madenci feneri**
safety pin **çengelliiğne**
safety valve **emniyet supabı**

said • said (sed)
/fiil/ bkz. say

¹**sail** • sail (seyl)
/isim/ 1. çoğul sails • **yelken** 2. **yelkenli**
set sail **yelken açmak**

²**sail** • sail (seyl)
/fiil/ sails, sailing, sailed • **yelkenli ile git-
mek; gemi ile gitmek:** I sailed to the
islands. Yelkenli ile adalara gittim.

sailboat • sail.boat (seyl´bot)
/isim/ çoğul sailboats • **yelkenli tekne,
yelkenli; yelkenli gemi**
İng. sailing boat

sailing • sail.ing (sey´lîng)
/isim/ **yelkencilik**

sailor • sail.or (sey´lır)
/isim/ çoğul sailors • **gemici**

saint • saint (seynt)
/isim/ çoğul saints • **aziz, evliya**
Saint (Bir azizin adından önce) **Aziz,
Azize, Sen, Aya;** (Aziz adları bazen
yer/yapı adı olarak kullanılır.)
Saint Sophia **Ayasofya**

sake • sake (seyk)
/isim/ çoğul sakes • **hatır; uğur**
for the sake of someone (for some-
one's sake) **birinin hatırı için:** She
went there for Jale's sake. Oraya
Jale'nin hatırı için gitti.
for the sake of something (for
something's sake) **bir şey uğruna:**
for the sake of peace barış uğruna

salad • sal.ad (säl´ıd)
/isim/ çoğul salads • **salata:** potato
salad patates salatası prepare a
salad salata yapmak

salami • sa.la.mi (sıla´mi)
/isim/ **salam**

salary • sal.a.ry (säl´ıri)
/isim/ çoğul salaries • **maaş, aylık:**
Employees will receive regular
monthly salary. Çalışanlar aylık
maaşlarını düzenli olarak alacaklar.

sale • sale (seyl)
/isim/ çoğul sales • **satış**
be on sale **indirimli satılmak**
for sale **satılık**
sales clerk **tezgâhtar, satış elemanı**

salesgirl • sales.girl (seylz´gırl)
/isim/ çoğul salesgirls • **tezgâhtar (kız),
satış elemanı**

salesman • sales.man (seylz´mın)
/isim/ çoğul salesmen • **erkek tezgâhtar,
erkek satış elemanı**

saleswoman • sales.wom.an
(seylz´-wûmın) /isim/ çoğul sales-
women • **kadın tezgâhtar, kadın satış
elemanı**

saliva • sa.li.va (sılay´vı)
/isim/ salya, tükürük

salmon • salm.on (säm´ın)
/isim/ çoğul salmon/salmons • som,
sombalığı, somon

salt • salt (sôlt)
/isim/ tuz
rock salt **kayatuzu**
table salt **sofra tuzu**

saltcellar • salt.cel.lar (sôlt´selır)
/isim/ çoğul saltcellars • 1. **tuz kabı**
2. İng. (kapağı delikli) **tuzluk**

saltshaker • salt.shak.er (sôlt´şeykır)
/isim/ çoğul saltshakers • (kapağı delikli)
tuzluk

salty • salt.y (sôl´ti)
/isim/ saltier, saltiest • **tuzlu:** Why are
oceans salty? Okyanuslar neden
tuzludur?

same • same (seym)
/sıfat/ 1. **aynı, tıpkı:** Timur speaks
in the same way as his father.
Timur tıpkı babası gibi konuşuyor.
the same thing **aynı şey**
same as **ile aynı:** I live in the same
building as my friend. Arkadaşımla
aynı apartmanda oturuyorum.
2. **eşit:** the same amount eşit miktar

sample • sam.ple (säm´pıl)
/isim/ çoğul samples • **örnek, numune;
model:** Can you show me a sample of
your writings? Bana yazdıklarından
bir örnek gösterebilir misin?

sand • sand (sänd)
/isim/ **kum:** grain of sand kum tanesi

sandcastle • sand.cas.tle (sänd´käsıl)
/isim/ çoğul sandcastles • **kumdan kale**

sandpaper • sand.pa.per (sänd´peypır)
/isim/ **zımpara kâğıdı**

sandstorm • sand.storm (sänd´stôrm)
/isim/ çoğul sandstorms • **kum fırtınası**

sandwich • sand.wich (sänd´wîç)
/isim/ çoğul sandwiches • **sandviç:** a
delicious chicken sandwich lezzetli
bir tavuklu sandviç

sandy • sand.y (sän´di)
/sıfat/ sandier, sandiest • 1. **kumlu**
2. **kum rengi**

sang • sang (säng)
/fiil/ bkz. **sing**

sank • sank (sängk)
/fiil/ bkz. ¹**sink**

Santa Claus • San.ta Claus
(sän´tı klôz) /isim/ **Noel Baba**
İng. Father Christmas

sat →→→

sat • sat (sät)
/fiil/ bkz. sit

satellite • sat.el.lite (sät´ılayt)
/isim/ çoğul satellites • uydu: The Moon is a satellite of the Earth. Ay, Dünya'nın uydusudur. artificial satellite yapay uydu satellite dish uydu anten, çanak anten

satisfaction • sat.is.fac.tion (sätîsfäk´şın) /isim/ hoşnutluk, memnuniyet; tatmin: customer satisfaction müşteri memnuniyeti

satisfactory • sat.is.fac.to.ry (sätîsfäk´tıri) /sıfat/ hoşnut edici; tatminkâr: a satisfactory work tatminkâr bir çalışma

satisfy • sat.is.fy (sät´îsfay) /fiil/ satisfies, satisfying, satisfied • hoşnut etmek, memnun etmek; tatmin etmek: How do we satisfy the customers? Müşterileri nasıl memnun edebiliriz?

Saturday • Sat.ur.day (sät´ırdi, sät´ırdey) /isim/ çoğul Saturdays • cumartesi

sauce • sauce (sôs) /isim/ çoğul sauces • salça, sos: chocolate sauce çikolatalı sos hot sauce acı biber sosu

saucepan • sauce.pan (sôs´pän) /isim/ çoğul saucepans • uzun saplı tencere

saucer • sau.cer (sô´sır) /isim/ çoğul saucers • çay tabağı, fincan tabağı: glass saucer cam çay tabağı flying saucer (hayal ürünü) uçan daire

sausage • sau.sage (sô´sîc) /isim/ çoğul sausages • sosis; sucuk: sausage sandwich sosisli sandviç

savage • sav.age (säv´îc) /sıfat/ vahşi, yabani

save • save (seyv) /fiil/ saves, saving, saved • 1. kurtarmak; korumak: The lifeguard saved him from drowning yesterday. Cankurtaran dün onu boğulmaktan kurtardı. save face görünüşü kurtarmak 2. biriktirmek: save money para biriktirmek 3. -den tasarruf etmek 4. (bilgisayar) kaydetmek: Save this file onto the computer. Bu dosyayı bilgisayara kaydet.

¹saw • saw (sô) /isim/ çoğul saws • testere, bıçkı

²saw • saw (sô) /fiil/ bkz. see

saxophone • sax.o.phone (säk´sıfon) /isim/ çoğul saxophones • saksofon

say • say (sey) /fiil/ says, saying, said • demek, söylemek: What did you say to them? Onlara ne dedin? say to oneself düşünmek, kendi kendine demek: I said to myself,

"Never again". "Bir daha asla," dedim
kendime.
that is to say yani, demek ki: That is
to say you should not believe every-
thing you read. Demek ki her okudu-
ğuna inanmamalısın.
You don't say! (konuşma dili) Yok
canım!

saying • say.ing (sey´îng)
/isim/ çoğul sayings • 1. söz, laf 2. ata-
sözü; özdeyiş

scale • scale (skeyl)
/isim/ çoğul scales • 1. (balık, sürün-
gen v.b.'nde) pul 2. ölçek, skala
3. terazi gözü, kefe
scales terazi, tartı

scan • scan (skän)
/fiil/ scans, scanning, scanned • 1. göz-
den geçirmek: scan a newspaper bir
gazeteyi gözden geçirmek scan a
letter from top to bottom bir mektubu
baştan sona incelemek 2. (bilgisayar)
taramak

scanner • scan.ner (skän´ır)
/fiil/ çoğul scanners • (bilgisayar) tarayıcı

scar • scar (skar)
/isim/ çoğul scars • yara izi: He has a
scar on his right arm. Sağ kolunda
bir yara izi var.

scarce • scarce (skers)
/sıfat/ scarcer, scarcest • seyrek, nadir;
kıt: scarce resources kıt kaynaklar

scare • scare (sker)
/fiil/ scares, scaring, scared • korkut-
mak, ürkütmek: Did I scare you?
Sizi korkuttum mu?

scarecrow • scare.crow (sker´kro)
/isim/ çoğul scarecrows • korkuluk,
bostan korkuluğu

scared • scared (skerd)
/sıfat/ korkmuş, ürkmüş
be scared of -den korkmak: Don't
be scared of the dark. Karanlıktan
korkmayın.

scarf • scarf (skarf)
/isim/ çoğul scarfs/scarves • eşarp;
boyun atkısı, kaşkol: Her mother
knitted a scarf for her. Annesi ona
bir kaşkol ördü.

scarlet • scar.let (skar´lît)
/isim, sıfat/ al, kırmızı
scarlet fever kızıl (hastalığı)

scary • scar.y (sker´i)
/sıfat/ scarier, scariest • korku veren,
korkutucu, korkunç: a scary story
korku veren bir öykü

scatter • scat.ter (skät´ır)
/fiil/ scatters, scattering, scattered • dağıt-
mak, yaymak; serpmek, saçmak

scene • scene (sin)
/isim/ çoğul scenes • 1. (tiyatro, sinema,
TV) sahne: That scene was very
funny. O sahne çok komikti.
2. manzara, görünüm: winter scene
kış manzarası 3. olay yeri: the scene
of the accident kaza yeri

scenery • scen.er.y (si´nıri)
/isim/ 1. doğal manzara 2. (tiyatro)
dekor

scent • scent (sent)
/isim/ çoğul scents • 1. koku; güzel
koku 2. (hayvanın ardında bıraktığı)
koku 3. parfüm

scepter • scep.ter (sep´tır)
/isim/ çoğul scepters • asa, kral asası
İng. sceptre

schedule • sched.ule (skec´ul,
İng. şed´yul) /isim/ çoğul schedules •
1. program: a very full schedule çok
yoğun bir program ahead of schedule
planlanandan önce behind schedule
planlanandan geç on schedule plan-
landığı gibi
2. (tren, otobüs, uçak v.b.´ne ait)
tarife: boat schedule vapur tarifesi
İng. timetable
3. liste

scheme • scheme (skim)
/isim/ çoğul schemes • İng. plan, proje:
an imaginative scheme yaratıcı bir
proje training scheme eğitim planı
We came up with a brilliant scheme.
Dahice bir plan bulduk.

scholar • schol.ar (skal´ır)
/isim/ çoğul scholars • bilgin: He is a
young scholar. O genç bir bilgindir.

scholarship • schol.ar.ship
(skal´ırşîp) /isim/ 1. ilim, bilim
2. çoğul scholarships • burs
scholarship holder bursiyer

school • school (skul)
/isim/ çoğul schools • 1. okul: private

school özel okul public school
devlet okulu school age okul çağı
2. (üniversitede) fakülte

schoolbag • school.bag (skul´bäg)
/isim/ çoğul schoolbags • okul çantası

schoolboy • school.boy (skul´boy)
/isim/ çoğul schoolboys • erkek öğrenci

schoolgirl • school.girl (skul´gırl)
/isim/ çoğul schoolgirls • kız öğrenci

schoolyard • school.yard (skul´yard)
/isim/ çoğul schoolyards • (okulda)
oyun sahası

science • sci.ence (say´ıns)
/isim/ 1. fen, bilim 2. çoğul sciences •
bilim dalı
science fiction bilimkurgu

scientific • sci.en.tif.ic (sayıntîf´îk)
/sıfat/ bilimsel: a scientific research
bilimsel bir araştırma

scientist • sci.en.tist (say´ıntîst)
/isim/ çoğul scientists • bilim insanı

scissors • scis.sors (sîz´ırz)
/isim/ (çoğul) (kesme aleti olarak)
makas: nail scissors tırnak makası
a pair of scissors makas

scold • scold (skold)
/fiil/ scolds, scolding, scolded • azarla-
mak, paylamak: The naughty child's
mother scolded him. Annesi yaramaz
çocuğu azarladı.

scope • scope (skop)
/isim/ 1. saha, alan; faaliyet alanı
2. olanak, fırsat 3. kapsam: the scope

of the project projenin kapsamı

¹score • score (skôr)
/isim/ çoğul scores • 1. (maç, oyun, yarışma v.b.'nde) sayı, puan, skor: final score maç sonucu high score yüksek skor What's the score? Kaça kaç?/ Durum nedir? 2. (sınavda) kazanılan puan, alınan not

²score • score (skôr)
/fiil/ scores, scoring, scored • 1. (spor, maç, oyun, yarışma v.b.'nde) sayı yapmak, puan kazanmak; gol atmak 2. (sınavda) (belirli miktarda) puan tutturmak, not almak

scorpion • scor.pi.on (skôr´piyın)
/isim/ çoğul scorpions • akrep: scorpion's tail akrebin kuyruğu scorpion venom akrep zehiri

Scotland • Scot.land (skat´lınd)
/isim/ İskoçya

Scotsman • Scots.man (skats´mın)
/isim/ çoğul Scotsmen • İskoçyalı erkek, İskoçyalı

Scotswoman • Scots.wom.an (skats´wûmın) /isim/ çoğul Scotswomen • İskoçyalı kadın, İskoçyalı

Scottish • Scot.tish (skat´îş)
/sıfat/ İskoç

scout • scout (skaut)
/isim/ çoğul scouts • izci: boy scout erkek izci girl scout kız izci

scrap • scrap (skräp)
/isim/ 1. çoğul scraps • ufak parça, kırıntı, zerre 2. atık, kırpıntı, hurda, döküntü

scrape • scrape (skreyp)
/fiil/ scrapes, scraping, scraped • 1. kazımak: scrape a surface bir yüzeyi kazımak 2. sıyırmak: He fell off his bike and scraped his knee. Bisikletten düştü ve dizini sıyırdı.

¹scratch • scratch (skräç)
/fiil/ scratches, scratching, scratched • 1. tırmalamak: That cat scratched me. O kedi beni tırmaladı. 2. kaşımak: He scratched his head and kept on thinking. Başını kaşıdı ve düşünmeye devam etti.

²scratch • scratch (skräç)
/isim/ çoğul scratches • çizik, sıyrık: thorn scratch diken çiziği scratch paper karalama kâğıdı, müsvedde kâğıdı start from scratch sıfırdan başlamak

¹scream • scream (skrim)
/fiil/ screams, screaming, screamed • 1. çığlık atmak: Why did he scream last night? Dün gece neden çığlık attı? 2. at -e bağırmak: His father screamed at him in anger. Babası ona kızgınlıkla bağırdı.

²scream • scream (skrim)
/isim/ çoğul screams • feryat, çığlık: Did you hear that scream? O çığlığı duydun mu?

screen • screen (skrin)
/isim/ çoğul screens • 1. ekran:
computer screen bilgisayar ekranı
radar screen radar ekranı
movie screen beyazperde
2. bölme, paravana

screenplay • screen.play (skrin´pley)
/isim/ çoğul screenplays • (sinema)
senaryo

screw • screw (skru)
/isim/ çoğul screws • vida: screw nut
cıvata somunu

screwdriver • screw.driv.er
(skru´drayvır) /isim/ çoğul screwdrivers •
tornavida

script • script (skrîpt)
/isim/ çoğul scripts • 1. el yazısı
2. (sinema, tiyatro) senaryo: movie
script film senaryosu

¹scrub • scrub (skrʌb)
/isim/ çalılık, fundalık, maki

²scrub • scrub (skrʌb)
/fiil/ scrubs, scrubbing, scrubbed •
ovmak, fırçalayarak temizlemek

scuba • scu.ba (sku´bı)
/isim/ çoğul scubas • sualtı oksijen tüpü
scuba diver balıkadam
scuba diving aletli dalış

sculptor • sculp.tor (skʌlp´tır)
/isim/ çoğul sculptors • heykeltıraş

sculpture • sculp.ture (skʌlp´çır)
/isim/ 1. çoğul sculptures • heykel:
bronze sculpture bronz heykel
sculpture in stone taştan heykel
sculpture of a bull bir boğa heykeli
2. heykeltıraşlık

sea • sea (si)
/isim/ çoğul seas • deniz
sea horse denizatı
sea urchin denizkestanesi

seafood • sea.food (si´fud)
/isim/ deniz ürünü

seagull • sea.gull (si´gʌl)
/isim/ çoğul seagulls • martı

¹seal • seal (sil)
/isim/ çoğul seals • 1. fok, ayıbalığı
2. mühür, damga

²seal • seal (sil)
/fiil/ seals, sealing, sealed • mühürlemek,
damgalamak

seam • seam (sim)
/isim/ çoğul seams • dikiş yeri, dikiş

¹search • search (sırç)
/fiil/ searches, searching, searched •
araştırmak, aramak: She searched

around for a clue. Çevrede bir ipucu aradı.

²search • search (sırç)
/isim/ çoğul searches • araştırma, arama
search and rescue team arama ve kurtarma ekibi
search team arama ekibi
search warrant arama emri

seashell • sea.shell (si´şel)
/isim/ çoğul seashells • deniz kabuğu

seashore • sea.shore (si´şor)
/isim/ deniz kıyısı

seasick • sea.sick (si´sîk)
/sıfat/ deniz tutmuş

seaside • sea.side (si´sayd)
/isim/ deniz kenarı, sahil

season • sea.son (si´zın)
/isim/ çoğul seasons • 1. mevsim:
Spring is my favorite season.
İlkbahar, en sevdiğim mevsimdir.
2. sezon (etkinlik dönemi): soccer season futbol sezonu

seasoning • sea.son.ing (si´zınîng)
/isim/ çeşnilik, baharat

seat • seat (sit)
/isim/ çoğul seats • 1. oturacak yer, koltuk, sandalye: There weren't enough seats in the stadium. Stadyumda yeteri kadar oturacak yer yoktu.
seat belt emniyet kemeri
take a seat oturmak: Please take a seat and listen to the story. Lütfen oturun ve öyküyü dinleyin. 2. koltuk, makam, mevki, yer: Haluk lost his seat in the election. Haluk, seçimde koltuğunu kaybetti.

seaweed • sea.weed (si´wid)
/isim/ yosun

second • sec.ond (sek´ınd)
/sıfat/ ikinci: second floor ikinci kat
/isim/ 1. ikinci (ıkıncı kimse/şey):
the second of the four questions dört sorudan ikincisi 2. çoğul seconds •
saniye: second hand saniye ibresi

secondary • sec.ond.ar.y (sek´ınderi)
/sıfat/ ikincil, tali: secondary road tali yol secondary source ikincil kaynak

secondhand • sec.ond.hand
(sek´ınd-händ´) /sıfat/ ikinci el, kullanılmış, elden düşme: secondhand car ikinci el araba

secret • se.cret (si´krît)
/sıfat/ gizli, saklı: secret document gizli belge
secret service gizli servis
top secret çok gizli
/isim/ çoğul secrets • sır: the secret of success başarının sırrı
in secret gizlice: She left home in secret. Evi gizlice terk etti.
keep a secret sır tutmak, sır saklamak
open secret herkesçe bilinen sır

secretary • sec.re.tar.y (sek´rıteri)
/isim/ çoğul secretaries • sekreter, yazman: private secretary özel sekreter
the Secretary of State (ABD) Dışişleri Bakanı

secretly • se.cret.ly (si´krîtli)
/zarf/ gizlice; el altından

section • sec.tion (sek´şın)
/isim/ çoğul sections • kısım, parça, bölüm: A section of the forest burned. Ormanın bir kısmı yandı.

secular • sec.u.lar (sek´yılır)
/sıfat/ **laik**: secular education
laik eğitim

secularism • sec.u.lar.ism
(sek´yılırîzım) /isim/ **laiklik**

secure • se.cure (sîkyûr´)
/sıfat/ **emin, sağlam, güvenli**:
a secure job sağlam bir iş a secure
place güvenli bir yer

security • se.cu.ri.ty (sîkyûr´ıti)
/isim/ **güvenlik**: security measures
güvenlik önlemleri
security guard, security man **güven-
lik görevlisi**

see • see (si)
/fiil/ sees, seeing, saw, seen • **1. görmek**:
I looked for you but couldn't see you
anywhere. Seni aradım ama hiçbir
yerde göremedim. **2. bakmak**: For
more information, see page 276.
Daha fazla bilgi için 276´ncı sayfaya
bakınız. **3. görüşmek**: See you next
year. Gelecek yıl görüşürüz.
See you! (konuşma dili) Görüşürüz!

seed • seed (sid)
/isim/ çoğul seed/seeds • **1. tohum**:
flower seeds çiçek tohumları
2. çekirdek: the seeds of a fruit bir
meyvenin çekirdekleri

seek • seek (sik)
/fiil/ seeks, seeking, sought • **aramak,
araştırmak**: seek employment iş
aramak

seem • seem (sim)
/fiil/ seems, seeming, seemed • **1. görün-
mek, gözükmek, benzemek**: seem
happy mutlu gözükmek **2. gibi**

gelmek: It seems impossible to me.
Olmaz gibi geliyor bana.

seen • seen (sin)
/fiil/ bkz. **see**

seesaw • see.saw (si´sô)
/isim/ çoğul seesaws • **tahterevalli**

segment • seg.ment (seg´mınt)
/isim/ çoğul segments • **parça, bölüm,
kısım, kesim, dilim**

seize • seize (siz)
/fiil/ seizes, seizing, seized • **tutmak,
yakalamak**: Seize the day! Anı yakala!

seldom • sel.dom (sel´dım)
/zarf/ **nadiren, pek az, seyrek**:
I seldom see him these days.
Onu bugünlerde pek az görüyorum.

select • se.lect (sîlekt´)
/fiil/ selects, selecting, selected • **seçmek,
ayırmak**: You need to select your
friends carefully. Arkadaşlarını
dikkatle seçmelisin.

selection • se.lec.tion (sîlek´şın)
/isim/ **1. seçme, ayırma 2.** çoğul selec-
tions • **seçme, seçme parça 3.** çoğul
selections • **seçilmiş kimse veya şey**

self • self (self)
/isim/ **1. kendi, öz varlık 2.** çoğul selves •
taraf, yön: his better self onun iyi tarafı

self-confidence • self-con.fi.dence
(self´kan´fıdıns) /isim/ özgüven,
kendine güven

selfish • self.ish (sel´fîş)
/sıfat/ **bencil:** a selfish person bencil
bir kişi

self-service • self-ser.vice
(self´sır´vîs) /sıfat, isim/ selfservis

sell • sell (sel)
/fiil/ sells, selling, sold • **satmak; satıl-
mak:** I'm trying to sell my sailboat.
Yelkenli teknemi satmaya çalışıyorum.
sell something off **bir şeyi elden
çıkarmak:** He sold his car off for cash.
Peşin paraya arabasını elden çıkardı.

semester • se.mes.ter (sîmes´tır)
/isim/ çoğul semesters • **yarıyıl, dönem:**
Şener's grades were good in the
first semester. İlk yarıyılda Şener'in
notları iyiydi.

semicolon • sem.i.co.lon (sem´îkolın)
/isim/ çoğul semicolons • **noktalı virgül**

send • send (send)
/fiil/ sends, sending, sent • **göndermek:**
send a letter bir mektup göndermek
send information bilgi göndermek
send away **kovmak, uzaklaştırmak:**
How can I send him away? Onu nasıl
kovabilirim?
send back **geri göndermek:** Send the
package back to where it came from.
Paketi geldiği yere geri gönderin.

sender • send.er (sen´dır)
/isim/ çoğul senders • **gönderici,
gönderen**

senior • sen.ior (sin´yır)
/sıfat/ **1. yaşça büyük:** senior citizens
yaşlı vatandaşlar **2. kıdemli**

sense • sense (sens)
/isim/ **1.** çoğul senses • **duyu, his:**
We have five senses: sight, hearing,
touch, taste, and smell. Beş duyumuz
var: görme, işitme, dokunma, tatma
ve koklama.
sixth sense **altıncı his**
2. akıl, zekâ
common sense **sağduyu**
make sense **1. açık bir anlamı olmak,
anlaşılır olmak 2. akla uygun olmak:**
That makes sense to me. Bu bana
akıllıca geliyor.

sensible • sen.si.ble (sen´sıbıl)
/sıfat/ **mantıklı, akla uygun**

sensitive • sen.si.tive (sen´sıtîv)
/sıfat/ **duyarlı, hassas:** a highly
sensitive person aşırı duyarlı bir
kimse sensitive skin hassas cilt
sensitive to **-e duyarlı:** sensitive to
criticism eleştiriye duyarlı

sensitivity • sen.si.tiv.i.ty (sensıtîv´ıti)
/isim/ (to) **(-e) duyarlılık, (-e) has-
sasiyet:** sensitivity to light ışığa
duyarlılık

sent • sent (sent)
/fiil/ bkz. **send**

sentence • sen.tence (sen´tıns)
/isim/ çoğul sentences • **cümle:** Every
sentence begins with a capital letter.
Her cümle büyük harfle başlar.

sentiment • sen.ti.ment (sen´tımınt)
/isim/ **1. duygu, his 2.** çoğul sentiments •

(duygulardan kaynaklanan) düşünce, kanı, görüş

¹**separate** • sep.a.rate (sep´ıreyt)
/fiil/ separates, separating, separated • **ayırmak, bölmek; ayrılmak**: separate an egg yolk from the white yumurtanın sarısını beyazından ayırmak They separated the players into two groups. Oyuncuları iki gruba ayırdılar.

²**separate** • sep.a.rate (sep´ırît, sep´rît) /sıfat/ **ayrı**: separate rooms ayrı odalar This word has two separate meanings. Bu sözcüğün iki ayrı anlamı var.

separately • sep.a.rate.ly (sep´ırîtli) /zarf/ **ayrı ayrı, birbirinden ayrı olarak**: Please wrap the gifts separately. Hediyeleri ayrı ayrı paketleyin lütfen.

September • Sep.tem.ber (septem´bır) /isim/ **eylül**

sequence • se.quence (si´kwıns) /isim/ çoğul sequences • **sıra, düzen; seri, dizi**

sergeant • ser.geant (sar´cınt) /isim/ çoğul sergeants • **1. çavuş 2. komiser muavini**

serial • se.ri.al (sir´îyıl) /sıfat/ **seri halinde olan**: serial number seri numarası

series • se.ries (sir´iz) /isim/ çoğul series • **1. sıra**: a series of shops bir sıra dükkân **2. seri, dizi**: a series of events bir dizi olay **3. (sinema, TV) dizi**: There is a new TV series on channel one. Birinci kanalda yeni bir dizi var.

serious • se.ri.ous (sir´îyıs) /sıfat/ **1. ciddi, ağırbaşlı**: a serious person ağırbaşlı bir kimse **2. önemli, ciddi**: a serious problem önemli bir sorun

seriously • se.ri.ous.ly (sir´îyısli) /zarf/ **ciddi biçimde, ciddi olarak**: He was seriously injured. Ciddi biçimde yaralandı.

servant • ser.vant (sır´vınt) /isim/ çoğul servants • **hizmetçi, uşak**

serve • serve (sırv) /fiil/ serves, serving, served • **1. hizmet etmek**: serve one's country ülkesine hizmet etmek **2. servis yapmak**: When should I serve the salad? Salata servisini ne zaman yapayım?

service • ser.vice (sır´vîs) /isim/ çoğul services • **hizmet, görev**: public service kamu hizmeti twenty years' service in the library kütüphanede yirmi yıllık hizmet

session • ses.sion (seş´ın) /isim/ çoğul sessions • **oturum, birleşim, celse; toplantı**

¹**set** • set (set) /fiil/ sets, setting, set • **1. koymak, yerleştirmek**: Set the book on the table. Kitabı masaya koy.
set a place in order **bir yeri düzene sokmak**: You should set the house in order before leaving. Çıkmadan önce evi toplamalısın.
set free **serbest bırakmak**: In a few days they will set him free. Birkaç gün içinde onu serbest bırakırlar. **3. saptamak**: Have you set a date?

Bir tarih belirlediniz mi?
set a high value on **-e çok değer
vermek:** We set a high value on
human life. İnsan yaşamına çok
değer veriyoruz.
4. (saati) **ayarlamak:** set a clock
back saati geriye almak set a clock
forward saati ileriye almak
5. (sofrayı) **kurmak:** Set the table for
dinner. Yemek için sofrayı hazırlayın.
6. (güneş, ay, yıldızlar) **batmak**

²**set** • set (set)
/isim/ çoğul sets • **1. takım, grup:** tea
set çay takımı **2.** (tenis, voleybol) **set:**
I lost the first set in our tennis match.
Tenis maçında ilk seti kaybettim.

settle • set.tle (set´ıl)
/fiil/ settles, settling, settled • **1.** (birini)
-e yerleştirmek; (biri) **-e yerleşmek:**
They eventually settled in Eskişehir.
Sonunda Eskişehir'e yerleştiler.
2. (kuş) **konmak:** The bird settled on
a branch. Kuş bir dala kondu.
**3. yatışmak, sakinleşmek, durulmak;
yatıştırmak, sakinleştirmek, düzelt-
mek. 4. saptamak, kararlaştırmak
5.** (bir sorunu) **çözmek, halletmek**

settlement • set.tle.ment (set´ılmınt)
/isim/ **1. yerleştirme, iskân; yerleşme.
2.** çoğul settlements • **yeni yerleşim
bölgesi 3. anlaşma, uzlaşma; hal-
letme, çözüme bağlama, karar**

seven • sev.en (sev´ın)
/isim, sıfat/ **yedi** the Seven Wonders
of the World dünyanın yedi harikası

seventeen • sev.en.teen (sevıntin´)
/isim, sıfat/ **on yedi**

seventeenth • sev.en.teenth
(sevıntinth´) /sıfat, isim/ **1. on yedinci
2. on yedide bir**

seventh • sev.enth (sev´ınth)
/sıfat, isim/ **1. yedinci 2. yedide bir**

seventieth • sev.en.ti.eth (sev´ıntiyıth)
/sıfat, isim/ **1. yetmişinci 2. yetmişte bir**

seventy • sev.en.ty (sev´ınti)
/isim, sıfat/ **yetmiş**

several • sev.er.al (sev´ırıl)
/sıfat/ **birkaç:** several hours later
birkaç saat sonra

severe • se.vere (sîvîr´)
/sıfat/ severer, severest • **1. sert, katı:**
a severe punishment ağır bir ceza
2. şiddetli: a severe headache
şiddetli bir baş ağrısı a severe
storm şiddetli bir fırtına

sew • sew (so)
/fiil/ sews, sewing, sewed, sewn/sewed •
(dikiş) **dikmek:** She is learning how
to sew. Dikiş dikmeyi öğreniyor.

sewage • sew.age (su´wîc)
/isim/ **pissu, lağım suyu**

sewing • sew.ing (so´wîng)
/isim/ **dikim, dikiş**
sewing machine **dikiş makinesi**

sewn • sewn (son)
/fiil/ bkz. sew

shabby • shab.by (şäb´i)
/sıfat/ shabbier, shabbiest • 1. eski püs-
kü, yırtık pırtık: shabby clothes eski
püskü giysiler 2. hırpani, üstü başı
eski püskü

shade • shade (şeyd)
/isim/ 1. gölgelik, gölge, gölgeli yer:
give shade gölge yapmak
leave/put someone/something in
the shade birini/bir şeyi gölgede
bırakmak: His performance put all
the other participants in the shade.
Performansı, diğer katılımcıları
gölgede bıraktı.
2. (resimde) gölge 3. çoğul shades • renk
tonu: shades of blue mavinin tonları

shadow • shad.ow (şäd´o)
/isim/ çoğul shadows • gölge
live in someone's shadow birinin
gölgesinde yaşamak
shadow play gölge oyunu

shake • shake (şeyk)
/fiil/ shakes, shaking, shook, shaken •
sarsmak; çalkalamak; sallamak;
silkelemek: Don't shake the milk
bottle. Süt şişesini çalkalama.
Shake a leg! (konuşma dili) Çabuk ol!
shake hands with ile el sıkışmak

shaken • shak.en (şey´kın)
/fiil/ bkz. shake

shall • shall (şäl)
/yardımcı fiil/ should • (Gelecek zaman
kipinde kullanılır.) -ecek, -acak:
I shall go to Samsun soon. Yakında
Samsun'a gideceğim.
Shall I ...? -ebilir miyim?: Shall I

help you? Yardımcı olabilir miyim?
shan't → shall not

shallow • shal.low (şäl´o)
/sıfat/ shallower, shallowest • sığ:
shallow water sığ su

¹shame • shame (şeym)
/isim/ utanç
bring shame on -i rezil etmek
For shame! Ne ayıp!, Utan!
Shame on you! Utan!

²shame • shame (şeym)
/fiil/ shames, shaming, shamed •
utandırmak, rezil etmek

shampoo • sham.poo (şämpu´)
/isim/ çoğul shampoos • şampuan

shape • shape (şeyp)
/isim/ çoğul shapes • biçim, şekil:
Draw a nine-sided shape. Dokuz
kenarlı bir şekil çizin.
in the shape of ... ... şeklinde: a cake
in the shape of a ladybug uğurböceği
biçiminde bir pasta
take shape biçimlenmeye başlamak:
The plan took shape in their minds.
Plan önce kafalarında şekillendi.

¹share • share (şer)
/fiil/ shares, sharing, shared • paylaş-
mak, bölüşmek: We share a long
border with Iran. İran'la geniş bir
sınırı paylaşıyoruz.

²share • share (şer)
/isim/ çoğul shares • **pay, hisse:** He lost
his share of the money. Paradaki payı-
nı kaybetti. market share pazar payı
go shares **paylaşmak**
have a share in **-de payı olmak:** All
members have a share in the profit.
Kârda tüm üyelerin payı var.

shark • shark (şark)
/isim/ çoğul sharks • **köpekbalığı**

sharp • sharp (şarp)
/sıfat/ sharper, sharpest • **1. keskin:** a
sharp knife keskin bir bıçak **2. sivri
uçlu:** a sharp needle sivri bir iğne
3. ani (yükseliş/düşüş/dönüş): a sharp
drop in prices fiyatlarda ani düşüş
We came to a sharp bend in the
road. Yolda keskin bir viraja geldik.
look sharp **şık olmak**

sharpen • sharp.en (şar´pın)
/fiil/ sharpens, sharpening, sharpened •
bilemek; sivriltmek: sharpen a pencil
kalemin ucunu sivriltmek

sharp-eyed • sharp-eyed (şarp´ayd´)
/sıfat/ **keskin gözlü**

shatter • shat.ter (şät´ır)
/fiil/ shatters, shattering, shattered •
1. paramparça etmek: The vase was
shattered. Vazo paramparça oldu.
2. mahvetmek, bozmak

shave • shave (şeyv)
/fiil/ shaves, shaving, shaved, shaved/
shaven • **1. sakal tıraşı olmak:**
He shaves every morning. Her sabah
sakal tıraşı oluyor. **2. tıraş etmek.**

shaven • shav.en (şey´vın)
/fiil/ bkz. shave

shawl • shawl (şôl)
/isim/ çoğul shawls • **şal, atkı**

she • she (şi)
/zamir/ (dişil) **o:** She is taller than
me. O, benden uzun.
she'd → 1. she had 2. she would
she'll → she will, she shall
she's → 1. she is 2. she has

sheep • sheep (şip)
/isim/ çoğul sheep • **koyun**
black sheep **ailenin yüzkarası**

sheet • sheet (şit)
/isim/ çoğul sheets • **1. yatak çarşafı,
çarşaf 2. (kâğıt için) yaprak:** sheet of
paper tabaka kâğıt
sheet metal (ince metal tabaka) **sac**

shelf • shelf (şelf)
/isim/ çoğul shelves • **raf:** He put all
the books on the top shelf. Bütün
kitapları üst rafa koydu.

shell • shell (şel)
/isim/ çoğul shells • (sert) **kabuk:**
oyster shell istiridye kabuğu

shelter • shel.ter (şel´tır)
/isim/ çoğul shelters • **sığınak; korunak;
barınak:** air-raid shelter hava saldı-
rısı sığınağı animal shelter hayvan
barınağı

shelve • shelve (şelv)
/fiil/ shelves, shelving, shelved •
1. rafa koymak, rafa yerleştirmek
2. rafa kaldırmak, ertelemek

shepherd • shep.herd (şep´ırd)
/isim/ çoğul shepherds • **çoban**
shepherd's pipe **kaval**

shield • shield (şild)
/isim/ çoğul shields • 1. kalkan 2. siper,
koruyucu şey

shift • shift (şîft)
/fiil/ shifts, shifting, shifted • 1. **kımıl-
danmak:** Don't shift in your seats.
Yerinizden kıpırdamayın. 2. (rüzgâr)
yön değiştirmek: The wind shifted
from the west to the south. Rüzgâr
batıdan güneye döndü. 3. **-in yerini
değiştirmek:** He shifted the table
over to the wall. Masayı duvara
doğru çekti.

shine • shine (şayn)
/fiil/ 1. shines, shining, shone • **parlamak,
ışık saçmak:** Her hair shone like
gold. Saçları altın gibi parlıyordu.
The statue was shining in the sun.
Heykel güneşte parlıyordu. 2. shines,
shining, shined • **parlatmak, cilalamak,
boyamak:** He shined his shoes.
Ayakkabılarını boyadı.

shiny • shin.y (şay´ni)
/sıfat/ shinier, shiniest • **parlak:** shiny
lights parlak ışıklar

¹ship • ship (şîp)
/isim/ çoğul ships • **gemi, vapur:**
cruise ship yolcu gemisi

²ship • ship (şîp)
/fiil/ ships, shipping, shipped • 1. **gemi
ile yollamak, göndermek** 2. (büyük
bir eşyayı) (uzak bir yere) posta ile
göndermek, postalamak

shirt • shirt (şırt)
/isim/ çoğul shirts • **gömlek:** a sport
shirt spor gömlek

shish kebab • shish ke.bab (şîş´ kıbab)
/isim/ çoğul shish kebabs • **şiş kebap**

shiver • shiv.er (şîv´ır)
/fiil/ shivers, shivering, shivered •
ürpermek, titremek: shiver with
cold soğuktan ürpermek

¹shock • shock (şak)
/fiil/ shocks, shocking, shocked • **çok
şaşırtmak, sarsmak:** I was shocked
when I heard the news. Haberi
duyunca çok şaşırdım.

²shock • shock (şak)
/isim/ 1. şok 2. sarsıntı 3. elektrik
çarpması

shocked • shocked (şakt)
/sıfat/ şoke olmuş, çok şaşırmış

shocking • shock.ing (şak´îng)
/sıfat/ çok şaşırtan, şoke eden, sarsıcı:
a shocking news sarsıcı bir haber

shoe • shoe (şu)
/isim/ çoğul shoes • **ayakkabı**
a pair of shoes **bir çift ayakkabı**

shoelace • shoe.lace (şu´leys)
/isim/ çoğul shoelaces • **ayakkabı bağı,
bağcık**

shone • shone (şon)
/fiil/ bkz. shine • (1.)

shook • shook (şûk)
/fiil/ bkz. shake

shoot • shoot (şut)
/fiil/ shoots, shooting, shot • **1. ateş etmek:**
Somebody shot at his dog. **Biri onun
köpeğine ateş etti. 2. (silahla) vurmak:**
He was shot in the leg while trying to
escape. **Kaçmaya çalışırken bacağın-
dan vurulmuştu.**

shop • shop (şap)
/isim/ çoğul shops • **1. dükkân:** flower
shop **çiçekevi, çiçekçi dükkânı**
2. atölye; tamirhane:
carpenter's shop **marangozhane**
machine shop **makine atölyesi**
shop assistant İng., bkz. sales clerk

shopkeeper • shop.keep.er (şap´kipır)
/isim/ çoğul shopkeepers • **esnaf, dükkân
sahibi**

shopping • shop.ping (şap´îng)
/isim/ **alışveriş:** shopping center

çarşı, alışveriş merkezi
go shopping **çarşıya çıkmak,
alışverişe çıkmak**

shore • shore (şôr)
/isim/ çoğul shores • **sahil, kıyı:** the
western shores of the country
ülkenin batı kıyısı

short • short (şôrt)
/sıfat/ shorter, shortest • **kısa:** a short
coat **kısa bir palto** a short meeting
kısa bir toplantı She is shorter than
her son. **O, oğlundan daha kısa.**
short distance **kısa mesafe**
in short **kısaca, sözün kısası**

shortage • short.age (şôr´tîc)
/isim/ çoğul shortages • **kıtlık, yokluk,
darlık, sıkıntı; eksiklik:** a shortage of
clean water **temiz su sıkıntısı** food
shortage **yiyecek sıkıntısı**

shortcut • short.cut (şôrt´kʌt)
/isim/ çoğul shortcuts • **1. kestirme,
kestirme yol 2. (bilgisayar) kısayol**

shorten • short.en (şôr´tın)
/fiil/ shortens, shortening, shortened •
kısaltmak; kısalmak

shortly • short.ly (şôrt´li)
/zarf/ **1. kısa sürede, kısa bir süre
içinde, az sonra:** I'll be there shortly.
Kısa sürede orada olacağım. 2. kısaca:
"I don't know," Selim said shortly.
Selim kısaca "Bilmiyorum," dedi.

shorts • shorts (şôrts)
/isim/ (çoğul) **şort**

short-term • short-term (şôrt´tırm)
/sıfat/ **kısa vadeli**

shot • shot (şat)
/fiil/ bkz. shoot

should • should (şûd)
/yardımcı fiil/ 1. (Zorunluluk, yüküm-
lülük belirtir.): You should help Yalçın.
Yalçın'a yardım etmelisin. 2. (Olasılık,
beklenti belirtir.): The weather should
be nice. Hava güzel olabilir.
shouldn't → should not

shoulder • shoul.der (şol´dır)
/isim/ çoğul shoulders • omuz
shoulder bag **omuz çantası**
shoulder blade **kürekkemiği**
shoulder strap (kadın giysisi için)
omuz askısı
shoulder to shoulder **omuz omuza:**
We have to stand shoulder to shoul-
der with other people. Diğer insan-
larla omuz omuza durmalıyız.

¹shout • shout (şaut)
/fiil/ shouts, shouting, shouted • **bağır-
mak; haykırmak:** He shouted in
pain. Acıyla bağırdı.
shout at someone **birine bağırmak:**
Why did you shout at me? Bana
niçin bağırdın?

²shout • shout (şaut)
/isim/ çoğul shouts • **bağırış; haykırış**

shovel • shov.el (şʌv´ıl)
/isim/ çoğul shovels • **kürek**

¹show • show (şo)
/fiil/ shows, showing, showed, shown •
1. **göstermek:** I want to show you
something important. Sana önemli
bir şey göstermek istiyorum.
show off **gösteriş yapmak:** I think he
likes showing off a little. Bence o

gösteriş yapmayı biraz seviyor.
2. **görünmek, gözükmek:** His pride
showed in his face. Gururu yüzünde
görünüyordu.

²show • show (şo)
/isim/ çoğul shows • 1. **şov, program;
gösteri:** Did you watch the show last
night? Dün akşam şovu izledin mi?
2. **sergi:** flower show çiçek sergisi

shower • show.er (şau´wır)
/isim/ çoğul showers • **duş:** take a
shower duş almak, duş yapmak

shown • shown (şon)
/fiil/ bkz. ¹show

showroom • show.room (şo´rum)
/isim/ çoğul showrooms • **galeri (bir
malın sergilendiği salon):** car show-
room araba galerisi

shrank • shrank (şrängk)
/fiil/ bkz. shrink

shrink • shrink (şrîngk)
/fiil/ shrinks, shrinking, shrank/shrunk,
shrunk/shrunken • **(kumaş) çekmek,
daralmak:** Did these clothes shrink
in the wash? Bu elbiseler yıkanırken
çekti mi?

shrunk • shrunk (şrʌngk)
/fiil/ bkz. shrink

shrunken • shrunk.en (şrʌng´kın)
/fiil/ bkz. shrink

shut • shut (şʌt)
/fiil/ shuts, shutting, shut • **kapatmak,
kapamak; kapanmak:** Don't forget
to shut the door. Kapıyı kapatmayı
unutma.

shut out **kapatmak, kesmek:** The trees shut out the sun. Ağaçlar güneşi kapattı.
shut up **susmak:** They told him to shut up. Ona susmasını söylediler.

shutter • shut.ter (şʌtˊır)
/isim/ çoğul shutters • **panjur; kepenk:** open the shutters **panjurları açmak** put up the shutters **kepenkleri indirmek (dükkânı kapatmak)**

shy • shy (şay)
/sıfat/ shier/shyer, shiest/shyest • **çekingen, sıkılgan, utangaç:** a shy child **çekingen bir çocuk**

shyness • shy.ness (şayˊnîs)
/isim/ **çekingenlik, sıkılganlık, utangaçlık**

sick • sick (sîk)
/sıfat/ sicker, sickest • **hasta, rahatsız:** a sick child **hasta bir çocuk** He didn't go to school because he was sick. Hasta olduğu için okula gitmedi.
get sick **hastalanmak, hasta olmak**

sickness • sick.ness (sîkˊnîs)
/isim/ çoğul sicknesses • **hastalık:** sleeping sickness **uyku hastalığı**

side • side (sayd)
/isim/ çoğul sides • **yan, taraf, kenar:** the four sides of a box **bir kutunun dört kenarı**
side by side **yan yana:** They walked side by side for a long time. Uzun süre yan yana yürüdüler.
/sıfat/ 1. **yan, yanda bulunan:** side door **yan kapı** side street **yan sokak** side window **yan pencere** 2. **yan, ikinci derecede olan, ikincil** side effect **yan etki**

sidewalk • side.walk (saydˊwôk)
/isim/ çoğul sidewalks • **yaya kaldırımı, kaldırım**
İng. **pavement**

sieve • sieve (sîv)
/isim/ çoğul sieves • **elek; kalbur**

sigh • sigh (say)
/fiil/ sighs, sighing, sighed • **iç çekmek, içini çekmek, iç geçirmek, ahlamak**

sight • sight (sayt)
/isim/ 1. **görüş, görme:** have good sight **görüşü iyi olmak**
at first sight **ilk görüşte; ilk bakışta**
come into sight **görünmeye başlamak:** A herd of deer came into sight in the distance. Uzakta bir geyik sürüsü belirdi.
in sight of **görüş alanı içinde**
lose sight of **gözden kaybetmek:** He waited on the seashore until he lost sight of the boat. Tekneyi gözden kaybedinceye kadar kıyıda bekledi.
2. **görünüş, manzara:** The sight of the mountain from here is spectacular. Dağın buradan görünüşü muhteşem.
3. çoğul sights • **görmeye değer şey; görülecek yer**

sightseeing • sight.see.ing (saytˊsiyîng) /isim/ **turistik gezi**

¹sign • sign (sayn)
/isim/ çoğul signs • 1. işaret, gösterge,
sembol: division sign bölme işareti
2. (el, yüz hareketleriyle) işaret: He
gave me a sign to sit down. Oturmamı
işaret etti. He made a sign for us to
go. Gitmemiz için bir işaret yaptı.
sign language işaret dili
3. işaret, levha, tabela: traffic signs
trafik işaretleri

²sign • sign (sayn)
/fiil/ signs, signing, signed • imzalamak:
Did you sign all of the papers?
Kâğıtların hepsini imzaladın mı?

signal • sig.nal (sîg´nıl)
/isim/ çoğul signals • işaret; sinyal:
busy signal meşgul sesi turn signal
sinyal lambası

signature • sig.na.ture (sîg´nıçır)
/isim/ çoğul signatures • imza

significant • sig.nif.i.cant (sîgnîf´ıkınt)
/sıfat/ önemli, dikkate değer: a signi-
ficant amount önemli bir miktar

signpost • sign.post (sayn´pôst)
/isim/ çoğul signposts • yol gösteren
levha; işaret direği: We missed the
signpost. Yol işaretini geçtik.

silence • si.lence (say´lıns)
/isim/ sessizlik, sükût: We listened to
him in silence. Sessizce onu dinledik.

silent • si.lent (say´lınt)
/sıfat/ sessiz: a silent house sessiz
bir ev silent footsteps sessiz adımlar

silently • si.lent.ly (say´lıntli)
/zarf/ sessizce

silk • silk (sîlk)
/isim/ ipek: silk dress ipek elbise
the Silk Road İpek Yolu

silkworm • silk.worm (sîlk´wırm)
/isim/ çoğul silkworms • ipekböceği

silly • sil.ly (sîl´i)
/sıfat/ sillier, silliest • 1. aptal, ahmak
2. saçma: Please don't sing that silly
song. Lütfen o saçma şarkıyı söyleme.
Don't be silly. Saçmalama.

silver • sil.ver (sîl´vır)
/isim/ gümüş
silver mine gümüş madeni
/sıfat/ gümüş: a silver ring gümüş
bir yüzük

similar • sim.i.lar (sîm´ılır)
/sıfat/ benzer, benzeş: similar tastes
benzer zevkler Tijen's bicycle is
similar to mine. Tijen'in bisikleti
benimkine benziyor.

similarity • sim.i.lar.i.ty (sîmıler´ıti)
/isim/ çoğul similarities • benzerlik,
benzeyiş, benzeşlik

simple • sim.ple (sîm´pıl)
/sıfat/ simpler, simplest • 1. sade: a
simple style sade bir tarz 2. basit,
kolay: a simple solution basit bir çözüm

simultaneous • si.mul.ta.ne.ous
(saymıltey´niyıs) /sıfat/ aynı zamanda
olan, eşzamanlı

sin • sin (sîn)
/isim/ çoğul sins • günah

since • since (sîns)
/edat/ -den beri, -den itibaren: I

haven't seen her since last week. Onu geçen haftadan beri görmedim. /bağlaç/ **1. -eli, -eli beri:** Where have you been since I've called you last night? Dün gece seni aradığımdan beri neredesin? **2. -diğine göre, madem; çünkü, -diği için, -den dolayı:** We can eat dinner now, since he has arrived. O geldiğine göre akşam yemeğini yiyebiliriz. /zarf/ **o zamandan beri; ondan sonra:** He left Saturday, and I haven't seen him since. Cumartesi gitti; o zamandan beri görmedim.

sincere • sin.cere (sînsîr´) /sıfat/ sincerer/more sincere, sincerest/ most sincere • **içten, candan, samimi:** She was sincere in her apology. Özrü samimiydi.

sincerely • sin.cere.ly (sînsîr´li) /zarf/ **içtenlikle, samimi olarak, samimiyetle**

sing • sing (sîng) /fiil/ sings, singing, sang, sung • **1. şarkı söylemek:** sing a song bir şarkı söylemek **2. (kuş, böcek) ötmek:** How does a bird sing? Bir kuş nasıl öter?

singer • sing.er (sîng´ır) /isim/ çoğul singers • **şarkıcı**

singing • sing.ing (sîng´îng) /isim/ **1. şarkı söyleme 2. ötme,**

şakıma: singing of birds kuşların şakıması

single • sin.gle (sîng´gıl) /sıfat/ **1. tek:** There wasn't a single tree in the garden. Bahçede tek bir ağaç yoktu. **single file tek sıra halinde** single ticket İng., bkz. one-way ticket **2. tek kişilik:** single bed tek kişilik yatak single room tek kişilik oda **3. bekâr:** a single person bekâr bir kişi

singular • sin.gu.lar (sîng´gyılır) /sıfat/ (dilbilgisi) **tekil:** singular noun tekil isim

¹sink • sink (sîngk) /fiil/ sinks, sinking, sank/sunk, sunk/sunken • **batmak; batırmak:** I hope the boat doesn't sink. Umarım gemi batmaz.

²sink • sink (sîngk) /isim/ çoğul sinks • **eviye; lavabo**

sir • sir (sır) /isim/ **bey, beyefendi:** Can I help you, sir? Yardımcı olabilir miyim beyefendi?

sister • sis.ter (sîs´tır) /isim/ çoğul sisters • **kızkardeş:** My sister's name is Ayla. Kızkardeşimin adı Ayla. older sister abla younger sister (küçük) kızkardeş

sister-in-law • sis.ter-in-law (sîs´tırînlô) /isim/ çoğul sisters-in-law • **görümce; yenge; baldız**

sit • sit (sît) /fiil/ sits, sitting, sat • **oturmak:** sit in an armchair bir koltuğa oturmak sit on a chair bir sandalyeye oturmak

Sit down. **Oturun.** (Otur.)
sit down for dinner **sofraya oturmak:**
Please sit down for dinner. Lütfen
yemeğe oturun.

site • site (sayt)
/isim/ çoğul sites • **yer, alan:**
archaeological site arkeolojik kazı
yeri picnic site piknik yeri

situation • sit.u.a.tion (sîçuwey´şın)
/isim/ çoğul situations • **1. durum:**
a difficult situation zor bir durum
an unusual situation olağandışı bir
durum **2. yer, konum:** geographical
situation coğrafi konum

six • six (sîks)
/isim, sıfat/ **altı**

sixteen • six.teen (sîkstin´)
/isim, sıfat/ **on altı**

sixteenth • six.teenth (sîkstinth´)
/sıfat, isim/ **1. on altıncı 2. on altıda bir**

sixth • sixth (sîksth)
/sıfat, isim/ **1. altıncı 2. altıda bir**

sixtieth • six.ti.eth (sîks´tiyîth)
/sıfat, isim/ **1. altmışıncı 2. altmışta bir**

sixty • six.ty (sîks´ti)
/isim, sıfat/ **altmış**

size • size (sayz)
/isim/ çoğul sizes • **1. büyüklük 2. boyut,
ölçü; beden, numara:** clothing size
elbise bedeni shoe size ayakkabı
numarası small size küçük beden

¹skate • skate (skeyt)
/isim/ çoğul skates • **paten**

²skate • skate (skeyt)
/fiil/ skates, skating, skated • **patinaj
yapmak, patenle kaymak**

skateboard • skate.board (skeyt´bôrd)
/isim/ çoğul skateboards • **kaykay**

skating • skat.ing (skey´tîng)
/isim/ **patinaj, patenle kayma**

skeleton • skel.e.ton (skel´ıtın)
/isim/ çoğul skeletons • **iskelet:** a
dinosaur skeleton bir dinozor iskeleti
human skeleton insan iskeleti

sketch • sketch (skeç)
/isim/ çoğul sketches • **taslak, eskiz;
kroki**

¹ski • ski (ski)
/isim/ çoğul skis • **kayak, ski:** ski suit
kayak elbisesi

²ski • ski (ski)
/fiil/ skis, skiing, skied • **kayak yapmak:**
We went to the mountains to ski.
Kayak yapmaya dağlara gittik.

skier • ski.er (ski´yır)
/isim/ çoğul skiers • **kayakçı**

skiing • ski.ing (ski´yîng)
/isim/ **kayak, ski, kayak yapma:**
go skiing kayak yapmaya gitmek

sled →→→

skill • skill (skîl)
/isim/ çoğul skills • **beceri, ustalık:**
I was surprised at his carpentry skill.
Onun marangozluk becerisine şaşır-
dım. practical skill pratik beceri

skillful • skill.ful (skîl´fıl)
/sıfat/ **becerikli, usta:** a skillful driver
usta bir sürücü
İng. skilful

skin • skin (skîn)
/isim/ çoğul skins • **1. cilt, deri, ten:**
dark skin koyu ten dry skin kuru cilt
skin disease cilt hastalığı **2. post:**
leopard skin leopar postu **3. kabuk:**
banana skin muz kabuğu potato skin
patates kabuğu

skinny • skin.ny (skîn´i)
/sıfat/ skinnier, skinniest • **sıska:**
a skinny cat sıska bir kedi

skip • skip (skîp)
/fiil/ skips, skipping, skipped • **1. hoplaya
zıplaya yürümek:** The girls skipped
down the street. Kızlar sokakta hop-
laya zıplaya gittiler. **2. atlamak**
skip rope bkz. jump rope
**3. bir şeyleri atlayarak (başka konuya)
geçmek; okumadan geçmek:** He read
that book without skipping a page.
O kitabı sayfa atlamadan okudu.

skirt • skirt (skırt)
/isim/ çoğul skirts • **etek:** a long skirt
uzun bir etek velvet skirt kadife etek

skull • skull (skʌl)
/isim/ çoğul skulls • **kafatası**

skunk • skunk (skʌngk)
/isim/ çoğul skunks • **kokarca**

sky • sky (skay)
/isim/ çoğul skies • **gökyüzü, gök:** blue
sky mavi gökyüzü The sky is cloudy.
Gökyüzü bulutlu.

skyrocket • sky.rock.et (skay´rakît)
/isim/ çoğul skyrockets • **havai fişek**

skyscraper • sky.scrap.er
(skay´skreypır) /isim/ çoğul skyscrapers
• **gökdelen**

slang • slang (släng)
/isim/ **argo:** seaman's slang denizci
argosu

¹slap • slap (släp)
/fiil/ slaps, slapping, slapped • **tokat
atmak; şamar atmak**
slap someone in the face **birinin
yüzüne tokat atmak**

²slap • slap (släp)
/isim/ çoğul slaps • **tokat; şamar**
a slap in the face **tersleme, şamar**

slash • slash (släş)
/isim/ çoğul slashes • **eğik çizgi**
slash mark bkz. slash

slaughter • slaugh.ter (slô´tır)
/isim/ **1. (kasaplık hayvanı) kesme,
kesim. 2. toptan öldürme, kıyım,
kırım, katliam**

slave • slave (sleyv)
/isim/ çoğul slaves • **köle, tutsak, esir**
become a slave to/of **-in kölesi
olmak:** Don't become a slave to
money. Paranın kölesi olmayın.

sled • sled (sled)
/isim/ çoğul sleds • **kızak**
İng. sledge (2.)

sledge • sledge (slec)
/isim/ çoğul sledges • 1. yük kızağı
2. bkz. sled

¹sleep • sleep (slip)
/fiil/ sleeps, sleeping, slept • uyumak:
Did you sleep well last night? Dün
gece iyi uyudun mu?
sleep in (uykudan) geç kalkmak

²sleep • sleep (slip)
/isim/ uyku: My sleep was interrupted
by a dog barking. Uykum bir köpeğin
havlamasıyla bölündü. sleep mask
uyku maskesi
go to sleep uyumak: I'll go to sleep
early. Erken uyuyacağım.
talk in one's sleep uykusunda
konuşmak: Do you talk in your sleep?
Uykunda konuşur musun?

sleeping • sleep.ing (sli´pîng)
/isim/ uyuma
sleeping bag uyku tulumu
sleeping car yataklı vagon
sleeping pill uyku hapı

sleepwalk • sleep.walk (slip´wôk)
/fiil/ sleepwalks, sleepwalking,
sleepwalked • uykuda gezmek:
He used to sleepwalk when he was a
child. Çocukken uykusunda gezerdi.

sleepwalker • sleep.walk.er (slip´wôkır)
/isim/ çoğul sleepwalkers • uyurgezer

sleepy • sleep.y (sli´pi)
/sıfat/ sleepier, sleepiest • uykulu:
sleepy eyes uykulu gözler

sleeve • sleeve (sliv)
/isim/ çoğul sleeves • (giysi için) kol:
a dress with long sleeves uzun kollu
bir elbise coat sleeve palto kolu

slender • slen.der (slen´dır)
/sıfat/ ince, narin

slept • slept (slept)
/fiil/ bkz. ¹sleep

¹slice • slice (slays)
/isim/ çoğul slices • dilim: a slice of
bread bir dilim ekmek

²slice • slice (slays)
/fiil/ slices, slicing, sliced • dilimlemek,
dilim dilim kesmek

slid • slid (slîd)
/fiil/ bkz. slide

slide • slide (slayd)
/fiil/ slides, sliding, slid • kaymak;
kaydırmak
sliding door sürme kapı

slight • slight (slayt)
/sıfat/ slighter, slightest • az; ufak, küçük;
hafif, önemsiz: a slight change küçük
bir değişim

slightly • slight.ly (slayt´li)
/zarf/ biraz, birazcık, hafifçe: I'm
slightly surprised by your comments.
Yorumlarınız beni biraz şaşırttı.

slim • slim (slîm)
/sıfat/ slimmer, slimmest • 1. ince,
narin: That dress makes you look

slim. O elbise seni ince gösteriyor.
2. (olasılık, umut v.b. için) **zayıf, az:**
a slim chance zayıf bir olasılık

¹**slip** • slip (slîp)
/fiil/ slips, slipping, slipped • **1. kaymak:**
I slipped on the ice and fell. Buzda
kayıp düştüm. **2.** on (giysiyi) **giyiver-
mek, üstüne geçirmek 3.** off (giysiyi)
çıkarıvermek 4. into **içeri süzülüver-
mek 5.** out of **dışarı süzülüvermek,
dikkati çekmeden çıkmak**
slip one's mind **unutmak:** I can't
believe the date slipped your mind.
Tarihi unuttuğuna inanamıyorum.

²**slip** • slip (slîp)
/isim/ **1. kayma, ayak kayması.
2.** çoğul slips • **yanlışlık, ufak yanlış**
slip of the tongue **dil sürçmesi
3.** çoğul slips • **kombinezon 4.** çoğul
slips • **1. ufak kâğıt parçası:** He wrote
his phone number on a slip of
paper. Telefon numarasını bir kâğıt
parçasına yazdı. **2.** (kâğıt) **fiş**

slipper • slip.per (slîp´ır)
/isim/ çoğul slippers • **terlik, pantufla:**
My slippers are near the door.
Terliklerim kapının yanında.
a pair of slippers **bir çift terlik**

slippery • slip.per.y (slîp´ıri)
/sıfat/ **kaygan**

slogan • slo.gan (slo´gın)
/isim/ çoğul slogans • **slogan**

slope • slope (slop)
/isim/ çoğul slopes • **yokuş, bayır, yamaç;
rampa, eğim:** We ran up a steep slope.
Dik bir yokuşu koşarak çıktık.

¹**slow** • slow (slo)
/sıfat/ slower, slowest • **yavaş, ağır:**
a slow train yavaş giden bir tren
If you are too slow, we won't wait.
Çok yavaş olursan seni beklemeyiz.

²**slow** • slow (slo)
/fiil/ slows, slowing, slowed • (down)
yavaşlamak; yavaşlatmak: He slowed
his car down for a better look. Daha iyi
bakabilmek için arabasını yavaşlattı.

slowly • slow.ly (slo´li)
/zarf/ **yavaş yavaş, ağır ağır:** Could
you speak a little more slowly?
Biraz daha yavaş konuşabilir misin?

slug • slug (slʌg)
/isim/ çoğul slugs • **sümüklüböcek**

small • small (smôl)
/sıfat/ smaller, smallest • **küçük, ufak:** a
small dog küçük bir köpek This place
is small but the food is excellent.
Burası küçük bir yer ama yemekler
mükemmel.
small talk **hoşbeş**

smallpox • small.pox (smôl´paks)
/isim/ **çiçek hastalığı**

smart • smart (smart)
/sıfat/ smarter, smartest • **zeki, akıllı:**
a smart person zeki bir insan
a smart question zekice bir soru
smart aleck **ukala, bilgiç**

smash • smash (smäş)
/fiil/ smashes, smashing, smashed •
paramparça etmek; tuzla buz olmak:
The thief smashed the driver's side
window. Hırsız sürücü tarafındaki
camı parçaladı.

[1]smell • smell (smel)
/fiil/ smells, smelling, smelled/smelt •
**koklamak; -in kokusunu duymak,
-in kokusunu almak:** I smell bread
baking in the oven. Fırında pişen
ekmeğin kokusunu alıyorum. smell
good iyi kokmak
smell like **gibi kokmak**

[2]smell • smell (smel)
/isim/ çoğul smells • **koku:** Orange
blossoms have a lovely smell. Portakal
çiçeklerinin çok güzel bir kokusu var.

smelt • smelt (smelt)
/fiil/ bkz. [1]smell

[1]smile • smile (smayl)
/fiil/ smiles, smiling, smiled • **gülümse-
mek, tebessüm etmek:** He kept on
smiling. Gülümsemeye devam etti.
smile at (someone) **(birine) gülüm-
semek:** I feel happy when you smile
at me. Bana gülümsediğinde kendi-
mi mutlu hissediyorum.

[2]smile • smile (smayl)
/isim/ çoğul smiles • **tebessüm, gülüm-
seme:** He has a very nice smile.
Onun çok güzel bir gülümsemesi var.

smog • smog (smag)
/isim/ **kirli hava, kirli hava kütlesi;
dumanlı sis**

[1]smoke • smoke (smok)
/isim/ **duman:** a cloud of black smoke
siyah bir duman bulutu

[2]smoke • smoke (smok)
/fiil/ smokes, smoking, smoked • **1. sigara
içmek:** Has he ever smoked in his life?
Yaşamı boyunca hiç sigara içti mi?
No smoking. **Sigara içilmez.**
2. tütmek, duman çıkarmak

smoker • smok.er (smo´kır)
/isim/ çoğul smokers • **sigara/puro/pipo
içen kimse, içici**

smooth • smooth (smudh)
/sıfat/ smoother, smoothest • **1. düzgün,
pürüzsüz:** smooth skin pürüzsüz cilt
The surface of the table was very
smooth. Masanın yüzeyi çok düz-
gündü. **2. çalkantısız:** smooth sea
dalgasız deniz

snack • snack (snäk)
/isim/ çoğul snacks • **hafif yemek; (ara
öğünlerde yenilen) atıştırmalık**

snail • snail (sneyl)
/isim/ çoğul snails • **salyangoz:** the
trail of the snail salyangozun izi

snake • snake (sneyk)
/isim/ çoğul snakes • **yılan:** venomous
snake zehirli yılan

sneaker • **sneak.er** (sni´kır)
/isim/ çoğul sneakers • **tenis ayakkabısı:**
a pair of sneakers bir çift tenis
ayakkabısı
İng. **trainer**

sneeze • **sneeze** (sniz)
/fiil/ sneezes, sneezing, sneezed • **aksır-
mak, hapşırmak:** Black pepper makes
me sneeze. Karabiber beni hapşırtıyor.

sniff • **sniff** (snîf)
/fiil/ sniffs, sniffing, sniffed • **koklamak:**
The cat sniffed the milk. Kedi sütü
kokladı.

snore • **snore** (snôr)
/fiil/ snores, snoring, snored • **horlamak:**
Do you snore at night? Geceleri
horlar mısın?

¹**snow** • **snow** (sno)
/isim/ **kar:** The children are playing
in the snow. Çocuklar karda oynu-
yorlar. snow crystal kar kristali
Snow White **Pamuk Prenses**

²**snow** • **snow** (sno)
/fiil/ snows, snowing, snowed • **kar yağ-
mak:** It snowed heavily last night.
Dün gece yoğun kar yağdı.

snowball • **snow.ball** (sno´bôl)
/isim/ çoğul snowballs • **kar topu:** The
children threw snowballs at each
other on the street. Çocuklar sokak-
ta birbirlerine kar topu attılar.

snowflake • **snow.flake** (sno´fleyk)
/isim/ çoğul snowflakes • **kar tanesi**

snowman • **snow.man** (sno´män)
/isim/ çoğul snowmen • **kardan adam:**

Can you make a huge snowman?
Dev bir kardan adam yapabilir misin?

snowstorm • **snow.storm** (sno´stôrm)
/isim/ çoğul snowstorms • **kar fırtınası,
tipi**

snowy • **snow.y** (sno´wi)
/sıfat/ snowier, snowiest • **karlı:**
a snowy day karlı bir gün

so • **so** (so)
/zarf/ 1. **böyle, şöyle, öyle; böylece,
şöylece, öylece:** Hold the ball just
so. Topu şöyle tut.
I hope so. **Umarım öyle olur.**
I think so. **Öyle sanıyorum.**
2. **bu kadar, çok:** I'm so glad to see you.
Seni gördüğüme çok memnun oldum.
so far **şimdiye kadar**
So long! (konuşma dili) **Hoşça kal!**
so many, so much **belirli bir miktar**
3. **de, da, dahi:** He is very sorry to
be here today, and so am I. Bugün
burada olduğuna çok üzgün, ben de.
and so on (and so forth) **vesaire, ve
benzerleri**
So do I. **Ben de.**
/bağlaç/ **bundan/ondan dolayı, bu/o
nedenle, onun için:** There was a
snowstorm, so we couldn't go out.
Tipi vardı, o nedenle dışarı çıkamadık.
So what? **E?/Ne olacak?**

soak • soak (sok)
/fiil/ soaks, soaking, soaked • 1. suya
bastırmak 2. sırılsıklam etmek

soaked • soaked (sokt)
/sıfat/ sırılsıklam, sırsıklam
be soaked through yağmur iliklerine
işlemek

soap • soap (sop)
/isim/ çoğul soaps • sabun
soap bubble sabun köpüğü
soap opera (TV, radyo) melodram dizisi
soap powder toz sabun

soar • soar (sôr)
/fiil/ soars, soaring, soared • 1. hızla
yükselmek 2. havada süzülmek

sob • sob (sab)
/fiil/ sobs, sobbing, sobbed • hıçkırmak,
hıçkırarak ağlamak: Her sobbing
made us all feel sad. Onun hıçkıra-
rak ağlaması hepimizi üzdü.

soccer • soc.cer (sak´ır)
/isim/ futbol, İng. football (2.)
soccer ball futbol topu, İng. football (3.)
soccer player futbolcu, İng. footballer

sociable • so.cia.ble (so´şıbıl)
/sıfat/ girgin, sokulgan: a sociable
friend girgin bir arkadaş

social • so.cial (so´şıl)
/sıfat/ sosyal, toplumsal: Ants are
social animals. Karıncalar sosyal
hayvanlardır. social problems sosyal
sorunlar

society • so.ci.e.ty (sısay´ıti)
/isim/ 1. çoğul societies • toplum, toplu-
luk: modern society modern toplum
2. çoğul societies • dernek, cemiyet: folk-
lore society folklor derneği 3. sosyete
high society yüksek sosyete

sock • sock (sak)
/isim/ çoğul socks • kısa çorap, şoset
a pair of socks bir çift çorap

soda • so.da (so´dı)
/isim/ 1. soda, maden sodası
2. sodyum bikarbonat

sofa • so.fa (so´fı)
/isim/ çoğul sofas • kanepe, sedir: lie
down on the sofa kanepeye uzanmak

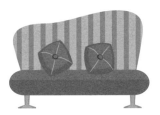

soft • soft (sôft)
/sıfat/ softer, softest • yumuşak: The
rabbit's fur is soft. Tavşanın tüyleri
yumuşak.

soft-boiled • soft-boiled (sôft´boyld´)
/sıfat/ rafadan (yumurta): soft-boiled
egg rafadan yumurta

soften • soft.en (sôf´ın)
/fiil/ softens, softening, softened •
yumuşatmak; yumuşamak

software • soft.ware (sôft´wer)
/isim/ (bilgisayar) yazılım

soil • soil (soyl)
/isim/ çoğul soils • toprak: I love to dig
in the soil and plant seeds. Toprağı
kazıp tohum ekmeyi çok seviyorum.
sandy soils kumlu topraklar

solar • so.lar (so´lır)
/sıfat/ güneşe ait, güneşle ilgili
solar year güneş yılı
the solar system güneş sistemi

sold • sold (sold)
/fiil/ bkz. sell

soldier • sol.dier (sol´cır)
/isim/ çoğul soldiers • asker

sole • sole (sol)
/isim/ çoğul soles • 1. (ayağa ait) taban:
My soles hurt from walking. Yürü-
mekten ayaklarımın altı acıdı.
2. (ayakkabıya ait) taban, pençe

solid • sol.id (sal´îd)
/sıfat/ 1. katı: A rock is a solid object.
Kaya, katı bir maddedir. Ice is the
solid form of water. Buz, suyun katı
halidir. solid food katı yiyecek
2. som: solid gold som altın
/isim/ çoğul solids • katı madde; katı
cisim

solution • so.lu.tion (sılu´şın)
/isim/ çoğul solutions • 1. çözüm, çözüm
yolu: a peaceful solution barışçı bir
çözüm a simple solution kolay bir
çözüm find a solution to the problem
soruna bir çözüm bulmak 2. (kimya)
çözelti, eriyik: two solutions of diffe-
rent concentrations farklı yoğunluk-
taki iki çözelti

solve • solve (salv)
/fiil/ solves, solving, solved • çözmek,
halletmek: Can you solve this prob-
lem? Bu problemi çözebilir misiniz?

some • some (sʌm)
/sıfat/ 1. (belirsiz) bir miktar: Would
you like some cake? Biraz kek alır
mıydınız? 2. bazı, kimi: Some roses
are white. Bazı güller beyazdır.
/zarf/ 1. aşağı yukarı, ... kadar 2. biraz
some more tekrar, biraz daha

somebody • some.bod.y (sʌm´badi,
sʌm´bıdi) /zamir/ biri, birisi: Some-
body telephoned me. Biri beni aradı.

somehow • some.how (sʌm´hau)
/zarf/ nasılsa, her nasılsa, bir yolunu
bulup

someone • some.one (sʌm´wʌn)
/zamir/ biri, birisi
someone else başka biri, bir başkası

something • some.thing (sʌm´thîng)
/isim/ bir şey
something else başka bir şey

sometime • some.time (sʌm´taym)
/zarf/ bir gün; bir zaman: It was
sometime last year. Geçen yıl içinde
bir gündü.

sometimes • some.times (sʌm´taymz)
/zarf/ bazen

somewhat • some.what (sʌm´hwʌt)
/zarf/ biraz: He's feeling somewhat
better. Kendini biraz daha iyi hisse-
diyor.

somewhere • some.where (sʌm´hwer)
/zarf/ bir yerde; bir yere

son • son (sʌn)
/isim/ çoğul sons • **oğul:** They have a daughter and a son. Onların bir kızı, bir oğlu var.

song • song (sông)
/isim/ çoğul songs • **şarkı:** They're singing my favorite song. En sevdiğim şarkıyı söylüyorlar.
song contest **şarkı yarışması**

son-in-law • son-in-law (sʌn ´înlô)
/isim/ çoğul sons-in-law • **damat**

soon • soon (sun)
/zarf/ **birazdan, çok geçmeden:** She will soon be there. Birazdan orada olur. Soon your sister will start school. Yakında kız kardeşin okula başlayacak.
as soon as **-er -mez:** Please call us as soon as you arrive in town. Şehre gelir gelmez lütfen bizi ara.
as soon as possible **en kısa zamanda, bir an önce:** I'll do it as soon as possible. En kısa sürede onu yapacağım.
sooner or later **er geç:** Sooner or later he will learn it. Er geç onu öğrenecek.

soothe • soothe (sudh)
/fiil/ soothes, soothing, soothed •
1. yatıştırmak, sakinleştirmek.
2. (ağrıyı) hafifletmek, dindirmek

sore • sore (sôr)
/sıfat/ sorer, sorest • **ağrıyan; ağrılı**
sore throat **boğaz ağrısı**
/isim/ çoğul sores • **yara**

sorrow • sor.row (sar ´o)
/isim/ çoğul sorrows • **keder, acı:** His sorrow is too great to express. Acısı anlatılamayacak denli büyük.

sorry • sor.ry (sar ´i)
/sıfat/ **üzgün:** I am sorry to have worried you. Seni merak içinde bıraktığım için üzgünüm.
Sorry! **Üzgünüm!/Affedersiniz!**

¹sort • sort (sôrt)
/isim/ çoğul sorts • **çeşit, tür:** What sort of books do you read? Ne tür kitaplar okuyorsun?
sort of (konuşma dili) **bir yerde, bir bakıma**

²sort • sort (sôrt)
/fiil/ sorts, sorting, sorted • **ayırmak, sınıflamak:** She was sorting her clothes for the laundry. Giysilerini çamaşır için gruplara ayırıyordu.

sought • sought (sôt)
/fiil/ bkz. **seek**

soul • soul (sol)
/isim/ çoğul souls • **ruh**

¹sound • sound (saund)
/isim/ çoğul sounds • **ses:** He entered the room without making a sound. Hiç ses çıkarmadan odaya girdi.
sound of laughter **kahkaha sesi**
sound wave **ses dalgası**

²sound • sound (saund)
/fiil/ sounds, sounding, sounded •
1. ses çıkarmak, çalmak: The bell sounded for lunch. Öğle yemeği zili çaldı. 2. gibi gelmek, gibi görünmek: It sounds interesting to me. İlginç gibi geliyor bana.

soundproof • sound.proof (saund ´pruf) /sıfat/ **ses geçirmez**

soup • soup (sup)
/isim/ çoğul soups • **çorba:** fish soup
balık çorbası traditional soups
geleneksel çorbalar

sour • sour (saur)
/sıfat/ sourer, sourest • **ekşi:** I put sour
apples in the pie. Turtanın içine ekşi
elma koydum. sour milk ekşi süt
go sour **1. ekşimek 2.** (işlerin) **tadı
kaçmak**

source • source (sôrs)
/isim/ çoğul sources • **kaynak; köken:**
source of information bilgi kaynağı
source of light ışık kaynağı source
of news haber kaynağı

south • south (sauth)
/isim/ **güney:** The wind is blowing from
the south. Rüzgâr güneyden esiyor.
/sıfat/ **güney:** south wind güney rüzgârı
South Africa **Güney Afrika** (ülke)
the South Pole **Güney Kutbu**

southeast • south.east (sauthist´)
/isim, sıfat/ **güneydoğu**

southern • south.ern (sʌdh´ırn)
/sıfat/ **güney, güneye ait**
the Southern Hemisphere **Güney
Yarıküre**

southwest • south.west (sauthwest´)
/isim, sıfat/ **güneybatı**

souvenir • sou.ve.nir (suvınîr´)
/isim/ çoğul souvenirs • **hatıra, andaç:**
souvenir shop hediyelik eşya dükkânı

space • space (speys)
/isim/ **1. boş yer:** How much space
is there on that CD? O CD'de ne
kadar boş yer var? **2.** çoğul spaces •
yer, alan: parking space park yeri
3. uzay: space flight uzay uçuşu
space station uzay istasyonu **4.** çoğul
spaces • **boşluk, ara:** the spaces
between words sözcükler arasındaki
boşluklar

spacecraft • space.craft (speys´kräft)
/isim/ çoğul spacecraft • **uzay gemisi**

spaceship • space.ship (speys´şîp)
/isim/ çoğul spaceship • bkz. **spacecraft**

spade • spade (speyd)
/isim/ çoğul spades • **kürek, bel**

spaghetti • spa.ghet.ti (spıget´i)
/isim/ çoğul spaghetties • **spagetti:**
a plate of spaghetti bir tabak spa-
getti spaghetti sauce spagetti sosu

Spain • Spain (speyn)
/isim/ **İspanya**

Spaniard • Span.iard (spän´yırd)
/isim/ çoğul Spaniards • **İspanyol**

Spanish • Span.ish (spän´îş)
/sıfat/ **1. İspanya'ya özgü 2. İspanyol**

3. İspanyolca
/isim/ İspanyolca
the Spanish İspanyollar

spanner • span.ner (spän´ır)
/isim/ çoğul spanners • bkz. wrench

spare • spare (sper)
/sıfat/ 1. yedek: spare parts yedek
parçalar 2. boş (zaman)
spare time boş zaman: What do you
do in your spare time? Boş zamanın-
da ne yapıyorsun?

spark • spark (spark)
/isim/ çoğul sparks • kıvılcım

sparkle • spar.kle (spar´kıl)
/fiil/ sparkles, sparkling, sparkled • parıl-
damak, pırıldamak

sparrow • spar.row (sper´o)
/isim/ çoğul sparrows • serçe
sparrow hawk atmaca

spat • spat (spät)
/fiil/ bkz. spit

speak • speak (spik)
/fiil/ speaks, speaking, spoke, spoken •
1. konuşmak: Do you speak English?
İngilizce konuşabiliyor musun?
2. (gerçeği, sözü) söylemek: He
always speaks the truth. O daima
doğruyu söyler.

speaker • speak.er (spi´kır)
/isim/ çoğul speakers • 1. konuşmacı;
sözcü 2. spiker 3. hoparlör

special • spe.cial (speş´ıl)
/sıfat/ özel: She keeps her special
belongings in a box. Özel eşyalarını
bir kutuda tutuyor.
special delivery, İng. express delivery
özel ulak, kapıya teslim

specialist • spe.cial.ist (speş´ılîst)
/isim/ çoğul specialists • 1. uzman:
Altan is a specialist in his field. Altan,
alanında uzmandır. 2. uzman doktor

specially • spe.cial.ly (speş´ıli)
/zarf/ özellikle: She made this cake
specially for me. Bu pastayı benim
için özel olarak yaptı.

species • spe.cies (spi´şiz)
/isim/ çoğul species • (biyoloji) tür

specific • spe.cif.ic (spîsîf´îk)
/sıfat/ 1. belirli 2. kesin ve apaçık

spectacles • spec.ta.cles
(spek´tıkılz) /isim/ bkz. glasses

spectator • spec.ta.tor (spek´teytır)
/isim/ çoğul spectators • seyirci, izleyici:
Hundreds of spectators had come to
watch the runners. Yüzlerce seyirci
koşucuları izlemeye gelmişti.

speech • speech (spiç)
/isim/ çoğul speeches • konuşma: We
found his speech very interesting.
Onun konuşmasını çok ilginç bulduk.
give a speech bir konuşma yapmak:
He gave a speech to a small crowd.
Küçük bir kalabalığa konuşma yaptı.

speed • speed (spid)
/isim/ hız, sürat; çabukluk: at a slow
speed düşük bir hızla at full speed
son sürat speed limit hız sınırı
speed trap, İng. radar trap hız radarı

spell • spell (spel)
/fiil/ spells, spelling, spelled/İng. spelt •
1. (sözcüğü) yazım kurallarına
göre yazmak: It is difficult to spell
some English words. Bazı İngilizce
sözcükleri yazmak zor. 2. (sözcü-
ğün) harflerini söylemek, harfle-
mek: Could you spell this word? Bu
sözcüğü harf harf söyler misin?

spelling • spell.ing (spel´îng)
/isim/ yazım, imla: check the spell-
ing of a word bir sözcüğün yazımını
kontrol etmek

spelt • spelt (spelt)
/fiil/ bkz. spell

spend • spend (spend)
/fiil/ spends, spending, spent • harcamak,
sarf etmek: How much money did you
spend? Ne kadar para harcadın?

spending • spend.ing (spen´dîng)
/isim/ harcama
spending money bkz. pocket money

spent • spent (spent)
/fiil/ bkz. spend

sphere • sphere (sfîr)
/isim/ çoğul spheres • küre: a hollow
sphere boş bir küre A sphere has no
edge. Bir kürenin kenarı yoktur.

spice • spice (spays)
/isim/ çoğul spices • bahar, baharat

spicy • spic.y (spay´si)
/sıfat/ spicier, spiciest • baharatlı:
spicy sauce baharatlı sos

spider • spi.der (spay´dır)
/isim/ çoğul spiders • örümcek: Spiders
have eight legs. Örümceklerin sekiz
bacağı vardır.

spill • spill (spîl)
/fiil/ spills, spilling, spilled/İng. spilt •
kazara dökmek: He spilled milk on
the floor. Yere kazara süt döktü.
spill the beans (konuşma dili) her
şeyi ortaya dökmek; baklayı ağzın-
dan çıkarmak

spilt • spilt (spîlt)
/fiil/ bkz. spill

spin • spin (spîn)
/fiil/ spins, spinning, spun • 1. (yün v.b.'ni)
eğirmek: Yelda is spinning the wool
into wool yarn. Yelda, yünü eğirip
yün ipliğe dönüştürüyor. 2. (ağ,
koza) örmek: The spider spins his
web and catches flies. Örümcek,
ağını örer ve sinekleri yakalar.
3. (topaç v.b.) dönmek; (topaç v.b.'ni)
döndürmek: Can you spin this top?
Bu topacı döndürebilir misin?

spinach • spin.ach (spîn´îç)
/isim/ ıspanak: spinach omelet
ıspanaklı omlet

spine • spine (spayn)
/isim/ çoğul spines • 1. bkz. backbone
2. diken

spiny • spin.y (spay´ni)
/sıfat/ spinier, spiniest • dikenli:
a spiny cactus dikenli bir kaktüs

spiral • spi.ral (spay´rıl)
/sıfat/ helezoni, sarmal, spiral

spirit • spir.it (spîr´ît)
/isim/ çoğul spirits • ruh: Özer has a
free spirit. Özer'in özgür bir ruhu var.

spiritual • spir.i.tu.al (spîr´îçuwıl)
/sıfat/ 1. ruhsal, ruhi, ruhani, ruhla
ilgili 2. dinsel, dini

spit • spit (spît)
/fiil/ spits, spitting, spit/spat • tükürmek:
Don't spit on the ground. Yerlere
tükürme.

spite • spite (spayt)
/isim/ kin, garaz; nispet
in spite of -e rağmen, -e karşın: He
arrived there in spite of the storm.
Fırtınaya rağmen oraya ulaştı.

splash • splash (spläş)
/fiil/ splashes, splashing, splashed • 1.
on/with -e (su, çamur v.b.'ni) sıçrat-
mak 2. (yüzüne) su çarpmak

splendid • splen.did (splen´dîd)
/sıfat/ 1. şahane, mükemmel, harika:
a splendid idea harika bir fikir
2. muhteşem, görkemli

splendor • splen.dor (splen´dır)
/isim/ ihtişam, görkem
İng. splendour

splinter • splin.ter (splîn´tır)
/isim/ çoğul splinters • kıymık

split • split (splît)
/fiil/ splits, splitting, split • 1. kırmak;
yarmak; çatlatmak; kırılmak; yarıl-
mak; çatlamak
split hairs kılı kırk yarmak
split one's sides gülmekten katılmak,
gülmekten kırılmak
2. (into) (-e) ayırmak, (-e) bölmek;
(-e) ayrılmak, (-e) bölünmek:
She split the chocolate into two.
Çikolatayı ikiye böldü.

spoil • spoil (spoyl)
/fiil/ spoils, spoiling, spoiled/İng. spoilt •
1. bozmak: Bad weather spoiled their
plans. Kötü hava planlarını bozdu.
2. (süt v.b.) bozulmak: The milk will
spoil if you leave it out. Sütü dışarıda
bırakırsan bozulur. 3. (birini) şımart-
mak: Don't spoil the kid so much.
Çocuğu bu kadar şımartmayın.

spoilt • spoilt (spoylt)
/fiil/ bkz. spoil

spoke • spoke (spok)
/fiil/ bkz. speak

spoken • spo.ken (spo´kın)
/fiil/ bkz. speak

spokesperson • spokes.per.son
(spoks´pırsın) /isim/ çoğul spokespersons/
spokespeople • sözcü

sponge • sponge (spʌnc)
/isim/ çoğul sponges • sünger: bath
sponge banyo süngeri
sponge cake pandispanya

sponsor • spon.sor (span´sır)
/isim/ çoğul sponsors • sponsor,
destekleyici (kişi/kuruluş)

spontaneous • spon.ta.ne.ous
(spantey´niyıs) /sıfat/ kendiliğinden
olan, spontane: a spontaneous
reaction spontane bir tepki

spoon • spoon (spun)
/isim/ çoğul spoons • kaşık

spoonful • spoon.ful (spun´fûl)
/isim/ çoğul spoonfuls/spoonsful •
kaşık dolusu: a spoonful of sugar
bir kaşık dolusu şeker

sport • sport (spôrt)
/isim/ 1. çoğul sports • spor 2. oyun;
eğlence

sports • sports (spôrts)
/sıfat/ spor, sporla ilgili: sports car
spor araba sports center spor merkezi

¹spot • spot (spat)
/isim/ çoğul spots • 1. benek, nokta:
dark spot koyu benek 2. leke 3. yer:
an ideal spot for a picnic piknik için
ideal bir yer

²spot • spot (spat)
/fiil/ spots, spotting, spotted • 1. görmek;
seçmek; fark etmek, ayırt etmek
2. lekelemek; lekelenmek

spotted • spot.ted (spat´ıd)
/sıfat/ 1. benekli, noktalı 2. lekeli

sprain • sprain (spreyn)
/fiil/ sprains, spraining, sprained • burk-
mak: sprain an ankle (ayak) bileğini
burkmak

sprang • sprang (spräng)
/fiil/ bkz. ¹spring

¹spray • spray (sprey)
/fiil/ sprays, spraying, sprayed • püskürt-
mek, sıkmak: The elephant sprayed
us with water. Fil, üzerimize su
püskürttü.

²spray • spray (sprey)
/isim/ çoğul sprays • sprey
hair spray saç spreyi

spread • spread (spred)
/fiil/ spreads, spreading, spread •
1. yaymak, sermek: She spread the
cloth on the ground. Örtüyü yere
serdi. 2. (üstüne) sürmek; sürülmek:
Emel spread jam on her bread.
Emel, ekmeğine reçel sürdü.
3. yayılmak: The news is spreading.
Haber yayılıyor.

¹spring • spring (sprîng)
/fiil/ springs, springing, sprang/sprung,
sprung • 1. over/across bir sıçrayışta
aşmak: He sprang over the wall.

Sıçrayıp duvarı aştı. 2. from -den kaynaklanmak

²spring • spring (sprîng)
/isim/ çoğul springs • 1. ilkbahar, bahar: spring rain bahar yağmuru We'll go to Amasra in the spring. İlkbaharda Amasra'ya gideceğiz. 2. pınar, kaynak: spring water kaynak suyu 3. yay; zemberek

sprinkle • sprin.kle (sprîng´kıl)
/fiil/ sprinkles, sprinkling, sprinkled • 1. serpmek, serpiştirmek, ekmek 2. çiselemek

sprung • sprung (sprʌng)
/fiil/ bkz. ¹spring

spun • spun (spʌn)
/fiil/ bkz. spin

spy • spy (spay)
/isim/ çoğul spies • casus, ajan

¹square • square (skwer)
/isim/ çoğul squares • kare, dördül

²square • square (skwer)
/sıfat/ 1. kare, kare biçiminde: a square table kare bir masa 2. (matematik) kare
square centimeter santimetre kare
square kilometer kilometre kare
square meter metre kare
square root karekök

¹squash • squash (skwaş)
/fiil/ squashes, squashing, squashed • ezmek; ezilmek: Don't squash my flowers. Çiçeklerimi ezme.

²squash • squash (skwaş)
/isim/ çoğul squashes/squash • kabak

squat • squat (skwat)
/fiil/ squats, squatting, squatted • çömelmek

squeeze • squeeze (skwiz)
/fiil/ squeezes, squeezing, squeezed • 1. (meyve, ıslak bez v.b.´ni) sıkmak: Squeeze a lemon in a glass full of water and drink it. Bir bardak suya bir limon sıkın ve için. squeeze a toothpaste tube diş macunu tüpünü sıkmak 2. into/in -e sıkıştırmak, -e tıkıştırmak; -e tıkışmak, -e tıkılmak: He squeezed three jackets into a small suitcase. Küçük bir bavula üç ceket tıkıştırdı.

squirrel • squir.rel (skwır´ıl)
/isim/ çoğul squirrels • sincap

stab • stab (stäb)
/fiil/ stabs, stabbing, stabbed • 1. bıçaklamak 2. batırmak, saplamak, delmek

stable • sta.ble (stey´bıl)
/sıfat/ stabler, stablest • 1. sağlam, kolayca sarsılmaz; güvenilir 2. dengeli (kimse)

stadium • sta.di.um (stey´diyım)
/isim/ çoğul stadiums/stadia • stadyum, stat

staff • staff (stäf)
/isim/ 1. çoğul staffs/staves • değnek: a long staff uzun bir değnek 2. personel; kadro: office staff büro

personeli The hospital staff works hard. Hastane personeli çok çalışır. staff room **öğretmenler odası**

stage • stage (steyc)
/isim/ çoğul stages • 1. **sahne:** She loves to perform on stage. **O sahnede oyna-mayı çok seviyor. 2. aşama, evre:** the early stages of a disease **bir hastalığın başlangıç evreleri** the final stage of the trip **yolculuğun son aşaması**

¹stain • stain (steyn)
/fiil/ stains, staining, stained • **lekelemek**

²stain • stain (steyn)
/isim/ çoğul stains • **leke**

stainless • stain.less (steyn´lîs)
/sıfat/ **lekesiz**
stainless steel **paslanmaz çelik**

stair • stair (ster)
/isim/ çoğul stairs • (merdivene ait) **basamak**
stairs **merdiven**

staircase • stair.case (ster´keys)
/isim/ çoğul staircases • (iki katı birbirine bağlayan) (bina içindeki) **merdiven**

stairway • stair.way (ster´wey)
/isim/ çoğul stairways • (iki katı birbirine bağlayan) **merdiven**

stale • stale (steyl)
/sıfat/ staler, stalest • 1. **bayat** (taze olmayan): stale bread **bayat ekmek** 2. **bayat** (eskimiş, ilginçliğini yitirmiş): a stale joke **bayat bir espri** stale news **bayat haber**

stalk • stalk (stôk)
/isim/ çoğul stalks • (bitkide) **sap**

stall • stall (stôl)
/isim/ çoğul stalls • bkz. ²stand • (1.)

stammer • stam.mer (stäm´ır)
/fiil/ stammers, stammering, stammered • **pepelemek, kekelemek**

¹stamp • stamp (stämp)
/isim/ çoğul stamps • 1. **pul, posta pulu:** postage stamp **posta pulu** stamp collector **pul koleksiyoncusu** 2. **damga** stamp pad **ıstampa**

²stamp • stamp (stämp)
/fiil/ stamps, stamping, stamped •
1. (ayağını) **hızla yere vurmak; tepin-mek** 2. **damgalamak, damga vurmak**

¹stand • stand (ständ)
/fiil/ stands, standing, stood • **ayakta durmak; ayakta kalmak:** Please don't stand, sit down. **Lütfen ayakta kalmayın, oturun.**
stand on one's own feet **ayakları üzerinde durabilmek:** You've got to learn to stand on your own feet. **Ayaklarının üzerinde durabilmeyi öğrenmelisin.**
stand up **ayağa kalkmak:** Eray stood up to ask a question. **Eray, soru sormak için ayağa kalktı.**
Stand up. **Ayağa kalkın. (Ayağa kalk.)**

²stand • stand (ständ)
/isim/ çoğul stands • 1. **stand (sergi yeri); tezgâh** 2. **sehpa, ayaklık, ayak:**

microphone stand mikrofon ayağı
music stand nota sehpası

¹standard • stan.dard (stän´dırd)
/isim/ çoğul standards • standart:
game standards oyun standartları
standards of living yaşam
standartları

²standard • stan.dard (stän´dırd)
/sıfat/ standart: This is a standard
procedure. Bu standart bir işlemdir.

stank • stank (stängk)
/fiil/ bkz. stink

stanza • stan.za (stän´zı)
/isim/ çoğul stanzas • şiir kıtası

¹staple • sta.ple (stey´pıl)
/isim/ çoğul staples • zımba teli

²staple • sta.ple (stey´pıl)
/fiil/ staples, stapling, stapled • (tel zımba
ile) zımbalamak

stapler • sta.pler (stey´plır)
/isim/ çoğul staplers • tel zımba

star • star (star)
/isim/ çoğul stars • 1. yıldız
shooting star akanyıldız
2. yıldız, star: movie star sinema yıldızı

starch • starch (starç)
/isim/ 1. nişasta 2. (çamaşırda kul-
lanılan) kola

stare • stare (ster)
/fiil/ stares, staring, stared • (dikkatle)
bakmak: Don't stare at me. Bana
dik dik bakma.

starfish • star.fish (star´fîş)
/isim/ çoğul starfish • denizyıldızı

¹start • start (start)
/fiil/ starts, starting, started • başlamak;
başlatmak: Esat starts work at 8:30
A.M. Esat, işe saat 8.30'da başlar.
start a new job yeni bir işe başlamak
When will the race start? Yarış ne
zaman başlayacak?

²start • start (start)
/isim/ 1. başlangıç 2. (spor) start, çıkış

starvation • star.va.tion (starvey´şın)
/isim/ açlık çekme

starve • starve (starv)
/fiil/ starves, starving, starved • 1. açlık
çekmek: The bird was starving in the
winter. Kuş, kışın açlık çekiyordu.
2. aç bırakmak

¹state • state (steyt)
/isim/ çoğul states • 1. durum, hal:
How is his state of health? Onun
sağlık durumu nasıl? 2. devlet; eyalet:
How many states are there in the
USA? ABD'de kaç eyalet vardır?
the Member States of the European
Union Avrupa Birliği Üye Devletleri

²state • state (steyt)
/fiil/ states, stating, stated • söylemek,
bildirmek, ifade etmek: They stated
their opinions. Düşüncelerini bildir-
diler.

statement • state.ment (steyt´mınt)
/isim/ çoğul statements • ifade; demeç

station • sta.tion (stey´şın)
/isim/ çoğul stations • 1. istasyon, gar;
otogar, terminal, garaj; durak: train
station tren istasyonu 2. (çeşitli hiz-
metler verilen) yer, mahal, istasyon:
pumping station pompalama istas-
yonu 3. (radyo, TV) istasyon, kanal

stationery • sta.tion.er.y (stey´şıneri)
/isim/ kırtasiye

statistics • sta.tis.tics (stıtîs´tîks)
/isim/ 1. (çoğul) istatistik, sayılama
2. istatistik, sayımbilim

statue • stat.ue (stäç´u)
/isim/ çoğul statues • heykel: the
Statue of Liberty Özgürlük Heykeli

stay • stay (stey)
/fiil/ stays, staying, stayed • kalmak:
stay (at) home evde kalmak stay for/
to dinner akşam yemeğine kalmak
stay out late geç saate kadar dışa-
rıda kalmak You are likely to stay
late at work today. Bugün geç saate
kadar çalışacak gibisin.
stay away from -den uzak durmak

steady • stead.y (sted´i)
/sıfat/ steadier, steadiest • 1. sağlam;
titremez, sarsılmaz 2. sabit, değiş-

mez: He runs with a steady pace.
Sabit bir hızla koşuyor. 3. sürekli,
düzenli: a steady job düzenli bir iş

4. tutarlı, güvenilir

steak • steak (steyk)
/isim/ çoğul steaks • biftek
steak knife biftek bıçağı

steal • steal (stil)
/fiil/ steals, stealing, stole, stolen •
çalmak, aşırmak; hırsızlık yapmak:
Thieves stole Birol's bicycle.
Hırsızlar Birol'un bisikletini çaldılar.

steam • steam (stim)
/isim/ buhar
steam engine buhar makinesi

steel • steel (stil)
/isim/ çelik: Steel consists of iron
and carbon. Çelik, demir ve karbon-
dan oluşur.
/sıfat/ çelik (çelikten yapılmış): steel
bridge çelik köprü

steep • steep (stip)
/sıfat/ steeper, steepest • dik, sarp: We
climbed the steep hill. Dik yokuşu
tırmandık.

steer • steer (stîr)
/fiil/ steers, steering, steered • direksi-
yonda olmak; direksiyon kullanmak:
Can you steer the car? Direksiyonu
kullanabilir misin?
steering wheel direksiyon

stem • stem (stem)
/isim/ çoğul stems • (bitkide) sap; gövde:
Tulips have long stems. Lalelerin
uzun sapları vardır.

¹step • step (step)
/isim/ çoğul steps • 1. adım: a baby's
first steps bir bebeğin ilk adımları
step by step adım adım
watch one's step ayağını denk
almak, adımlarına dikkat etmek
2. basamak

²step • step (step)
/fiil/ steps, stepping, stepped • adım
atmak: He stepped slowly to the
door. Yavaşça kapıya doğru gitti.

stepfather • step.fa.ther (step´fadhır)
/isim/ çoğul stepfathers • üvey baba

stepmother • step.moth.er
(step´mʌdhır) /isim/ çoğul stepmothers •
üvey anne

stereo • ster.e.o (ster´iyo)
/isim/ çoğul stereos • stereo pikap;
stereo CD çalar
/sıfat/ stereo, stereofonik: stereo
recording stereo kayıt

sterling • ster.ling (stır´lîng)
/isim/ sterlin, İngiliz lirası

stethoscope • steth.o.scope
(steth´ıskop) /isim/ çoğul stethoscopes •
stetoskop

stew • stew (stu)
/isim/ çoğul stews • yahni, bastı, güveç

¹stick • stick (stîk)
/isim/ çoğul sticks • 1. değnek, sopa
2. bkz. walking stick

²stick • stick (stîk)
/fiil/ sticks, sticking, stuck • 1. in/into -e
batırmak, -e saplamak; -e batmak,
-e saplanmak: A fishbone stuck in
his throat. Boğazına kılçık battı. He
stuck the needle into my arm. İğneyi
koluma batırdı.
stick one's nose into -e burnunu
sokmak: Don't stick your nose into
my business. Benim işlerime bur-
nunu sokma.
2. yapıştırmak; yapışmak

sticky • stick.y (stîk´i)
/sıfat/ stickier, stickiest • 1. yapışkan
2. yapış yapış

stiff • stiff (stîf)
/sıfat/ stiffer, stiffest • 1. katı, sert (bir
şey) 2. kaskatı, gergin (kas)
have a stiff neck boynu tutulmak

¹still • still (stîl)
/sıfat/ stiller, stillest • 1. hareketsiz:
She can't sit still one minute. O, bir
dakika bile hareketsiz duramaz.
still life (resim) natürmort
2. rüzgârsız: a still day rüzgârsız bir
gün 3. durgun: still water durgun su
4. sessiz; sakin

²still • still (stîl)
/zarf/ hâlâ, daha: Are you still eating?
Hâlâ yiyor musun? Is he still here?
O hâlâ burada mı?

sting • sting (stîng)
/fiil/ stings, stinging, stung • 1. (arı v.b.)
sokmak: A bee stung him on his

arm. Bir arı onu kolundan soktu.
2. (bitki) **dalamak:** Nettles stung him.
Isırganotları onu daladı. 3. (biber,
duman) **yakmak:** The smoke stung
my eyes. Duman gözlerimi yaktı.

stingy • stin.gy (stîn´ci)
/sıfat/ stingier, stingiest • **cimri, eli
sıkı, pinti**

stink • stink (stîngk)
/fiil/ stinks, stinking, stank/stunk, stunk •
pis kokmak; kokuşmak: This room
stinks. Bu oda pis kokuyor.

stir • stir (stır)
/fiil/ stirs, stirring, stirred • **1. karıştır-
mak:** Would you stir the soup for me?
Benim için çorbayı karıştırır mısın?
2. harekete geçirmek

stock • stock (stak)
/isim/ çoğul stocks • **stok, depodaki
mallar:** Food stocks are running low.
Yiyecek stokları azalmakta.
in stock **mevcut:** That item is in
stock. O parça elimizde var.
out of stock **elde kalmamış:** That item
is out of stock. O parça elimizde yok.
stock exchange (stock market) **borsa**

stocking • stock.ing (stak´îng)
/isim/ çoğul stockings • **1. (uzun) kadın
çorabı:** a pair of black stockings bir
çift siyah çorap **2. çorap**

stole • stole (stol)
/fiil/ bkz. **steal**

stolen • sto.len (sto´lın)
/fiil/ bkz. **steal**

stomach • stom.ach (stʌm´ık)
/isim/ çoğul stomachs • **mide; karın**

stomachache • stom.ach.ache
(stʌm´ıkeyk) /isim/ çoğul stomachaches •
mide ağrısı

stone • stone (ston)
/isim/ çoğul stones • **1. taş 2.** bkz. ²**pit**

stood • stood (stûd)
/fiil/ bkz. ¹**stand**

stool • stool (stul)
/isim/ çoğul stools • **tabure**

¹**stop** • stop (stap)
/fiil/ stops, stopping, stopped • **durmak;
durdurmak:** You must stop at the red
light. Kırmızı ışıkta durmalısın.
stop by (bir yere) **uğramak:** Yesterday
we stopped by a bookstore. Dün bir
kitapçıya uğradık.
stop work **mola vermek; paydos
etmek:** Let's stop work today.
Bugün mola verelim.

²**stop** • stop (stap)
/isim/ çoğul stops • **1. mola; duraklama
2. durak:** Meet me at the bus stop.
Benimle otobüs durağında buluş.

¹**store** • store (stôr)
/isim/ çoğul stores • **1. dükkân; mağaza:**
clothing store giyim mağazası
2. stok: store of fuel yakıt stoku
3. depo: military store askeri depo

²**store** • store (stôr)
/fiil/ stores, storing, stored • **depolamak,**
(bir yerde) **saklamak:** They store their
old bicycles in the attic. Eski bisiklet-
lerini tavan arasında saklıyorlar.

stork • stork (stôrk)
/isim/ çoğul storks • **leylek**

storm • storm (stôrm)
/isim/ 1. çoğul storms • **fırtına** 2. **ani**
ve şiddetli tepki, tufan: storm of
applause alkış tufanı

stormy • storm.y (stôr´mi)
/sıfat/ **fırtınalı; sağanak yağışlı:** It
was a dark and stormy day. Kapalı
ve fırtınalı bir gündü.

story • sto.ry (stôr´i)
/isim/ çoğul stories • 1. **hikâye, öykü**
2. (binada) **kat,** İng. storey

stove • stove (stov)
/isim/ çoğul stoves • 1. **soba:** gas stove
gaz sobası 2. **fırın** (üstü ocak, altı
fırın olan mutfak aleti), İng. **cooker**

¹**straight** • straight (streyt)
/sıfat/ straighter, straightest • 1. **doğru;**
düz: straight angle doğru açı
straight hair düz saç straight line
düz çizgi 2. **doğru, yalan olmayan:**
straight answer dürüst yanıt

²**straight** • straight (streyt)
/zarf/ **doğru, düz:** Walk straight along
this road. Bu yoldan dosdoğru yürü.
go straight ahead **dosdoğru gitmek**

straighten • straight.en (streyt´ın)
/fiil/ straightens, straightening, straight-
ened • 1. **doğrultmak** 2. **up doğrul-**
mak, dik duruma gelmek

strait • strait (streyt)
/isim/ çoğul straits • (denizde) **boğaz:** the
Strait of Gibraltar Cebelitarık Boğazı

strange • strange (streync)
/sıfat/ stranger, strangest • **tuhaf,**
acayip, garip: a strange place tuhaf
bir yer He told us a strange story.
Bize tuhaf bir öykü anlattı.

stranger • strang.er (streyn´cır)
/isim/ çoğul strangers • **yabancı:** They
told her not to talk to strangers.
Ona, yabancılarla konuşmamasını
söylediler.
be a stranger to -**in yabancısı olmak**

strap • strap (sträp)
/isim/ çoğul straps • 1. **kayış** 2. (kadın
giysisini omuza tutturan) **askı**

strategy • strat.e.gy (strät´ıci)
/isim/ çoğul strategies • **strateji**

straw • straw (strô)
/isim/ 1. **saman:** straw bale saman
balyası 2. çoğul straws • **saman sapı**
3. çoğul straws • **pipet, kamış**
/sıfat/ **samandan yapılmış, hasır:**
straw hat hasır şapka

strawberry • straw.ber.ry (strô´beri)
/isim/ çoğul strawberries • **çilek:**
strawberry jam çilek reçeli

stream • stream (strim)
/isim/ çoğul streams • dere, çay, akarsu:
A stream runs behind the trees.
Ağaçların ardında bir dere akıyor.

street • street (strit)
/isim/ çoğul streets • cadde; sokak;
yol: along the street cadde boyunca
cross the street caddeyi geçmek

streetcar • street.car (strit´kar)
/isim/ çoğul streetcars • tramvay
İng. tram

streetlamp • street.lamp (strit´lämp)
/isim/ çoğul streetlamps • bkz. streetlight

streetlight • street.light (strit´layt)
/isim/ çoğul streetlights • sokak lambası

strength • strength (strengkth)
/isim/ kuvvet, güç: physical strength
bedensel güç

strengthen • strength.en (strengk´thın)
/fiil/ strengthens, strengthening, strength-
ened • kuvvetlendirmek, güçlendir-
mek; sağlamlaştırmak; takviye etmek

stress • stress (stres)
/isim/ çoğul stresses • 1. gerilim, stres
2. bkz. accent • (2.)

stretch • stretch (streç)
/fiil/ stretches, stretching, stretched •
1. germek 2. esnetmek; esnemek
3. gerinmek

stretcher • stretch.er (streç´ır)
/isim/ çoğul stretchers • sedye: There
was a patient on the stretcher.
Sedyede bir hasta vardı.

stricken • strick.en (strîk´ın)
/fiil/ bkz. ¹strike

strict • strict (strîkt)
/sıfat/ stricter, strictest • 1. sert, katı,
kuralcı: I think the rules are too
strict. Bence kurallar çok katı.
2. sıkı: strict control sıkı kontrol

¹strike • strike (strayk)
/fiil/ strikes, striking, struck, struck/stricken
• 1. vurmak; çarpmak: He struck his
fist on the table. Yumruğunu masaya
vurdu. 2. (yıldırım) çarpmak: The plane
was struck by lightning. Uçağa yıldı-
rım çarptı. 3. (kibrit) çakmak, yakmak

²strike • strike (strayk)
/isim/ çoğul strikes • grev: general
strike genel grev on strike grevde
go on strike greve gitmek

string • string (strîng)
/isim/ çoğul strings • 1. ip; sicim
string bean çalıfasulyesi
2. (telli çalgılarda, piyanoda) tel
the strings telli çalgılar

stringed • stringed (strîngd)
/sıfat/ telli: stringed instruments
telli çalgılar

strip • strip (strîp)
/fiil/ strips, stripping, stripped •
1. soymak: strip the bark off a tree
ağacın kabuğunu soymak 2. soyunmak
strip off soyunmak; (giysiyi) çıkarmak

stripe • stripe (strayp)
/isim/ çoğul stripes • (renkli) çizgi, yol:
a shirt with blue and white stripes
mavi beyaz çizgili bir gömlek the
stripes of a zebra zebranın çizgileri

striped • striped (straypt)
/sıfat/ çizgili

stroke • stroke (strok)
/isim/ çoğul strokes • 1. vuruş, darbe
2. felç, inme

stroller • stroll.er (stro´lır)
/isim/ çoğul strollers • puset
İng. pushchair

strong • strong (strông)
/sıfat/ stronger, strongest • 1. güçlü,
kuvvetli: strong muscles güçlü kaslar
2. dayanıklı, sağlam: a strong
structure dayanıklı bir yapı

struck • struck (strʌk)
/fiil/ bkz. ¹strike

structure • struc.ture (strʌk´çır)
/isim/ çoğul structures • 1. yapı, bina:
That structure was built well. O
yapı iyi inşa edildi. 2. yapı: chemical
structure kimyasal yapı

¹struggle • strug.gle (strʌg´ıl)
/fiil/ struggles, struggling, struggled •
çabalamak, uğraşmak, mücadele
etmek

²struggle • strug.gle (strʌg´ıl)
/isim/ çoğul struggles • çabalama,
uğraşma, mücadele: struggle against
poverty yoksullukla mücadele

stubborn • stub.born (stʌb´ırn)
/sıfat/ 1. inatçı, dik başlı: That goat
is very stubborn. O keçi çok inatçı.
2. inatçı, çetin, değiştirilmesi zor:
a stubborn cough inatçı bir öksürük

stuck • stuck (stʌk)
/fiil/ bkz. ²stick

student • stu.dent (stu´dınt)
/isim/ çoğul students • öğrenci:
art student sanat öğrencisi

¹study • stud.y (stʌd´i)
/isim/ çoğul studies • 1. çalışma;
araştırma, inceleme 2. çalışma odası

²study • stud.y (stʌd´i)
/fiil/ studies, studying, studied • 1. ders
çalışmak: Did you study for your
test? Sınavına çalıştın mı? 2. okumak,
... öğrenimi görmek: He wants to
study at Harvard University. Harvard
Üniversitesi'nde okumak istiyor.

¹stuff • stuff (stʌf)
/isim/ 1. madde: plastic stuff plastik
madde 2. eşya: He has a lot of
useless stuff in his room. Odasında
bir sürü gereksiz eşya var.

²stuff • stuff (stʌf)
/fiil/ stuffs, stuffing, stuffed • (with) (ile)
doldurmak

stung • stung (stʌng)
/fiil/ bkz. sting

stunk • stunk (stʌngk)
/fiil/ bkz. stink

stupid • stu.pid (stu´pîd)
/sıfat/ stupider, stupidest • 1. aptal,
ahmak, budala 2. aptalca, saçma:

I don't think it's a stupid question.
Bence bu aptalca bir soru değil.

style • style (stayl)
/isim/ çoğul styles • **üslup, stil, tarz,
biçim:** style of leadership liderlik
tarzı She has her own style of dress.
Onun kendine özgü elbise stili var.
writing style yazı tarzı

subject • sub.ject (sʌbˊcîkt)
/isim/ çoğul subjects • **1. konu, mevzu:**
Can we change the subject? Konuyu
değiştirebilir miyiz?
subject matter (kitap v.b. için) **konu**
2. (öğrenimi görülen) **ders:** Her favorite
subject is math. Onun en sevdiği
ders matematik. **3.** (dilbilgisi) **özne**

submarine • sub.ma.rine (sʌbˊmırin)
/isim/ çoğul submarines • **denizaltı:**
submarine base denizaltı üssü

submit • sub.mit (sıbmîtˊ)
/fiil/ submits, submitting, submitted •
**1. teslim olmak, boyun eğmek 2. arz
etmek, sunmak, bildirmek, vermek:**
submit a petition dilekçe vermek

subscribe • sub.scribe (sıbskraybˊ)
/fiil/ subscribes, subscribing, subscribed
• **to** (dergi, gazete v.b.'ne) **abone
olmak:** subscribe to a magazine
bir dergiye abone olmak

subsequent • sub.se.quent
(sʌbˊsıkwınt) /sıfat/ **sonraki, sonra**
gelen, (belirli bir olayı) **takip eden:**
the subsequent years sonraki yıllar

substance • sub.stance (sʌbˊstıns)
/isim/ **1.** çoğul substances • **madde:** They
mixed together several substances.
Birkaç maddeyi birbirine karıştırdılar.
2. esas, asıl, öz: the substance of
speech konuşmanın özü

substantial • sub.stan.tial (sıbstänˊşıl)
/sıfat/ **1. doyurucu, tatmin edici
2. önemli, kayda değer:** a substantial
change önemli bir değişiklik

substitute • sub.sti.tute (sʌbˊstıtut)
/fiil/ substitutes, substituting, substituted •
for 1. (geçici bir süre için)
(başkasının) **yerine çalışmak;**
(başkasına) **vekâlet etmek:** I substi-
tuted for Hasan when he was ill.
Hastalandığında Hasan'ın yerine ben
çalıştım. **2. -i** (başka bir şeyin) **yerine
kullanmak:** You can substitute yogurt
for milk in this recipe. Bu tarifte
sütün yerine yoğurt kullanabilirsin.

subtract • sub.tract (sıbträktˊ)
/fiil/ subtracts, subtracting, subtracted •
(matematik) **1. from** (bir sayıyı) (başka
bir sayıdan) **çıkarmak:** We subtracted
12 from 19 and got 7. 19'dan 12
çıkardık, 7 elde ettik. **2. çıkarma işlemi
yapmak:** The children learned how
to subtract. Çocuklar çıkarma işlemi
yapmayı öğrendiler.

subtraction • sub.trac.tion
(sıbträkˊşın) /isim/ (matematik)
çıkarma

suburb • sub.urb (sʌbˊırb)
/isim/ çoğul suburbs • **varoş, dış
mahalle:** The suburbs are quieter

than the city center. Dış mahalleler
şehir içinden daha sakin.

subway • sub.way (sʌb´wey)
/isim/ çoğul **subways •** metro
İng. underground

succeed • suc.ceed (sıksid´)
/fiil/ succeeds, succeeding, succeeded •
1. başarmak, becermek, başarılı
olmak: I'm sure you will succeed if
you try. Çalışırsan başaracağından
eminim. 2. izlemek, takip etmek:
Spring succeeded winter. Kışı bahar
izledi.

success • suc.cess (sıkses´)
/isim/ 1. başarı, başarma: What's
the secret of success? Başarının
sırrı nedir? 2. çoğul successes • **başarı,
başarılı şey:** a series of successes
bir dizi başarı

successful • suc.cess.ful (sıkses´fıl)
/sıfat/ başarılı, muvaffak: a successful
actor başarılı bir aktör

such • such (sʌç)
/sıfat/ öyle, şöyle, böyle: I haven't
heard such music in years. Yıllardır
böyle müzik dinlemedim. It wasn't
such a hard test. O kadar zor bir
sınav değildi.
such as gibi: domestic animals such
as cats and dogs kedi köpek gibi
evcil hayvanlar

suck • suck (sʌk)
/fiil/ sucks, sucking, sucked • **emmek**

sudden • sud.den (sʌd´ın)
/sıfat/ ani: a sudden change ani bir
değişiklik a sudden movement ani
bir hareket

all of a sudden **aniden, birdenbire,
ansızın:** All of a sudden he began to
run. Aniden koşmaya başladı.

suddenly • sud.den.ly (sʌd´ınli)
/zarf/ aniden, birdenbire, ansızın:
Suddenly we heard a scream.
Aniden bir çığlık duyduk.

suffer • suf.fer (sʌf´ır)
/fiil/ suffers, suffering, suffered • 1. acı
çekmek: He suffers from headaches.
Baş ağrısı çekiyor. 2. (kötü bir şeye)
uğramak: Their company suffered big
losses. Şirketleri büyük zarara uğradı.

sufficient • suf.fi.cient (sıfîş´ınt)
/sıfat/ yeterli, kâfi: sufficient
information yeterli bilgi sufficient
time yeterli süre

suffix • suf.fix (sʌf´îks)
/isim/ çoğul suffixes • (dilbilgisi) **sonek**

suffocation • suf.fo.ca.tion (sʌfıkey´şın)
/isim/ boğma; boğulma

sugar • sug.ar (şûg´ır)
/isim/ şeker
brown sugar **esmer şeker**
cube sugar **küpşeker**
granulated sugar **tozşeker**
powdered sugar, İng. caster sugar
pudraşeker, pudraşekeri
sugar beet **şekerpancarı**
sugar bowl, İng. sugar basin **şekerlik**
sugar refinery **şeker fabrikası**

sugarcane • sug.ar.cane (şûg´ırkeyn)
/isim/ şekerkamışı

suggest • sug.gest (sıgcest´, sıcest´)
/fiil/ suggests, suggesting, suggested •
önermek, (fikir) ileri sürmek: He

suggested we travel by train. Trenle yolculuk etmemizi önerdi.

suggestion • sug.ges.tion (sıgces´çın, sıces´çın) /isim/ çoğul suggestions • öneri
at one's suggestion önerisiyle: At his suggestion, we planted a pine tree in our garden. Onun önerisiyle bahçemize bir çam ağacı diktik.
be open to new suggestions yeni önerilere açık olmak
make a suggestion (offer a suggestion) bir öneride bulunmak

suicide • su.i.cide (su´wısayd) /isim/ çoğul suicides • intihar

¹suit • suit (sut) /isim/ çoğul suits • (erkek için) takım elbise; (bayan için) döpiyes

²suit • suit (sut) /fiil/ suits, suiting, suited • 1. uymak, uygun gelmek, (birine) göre olmak: What time would suit you? Size ne zaman uygun?
Suit yourself! Nasıl istersen!
2. -e yakışmak: That dress didn't suit her. O elbise ona yakışmadı.

suitable • suit.a.ble (su´tıbıl) /sıfat/ uygun, elverişli: a suitable date uygun bir tarih suitable for children çocuklar için uygun

suitcase • suit.case (sut´keys) /isim/ çoğul suitcases • bavul

sulk • sulk (sʌlk) /fiil/ sulks, sulking, sulked • somurtmak, surat asmak

sultan • sul.tan (sʌl´tın) /isim/ çoğul sultans • sultan (erkek hükümdar)

sum • sum (sʌm) /isim/ çoğul sums • toplam; tutar: The sum of 7 and 2 is 9. 7 ve 2'nin toplamı 9'dur.
in sum sözün kısası, kısaca: In sum, I'm glad I saw him. Kısacası onu gördüğüme memnunum.

summarize • sum.ma.rize (sʌm´ırayz) /fiil/ summarizes, summarizing, summarized • özetlemek: She summarized the story for us. Öyküyü bize özetledi. İng. summarise

summary • sum.ma.ry (sʌm´ıri) /isim/ çoğul summaries • özet: a brief summary kısa bir özet

summer • sum.mer (sʌm´ır) /isim/ çoğul summers • yaz, yaz mevsimi: summer holiday yaz tatili summer house yazlık, sayfiye
summer time bkz. daylight saving time

summit • sum.mit (sʌm´ît) /isim/ çoğul summits • 1. zirve, doruk 2. zirve, zirve toplantısı
summit meeting zirve toplantısı

sun • sun (sʌn) /isim/ güneş
the Sun (gökbilim) Güneş

sunbathe • sun.bathe (sʌn´beydh) /fiil/ sunbathes, sunbathing, sunbathed • güneş banyosu yapmak

Sunday • Sun.day (sʌnˊdi, sʌnˊdey)
/isim/ çoğul Sundays • pazar günü, pazar

sunflower • sun.flow.er (sʌnˊflauwır)
/isim/ çoğul sunflowers • ayçiçeği,
günebakan

sung • sung (sʌng)
/fiil/ bkz. sing

sunglasses • sun.glass.es (sʌnˊgläsîz)
/isim/ (çoğul) güneş gözlüğü

sunk • sunk (sʌngk)
/fiil/ bkz. ¹sink

sunken • sunk.en (sʌngˊkın)
/fiil/ bkz. ¹sink

sunlight • sun.light (sʌnˊlayt)
/isim/ güneş ışığı

sunny • sun.ny (sʌnˊi)
/sıfat/ sunnier, sunniest • güneşli:
a sunny day güneşli bir gün

sunrise • sun.rise (sʌnˊrayz)
/isim/ güneşin doğuşu

sunset • sun.set (sʌnˊset)
/isim/ çoğul sunsets • günbatımı

sunshine • sun.shine (sʌnˊşayn)
/isim/ güneş ışığı

sunstroke • sun.stroke (sʌnˊstrok)
/isim/ güneş çarpması

super • su.per (suˊpır)
/sıfat/ (konuşma dili) harika, çok
güzel, süper

superficial • su.per.fi.cial (supırfîşˊıl)
/sıfat/ derin olmayan, yüzeysel

superlative • su.per.la.tive (sıpırˊlıtîv,
sûpırˊlıtîv) /sıfat/ en iyi, mükemmel
the superlative (degree) (dilbilgisi)
enüstünlük derecesi

supermarket • su.per.mar.ket
(suˊpırmarkît) /isim/ çoğul
supermarkets • süpermarket

supernatural • su.per.nat.u.ral
(supırnäçˊırıl) /sıfat/ doğaüstü,
tabiatüstü

superstition • su.per.sti.tion
(supırstîşˊın) /isim/ çoğul superstitions •
boş inanç, batıl inanç, hurafe

superstitious • su.per.sti.tious
(supırstîşˊıs) /sıfat/ 1. boş inançtan
kaynaklanan 2. boş inançlara inanan:
Are you superstitious? Batıl
inançların var mıdır?

supper • sup.per (sʌpˊır)
/isim/ çoğul suppers • akşam yemeği:
She usually helps her mother make
supper. Genelde annesine akşam
yemeği yapmakta yardım eder.

supplement • sup.ple.ment
(sʌpˊlımınt) /isim/ çoğul supplements •
ilave, ek: the sports supplement of
the newspaper gazetenin spor eki

¹**supply** • sup.ply (sıplay´)
/fiil/ Supplies, supplying, supplied • (with)
sağlamak, (gereksinimi) karşılamak:
Their employer supplied them with
uniforms. Patronları onların ünifor-
malarını sağladı.

²**supply** • sup.ply (sıplay´)
/isim/ çoğul supplies • (kullanıma hazır)
stok, miktar
supply and demand **arz ve talep**

¹**support** • sup.port (sıpôrt´)
/fiil/ supports, supporting, supported •
desteklemek: That column is
supporting the building. O kolon
binayı destekliyor. Her friends
support her decision. Arkadaşları
kararını destekliyor.

²**support** • sup.port (sıpôrt´)
/isim/ **destek, destekleme:** financial
support parasal destek

suppose • sup.pose (sıpoz´)
/fiil/ supposes, supposing, supposed •
1. zannetmek, sanmak: I suppose it
will rain. Sanırım (yağmur) yağacak.
I suppose so. **Öyle sanıyorum.**
2. farz etmek, varsaymak: Suppose
you are a clown. Palyaço olduğunu
farz et.

supreme • su.preme (sıprim´, sûprim)
/sıfat/ **1. en büyük, üstün; üstün**
derecedeki 2. en yüksek rütbeli

sure • sure (şûr)
/sıfat/ surer, surest • **1. emin:** Are
you sure you want to go home? Eve
gitmek istediğinden emin misin?
be sure of oneself **kendinden emin**
olmak

make sure **emin olmak için gerekeni**
yapmak
2. kesin
/zarf/ **tabii, elbette**

surf • surf (sırf)
/fiil/ surfs, surfing, surfed • **1. (spor)**
sörf yapmak: Haluk goes surfing
when the weather is nice. Haluk,
hava güzel olunca sörf yapar.
2. (bilgisayar) (İnternet üzerinde)
sörf yapmak
surfing 1. (spor) **sörf** 2. (bilgisayar)
(İnternet üzerinde) **sörf yapma**

surface • sur.face (sır´fîs)
/isim/ çoğul surfaces • **yüzey:** A cube
has six surfaces. Bir kübün altı yüzü
vardır. The surface of the water
appeared calm. Denizin yüzeyi sakin
görünüyordu.

surgeon • sur.geon (sır´cın)
/isim/ çoğul surgeons • **cerrah, operatör**

surgery • sur.ger.y (sır´cıri)
/isim/ **1. cerrahlık, cerrahi 2. ameli-**

yathane 3. ameliyat, operasyon
4. çoğul surgeries • bkz. doctor's office

surname • sur.name (sır´neym)
/isim/ çoğul surnames • soyadı

¹surprise • sur.prise (sırprayz´)
/isim/ 1. çoğul surprises • sürpriz: They gave her a surprise party on her birthday. Yaş gününde ona sürpriz bir parti yaptılar. 2. şaşkınlık, hayret

²surprise • sur.prise (sırprayz´)
/fiil/ surprises, surprising, surprised • sürpriz yapmak; şaşırtmak: Did I surprise you? Seni şaşırttım mı? I'm surprised at you. Sana şaşıyorum.

surprised • sur.prised (sırprayzd´)
/sıfat/ şaşkın, şaşırmış: She had a surprised expression on her face. Yüzünde şaşkın bir ifade vardı.

surprising • sur.pris.ing (sırpray´zîng)
/sıfat/ şaşırtıcı: a surprising guess şaşırtıcı bir tahmin

surrender • sur.ren.der (sıren´dır)
/fiil/ surrenders, surrendering, surrendered • 1. teslim etmek; teslim olmak: The robbers finally surrendered to the police. Soyguncular sonunda polise teslim oldu. 2. -den feragat etmek; vermek, bırakmak

surround • sur.round (sıraund´)
/fiil/ surrounds, surrounding, surrounded • 1. çevrelemek, çevirmek: The garden is surrounded by trees. Bahçe ağaçlarla çevrili. 2. kuşatmak: The tanks surrounded the city. Tanklar şehri kuşattı.

¹survey • sur.vey (sırvey´)
/fiil/ surveys, surveying, surveyed • 1. bütünüyle ele almak, incelemek 2. göz gezdirmek, şöyle bir bakmak 3. (bir yerin) ölçümünü yapıp haritasını çıkarmak 4. anket sorusu sormak

²survey • sur.vey (sırvey´)
/isim/ 1. çoğul surveys • inceleme, araştırma; genel bakış 2. (bir yerin) ölçümünü yapıp haritasını çıkarma 3. çoğul surveys • anket: Would you participate in my survey? Anketime katılır mısın?

survive • sur.vive (sırvayv´)
/fiil/ survives, surviving, survived • sağ kalmak; ayakta kalmak: All of the passengers survived the ship wreck. Yolcuların hepsi gemi kazasında sağ kaldılar. Only the driver survived the accident. Kazadan yalnızca sürücü kurtuldu.

¹suspect • sus.pect (sıspekt´)
/fiil/ suspects, suspecting, suspected • kuşku duymak, şüphe etmek

²suspect • sus.pect (sʌs´pekt)
/isim/ çoğul suspects • sanık

suspicion • sus.pi.cion (sıspîş´ın)
/isim/ çoğul suspicions • şüphe, kuşku; vehim: on suspicion of murder cinayet şüphesiyle under suspicion şüphe altında

suspicious • sus.pi.cious (sıspîş´ıs)
/sıfat/ kuşku dolu; şüphe içinde; kuşku duyan

¹swallow • swal.low (swal´o)
/fiil/ swallows, swallowing, swallowed •

yutmak: Did you swallow your gum?
Sakızını yuttun mu?

²swallow • swal.low (swal´o)
/isim/ çoğul swallows • kırlangıç

swam • swam (swäm)
/fiil/ bkz. ¹swim

swamp • swamp (swamp)
/isim/ çoğul swamps • bataklık

swan • swan (swan)
/isim/ çoğul swans • kuğu

swear • swear (swer)
/fiil/ swears, swearing, swore, sworn •
1. sövmek, küfretmek: I never heard
him swear. Onun küfrettiğini hiç
duymadım.
swear at (birine) küfretmek
2. yemin etmek, ant içmek: They all
swore not to say anything. Hiçbir
şey söylememeye yemin ettiler.
I swear ... Yemin ederim ki ...

¹sweat • sweat (swet)
/isim/ ter
sweat suit eşofman, İng. tracksuit
It's no sweat! (konuşma dili)
Problem değil!

²sweat • sweat (swet)
/fiil/ sweats, sweating, sweat/sweated •
terlemek

sweater • sweat.er (swet´ır)
/isim/ çoğul sweaters • kazak, hırka,
süveter

sweatshirt • sweat.shirt (swet´şırt)
/isim/ çoğul sweatshirts • eşofman üstü;
kalın, pamuklu süveter

sweep • sweep (swip)
/fiil/ sweeps, sweeping, swept • süpürmek:
sweep the floors yerleri süpürmek

¹sweet • sweet (swit)
/sıfat/ sweeter, sweetest • 1. tatlı;
şekerli: sweet strawberries tatlı
çilekler 2. tatlı, hoş; sevimli: a sweet
smile tatlı bir tebessüm

²sweet • sweet (swit)
/isim/ çoğul sweets • 1. bkz. dessert
2. bkz. candy

swell • swell (swel)
/fiil/ swells, swelling, swelled, swelled/
swollen • şişmek, kabarmak; şişirmek

swelling • swell.ing (swel´îng)
/isim/ çoğul swellings • şiş, şişlik,
şişkinlik, şişmiş yer

swept • swept (swept)
/fiil/ bkz. sweep

swift • swift (swîft)
/sıfat/ swifter, swiftest • çabuk, hızlı,
süratli: a swift response hızlı bir yanıt

¹swim • swim (swîm)
/fiil/ swims, swimming, swam, swum •
yüzmek: They swam along the coast.
Sahil boyunca yüzdüler.

swimmer • swim.mer (swîm´ır)
/isim/ çoğul swimmers • yüzücü

swimming • swim.ming (swîm´îng)
/isim/ yüzme
go swimming yüzmeye gitmek
swimming pool yüzme havuzu
swimming trunks (erkekler için) mayo

swimsuit • swim.suit (swîm´sut)
/isim/ çoğul swimsuits • mayo

¹swing • swing (swîng)
/fiil/ swings, swinging, swung • (sarkaç
gibi) sallanmak; sallamak: They took
turns swinging at the playground.
Parkta sırayla sallandılar.
swinging door çarpma kapı

²swing • swing (swîng)
/isim/ çoğul swings • salıncak
ride on a swing salıncağa binmek:
He rode on the swing at the park.
Parkta salıncağa bindi.

¹switch switch (swîç)
/isim/ çoğul switches • elektrik
anahtarı, elektrik düğmesi, düğme;
şalter: Please turn the switch off
before you leave. Lütfen çıkmadan
önce şalteri kapatın.

²switch • switch (swîç)
/fiil/ switches, switching, switched •
1. değiştirmek; değişmek: Let's switch
places. Seninle yer değiştirelim.
2. elektrik düğmesini çevirmek
switch off (elektrik düğmesini) kapamak
switch on (elektrik düğmesini) açmak

¹swollen • swol.len (swo´lın)
/fiil/ bkz. swell

²swollen • swol.len (swo´lın)
/sıfat/ şişmiş, şiş

sword • sword (sôrd)
/isim/ çoğul swords • kılıç

swore • swore (swôr)
/fiil/ bkz. swear

sworn • sworn (swôrn)
/fiil/ bkz. swear

swum • swum (swʌm)
/fiil/ bkz. ¹swim

swung • swung (swʌng)
/fiil/ bkz. ¹swing

syllable • syl.la.ble (sîl´ıbıl)
/isim/ çoğul syllables • hece: 'Istanbul'
is a word of three syllables.
'İstanbul' üç heceli bir sözcüktür.

symbol • sym.bol (sîm´bıl)
/isim/ çoğul symbols • sembol, simge:
'Fe' is the chemical symbol for iron.
'Fe', demirin kimyasal simgesidir.

symmetrical • sym.met.ri.cal
(sîmet´rîkıl) /sıfat/ simetrik, simetrili

symmetry • sym.me.try (sîm´ıtri)
/isim/ simetri, bakışım: perfect
symmetry tam simetri

sympathetic • sym.pa.thet.ic
(sîmpıthet´îk) /sıfat/ 1. anlayışlı:
a sympathetic glance anlayışlı bir

bakış sympathetic words düşünceli sözler 2. **sempatik, sıcakkanlı:** a sympathetic person sempatik bir kişi

sympathy • sym.pa.thy (sîm´pıthi) /isim/ **anlayış:** Don't look for any sympathy from her! Ondan hiç anlayış bekleme!

symphony • sym.pho.ny (sîm´fıni) /isim/ çoğul symphonies • (müzik) **senfoni** symphony orchestra **senfoni orkestrası**

symptom • symp.tom (sîmp´tım) /isim/ çoğul symptoms • 1. (tıp) **semptom, bulgu, belirti:** What are the symptoms of smallpox? Çiçek hastalığının belirtileri nelerdir? 2. **işaret, alamet, belirti**

synagogue • syn.a.gogue (sîn´ıgag) /isim/ çoğul synagogues • **sinagog, havra**

synonym • syn.o.nym (sîn´ınîm) /isim/ çoğul synonyms • **eşanlamlı, eşanlamlı sözcük:** The words 'big' and 'large' are synonyms. 'Big' ve 'large' sözcükleri eşanlamlıdır.

syrup • syr.up (sır´ıp, sîr´ıp) /isim/ 1. **pekmez kıvamındaki tatlı sıvı, şurup** 2. (ilaç olarak) **şurup**

system • sys.tem (sîs´tım) /isim/ çoğul systems • 1. **sistem:** the immune system bağışıklık sistemi 2. **sistem, tertibat, düzen:** computer system bilgisayar sistemi heating system ısıtma sistemi

Tt

T, t • t (ti)
/isim/ T, İngiliz alfabesinin yirminci
harfi

table • ta.ble (tey´bıl)
/isim/ çoğul tables • **1. masa:** dining
table yemek masası operating table
ameliyat masası
table tennis **masa tenisi**
2. çizelge, tablo: periodic table
elementler çizelgesi

tablecloth • ta.ble.cloth (tey´bılklôth)
/isim/ çoğul tablecloths • **masa örtüsü**

tablespoon • ta.ble.spoon (tey´bılspun)
/isim/ çoğul tablespoons • **çorba kaşığı**

tablet • tab.let (täb´lît)
/isim/ çoğul tablets • **1. bloknot**

tablet computer **tablet bilgisayar**
2. tablet, hap: vitamin tablets
vitamin tabletleri

tack • tack (täk)
/isim/ çoğul tacks • **ufak çivi, raptiye**

tackle • tack.le (täk´ıl)
/fiil/ tackles, tackling, tackled • **(bir prob-
lemi) ele almak, çözmeye çalışmak:**
How are we going to tackle this prob-
lem? **Bu problemi nasıl çözeceğiz?**

tactic • tac.tic (täk´tîk)
/isim/ çoğul tactics • **taktik, başvurulan
yol ve yöntem**

tadpole • tad.pole (täd´pol)
/isim/ çoğul tadpoles • **(zooloji) iribaş**

tag • tag (täg)
/isim/ **1.** çoğul tags • **etiket, yafta:**
identification tag künye name tag
isim kartı 2. kovalamaca oyunu

tail • tail (teyl)
/isim/ çoğul tails • **kuyruk:** a lizard's

tail bir kertenkelenin kuyruğu the
tail of a kite bir uçurtmanın kuyruğu
tail lamp bkz. **taillight**

taillight • tail.light (teyl´layt)
/isim/ çoğul taillights • (otomobil) stop
lambası, arka lamba

tailor • tai.lor (tey´lır)
/isim/ çoğul tailors • **terzi**

take • take (teyk)
/fiil/ takes, taking, took, taken • **1. almak:**
Take the glasses from the cupboard.
Bardakları dolaptan alın. **2. götürmek:**
You can take these books home.
Bu kitapları eve götürebilirsin.
3. binmek, ile gitmek: take a bus
otobüsle gitmek **4. sürmek:** How
long does the flight take? Uçuş ne
kadar sürer?
take a look at **-e bir göz atmak, -e bir**
bakmak
take a picture (take a photo) **fotoğraf**
çekmek
Take care of yourself. **Kendine iyi bak.**
take off **1.** (giysi, ayakkabı v.b.´ni)
çıkarmak 2. (uçak, kuş) **havalanmak**
take place **olmak, meydana gelmek:**
The accident took place at 11:00 P.M.
Kaza saat 23.00´de oldu.

taken • tak.en (tey´kın)
/fiil/ bkz. take

tale • tale (teyl)
/isim/ çoğul tales • **masal:** That tale
scared everyone. O masal herkesi
korkuttu.

talent • tal.ent (täl´ınt)
/isim/ çoğul talents • **yetenek; hüner:**
Pınar has a talent for problem solving.
Pınar, problem çözme yeteneğine
sahiptir.

talented • tal.ent.ed (täl´ıntıd)
/sıfat/ **yetenekli; hünerli:** a talented
player yetenekli bir oyuncu

¹**talk** • talk (tôk)
/fiil/ talks, talking, talked • **konuşmak:**
Everyone stopped talking when he
entered the room. O, odaya girince
herkes konuşmayı kesti. talk in
English İngilizce konuşmak
talk about **-den bahsetmek:** Let's
talk about dogs. Köpekler hakkında
konuşalım.
talk big **büyük konuşmak**
talk on the phone **telefonla konuşmak**
talk to **ile konuşmak:** I need to talk
to you. Seninle konuşmam gerek.

²**talk** • talk (tôk)
/isim/ çoğul talks • **1. konuşma:** a long
talk uzun bir konuşma **2. sohbet**
talk show (radyo, TV) **sohbet programı**

talkative • talk.a.tive (tô´kıtîv)
/sıfat/ **konuşkan, çeneli:** a talkative
salesman konuşkan bir satıcı

tall • tall (tôl)
/sıfat/ taller, tallest • **1. uzun boylu,**
uzun: a tall boy uzun boylu bir çocuk
2. yüksek: a tall building yüksek bir
bina a tall tree yüksek bir ağaç

¹tame tame (teym)
/sıfat/ tamer, tamest • **1. evcilleştirilmiş, evcil 2. uysal**

²tame tame (teym)
/fiil/ tames, taming, tamed • **1. evcilleş-tirmek 2. uysallaştırmak**

tangerine • tan.ger.ine (täncırin´)
/isim/ çoğul tangerines • **mandalina**

tank • tank (tängk)
/isim/ çoğul tanks • **1. depo, tank:** gas tank benzin deposu water tank su deposu **2. (askeri) tank**

¹tap • tap (täp)
/isim/ çoğul taps • bkz. **faucet**

²tap • tap (täp)
/fiil/ taps, tapping, tapped • (on) **1. -e hafifçe vurmak:** He tapped me on my shoulder when he saw me. Beni gördüğünde omzuma hafifçe dokundu. **2. -i tıkırdatmak, -i tıklatmak:** She tapped on the door. Kapıyı tıklattı.

tape • tape (teyp)
/isim/ **1. bant:** magnetic tape manyetik bant **2.** çoğul tapes • **teyp bandı, bant** tape recorder **teyp**

tar • tar (tar)
/isim/ **katran**

target • tar.get (tar´gît)
/isim/ çoğul targets • **1. hedef, nişan:** miss the target hedefi ıskalamak **2. hedef, amaç, gaye:** They set up a new target. Yeni bir hedef belirlediler.

tart • tart (tart)
/isim/ çoğul tarts • **tart:** strawberry tart çilekli tart

task • task (täsk)
/isim/ çoğul tasks • **iş, görev, ödev:** I was assigned to a simple task. Basit bir göreve atandım. task list görev listesi

¹taste • taste (teyst)
/fiil/ tastes, tasting, tasted • **tatmak, tadına bakmak** taste like **tadında olmak:** It looks like a plum and tastes like an apricot. O, eriğe benziyor ve kayısı tadında.

²taste • taste (teyst)
/isim/ **1.** çoğul tastes • **tat, lezzet:** He didn't like the taste of the soup. Çorbanın tadını beğenmedi. **2. zevk, beğeni 3.** çoğul tastes • **zevk, merak:** İnci doesn't have expensive tastes. İnci'nin pahalı zevkleri yoktur.

tasteless • taste.less (teyst´lîs)
/sıfat/ **1. tatsız, yavan:** a tasteless food tatsız bir yiyecek **2. zevksiz**

tasty • tast.y (teys´ti)
/sıfat/ tastier, tastiest • **tadı güzel, lezzetli:** a tasty soup lezzetli bir çorba

tattoo • tat.too (tätu´)
/isim/ çoğul tattoos • **dövme**

taught • taught (tôt)
/fiil/ bkz. **teach**

tax • tax (täks)
/isim/ çoğul taxes • **vergi:** Why do we
have to pay so much tax? Neden bu
kadar fazla vergi ödemek zorundayız?
income tax gelir vergisi

tax-free • tax-free (täks´fri´)
/sıfat/ **vergisiz, vergiden muaf**

taxi • tax.i (täk´si)
/isim/ çoğul taxis/taxies • **taksi:** taxi
driver taksi şoförü
taxi stand, İng. taxi rank taksi durağı

tea • tea (ti)
/isim/ çoğul teas • **çay:** a cup of tea
bir bardak çay tea glass çay bardağı
Two teas, please. İki çay, lütfen.

teach • teach (tiç)
/fiil/ teaches, teaching, taught •
1. **öğretmek:** She taught us to ski.
Bize kayak yapmayı öğretti. teach
English İngilizce öğretmek 2. **ders
vermek:** He has been teaching for
seven years. Yedi yıldır ders veriyor.

teacher • teach.er (ti´çır)
/isim/ çoğul teachers • **öğretmen:**
history teacher tarih öğretmeni
teacher's room öğretmenler odası

teacup • tea.cup (ti´kʌp)
/isim/ çoğul teacups • **çay fincanı**

team • team (tim)
/isim/ çoğul teams • **takım, ekip, tim:**

His team won the game last night.
Onun takımı dün gece karşılaşmayı
kazandı. sales team satış ekibi

teamwork • team.work (tim´wırk)
/isim/ **takım çalışması, ekip
çalışması:** He underlined the
importance of teamwork. Ekip
çalışmasının öneminin altını çizdi.

teapot • tea.pot (ti´pat)
/isim/ çoğul teapots • **demlik, çaydanlık**

¹tear • tear (ter)
/fiil/ tears, tearing, tore, torn • **yırtmak;
yırtılmak:** Tunç tore up the letter he
wrote. Tunç, yazdığı mektubu yırttı.
tear down **yıkmak:** tear down the
wall duvarı yıkmak
tear one's hair **saçını başını yolmak**
tear someone up **birini çok üzmek**

²tear • tear (tîr)
/isim/ çoğul tears • **gözyaşı:** Tears were
streaming down her cheeks. Gözyaşl-
ları, yanaklarından aşağı akıyordu.
burst into tears **gözyaşlarına boğulmak:**
She burst into tears when she heard
the news. Haberi duyunca gözyaşla-
rına boğuldu.

tease • tease (tiz)
/fiil/ teases, teasing, teased • **şaka yollu
takılmak; kızdırmak**

teaspoon • tea.spoon (ti´spun)
/isim/ çoğul teaspoons • **çay kaşığı**

technical • tech.ni.cal (tek´nîkıl)
/sıfat/ **teknik:** technical knowledge
teknik bilgi

technique • tech.nique (teknik´)
/isim/ çoğul techniques • **teknik, yöntem:**

modern techniques of agriculture
modern tarım yöntemleri

technology • tech.nol.o.gy (teknal´ıci)
/isim/ çoğul technologies • teknoloji:
computer technology bilgisayar
teknolojisi medical technology tıbbi
teknoloji

teddy • ted.dy (ted´i)
/isim/ çoğul teddies • oyuncak ayı
teddy bear oyuncak ayı

teenager • teen.ag.er (tin´eycır)
/isim/ çoğul teenagers • on üç ile on
dokuz yaşları arasındaki genç, ergen:
His daughter is almost a teenager.
Kızı neredeyse ergenlik çağında.

telecommunication • tel.e.com.mu.ni-
.ca.tion (tel´ıkımyunıkey´şın) /isim/
telekomünikasyon

telegram • tel.e.gram (tel´ıgräm)
/isim/ çoğul telegrams • telgraf, telgraf
mesajı

telegraph • tel.e.graph (tel´ıgräf)
/isim/ 1. çoğul telegraphs • telgraf, telgraf
aygıtı 2. telgraf, telgraf sistemi:
Telegraph used to be the fastest
way of communication. Telgraf
eskiden en hızlı iletişim yoluydu.

¹telephone • tel.e.phone (tel´ıfon)
/isim/ çoğul telephones • telefon
on the telephone telefonda: When I
arrived she was on the telephone.
Geldiğimde o telefondaydı.
pay telephone jetonlu telefon
telephone booth, İng. telephone box
telefon kulübesi
telephone directory telefon rehberi

²telephone • tel.e.phone (tel´ıfon)
/fiil/ telephones, telephoning, telephoned •
telefon etmek: Please telephone us
before you come. Gelmeden önce
lütfen bize telefon edin.

telescope • tel.e.scope (tel´ıskop)
/isim/ çoğul telescopes • teleskop

television • tel.e.vi.sion (tel´ıvîjın)
/isim/ çoğul televisions • televizyon:
television screen televizyon ekranı
television set televizyon alıcısı
watch television televizyon izlemek

tell • tell (tel)
/fiil/ tells, telling, told • söylemek;
anlatmak: Don't tell my secret to
anyone. Sırrımı kimseye söyleme.
tell a lie yalan söylemek
tell the time saati anlamak: You can
tell the time in different ways. Saati
farklı yollarla bilebilirsiniz.
tell the truth doğruyu söylemek

telly • tel.ly (tel´i)
/isim/ çoğul tellies • İng. (konuşma dili)
televizyon

temper • tem.per (tem´pır)
/isim/ huy, mizaç
be in a temper öfkesi burnunda olmak
keep one's temper öfkesini yenmek:
He can't keep his temper. Öfkesine
hâkim olamıyor.
lose one's temper öfkeye kapılmak

temperature • tem.per.a.ture
(tem´pırıçır, tem´prıçır) /isim/
1. çoğul temperatures • ısı derecesi, ısı,
sıcaklık: low temperature düşük
sıcaklık room temperature oda
sıcaklığı 2. ateş, vücut ısısı
have a temperature ateşi olmak

temple • tem.ple (tem´pıl)
/isim/ çoğul temples • 1. tapınak,
mabet, ibadethane 2. şakak

tempo • tem.po (tem´po)
/isim/ çoğul tempos • tempo

temporary • tem.po.rar.y (tem´pıreri)
/sıfat/ geçici: a temporary solution
geçici bir çözüm

tempt • tempt (tempt)
/fiil/ tempts, tempting, tempted • (birini)
ayartmaya çalışmak, doğru yoldan
saptırmaya çalışmak

ten • ten (ten)
/isim, sıfat/ on: ten thousand on bin

tenant • ten.ant (ten´ınt)
/isim/ çoğul tenants • kiracı

tend • tend (tend)
/fiil/ tends, tending, tended • eğiliminde
olmak: He tends to exaggerate
everything. Onda, her şeyi abartma
eğilimi var.

tendency • ten.den.cy (ten´dınsi)
/isim/ çoğul tendencies • eğilim

tender • ten.der (ten´dır)
/sıfat/ 1. yumuşak, sevecen, nazik
2. kolayca incinen, hassas, duyarlı
3. yumuşak, sert olmayan (et, sebze,
meyve v.b.)

tennis • ten.nis (ten´îs)
/isim/ tenis: tennis court tenis kortu
tennis player tenisçi

tense • tense (tens)
/isim/ çoğul tenses • (dilbilgisi) fiil
zamanı, zaman: What is the future
tense of the verb 'go'? 'Go' fiilinin
gelecek zamanı nedir? Write a
sentence in past tense. Bir geçmiş
zaman cümlesi yazın.
/sıfat/ tenser, tensest • 1. gergin,
gerilmiş: tense muscles gergin
kaslar 2. gergin; endişeli: She was
tense about her job interview. İş
görüşmesi nedeniyle gergindi.

tension • ten.sion (ten´şın)
/isim/ gerilim: The tension was
building. Gerilim tırmanıyordu.

tent • tent (tent)
/isim/ çoğul tents • çadır: tent pole
çadır direği

tenth • tenth (tenth)
/sıfat, isim/ 1. onuncu 2. onda bir

term • term (tırm)
/isim/ çoğul terms • 1. dönem, devre:
We finished our first term at school.
Okulda ilk dönemimizi bitirdik.
term paper dönem ödevi
2. terim: a legal term bir hukuk terimi
a scientific term bilimsel bir terim

terminal • ter.mi.nal (tır´mınıl)
/isim/ çoğul terminals • terminal

terrible • ter.ri.ble (ter´ıbıl)
/sıfat/ korkunç; çok kötü, berbat:
a terrible accident korkunç bir kaza
I have a terrible headache. Çok kötü
bir baş ağrım var.

terribly • ter.ri.bly (ter´ıbli)
/zarf/ 1. çok fena, çok kötü: She
played terribly. Çok kötü oynadı.
2. çok, son derece: She was terribly
happy for me. Benim adıma son
derece mutlu olmuştu.

terror • ter.ror (ter´ır)
/isim/ çoğul terrors • terör; dehşet:
We don't like terror films. Biz dehşet
filmlerini sevmiyoruz.

terrorism • ter.ror.ism (ter´ırîzım)
/isim/ terörizm

terrorist • ter.ror.ist (ter´ırîst)
/isim/ çoğul terrorists • terörist

¹test • test (test)
/isim/ çoğul tests • 1. sınav, test, imtihan:
Tomorrow I have a math test. Yarın
matematik sınavım var. 2. deneme,
deney: test flight deneme uçuşu test
tube deney tüpü 3. test, tahlil: blood
test kan tahlili

²test • test (test)
/fiil/ tests, testing, tested • 1. denemek
2. sınamak, sınavdan geçirmek:
They tested my swimming ability.
Yüzme yeteneğimi sınadılar.

text • text (tekst)
/isim/ çoğul texts • metin, tekst: Would
you read the text aloud? Metni sesli
olarak okur musun?

textbook • text.book (tekst´bûk)
/isim/ çoğul textbooks • ders kitabı

textile • tex.tile (teks´tayl, teks´tîl)
/isim/ çoğul textiles • dokuma, tekstil:
textile industry dokuma endüstrisi

than • than (dhän, dhın)
/bağlaç/ -den: She is older than me.
O, yaşça benden daha büyük.

thank • thank (thängk)
/fiil/ thanks, thanking, thanked • teşek-
kür etmek: Thank you very much.
Çok teşekkür ederim.

thanks • thanks (thängks)
/isim/ (çoğul) teşekkür
Thanks! Teşekkürler!
Thanks a lot! Çok teşekkür!
thanks to sayesinde: Thanks to you
we've gotten this done. Sayende bunu
bitirdik.

that • that (dhät, dhıt)
/zamir/ çoğul those • 1. o, şu: Did you
see that? Şunu gördün mü? Look at
that! Şuna bak! That was a sunny
day. O, güneşli bir gündü. Who's
that? O kimdir? 2. ki: He's a man that
stands behind what he says. Dediği-
nin arkasında duran bir adamdır.

that is to say **yani, demek ki:** That's
to say you don't have my phone
number. Yani diyorsun ki telefon
numaram sende yok.
That's right! **Doğru!**
/sıfat/ çoğul those • **o:** Where's that
cat? O kedi nerede?
/bağlaç/ **ki:** I learned that he was a
pilot. Öğrendim ki o bir pilotmuş.

the • the ((ünsüzlerden önce) **dhı,**
(ünlülerden önce) **dhi**) /belirli tanımlık/
(Belirli durumlarda isimden önce
kullanılır.): The book was very funny.
(O) kitap çok komikti. The mail hasn't
come yet. Posta henüz gelmedi.
The phone rang. Telefon çaldı.
Where's the school? Okul nerede?

theater • the.a.ter (thi´yıtır)
/isim/ çoğul theaters • **tiyatro:** We go
to the theater every Friday night.
Her cuma akşamı tiyatroya gideriz.
İng. **theatre**

theft • theft (theft)
/isim/ çoğul thefts • **hırsızlık, çalma:**
auto theft oto hırsızlığı

their • their (dher)
/sıfat/ **onların:** Their house is for
sale. Onların evi satılık.

theirs • theirs (dherz)
/zamir/ **onlarınki:** Theirs is the most

beautiful garden. Onlarınki en güzel
bahçe.

them • them (dhem, dhım)
/zamir/ **onları; onlara:** I wrote a letter
to them. Onlara bir mektup yazdım.

theme • theme (thim)
/isim/ çoğul themes • **tema, konu:** the
theme of the poem şiirin teması

themselves • them.selves (dhemselvz´,
dhımselvz´) /zamir/ (çoğul) **kendileri;
kendilerini; kendilerine:** They talk
about themselves often. Kendileri
hakkında sık sık konuşurlar.

then • then (dhen)
/zarf/ **1. o zaman:** We were students
then. O zamanlar öğrenciydik.
2. ondan sonra, sonra: We ate break-
fast, then went to the beach. Kahvaltı
ettik, sonra denize gittik.

theology • the.ol.o.gy (thiyal´ıci)
/isim/ **ilahiyat, Tanrıbilim, teoloji**

theoretical • the.o.ret.i.cal (thiyıret´îkıl)
/sıfat/ **teorik, kuramsal**

theory • the.o.ry (thi´yıri, thîr´i)
/isim/ çoğul theories • **teori, kuram:**
theory of evolution evrim kuramı
He has a theory about life on the
planet. Gezegendeki yaşam hakkında
bir teorisi var.

therapy • ther.a.py (ther´ıpi)
/isim/ **tedavi, terapi, sağaltım:**
speech therapy konuşma tedavisi

there • there (dher)
/zarf/ **orada; oraya:** Ali lives over

there. Ali orada yaşıyor. Put the vase there. Vazoyu oraya koy. /zamir/ (Öznesi fiilden sonra gelen cümlenin başında ve genellikle be, seem ve appear fiilleri ile birlikte kullanılır.) (Bir şeyin/kimsenin varlığını veya meydana geldiğini belirtir.) There is/are .... var(dır).: There is a hedgehog in the garden. Bahçede bir kirpi var. There is a problem with the ozone layer. Ozon tabakasıyla ilgili bir sorun var. There are a lot of books in his bag. Çantasında birçok kitap var.
Is (Are) there ...? ... var mı(dır)?: Is there a way to predict the future? Geleceği bilmenin bir yolu var mı? Are there any fruit trees in the garden? Bahçede hiç meyve ağacı var mı?

therefore • there.fore (dher´fôr) /zarf/ o yüzden, o nedenle: He forgot the password and therefore couldn't get access to the computer. Şifreyi unuttuğu için bilgisayara giremedi.

thermometer • ther.mom.e.ter (thırmam´ıtır) /isim/ çoğul thermometers • termometre, sıcaklıkölçer

thesaurus • the.sau.rus (thısôr´ıs) /isim/ çoğul thesauruses • eşanlamlılar sözlüğü

these • these (dhiz) /zamir/ (çoğul) bunlar: These are not mine. Bunlar benim değil. /sıfat/ (çoğul) bu: Are these shoes for men or women? Bu ayakkabılar erkekler için mi, kadınlar için mi?

they • they (dhey) /zamir/ (çoğul) onlar: They are my friends. Onlar benim arkadaşlarım.
they'd → 1. they had 2. they would
they'll → they will, they shall
they're → they are
they've → they have

thick • thick (thîk) /sıfat/ thicker, thickest • 1. kalın: a thick line kalın bir çizgi He wears a thick coat in the winter. Kışın kalın bir palto giyer. 2. koyu, yoğun: a thick soup koyu bir çorba a thick fog yoğun bir sis 3. sık: thick hair sık saç

thief • thief (thif) /isim/ çoğul thieves • hırsız

thigh • thigh (thay) /isim/ çoğul thighs • but, uyluk

thin • thin (thîn) /sıfat/ thinner, thinnest • 1. ince: a thin book ince bir kitap thin rope ince ip thin slices of bread ince ekmek dilimleri 2. zayıf, sıska: Rıza is thin and tall. Rıza zayıf ve uzun boyludur. 3. sulu, hafif: thin soup sulu çorba 4. seyrek: thin hair seyrek saç 5. hafif, yoğunluğu az: thin fog hafif sis

thing • thing (thîng) /isim/ çoğul things • şey (nesne, olay, konu, kişi, giysi, soyut varlık): What is that thing? O şey ne?

think • think (thîngk) /fiil/ thinks, thinking, thought •

1. düşünmek
think about **-i düşünmek:** What are you thinking about? Neyi düşünüyorsun?
think of **aklına gelmek, -i tasarlamak:** They're thinking of moving there. Oraya taşınmayı düşünüyorlar.
2. zannetmek, sanmak; ummak: I think he'll go. Sanırım gidecek.

thirst • thir**d** (thırd)
/sıfat, isim/ 1. üçüncü 2. üçte bir

thirst • thirst (thırst)
/isim/ **susuzluk:** The lemonade quenched our thirst. Limonata susuzluğumuzu giderdi.

thirstily • thirst.i.ly (thırs´tıli)
/zarf/ **kana kana**

thirsty • thirst.y (thırs´ti)
/sıfat/ thirstier, thirstiest • **susuz, susamış:** I am very thirsty. Çok susadım.
be thirsty for **-i çok istemek, -e susamak:** be thirsty for knowledge bilgiye susamak
make someone thirsty **birini susatmak:** The sound of running water made me thirsty. Akan suyun sesi beni susattı.

thirteen • thir.teen (thırtin´)
/isim, sıfat/ **on üç**

thirteenth • thir.teenth (thırtinth´)
/sıfat, isim/ 1. on üçüncü 2. on üçte bir

thirtieth • thir.ti.eth (thır´tiyıth)
/sıfat, isim/ 1. otuzuncu 2. otuzda bir

thirty • thir.ty (thır´ti)
/isim, sıfat/ **otuz**

this • this (dhîs)
/zamir/ çoğul these • **bu:** This is not mine. Bu benim değil.
/sıfat/ çoğul these • **bu:** This book is not mine. Bu kitap benim değil.

thorn • thorn (thôrn)
/isim/ çoğul thorns • **diken:** thorn of the rose gülün dikeni

thorny • thorn.y (thôr´ni)
/sıfat/ thornier, thorniest • **dikenli**

thorough • thor.ough (thır´o)
/sıfat/ **tam, esaslı:** a thorough analysis esaslı bir analiz

those • those (dhoz)
/zamir/ (çoğul) **onlar, şunlar:** Those are mine. Onlar benim.
/sıfat/ (çoğul) **o, şu:** Those books are mine. O kitaplar benim.

though • though (dho)
/bağlaç/ **-diği halde, ise de; -e rağmen:** Though it was raining, we went out. Yağmur yağdığı halde dışarı çıktık.

¹thought • thought (thôt)
/fiil/ bkz. think

²thought • thought (thôt)
/isim/ çoğul thoughts • **düşünce, fikir:** positive thoughts olumlu düşünceler

thoughtful • thought.ful (thôt´fıl)
/sıfat/ 1. düşünceli: a thoughtful
person düşünceli bir kimse
2. dikkatli: a thoughtful expression
dikkatli bir ifade

thousand • thou.sand (thau´zınd)
/isim, sıfat/ bin (1000)

thousandth • thou.sandth (thau´zınth)
/sıfat, isim/ 1. bininci 2. binde bir

Thrace • Thrace (threys)
/isim/ Trakya

thread • thread (thred)
/isim/ çoğul threads • iplik

threat • threat (thret)
/isim/ çoğul threats • tehdit, gözdağı

threaten • threat.en (thret´ın)
/fiil/ threatens, threatening, threatened •
tehdit etmek, gözdağı vermek: Global
warming threatens our lives. Küresel
ısınma yaşamımızı tehdit ediyor.

three • three (thri)
/isim, sıfat/ (üç)

three-dimensional • three-di.men.sion.al
(thri´dîmen´şınıl) /sıfat/ üç boyutlu

threw • threw (thru)
/fiil/ bkz. throw

¹thrill • thrill (thrîl)
/fiil/ thrills, thrilling, thrilled • çok heye-
canlandırmak; büyük heyecan duymak

²thrill • thrill (thrîl)
/isim/ çoğul thrills • büyük heyecan

thriller • thrill.er (thrîl´ır)
/isim/ çoğul thrillers • heyecanlı eser
(piyes, kitap, film)

throat • throat (throt)
/isim/ çoğul throats • boğaz, gırtlak

throne • throne (thron)
/isim/ çoğul thrones • taht: This prince
is the heir to the throne. Bu prens,
tahtın vârisi.

through • through (thru)
/edat/ 1. -den, içinden: She walked
through the building. Binanın içinden
yürüdü. 2. arasından: Can you see
the moon through the fog? Sisin ara-
sından ayı görebiliyor musun?
3. aracılığıyla 4. yüzünden; sayesinde:
It was through no fault of yours. Sizin
yüzünüzden değildi.

throughout • through.out (thruwaut´)
/edat/ baştan başa; boyunca:
throughout the night gece boyunca

throw • throw (thro)
/fiil/ throws, throwing, threw, thrown •
atmak, fırlatmak: How far can you
throw the ball? Topu nereye kadar
atabilirsin?
throw away israf etmek: the things
we throw away attığımız şeyler
throw off -den kurtulmak: It's hard
to throw off a cold or flu. Nezle ya
da gripten kurtulmak zordur.
throw up (konuşma dili) kusmak

thrown • thrown (thron)
/fiil/ bkz. throw

thumb • thumb (thʌm)
/isim/ çoğul thumbs • başparmak

thumbtack • thumb.tack (thʌm´täk)
/isim/ çoğul thumbtacks • raptiye
İng. drawing pin

thunder • thun.der (thʌn´dır)
/isim/ gök gürültüsü: The thunder
frightened the small child. Gök
gürültüsü küçük çocuğu korkuttu.

Thursday • Thurs.day (thırz´di,
thırz´dey) /isim/ çoğul Thursdays •
perşembe

thus • thus (dhʌs)
/zarf/ 1. böyle, böylece, bu şekilde:
Place the napkins thus. Peçeteleri
böyle yerleştirin. 2. bu yüzden: Thus
you must rest before leaving. Bu
yüzden gitmeden önce dinlenmelisin.

¹tick • tick (tîk)
/isim/ çoğul ticks • 1. bkz. ¹check (4.)
2. kene

²tick • tick (tîk)
/fiil/ ticks, ticking, ticked • bkz. ²check (2.)

ticket • tick.et (tîk´ît)
/isim/ çoğul tickets • 1. bilet: a theater
ticket bir tiyatro bileti ticket office
bilet satış gişesi 2. fiyat etiketi

tide • tide (tayd)
/isim/ çoğul tides • gelgit, met ve
cezir: The tide's coming in. Deniz
kabarıyor. The tide's going out.
Deniz alçalıyor.

high tide met (kabarma) zamanı
low tide cezir (alçalma) zamanı

tidy • ti.dy (tay´di)
/sıfat/ tidier, tidiest • düzenli, derli toplu:
Oylum always keeps her room tidy.
Oylum, odasını hep düzenli tutar.

¹tie • tie (tay)
/fiil/ ties, tying, tied • bağlamak: Tie this
rope to the tree. Bu ipi ağaca bağla.
tie up 1. (trafiği) aksatmak 2. (telefonu)
meşgul etmek: Don't tie up the line.
Lütfen hattı meşgul etmeyin.

²tie • tie (tay)
/isim/ çoğul ties • 1. kravat, boyunbağı:
wear a tie kravat takmak 2. bağ, ilişki:
family ties aile bağları

tiger • ti.ger (tay´gır)
/isim/ çoğul tigers • kaplan

tight • tight (tayt)
/sıfat/ tighter, tightest • 1. sıkışmış:
The top of the soda bottle was too
tight. Soda şişesinin kapağı çok
sıkıydı. 2. dar, sıkı: a tight dress dar
bir elbise a tight knot sıkı bir düğüm

tighten • tight.en (tayt´ın)
/fiil/ tightens, tightening, tightened • (vida
v.b.'ni) sıkıştırmak; (kemer v.b.'ni) sık-
mak; (ip v.b.'ni) germek; gerilmek,
gerginleşmek

tights • tights (tayts)
/isim/ (çoğul)1. bkz. pantyhose • 2. tayt

tile • tile (tayl)
/isim/ çoğul tiles • 1. kiremit 2. karo;
fayans; çini

till • till (tîl)
/edat, bağlaç/ -e kadar: till Saturday
cumartesiye kadar

time • time (taym)
/isim/ çoğul times • zaman, vakit
ahead of time erken: His father came
home ahead of time. Babası eve
vaktinden önce geldi.
all the time her zaman, daima, hep:
I used to play basketball all the
time. Hep basketbol oynardım.
at the same time aynı zamanda:
He called the police and the fire
department at the same time. Polisi
ve itfaiyeyi aynı anda aradı.
have a good time iyi vakit geçirmek
in time vaktinde, zamanında: I'll be
there in time to help you. Sana yardım
için zamanında orada olurum.
pass the time vakit geçirmek
right on time tam zamanında: The
train arrived right on time. Tren tam
zamanında vardı.
take time vakit almak; vakit istemek
time after time (time and again)
defalarca, tekrar tekrar
Time is money. Vakit nakittir.
Time's up! Süre doldu!

times • times (taymz)
/edat/ kere, çarpı: Four times two
equals eight. Dört kere iki sekiz eder.

timetable • time.ta.ble (taym´teybıl)
/isim/ çoğul timetables • bkz. schedule

timid • tim.id (tîm´îd)
/sıfat/ timider, timidest • ürkek, korkak:
a timid animal ürkek bir hayvan

timing • tim.ing (tay´mîng)
/isim/ zamanlama, (bir şeyi) en uygun
zamanda yapma

tin • tin (tîn)
/isim/ 1. kalay 2. teneke 3. çoğul tins •
bkz. ²can
tin opener bkz. can opener

tiny • ti.ny (tay´ni)
/sıfat/ tinier, tiniest • ufacık, küçücük,
minicik: a tiny bug ufacık bir böcek
a tiny room minicik bir oda

¹tip • tip (tîp)
/isim/ çoğul tips • 1. uç: the tip of my
thumb başparmağımın ucu
be on the tip of one's tongue dilinin
ucunda olmak
2. (bir şeyin ucuna takılan) başlık; uç:
He put a rubber tip on his walking
stick. Bastonunun ucuna lastik taktı.
3. bahşiş

²tip • tip (tîp)
/fiil/ tips, tipping, tipped • bahşiş vermek

¹tiptoe • tip.toe (tîp´to)
/fiil/ tiptoes, tiptoeing, tiptoed • ayakları-
nın ucuna basarak ilerlemek

²tiptoe • tip.toe (tîp´to)
/isim/ çoğul tiptoes • on tiptoe (on tip-
toes) ayaklarının ucuna basarak

¹tire • tire (tayr)
/fiil/ tires, tiring, tired • yormak; yorul-
mak: Erkin never tires of reading.
Erkin kitap okumaktan hiç yorulmaz.

²tire • tire (tayr)
/isim/ çoğul tires • **lastik, dış lastik:**
tire chain lastik zinciri
İng. tyre

tired • tired (tayrd)
/sıfat/ **yorgun**
be tired of **-den bıkmak, -den usanmak,**
-den sıkılmak: I'm tired of waiting.
Beklemekten sıkıldım. I'm tired of
your excuses. Özürlerinden usandım.

tiresome • tire.some (tayr´sım)
/sıfat/ **sıkıcı, yorucu, bıktırıcı**

tissue • tis.sue (tîş´u)
/isim/ 1. (biyoloji) **doku** 2. çoğul tissues •
kâğıt mendil

title • ti.tle (tayt´ıl)
/isim/ çoğul titles • 1. (kitap, piyes, film
v.b.'ne ait) **isim, ad:** What is the title
of that book? O kitabın adı ne? 2. (bir
yazı, kitap bölümü v.b. için) **başlık**
title page **başlık sayfası**

to • to (tu)
/edat/ 1. **-e; -e doğru; -e kadar:** Ayşe
walked to the shopping center. Ayşe,
alışveriş merkezine yürüdü. 2. **-e**
göre 3. (zamanla ilgili) **-e kala; -e:**
It's five to four. Saat dörde beş var.
4. (Fiilden önce kullanılır. Mastarın bir
öğesidir.) **-mek, -mak:** to go gitmek
to read okumak to run koşmak

toast • toast (tost)
/isim/ **kızarmış ekmek**

tobacco • to.bac.co (tıbäk´o)
/isim/ 1. çoğul tobaccos/tobaccoes •
tütün 2. **tütün (kurutulmuş tütün**
yaprakları)

today • to.day (tıdey´)
/zarf/ **bugün:** We'll go surfing today.
Bugün sörf yapmaya gideceğiz.
/isim/ **bugün:** Today is Doğa's birth-
day. Bugün Doğa'nın yaş günü.
the world of today **bugünün dünyası**

toe • toe (to)
/isim/ çoğul toes • **ayak parmağı**

toenail • toe.nail (to´neyl)
/isim/ çoğul toenails • **ayak tırnağı**

together • to.geth.er (tûgedh´ır,
tıgedh´ır) /zarf/ **beraber, birlikte:**
Let's go for a walk together. Birlikte
bir yürüyüşe çıkalım.

toilet • toi.let (toy´lît)
/isim/ çoğul toilets • 1. **klozet** 2. bkz.
bathroom (2.)
toilet paper **tuvalet kâğıdı**

told • told (told)
/fiil/ bkz. tell

tolerance • tol.er.ance (tal´ırıns)
/isim/ **hoşgörü, tolerans**

tomato • to.ma.to (tımey´to)
/isim/ çoğul tomatoes • **domates:**
tomato soup domates çorbası

tomb • tomb (tum)
/isim/ çoğul tombs • 1. **lahit; türbe:** Did

you see the ancient Greek tombs?
Antik Yunan lahitlerini gördün mü?
2. mezar, kabir

tomorrow • to.mor.row (tımar´o)
/zarf/ yarın: Schools open tomorrow.
Okullar yarın açılıyor.
/isim/ yarın: Tomorrow is Thursday.
Yarın perşembe.

ton • ton (tʌn)
/isim/ çoğul tons • ton (1000 kg.)

tongs • tongs (tôngz, tangz)
/isim/ (çoğul) maşa
a pair of tongs bkz. tongs

tongue • tongue (tʌng)
/isim/ çoğul tongues • dil
tongue twister tekerleme (hızlı
söylenmesi zor söz)

tonight • to.night (tınayt´)
/zarf/ bu gece: It's cold tonight. Bu
gece hava soğuk.
/isim/ bu gece: tonight's TV news
bu geceki televizyon haberleri

too • too (tu)
/zarf/ 1. fazla, gereğinden çok
too much çok fazla: I gained too
much weight. Çok fazla kilo aldım.
2. de, da: My friend shouted, "Me too!".
Arkadaşım "Ben de!" diye bağırdı.

took • took (tûk)
/fiil/ bkz. take

tool • tool (tul)
/isim/ çoğul tools • 1. alet, el aleti:
gardening tools bahçıvanlık aletleri
2. araç, vasıta

tooth • tooth (tuth)
/isim/ çoğul teeth • diş
show one's teeth dişlerini göstermek,
tehdit etmek

toothache • tooth.ache (tuth´eyk)
/isim/ diş ağrısı

toothbrush • tooth.brush (tuth´brʌş)
/isim/ çoğul toothbrushes • diş fırçası

toothpaste • tooth.paste (tuth´peyst)
/isim/ diş macunu

toothpick • tooth.pick (tuth´pîk)
/isim/ çoğul toothpicks • kürdan

top • top (tap)
/isim/ çoğul tops • 1. en üst bölüm,
tepe, baş, üst: on the top of the hill
tepenin zirvesinde 2. kapak: a
plastic top plastik bir kapak
/sıfat/ 1. en üst: the top floor en üst
kat 2. en iyi: Suat was among the top
ten students in his class. Suat, sını-
fının en iyi on öğrencisinden biriydi.
3. en büyük, en önemli, başta gelen:
the top universities of the country
ülkenin başta gelen üniversiteleri
4. en yüksek, en büyük: at top speed
en yüksek hızda

topic • top.ic (tap´îk)
/isim/ çoğul topics • konu, mevzu:
topic of debate tartışma konusu

torch • torch (tôrç)
/isim/ çoğul torches • 1. meşale
2. bkz. flashlight

tore • tore (tôr)
/fiil/ bkz. • ¹tear

torn • torn (tôrn)
/fiil/ bkz. ¹tear

tornado • tor.na.do (tôrney´do)
/isim/ çoğul tornadoes/tornados • tornado

tortoise • tor.toise (tôr´tıs)
/isim/ çoğul tortoises • kaplumbağa,
karakaplumbağası

¹torture • tor.ture (tôr´çır)
/isim/ işkence

²torture • tor.ture (tôr´çır)
/fiil/ tortures, torturing, tortured •
işkence etmek, işkence yapmak:
Don't torture the poor little bug!
Zavallı küçük böceğe işkence etme!

total • to.tal (tot´ıl)
/sıfat/ tam, eksiksiz; ilgili olan her
şeyi içeren: the total cost toplam
maliyet total harmony tam bir uyum
/isim/ toplam; bütün; tutar
in total toplam olarak

totally • to.tal.ly (tot´ıli)
/zarf/ tamamen

¹touch • touch (tʌç)
/fiil/ touches, touching, touched •
dokunmak; değmek: Please don't
touch the window. Lütfen cama
dokunmayın.

²touch • touch (tʌç)
/isim/ 1. dokunma; dokunuş 2. temas,
görüşme
be in touch temasta olmak, görüşmek
3. az bir miktar: a touch of salt
azıcık tuz

tough • tough (tʌf)
/sıfat/ tougher, toughest • 1. dayanıklı
2. sert, kart, kayış gibi: tough meat
kayış gibi et 3. sert; ödün vermeyen
4. çetin, zor, güç

tour • tour (tûr)
/isim/ çoğul tours • tur; turne: We joined
a tour of the city. Şehir turuna katıldık.
tour guide tur rehberi

tourism • tour.ism (tûr´îzım)
/isim/ turizm

tourist • tour.ist (tûr´îst)
/isim/ çoğul tourists • turist

toward • to.ward (tôrd)
/edat/ 1. -e doğru, ... yönüne: They
ran toward the finish line. Bitiş çiz-
gisine doğru koştular. toward the
river nehre doğru 2. -e doğru, -e
yakın: toward noon öğleye doğru

towards • to.wards (tôrdz)
/edat/ bkz. toward

towel • tow.el (tau´wıl)
/isim/ çoğul towels • havlu: paper towel
kâğıt havlu

tower • tow.er (tau´wır)
/isim/ çoğul towers • **kule:** bell tower
çan kulesi

town • town (taun)
/isim/ çoğul towns • **kasaba; şehir,
kent:** town center şehir merkezi
be in town **şehirde olmak**

toxic • tox.ic (tak´sîk)
/sıfat/ **zehirli, toksik**

toxin • tox.in (tak´sîn)
/isim/ çoğul toxins • **toksin**

toy • toy (toy)
/isim/ çoğul toys • **oyuncak:** toy car
oyuncak araba toy shop oyuncak
dükkânı

trace • trace (treys)
/isim/ çoğul traces • **iz, işaret, belirti,
eser:** leave no trace iz bırakmamak

track • track (träk)
/isim/ çoğul tracks • **1.** iz **2.** (spor) **pist:**
track events pist yarışları

tracksuit • track.suit (träk´sut)
/isim/ çoğul tracksuits • bkz. sweat suit

tractor • trac.tor (träk´tır)
/isim/ çoğul tractors • **traktör**

trade • trade (treyd)
/isim/ **ticaret:** international trade
uluslararası ticaret

trademark • trade.mark (treyd´mark)
/isim/ çoğul trademarks • **ticari marka**

tradition • tra.di.tion (trıdîş´ın)
/isim/ çoğul traditions • **gelenek, anane:**
These people are very loyal to their
traditions. Bu insanlar geleneklerine
çok sadıktır.

traditional • tra.di.tion.al (trıdîş´ınıl)
/sıfat/ **gelenek, ananevi**

traffic • traf.fic (träf´îk)
/isim/ **trafik:** heavy traffic yoğun trafik
traffic circle **tek yönlü göbekli
kavşak,** İng. ²roundabout (2.)
traffic jam **trafik tıkanıklığı**
traffic light (traffic signal) **trafik
ışığı, trafik lambası**
traffic police **trafik polisi**

tragedy • trag.e.dy (träc´ıdi)
/isim/ çoğul tragedies • **trajedi**

trail • trail (treyl)
/isim/ **1.** çoğul trails • **keçiyolu, patika
2. (birinin/bir hayvanın/bir şeyin)
ardında bıraktığı izler**

trailer • trail.er (trey´lır)
/isim/ çoğul trailers • **römork; treyler**

¹**train** • train (treyn)
/isim/ çoğul trains • **tren:** train station
tren istasyonu

²**train** • train (treyn)
/fiil/ trains, training, trained • **eğitmek,
terbiye etmek:** We need to train our

kids in science. Çocuklarımızı bilim alanında eğitmemiz gerekiyor.

trainer • train.er (trey´nır) /isim/ çoğul trainers • 1. antrenör 2. bkz. sneaker

training • train.ing (trey´nîng) /isim/ 1. eğitim: sports training spor eğitimi technical training teknik eğitim 2. idman, antrenman

tram • tram (träm) /isim/ çoğul trams • bkz. streetcar

transfer • trans.fer (tränsfır´) /fiil/ transfers, transferring, transferred • –i nakletmek; -i (bir yerden başka bir yere) geçirmek/tayin etmek: They transferred the prisoner to another jail. Mahkûmu başka bir hapishaneye naklettiler.

transform • trans.form (tränsfôrm´) /fiil/ transforms, transforming, transformed • 1. (biçimini) değiştirmek 2. into (bir şeyi başka bir şeye) dönüştürmek

transformation • trans.for.ma.tion (tränsfırmey´şın) /isim/ değişim, dönüşüm, transformasyon

transit • tran.sit (tränˊsît, tränˊzît) /isim/ 1. ulaşım, aktarma 2. transit, geçiş
transit lounge (havaalanında) transit yolcu salonu

transition • tran.si.tion (tränzîşˊın) /isim/ geçiş, geçme; değişim
transition period geçiş dönemi

transitive • tran.si.tive (trän´sıtîv) /sıfat/ (dilbilgisi) geçişli (fiil)
transitive verb geçişli fiil

translate • trans.late (tränsleyt´, tränzleyt´, träns´leyt, tränz´leyt) /fiil/ translates, translating, translated • (into) (-e) çevirmek, (-e) tercüme etmek: We translated the book into Italian. Kitabı İtalyancaya çevirdik.

translation • trans.la.tion (tränsley´şın) /isim/ 1. çevirme, tercüme etme 2. çoğul translations • çeviri, tercüme: the Turkish translation of War and Peace Savaş ve Barış´ın Türkçe çevirisi

transparent • trans.par.ent (tränsper´ınt) /sıfat/ 1. şeffaf, saydam 2. açık, belli

¹transplant • trans.plant (tränsplänt´) /fiil/ transplants, transplanting, transplanted • 1. (bitkiyi) yerinden çıkarıp başka bir yere dikmek 2. (doku, organ) nakletmek

²transplant • trans.plant (träns´plänt) /isim/ çoğul transplants • 1. (doku, organ) nakil ameliyatı, nakil; organ nakli, transplantasyon: heart transplant kalp nakli 2. nakledilen organ veya doku

transplantation • trans.plan.ta.tion (tränspläntey´şın) /isim/ organaktarımı, organ nakli, transplantasyon: liver transplantation karaciğer nakli

¹transport • trans.port (tränspôrt´) /fiil/ transports, transporting, transported • taşımak, nakletmek: transport passengers yolcu taşımak

²transport • trans.port (träns´pôrt)
/isim/ bkz. transportation

transportation • trans.por.ta.tion
(tränspırtey´şın) /isim/ taşıma, nakli-
ye; taşınma, nakledilme; taşımacılık,
nakliyat: public transportation toplu
taşıma transportation system taşıma
sistemi
İng. transport

trap • trap (träp)
/isim/ çoğul traps • tuzak, kapan

trapeze • tra.peze (träpiz´, tırpiz´)
/isim/ çoğul trapezes • trapez

trash • trash (träş)
/isim/ çöp
trash can çöp kutusu; çöp bidonu

¹travel • trav.el (träv´ıl)
/fiil/ travels, traveling/travelling, traveled/
travelled • yolculuk yapmak, seya-
hat etmek: He traveled around the
world. Dünya yolculuğu yaptı.

²travel • trav.el (träv´ıl)
/isim/ çoğul travels • yolculuk, seyahat
travel agency seyahat acentesi

traveler • trav.el.er (träv´ılır, träv´lır)
/isim/ çoğul travelers • yolcu, gezgin
traveler's check seyahat çeki
İng. traveller

tray • tray (trey)
/isim/ çoğul trays • tepsi

treasure • treas.ure (trej´ır)
/isim/ çoğul treasures • hazine; define:
treasure map define haritası
treasure hunt hazine avı (saklanmış
bir şeyi bulma oyunu)

treat • treat (trit)
/fiil/ treats, treating, treated • 1. davran-
mak, muamele etmek: treat some-
one generously birine cömert
davranmak 2. (konuyu) ele almak,
işlemek 3. tedavi etmek

treatment • treat.ment (trit´mınt)
/isim/ 1. davranış, muamele: equal
treatment for men and women erkek
ve kadınlara eşit muamele 2. çoğul
treatments • (konuyu) ele alma (biçimi),
işleme (biçimi) 3. çoğul treatments •
tedavi: an effective treatment etkili
bir tedavi

treaty • trea.ty (tri´ti)
/isim/ çoğul treaties • antlaşma: peace
treaty barış antlaşması

tree • tree (tri)
/isim/ çoğul trees • ağaç

tremble • trem.ble (trem´bıl)
/fiil/ trembles, trembling, trembled •
titremek: The kitten was trembling
with fear. Kedi yavrusu korkudan
titriyordu.

trial • tri.al (tray´ıl)
/isim/ çoğul trials • 1. duruşma, yar-
gılama: The trial begins tomorrow.
Duruşma yarın başlıyor. 2. deneme:
trial period deneme süresi
trial and error deneme yanılma

triangle • tri.an.gle (tray´äng.gıl)
/isim/ çoğul triangles • üçgen

triangular • tri.an.gu.lar
(trayäng´gyılır) /sıfat/ üçgen, üçgen
biçiminde

tribe • tribe (trayb)
/isim/ çoğul tribes • kabile, boy; aşiret,
oymak

trick • trick (trîk)
/isim/ çoğul tricks • 1. hile, oyun, numara
play a trick on someone birine oyun
oynamak: Arkın played a trick on his
friend. Arkın, arkadaşına bir oyun
oynadı. 2. sır, püf noktası; marifet,
ustalık, hüner
trick of the trade meslek sırrı

tricky • trick.y (trîk´i)
/sıfat/ trickier, trickiest • 1. güç, zor,
nazik 2. düzenbaz, hilekâr

tried • tried (trayd)
/fiil/ bkz. try

trip • trip (trîp)
/isim/ çoğul trips • gezi, yolculuk:
school trip okul gezisi

triple • tri.ple (trîp´ıl)
/sıfat/ üç kat, üç misli

triplet • trip.let (trîp´lît)
/isim/ çoğul triplets • 1. üçlü (üç şeyden
oluşan takım) 2. üçüzlerden biri

tripod • tri.pod (tray´pad)
/isim/ çoğul tripods • üç ayaklı sehpa,
üç ayak
camera tripod kamera sehpası,
fotoğraf sehpası, üç ayak

triumph • tri.umph (tray´ımf)
/isim/ çoğul triumphs • zafer, utku, başarı

trolley • trol.ley (tral´i)
/isim/ çoğul trolleys • 1. bkz. streetcar
trolley car bkz. streetcar
2. bkz. cart (2.)

trolleybus • trol.ley.bus (tral´ibʌs)
/isim/ çoğul trolleybuses • troleybüs

¹**trouble** • trou.ble (trʌ´bıl)
/isim/ çoğul troubles • sıkıntı, üzüntü;
dert, bela: He had trouble tying
his shoe. Ayakkabısını bağlamakta
sıkıntı çekti.
in trouble başı belada: He is in trouble
with his boss. Patronuyla başı dertte.

²**trouble** • trou.ble (trʌ´bıl)
/fiil/ troubles, troubling, troubled • rahatsız
etmek, tedirgin etmek: What troubles
you? Seni rahatsız eden nedir?
Sorry to trouble you. Size zahmet oldu.

trousers • trou.sers (trau´zırz)
/isim/ (çoğul) pantolon
a pair of trousers pantolon

truck • truck (trʌk)
/isim/ çoğul trucks • kamyon
İng. lorry

true • true (tru)
/sıfat/ 1. doğru, gerçek: a true story

gerçek bir öykü Is it true that you will visit us? Bizi ziyaret edeceğin doğru mu? **2.** gerçek, yapay olmayan: a true friend gerçek bir arkadaş

truly • tru.ly (tru´li) /zarf/ gerçekten, hakikaten Yours truly, Saygılarımla, (Mektubun sonunda kullanılır.)

trunk • trunk (trʌngk) /isim/ çoğul trunks • **1.** gövde, ağaç gövdesi: dead tree trunk ölü ağaç gövdesi **2.** (zooloji) hortum: There are no bones in an elephant's trunk. Filin hortumunda kemik yoktur. **3.** (seyahatte kullanılan) sandık

trunks • trunks (trʌngks) /isim/ (çoğul) erkek mayosu, şort

¹trust • trust (trʌst) /isim/ güven, itimat

²trust • trust (trʌst) /fiil/ trusts, trusting, trusted • güvenmek; inanmak: She trusted the weather forecast to be correct. Hava tahmininin doğru olduğuna güvendi.

truth • truth (truth) /isim/ **1.** gerçek, doğru, hakikat: What she said is the truth. Onun söylediği doğrudur. **2.** gerçeklik, hakikat: Truth is relative. Doğruluk görelidir.

try • try (tray) /fiil/ tries, trying, tried • **1.** çalışmak, uğraşmak: Özlem is trying to finish her homework. Özlem, ödevini bitirmeye çalışıyor. **2.** denemek, sınamak: Did you try to shoot a basket? Basket

atmayı denedin mi? try on **prova etmek, giyip denemek:** Try on those shoes. Şu ayakkabıları bir dene.

T-shirt • T-shirt (ti´şırt) /isim/ çoğul T-shirts • tişört

tsunami • tsu.na.mi (tsuna´mi) /isim/ çoğul tsunami/tsunamis • tsunami

tube • tube (tub) /isim/ çoğul tubes • **1.** ince boru **2.** tüp: a tube of toothpaste bir tüp diş macunu the Tube İng. (Londra´da) metro

Tuesday • Tues.day (tuz´di, tuz´dey, tyuz´di) /isim/ salı

tulip • tu.lip (tu´lîp) /isim/ çoğul tulips • lale

tummy • tum.my (tʌm´i) /isim/ çoğul tummies • (konuşma dili) karın, mide

tumor • tu.mor (tu´mır) /isim/ çoğul tumors • tümör, ur İng. tumour

tuna • tu.na (tu´nı) /isim/ **1.** çoğul tuna/tunas • (zooloji) tonbalığı, orkinos **2.** (konserve) tonbalığı tuna fish (konserve) tonbalığı

¹tune • tune (tun, tyun)
/isim/ çoğul tunes • melodi, ezgi

²tune • tune (tun, tyun)
/fiil/ tunes, tuning, tuned • (çalgıyı)
akort etmek

tuning • tun.ing (tu´nîng)
/isim/ akort
tuning fork diyapazon

tunnel • tun.nel (tʌn´ıl)
/isim/ çoğul tunnels • tünel

Turk • Turk (tırk)
/isim/ çoğul Turks • Türk

Turkey • Tur.key (tır´ki)
/isim/ Türkiye
the Grand National Assembly of
Turkey Türkiye Büyük Millet Meclisi
the Republic of Turkey Türkiye
Cumhuriyeti

turkey • tur.key (tır´ki)
/isim/ çoğul turkeys • hindi

Turkish • Turk.ish (tır´kîş)
/sıfat/ 1. Türk: Turkish lira Türk lirası
the Turkish national anthem İstiklal
Marşı
the Turkish War of Independence
Kurtuluş Savaşı
Turkish Republic of Northern Cyprus
Kuzey Kıbrıs Türk Cumhuriyeti

2. Türkçe: Turkish dictionary
Türkçe sözlük
/isim/ Türkçe

¹turn • turn (tırn)
/fiil/ turns, turning, turned • dönmek;
döndürmek, çevirmek: He turned
and looked at me. Dönüp bana baktı.
turn around öbür tarafa dönmek: He
stopped the car to turn around. Öbür
tarafa dönmek için arabayı durdurdu.
turn back 1. geri çevirmek 2. geri
dönmek: When it started to rain we
decided to turn back. Yağmur yağ-
maya başlayınca geri dönmeye
karar verdik.
turn bad (hava) bozmak: The weather
suddenly turned bad. Hava aniden
bozdu.
turn into -e dönüşmek: The rain turned
into snow. Yağmur, kara dönüştü.
turn off (ışık, musluk, cihaz v.b.´ni)
kapamak
turn on (ışık, musluk, cihaz v.b.´ni)
açmak
turn over altüst olmak, devrilmek:
The car turned over in the accident.
Araba kazada tersyüz oldu.
turning point dönüm noktası

²turn • turn (tırn)
/isim/ çoğul turns • 1. dönüş, devir,
dönme: take a turn to -e doğru
dönüş yapmak 2. viraj, dönemeç;
kıvrım: a sharp turn keskin bir döne-
meç 3. sıra; nöbet, değişim: It´s your
turn. Sıra sende. When will it be my
turn? Sıra ne zaman bende olacak?
in turn sırasıyla, nöbetleşe

turnip • tur.nip (tır´nîp)
/isim/ çoğul turnips • şalgam

turquoise • tur.quoise (tır´koyz, tır´kwoyz) /isim/ 1. firuze, turkuvaz 2. turkuvaz (yeşile çalan mavi renk) /sıfat/ turkuvaz: a turquoise dress turkuvaz bir elbise

turtle • tur.tle (tır´tıl) /isim/ çoğul turtles • kaplumbağa

turtledove • tur.tle.dove (tır´tıldʌv) /isim/ çoğul turtledoves • kumru

tusk • tusk (tʌsk) /isim/ çoğul tusks • 1. fildişi 2. (mors veya yabandomuzunun) uzun azıdişi

TV • TV (tivi´) /isim/ televizyon, TV TV program televizyon programı TV set televizyon seti (ses sistemi, anten v.b. ile birlikte)

twelfth • twelfth (twelfth) /sıfat, isim/ 1. on ikinci 2. on ikide bir

twelve • twelve (twelv) /isim, sıfat/ on iki

twentieth • twen.ti.eth (twen´tiyîth) /sıfat, isim/ 1. yirminci 2. yirmide bir

twenty • twen.ty (twen´ti) /isim, sıfat/ yirmi

twice • twice (tways) /zarf/ 1. iki kez, iki kere: twice a day günde iki kez 2. iki kat, iki misli

twig • twig (twîg) /isim/ çoğul twigs • ince dal, sürgün

twilight • twi.light (tway´layt) /isim/ alacakaranlık

twin • twin (twîn) /isim/ çoğul twins • ikiz: identical twins tek yumurta ikizi /sıfat/ ikiz: twin brother, twin sister ikiz kardeş

twinkle • twin.kle (twîng´kıl) /fiil/ twinkles, twinkling, twinkled • 1. pırıldamak, ışıldamak 2. (gözler) parıldamak, ışıldamak

twist • twist (twîst) /fiil/ twists, twisting, twisted • bükmek, burmak: Can you twist the rope like this? Halatı böyle bükebilir misin?

two • two (tu) /isim/ çoğul twos • iki by twos ikişer ikişer in two iki kısma, ikiye: He cut the

cake in two. Pastayı ikiye böldü.
/sıfat/ 1. iki 2. çift

two-dimensional • two-di.men.sion.al
(tu´dîmen´şınıl) /sıfat/ iki boyutlu

¹type • type (tayp)
/isim/ çoğul types • çeşit, tür, cins, tip:
What type of food do you like?
Ne çeşit yemek seversin?

²type • type (tayp)
/fiil/ types, typing, typed • daktiloda
yazmak; bilgisayarda yazmak:
learning to type daktiloda yazmayı
öğrenmek He typed the letter
very quickly. Mektubu çok çabuk
daktilo etti.

typewriter • type.writ.er (tayp´raytır)
/isim/ çoğul typewriters • daktilo

typical • typ.i.cal (tîp´îkıl)
/sıfat/ tipik: a typical medieval city
tipik bir ortaçağ şehri

typist • typ.ist (tay´pîst)
/isim/ çoğul typists • daktilograf

tyre • tyre (tayr)
/isim/ çoğul tyres • bkz. ²tire

Uu

U, u • u (yu)
/isim/ U, İngiliz alfabesinin yirmi birinci harfi

UFO • UFO (yu ef o´)
/kısaltma/ unidentified flying object
UFO (uçan daire)

ugly • ug.ly (∧g´li)
/sıfat/ uglier, ugliest • **çirkin:** an ugly building çirkin bir bina an ugly rumor çirkin bir söylenti

UK, U.K. • UK, U.K. (yu key´)
/kısaltma/ the United Kingdom (of Great Britain and Northern Ireland)
Birleşik Krallık (Büyük Britanya ve Kuzey İrlanda Birleşik Krallığı)

ultimate • ul.ti.mate (∧l´tımît)
/sıfat/ 1. **son, nihai, en son:** the ultimate decision son karar 2. **esas, başlıca, temel:** ultimate principles temel ilkeler 3. **en büyük, en yüksek:** the ultimate good en büyük iyilik

ultimately • ul.ti.mate.ly (∧l´tımîtli)
/zarf/ **en sonunda, eninde sonunda**

umbrella • um.brel.la (∧mbrel´ı)
/isim/ çoğul umbrellas • **şemsiye**

UN, U.N. • UN, U.N. (yu en´)
/kısaltma/ the United Nations **BM (Birleşmiş Milletler)**

unable • un.a.ble (∧ney´bıl)
/sıfat/ **yapamaz, elinden gelmez, yetersiz:** She was unable to come. Gelemedi.

unbelievable • un.be.liev.a.ble (∧nbîli´vıbıl) /sıfat/ **inanılmaz, akıl almaz**

unbutton • un.but.ton (∧nb∧t´ın)
/fiil/ unbuttons, unbuttoning, unbuttoned • **düğmelerini çözmek:** She unbuttoned

her jacket. Ceketinin düğmelerini çözdü.

uncertain • un.cer.tain (ʌnsırˊtın) /sıfat/ 1. belirsiz, şüpheli 2. kararsız: I'm uncertain about coming. Gelme konusunda kararsızım.

uncertainty • un.cer.tain.ty (ʌnsırˊtınti) /isim/ çoğul uncertainties • belirsizlik: Uncertainties bother me. Belirsizlikler beni rahatsız eder.

uncle • un.cle (ʌngˊkıl) /isim/ çoğul uncles • 1. amca: Uncle Aydın is my father's brother. Aydın Amca babamın erkek kardeşidir. 2. dayı: Uncle Ferda is my mother's brother. Ferda Dayı annemin erkek kardeşidir. 3. enişte: Uncle Erden is my aunt's husband. Erden Enişte halamın kocasıdır.

uncomfortable • un.com.fort.a.ble (ʌnkʌmˊfırtıbıl, ʌnkʌmfˊtıbıl) /sıfat/ rahatsız: an uncomfortable mattress rahatsız bir yatak uncomfortable shoes rahatsız ayakkabılar

uncommon • un.com.mon (ʌnkamˊın) /sıfat/ nadir, seyrek

unconscious • un.con.scious (ʌnkanˊşıs) /sıfat/ baygın, bilincini kaybetmiş: The patient is unconscious. Hasta baygın.

uncountable • un.count.a.ble (ʌnkaunˊtıbıl) /sıfat/ sayılamayan, sayılamaz: uncountable quantity sayılamayan çokluk

under • un.der (ʌnˊdır) /edat/ 1. altına; altında; altından:

Did you look under the carpet? Halının altına baktınız mı? 2. -den aşağı, -den az, -in altında: He can run that distance in under fifty seconds. O mesafeyi elli saniyeden az bir zamanda koşabilir. 3. -den küçük, -in altında: Children under 7 should not cross roads on their own. 7 yaşın altındaki çocuklar kendi kendine yolun karşısına geçmemeli. 4. (belirli bir) durumda, ... halinde: under construction inşa halinde under these circumstances bu şartlarda: It's impossible to play under these circumstances. Bu şartlarda oynamak imkânsız. /zarf/ 1. altına; altında 2. daha aşağı, altında: prices of fifty liras and under elli lira ve altındaki fiyatlar 3. daha küçük, altında: This school is for children who are five years old and under. Bu okul beş yaş ve altındaki çocuklar için.

underdeveloped • un.der.de.vel.oped (ʌndırdîvelˊıpt) /sıfat/ azgelişmiş

underground • un.der.ground (ʌnˊdırgraund) /sıfat/ yeraltı: an underground tunnel bir yeraltı tüneli /isim/ çoğul undergrounds • bkz. subway (1.) the Underground İng. (Londra'da) metro

underline • un.der.line (ʌnˊdırlayn) /fiil/ underlines, underlining, underlined • altını çizmek: Please underline all the adjectives. Lütfen bütün sıfatların altını çizin.

underneath • un.der.neath (ʌndırnithˊ) /edat/ altına; altında: The children hid underneath the bed. Çocuklar yatağın altına saklandı. /zarf/ altına; altında: They lifted the rock and looked underneath. Kayayı kaldırıp altına baktılar.

underpants • un.der.pants (ʌnˊdırpänts) /isim/ (çoğul) don, külot

underpass • un.der.pass (ʌnˊdırpäs) /isim/ çoğul underpasses • 1. (yayalar için) altgeçit Ing. subway (2.) 2. (taşıtlar için) altgeçit

understand • un.der.stand (ʌndırständˊ) /fiil/ understands, understanding, understood • anlamak, kavramak: Do you understand what he means? Onun ne demek istediğini anlıyor musun? understand each other birbirini anlamak

understandable • un.der.stand.a.ble (ʌndırständˊıbıl) /sıfat/ anlaşılır, anlaşılması mümkün, kavranılır: an understandable excuse anlaşılır bir mazeret

understanding • un.der.stand.ing (ʌndırstänˊdîng) /isim/ 1. anlayış, anlama, kavrayış 2. anlayış, halden anlama 3. anlaşma: We have come to an understanding. Bir anlaşmaya vardık.
/sıfat/ anlayışlı, düşünceli, halden anlar: an understanding teacher anlayışlı bir öğretmen

understood • un.der.stood (ʌndırstûdˊ) /fiil/ bkz. understand

undertake • un.der.take (ʌndırteykˊ) /fiil/ undertakes, undertaking, undertook, undertaken • üzerine almak, üstlenmek

undertaken • un.der.tak.en (ʌndırteyˊkın) /fiil/ bkz. undertake

undertook • un.der.took (ʌndırtûkˊ) /fiil/ bkz. undertake

underwater • un.der.wa.ter (ʌndırwôˊtır) /sıfat/ su altında olan/ kullanılan, sualtı: underwater camera sualtı kamerası /zarf/ su altında: We swam underwater looking at the fish. Su altında yüzüp balıklara baktık.

underwear • un.der.wear (ʌnˊdırwer) /isim/ iç çamaşırı

undesirable • un.de.sir.a.ble (ʌndîzayrˊıbıl) /sıfat/ istenilmeyen: undesirable results istenilmeyen sonuçlar

undeveloped • un.de.vel.oped (ʌndîvelˊıpt) /sıfat/ gelişmemiş

undid • un.did (ʌndîdˊ) /fiil/ bkz. undo

undo • un.do (ʌnduˊ) /fiil/ undoes, undoing, undid, undone • çözmek, açmak: undo a knot bir düğümü çözmek

¹undone • un.done (ʌndʌnˊ) /fiil/ bkz. undo

²undone • un.done (ʌndʌnˊ) /sıfat/ 1. yapılmamış 2. açılmış, çözülmüş: My shoelaces came undone. Ayakkabı bağcıklarım açıldı.

uneasy • un.eas.y (ʌniˊzi)
/sıfat/ uneasier, uneasiest • 1. huzur-
suz, tedirgin: Hülya seems uneasy.
Hülya, huzursuz görünüyor.
2. endişeli, kaygılı

uneducated • un.ed.u.cat.ed
(ʌnecˊûkeytîd) /sıfat/ eğitimsiz, oku-
mamış, tahsil görmemiş

unemployed • un.em.ployed
(ʌnîmploydˊ) /sıfat/ işsiz, boşta
/isim/ (the) işsizler

unemployment • un.em.ploy.ment
(ʌnîmployˊmınt) /isim/ işsizlik: What
is the current unemployment rate?
Şimdiki işsizlik oranı ne?

unexpected • un.ex.pect.ed
(ʌnîkspekˊtîd) /sıfat/ beklenmedik,
umulmadık: unexpected changes
beklenmedik değişimler

unexpectedly • un.ex.pect.ed.ly
(ʌnîkspekˊtîdli) /zarf/ beklenmedik
bir biçimde, umulmadık bir biçimde

unfair • un.fair (ʌnferˊ)
/sıfat/ haksız, adaletsiz

unfasten • un.fas.ten (ʌnfäsˊın)
/fiil/ unfastens, unfastening, unfastened •
çözmek, gevşetmek: He unfastened
the child's seat belt. Çocuğun emniyet
kemerini çözdü.

unforgettable • un.for.get.ta.ble
(ʌnfırgetˊıbıl) /sıfat/ unutulmaz: an
unforgettable day unutulmaz bir gün

unfortunate • un.for.tu.nate
(ʌnfôrˊçınît) /sıfat/ şanssız, talihsiz,
bedbaht; zavallı

unfortunately • un.for.tu.nate.ly
(ʌnfôrˊçınîtli) /zarf/ ne yazık ki,
maalesef: Unfortunately we lost
the match in three sets. Ne yazık ki
maçı üç sette kaybettik.

unfriendly • un.friend.ly (ʌnfrendˊli)
/sıfat/ unfriendlier, unfriendliest • dostça
olmayan, düşmanca: an unfriendly
approach düşmanca bir yaklaşım

unhappy • un.hap.py (ʌnhäpˊi)
/sıfat/ unhappier, unhappiest • mutsuz:
an unhappy life mutsuz bir yaşam

unhealthy • un.health.y (ʌnhelˊthi)
/sıfat/ unhealthier, unhealthiest •
1. sağlıksız, sağlığı bozuk: an
unhealthy man sağlıksız bir adam
2. sağlıksız, sağlığa zararlı: an
unhealthy diet sağlıksız bir diyet

unidentified • un.i.den.ti.fied
(ʌnaydenˊtîfayd) /sıfat/ 1. kimliği bilin-
meyen 2. ne olduğu saptanamamış
unidentified flying object uçan daire
(UFO)

uniform • u.ni.form (yuˊnıfôrm)
/isim/ çoğul uniforms • üniforma: We
wore identical school uniforms. Aynı
tip okul üniformaları giydik.
/sıfat/ 1. bir örnek, aynı biçimde olan,
aynı: All the boxes are of a uniform
size. Bütün kutular aynı büyüklükte.
2. değişmez, aynı

unimportant • un.im.por.tant
(ʌnîmpôr´tɪnt) /sıfat/ önemsiz

uninteresting • un.in.ter.est.ing
(ʌnîn´tırıstîng) /sıfat/ ilginç olmayan,
çekici olmayan: The conference was
a bit uninteresting. Konferans pek
ilginç değildi.

union • un.ion (yun´yın)
/isim/ 1. birleşme; birleştirme 2. bir-
lik, beraberlik 3. çoğul unions • birlik,
dernek 4. çoğul unions • sendika

unique • u.nique (yunik´)
/sıfat/ 1. tek, yegâne 2. eşsiz, ben-
zersiz

unisex • u.ni.sex (yu´nıseks)
/sıfat/ üniseks; hem kadınlar, hem
de erkekler tarafından kullanılabilen

unit • u.nit (yu´nît)
/isim/ çoğul units • 1. birim: temperature
unit sıcaklık birimi unit of time
zaman birimi 2. ünite: heating unit
ısıtma ünitesi

unite • u.nite (yunayt´)
/fiil/ unites, uniting, united • birleştir-
mek; birleşmek: He tried to unite
his team against their rivals. Takımını
rakiplerine karşı birleştirmeye çalıştı.

united • u.nit.ed (yunay´tîd)
/sıfat/ birleşmiş, birleşik
the United Arab Emirates Birleşik
Arap Emirlikleri
the United Kingdom Birleşik Krallık
the United Nations Birleşmiş Milletler
the United States Amerika Birleşik
Devletleri

unity • u.ni.ty (yu´nıti)
/isim/ birlik

universal • u.ni.ver.sal (yunıvır´sıl)
/sıfat/ evrensel

universe • u.ni.verse (yu´nıvırs)
/isim/ evren, kâinat: Scientists still
don't know the size of the universe.
Bilim insanları evrenin büyüklüğünü
hâlâ bilmiyor.

university • u.ni.ver.si.ty (yunıvır´sıti)
/isim/ çoğul universities • üniversite:
a university student bir üniversite
öğrencisi He is studying physics at the
university. Üniversitede fizik okuyor.

unknown • un.known (ʌn.non´)
/sıfat/ bilinmeyen, meçhul, yabancı:
unknown cities bilinmeyen şehirler

unless • un.less (ʌnles´)
/bağlaç/ -mezse, -medikçe: We can-
not go unless he comes. Gelmezse
gidemeyiz.

unlike • un.like (ʌnlayk´)
/sıfat/ benzemeyen, farklı: She is
unlike me in every way. O benden
her yönüyle farklı.

unlikely • un.like.ly (ʌnlayk´li)
/sıfat/ umulmayan, beklenmeyen,
olası olmayan: an unlikely outcome
olası olmayan bir sonuç It appears
unlikely to be successful. Başarılı
olacağa benzemiyor.

unload • un.load (ʌnlod´)
/fiil/ unloads, unloading, unloaded •
yükünü boşaltmak; (yük) boşaltmak:
The workers unloaded the truck.
İşçiler, kamyondaki yükü boşalttılar.

unlock • un.lock (ʌnlak´)
/fiil/ unlocks, unlocking, unlocked •
kilidini açmak: She unlocked the
door. Kapının kilidini açtı.

unluckily • un.luck.i.ly (ʌnlʌk´ıli)
/zarf/ şanssızlık eseri

unlucky • un.luck.y (ʌnlʌk´i)
/sıfat/ unluckier, unluckiest • şanssız,
talihsiz: an unlucky day talihsiz bir
gün an unlucky person şanssız bir kişi

unnatural • un.nat.u.ral (ʌn.näç´ırıl)
/sıfat/ doğal olmayan, doğaya aykırı,
anormal

unnecessary • un.nec.es.sar.y
(ʌn.nes´ıseri) /sıfat/ gereksiz: unnec-
essary expenses gereksiz masraflar
unnecessary files gereksiz dosyalar

unpleasant • un.pleas.ant (ʌnplez´ınt)
/sıfat/ nahoş, hoşa gitmeyen, tatsız

unreal • un.re.al (ʌnril´, ʌnri´yıl)
/sıfat/ gerçekdışı, hayali

unreasonable • un.rea.son.a.ble
(ʌnri´zınıbıl) /sıfat/ mantıksız, makul
olmayan

unreliable • un.re.li.a.ble (ʌnrîlay´ıbıl)
/sıfat/ güvenilmez

unsafe • un.safe (ʌnseyf´)
/sıfat/ unsafer, unsafest • tehlikeli, riskli:
It is unsafe to walk alone here at
night. Burada geceleyin yalnız
dolaşmak tehlikeli.

unsuccessful • un.suc.cess.ful
(ʌnsıkses´fıl) /sıfat/ başarısız:

He was an unsuccessful student.
Başarısız bir öğrenciydi.

untidy • un.ti.dy (ʌntay´di)
/sıfat/ untidier, untidiest • düzensiz,
dağınık: an untidy office düzensiz bir
büro untidy hair dağınık saç

until • un.til (ʌntîl´)
/edat/ -e kadar, -e değin, -e dek:
He didn't call until five o'clock. Saat
beşe kadar aramadı.
/bağlaç/ -e kadar, -e değin, -e dek:
He ran until it got dark. Hava kara-
rana kadar koştu.

unusual • un.u.su.al (ʌnyu´juwıl)
/sıfat/ alışılmamış, olağandışı,
görülmedik: an unusual show
alışılmamış bir gösteri

unwanted • un.want.ed (ʌnwʌn´tîd)
/sıfat/ istenilmeyen

unwell • un.well (ʌnwel´)
/sıfat/ rahatsız, hasta: I feel unwell
today. Kendimi bugün iyi hissetmi-
yorum.

up • up (ʌp)
/zarf/ 1. yukarı, yukarıya; yukarıda:
Hold your hand up. Elini yukarıda
tut. 2. dik, dik durumda: Hold your
head up. Başını dik tut. 3. sonuna
kadar, tamamen: Don't use up all

the water! Suyun hepsini kullanma!
Fill it up! Tamamen doldur!
/edat/ yukarısına; yukarısında: He
was climbing up the tree. Ağaca
tırmanıyordu.

update • up.date (ʌpdeyt)
/fiil/ updates, updating, updated •
1. -i son gelişmelerden haberdar
etmek 2. -i son modaya uygun duru-
ma getirmek 3. -i güncelleştirmek:
This dictionary has been updated.
Bu sözlük güncellendi.

uphill • up.hill (ʌpʹhîlʹ)
/zarf/ yokuş yukarı: We walked
uphill. Yokuş yukarı yürüdük.

upon • up.on (ıpanʹ)
/edat/ bkz. ¹on (1.)

upper • up.per (ʌpʹır)
/sıfat/ üst, üstteki, yukarıdaki: upper
deck üst güverte We live on the
upper floor of the building. Binanın
üst katında oturuyoruz.

upright • up.right (ʌpʹrayt)
/sıfat/ dikey, dik

¹**upset** • up.set (ʌpsetʹ)
/fiil/ upsets, upsetting, upset • 1. üzmek;
sinirlendirmek: Your decision upset
me. Kararın beni üzdü. 2. **devirmek:**
upset a vase vazoyu devirmek
3. bozmak, altüst etmek: upset a plan
bir planı bozmak 4. (mideyi) **bozmak**

²**upset** • up.set (ʌpsetʹ)
/sıfat/ 1. üzgün; sinirli
be upset üzgün olmak, üzülmek: He
was upset about losing the game.
Oyunu kaybettiği için üzgündü.

2. devrilmiş 3. altüst olmuş, bozul-
muş 4. bozulmuş, bozuk (mide)

upside down • up.side down
(ʌpʹsayd daunʹ) /zarf/ tepetaklak, baş
aşağı: Bats sleep hanging upside down.
Yarasalar baş aşağı sarkarak uyur.

upside-down • up.side-down
(ʌpʹsayd-daunʹ) /sıfat/ tepetaklak
duran, baş aşağı duran

upstairs • up.stairs (ʌpʹsterz)ʹ
/zarf/ 1. merdivenlerden yukarıya:
I ran upstairs to answer the phone.
Telefonu açmak için merdivenler-
den yukarıya koştum. 2. üst katta,
yukarıda 3. üst kata, yukarıya
/sıfat/ yukarıdaki, üst kattaki: They
live in the apartment upstairs.
Yukarıdaki dairede oturuyorlar.
/isim/ üst kat

up-to-date • up-to-date (ʌpʹtıdeytʹ)
/sıfat/ 1. çağdaş, modern 2. güncel,
en son bilgileri içeren

upward • up.ward (ʌpʹwırd)
/zarf/ yukarıya doğru

upwards • up.wards (ʌpʹwırdz)
/zarf/ bkz. upward

urban • ur.ban (ırʹbın)
/sıfat/ kentsel, kente ait: urban
development kentsel gelişim

urge • urge (ırc)
/fiil/ urges, urging, urged • (sözlerle)
(birine/bir hayvana) (bir şey) yaptır-
maya çalışmak: He urged them not
to go to Egypt. Onları Mısır'a gitmek-
ten vazgeçirmeye çalıştı.

urgent • ur.gent (ır´cınt)
/sıfat/ acil, ivedi: This phone call is
urgent. Bu telefon görüşmesi acil.

us • us (ʌs)
/zamir/ bize; bizi: Birdal brought us
some fruit. Birdal bize biraz meyve
getirdi. Would you come with us?
Bizimle gelir misin?

U.S., US • U.S., US (yu es´)
/kısaltma/ the United States ABD
(Amerika Birleşik Devletleri)

USA, U.S.A. • USA, U.S.A. (yu es ey´)
/kısaltma/ the United States of
America ABD (Amerika Birleşik
Devletleri)

usage • us.age (yu´sîc)
/isim/ 1. kullanım, kullanış: This
medicine is for external usage. Bu
ilaç haricen kullanım için. 2. çoğul
usages • (sözcük v.b. için) kullanım,
kullanma biçimi: common usage
genel kullanım

¹use • use (yuz)
/fiil/ uses, using, used • kullanmak:
She uses a lot of mint in her cooking.
Yemeklerinde bol nane kullanıyor.

²use • use (yus)
/isim/ 1. kullanma; kullanılma
in use kullanılmakta olan; kullanımda,
geçerli

out of use artık kullanılmayan; kul-
lanımdan kalkmış, kullanım dışı
2. çoğul uses • kullanım, kullanma
amacı/nedeni 3. yarar, fayda
be of use yardım etmek
be of use to -e yaramak; -e yararlı
olmak: I hope this was of use to you.
Umarım bu size faydalı olmuştur.

used • used (yuzd)
/sıfat/ 1. kullanılmış: used clothes
kullanılmış giysiler 2. be used to
-e alışık olmak, -e alışkın olmak:
I'm used to it. Ona alışığım.

useful • use.ful (yus´fıl)
/sıfat/ yararlı, faydalı: a useful book
yararlı bir kitap

useless • use.less (yus´lîs)
/sıfat/ yararsız, faydasız: a useless
attempt yararsız bir girişim

user • us.er (yu´zır)
/isim/ çoğul users • kullanıcı

user-friendly • us.er-friend.ly
(yu´zır-frend´li) /sıfat/ kullanıcı
dostu, kullanılması kolay

usual • u.su.al (yu´juwıl)
/sıfat/ alışılmış; olağan, her zamanki:
Let's meet at the usual place. Her
zamanki yerde buluşalım.
as usual her zamanki gibi: He fell
asleep as usual in the car. Her
zamanki gibi arabada uyuya kaldı.

usually • u.su.al.ly (yu´juwili)
/zarf/ genellikle: He usually gets
up late in the morning. Sabahları
genellikle geç kalkar.

utensil • u.ten.sil (yuten´sıl, yu´tensıl)
/isim/ çoğul utensils • (evde/mutfakta
kullanılan) **kap; alet**

¹utter • ut.ter (ʌt´ır)
/sıfat/ **tam; kesin, mutlak:** utter
chaos tam bir kargaşa

²utter • ut.ter (ʌt´ır)
/fiil/ utters, uttering, uttered • **söylemek,
dile getirmek:** Did you utter those
words? O sözleri söyledin mi?

U-turn • U-turn (yu´tırn)
/isim/ çoğul U-turns • 1. **U dönüşü**
2. (konuşma dili) **geriye dönüş, çark,
tornistan**

Vv

V, v • v (vi)
/isim/ V, İngiliz alfabesinin yirmi
ikinci harfi

vacant • va.cant (vey´kınt)
/sıfat/ **1. boş:** a vacant apartment
boş bir daire Is this seat vacant? Bu
koltuk boş mu? vacant hours boş
saatler **2. açık (iş)**

vacation • va.ca.tion (veykey´şın)
/isim/ çoğul vacations • **tatil:** summer
vacation yaz tatili They agreed that
I need a vacation. Tatile ihtiyacım
olduğunu kabul ettiler.
be on vacation **tatilde olmak:** We
were on vacation when you visited
us. Bizi ziyaret ettiğinde tatildeydik.
take a vacation **tatil yapmak:** He
wants to take a vacation with his
family. Ailesiyle tatil yapmak istiyor.

vaccinate • vac.ci.nate (väk´sıneyt)
/fiil/ vaccinates, vaccinating, vaccinated •
aşılamak, aşı yapmak: The children
in the school were vaccinated.
Okuldaki çocuklara aşı yapıldı.

vaccine • vac.cine (väk´sîn, väksin´)
/isim/ çoğul vaccines • **aşı**

vacuum • vac.u.um (väk´yum,
väk´yuwım) /isim/ çoğul vacuums/vacua •
boşluk, vakum
vacuum bottle, İng. vacuum flask **termos**
vacuum cleaner **elektrik süpürgesi**

vague • vague (veyg)
/sıfat/ vaguer, vaguest • **1. belli belirsiz
2. belirsiz, anlaşılmaz**

vain • vain (veyn)
/sıfat/ **1. kibirli, kendini beğenmiş
2. boş, yararsız, sonuçsuz:** vain hope
boş umut
in vain **boş yere, boşuna, boşu boşuna**

valentine • val.en.tine (väl´ıntayn)
/isim/ çoğul valentines • 1. 14 şubatta
kendisine kart gönderilen veya hediye
verilen sevgili 2. 14 şubatta sevgiliye
gönderilen kart/hediye
Valentine's Day (St. Valentine's Day)
(14 şubat) Sevgililer Günü

valid • val.id (väl´îd)
/sıfat/ 1. geçerli: Is this money still
valid? Bu para hâlâ geçerli mi? valid
passport geçerli pasaport 2. doğru,
sağlam: valid evidence sağlam kanıt

valley • val.ley (väl´i)
/isim/ çoğul valleys • vadi: There is a lake
in that valley. O vadide bir göl var.

valuable • val.u.a.ble (väl´yıbıl,
väl´yuwıbıl) /sıfat/ değerli, kıymetli:
a valuable experience değerli bir
deneyim

¹**value** • val.ue (väl´yu)
/isim/ 1. çoğul values • değer: traditional
values geleneksel değerler What is
the value of this ring? Bu yüzüğün
değeri ne?
go up in value değeri artmak: Our
house went up in value quite a bit.
Evimizin değeri hayli arttı. 2. önem

²**value** • val.ue (väl´yu)
/fiil/ values, valuing, valued • 1. değer
biçmek 2. değer vermek: She values
health above money. Sağlığa para-
dan daha fazla değer verir.

value-added • val.ue-add.ed
(väl´yu.ädîd) /sıfat/ İng. katma değerli

valve • valve (välv)
/isim/ çoğul valves • 1. vana, valf; supap;
klape 2. (anatomi) kapakçık, kapacık

van • van (vän)
/isim/ çoğul vans • 1. minibüs: They
rented a van for a week. Bir haftalığına
minibüs kiraladılar. 2. karavan

vanilla • va.nil.la (vınîl´ı)
/isim/ vanilya
/sıfat/ vanilyalı: vanilla ice cream
vanilyalı dondurma

vanish • van.ish (vän´îş)
/fiil/ vanishes, vanishing, vanished •
ortadan kaybolmak, kayıplara karış-
mak: The child vanished. Çocuk
ortadan kayboldu.
vanish from sight gözden kaybolmak

vapor • va.por (vey´pır)
/isim/ buhar, buğu; duman
İng. vapour

variety • va.ri.e.ty (vıray´ıti)
/isim/ 1. değişiklik, farklılık 2. çoğul
varieties • çeşit, tür: varieties of ice
cream dondurma çeşitleri

various • var.i.ous (ver´iyıs)
/sıfat/ farklı, çeşitli: at various times
çeşitli zamanlarda for various reasons
çeşitli nedenlerden dolayı

vary • var.y (ver´i)
/fiil/ varies, varying, varied • değişmek;
değiştirmek: The numbers may vary
between 1 and 10. Rakamlar 1 ve 10
arasında değişebilir.

vase • vase (veys, veyz, İng. vaz)
/isim/ çoğul vases • **vazo**

vast • vast (väst)
/sıfat/ **çok geniş; çok büyük, muaz-
zam:** a vast crowd muazzam bir
kalabalık

VAT • VAT (vi ey ti´, vät)
/kısaltma/ value-added tax **KDV
(katma değer vergisi)**

vegetable • veg.e.ta.ble (vec´ıtıbıl,
vec´tıbıl) /isim/ çoğul vegetables • **sebze**
/sıfat/ **bitkisel:** vegetable oil bitkisel yağ

vegetarian • veg.e.tar.i.an (veciter´iyın)
/isim/ çoğul vegetarians • **vejetaryen,
etyemez**

vehicle • ve.hi.cle (vi´yıkıl)
/isim/ çoğul vehicles • **araç, taşıt**

veil • veil (veyl)
/isim/ çoğul veils • **peçe, örtü:** raise
one's veil peçesini kaldırmak

vein • vein (veyn)
/isim/ çoğul veins • **damar, toplardamar:**
Blood runs through veins and
arteries. Kan toplardamar ve atar-
damarlarda akar.

velvet • vel.vet (vel´vît)
/isim/ **kadife**

/sıfat/ 1. **kadife; kadife kaplı** 2. **kadife
gibi, kadifemsi**

vengeance • ven.geance (ven´cıns)
/isim/ **öç, intikam**
take vengeance on **-den öç almak**

venom • ven.om (ven´ım)
/isim/ **(yılan, akrep, arı v.b.´nde) zehir**

venomous • ven.om.ous (ven´ımıs)
/sıfat/ **zehirli (yılan, akrep, arı v.b.)**

¹vent • vent (vent)
/isim/ çoğul vents • **(gaz/sıvı giriş çıkışı
için) delik; menfez, ağız**

²vent • vent (vent)
/fiil/ vents, venting, vented • 1. **(gaz/sıvı
giriş çıkışı için) delik açmak:** We
need to open another air vent. Bir
tane daha hava deliği açmamız
gerekiyor. 2. **(on) (öfke, hınç v.b.´ni)
(-den) çıkarmak:** He vented his anger
on me. Öfkesini benden çıkardı.

ventilate • ven.ti.late (ven´tıleyt)
/fiil/ ventilates, ventilating, ventilated •
havalandırmak

ventilation • ven.ti.la.tion (ventıley´şın)
/isim/ **havalandırma**

ventilator • ven.ti.la.tor (ven´tıleytır)
/isim/ çoğul ventilators • **vantilatör,
havalandırma aygıtı**

verb • verb (vırb)
/isim/ çoğul verbs • **(dilbilgisi) fiil, eylem**

verbal • ver.bal (vır´bıl)
/sıfat/ 1. **sözlü** 2. **(dilbilgisi) fiile ait, fiil
türünden**

verify • ver.i.fy (ver´ıfay)
/fiil/ verifies, verifying, verified • **doğrulamak, gerçeklemek:** Can you verify this signature? Bu imzayı doğrulayabilir misin?

verse • verse (vırs)
/isim/ çoğul verses • **dize, mısra:** Can you read that verse again? O dizeyi bir daha okuyabilir misin?

version • ver.sion (vır´jın, vır´şın)
/isim/ çoğul versions • **versiyon, sürüm**

vertebrate • ver.te.brate (vır´tıbrît, vır´tıbreyt) /isim/ çoğul vertebrates • **omurgalı hayvan**

vertical • ver.ti.cal (vır´tîkıl)
/sıfat/ **dikey, düşey:** Draw a vertical line. Dikey bir çizgi çizin.

very • ver.y (ver´i)
/zarf/ **çok, pek:** That was a very bad movie. O çok kötü bir filmdi. He speaks English very well. İngilizceyi çok güzel konuşuyor.
Very good! **Çok iyi!**

vessel • ves.sel (ves´ıl)
/isim/ çoğul vessels • **1. tekne, gemi 2.** (anatomi) **damar:** blood vessel kan damarı

vest • vest (vest)
/isim/ çoğul vests • **1. yelek,** İng. **waistcoat 2.** İng. **atlet fanilası**

vet • vet (vet)
/isim/ çoğul vets • İng. (konuşma dili) **veteriner:** I took my dog to the vet. Köpeğimi veterinere götürdüm.

veterinarian • vet.er.i.nar.i.an (vetırınar´iyın) /isim/ çoğul veterinarians • **veteriner, baytar**

¹**veto** • ve.to (vi´to)
/isim/ çoğul vetoes • **veto**

²**veto** • ve.to (vi´to)
/fiil/ vetoes, vetoing, vetoed • **veto etmek**

vibrate • vi.brate (vay´breyt)
/fiil/ vibrates, vibrating, vibrated • **titremek; titretmek**

vibration • vi.bra.tion (vaybrey´şın)
/isim/ **1. titreme 2.** çoğul vibrations • **titreşim**

victim • vic.tim (vîk´tîm)
/isim/ çoğul victims • **kurban:** earthquake victims deprem kurbanları

victory • vic.to.ry (vîk´tıri)
/isim/ çoğul victories • **zafer, yengi**

video • vid.e.o (vîd´iyo)
/isim/ çoğul videos • **video:** video camera video kamera

videotape • vid.e.o.tape (vîd´iyoteyp)
/isim/ çoğul videotapes • **videoteyp**

view • view (vyu)
/isim/ çoğul views • **1. bakış** point of view bakış açısı **2. görüş, fikir 3. görünüm, manzara:** This house has a wonderful view of the Bosporus. Bu evin harika bir Boğaz manzarası var.

viewpoint • view.point (vyu´poynt)
/isim/ çoğul viewpoints • **bakış açısı, görüş açısı**

villa • vil.la (vîl´ı)
/isim/ çoğul villas • **yazlık, köşk, villa:**
They rented a villa in Kaş. Kaş'ta bir
villa kiraladılar.

village • vil.lage (vîl´îc)
/isim/ çoğul villages • **köy:** a fishing
village bir balıkçı köyü a mountain
village bir dağ köyü

villager • vil.lag.er (vîl´îcır)
/isim/ çoğul villagers • **köylü**

vine • vine (vayn)
/isim/ çoğul vines • **asma, üzüm asması:**
They planted a grape vine in their
garden. Bahçelerine bir üzüm asması
diktiler.

vinegar • vin.e.gar (vîn´îgır)
/isim/ **sirke:** You put too much vinegar
in the salad. Salatanın içine fazla
sirke koydun.

vineyard • vine.yard (vîn´yırd)
/isim/ çoğul vineyards • **bağ, üzüm bağı**

viola • vi.o.la (viyo´lı)
/isim/ çoğul violas • **viyola**

violence • vi.o.lence (vay´ılıns)
/isim/ **zor, şiddet**

violent • vi.o.lent (vay´ılınt)
/sıfat/ **şiddetli, sert, zorlu**

violet • vi.o.let (vay´ılît)
/isim/ 1. çoğul violets • (botanik)
menekşe 2. **menekşe rengi**
/sıfat/ **menekşe renkli, menekşe
rengi, menekşe:** violet eyes
menekşe gözler

violin • vi.o.lin (vayılîn´)
/isim/ çoğul violins • **keman**

virtual • vir.tu.al (vır´çuwıl)
/sıfat/ **sanal:** virtual reality sanal
gerçeklik

virtually • vir.tu.al.ly (vır´çuwıli)
/zarf/ **hemen hemen, neredeyse:**
virtually everyone neredeyse herkes

virtue • vir.tue (vır´çu)
/isim/ 1. **erdem, fazilet** 2. çoğul virtues •
meziyet

virus • vi.rus (vay´rıs)
/isim/ çoğul viruses • **virüs**

visa • vi.sa (vi´zı)
/isim/ çoğul visas • **vize:** tourist visa

turist vizesi
apply for a visa vize için başvurmak

visible • vis.i.ble (vîz´ıbıl)
/sıfat/ 1. görünür, görülebilir, gözle
görülür: Nothing was visible because
of the fog. Sisten dolayı hiçbir şey
görülemiyordu. 2. açık, belli

vision • vi.sion (vîj´ın)
/isim/ 1. görüş, görme: double vision
çift görme vision loss görme kaybı
2. öngörü; önsezi 3. çoğul visions •
hayal, düş, rüya

¹visit • vis.it (vîz´ît)
/fiil/ visits, visiting, visited • -i ziyaret
etmek, -i görmeye gitmek: We visited
our friends last week. Geçen hafta
arkadaşlarımızı ziyaret ettik.

²visit • vis.it (vîz´ît)
/isim/ çoğul visits • ziyaret; misafirlik:
a short visit kısa bir ziyaret
pay someone a visit birini ziyaret
etmek

visiting • vis.it.ing (vîz´îtîng)
/sıfat/ 1. ziyaret eden, konuk olan
visiting professor konuk profesör
2. ziyaret için kullanılan/ayrılan
visiting card kartvizit, ziyaretçi kartı
visiting day kabul günü; ziyaret günü
visiting hours ziyaret saatleri

visitor • vis.i.tor (vîz´îtır)
/isim/ çoğul visitors • ziyaretçi, misafir

visual • vis.u.al (vîj´uwıl)
/sıfat/ 1. görsel: visual arts görsel
sanatlar 2. görerek elde edilen:
visual education görerek eğitim

vital • vi.tal (vay´tıl)
/sıfat/ 1. çok önemli, hayati 2. yaşam-
sal, hayati

vitamin • vi.ta.min (vay´tımîn)
/isim/ çoğul vitamins • vitamin: Did you
take your vitamins this morning? Bu
sabah vitaminlerini aldın mı?
vitamin deficiency vitamin eksikliği

vocabulary • vo.cab.u.lar.y
(vokäb´yıleri) /isim/ çoğul vocabularies •
1. sözcük dağarcığı, sözcük hazinesi:
He has a very wide vocabulary. Onun
çok geniş bir sözcük dağarcığı var.
2. (bir dilde bulunan) tüm sözcükler
3. ek sözlük, lügatçe

vocal • vo.cal (vo´kıl)
/sıfat/ 1. insan sesine ait
vocal cords ses telleri
2. (müzik) vokal: vocal music vokal
müzik
/isim/ çoğul vocals • (müzik) şarkı sözü

voice • voice (voys)
/isim/ çoğul voices • 1. ses: human
voice insan sesi Lower your voice
please. Lütfen sesini alçalt.
2. (dilbilgisi) çatı: active and passive
voices etken ve edilgen çatılar

volcano • vol.ca.no (valkey´no)
/isim/ çoğul volcanoes/volcanos • yanar-
dağ, volkan

volleyball • vol.ley.ball (val´ibôl)
/isim/ 1. voleybol 2. çoğul volleyballs •
voleybol topu

volt • volt (volt)
/isim/ çoğul volts • volt

volume • vol.ume (val´yum)
/isim/ 1. çoğul volumes • hacim, oylum
2. ses, ses gücü: turn the volume
down sesi kısmak 3. çoğul volumes •
cilt, kitap: the first volume of the
encyclopedia ansiklopedinin ilk cildi

voluntary • vol.un.tar.y (val´ınteri)
/sıfat/ isteyerek yapılan, isteğe bağlı;
gönüllü: Giving blood is voluntary.
Kan vermek gönüllü yapılan bir şey-
dir. voluntary service gönüllü hizmet

¹volunteer • vol.un.teer (valıntîr´)
/isim/ çoğul volunteers • gönüllü, bir işi
gönüllü olarak üstlenen kimse

²volunteer • vol.un.teer (valıntîr´)
/fiil/ volunteers, volunteering, volunteered
• (to/for) (-e) gönüllü olmak, (-i yap-
maya) istekli olmak

¹vomit • vom.it (vam´ît)
/fiil/ vomits, vomiting, vomited • kusmak,
çıkarmak: This medicine will help
you stop vomiting. Bu ilaç kusmanı
kesmeye yardımcı olacak.

²vomit • vom.it (vam´ît)
/isim/ kusmuk

¹vote • vote (vot)
/isim/ çoğul votes • oy, rey: We are going
to count the votes. Oyları sayacağız.
cast a vote oy vermek
take a vote oylama yapmak
vote of confidence güvenoyu

²vote • vote (vot)
/fiil/ votes, voting, voted • oy vermek:
Everyone has to vote next year.
Seneye herkes oy vermek zorunda.
vote against -in aleyhinde oy vermek
vote for -in lehinde oy vermek

voter • vot.er (vo´tır)
/isim/ çoğul voters • seçmen

vowel • vow.el (vau´wıl)
/isim/ çoğul vowels • (dilbilgisi) ünlü, sesli
vowel harmony ünlü uyumu

voyage • voy.age (voy´îc)
/isim/ çoğul voyages • deniz yolculuğu;
sefer, seyahat: They left on a voyage.
Onlar deniz yolculuğuna çıktılar.

vulture • vul.ture (vʌl´çır)
/isim/ çoğul vultures • (zooloji) akbaba

Ww

W, w • w (dʌbˊılyu)
/isim/ W, İngiliz alfabesinin yirmi üçüncü harfi

wade • wade (weyd)
/fiil/ wades, wading, waded • sığ suda/ çamurda yürümek
wade through 1. (sığ su/çamur) içinden yürüyerek geçmek 2. (uzun, sıkıcı bir şeyi) güçbela bitirmek

waffle • waf.fle (wafˊıl)
/isim/ çoğul waffles • gofre (kabartılı bir ızgarada yapılan bir tür gözleme)

¹wage • wage (weyc)
/isim/ çoğul wages • ücret: weekly wage haftalık ücret

²wage • wage (weyc)
/fiil/ wages, waging, waged • 1. sür-dürmek 2. (savaş v.b.ˊni) açmak: Spain waged a war on England. İspanya, İngiltereˊye savaş açtı.

wagon • wag.on (wägˊın)
/isim/ çoğul wagons • 1. (dört tekerlekli) yük arabası 2. dört tekerlekli, üstü açık oyuncak araba

waist • waist (weyst)
/isim/ çoğul waists • bel: He wears a belt round his waist. Beline kemer takıyor.

waistcoat • waist.coat (weystˊkot, wesˊkıt) /isim/ çoğul waistcoats • bkz. vest (1.)

wait • wait (weyt)
/fiil/ waits, waiting, waited • 1. beklemek: Can you wait a minute? Bir dakika bekleyebilir misin? How long have you been waiting? Ne zamandır bek-liyorsun? 2. for -i beklemek: Arda is waiting for his father. Arda, babasını bekliyor.

Wait a minute, please! **Bir dakika, lütfen!**
Wait a moment! **Bir saniye!**

waiter • wait.er (wey´tır)
/isim/ çoğul waiters • **garson:** The waiter spilled water on me. Garson üstüme su döktü.

waiting • wait.ing (wey´tîng)
/isim/ **bekleme**
waiting list **bekleme listesi**
waiting room **bekleme odası/salonu**

waitress • wait.ress (weyt´rîs)
/isim/ çoğul waitresses • **bayan garson**

wake • wake (weyk)
/fiil/ wakes, waking, woke/waked, waked/woken • (up) **1. uyanmak:** The baby woke up and started to cry. Bebek uyandı ve ağlamaya başladı. **2. -i uyandırmak:** Wake me up before you leave. Çıkmadan önce beni uyandır.

¹walk • walk (wôk)
/fiil/ walks, walking, walked • **yürümek, yürüyerek gitmek**
walk in **içeri girmek:** I walked in with him. Onunla birlikte içeri girdim. Walk in. **İçeri buyrun.**
walk off **çekip gitmek:** He turned and quickly walked off. Döndü ve hızla çekip gitti.

²walk • walk (wôk)
/isim/ çoğul walks • **yürüyüş, gezinti:** Let's go for a walk this evening. Bu akşam yürüyüşe çıkalım.
take a walk **yürüyüş yapmak:** Do you like taking walks on the beach? Sahilde yürüyüş yapmayı sever misin?

walking • walk.ing (wô´kîng)
/isim/ **gezme, yürüme**
/sıfat/ **1. yürümek için kullanılan**
walking stick **baston**
2. canlı, ayaklı
walking dictionary **canlı sözlük**

wall • wall (wôl)
/isim/ çoğul walls • **duvar:** garden wall bahçe duvarı

wallet • wal.let (wal´ît)
/isim/ çoğul wallets • **cüzdan, para cüzdanı**

wallpaper • wall.pa.per (wôl´peypır)
/isim/ **duvar kâğıdı**

walnut • wal.nut (wôl´nʌt)
/isim/ çoğul walnuts • **1. ceviz 2. ceviz ağacı**

walrus • wal.rus (wôl´rıs)
/isim/ çoğul walrus/walruses • (zooloji) **mors**

wander • wan.der (wan´dır)
/fiil/ wanders, wandering, wandered •

1. dolaşmak, gezinmek: We wandered around the park. Parkta dolaştık.
2. from -den ayrılmak

want • want (want, wônt)
/fiil/ wants, wanting, wanted • 1. istemek: I want that computer. O bilgisayarı istiyorum. What do you want? Ne istiyorsunuz? 2. gerekmek: This work wants to be done with care. Bu işin özenle yapılması gerekiyor.
want for -e gereksinim duymak: We didn't want for anything. Hiçbir eksiğimiz yoktu.

war • war (wôr)
/isim/ çoğul wars • savaş, harp: world war dünya savaşı
be at war savaş halinde olmak: Britain and France were at war with Germany. İngiltere ve Fransa, Almanya ile savaş halindeydi.
declare war on -e savaş açmak, -e savaş ilan etmek
the First World War Birinci Dünya Savaşı
the Second World War İkinci Dünya Savaşı
war crime savaş suçu
war criminal savaş suçlusu

wardrobe • ward.robe (wôrd´rob)
/isim/ çoğul wardrobes • 1. gardırop, giysi dolabı 2. bir kimsenin tüm giysileri, gardırop

warehouse • ware.house (wer´haus)
/isim/ çoğul warehouses • depo, ambar

¹warm • warm (wôrm)
/sıfat/ warmer, warmest • 1. ılık: The water in the pool was warm. Havuzun suyu ılıktı. 2. sıcak (hava): The weather was warm and cloudy. Hava sıcak ve bulutluydu. 3. candan, sıcak: a warm smile sıcak bir gülümseme

²warm • warm (wôrm)
/fiil/ warms, warming, warmed • (up)
1. ısıtmak: She warmed the sandwich a bit more. Sandviçi biraz daha ısıttı.
2. ısınmak: The weather is warming up. Hava ısınıyor.

warm-blooded • warm-blood.ed (wôrm´blʌd´îd) /sıfat/ 1. (biyoloji) sıcakkanlı 2. enerjik 3. tutkulu

warmhearted • warm.heart.ed (wôrm´har´tîd) /sıfat/ 1. yüreği sıcak, sevgi dolu 2. sıcak, dostça

warmth • warmth (wôrmth)
/isim/ 1. sıcaklık, ılıklık 2. hararet, coşkunluk 3. içtenlik, samimiyet

warn • warn (wôrn)
/fiil/ warns, warning, warned • uyarmak, ikaz etmek: I warned you not to use my computer. Seni, bilgisayarımı kullanmaman konusunda uyardım.

warning • warn.ing (wôr´nîng)
/isim/ 1. uyarma, ikaz 2. çoğul warnings • uyarı: He has received several warnings. Birkaç kez uyarı aldı.

warrior • war.ri.or (wôr´iyır)
/isim/ çoğul warriors • savaşçı: women warriors throughout history tarih boyunca kadın savaşçılar

was • was (wʌz, waz, wız)
/fiil, yardımcı fiil/ (be fiilinin birinci ve üçüncü tekil kişi geçmiş zaman biçimi): I was born in Adana.

Adana'da doğdum. She was smart
and funny. Zeki ve eğlenceli biriydi.
wasn't → was not

wash • wash (waş)
/fiil/ washes, washing, washed • **yıka-
mak; yıkanmak:** It's time to wash
your hands for dinner. Yemek için
ellerini yıkama zamanı.
wash one's dirty linen in public **kirli
çamaşırlarını ortaya dökmek**
wash the dishes bkz. **dish**
wash up **1. elini yüzünü yıkamak
2.** İng. **bulaşıkları yıkamak**

washbasin • wash.ba.sin (waş´beysın)
/isim/ çoğul washbasins • **lavabo**

washing • wash.ing (waş´îng)
/isim/ **1. yıkama; yıkanma 2.** (kirli/
yıkanmış) **çamaşır**
washing machine **çamaşır makinesi**

wasp • wasp (wasp)
/isim/ çoğul wasps • **eşekarısı, yabanarısı**

¹waste • waste (weyst)
/isim/ **1. ziyan etme; ziyan; boşa
harcama; israf, çarçur**
go to waste **ziyan olmak, boşa gitmek**
2. çoğul wastes • **atık madde, atık:**
industrial wastes sanayi atıkları
nuclear waste nükleer atık
waste bin İng. **çöp kutusu**
/sıfat/ **atık; kullanılmış:** waste water
atık su

²waste • waste (weyst)
/fiil/ wastes, wasting, wasted • **ziyan
etmek; boşa harcamak; israf etmek,
çarçur etmek:** He has wasted the
money. Parayı çarçur etti.

wastebasket • waste.bas.ket
(weyst´bäskît) /isim/ çoğul wastebas-
kets • **çöp sepeti**
İng. wastepaper basket

wasteful • waste.ful (weyst´fıl)
/sıfat/ **1. savurgan, tutumsuz; boşuna
ziyan eden, ziyankâr 2. müsrifçe kul-
lanılan; ziyan edilen**

wastepaper • waste.pa.per
(weyst´peypır) /isim/ **atık kâğıt**
wastepaper basket bkz. **wastebasket**

¹watch • watch (waç)
/isim/ çoğul watches • **kol saati; cep saati**
pocket watch **cep saati**
set a watch **saati ayarlamak**

²watch • watch (waç)
/fiil/ watches, watching, watched •
bakmak, izlemek, seyretmek: Did
you watch the movie last night? Dün
akşam filmi izledin mi?
watch for **-i beklemek**

watchdog • watch.dog (waç´dôg)
/isim/ çoğul watchdogs • **bekçi köpeği**

watchful • watch.ful (waç´fıl)
/sıfat/ tetikte, uyanık, dikkatli

¹water • wa.ter (wô´tır)
/isim/ su
in deep water başı dertte, zor durumda
water closet tuvalet, lavabo
water ski su kayağı

²water • wa.ter (wô´tır)
/fiil/ waters, watering, watered • 1. sula-
mak: Don't forget to water the
plants. Bitkileri sulamayı unutma.
watering can (watering pot) süzgeçli
kova
2. (gözler) sulanmak, yaşarmak

watercolor • wa.ter.col.or (wô´tırkʌlır)
/isim/ çoğul watercolors • 1. suluboya
2. suluboya resim
İng. watercolour

waterfall • wa.ter.fall (wô´tırfôl)
/isim/ çoğul waterfalls • çağlayan,
şelale

waterfront • wa.ter.front (wô´tır.frʌnt)
/isim/ çoğul waterfronts • şehrin liman
bölgesi; yalı boyu, kıyı

watermelon • wa.ter.mel.on
(wô´tırmelın) /isim/ çoğul watermelons •
karpuz

waterproof • wa.ter.proof (wô´tırpruf)
/sıfat/ sugeçirmez

waterway • wa.ter.way (wô´tırwey)
/isim/ çoğul waterways • su yolu

¹wave • wave (weyv)
/isim/ çoğul waves • 1. dalga: huge
waves koca dalgalar The waves hit
the boat. Dalgalar gemiye vurdu.
cold wave soğuk dalgası
heat wave sıcak dalgası
radio wave radyo dalgası
2. saç dalgası

²wave • wave (weyv)
/fiil/ waves, waving, waved • 1. el sallamak
wave one's hand el sallamak: She
waved her hands to the people
inside the bus. Otobüsteki insanlara
el salladı.
2. dalgalanmak; dalgalandırmak:
The flag was waving in the wind.
Bayrak rüzgârda dalgalanıyordu.
3. (saçı) dalga dalga yapmak, dalga-
landırmak

wavy • wav.y (wey´vi)
/sıfat/ wavier, waviest • dalgalı, dalga
dalga: a wavy sea dalgalı bir deniz
wavy hair dalgalı saç

wax • wax (wäks)
/isim/ balmumu: The wax began to
melt. Balmumu erimeye başladı.
wax paper parafinli kâğıt

way • way (wey)
/isim/ çoğul ways • 1. yol: This is the
shortest way from home to school.
Bu, evden okula en kısa yol. 2. yön,
taraf: Which way do I turn now?
Şimdi hangi yöne dönüyorum?
3. tarz, biçim, yöntem: It's not my
way to race. Yarışmak benim tarzım
değildir.

by the way **sırası gelmişken:** What did you think, by the way? Sırası gelmişken, siz ne düşünüyorsunuz?

WC • **WC** (dʌbˈɪlyu siˊ)
/kısaltma/ water closet

we • **we** (wi)
/zamir/ **biz:** We drank orange juice at breakfast this morning. Bu sabah kahvaltıda portakal suyu içtik.
we'd → **1.** we had **2.** we would, we should
we'll → we will, we shall
we're → we are
we've → we have

weak • **weak** (wik)
/sıfat/ weaker, weakest • **1. zayıf, güç-süz:** weak nerves zayıf sinirler **2. daya-nıksız, sağlam olmayan:** a weak struc-ture dayanıksız bir yapı **3. yetersiz, zayıf:** His German is weak. Almancası zayıf. **4. açık** (çay/kahve) **5. sulu, yavan** (çorba v.b.)

weakness • **weak.ness** (wikˊnîs)
/isim/ **1.** çoğul weaknesses • **zayıflık, güçsüzlük 2. zaaf; düşkünlük**

wealth • **wealth** (welth)
/isim/ **1. zenginlik, servet, varlık:** lose one's wealth servetini kaybetmek natural wealth doğal zenginlik **2. bolluk**

wealthy • **wealth.y** (welˊthi)
/sıfat/ wealthier, wealthiest • **zengin, varlıklı:** wealthy people varlıklı insanlar

weapon • **weap.on** (wepˊın)
/isim/ çoğul weapons • **silah:** heavy weapons ağır silahlar

wear • **wear** (wer)
/fiil/ wears, wearing, wore, worn • **1. giymek:** What will you wear this evening? Bu akşam ne giyeceksin? **2.** (gözlük, kolye v.b.'ni) **takmak:** People wear glasses for several reasons. İnsanlar çeşitli nedenlerle gözlük takarlar.
wear a watch **saat takmak**
wear away **1. aşınmak, yıpranmak 2. aşındırmak, yıpratmak**
wear out **1. eskimek 2. eskitmek:** I wore out two pairs of socks in a month. Bir ayda iki çift çorap eskittim.

weary • **wea.ry** (wîrˊi)
/sıfat/ wearier, weariest • **çok yorgun, bitkin**
be weary of **-den bıkmış olmak, -den usanmış olmak**

weather • **weath.er** (wedhˊır)
/isim/ **hava, hava durumu:** The weather is very nice today. Bugün hava çok güzel.
weather forecast **hava tahmini**
weather report **hava raporu**
weather station **meteoroloji istasyonu**

weave • **weave** (wiv)
/fiil/ weaves, weaving, wove, woven • **1. dokumak:** weave a carpet bir halı dokumak **2. örmek:** weave a basket bir sepet örmek

web • web (web)
/isim/ çoğul webs • **ağ; örümcek ağı:**
a spider's web bir örümceğin ağı
the Web bkz. **WWW**
Web site (bilgisayar) **Web sitesi**

wedding • wed.ding (wed´îng)
/isim/ çoğul weddings • **nikâh, düğün**
wedding anniversary **evlilik yıldönümü**
wedding cake **düğün pastası**
wedding dress **gelinlik**
wedding ring **alyans**

Wednesday • Wednes.day (wenz´di,
wenz´dey) /isim/ çoğul Wednesdays •
çarşamba

weed • weed (wid)
/isim/ çoğul weeds • **yabani ot; (isten-
meyen) yabani bitki**

week • week (wik)
/isim/ çoğul weeks • **hafta:** last week
geçen hafta next week gelecek hafta
What's your plan for this week? Bu
hafta için planın ne?

weekday • week.day (wik´dey)
/isim/ çoğul weekdays • **işgünü, hafta
içindeki gün:** That store is open only
on weekdays. O mağaza yalnızca
hafta içinde açıktır.

weekend • week.end (wik´end)
/isim/ çoğul weekends • **hafta sonu:**
a weekend visit bir hafta sonu ziyareti

He spent the weekend at the beach.
Hafta sonunu plajda geçirdi.

weekly • week.ly (wik´li)
/zarf/ **haftada bir; her hafta:** published
weekly haftada bir yayımlanan
/sıfat/ **haftalık:** a weekly magazine
haftalık bir dergi

weep • weep (wip)
/fiil/ weeps, weeping, wept • **ağlamak,
gözyaşı dökmek:** He wept when he
heard the news. Haberi duyduğunda
ağladı.
weep for joy **sevinçten ağlamak**

weigh • weigh (wey)
/fiil/ weighs, weighing, weighed • **1. tart-
mak:** I weighed myself on the scales
at the gym. Jimnastik salonundaki
tartıda tartıldım. weighing machine
**kantar; baskül; tartı 2. (belirli
bir) ağırlıkta olmak, ... ağırlığında
olmak, ... gelmek:** The cat weighed
five kilos. Kedi beş kilo geldi.

weight • weight (weyt)
/isim/ **1. ağırlık, sıklet:** What is the
weight of that cat? O kedinin ağırlığı
ne kadar?
gain weight **kilo almak, şişmanlamak**
lose weight **kilo vermek, zayıflamak**
2. çoğul weights • **ağırlık, yük**
weight lifter **halterci**
weight lifting **halter, halter sporu**

[1]**welcome** • wel.come (wel´kım)
/fiil/ welcomes, welcoming, welcomed •
**hoş karşılamak, memnuniyetle
karşılamak:** The guests were
welcomed with flowers. Konuklar
çiçeklerle karşılandı.
/ünlem/ Welcome to İstanbul!

İstanbul'a hoşgeldiniz!
Welcome! **Hoşgeldiniz!**

²**welcome** • wel.come (wel´kım)
/sıfat/ 1. **hoş karşılanan:** He is welcome to come and go at his pleasure. **İstediği zaman gelip gidebilir.**
2. **hoşa giden:** a welcome change **hoş bir değişiklik** You're welcome. **Bir şey değil. (Rica ederim.)**
/isim/ **hoş karşılama:** a warm welcome **sıcak bir karşılama**

welfare • wel.fare (wel´fer)
/isim/ 1. **refah, rahatlık** 2. **sosyal yardım**

¹**well** • well (wel)
/isim/ çoğul wells • 1. **kuyu** 2. **kaynak, pınar, memba**

²**well** • well (wel)
/zarf/ better, best • **iyi; yolunda:** Everything went well at school. **Okulda her şey yolunda gitti.**
as well **de, da, dahi:** She likes to sing as well. **Şarkı söylemeyi de sever.**
Well done! **Aferin!**
/sıfat/ better, best • 1. **sağlıklı, sağlığı yerinde, iyi:** I don't feel well. **Kendimi iyi hissetmiyorum.** 2. **iyi, yolunda giden:** All is well. **Her şey yolunda.**
/ünlem/ 1. **Ya! Hayret! Olur şey değil!** (Şaşkınlık belirtir.): Well, so Faruk won the prize. **Ya, demek ödülü Faruk kazandı.** 2. **Evet! Ha!** (Söze devam edildiğini belirtir.): Well, as I was saying ... **Ha, diyordum ki ...** 3. **Ne yapalım, ...** (Kabullenme belirtir.): Well, it can't be helped. **Ne yapalım, yapacak bir şey yok.** 4. **Şey!** (Belirsizliğe işaret eder.): Well, I'm not sure. **Şey, emin değilim.**

well-done • well-done (wel´dʌn´)
/sıfat/ 1. **başarılı, iyi yapılmış** 2. **iyi pişirilmiş:** a well-done steak **iyi pişirilmiş bir biftek**

well-known • well-known (wel´non´)
/sıfat/ **ünlü, tanınmış:** a well-known actor **tanınmış bir aktör**

well-read • well-read (wel´red´)
/sıfat/ **çok okumuş, çok bilgili**

went • went (went)
/fiil/ bkz. **go**

wept • wept (wept)
/fiil/ bkz. **weep**

were • were (wır)
/fiil/ (be fiilinin birinci ve üçüncü çoğul kişi geçmiş zaman biçimi): They were not at home. **Onlar evde değildi.** We were in the garden. **Bahçedeydik.**
weren't → were not

west • west (west)
/isim/ **batı:** They traveled to the west. **Batıya doğru yolculuk ettiler.**
/sıfat/ **batı:** I really like the west coast of Turkey. **Türkiye'nin batı sahillerini çok seviyorum.**

western • west.ern (wes´tırn)
/sıfat/ **batı, batıya ait:** the western regions of Turkey **Türkiye'nin batı bölgeleri**
the Western Hemisphere **Batı Yarıküre**

wet • wet (wet)
/sıfat/ wetter, wettest • 1. **yaş, ıslak:** Be careful, the floor is wet. **Dikkat et, yerler ıslak.**
get wet **ıslanmak**

2. **yağmurlu:** a wet day yağmurlu
bir gün

whale • whale (hweyl)
/isim/ çoğul whale/whales • **balina**

what • what (hwʌt, hwat)
/zamir/ **ne:** What can I do for you?
Sizin için ne yapabilirim? What do
you do? **Ne iş yapıyorsunuz?** What's
the matter? **Sorun nedir? (Ne oldu?)**
What's your name? **Adınız nedir?**
What about you? **Ya siz?**
what else **başka:** What else can be
done? **Başka ne yapılabilir?**
What for? **Niye?**
What's up? **Ne var? (Ne oluyor?)**
What's with him? **Nesi var?**
what's → 1. what is 2. what has
3. what does
/sıfat/ 1. **ne; hangi:** What books have
you read this summer? **Bu yaz hangi
kitapları okudun?** 2. **ne; ne kadar çok;
ne kadar büyük:** What a beautiful
view! **Ne güzel bir manzara!**

whatever • what.ev.er (hwʌtev´ır)
/zamir/ **her ne, ne:** Take whatever
you want. **Ne istersen al.**
/sıfat/ **ne; hangi:** Take whatever
documents you want. **Belgelerden
hangisini istersen al.**

wheat • wheat (hwit)
/isim/ **buğday**

wheel • wheel (hwil)
/isim/ çoğul wheels • 1. **tekerlek**
2. **direksiyon**

wheelchair • wheel.chair (hwil´çer)
/isim/ çoğul wheelchairs • **tekerlekli
sandalye/koltuk**

when • when (hwen)
/zarf/ **ne zaman:** When will they come?
Ne zaman gelecekler?
/bağlaç/ 1. **-diğinde, -ince, -diği**
(gün, saat v.b.): I hope you like it
when you read it. **Umarım okuyunca
seversin.** 2. **iken, -ken:** They read
those books when they were
young. **O kitapları gençken okudular.**

whenever • when.ev.er (hwenev´ır)
/bağlaç/ **ne zaman ... ise:** Whenever
I go there, I feel like home. **Oraya ne
zaman gitsem kendimi evimde gibi
hissediyorum.**

where • where (hwer)
/zarf/ **nerede; nereye; nereden:**
Where are you from? **Neredensiniz?**
Where are you going? **Nereye gidi-
yorsunuz?** Where do you live?
Nerede oturuyorsunuz? Where is it?
Nerede?
/bağlaç/ **-diği yer; -diği yerde; -diği
yere:** Put it back where you found it.
Onu, bulduğun yere bırak. That's
where he sits. **Oturduğu yer orasıdır.**

whereas • where.as (hweräz´)
/bağlaç/ 1. oysa; iken, -ken: Ali plays
basketball, whereas Ayla prefers
tennis. Ali basketbol oynar, oysa
Ayla tenisi tercih eder. 2. –diği için;
-diğine göre

wherever • wher.ev.er (hwerev´ır)
/bağlaç/ her nereye; her nerede; her
neresi: Go wherever you like. Nereye
istersen git.

whether • wheth.er (hweth´ır)
/bağlaç/ 1. -ip -mediğini; -ip -meye-
ceğini: She couldn't decide whether
to sign or not. İmza atıp atmayacağına
karar veremedi. 2. -se de -(me)se de:
I'm going, whether you come or not.
Gelsen de gelmesen de gidiyorum.
3. ya da, ... olsun ... (olsun), ... ister
... (ister): I'll get it done, whether in
the library or at home. Kütüphanede
olsun, evde olsun, bunu bitireceğim.

which • which (hwîç)
/sıfat/ hangi: Which book do you want?
Hangi kitabı istiyorsun?
/zamir/ hangi: Which of you wants tea?
Hanginiz çay istiyor?

whichever • which.ev.er (hwîçev´ır)
/zamir/ hangisi ... ise: He generally
buys whichever is cheaper. Genelde
daha ucuz olanı satın alır.

while • while (hwayl)
/isim/ müddet, süre: I waited for them
for a while. Bir süre onları bekledim.
/bağlaç/ iken, -ken: While running in
the park I saw two squirrels. Parkta
koşarken iki sincap gördüm.

¹whip • whip (hwîp)
/isim/ çoğul whips • kamçı, kırbaç

²whip • whip (hwîp)
/fiil/ whips, whipping, whipped •
1. kamçılamak, kırbaçlamak
2. (yumurta, krema v.b.'ni) çırpmak

whirl • whirl (hwırl)
/fiil/ whirls, whirling, whirled • fırıl fırıl
dönmek; fırıl fırıl döndürmek

whisker • whisk.er (hwîs´kır)
/isim/ çoğul whiskers • 1. sakal teli
2. (kedi v.b. hayvanlara ait) bıyık teli

whiskers • whisk.ers (hwîs´kırz)
/isim/ (çoğul) 1. sakal 2. (kedi v.b. hay-
vanlara ait) bıyık

¹whisper • whis.per (hwîs´pır)
/fiil/ whispers, whispering, whispered •
fısıldamak; fısıldaşmak: Fuat whis-
pered something in my ear. Fuat
kulağıma bir şey fısıldadı.

²whisper • whis.per (hwîs´pır)
/isim/ çoğul whispers • fısıltı

¹whistle • whis.tle (hwîs´ıl)
/isim/ çoğul whistles • 1. düdük: referee's
whistle hakem düdüğü 2. ıslık

²whistle • whis.tle (hwîs´ıl)
/fiil/ whistles, whistling, whistled • 1. düdük
çalmak 2. ıslık çalmak: İrem taught
me how to whistle. İrem bana ıslık
çalmayı öğretti.

white • white (hwayt)
/sıfat/ whiter, whitest • beyaz, ak
the White House Beyaz Saray
white goods beyaz eşya
/isim/ 1. beyaz, ak 2. çoğul whites •
beyaz kısım: egg white yumurta akı
the white of the eye gözakı

who • who (hu)
/zamir/ 1. kim; kimler: Who are you?
Kimsiniz? Who lives there? Orada
kim oturuyor? Who's got a pencil?
Kimin kalemi var? 2. ki o; ki onlar:
Ali, who is from Ankara, wants to
be a doctor. Ankaralı olan Ali doktor
olmak istiyor.
who'd → 1. who had 2. who would
who'll → who will, who shall
who're → who are
who's → 1. who is 2. who has

whoever • who.ev.er (huwev´ır)
/zamir/ kim (her kim) ... ise: Whoever
goes first in this game wins. Bu
oyunda ilk giden kazanıyor.

whole • whole (hol)
/sıfat/ tam; bütün, tüm: She stayed
there the whole week. Tüm hafta
boyunca orada kaldı.
/isim/ bütün: Two halves make a
whole. İki yarım bir bütün eder.
as a whole bir bütün olarak,
bütünüyle
on the whole 1. her şeyi göz önüne
alırsak, her şey hesaba katılırsa
2. genel olarak, genellikle

wholesale • whole.sale (hol´seyl)
/isim/ toptan satış
/sıfat/ toptan: wholesale price
toptan fiyat

whom • whom (hum)
/zamir/ 1. kimi; kime: Whom did you
give it to? Onu kime verdin? Whom
do you mean? Kimi kastediyorsun?
2. ki o; ki onu; ki ona: Do you know
the man to whom I talked? Konuştu-
ğum adamı tanıyor musun?

whose • whose (huz)
/zamir/ kimin: Whose is this? Bu
kimin? Whose is this jacket? Bu
ceket kimin? Tell me whose it is.
O kimin bana söyle.
/sıfat/ kimin; neyin: a cat whose eyes
are blue gözleri mavi olan bir kedi

why • why (hway)
/zarf/ 1. niçin, niye: Why did you say
that? Onu niçin söyledin? 2. ki niçin,
ki niye: I don't know why she said it.
Onu niye söylediğini bilmiyorum.
Why not? Neden olmasın?

wide • wide (wayd)
/sıfat/ wider, widest • 1. geniş: a wide
road geniş bir yol This table is too
wide. Bu masa çok geniş. 2. ardına
kadar açık; fal taşı gibi açık: She
looked at the snake, her eyes wide
with fear. Korkudan fal taşı gibi
açılmış gözlerle yılana baktı.
3. geniş, engin, kapsamlı: a wide
experience engin bir deneyim

widely • wide.ly (wayd´li)
/zarf/ 1. yaygın biçimde; geniş bir
alanda: Betül has traveled widely.
Betül birçok değişik yere seyahat etti.
Bilge has read widely. Bilge birçok
türde kitap okudu. 2. geniş çapta,
büyük ölçüde: Prices vary widely
from city to city. Fiyatlar şehirden
şehire büyük ölçüde değişiyor.

widespread • wide.spread
(wayd´spred´) /sıfat/ yaygın: a
widespread problem yaygın bir sorun

widow • wid.ow (wîd´o)
/isim/ çoğul widows • dul kadın, dul

widower • wid.ow.er (wîd´owır)
/isim/ çoğul widowers • dul erkek

width • width (wîdth)
/isim/ çoğul widths • genişlik, en:
What is the width of this cloth?
Bu kumaşın eni nedir?

wife • wife (wayf)
/isim/ çoğul wives • karı, eş: His wife
went to get the kids. Karısı çocuk-
ları almaya gitti.

wig • wig (wîg)
/isim/ çoğul wigs • peruk

wild • wild (wayld)
/sıfat/ wilder, wildest • vahşi; yabani,
yabanıl, yaban: a wild animal vahşi
bir hayvan wild roses yaban gülleri

wildcat • wild.cat (wayld´kät)
/isim/ çoğul wildcats • yabankedisi

¹will • will (wîl)
/yardımcı fiil/ would • -ecek, -acak:
I will go there right away. Oraya
hemen gideceğim. I won´t go. Git-

meyeceğim. Will you be there?
Orada olacak mısın?
won´t → will not

²will • will (wîl)
/isim/ 1. irade, istenç 2. çoğul wills •
vasiyetname, vasiyet

willing • will.ing (wîl´îng)
/sıfat/ 1. istekli, gönüllü, hevesli:
a willing helper gönüllü bir yardımcı
2. (bir şey yapmaya) hazır, razı:
Alper is willing to help. Alper, yardım
etmeye hazır. 3. isteyerek yapılan,
gönülden gelen

win • win (wîn)
/fiil/ wins, winning, won • kazanmak,
yenmek: I´m sure that our team will
win. Bizim takımın kazanacağından
eminim. Who won the contest?
Yarışmayı kim kazandı?

¹wind • wind (wînd)
/isim/ çoğul winds • rüzgâr: Bits of
paper were flying in the wind. Kâğıt
parçaları rüzgârda uçuşuyordu.
wind energy rüzgâr enerjisi

²wind • wind (waynd)
/fiil/ winds, winding, wound • 1. (up)
(zemberek v.b.´ni çevirerek) (saati
v.b.´ni) kurmak 2. sarmak

windmill • wind.mill (wînd´mîl)
/isim/ çoğul windmills • yel değirmeni

window • win.dow (wîn´do)
/isim/ çoğul windows • 1. pencere:
close/shut the window pencereyi
kapatmak open the window pence-
reyi açmak 2. (bilgisayar) pencere

windscreen • wind.screen
(wînd´skrin) /isim/ çoğul windscreens •
bkz. windshield

windshield • wind.shield (wînd´şild)
/isim/ çoğul windshields • (otomobil) ön
cam, Ing. windscreen
windshield wiper (otomobil) silecek

windsurfing • wind.surf.ing
(wînd´sırfîng) /isim/ (spor) rüzgâr sörfü

windy • wind.y (wîn´di)
/sıfat/ windier, windiest • rüzgârlı:
a windy day rüzgârlı bir gün

wine • wine (wayn)
/isim/ çoğul wines • şarap

wing • wing (wîng)
/isim/ çoğul wings • kanat

wink • wink (wîngk)
/fiil/ winks, winking, winked • at -e göz
kırpmak; -e göz kırparak işaret
etmek: The child winked at his friend.
Çocuk, arkadaşına göz kırptı.

winner • win.ner (wîn´ır)
/isim/ çoğul winners • galip, kazanan:
They announced the winners. Kaza-
nanları ilan ettiler.

winter • win.ter (wîn´tır)
/isim/ çoğul winters • kış
winter sports kış sporları

wipe • wipe (wayp)
/fiil/ wipes, wiping, wiped • silmek:
He wiped the table after the meal.
Yemekten sonra masayı sildi.
Wipe your nose! Burnunu sil!

wiper • wip.er (way´pır)
/isim/ çoğul wipers • 1. silmeye yarayan
şey 2. bkz. windshield wiper

wire • wire (wayr)
/isim/ çoğul wires • 1. tel: telephone
wire telefon teli They are fixing the
electric wires. Elektrik kablolarını
tamir ediyorlar. 2. telgraf

wireless • wire.less (wayr´lîs)
/isim/ telsiz; telsiz telefon
/sıfat/ 1. telsiz, kablosuz 2. (bilgisayar)
kablosuz: wireless Internet connec-
tion kablosuz İnternet bağlantısı

wisdom • wis.dom (wîz´dım)
/isim/ 1. bilgelik; hikmet 2. ilim, irfan

wise • wise (wayz)
/sıfat/ wiser, wisest • 1. akıllı, bilge:
My grandfather is a wise person.
Büyükbabam bilge birisi. 2. akıllıca:
a wise decision akıllıca bir karar
wise guy (konuşma dili) ukala

¹wish • wish (wîş)
/fiil/ wishes, wishing, wished • istemek,
arzu etmek; dilemek

²wish • wish (wîş)
/isim/ çoğul wishes • istek, arzu; dilek:
Make a wish. Bir dilek tut.

wit • wit (wît)
/isim/ 1. nüktecilik, nüktedanlık,
esprütüellik 2. çoğul wits • nükteci

kimse 3. nükte, espri
wits çoğul akıl, zekâ; düşünce gücü

witch • witch (wîç)
/isim/ çoğul witches • büyücü kadın; cadı

with • with (wîth, wîdh)
/edat/ ile, ile birlikte: Belgin lives
with her grandmother. Belgin,
büyükannesiyle birlikte yaşıyor.

withdraw • with.draw (wîdh.drô´,
wîth.drô´) /fiil/ withdraws, withdrawing,
withdrew, withdrawn • 1. geri çekmek,
çekmek 2. from (parayı) (hesaptan/
bankadan) çekmek: Last week,
Baran withdrew all his money from
the bank to pay his debts. Baran
borçlarını ödemek için geçen hafta
bankadaki tüm parasını çekti.

withdrawn • with.drawn (wîdh.drôn´,
wîth.drôn´) /fiil/ bkz. withdraw

withdrew • with.drew (wîdh.dru´,
wîth.dru´) /fiil/ bkz. withdraw

within • with.in (wîdhîn´)
/edat/ içinde: Adnan will come back
within ten days. Adnan on gün içinde
döner.

without • with.out (wîdhaut´)
/edat/ 1. -siz, -sız: I would rather go
without you. Sensiz gitmeyi tercih
ederim. 2. -meden: Don't act without

thinking. Düşünmeden hareket etme.

¹witness • wit.ness (wît´nîs)
/isim/ çoğul witnesses • tanık, şahit:
Will you be my witness in the case?
Davada benim şahidim olur musun?

²witness • wit.ness (wît´nîs)
/fiil/ witnesses, witnessing, witnessed •
1. tanık olmak: I witnessed the rob-
bery. Soyguna tanık oldum. 2. to -e
tanıklık etmek

wizard • wiz.ard (wîz´ırd)
/isim/ çoğul wizards • büyücü, sihirbaz:
wizard's hat büyücü şapkası

woke • woke (wok)
/fiil/ bkz. wake

woken • wok.en (wo´kın)
/fiil/ bkz. wake

wolf • wolf (wûlf)
/isim/ çoğul wolves • kurt
a wolf in sheep's clothing kuzu
postuna bürünmüş bir kurt (dost
görünümlü düşman kimse)

woman • wom.an (wûm´ın)
/isim/ çoğul women • kadın: women's
rights kadın hakları

won • won (wʌn)
/fiil/ bkz. win

¹**wonder** • won.der (wʌn´dır)
/fiil/ wonders, wondering, wondered •
1. (at) (-e) **hayret etmek, şaşırmak**
2. (about, if) (-i) **merak etmek, öğrenmek istemek**: I wonder what will happen if I do this. Merak ediyorum, bunu yaparsam ne olur?
3. (about, if/whether) (-den) **şüphe etmek**: I wonder about the truth of the news. Haberin doğruluğundan kuşkuluyum. 4. (if/whether) (Ricada bulunurken kullanılır.): I wonder if I might have some more milk? Acaba biraz daha süt alabilir miyim?

²**wonder** • won.der (wʌn´dır)
/isim/ 1. **hayret, şaşkınlık** 2. çoğul wonders • **harika; mucize**

wonderful • won.der.ful (wʌn´dırfıl)
/sıfat/ **çok iyi, harika**: a wonderful life harika bir yaşam The view was wonderful. Manzara harikaydı.

wood • wood (wûd)
/isim/ çoğul woods • 1. **odun**: He put some wood on the fire. Ateşe biraz odun attı. 2. **koru**: a walk in the woods koruda bir yürüyüş

wooden • wood.en (wûd´ın)
/sıfat/ **ahşap, tahta, ağaç**: wooden furniture ahşap mobilya wooden spoon tahta kaşık

wool • wool (wûl)

/isim/ **yün**: My mother knitted a wool sweater for me. Annem bana bir yün kazak ördü.

woolen • wool.en (wûl´ın)
/sıfat/ **yünlü, yünden yapılmış**: a woolen blanket yünlü bir battaniye
İng. **woollen**
/isim/ çoğul woolens • **yünlü, yünlü giysi; yün kumaş**
İng. **woollen**

word • word (wırd)
/isim/ çoğul words • 1. **sözcük, kelime**: How many words are there on this page? Bu sayfada kaç sözcük var? in a word **sözün kısası; tek kelimeyle** in other words **yani; demek oluyor ki** word for word **kelimesi kelimesine**: We cannot translate it word for word. Onu kelimesi kelimesine çeviremeyiz. 2. **söz, laf**: I don't know how to put my feelings into words. Duygularımı nasıl söze dökebileceğimi bilmiyorum.

wore • wore (wôr)
/fiil/ bkz. **wear**

¹**work** • work (wırk)
/isim/ 1. **iş**: Do you like your work? İşini seviyor musun? 2. **iş, işyeri**: His father went to work. Babası işe gitti. 3. **emek**: She's put a lot of work into this. Buna çok emek harcadı. 4. çoğul works • **yapıt, eser**: the works of Bedri Rahmi Eyüboğlu Bedri Rahmi Eyüboğlu'nun eserleri

²**work** • work (wırk)
/fiil/ works, working, worked • 1. **çalışmak; çalıştırmak**: He works hard. Çok çalışıyor. 2. (makine, aygıt, işleyen parçalar v.b.) **işlemek, çalışmak**: The phone isn't working.

Telefon çalışmıyor. **3.** (plan, fikir)
başarılı olmak, iyi sonuç vermek: This
plan won't work. Bu plan yürümez.

workaholic • work.a.hol.ic (wırkıhô´lîk)
/isim/ çoğul workaholics • (konuşma
dili) **işkolik**

workbook • work.book (wırk´bûk)
/isim/ çoğul workbooks • **alıştırma kitabı**

worker • work.er (wır´kır)
/isim/ çoğul workers • **işçi, emekçi;**
amele: health workers sağlık işçileri
industrial workers sanayi işçileri

workman • work.man (wırk´mın)
/isim/ çoğul workmen • **işçi, çalışan**

workshop • work.shop (wırk´şap)
/isim/ çoğul workshops • **1. atölye, işlik**
2. seminer, topluçalışım

world • world (wırld)
/isim/ çoğul worlds • **dünya:** We want
peace in the world. Biz dünyada
barış istiyoruz.
the World Bank **Dünya Bankası**
world view **dünya görüşü**

worldwide • world.wide (wırld´wayd´)
/sıfat/ **dünya çapında olan**

worm • worm (wırm)
/isim/ çoğul worms • **solucan, kurt**

worn • worn (wôrn)
/fiil/ bkz. **wear**

worried • wor.ried (wır´id)
/sıfat/ **üzgün, kaygılı, endişeli**
be worried sick **çok endişeli olmak**

worry • wor.ry (wır´i)
/fiil/ worries, worrying, worried • **1. üzül-**
mek, endişelenmek, kaygılanmak:
Don't worry, everything will be fine.
Endişelenme, her şey yolunda
gidecek. She is worried about her
daughter. Kızı için endişe ediyor.
Don't worry! Üzülme!, Endişelenme!
2. üzmek, endişelendirmek, kaygı-
landırmak: What's worrying you?
Seni kaygılandıran ne?

worse • worse (wırs)
/sıfat/ **1.** (bad'in üstünlük derecesi)
daha kötü, daha fena: This road is
worse than the first one we took. Bu
yol, ilk gittiğimiz yoldan daha kötü.
2. (ill'in üstünlük derecesi) **daha hasta,**
kötüleşmiş durumda: He's worse
today. Durumu bugün daha kötü.

worship • wor.ship (wır´şîp)
/fiil/ worships, worshiping/İng. worshipping,
worshiped/İng. worshipped • **tapmak,**
ibadet etmek: The tribe worshiped
the sun. Kabile güneşe tapıyordu.

worst • worst (wırst)
/sıfat/ (bad ve ill sözcüklerinin
enüstünlük derecesi) **en kötü, en**
fena: This was the worst day of my
life. Bu, hayatımın en kötü günüydü.

worth • worth (wırth)
/isim/ **değer, kıymet:** The estimated
worth of that building is 2,000,000

TL. O binanın tahmini değeri
2.000.000 TL.
/edat/ ... **değerinde**
be worth 1. ... **değerinde olmak:**
That bicycle is worth 100,000 TL.
O bisiklet 100.000 TL değerinde.
2. **-e değmek:** It's worth seeing.
Görülmeye değer.

worthless • worth.less (wırth´lîs)
/sıfat/ 1. **değersiz, kıymetsiz:** a
worthless imitation değersiz bir
taklit 2. **işe yaramaz**

worthy • wor.thy (wır´dhi)
/sıfat/ **değerli, kıymetli**
be worthy of **-e değmek, -e layık
olmak:** They were not worthy of the
prize. Ödülü hak etmedi.

would • would (wûd)
/yardımcı fiil/ 1. **-ecekti** (Geçmişteki
bir gelecek zamanı belirtir.): He would
learn the truth much later. Gerçeği
çok sonra öğrenecekti. 2. **... misiniz?**
(Soru biçiminde istek/rica bildirir.):
Would you please give me that book?
Şu kitabı lütfen verir misiniz?
would like (kibarca) **istemek:**
I would like to know its price. Onun
fiyatını öğrenmek istiyorum.
would you like ... ? (kibarca teklif) **...
ister misin?:** What would you like to
do today? Bugün ne yapmak istersin?
3. (Niyet belirtir.): He decided he'd do
it. Onu yapmaya karar verdi.
wouldn't → would not

¹**wound** • wound (wund)
/isim/ çoğul wounds • **yara:** His wound
is healing. Yarası iyileşiyor.

²**wound** • wound (waund)
/fiil/ bkz. ²**wind**

wounded • wound.ed (wun´dıd)
/sıfat/ **yaralı:** a wounded soldier
yaralı bir asker
/isim/ (çoğul) (the) **yaralılar:** There
were children among the wounded.
Yaralılar arasında çocuklar vardı.

wove • wove (wov)
/fiil/ bkz. **weave**

woven • wo.ven (wo´vın)
/fiil/ bkz. **weave**

wow • wow (wau)
/ünlem/ 1. **Oh!, O!** (Hayranlık belirtir.)
2. **Vay!** (Hayret belirtir.): Wow, you
are serious! Vay, sen ciddisin!

wrap • wrap (räp)
/fiil/ wraps, wrapping, wrapped • (paket
v.b.´ni) **sarmak:** He wrapped the
bowls in paper. Kâseleri kâğıda sardı.

wreck • wreck (rek)
/isim/ çoğul wrecks • 1. **gemi kazası**
2. **gemi enkazı:** Did you see the
wreck of Titanic? Titanik'in enkazını
gördün mü? 3. **trafik kazası**

wrench • wrench (renç)
/isim/ çoğul wrenches • **somun anahtarı**
İng. spanner

wrestle • wres.tle (res´ıl)
/fiil/ wrestles, wrestling, wrestled •

güreşmek, güreş etmek: My friend and I like to wrestle. Arkadaşım ve ben güreş etmeyi seviyoruz.

wrestler • wres.tler (res´lır)
/isim/ çoğul wrestlers • **güreşçi**

wrestling • wres.tling (res´lîng)
/isim/ **güreş:** Wrestling is our national sport. Güreş ulusal sporumuzdur.

wrinkle • wrin.kle (rîng´kıl)
/isim/ çoğul wrinkles • **buruşukluk, kırışıklık, kırışık:** the wrinkles on my grandma's hands büyükannemin ellerindeki kırışıklıklar

wrist • wrist (rîst)
/isim/ çoğul wrists • **bilek, el bileği:** wrist bone bilek kemiği

wristwatch • wrist.watch (rîst´waç)
/isim/ çoğul wristwatches • **kol saati**

write • write (rayt)
/fiil/ writes, writing, wrote, written • **yazmak:** Can you write your name? İsmini yazabilir misin?
write down **kâğıda dökmek, yazmak:**

She wrote down my address on a piece of paper. Adresimi bir kâğıt parçasına yazdı.

writer • writ.er (ray´tır)
/isim/ çoğul writers • **1. yazar, müellif:** story writer öykü yazarı **2. yazan kişi:** the writer of this letter bu mektubu yazan kişi

writing • writ.ing (ray´tîng)
/isim/ **1. yazı, yazı yazma**
writing materials yazı malzemeleri **2. yazı, el yazısı 3. yazı, yazılı eser**

[1]**written** • writ.ten (rît´ın)
/fiil/ bkz. write

[2]**written** • writ.ten (rît´ın)
/sıfat/ **yazılı, yazılmış:** written instructions yazılı yönerge

wrong • wrong (rông)
/sıfat/ **1. yanlış:** He gave the wrong answer. Yanlış yanıt verdi. I've dialed the wrong number. Yanlış numara çevirdim. **2. sorun veya güçlük yaratan; durumu bozuk:** Is anything wrong? Bir sorun mu var?

wrote • wrote (rot)
/fiil/ bkz. write

WWW • WWW (dʌbılyu dʌbılyu dʌb´ılyu) /kısaltma/ World Wide Web (bilgisayar) **genelağ**

Xx

X, x • x (eks)
/isim/ X, İngiliz alfabesinin yirmi
dördüncü harfi

xenophobia • xen.o.pho.bi.a
(zenifo´biyı) /isim/ yabancı korkusu,
yabancılardan nefret etme, yabancı
düşmanlığı

Xmas • Xmas (krîs´mıs, eks´mıs)
/isim/ Noel (Yazıda kullanılır.)

[1]X-ray • X-ray (eks´rey)
/isim/ çoğul X-rays • X ışını, röntgen
ışını: X-rays can be harmful.
X ışınları zararlı olabilir.

[2]X-ray • X-ray (eks´rey)
/fiil/ X-rays, X-raying, X-rayed •
-in röntgenini çekmek: They
X-rayed my chin. Çenemin
röntgenini çektiler.

xylophone • xy.lo.phone (zay´lıfon)
/isim/ çoğul xylophones • ksilofon

Yy

Y, y • y (way)
/isim/ Y, İngiliz alfabesinin yirmi
beşinci harfi

yacht • yacht (yat)
/isim/ çoğul yachts • yat, gezinti gemisi:
yacht race yat yarışı

yard • yard (yard)
/isim/ çoğul yards • 1. yarda (yaklaşık
91,5 cm uzunluğunda ölçü birimi):
Our boat is seven yards long. Tek-
nemiz yedi yarda uzunluğunda.
2. (binaya ait) bahçe: The children
were playing in the yard. Çocuklar
bahçede oynuyorlardı.
3. İng. avlu

yarn • yarn (yarn)
/isim/ 1. yün ipliği: My grandma has
a basket of yarn. Anneannemin bir
sepet yün ipliği var. 2. iplik

yawn • yawn (yôn)
/fiil/ yawns, yawning, yawned •
esnemek: Sırma yawned in class.
Sırma, sınıfta esnedi.

yeah • yeah (ye´ı)
/zarf/ (konuşma dili) evet

year • year (yîr)
/isim/ çoğul years • yıl, sene: It's been
a long year. Uzun bir sene oldu.
caldendar year takvim yılı
leap year artıkyıl
light year ışık yılı
solar year güneş yılı

yearly • year.ly (yîr´li)
/sıfat/ yılda bir olan, yıllık, senelik:
yearly meeting yıllık toplantı

yearn • yearn (yırn)
/fiil/ yearns, yearning, yearned • **çok
arzu etmek, arzulamak:** The child
yearned to go outside. Çocuk dışarı
çıkmayı çok arzu ediyordu.

yeast • yeast (yist)
/isim/ **maya**

yell • yell (yel)
/fiil/ yells, yelling, yelled • (öfke, acı
veya heyecanla) **bağırmak:** You
shouldn't yell at your friends.
Arkadaşlarınıza bağırmamalısınız.
yell out in ... ... **ile bağırmak:**
The child yelled out in pain. Çocuk
acıyla bağırdı.

yellow • yel.low (yel´o)
/sıfat/ yellower, yellowest • **sarı:** a
yellow dress sarı bir elbise
/isim/ çoğul yellows • **sarı:** Yellow is
her favorite color. Sarı onun en
sevdiği renk.

yes • yes (yes)
/zarf/ **evet:** Yes, I would like to come
with you. Evet, seninle gelmek isterim.
/isim/ çoğul yeses, yesses • **1. olumlu
cevap 2. olumlu oy, evet**

yesterday • yes.ter.day (yes´tırdi,
yes´tırdey) /zarf/ **dün:** yesterday
morning dün sabah Yesterday, we
went swimming. Dün yüzmeye gittik.
/isim/ **dün:** yesterday's newspaper
dünkü gazete
the day before yesterday **evvelki gün**

yet • yet (yet)
/zarf/ (Olumsuz cümlelerde ve soru
cümlelerinde kullanılır.) **daha;
henüz; hâlâ:** Haven't you finished
your homework yet? Ev ödevini
henüz bitirmedin mi? They haven't
come yet. Henüz gelmediler.

yoghurt • yo.ghurt (yo´gırt)
/isim/ bkz. **yogurt**

yogurt • yo.gurt (yo´gırt)
/isim/ **yoğurt:** homemade yogurt
ev yapımı yoğurt strawberry yogurt
çilekli yoğurt

yoke • yoke (yok)
/isim/ çoğul yokes • **boyunduruk**

yolk • yolk (yok)
/isim/ çoğul yolks • **yumurta sarısı:**
She whipped the yolks and sugar
together. Yumurta sarıları ile şekeri
birlikte çırptı.
double-yolked egg **çift sarılı yumurta**
single-yolked egg **tek sarılı yumurta**

you • you (yu)
/zamir/ **1. sen; siz; sizler:** You are a
teacher. Siz bir öğretmensiniz.
2. seni; sizi; sana; size: Will I see you
tomorrow? Seni yarın görecek miyim?
You're right. **Haklısın.**
you'd → **1.** you had **2.** you would
you'll → you will, you shall

you're → you are
you've → you have

young • young (yʌng)
/sıfat/ younger, youngest • genç:
a young girl genç bir kız

your • your (yûr, yôr)
/sıfat/ senin; sizin; sizlerin: Is it your
fault? Sizin hatanız mı? Is this your
umbrella? Bu senin şemsiyen mi?
This is your room. Bu senin odan.

yours • yours (yûrz, yôrz)
/zamir/ seninki; sizinki; sizlerinki:
Is this yours? Bu seninki mi?

Yours (truly), Saygılarımla,
(Mektubun sonunda kullanılır.)

yourself • your.self (yûrself´, yôrself´)
/zamir/ çoğul yourselves • kendin;
kendiniz: Are you proud of yourself?
Kendinle gurur duyuyor musun?
Do it yourself! Onu kendin yap!
by yourself kendi kendine; kendi
kendinize

yourselves • your.selves (yûrselvz´,
yôrselvz´) /zamir/ (çoğul) kendiniz:
Be yourselves. Kendiniz olun.

youth • youth (yuth)
/isim/ 1. gençlik: Gencay was slim in
his youth. Gencay, gençliğinde inceydi.
2. çoğul youths • delikanlı, genç, genç
adam: The youth learned by doing.
Genç adam yaparak öğrendi.
3. gençlik, gençler: the youth of
today bugünün gençliği
youth hostel gençlik yurdu

Zz

Z, z • z (zi, İng. zed)
/isim/ Z, İngiliz alfabesinin yirmi
altıncı harfi

zebra • ze.bra (zi´brı)
/isim/ çoğul zebra/zebras • zebra
zebra crossing İng. (çizgili) yaya geçidi

zero • ze.ro (zir´o)
/isim/ çoğul zeros/zeroes • sıfır
İng. nought

¹zigzag • zig.zag (zîg´zäg)
/isim/ çoğul zigzags • zikzak: Kâmil
drew a zigzag on the paper.
Kâmil, kâğıda bir zikzak çizdi.

²zigzag • zig.zag (zîg´zäg)
/fiil/ zigzags, zigzagged, zigzagging •
zikzak yapmak

zinc • zinc (zîngk)
/isim/ çinko: They make the electric
wires out of zinc. Elektrik tellerini
çinkodan yapıyorlar.
/sıfat/ çinko (çinkodan yapılmış):
zinc roof çinko çatı

¹zip • zip (zîp)
/isim/ çoğul zips • 1. bkz. zipper
zip fastener bkz. zipper
2. (konuşma dili) posta kodu
zip code posta kodu

²zip • zip (zîp)
/fiil/ zips, zipping, zipped •
1. fermuarını kapamak/açmak
zip something open bir şeyin
fermuarını açmak
zip something up bir şeyin
fermuarını kapamak: Zip your jacket
up. Ceketinin fermuarını kapa.
2. (bilgisayar) (dosyayı) sıkıştırmak
zip file (bilgisayar) sıkıştırılmış dosya

zipper • zip.per (zîp´ır)
/isim/ çoğul zippers • fermuar
İng. ¹zip, zip fastener

zodiac • zo.di.ac (zo´diyäk)
/isim/ çoğul zodiacs • (the) (astrolojide)
burçlar kuşağı, zodyak
the signs of the zodiac burçlar

zone • zone (zon)
/isim/ çoğul zones • 1. bölge, mıntıka:
security zone güvenlik bölgesi This
is a very dangerous zone. Burası
çok tehlikeli bir bölgedir.
time zone saat dilimi
2. (coğrafya) kuşak (iklim kuşağı)
frigid zone kutup kuşağı
temperate zone ılıman kuşak
torrid zone sıcak kuşak

zoo • zoo (zu)
/isim/ çoğul zoos • hayvanat bahçesi

zoology • zo.ol.o.gy (zowal´ıci)
/isim/ zooloji, hayvanbilim: Gülfer
is going to start studying zoology at

university. Gülfer üniversitede
hayvanbilim okumaya başlayacak.

zoom • zoom (zum)
/fiil/ zooms, zoomed, zooming • zum
yapmak, zumlamak
zoom in yakından göstermek
zoom out uzaktan göstermek

zucchini • zuc.chi.ni (zûki´ni)
/isim/ çoğul zucchini/zucchinis • kabak,
sakızkabağı
İng. courgette

zygote • zy.gote (zay´got, zî´got)
/isim/ çoğul zygotes • (biyoloji) zigot

Turkish-English
Türkçe-İngilizce

A

abaküs: abacus
abartmak: to exaggerate
abla: older sister
abone olmak: to subscribe
acaba: I wonder …
acayip: strange
acele: haste, hurry
acele etmek: to hurry
acı: bitter; hot
acı: ache, pain
acıklı: sad
acil: emergency; urgent
aç: hungry
açgözlü: greedy
açı: angle
açık: open
açıklama: explanation
açıklamak: to explain
açlık: hunger
açmak: to open; to unlock
ad: name
ada: island
adale: muscle
adalet: justice
adam: man
aday: candidate
âdet: custom
adım: step
adil: fair, just
adres: address
affetmek: to excuse, to forgive
Afrika: Africa
ağ: net; web
ağabey: older brother
ağaç: tree
ağır: heavy
ağırlık: weight
ağız: mouth
ağlamak: to cry; to weep
ağrı: ache, pain

ağrımak: to ache, to hurt
ağustos: August
ahenk: harmony
ahlâki: ethical, moral
ahşap: wooden
ahtapot: octopus
ahududu: raspberry
aile: family
ait olmak: to belong to
akademik: academic
akbaba: vulture
akciğer: lung
Akdeniz: the Mediterranean Sea
akıcı: fluent
akıl: mind
akıllı: clever, intelligent, smart
akıntı, akım: current
akmak: to flow
akraba: relative
akrep: scorpion
akrobat: acrobat
aksan: accent
akşam: evening
akşam yemeği: dinner, supper
aktör: actor
aktris: actress
alan: area, space
alarm: alarm
alay etmek: to make fun of
alçak: low
aldatmak: to deceive
alet: instrument, tool
alev: flame
alfabe: alphabet
algılamak: to perceive
alın: forehead
alışık: used to
alışkanlık: habit
alıştırma: exercise; practice
alışveriş: shopping
alkış: applause
alkışlamak: to applaud, to clap
alkol: alcohol

Allah: God
almak: to take; to buy
Alman, Almanca: German
Almanya: Germany
altı: six
altın: gold, golden
altında: below, under
altmış: sixty
alüminyum: aluminum
ama: but
amaç: aim, goal, target
amatör: amateur
amca: uncle
ameliyat: operation
Amerika: America
amir: chief
ampul: bulb
an: moment
anadili: native language
Anadolu: Anatolia
anahtar: key
ananas: pineapple
anayasa: constitution
anayol: main road
ancak: however
anı: memory
ani: sudden
aniden: suddenly
anlam: meaning
anlamak: to understand
anlaşmak: to agree
anlatmak: to tell
anne: mother, mom, mommy
ansiklopedi: encyclopedia
ant: oath
aptal: foolish, stupid
araba: car
araç: tool, vehicle
aralık: December
aramak: to call, to look for
arasında: between
araştırma: research
araştırmak: to research, to search

arı: bee
arka: back
arkasında: behind
arkadaş: friend
armağan: gift, present
armut: pear
artmak; artırmak: to increase
arzu: desire, wish
arzulamak: to desire, to wish
asansör: elevator, lift
asker: soldier
askı: hanger
asla: never
aslan: lion
asmak: to hang
aspirin: aspirin
aşağı: down
aşağıda: below
aşçı: cook
aşı: vaccination
aşırı: extreme
aşk: love
at: horse
ateş: fire
atkı: scarf
atlamak: to jump
atlet: athlete
atletizm: athletics
atmak: to throw
atmosfer: atmosphere
atölye: workshop
avantaj: advantage
av: hunt
avcı: hunter
avlamak; avlanmak: to hunt
Avrupa: Europe
ay: moon; month
ayak: foot
ayakkabı: shoe
ayarlamak: to adjust
aydınlatmak: to light
aydınlık: light
ayı: bear

ayırmak: to separate
aylık: monthly
ayna: mirror
aynı: identical, same
ayrı: separate
ayrıca: also
ayrılmak: to leave
ayrıntı: detail
az: little, few
azalmak: to decrease
azınlık: minority

B

baba: father, dad, daddy
baca: chimney
bacak: leg
bagaj: baggage
bağımsız: independent
bağımsızlık: independence
bağırmak: to shout
bağış: donation
bağışlamak: to forgive; to donate
bahane: excuse
bahar: spring
baharat: spice
bahçe: garden
bahçıvan: gardener
bakkal: grocer, grocery store
bakmak: to look
bal: honey
bale: ballet
balık: fish
balık tutmak: to fish
balina: whale
balkon: balcony
balon: balloon
balta: ax
bank: bench
banka: bank
banyo: bathroom
banyo yapmak: to take a bath

baraj: dam
bardak: glass
barınak: shelter
barış: peace
basım, baskı: press, printing
basınç: pressure
basmak: to press
baş: head
baş ağrısı: headache
başaramamak: to fail
başarı: success
başarmak: to succeed
başka: another
başkan: president
başkent: capital
başlamak: to begin, to start
başlık: tittle
başvurmak: to apply
başvuru: application
batı: west
batmak: to sink; (güneş) to set
battaniye: blanket
bay: gentleman, sir; Mr.
bayan: lady; madam; Mrs., Miss.
bayat: stale
bayılmak: to faint
baykuş: owl
bayrak: flag
bayram: religious festival
baytar: veterinarian
bazen: sometimes
bazı: some
bebek: baby
beden: body; (ölçü) size
beğenmek: to like
bekâr: single
beklemek: to wait
bel: waist
belge: document
belki: maybe, perhaps
bencil: selfish
ben: (zamir) I; (leke) mole
beni: me

benim: my
benimki: mine
benzemek: to look like
benzer: similar
benzin: gasoline, petrol
berbat: terrible
berber: barber, hairdresser
besin: food, nutrition
beslemek: to feed
beş: five
beyaz: white
beyin: brain
bezelye: pea
bıçak: knife
bırakmak: to leave; to give up
bıyık: moustache
biber: pepper
bilek: wrist
bilet: ticket
bilezik: bracelet
bilgi: information; knowledge
bilgisayar: computer
bilim: science
bilim insanı: scientist
bilimkurgu: science fiction
bilmece: puzzle
bilmek: to know
bina: building
binmek: to get on (at, bisiklet) to ride
bir: one; a/an
bir şey: something
biraz: a little, some
birazdan: soon
birçok: many, a lot of
birdirbir: leapfrog
biriktirmek: to collect
birim: unit
birinci: first
birisi: somebody, someone
birkaç: a few, several
birleşmek; birleştirmek: to join
birlikte: together
bisiklet: bicycle, bike

bisküvi: biscuit
bitirmek: to finish, to complete
bitişik: next
bitki: plant
bitkin: exhausted
biz: we
bizi: us
bizim: our
bizimki: ours
bluz: blouse
bodrum: basement
boğa: bull
boğaz: throat; strait
bol: loose
boncuk: bead
borç: debt
borç almak: to borrow
borç vermek: to lend
boru: pipe
boş: empty; (zaman) free
bot: boat; boot
boya: dye, paint
boyamak: to dye; to paint
boynuz: horn
boyun: neck
boyunca: along
bozuk: broken, out of order
bozuk para: change
böcek: insect
bölge: region
bölmek: to divide
bölüm: part, section
börek: pastry, pie
böyle: so, thus, such
böylece: thus
bu: this
bu arada: meanwhile
bu yüzden: for this reason
budala: foolish
bundan dolayı: therefore
buçuk: a half
bugün: today
bugünlerde: nowadays

bulaşık makinesi: dishwasher
bulmaca: puzzle
bulmak: to find
bulut: cloud
bunlar: these
burada, buraya: here
burun: nose
buz: ice
buzdolabı: fridge, refrigerator
büro: office
bütün: all, whole, complete
büyü: magic
büyücü: magician
büyük: big, large; great
büyükanne: grandmother, grandma
büyükbaba: grandfather, grandpa
büyümek: to grow

C

cadde: main road; street
cadı: witch
cahil: ignorant
cam: glass
cambaz: acrobat
cami: mosque
canavar: monster
cankurtaran (ambulans): ambulance
canlı: alive, living
casus: spy
caz: jazz
cazibe: appeal
cebir: algebra
cehalet: ignorance
cehennem: hell
ceket: jacket
cenaze: funeral
cennet: heaven
centilmen: gentleman
cep: pocket
cep telefonu: mobile phone, cell phone

cesaret: courage
cesur: brave
cetvel: ruler
cevap: answer
cevaplamak: to answer
ceviz: walnut
ceza: punishment
cezalandırmak:
cezaevi: jail, prison
ciddi: serious
ciğer: (kara) liver
cila: polish
cilalamak: to polish
cilt: skin; (kitap) volume
cimri: miser
cinayet: murder
cins: kind, type
cinsiyet: gender
cips: chips, crisps
civciv: chick
coğrafya: geography
cokey: jockey
cömert: generous
cuma: Friday
cumartesi: Saturday
cumhurbaşkanı: president
cumhuriyet: republic
cüce: dwarf
cümle: sentence
cüzdan: wallet, (kadın) purse

Ç

çaba: effort
çabuk: quick
çadır: tent
çağ: age
çağdaş: contemporary, modern
çağırmak: to call
çakmak: lighter
çalgı: musical instrument

çalışkan: hardworking
çalışmak: to work; (ders) to study
çalmak: to steal; (müzik) to play
çam: pine
çamaşır: laundry
çamaşır makinesi: washing machine
çamur: mud
çan: bell
çanta: bag, handbag
çapraz bulmaca: crossword
çare: remedy; solution
çarpma işlemi: multiplication
çarpmak: to hit, to crash; (sayı) to multiply
çarşaf: sheet
çarşamba: Wednesday
çarşı: bazaar, market
çatal: fork
çatı: roof
çay: tea
çaydanlık: kettle, teapot
çek: check
çekici: attractive
çekiç: hammer
çekingen: shy
çekirge: grasshopper
çekmece: drawer
çekmek: to pull
çelik: steel
çember: circle
çene: chin
çerçeve: frame
çeşit: kind, sort, type
çeviri: translation
çevirmek: to turn, to translate
çevre: environment
çeyrek: quarter
çığlık: scream
çığlık atmak: to scream
çıkarma işlemi: subtraction
çıkarmak: to take off, take out, (sayı) subtract
çıkış: exit

çıkmak: to get out, to exit
çılgın: crazy
çıplak: naked
çiçek: flower
çift: couple; double; pair
çiftçi: farmer
çiftlik: farm
çiğ: raw
çiğnemek: to chew
çikolata: chocolate
çilek: strawberry
çim, çimen: grass
Çin: China
Çinli; Çince: Chinese
çirkin: ugly
çivi: nail
çizgi: line
çizme: boot
çizmek: to draw
çoban: shepherd
çocuk: child, kid
çoğul: plural
çoğunluk: majority
çok: many, much, a lot
çorap: sock
çorba: soup
çöl: desert
çöp: garbage, litter, rubbish
çöp kovası: garbage can
çözmek: to solve
çözüm: solution
çünkü: because
çürük: rotten

D

dağ: mountain
dağcılık: mountain climbing
dağınık: untidy
dağıtmak: to distribute, to scatter
daha: more

daha az: less
daha çok: more
daha sonra: later
dâhi: genius
daima: always
daire: circle; apartment
dakika: minute
daktilo: typewriter
dal: branch
dalga: wave
dalgıç: diver
dalmak: to dive
damar: vein, vessel
damat: groom
damga: stamp
damgalamak: to stamp
damla: drop
damlamak; damlatmak: to drip
danışma: information
dans: dance
dans etmek: to dance
dar: narrow, tight
davet: invitation
davet etmek: to invite
davranış: behavior
davranmak: to behave
davul: drum
dayı: uncle
de, da: also, too
dede: grandfather, grandpa
dedikodu: gossip
defa: time, times
define: treasure
defter: notebook
değer: value, worth; cost
değerli: valuable
değersiz: worthless
değil: not
değin, dek: until, till
değirmen: mill
değişik: different
değişiklik, değişim: change
değişmek; değiştirmek: to change

değmek: to touch
dehşet: terror
deli: mad, crazy
delik: hole
delil: proof
demek: to say, to tell
demir: iron
demiryolu: railroad, railway
demlik: kettle, teapot
demokrasi: democracy
denemek: to try
deney: experiment
deneyim: experience
denge: balance
dengelemek: to balance
dengeli: balanced
deniz: sea
denizaltı: submarine
denizanası: jellyfish
denizci: seaman, sailor
denizkızı: mermaid
deprem: earthquake
dere: stream
derece: degree; grade
dergi: magazine
deri: leather; (canlı) skin
derin: deep
derli toplu: tidy
ders: lesson, class
ders çalışmak: to study
destek: support
desteklemek: to support
dev: giant
devam etmek: to continue
devasa: giant; huge
deve: camel
devekuşu: ostrich
devlet: state, government
devrim: revolution
dış: external; outside
dışarı: out, outside
dışarıda: outdoors, outside
diğer: (the) other

dik açı: right angle
dikdörtgen: rectangle
dikkat: attention, care
dikkat etmek: to pay attention
dikkatli: careful
dikkatsiz: careless
dikmek: to sew; (bitki) to plant
dil: tongue; language
dilbilgisi: grammar
dilek: wish
dilekçe: petition
dilim: slice
dilimlemek: to slice
din: religion
dinlemek: to listen
dinlenme: rest
dinlenmek: to rest
dinozor: dinosaur
dip: bottom
diploma: diploma
direniş: resistance
direnmek: to resist
dirsek: elbow
disiplin: discipline
diş: tooth
diş ağrısı: toothache
diş fırçası: toothbrush
diş macunu: toothpaste
dişçi: dentist
dişi: female
diyalog: dialog
diz: knee
dizi: series
dizin: index
doğa: nature
doğal: natural
doğmak: to be born
doğru: correct, right, true; straight
doğrudan: direct, directly
doğu: east
doğum günü: birthday
doktor: doctor
dokumak: to weave

dokunmak: to touch
dokuz: nine
dolap: cupboard
dolar: dollar
dolaşmak: to wander
dolaylı: indirect
dolaysız: direct
doldurmak: to fill
dolu: full; (yağış) hail
domates: tomato
domuz: pig
dondurma: ice cream
donmak; dondurmak: to freeze
dost: friend
dosya: file; folder
dökmek: to pour; to spill
dönem: period
dönmek: to return, to turn
dönüşmek; dönüştürmek: to transform
dönüşüm: transformation
dört: four
dövüşmek: to fight
dudak: lip
duman: smoke
durak: stop
durmak; durdurmak: to stop
durum: situation
duş: shower
duvar: Wall
duygu: feeling, emotion
duygusal: emotional
duymak: to hear
düdük: whistle
düğme: button
dükkân: shop, store
dün: yesterday
dünya: world; earth
dürbün: binoculars
dürüst: honest
düşman: enemy
düşmek: to fall
düşünce: idea, opinion, thought

düşünmek: to think
düz: straight
düzenli: tidy
düzensiz: untidy
düzgün: smooth

E

ebediyen: forever
eczacı: chemist, pharmacist
eczane: pharmacy
edebiyat: literature
edinmek: to acquire
efsane: legend, myth
Ege: the Aegean Sea
eğer: if
eğilim: tendency
eğitim: education
eğitmek: to educate, to train
eğlence: entertainment, fun
eğlenmek: to have fun
eğlendirmek: to entertain
eğmek; eğilmek: to bend
ehliyet: driving license
ek: addition
ekim: October
ekip: team
eklem: joint
eklemek: to add
ekmek: bread
ekonomi: economy
ekran: screen
eksi: minus
eksik: lacking
eksiklik: lack
ekşi: sour
ekvator: equator
el: hand
el yazısı: handwriting
elbette: certainly, of course
elbise: dress

elde etmek: to get, to obtain
eldiven: glove
elektrik: electricity
eleştiri: criticism
eleştirmek: to criticize
elli: fifty
elma: apple
elmas: diamond
emek: labor
emekli: retired
emekli olmak: to retire
emin: sure
emir: command, order
emmek: to suck
emniyet: safety; security
emretmek, emir vermek: to order
en: width
en az: least
en çok: most
endişe: anxiety; worry
endüstri: industry
enerji: energy
engel: obstacle
engellemek: to prevent
enginar: artichoke
enişte: uncle
enkaz: wreck
enstitü: institute
e-posta: e-mail
erdem: virtue
ergen: teenager
erik: plum
erimek; eritmek: to melt
erkek: man; male
erken: early
eser: work
eski: old
esmek: to blow
eş: husband/wife; partner
eşarp: scarf
eşek: donkey
eşit: equal
eşofman: sweat suit, tracksuit

eşya: furniture; goods
et: meat
etek: skirt
etiket: label
etki: effect, influence
etkilemek: to affect, to influence
etkili: effective
etkin: active
etkinlik: activity
etrafında: around
ev: home, house
evcil: domestic
ev ödevi: homework
evet: yes
evlat: child, son/daughter
evlenmek: to marry
evli: married
evren: universe
evrensel: universal
eylem: action
eylül: September
ezmek: to crush

F

faaliyet: activity
fabrika: factory
faiz: interest
fakat: but
fakir: poor
fakirlik: poverty
fakülte: college
far: (araba) headlight
fare: mouse
fark: difference
farklı: different
farz etmek: to assume, to suppose
fasulye: bean
fatura: bill
fayda: benefit, profit, use
faydalı: useful

fazla: extra
fedakâr: self-sacrificing
felaket: disaster
felsefe: philosophy
fen: science
fena: bad
fener: lantern
feribot: ferryboat
fermuar: zip, zipper
fındık: hazelnut
fırça: brush
fırçalamak: to brush
fırın: oven
fırlatmak: to throw
fırsat: chance, opportunity
fırtına: storm
fısıldamak: to whisper
fısıltı: whisper
fıstık: peanut; pistachio
fiil: verb
fikir: idea, opinion, thought
fil: elephant
film: film, movie
filozof: philosopher
final: final
finans: finance
fincan: cup
fiş: (elektrik) plug
fiyat: price
fizik: physics
flüt: flute
fok: seal
fonksiyon: function
fosil: fossil
fotoğraf: photo, photograph
fotoğraf çekmek: to take a photo
Fransa: France
Fransız; Fransızca: French
fren: brake
fuar: fair
futbol: football, soccer
füze: missile, rocket

G

gaga: beak
galeri: gallery
galiba: probably
galibiyet: victory
gamze: dimple
gar: railroad station
garaj: garage
garanti: guarantee
garanti etmek: to guarantee
gardırop: wardrobe
garip: strange
garson: waiter, waitress
gayret: effort
gaz: gas
gazete: newspaper
gece: night
gece yarısı: midnight
gecikme: delay
gecikmek: to be late
geciktirmek: to delay
geç: late
geçici: temporary
geçit: passage
geçmek: to cross, to pass
geçmiş: past
gelecek: future; next
gelin: bride
gelir: income
gelişme: development
gelişmek; geliştirmek: to develop
gelişmiş: developed
gelmek: to come
gemi: ship
genç: young
genel: general
general: general
geniş: large, wide
genişlemek; genişletmek: to expand
geometri: geometry
gerçek: real, true; genuine

gerçeklik: reality
gerekli: necessary
gerekmek: to be necessary
gergin: tense
geri: back, backward; behind
geri dönmek: to go back, to return
gerilim: tension
germek: to stretch; to tighten
getirmek: to bring
geveze: talkative
gevşek: loose
gevşemek; gevşetmek: to loosen
geyik: deer
gezegen: planet
gezi: trip
gibi: as, like
gider: expense
giriş: entrance
girişim: enterprise
girmek: to enter
gişe: (bilet) booth, (gazete) kiosk
gitar: guitar
gitmek: to go
giyecek, giysi: clothing, dress
giyinmek: to get dressed, to dress up
giymek: to put on, to wear
gizem: mystery
gizli: hidden, secret
gol: goal
göç: migration
göç etmek: to migrate
göçmen: immigrant
göğüs: breast; chest
gök, gökyüzü: sky
gökdelen: skyscraper
gökkuşağı: rainbow
göl: lake
gölge: shadow
gömlek: shirt
gömmek: to bury
göndermek: to send
göre: according to
görev: duty

görmek: to see
görünmek: to appear; to seem
görüşmek: to see each other
gösteri: performance, show; (protesto) demonstration
göstermek: to show; to indicate
götürmek: to take
gövde: body; (ağaç) trunk
göz: eye
gözde: favorite
gözlem: observation
gözlemlemek: to observe
gözlük: glasses
gözyaşı: tear
grafik: graph
gramer: grammar
greyfrut: grapefruit
gri: gray, grey
grup: group
gurur: pride
gururlu: proud
güç: strength, power
güçlü: powerful, strong
güçsüz: weak
gül: rose
gülmek: to laugh
gülümsemek: to smile
gülünç: funny; ridiculous
gümrük: customs
gümüş: silver
gün: day
günah: sin
günaydın: good morning
gündüz: daytime
güneş: sun
güneşlenmek: to sunbathe
güneşli: sunny
güney: south
güneybatı: southwest
güneydoğu: southeast
günlük: daily; diary
güreş: wrestling
güreşmek: to wrestle

gürültü: noise
gürültülü: noisy
güven: trust
güvenlik: safety; security
güvenmek: to trust
güvercin: pigeon
güzel: beautiful, pretty, nice
güzellik: beauty

H

haber: news
haç: cross
hafıza: memory
hafif: light
hafta: week
hafta içi: weekday
hafta sonu: weekend
haftalık: weekly
hak: right
hak etmek: to deserve
hakaret: insult
hakaret etmek: to insult
hakem: referee
hakikat: truth
hakiki: real; genuine
hâkim: judge
hakkında: about
haklı: right
haksızlık: injustice
hala: aunt
hâlâ: still
halat: rope
halı: carpet, rug
halk: folk, people
halka: ring
halletmek: to solve
hamamböceği: cockroach
hamburger: hamburger
hamile: pregnant
hamur: dough

hangi: which
hangisi: which one
hanım: lady; wife
hanımefendi: lady
hap: pill
hapishane: jail, prison
harcamak: to spend
hardal: mustard
hareket: act, movement
hareket etmek: to move
harf: letter
hariç: except
harika: fantastic, marvelous
harita: map
hasar: damage
hasar vermek: to damage
hasta: ill, sick; patient
hastalık: illness, sickness
hastane: hospital
haşlamak: to boil
hata: error, mistake
hatıra: memory; souvenir
hatırlamak: to remember
hatırlatmak: to remind
hatta: even; moreover
hava: air; weather
havaalanı, havalimanı: airport
havalanmak: (uçak) to take off
havayolu: airline
havlamak: to bark
havlu: towel
havuç: carrot
havuz: pool
hayal: dream, fancy
hayal etmek: to imagine
hayalet: ghost
hayal gücü: imagination
hayat: life
hayır: no
haylaz: naughty
hayran: fan
hayranlık: admiration
hayran olmak: to admire

hayvan: animal
hayvanat bahçesi: zoo
hazır: ready
hazırlamak: to prepare
hazırlık: preparation
hazine: treasure
haziran: June
hece: syllable
hedef: aim, goal, target
hedeflemek: to aim, to target
hediye: gift, present
hem ... hem ...: both ... and ....
hemen: at once, right away
hemen hemen: almost, nearly
hemşire: nurse
henüz: just, yet
hep: always
hepsi: all, all of them
her: every
her an: at any moment
her bir: each
her gün: everyday
her şey: everything
her yer: everywhere
her zaman: always
herkes: everybody, everyone
hesap: account; bill
hesaplamak: to calculate
hesap makinesi: calculator
heyecan: excitement
heyecanlandırmak: to excite
heyecanlı: excited, nervous
heykel: statue
Hıristiyan: Christian
Hıristiyanlık: Christianity
hırsız: burglar, thief
hırsızlık: theft
hırslı: ambitious, greedy
hız: speed
hızlı: fast, quick
hiç: never; nothing
hiç kimse: no one, nobody
hiçbir şey: nothing

hiçbir yer: nowhere
hiçbir zaman: never
hiçbiri: none
hidrojen: hydrogen
hikâye: story
hile: trick
hindi: turkey
hindistancevizi: coconut
his: sense, feeling
hissetmek: to feel
hizmet: service
hizmet etmek: to serve
hizmetçi: servant
hobi: hobby
hoparlör: loudspeaker
horlamak: to snore
horoz: rooster
hortum: (boru) hose
hostes: hostess
hoş: lovely, nice, pleasant
Hoşça kal!: Bye! Goodbye!
hoşgörü: tolerance
hoşlanmak: to enjoy, to like
hukuk: law
hurma: date
huzur: peace
huzurlu: peaceful
hücre: cell
hükümet: government
hürriyet: freedom

I

ılık: warm
ırk: race
ırkçılık: racism
ırmak: river
ısı: heat; temperature
ısınmak; ısıtmak: to warm (up)
ısırmak: to bite
ıskonto: discount

ıslak: wet
ıslık: whistle
ıslık çalmak: to whistle
ısmarlamak: to order
ıspanak: spinach
ısrar etmek: to insist
ıssız: (yer) lonely
ıstakoz: lobster
ışık: light
ışın: ray
ızgara: grate, grill

İ

iade: return
iade etmek: to return
icat: invention
icat etmek: to invent
iç: inside, interior
içecek: drink
içeride: inside
içerik: content
içermek: to contain
için: for; in order to
içinde: in, inside
içki: (alcoholic) drink
içmek: to drink; (sigara) to smoke
içten: sincere
idare: management
iddia: claim
iddia: to claim
ideal: ideal
ifade: expression
ifade etmek: to express
iğne: needle
iğrenç: disgusting
ihracat: export
ihraç etmek: to export
ihtiyaç: necessity, need
ihtiyaç duymak: to need
ikisi: both of them

ikiz: twin
iklim: climate
ikna etmek: to convince, to persuade
ilaç: drug, medicine
ilan: ad, advertisement
ilave: addition
ile: with
ileri: ahead, forward
ilerleme: improvement, progress
ilgili: interested; related
ilginç: interesting
ilişki: connection; relationship
iliştirmek: to attach
ilk: first
ilkbahar: spring
ilkokul: primary school
imdat: help
imkân: chance; possibility
imla: spelling
imza: signature
imzalamak: to sign
inanç: belief
inanmak: to believe
ince: thin
inceleme: examination
incelemek: to examine
inci: pearl
incir: fig
incitmek: to hurt, to injure
indirim: discount
indirmek: to lower
inek: cow
İngiliz; İngilizce: English
İngiltere: England
inmek: to go down; to get off
insan: human, person
inşaat: construction
İnternet: the Internet
intihar: suicide
intikam: revenge
ip: rope
iplik: thread
iptal etmek: to cancel

ipucu: clue
iri: large
isim: name
iskelet: skeleton
İslam: Islam
İspanya: Spain
İspanyol; İspanyolca: Spanish
ispat etmek: to prove
istasyon: station
istatistik: statistics
istemek: to want
istifa etmek: to resign
isyan: rebellion
isyan etmek: to rebel
iş: business, job; labor, work
işadamı: businessman
işaret: indication; sign
işbirliği: cooperation
işçi: worker
işitmek: to hear
işkadını: businesswoman
işsiz: unemployed
işsizlik: unemployment
iştah: appetite
işveren: employer
itfaiyeci: fireman
ithal etmek: to import
ithalat: import
itiraf: confession
itiraf etmek: to confess
itmek: to push
ittifak: alliance
iyi: good, well, fine
iyileşmek: to get better
iyimser: optimistic
iz: trace
izin: permission
izin vermek: to permit
izlemek: to follow; (TV) to watch

J

jambon: ham
jant: rim
Japon; Japonca: Japanese
Japonya: Japan
jeneratör: generator
jeoloji: geology
jet: jet
jimnastik: gymnastics
jüri: jury

K

kaba: rough; rude
kabaca: roughly; rudely
kabak: pumpkin; squash; zucchini
kabarmak: to swell
kabiliyet: ability
kablo: cable
kabuk: shell
kabul etmek: to accept, to admit
kaburga: rib
kâbus: nightmare
kaç: how many, how much
kaçırmak: to miss; (insan) to kidnap
kaçmak: to escape, to run away
kadar: as much as; till, until
kadın: woman
kademe: degree
kadife: velvet
kafa: head
kafes: cage
kafeterya: cafeteria
kâğıt: paper
kahkaha: laughter
kahraman: hero
kahvaltı: breakfast
kahve: coffee

kahverengi: brown
kakao: cocoa
kaktüs: cactus
kalabalık: crowd; crowded
kalça: hip
kaldırım: pavement, sidewalk
kaldırmak: to lift; to raise
kale: castle
kaleci: goalkeeper
kalem: pen; pencil
kalemtıraş: pencil sharpener
kalıcı: permanent
kalın: thick
kalite: quality
kalkmak: to get up, to stand up
kalmak: to remain, to stay; (sınavda) to fail
kalori: calorie
kalp: heart
kamçı: whip
kamçılamak: to whip
kamera: camera
kamp: camp
kampanya: campaign
kamu: the public
kamyon: lorry, truck
kan: blood
kanat: wing
kanepe: sofa
kanguru: kangaroo
kanıt: evidence, proof
kantin: canteen
kanun: law
kaos: chaos
kapak: lid
kapalı: closed
kapamak, kapatmak: to close, to shut
kapı: door, gate
kaplan: tiger
kaplumbağa: tortoise, turtle
kapsamak: to contain
kaptan: captain
kar: snow

kâr: profit, gain
kara: land
karabiber: black pepper
karaciğer: liver
Karadeniz: Black Sea
karakter: character
karanfil: carnation
karanlık: dark; darkness
karar: decision
karar vermek: to decide
karbon: carbon
kardeş: brother/sister
kare: square
karga: crow
karı: wife
karın: abdomen
karınca: ant
karıştırmak: to mix
karlı: snowy
kârlı: profitable
karpuz: watermelon
karşı: opposite
karşılaşmak: to encounter
karşılaştırmak: to compare
karşılıklı: mutual
kart: card
kartal: eagle
kar topu: snowball
kas: muscle
kasaba: town
kasap: butcher
kâse: bowl
kasım: November
kasırga: hurricane
kasten: intentional, on purpose
kaş: eyebrow
kaşık: spoon
kaşımak: to scratch
kaşkol: scarf
kat: floor; story
katalog: catalog
kategori: category
katı: hard, solid

katılmak: to join, to participate
katil: murderer
katlamak: to fold
katmak: to add
kavak: poplar
kavanoz: jar
kavga: fight
kavram: concept
kavramak: to comprehend
kavun: melon
kaya: rock
kayak: ski
kaybetmek: to lose
kaydetmek: to record
kaygı: anxiety
kayık: boat
kayıp: loss; lost
kayısı: apricot
kayıt: record; registration
kaymak: to slide, to slip
kaynamak; kaynatmak: to boil
kaz: goose
kaza: accident
kazak: pullover
kazanmak: to win
kazmak: to dig
keçi: goat
kedi: cat
kek: cake
kel: bald
kelebek: butterfly
kelime: word
keman: violin
kemer: belt
kemik: bone
kenar: side
kendi: self
kendi başına: by oneself
kent: city, town
kere: time, times
kereviz: celery
kertenkele: lizard
keskin: sharp

kesinlikle: definitely
kesmek: to cut
kestane: chestnut
keşke: I wish, if only
Kıbrıs: Cyprus
kıl: hair
kılıç: sword
kırbaç: whip
kırbaçlamak: to whip
kırık: broken
kırışık: wrinkle; wrinkled
kırk: forty
kırlangıç: swallow
kırmak: to break
kırmızı: red
kırtasiye: stationery
kısa: short
kısaltmak: to shorten
kısıtlamak: to restrict
kıskanç: jealous
kıskançlık: jealousy
kış: winter
kıta: continent
kıvılcım: spark
kıvırcık: curly
kıyafet: dress, costume
kıymet: value, worth
kız: girl
kız evlat: daughter
kız kardeş: sister
kızamık: measles
kızarmış, kızartılmış: fried
kızartmak: to fry
kızgın: angry
kibar: polite
kilise: church
kilit: lock
kilitlemek: to lock
kilo: kilo, kilogram
kim; kime; kimi: who
kimin: whose
kimse: anybody; any person
kimya: chemistry

kiraz: cherry
kir: dirt
kira: rent
kiralamak: to rent
kirli: dirty
kirpi: hedgehog
kirpik: eyelash
kişi: individual, person
kişisel: individual, personal
kitabevi: bookstore
kitap: book
klasik: classic
koca: husband
kocaman: huge
koç: ram
kokmak; koklamak: to smell
koku: odor, smell
kol: arm
kola: coke
kolay: easy
koleksiyon: collection
koltuk: armchair
kolye: necklace
komedi: comedy
komik: comic
komşu: neighbor
komut: order
komutan: commander
konser: concert
kontrat: contract
kontrol: control
konu: subject
konuk: guest
konuşkan: talkative
konuşmak: to talk
koparmak: to pick
kopya: copy
korkak: coward, timid
korkmak: to be afraid
korku: fear
korkuluk: scarecrow
korkutmak: to scare
koro: chorus

korsan: pirate
korumak: to protect
koşmak: to run
koşul: condition
kova: bucket
kovalámak: to chase, to pursue
kovboy: cowboy
koymak: to put
koyun: sheep
köfte: meatball
kök: root
köle: slave
kömür: coal
köpek: dog
köpekbalığı: shark
köprü: bridge
köpük: foam
kör: blind
köstebek: mole
köşe: corner
kötü: bad
kötümser: pessimist
köy: village
kral: king
kraliçe: queen
kravat: tie
krem: cream
krema: cream
kuaför: hairdresser
kucaklamak; kucaklaşmak: to hug
kuğu: swan
kulak: ear
kule: tower
kullanmak: to use; (araba) to drive
kulüp: club
kum: sand
kumaş: cloth
kumru: dove
kurak: dry
kural: rule
kurbağa: frog
kurdele: ribbon
kurgu: fiction

kurs: course
kurşun: lead; bullet
kurşunkalem: pencil
kurt: wolf; worm
kurtarmak: to save
kuru: dry
kuruluş: establishment
kuş: bird
kuşku: suspicion
kuşku duymak: to suspect
kutlama: celebration
kutlamak: to congratulate
kutsal: sacred
kutu: box
kuvvet: strength
kuvvetlenmek; kuvvetlendirmek: to strengthen
kuzen: cousin
kuzey: north
kuzu: lamb
küçük: little, small
kül: ash
kültür: culture
küp: cube
küpe: earring
küre: globe
kürek: shovel
kütüphane: library
küvet: bathtub

L

laboratuvar: lab, laboratory
lacivert: navy blue
laf: word
lahana: cabbage
laik: secular
lale: tulip
lamba: lamp
lastik: rubber
lav: lava

lavabo: sink
layık olmak: to deserve, to be worthy
lazım: necessary
leğen: basin
lehçe: dialect
leke: stain
leopar: leopard
leylek: stork
lezzet: flavor, taste
lezzetli: delicious
lider: leader
lig: league
liman: harbor
limon: lemon
limonata: lemonade
lira: lira
lisan: language
lise: high school
litre: liter
lokanta: restaurant
lord: lord
loş: dim
lüks: luxury
lütfen: please

M

maalesef: unfortunately
maaş: salary
macera: adventure
maç: match
madalya: medal
madde: matter
madem: since
maden: mine
madenci: miner
mağara: cave
mağaza: shop, store
mahalle: neighborhood
mahkeme: court
mahzen: cellar

makarna: macaroni, pasta
makas: scissors
makine: machine
maksat: intention, purpose
maksimum: maximum
makul: reasonable
makyaj: makeup
mal: goods; property
maliye: finance
maliyet: cost
malzeme: material
manav: greengrocer
mandalina: tangerine
mantar: mushroom
mantık: logic
mantıklı: logical
manyetik: magnetic
manzara: view
marangoz: carpenter
margarin: margarine
marka: brand
marş: march
mart: March
martı: gull, seagull
marul: (cos/romaine) lettuce
masa: desk, table
masaj: massage
masal: tale
maske: mask
masraf: expense
matbaa: press
matematik: math, mathematics
matkap: drill
mavi: blue
maydanoz: parsley
mayıs: May
maymun: monkey
mayo: (kadın) swimsuit
mayonez: mayonnaise
mazeret: excuse
mecburiyet: obligation
meclis: assembly
medeniyet: civilization

mekanik: mechanical
mektup: letter
melek: angel
meme: breast
memnun: glad, pleased
memur: officer
mendil: handkerchief
menekşe: violet
merak: curiosity
merak etmek: to be curious
meraklı: curious
mercek: lens
mercimek: lentil
merdiven: ladder, stairs
merhaba: hello, hi
merkez: center
merkezi: central
mermer: marble
mermi: bullet
mesaj: message
mesafe: distance
mesaj: message
mesela: for example
meslek: occupation
meşe: oak
meşgul: busy
meşhur: famous
metal: metal
meteoroloji: meteorology
metre: meter
metro: metro, subway, underground
mevsim: season
meyve: fruit
mezar: grave
mezarlık: cemetery
mezun: graduate
mezun olmak: to graduate
mıknatıs: magnet
mısır: corn
mısra: line
mide: stomach
midye: mussel
mikrofon: microphone

mikrop: microbe
mikroskop: microscope
miktar: amount, quantity
milimetre: millimeter
millet: nation
milletlerarası: international
milli: national
milliyet: nationality
milyar: billion, milliard
milyon: million
mimar: architect
mimarlık, mimari: architecture
minare: minaret
minibüs: minibus
minik, minicik: tiny
minimum: minimum
minnettar: grateful
miras: inheritance
misafir: guest
misafirperver: hospitable
mitoloji: mythology
miyavlamak: to meow
mobilya: furniture
moda: fashion
model: model
modern: modern
molekül: molecule
mont: jacket
mor: purple
mors: walrus
motor: engine, motor
motosiklet: motorbike, motorcycle
muayene: examination, inspection
muayene etmek: to examine
mucit: inventor
mucize: miracle
muhakkak: certainly
muhasebe: accounting
muhtemelen: probably
mum: candle
Musevi: Jew, Jewish
musluk: faucet, tap
mutfak: kitchen

mutlaka: absolutely
mutlu: happy
mutluluk: happiness
muz: banana
mücadele: struggle
mücadele etmek: to struggle
mücevher: jewel, jewelry
müdür: manager
mühendis: engineer
mühendislik: engineering
mühür: seal
mühürlemek: to seal
mükemmel: excellent, perfect
mülteci: refugee
mümkün: possible
mürekkep: ink
Müslüman: Muslim
müşteri: customer
mütevazı: humble
müze: museum
müzik: music
müzisyen: musician

N

nabız: pulse
nadir: rare
nadiren: rarely, seldom
nakil: transfer
nakit: cash
nakletmek: to transfer, to transport
nakliyat: transportation
nal: horseshoe
nane: mint
nankör: ungrateful
nar: pomegranate
nasıl: how
nasihat: advice
naylon: nylon
nazik: delicate; polite
ne: what

ne ... ne de ...: neither ... nor ...
ne zaman: when
neden: (soru) why
neden: cause
nefes: breath
nefes almak: to breathe
nefis: delicious
nefret: hatred
nefret etmek: to hate
negatif: negative
nehir: river
nem: humidity, moisture
nemli: damp, humid, moist
nerede: where
nereden: from where
neredeyse: almost, nearly
nesil: generation
nesne: object, thing
neşe: joy
neşeli: merry
net: clear; net
nezle: cold
nicelik: quantity
niçin: why
nihayet: finally
nikâh: wedding
nine: grandmother
nisan: April
nişanlı: engaged
nitelik: quality
niyet: intention, purpose
Noel: Christmas
nokta: dot, point
nohut: chickpea
normal: normal
not: note
nota: note
numara: number
numune: sample
nüfus: population
nükleer: nuclear

O

o: he/she/it; that
objektif: objective
ocak: (ay) January
ocak: cooker, stove
oda: room
odak: focus
odun: wood
ofis: office
oğlan: boy
oğul: son
ok: arrow
oksijen: oxygen
okul: school
okumak: to read
okur: reader
okyanus: ocean
olabilir: possible
olağan: ordinary, usual
olağandışı: unusual
olağanüstü: extraordinary
olanak: facility; possibility
olanaksız: impossible
olasılık: possibility, probability
olay: event, happening
oldukça: quite, rather
olgun: mature, ripe
olimpiyatlar: Olympics
olmak: become, be; happen, occur
olta: fishing line
olumlu: positive
olumsuz: negative
oluşturmak: to form
omlet: omelet
omurga: backbone, spine
omuz: shoulder
on: ten
onarmak: to repair
onay: approval
onaylamak: to confirm, to approve
onlar: they
onun: her/his/its

onun için: so, therefore
onur: honor
opera: opera
operatör: operator
orada; oraya: there
oran: rate, ratio
ordu: army
organ: organ
organik: organic
orijinal: original
orkestra: orchestra
orman: forest
orta: center, middle; medium
ortak: partner
ortam: environment
Osmanlı: Ottoman
ot: grass, weed
otel: hotel
otlak: pasture
otobüs: bus
otomatik: automatic
otomobil: automobile, car
otopark: parking lot
otorite: authority
otoyol: motorway
oturma odası: living room
oturmak: to sit; (ev/mahalle/şehir) to live
otuz: thirty
ova: plain
ovmak, ovalamak: to rub
oy: vote
oy vermek: to vote
oynamak: to play
oysa, oysaki: whereas
oyun: game; (tiyatro) play
oyuncak: toy

Ö

öbür: the other

ödemek: to pay
ödev: duty; (ders) homework; task
ödül: award, prize, reward
ödüllendirmek: to award
ödünç almak: to borrow
ödünç vermek: to lend
öfke: anger, rage
öfkelenmek: to get angry
öfkeli: angry
öğle, öğlen: noon
öğle yemeği: lunch
öğleden sonra: afternoon
öğrenci: student
öğrenmek: to learn
öğretim, öğrenim: education
öğretmek: to teach
öğretmen: teacher
öğüt: advice
öğüt vermek: to advise
öğütmek: to grind
öksürmek: to cough
öksürük: cough
öksüz: orphan
öküz: ox
ölçmek: to measure
ölçü: measurement; size
öldürmek: to kill, to murder
ölmek: to die
ölü: dead
ölüm: death
ömür: life
ön: front
önce: before; ago; first
önem: importance
önemli: important; serious
öneri: suggestion
önermek: to suggest
önlem: measure
önlemek: to prevent
önsöz: preface
önyargı: prejudice
önyargılı: prejudiced
öpmek: to kiss

öpücük: kiss
ördek: duck
örgü: knitting
örmek: to knit
örneğin: for example; for instance
örnek: example; sample
örtmek: to cover
örtü: cover
örümcek: spider
öteki: the other (one)
ötmek: (kuş) to sing
övmek: to praise
övgü: praise
övünmek: to boast
öykü: story
öyle: like that, so, such
özdeş: identical
özel: personal; private, special
özen: care
özenli: careful
özet: summary
özetlemek: to summarize
özgü: peculiar
özgün: original
özgür: free
özgürlük: freedom
özlem: longing
özlemek: to miss
özne: subject
özür: apology; excuse
özür dilemek: to apologize

P

padişah: sultan
pahalı: expensive
paket: package, packet
paketlemek: to pack
palamut: acorn
palto: overcoat
palmiye: palm

palyaço: clown
pamuk: cotton
panik: panic
paniklemek: to panic
pano: board
pantolon: pants; trousers
papağan: parrot
papatya: daisy
papaz: priest
para: money
paragraf: paragraph
paralel: parallel
parantez: bracket; parenthesis
parasız: free
paraşüt: parachute
parça: piece
parçalamak: to break into pieces
Pardon!: Excuse me!
parfüm: perfume
parıldamak: to twinkle
park: park
park etmek: to park
parlak: bright, brilliant
parlamak: to shine
parlatmak: to polish
parmak: finger; (ayak) toe
parola: password
parti: party
pas: rust
pasaport: passport
paslanmak: to rust
pasif: passive
Paskalya: Easter
pasta: cake
pastane: pastry shop
patates: potato
paten: skate
patent: patent
patika: footpath, path
patlamak; patlatmak: to blow up; to burst; to explode
patlıcan: eggplant
patron: boss

pay: share
paylaşmak: to share
paylaştırmak: to divide up
pazar: (gün) Sunday
pazar: bazaar, market
pazartesi: Monday
peçete: napkin
pedal: pedal
peki: OK
pelikan: pelican
pembe: pink
pencere: window
pençe: claw; paw
penguen: penguin
perakende: retail
perde: curtain
pergel: pair of compasses
peron: (tren) platform
personel: personnel
perşembe: Thursday
peruk: wig
peşin (para): cash
petrol: oil
peygamber: prophet
peynir: cheese
peyzaj: landscape
pırasa: leek
pijama: pajamas
piknik: picnic
pil: battery
pilav: (pirinç) rice
piliç: chicken
pilot: pilot
pipo: pipe
piramit: pyramid
pirinç: rice
pis: dirty
pisletmek: to make dirty
pislik: dirt
pişirmek: to cook
pişman olmak: to regret
pişmiş: cooked
piyango: lottery

piyano: piano
plaj: beach
plaka: (araba) license plate
plan: plan
planlamak: to plan
plastik: plastic
plato: plateau
poliçe: policy
polis: policeman
politika: politics
politikacı: politician
pompa: pump
pompalamak: to pump
porselen: porcelain
porsiyon: portion
portakal: orange
portre: portrait
posta: mail, post
postacı: postman
postane: post office
pozitif: positive
pratik: practical; (uygulama) practice
pratik yapmak: to practice
prens: prince
prenses: princess
prensip: principle
problem: problem
profesör: professor
program: program
proje: project
protesto: protest
psikolog: psychologist
psikoloji: psychology
puan: point, score
pul: stamp; (balık) scale
pusula: compass
pürüzlü: rough
pürüzsüz: smooth
püskürmek: (yanardağ) to erupt
püskürtmek: to spray

R

radar: radar
radyo: radio
raf: shelf
rağmen: despite, in spite of
rahat: comfortable; easy
rahatlık: comfort
rahatlıkla: easily
rahatsız: uncomfortable; (sağlık) unwell
rakam: figure, number
raket: racket
rakip: opponent, rival
randevu: appointment
rapor: report
rasathane: observatory
rasgele: random
rastlantı: coincidence
ray: rail
razı olmak: to consent
reçel: jam
reçete: prescription
reddetmek: to refuse, to reject
refleks: reflex
rehber: guide
rehberlik etmek: to guide
rehin, rehine: hostage
rehin almak: to take hostage
rekabet: competition
reklam: ad, advertisement
rekor: record
rekor kırmak: to break a record
renk: color
renkli: colorful
resim: picture
resmi: official
ressam: artist, painter
restoran: restaurant
rezervasyon: reservation
rıza: consent
rica: request
rica etmek: to request

risk: risk
riskli: risky
rol: role
roman: novel
romantik: romantic
Rönesans: Renaissance
röntgen: X-ray
röportaj: interview
rötar: delay
rulo: roll
Rus: Russian
Rusça: Russian
Rusya: Russia
rüya: dream
rüya görmek: to dream
rüzgâr: wind
rüzgârlı: windy

S

saat: hour; time; (duvar) clock, (kol) watch
sabah: morning
sabır: patience
sabırlı: patient
sabit: fixed
sabretmek: to be patient
sabun: soap
saç: hair
saçma: absurd, nonsense, silly
sadakat: loyalty
sade: plain, simple
sadece: merely, only
saf: pure
sağ: alive, living; (yön) right
sağduyu: common sense
sağır: deaf
sağlam: firm, sound, strong
sağlamak: to provide
sağlık: health
sağlıklı: healthy

saha: area, field
sahil: coast, shore
sahip: owner
sahip olmak: to have, to own
sahne: scene; stage
sahte: fake, false
sakal: beard
sakat: disabled
sakınmak: to avoid
sakız: gum
sakin: calm, peaceful, quiet
sakinleşmek; sakinleştirmek: to calm down
saklamak; saklanmak: to hide
saklambaç: hide-and-seek
salam: salami
salata: salad
salatalık: cucumber
saldırgan: aggressive
saldırı: attack
saldırmak: to attack
salgın: (hastalık) epidemic
salı: Tuesday
salıncak: swing
sallanmak: to swing
salon: hall
salya: saliva
salyangoz: snail
saman: straw
samimi: frank, sincere
sanal: virtual
sanat: art
sanatçı: artist
sanayi: industry
sandal: boat
sandalye: chair
sandviç: sandwich
sanık: suspect
saniye: second
sanki: as if
sanmak: to suppose, to think
sansür: censorship
sansürlemek: to censor

santimetre: centimeter
sap: handle, stalk
saray: palace
sargı: bandage
sarhoş: drunk
sarı: yellow
sarılmak: to embrace
sarımsak:garlic
sarışın: blond, blonde
sarkmak: to hang
sarmak: to wrap
sarmaşık: ivy
satıcı: salesman, saleswoman
satılık: for sale
satın almak: to buy, to purchase
satır: (yazı) line
satış: sale
satmak: to sell
satranç: chess
savaş: battle, fight, war
savaşmak: to battle, to fight
savunmak: to defend
savunma: defense
saydam: transparent
sayfa: page
saygı: respect
saygı duymak, saygı göstermek: to
respect
sayı: number
saymak: to count
sebep: cause, reason
sebze: vegetable
seçenek: alternative, choice, option
seçim: election
seçmek: to choose, to elect, to
select
seçmen: voter
sefer: journey, voyage
sekiz: eight
sekreter: secretary
seksek: hopscotch
seksen: eighty
sel: flood

selam: greeting
selamlamak: to greet
sembol: symbol
sempatik: sympathetic
sen: you
sene: year
sepet: basket
serbest: free
serçe: sparrow
sergi: exhibit, exhibition
sergilemek: to exhibit
seri: series
serin: cool
sermaye: capital
sermek: to spread
serpmek, serpiştirmek: to sprinkle
sert: hard, tough
sertifika: certificate
serüven: adventure
servet: wealth
ses: sound, noise; (insan) voice
sesli: (harf) vowel
sessiz: quiet, silent; (harf) consonant
sevgi: affection, love
sevgili: darling, dear
sevimli: lovely
sevinç: joy
seviye: level
sevmek: to like, to love
seyahat: journey, travel
seyahat etmek: to travel
seyirci: audience, spectator
seyrek: rare
seyretmek: to watch
sezon: season
sıcak: hot, warm
sıcaklık: heat, temperature
sıçramak: to jump
sıfat: adjective
sıfır: zero
sığ: shallow
sığınak: shelter
sığır: cattle

sık: frequent, often
sık sık: frequently, often
sıkı: tight
sıkıcı: boring
sıkılgan: shy
sıkılmak: to be bored
sıkmak: squeeze
sıkıntı: trouble
sınav: exam, examination
sınıf: class, classroom
sınıflandırma: classification
sınıflandırmak: to classify
sınır: border
sınırlamak: to limit
sır: mystery, secret
sıra: desk; (kuyruk) queue
sırt: back
sıska: skinny
sıvı: liquid
sızı: ache, pain
sızlamak: to ache
sigara: cigarette
sigorta: insurance
sihir: magic
silah: weapon
silahlı: armed
silgi: duster, eraser
silmek: to erase, to wipe
simge: symbol
sincap: squirrel
sinek: fly
sinema: cinema
sinir: nerve
sinirli: nervous
sinyal: signal
sipariş: order
sipariş etmek: to order
sirk: circus
sirke: vinegar
sis: fog. mist
sistem: system
sivil: civilian
sivri: sharp

sivrisinek: mosquito
siyah: black
siyaset: politics
soba: stove
soda: soda
soğan: onion
soğuk: cold
soğumak: to become cold
sohbet: chat, conversation
sohbet etmek: to chat
sokak: Street
sokmak: to insert in; (arı, böcek) to sting
sol: left
solucan: worm
solunum: respiration
son: end, final
sonbahar: autumn, fall
sonra: after; then
sonsuz: endless
sonuç: outcome, result
sormak: to ask
soru: question
sorumlu: responsible
sorumluluk: responsibility
sorun: problem, matter
sos: sauce
sosyal: social
sosis: hot dog, sausage
sosyoloji: sociology
soyadı: surname
soygun: robbery
soymak: (kabuk) to peel; (hırsızlık) to rob
soyut: abstract
sömestr: semester
söylemek: to say, to tell
söz vermek: to promise
sözcük: word
sözleşme: agreement, contract
sözlük: dictionary
spor: sports
stadyum: stadium

sterlin: pound, sterling
su: water
suaygırı: hippopotamus
suç: crime, guilt
suçlamak: to accuse
suçlu: guilty
sulamak: to water
suluboya: watercolor
sunmak: to offer; to present
sunum: presentation
surat: face
susamak: to be thirsty
susuzluk: thirst
sümüklüböcek: slug
sünger: sponge
süpürge: broom
süpürmek: to sweep
sürahi: jug
sürat: speed
süre: period, time
sürekli: continuous
sürmek: to drive
sürpriz: surprise
sürücü: driver
sürüngen: reptile
süs: decoration, ornament
süslemek: to decorate
süt: milk
süveter: sweater

Ş

şahıs: person
şahin: falcon
şahit: witness
şair: poet
şaka: joke
şaka yapmak: to make a joke
şal: shawl
şamfıstığı: pistachio
şampiyon: champion

şampuan: shampoo
şans: luck
şapka: hat
şarap: wine
şarkı: song
şarkı söylemek: to sing
şart: condition
şaşırtmak: to confuse
şaşkın: confused
şef: chief
şeftali: peach
şehir: city, town
şeker: sugar
şekerleme: candy
şekil: shape
şempanze: chimpanzee
şemsiye: umbrella
şey: thing
şık: elegant
şık: (seçenek) choice, option
şımarık: spoiled
şımartmak: to spoil
şiddet: violence; intensity
şiddetli: intensive; violent
şifre: code, password
şiir: poem; poetry
şikâyet: complaint
şikâyet etmek: to complain
şimdi: now
şimşek: lightning
şirin: cute
şirket: company
şişe: bottle
şişman: fat
şoför: driver
şok: shock
şort: shorts
şömine: fireplace
şöyle: so, in that way
şu: that
şubat: February
şube: branch
şunlar: those

şurada; şuraya: over there
şüphe: doubt, suspicion
şüphelenmek: to doubt, to suspect

T

tabak: plate
taban: (ayak) sole
tabanca: gun
tabela: sign
tabiat: nature
tablet: tablet
tablo: painting
tabut: coffin
taç: crown
tahmin: guess
tahmin etmek: to guess
tahta: board
tahterevalli: seesaw
takım: set; team
takip etmek: to pursue
taklit etmek: imitate
takmak: to put on
taksi: cab, taxi
takvim: calendar
talep: demand
talep etmek: to demand
talih: fortune
talihli: fortunate
tam: complete, entire
tamam: complete
tamamlamak: to complete
tamir etmek: to repair
tanık: witness
tanık olmak: to witness
tanımak: to recognize; to know
tanışmak: to meet each other
tanıştırmak, tanıtmak: to introduce
tank: tank
Tanrı: God
tapınak: temple

taraf: side
tarak: comb
taramak: to comb
tarayıcı: scanner
tarçın: cinnamon
tarif: description
tarif etmek: to describe
tarife: schedule, timetable
tarih: date; history
tarla: field
tartı: scales
tartışmak: to argue
tartmak: to weigh
tarz: style
tasarım: design
tasarlamak: to design
tasma: collar
taş: stone
taşımak: to carry
taşınmak: to move
taşıt: vehicle
tat: taste
tatil: holiday, vacation
tatlı: sweet; dessert
tatmak: to taste
tava: (frying) pan
tavan: ceiling
tavsiye: recommendation
tavsiye etmek: to recommend
tavşan: rabbit
tavuk: hen, chicken
tayin: appointment
tayin etmek: to appoint
taze: fresh
tebeşir: chalk
tebrik: congratulation
tebrik etmek: to congratulate
tecrübe: experience
tedavi: cure, treatment
tedavi etmek: to cure
tedbir: precaution
tehdit: threat
tehdit etmek: to threaten

tehlike: danger, risk
tehlikeli: dangerous
tek: one, single
tekerlek: wheel
tekil: singular
teklif: offer, proposal
teklif etmek: to offer, to propose
tekme: kick
tekmelemek: to kick
teknik: technical; (yöntem) technique
teknoloji: technology
tekrar: repetition; again
tekrarlamak: to repeat
tel: wire
telaffuz: pronunciation
telaş: hurry
telefon: phone, telephone
telefon etmek: to call, to phone, to telephone
teleskop: telescope
televizyon: television
telsiz: wireless
tembel: lazy
temel: base, foundation
temiz: clean
temizlemek: to clean
temmuz: July
temsil etmek: to represent
tencere: pot, saucepan
teneke: tin
tenha: lonely
tenis: tennis
tepe: hill
tepki: reaction
tepki göstermek: to react
tepsi: tray
ter: sweat
tercüme: translation
tercüme etmek: to interpret, to translate
tereyağı: butter
terim: term
terk etmek: to abandon, to leave

terlemek: to sweat
terminal: terminal
termometre: thermometer
terör: terror
ters: reverse
terzi: tailor
tesadüf: coincidence
tesadüfen: by chance
teslimat: delivery
teslim etmek: to deliver
teslim olmak: to surrender
tesis: facility
testere: saw
teşebbüs: enterprise
teşekkür: thanks
teşekkür etmek: to thank
teşhis: diagnosis
teşvik etmek: to encourage
teyze: aunt
tezgâh: counter
tıbbi: medical
tıp: medicine
tıp fakültesi: school of medicine
tıraş: shave
tıraş olmak/etmek: to shave
tırmalamak: to scratch
tırmanmak: to climb
tırnak: nail
tırtıl: caterpillar
ticaret: commerce, trade
ticari: commercial
tiksindirici: disgusting
tilki: fox
timsah: alligator, crocodile
tip: type
tipi: snowstorm
titremek: to shiver, to tremble, to vibrate
titreşim: vibration
tiyatro: theater
tohum: seed
toka: (ayakkabı, kemer) buckle
tokalaşmak: to hake hands

tokat: slap
tokat atmak: to slap
ton: (renk) shade; (ağırlık) ton
tonbalığı: tuna
top: ball
toplam: sum, total
toplama: addition
toplamak: (matematik) to add; to collect
toplantı: meeting
topluiğne: pin
topluluk, toplum: community, society
toptan: wholesale
topuk: heel
torba: bag, sack
tornavida: screwdriver
torun: grandchild, granddaughter/grandson
toz: dust; powder
tören: ceremony
trafik: traffic
trajedi: tragedy
traktör: tractor
tramvay: streetcar, tram
transfer: transfer
tren: train
tuhaf: strange, weird
tunç: bronze
tur: tour
turist: tourist
turizm: tourism
turşu: pickle
tutar: sum, total
tutkal: glue
tutmak: to catch; to hold, to keep
tutsak, tutuklu: prisoner
tutucu: conservative
tutuklamak: to arrest
tuvalet: toilet
tuz: salt
tuzlu: salty
tuzluk: saltcellar, saltshaker
tüccar: merchant

tüfek: rifle
tükenmezkalem: ball-point
tüketici: consumer
tüketmek: to consume
tükürmek: to spit
tükürük: saliva
tüm: all, whole
tümör: tumor
tünel: tunnel
tüp: tube
tür: kind, sort, type; (biyolojik) species
Türk; Türkçe: Turkish
Türkiye: Turkey
tütün: tobacco
tüy: feather

U

ucuz: cheap
uç: tip
uçak: airplane, plane
uçan daire: flying saucer
uçmak: fly
uçurtma: kite
uçuş: flight
ufak: little, small
ufuk: horizon
uğraşmak: to struggle
uğur: luck
uğurböceği: ladybug
uğurlu: lucky
ukala: smart aleck
ulaşmak: to reach
ulus: nation
ulusal: national
uluslararası: international
ummak: to expect, to hope
umut: hope
un: flour
unutmak: to forget
usanmak: to be tired of

utangaç: shy
utanmak: to be ashamed
uyandırmak; uyanmak: to wake up
uyanık, uyanmış: awake
uyarı: warning
uyarmak: to warn
uygarlık: civilization
uygulama: application, practice
uygulamak: to apply
uygun: appropriate, suitable
uyku: sleep
uymak: to fit, to suit
uysal: mild
uyum: harmony
uyumak: to sleep
uzak: distant, far, remote
uzaklık: distance
uzanmak: to lie (down)
uzatmak: to extend
uzay: space
uzman: expert
uzun: long
uzunluk: length

Ü

ücra: remote
ücret: wage
üçgen: triangle
üçüz: triplet
üflemek: to blow
ülke: country
ümit: hope
ümit etmek: to hope
ümitli: hopeful
ün: fame, reputation
üniforma: uniform
ünite: unit
üniversite: university
ünlem: interjection
ünlü: famous; (harf) vowel

ünsüz: (harf) consonant
üreme: reproduction
üretim: production
üretmek: to produce
ürkek: timid
ürpermek: to shiver
ürün: product
üslup: style
üst: top; upper
üstelik: furthermore
üstünde; üstüne: on, onto, above
üşümek: to feel cold
ütü: iron
ütülemek: to iron
üvey anne/baba: stepmother/step-
father
üye: member
üyelik: membership
üzerinde: above, on, over
üzerine: onto
üzgün: sad, worried
üzülmek: to be sorry, to worry
üzüm: grape
üzüntü: trouble

V

vadi: valley
vagon: carriage
vahşi: savage, wild
vaka: event
vakıf: foundation
vakit: time
vaktinde: in time; on time
vali: governor
valiz: suitcase
vanilya: vanilla
vantilatör: fan
vapur: boat, ship
var olmak: to be, to exist
varış: arrival

varil: barrel
vâris: heir
varlık, varoluş: existence
varmak: to arrive, to reach
varsaymak: to assume, to suppose
vasıta: means
vasiyet: will
vatan: country
vazgeçmek: to give up
vazife: duty
vaziyet: situation
ve benzeri, vesaire: et cetera/etc.
ve: and
veda: farewell
veda etmek: to say good-bye
vefa: loyalty
verem: tuberculosis
veresiye: on credit
vergi: tax
veri: data
verimli: efficient; fruitful
vermek: to give
veteriner: vet, veterinarian
veya: or
veznedar: cashier
vızıldamak: to buzz
vızıltı: buzz
vicdan: conscience
vida: screw
virgül: comma
vişne: sour cherry
vitamin: vitamin
vites: gear
viyolonsel: cello
vize: visa
voleybol: volleyball
volkan: volcano
volt: volt
vurgu: accent, stress
vurmak: to beat, to hit, to strike;
(silahla) to shoot
vücut: body

Y

ya ... ya da ...: either ... or ...
ya da: or
yabancı: foreigner, stranger; foreign
yabani: wild
yağ: oil; fat
yağlı: oily
yağlıboya: oil paint
yağmak: (yağmur) to rain; (kar) to
snow
yağmur: rain
yağmurlu: rainy
yağmurluk: raincoat
yaka: collar
yakalamak: to catch
yakın: close, near
yakında: nearby; (zaman) soon
yakışıklı: handsome
yakıt: fuel
yaklaşık (olarak): about, approxi-
mately
yakmak: to burn, to light
yalan: lie
yalan söylemek: to lie
yalancı: liar
yalnız: alone, lonely
yan: side
yanak: cheek
yanardağ: volcano
yangın: fire
yanında: near, next to
yanıt: answer, response
yanıtlamak: to answer, to respond
yanlış: error, mistake; incorrect,
wrong
yanmak: to burn, to be on fire
yapışmak; yapıştırmak: to stick
yapmak: to do, to make
yaprak: leaf
yara: wound
yaralamak: to injure, to hurt, to wound

yaralı: injured, wounded
yaramaz: naughty
yarar: benefit, use
yararlanmak: to benefit, to profit
yararlı: useful
yarasa: bat
yardım: assistance, help
yardım etmek: to assist, to help
yardımcı: assistant
yargıç: judge
yarı, yarım: half
yarımada: peninsula
yarın: tomorrow
yarış: race
yarışma: competition, contest
yarışmak: to compete; to race
yas: mourning
yas tutmak: to mourn
yasa: law
yasadışı: illegal
yasak: ban, prohibition
yasaklamak: to ban, to prohibit
yasal: legal
yastık: cushion, pillow
yaş: age
yaş: (ıslak) damp, wet
yaşam: life
yaşamak: to live
yaşlı: old
yaşlanmak: to get old
yaşlılık: old age
yat: yacht
yatak: bed
yatak odası: bedroom
yatay: horizontal
yatırım: investment
yatmak: to go to bed, to lie (down)
yavaş: slow
yaya: on foot; pedestrian
yaya geçidi: crosswalk
yaz: summer
yazar: author, writer
yazı: writing

yazmak: to write
yeğen: nephew/niece
yelek: vest, waistcoat
yelken: sail
yelkenli: sailboat
yelkovan: minute hand
yemek: food, meal
yemek: to eat
yemin: oath
yengeç: crab
yeni: new; recent
yeniden: again
yenmek: to beat, to defeat
yer: location, place, spot
yerel: local
yeryüzü: earth
yeşil: green
yetim: orphan
yetişkin: adult
yetki: authority
yıkamak; yıkanmak: to wash
yıl: year
yılan: snake
yıldırım: lightning
yıldız: star
yine: again
yiyecek: food, meal
yoğurt: yoghurt
yok: absent
yoksa: or; otherwise, if not
yoksul: poor
yol: road, way
yolcu: passenger
yolculuk: journey, trip
yollamak: to send
yorgun: tired
yön: direction
yönetici: director, manager
yöre: region
yöresel: local, regional
yörünge: orbit
yukarı; yukarıda; yukarıya: above, up
yumruk: punch

yumruklamak, yumruk atmak: to punch
yumurta: egg
yumuşak: soft
yunus: dolphin
yurtdışında: abroad
yutmak: to swallow
yuva: home; (kuş) nest
yuvarlak: round
yüksek: high; (ses) loud
yükseklik: height
yükselmek: to go up, to rise
yün: wool
yünlü: woolen
yürümek: to walk
yürüyüş: walk
yüz: face; (sayı) hundred
yüzde: percent
yüzme: swimming
yüzmek: to swim
yüzücü: swimmer
yüzük: ring
yüzyıl: century

Z

zaaf: weakness
zafer: victory
zalim: cruel
zaman: time
zambak: lily
zamir: pronoun
zamk: glue
zannetmek: to suppose, to think

zar: (oyun) die/dice
zarar: damage, harm
zarar vermek: to damage, to harm
zararlı: harmful
zarf: envelope
zarif: graceful, elegant
zaten: already
zavallı: poor
zayıf: thin; weak
zebra: zebra
zehir: poison
zehirlemek: to poison
zekâ: intelligence
zeki: intelligent, smart
zemin: background; ground
zengin: rich, wealthy
zevk: delight, pleasure
zevk almak: to delight in, to take pleasure
zeytin: olive
zeytinyağı: olive oil
zımba: punch
zımbalamak: to punch
zıt: opposite
zihin: mind, intellect
zil: bell
zincir: chain
ziraat: agriculture
ziyafet: feast
ziyaret: visit
ziyaret etmek: to visit
zor: difficult
zorluk: difficulty
zorunluluk: obligation
zürafa: giraffe

Countries and Their Flags
Ülkeler ve Bayrakları

Afghanistan Afganistan

Albania Arnavutluk

Algeria Cezayir

Andorra Andorra

Angola Angola

Antigua and Barbuda
Antigua ve Barbuda

Argentina Arjantin

Armenia Ermenistan

Australia Avustralya

Austria Avusturya

Azerbaijan Azerbaycan

Bahamas Bahamalar

Bahrain Bahreyn

Bangladesh Bangladeş

Barbados Barbados

Belarus Belarus

Belgium Belçika

Belize Belize

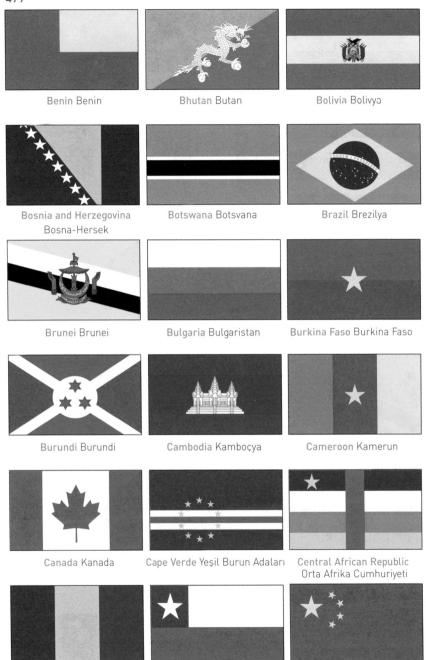

Benin Benin

Bhutan Butan

Bolivia Bolivya

Bosnia and Herzegovina
Bosna-Hersek

Botswana Botsvana

Brazil Brezilya

Brunei Brunei

Bulgaria Bulgaristan

Burkina Faso Burkina Faso

Burundi Burundi

Cambodia Kamboçya

Cameroon Kamerun

Canada Kanada

Cape Verde Yeşil Burun Adaları

Central African Republic
Orta Afrika Cumhuriyeti

Chad Çad

Chile Şili

China Çin

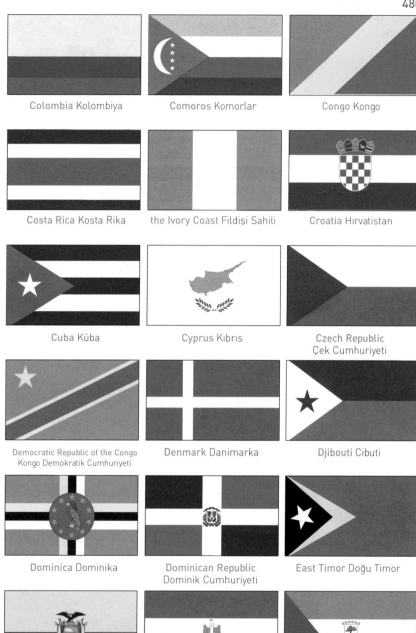

Colombia Kolombiya

Comoros Komorlar

Congo Kongo

Costa Rica Kosta Rika

the Ivory Coast Fildişi Sahili

Croatia Hırvatistan

Cuba Küba

Cyprus Kıbrıs

Czech Republic
Çek Cumhuriyeti

Democratic Republic of the Congo
Kongo Demokratik Cumhuriyeti

Denmark Danimarka

Djibouti Cibuti

Dominica Dominika

Dominican Republic
Dominik Cumhuriyeti

East Timor Doğu Timor

Ecuador Ekvador

Egypt Mısır

Equatorial Guinea
Ekvator Ginesi

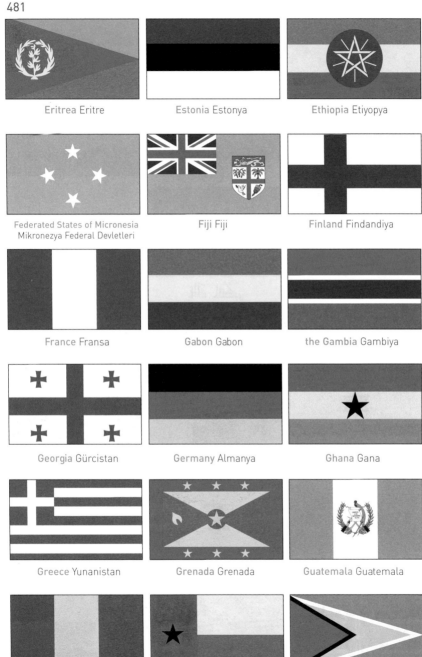

Eritrea Eritre

Estonia Estonya

Ethiopia Etiyopya

Federated States of Micronesia
Mikronezya Federal Devletleri

Fiji Fiji

Finland Findandiya

France Fransa

Gabon Gabon

the Gambia Gambiya

Georgia Gürcistan

Germany Almanya

Ghana Gana

Greece Yunanistan

Grenada Grenada

Guatemala Guatemala

Guinea Gine

Guinea-Bissau Gine Bissau

Guyana Guyana

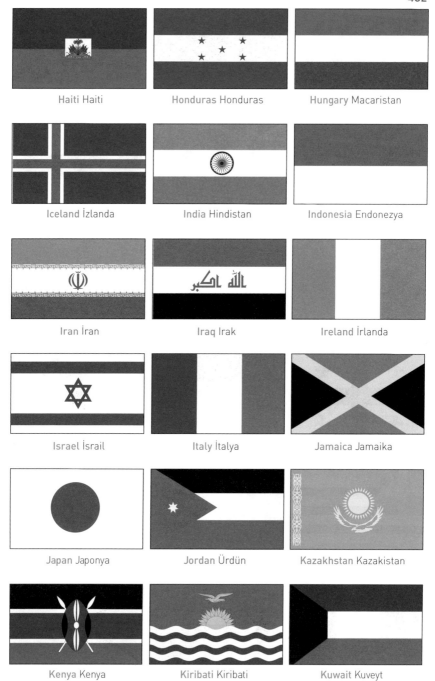

Haiti Haiti

Honduras Honduras

Hungary Macaristan

Iceland İzlanda

India Hindistan

Indonesia Endonezya

Iran İran

Iraq Irak

Ireland İrlanda

Israel İsrail

Italy İtalya

Jamaica Jamaika

Japan Japonya

Jordan Ürdün

Kazakhstan Kazakistan

Kenya Kenya

Kiribati Kiribati

Kuwait Kuveyt

Kyrgyzstan Kırgızistan

Laos Laos

Latvia Letonya

Lebanon Lübnan

Lesotho Lesoto

Liberia Liberya

Libya Libya

Liechtenstein Lihtenştayn

Lithuania Litvanya

Luxembourg Lüksemburg

Macedonia Makedonya

Madagascar Madagaskar

Malawi Malavi

Malaysia Malezya

Maldives Maldiv Adaları

Mali Mali

Malta Malta

Marshall Islands
Marşal Adaları

Mauritania Moritanya

Mauritius Morityus

Mexico Meksika

Moldova Moldova

Monaco Monako

Mongolia Moğolistan

Montenegro Karadağ

Morocco Fas

Mozambique Mozambik

Myanmar Myanmar

Namibia Namibya

Nauru Nauru

Nepal Nepal

Netherlands Hollanda

New Zealand Yeni Zelanda

Nicaragua Nikaragua

Niger Nijer

Nigeria Nijerya

North Korea Kuzey Kore

Norway Norveç

Oman Umman

Pakistan Pakistan

Palau Palau

Palestine Filistin

Panama Panama

Papua New Guinea
Papua Yeni Gine

Paraguay Paraguay

Peru Peru

Philippines Filipinler

Poland Polonya

Portugal Portekiz

Qatar Katar

Republic of Kosovo
Kosova Cumhuriyeti

Romania Romanya

Russia Rusya

Rwanda Ruanda

Saint Kitts and Nevis
Saint Kitts ve Nevis

Saint Lucia Saint Lucia

Saint Vincent and the Grenadies
Saint Vincent ve Grenadinler

Salvador Salvador

Samoa Samoa

San Marino San Marino

Sao Tome and Principe
Sao Tome ve Principe

Saudi Arabia Suudi Arabistan

Senegal Senegal

Serbia Sırbistan

Seychelles Seyşeller

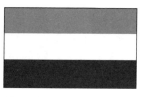

Sierra Leone Sierra Leone

Singapore Singapur

Slovakia Slovakya

Slovenia Slovenya

Solomon Islands
Solomon Adaları

Somalia Somali

South Africa Güney Afrika

487

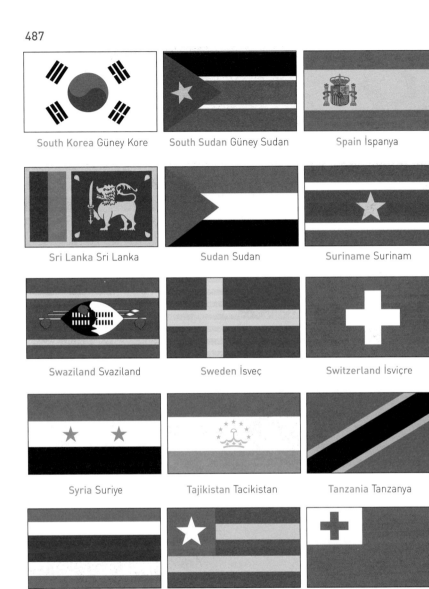

South Korea Güney Kore   South Sudan Güney Sudan   Spain İspanya

Sri Lanka Sri Lanka   Sudan Sudan   Suriname Surinam

Swaziland Svaziland   Sweden İsveç   Switzerland İsviçre

Syria Suriye   Tajikistan Tacikistan   Tanzania Tanzanya

Thailand Tayland   Togo Togo   Tonga Tonga

Trinidad and Tobago
Trinidad ve Tobago

Tunisia Tunus

Turkey Türkiye

Turkish Rebuplic of Northern Cyprus
Kuzey Kıbrıs Türk Cumhuriyeti

Turkmenistan Türkmenistan

Tuvalu Tuvalu

Uganda Uganda

Ukraine Ukrayna

United Kingdom
Birleşik Krallık

United Arab Emirates
Birleşik Arap Emirlikleri

United States of America
Amerika Birleşik Devletleri

Uruguay Uruguay

Uzbekistan Özbekistan

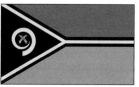

Vanuatu Vanuatu

Vatican City Vatikan

Venezuela Venezuela

Vietnam Vietnam

Yemen Yemen

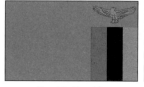

Zambia Zambiya

Zimbabwe Zimbabve